OPERAÇÃO CONDOR

O SEQUESTRO DOS URUGUAIOS

Uma reportagem dos tempos da ditadura

Luiz Cláudio Cunha

OPERAÇÃO CONDOR

O SEQUESTRO DOS URUGUAIOS

Uma reportagem dos tempos da ditadura

L&PM EDITORES

Texto de acordo com a nova ortografia.
1ª edição: outubro de 2008
2ª edição: fevereiro de 2009

Edição de fotos: Ricardo Chaves
Capa: Marco Cena
Preparação: Lia Cremonese
Revisão: Larissa Roso, Marianne Scholze e Patrícia Rocha
Apoio cultural:

Banrisul
BANCO DO ESTADO DO RIO GRANDE DO SUL S.A

CIP-Brasil. Catalogação-na-Fonte
Sindicato Nacional dos Editores de Livros, RJ

C978o

Cunha, Luiz Cláudio, 1951-
Operação Condor : o sequestro dos uruguaios : uma reportagem dos tempos da ditadura / Luiz Cláudio Cunha. – 2 ed. – Porto Alegre, RS: L&PM, 2009.
472p.

Anexos
Inclui bibliografia
ISBN 978-85-254-1845-6

1. Celiberti Rosas de Casariego, Lílian - Sequestro, 1978. 2. Rodríguez Díaz, Universindo - Sequestro, 1978. 3. Operación Cóndor (Associação Sul Americana de Contrassubversão). 4. Sequestro político - Porto Alegre (RS). 5. Prisioneiros políticos - Uruguai. 6. Brasil - Política e governo - 1964-1985. 7. Uruguai - Política e governo. I. Título.

08-4508. CDD: 981.063
CDU: 94(81)"1964/1985"

Rua Comendador Coruja, 314, loja 9 – Floresta – 90.220-180
Porto Alegre – RS – Brasil / Fone: 51.3225-5777 – Fax: 51.3221-5380

Pedidos & Depto. Comercial: vendas@lpm.com.br
Fale conosco: info@lpm.com.br
www.lpm.com.br

Impresso pela Meta Brasil
2021

A
Diego e Gabriela
que um pouco antes na Geografia,
um pouco depois na História,
poderiam se chamar
Camilo e Francesca.

A
Janda
por eles,
por mim,
por tudo.

In Memoriam

JB, João Baptista Scalco, 1951-1983
Scotch, Jorge Escosteguy, 1947-1996
Tatinha, Olívio Lamas, 1948-2007

amigos e parceiros
nas horas certas e incertas
que partiram antes da hora

Só há uma causa maior:
a verdade!
Moacir Danilo Rodrigues
(1942-1998), juiz, Brasil

Na verdade, não existe história;
apenas biografia.
Ralph Waldo Emerson
(1803-1882), filósofo, EUA

Há histórias tão verdadeiras que às vezes
parece que foram inventadas.
Manoel de Barros
(1916-), poeta, Brasil

Sumário

Agradecimentos 13

Prefácio

A outra metade da missa por *José Roberto Guzzo* 15

Olho no olho do condor por *Juca Kfouri* 17

Apresentação 19

Capítulos

1. O telefonema 25
2. A pistola 31
3. O visitante 38
4. O peso 43
5. O calção 50
6. O sangue 58
7. A ratoeira 68
8. A senha 77
9. O monstro 85
10. O arroio 100
11. A honra 109
12. O esparadrapo 117
13. O dedo 129
14. O carcará 142
15. O drible 156
16. O nó 169
17. A pergunta 179
18. O gigante 189
19. O termômetro 195
20. O causídico 207
21. A farsa 217
22. A tortura 227
23. O dragão 238
24. A bruxaria 253
25. O berro 263
26. A morte 272

27. A ficha....283
28. A vergonha....294
29. O fio....301
30. O sol....316

Epílogo
A reportagem, apesar dos militares....332

Anexo I
O Uruguai sequestrado....339

Anexo II
A sombra do condor....370

Bibliografia....444

Índice Onomástico....455

Agradecimentos

À minha equipe na sucursal da Editora Abril em Porto Alegre, entre 1978 e 1980. Adélia Porto da Silva, Aristóteles Azevedo, Assis Hoffmann, Divino Fonseca, Emanuel Gomes de Mattos, Iara Rech, J.B. Scalco, Loraine Chaves, Nico Esteves, Olívio Lamas, Pedro Maciel, Ricardo Chaves, Sílvio Ferreira e Ubiraci Dias foram profissionais de garra e talento de uma equipe coesa, solidária, que me inspirou e me ajudou a atravessar aqueles duros tempos. Juntos, eles fariam tudo aquilo sem precisar de mim. Sem eles, eu não faria nada do que fiz.

A Lílian Celiberti, Mariela Salaberry, Marinês Grando, Paulo Totti e Universindo Rodríguez Díaz, que deram depoimentos comoventes de dignidade, de resistência, de história e de vida. Gente como eles explica por que sobrevivemos àquela gente.

A Jair Krischke, Jean-Louis Weil, John Dinges, Omar Ferri, Roger Rodríguez e Werner Becker, que acenderam luzes e apontaram caminhos na investigação.

A Fernando Molica, Ricardo Setti, Lucas Figueiredo e Zuenir Ventura, credores deste livro-reportagem. Ao longo do tempo foram cobradores firmes, exigentes, rigorosos de uma promessa editorial que eles nunca deixaram de lembrar e eu nunca consegui esquecer.

A Enrique Serra Padrós, José Antonio Pinheiro Machado, José Onofre, Maria Helena Martins e Maria Jandyra Cavalcanti Cunha que, no passado ou no presente, leram capítulos ou a totalidade deste livro. Deram valiosas sugestões, fizeram correções precisas e apontaram caminhos que tornaram possível chegar ao ponto final, trinta anos depois. Eu continuo como único responsável pelas eventuais falhas que resistiram ao crivo deste rigoroso conselho editorial.

Às fontes variadas, na ditadura e na democracia, que contribuíram antes e agora para esclarecer dúvidas, corrigir episódios, acrescentar detalhes e apontar novidades. Todas unidas pelo mesmo interesse do resgate histórico e pelo respeito à verdade. Por variadas razões, colaboram sem aparecer, permanecem anônimas.

A OUTRA METADE DA MISSA

José Roberto Guzzo*

Muita coisa já foi dita sobre prefácios, em geral as mesmas, sem que se tenha chegado até hoje a alguma conclusão mais clara a respeito de sua real utilidade. Não são necessários, por exemplo, para dizer o que o livro contém, nem para apresentar a biografia do autor, coisas que aparecem no índice, nas capas ou em outros espaços. Também não servem para atrair a atenção do leitor, que quer ler o que está no livro, e não o que está no prefácio. Não se conhece até hoje, enfim, nenhum prefácio que tenha realmente melhorado um livro, embora seja certo que podem torná-lo pior. Mas aí está: os autores querem prefácios, os editores querem prefácios, as livrarias querem prefácios, e chega uma hora em que alguém é encarregado de escrever o prefácio. Vamos a ele, então.

Em novembro de 1978, na cidade de Porto Alegre, dois jornalistas viram algo que não deveriam ter visto – ou, mais exatamente, viram algo que não estava previsto que vissem. A partir daí, fizeram o que fazem os melhores profissionais deste ofício: foram saber o que, precisamente, estava acontecendo, quem estava envolvido, onde começava o fio da meada, como ele se desenrolava e por que, enfim, aquilo tudo tinha acontecido. O resultado foi uma empolgante sequência de reportagens publicada na revista *Veja* e que permanece, até hoje, como um dos melhores trabalhos jornalísticos já exibidos em suas páginas. A história dessas reportagens, feitas pelo repórter Luiz Cláudio Cunha e pelo fotógrafo J.B. Scalco, é contada agora, passo a passo, nos capítulos que começam adiante.

Jornalistas em geral não deixam uma obra, como acontece com escritores, ou, pelo menos, com bons escritores. Deixam matérias, apenas, e matérias são coisas que esgotam rapidamente o seu prazo de validade. Têm mais ou menos valor para os leitores, conforme sua qualidade, na época em que são escritas, mas logo perdem sua principal atração, a atualidade, e com o passar dos anos vão se tornando algo de interesse tão remoto como a batalha de Tuiuti ou os programas de governo do Visconde de Cairu. É a vida. Jornalismo é atividade que lida com coisas provisórias, que surgem, chamam atenção durante um certo tempo e em seguida desaparecem, para dar lugar a outros assuntos e a outras preocupações. Provavelmente é melhor que seja assim mesmo, pois jornalistas não são treinados para escrever textos eternos; já está mais do que bom quando conseguem informar-se corretamente dos fatos e descrevê-los com clareza para o leitor no momento em que ocorrem.

O que se pode fazer para manter vivo um trabalho jornalístico é o que Luiz Cláudio está fazendo neste livro – com a vantagem de acrescentar ao relato da época aquilo que eventualmente ficou faltando, por causa da pressão dos prazos de fechamento, pelas limitações de espaço e por não se saber, no começo de uma

* José Roberto Guzzo é jornalista e foi diretor de redação de *Veja* entre 1976 e 1991.

história, tudo o que vai acontecer até o seu final. Além disso, ao reconstruir em toda a sua dimensão os fatos daquele momento, o autor ajuda a entender o presente, pois as páginas que se lerão a seguir envolvem, do começo ao fim, uma questão sempre atual: o papel decisivo da imprensa, e de repórteres como Luiz Cláudio e Scalco, para levar ao conhecimento geral atos que a autoridade pública não tem o direito de cometer e que gostaria de manter para sempre em segredo.

No capítulo 15 é feita a transcrição de um texto escrito em *Veja*, no final de dezembro de 1978, pelo signatário deste prefácio; resume-se, ali, a postura da revista diante do que acabara de ocorrer. Basicamente, agentes da polícia, que são pagos para manter a ordem, tinham praticado um sequestro. As autoridades podem sequestrar gente? Não podem; está escrito na lei que não podem. Não podiam nem mesmo naquela época, que coincidia com a revogação do Ato Institucional nº 5. Se algo assim acontece, a imprensa tem de publicar – não porque a publicação deixaria constrangido um governo militar, mas porque o que aconteceu estava errado. Trinta anos depois, não há nada que se possa dizer de muito diferente.

O governo se queixa com frequência, hoje em dia, do que chama de hostilidade, malícia ou negativismo da imprensa em relação ao poder público. A revista *Veja*, particularmente, é um alvo constante desses comentários. Mas o que ela faz hoje é o que fazia trinta anos atrás, e nunca deixou de fazer neste tempo todo. Quanto aos governos, de qualquer época e qualquer orientação, mudam as pessoas, mas não muda a sua atitude essencial diante da imprensa: o que todos eles gostam, mesmo, é de elogio, e quando dizem o contrário estão mentindo. Se pudessem tirar das páginas da imprensa, a cada dia, tudo aquilo que não gostam, não hesitariam um minuto em fazer exatamente isso. O resto é conversa fiada, seja em governos militares de direita, seja em governos civis de esquerda.

Das reportagens, como da missa, o leitor só sabe a metade – a metade que foi escrita. A outra, que envolve a aventura pessoal do repórter para fazer seu trabalho, quase sempre permanece oculta. O texto publicado não revela as angústias, as esperanças frustradas, as horas passadas em salas de espera. Não fala das pistas que são seguidas e acabam dando em nada, das dúvidas quanto à certeza desta ou daquela informação (naquele tempo, era comum jornalistas terem dúvidas), das ameaças e das pressões. Nada diz sobre o cansaço, o custo cobrado da vida familiar ou a solidão que tantas vezes acompanha um repórter ao longo da realização de uma reportagem. Deixa de fora a adrenalina, as emoções e a alegria plena, pura e simples, direta na veia, quando se confirma uma informação vital para a matéria. Agora, numa reconstrução notável de tudo o que aconteceu naqueles dias, *Operação Condor – O sequestro dos uruguaios: uma reportagem dos tempos da ditadura* traz para o leitor a metade que não apareceu na época.

A imprensa não precisa de heróis.

Precisa de profissionais como Luiz Cláudio Cunha.

Olho no olho do condor

Juca Kfouri*

Difícil definir o que você lerá aqui.

Porque se trata, sem dúvida, de uma obra-prima.

Um primor de trabalho que, no entanto, melhor seria se não tivesse motivo para existir.

Luiz Cláudio Cunha nos traz de volta um pesadelo que ele viveu por dentro e que, graças à sua coragem, seu talento e sua persistência, trouxe à luz numa série de reportagens que honra a história do jornalismo brasileiro.

Faz trinta anos que tudo aconteceu, mas parece que faz trezentos.

Difícil acreditar que vivemos tudo o que Cunha descreve com a precisão de repórter raro e a precisão de cirurgião habilidoso.

Porque ele penetra fundo na podridão de toda uma época e amplia, com a visão de historiador, a cena de um humilde apartamento gaúcho que bem poderia se chamar Brasil, ou melhor, América do Sul.

Podridão bem ao gosto das garras e do bico deste abutre chamado condor, que espalhava terror com sua envergadura de maior ave do mundo pelos porões do submundo da repressão.

Pois Cunha olhou fundo nos olhos do condor, sentiu medo, muito medo, e não se intimidou.

A simples releitura do que foi aquela série de reportagens publicada em *Veja* já justificaria a lembrança justa de um tempo que faz parte do lixo da humanidade, mas nem por isso Cunha se limitou a recontá-la simplesmente.

Ele a ampliou, a atualizou, fez novas descobertas e ainda a complementou com dois anexos que trazem de volta as sombras de um plúmbeo Uruguai e a escuridão de uma conspiração que cobre de vergonha os que dela participaram sob as asas da Operação Condor.

Sim, com dor, com sangue, com urina, fezes, assassinatos, desaparecimentos, torturas, algumas aqui descritas pela primeira vez, fruto da confiança que Cunha desperta e da sincera necessidade de deixar testemunhos para a posteridade.

Os personagens são um casal de uruguaios adultos, um casal de crianças uruguaias, uma dupla de policiais brasileiros, um sem-número de políticos e militares covardemente cúmplices de um enredo que não se sustentava em pé. E dois jovens jornalistas simplesmente devotados ao seu ofício de revelar a verdade dos fatos, com Cunha e o inesquecível repórter-fotográfico J.B. Scalco, o "Van Gogh dos pampas", coadjuvados por advogados valorosos, outros tantos jornalistas abnegados, juízes que dignificaram suas togas, brava gente brasileira, que triunfou.

* Juca Kfouri é jornalista e foi diretor de redação das revistas *Placar* (1979-1985) e *Playboy* (1991-1995).

Sim, que ironia, que triunfou.

Porque ao contrário do que um dia pareceu, a verdade veio à tona, e a história pode ser contada não pelos algozes que apenas acabaram por assim ser retratados, como bestas feras relegadas ao papel de ler aqui suas desgraçadas biografias. Gente que não merece o benefício da dúvida, porque as dúvidas Cunha as dirime todas, nem muito menos do perdão.

Difícil descrever o que você lerá aqui.

Melhor teria sido se nada nem parecido tivesse acontecido ontem, três curtas décadas atrás.

Bem melhor seria que estas linhas, à guisa de pobre prefácio, exaltassem a arte ficcional de um novo escritor da literatura fantástica latino-americana.

Mas, não!

O que você lerá a seguir aconteceu passo a passo, choque a choque, até que o repórter a iluminou com a restauradora luz da verdade.

Verdade de um tempo em que jornalismo investigativo era sinônimo de risco de vida e em que a tecnologia da tortura era mais avançada do que a da transmissão de dados.

Tempos de escrever em laudas e transmitir por telex, mas de choques elétricos na genitália.

Tempos em que não se sonhava com as pedaladas de Robinho, mas que se padecia com os Didis Pedaladas, Seeligs e Fleurys, além de generais que emporcalharam suas fardas e de governadores biônicos que não honraram suas calças.

Uma verdade para não ser esquecida jamais, pelos nossos filhos, pelos nossos netos. E em homenagem a Scalco, Lílian Celiberti, Universindo Díaz, Francesca e Camilo e a todos que padeceram nas mãos dos torturadores.

Uma verdade que, mais uma vez, todos devemos a este exemplar Luiz Cláudio Cunha, que há muito orgulha seus contemporâneos.

Operação Condor – O sequestro dos uruguaios: uma reportagem dos tempos da ditadura passa a fazer parte do que de melhor se escreveu sobre os anos de chumbo deste nosso lado do mundo.

Apresentação

Esta é a reportagem de uma grande reportagem – no sentido mais literal e menos arrogante do termo.

A reportagem é uma longa travessia que contraria as práticas e os limites de tempo sempre estritos da notícia. Se a notícia é o urgente relato de um fato, a reportagem é a descrição ampliada e circunstanciada desse acontecimento. É um jogo de paciência onde a investigação vence a ancestral impaciência da redação pelo resultado diário, pela apuração cotidiana de um tema sujeito ao maldito destino de virar embrulho de peixe como jornal velho do dia que passou.

A reportagem de *Veja* sobre o sequestro dos uruguaios, que se estendeu durante 86 semanas, começou com uma pergunta feita na edição com data de 29 de novembro de 1978, após o relato pioneiro do encontro de dois repórteres com homens armados no apartamento da rua Botafogo, uma semana antes. Terminou no reconhecimento da edição com data de 30 de julho de 1980, que trazia a corajosa decisão do juiz Moacir Danilo Rodrigues, de Porto Alegre, condenando pela primeira vez no país agentes do intocável mecanismo de repressão armado pela ditadura de 1964. Existe um enorme espaço de tempo entre os dois títulos da intrigante indagação inicial – "Onde estarão?" – e da consoladora afirmação final – "Verdade resgatada" – que demarcam a teimosa, persistente cobertura dedicada ao caso.

No intervalo entre a dúvida do paradeiro dos sequestrados e a certeza da verdade resgatada decorreram 630 dias, quase 21 meses, cerca de dois anos de árdua investigação – superando mentiras escarpadas, cavando fontes amedrontadas, respirando a poeira do acobertamento, procurando atalhos seguros para chegar ao cume das responsabilidades e ao esclarecimento dos fatos.

Não havia uma preocupação formal de falar no assunto toda semana. Falava-se quando era necessário, quando havia novidades, quando se lançavam novas luzes sobre o caso. Nem toda edição da revista tinha matéria do sequestro. Ainda assim, o espaço estava garantido quando os fatos tornavam obrigatório o seu registro. Foi o que aconteceu nos meses de dezembro de 1978 e de janeiro de 1979, com presença do tema em cada uma das oito edições semanais de *Veja*. De outra parte, no mês de agosto de 1979, não existe uma única página sobre o sequestro.

Essa rara liberdade na abordagem de um tema tão extensivo se juntava a outra condição incomum do jornalismo: a dedicação de um repórter por tanto tempo a um único tema. Liberado da pauta de rotina de outros assuntos, passei a dedicar-me de forma intensiva e quase exclusiva ao sequestro. Essa opção se devia à compreensão dos editores em São Paulo de que a pauta do sequestro exigia uma permanente investigação.

A ausência do sequestro nas páginas de *Veja* dava eventualmente a impressão de que a sucursal e a revista tinham abandonado o tema. Não passava, contudo, de um eventual recuo tático para um avanço estratégico seguro. Resguardava-se a publicação em uma ou outra semana para um salto evidente na semana seguinte. Na verdade, o trabalho nunca parava – continuávamos apurando, investigando, conferindo, conversando e ganhando a confiança de gente assustada, que não queria nem podia aparecer. Era uma batalha semanal, diária, para ganhar confiança e avançar na história. Exigia tempo e paciência. Não permitia qualquer desvio para cobrir outros assuntos, mais amenos.

A série do sequestro tem um detalhe curioso: a intervenção decisiva de três fotógrafos em momentos pessoais que não registram um simples clic, não renderam uma única foto. João Baptista Scalco, que estava ao meu lado quando fomos recebidos com pistola na cara no apartamento de Lílian e Univerindo, não pôde apontar sua câmera para os policias, mas reconheceu com firmeza o rosto dos sequestrados impresso com nitidez em sua memória fotográfica. Olívio Lamas teve a ideia e deu o berro poderoso que trouxe à luz o rosto da agente do DOPS que custodiou as crianças sequestradas. Ricardo Chaves teve uma participação decisiva quando, pelo detalhe e não pelo retrato, resgatou a pista já descartada na identificação de um dos sequestradores.

A conclusão dessa tripla experiência sem fotos é que todos os três, em momentos distintos da apuração, justificaram como ninguém a condição de repórter-fotográfico. JB, Lamas e Kadão não precisaram de máquinas para exercer seu ofício. Valeram-se apenas da inteligência, da coragem e do senso jornalístico para reafirmar a condição de repórter mais do que a de fotógrafo.

A série sobre o sequestro dos uruguaios aconteceu ontem, no final de 1978, ao apagar do século XX. Parece agora um passado remoto, enterrado no subsolo do tempo, sob camadas sucessivas de novidades que cobrem tudo aquilo como um fóssil do jornalismo, mais atraente à lupa de um veterano arqueólogo do que ao olho de um jovem repórter.

Vivia-se uma compassada era pré-digital, em que jornalistas não dispunham de celular, computador, correio eletrônico, *laptop,* internet, Google, Wikipédia... Não havia *gadgets*, nenhuma maravilha tecnológica da realidade *on-line,* do paraíso *high-tech* e do universo *wireless* que pudesse facilitar a vida de um repórter.

Antes da pedra filosofal da eletrônica, havia a química, hoje tão medieval como a alquimia. As fotos não eram um milagre instantâneo. Passavam antes pelo papel, que era banhado em solução de ingredientes mágicos que faziam a foto emergir lentamente no banho de revelação no quarto escuro. A transmissão de imagens não era um frenesi medido em *bytes* ou segundos. Levava quinze, vinte minutos para cada foto ser transmitida, via telefone, por uma geringonça barulhenta chamada telefoto. Dali saía às vezes não uma foto, mas um borrão imprestável que nos obrigava a repetir todo o processo.

As matérias não eram digitadas em tela limpa e iluminada de computador, para transmissão fulminante via satélite. Todo texto era batido na máquina de escrever, no máximo portátil, em laudas impressas que se empilhavam cheias de palavras cobertas pela letra X – a tecla que se usava para cobrir os erros de digitação e gramática, já que ainda não havia a miraculosa tecla "delete" dos computadores.

Datilografada a matéria, o texto era redigitado por um teletipista na máquina de telex – um aparelho ponto a ponto que transmitia o texto de Porto Alegre para São Paulo, através de uma fita picotada que, em dia de sorte, não se rompia. Era preciso sorte.

Não existiam câmeras ocultas, nem se usava gravador. Grampo era uma façanha tecnológica de alcance exclusivo da repressão. As conversas eram olho no olho, repórter e fonte, sem nenhum gravador como intermediário. Naqueles tempos inseguros, o microfone de um gravador produzia mais insegurança na conversa do que certeza no texto. Em mais de seiscentos dias de apuração, não existe uma única conversa gravada na série sobre o sequestro.

Em tempos assolados pela praga que Alberto Dines apelidou de "jornalismo fiteiro", é difícil imaginar que uma cobertura extensiva de 86 semanas tenha sido feita apenas com o suporte de escassa tecnologia, como canetas Bic e cadernetas de anotações – além das pesadas câmeras Nikon convencionais armadas com teleobjetivas nem sempre discretas. Nada além disso. O resto – diria Ricardo Kotscho – era sola de sapato, acrescido de muita conversa, teimosia e persistência. Ainda que misturadas pelo medo endêmico daqueles tempos.

Muitas daquelas conversas feitas em *off*, na investigação do sequestro, preservam o sigilo da fonte até hoje. Como já disse em outra oportunidade, o *off* não é um valor absoluto, intangível, dogmático. O *off*, como um medicamento eficaz, deve ser parcimonioso e pontual. Não pode ser uma droga que transforme o repórter e o jornalismo em dependentes crônicos, com o cérebro bloqueado e a pulsação alterada pelo vício continuado da informação anônima – que só excita o jornalismo irresponsável e cambaleia a credibilidade da informação.

O *off* é um escudo necessário quando está em jogo a integridade da informação, a segurança da fonte, o interesse da sociedade. Adélio Dias de Souza, o bilheteiro da Rodoviária que testemunhou um momento decisivo do sequestro – a prisão da uruguaia Lílian Celiberti pelo delegado do DOPS Pedro Seelig – não quis falar formalmente. Ao ser localizado pela equipe da revista, Adélio recusou-se a depor – para mim, como entrevistado, e para o promotor, como testemunha de acusação. Ele, como todos nós, tinha medo.

Adélio merecia ser protegido, não condenado. O perigo de retaliação era tão imediato que não se podia nem descrever a cena da Rodoviária. A simples menção poderia identificar a fonte aos policiais, já nervosos pela investigação persistente da imprensa. Naquele momento delicado, sabíamos que mais importante do que a informação era a proteção física do informante e a segurança de sua família. A vida é sempre maior do que o jornalismo, que a tem como missão. Ainda assim, a informação em *off* do bilheteiro foi crucial para confirmar detalhes do início do sequestro em Porto Alegre, emprestando mais segurança à investigação. Sustentei este *off* durante longos quinze anos, até que Adélio se sentisse seguro, em 1993, para mostrar a cara e contar sua história no caderno especial (edição de Eduardo Bueno) de *Zero Hora* e no documentário (direção de João Guilherme Reis) para a RBS TV, que eu escrevi e apresentei como repórter e testemunha do caso.

Três décadas depois da primeira matéria sobre o sequestro, descobri animado que algumas conversas difíceis naquela época ficaram menos complicadas, desobstruídas pelo tempo, ponderadas pela distância, depuradas no filtro da história e lapidadas na consciência de todos. Militares e paisanos, policiais e vítimas, gente do governo e da oposição, pessoas graúdas e figuras modestas falam agora com mais desenvoltura, embora ainda preservando a discrição, quando não o anonimato.

Outras informações me chegaram ao longo do tempo, e a pesquisa sobre o episódio desencadeado em novembro de 1978 se aprofundou. A investigação foi detalhada e, para a rechecagem de dados e personagens inesperados, novas entrevistas foram feitas. Surgiram daí algumas das peças que faltavam na montagem do quebra-cabeça da investigação jornalística de trinta anos atrás. A necessidade de um espaço maior para a reportagem ampliada por novas revelações fez com que eu retomasse o antigo projeto de um livro-reportagem.

No corpo do livro, reconstituo com detalhes inéditos o sequestro de Lílian Celiberti e Universindo Díaz, indo além, antes e depois daquele encontro com os sequestradores armados daquela sexta-feira, 17 de novembro. Faço um corte transversal no tempo, para não ficar confinado às paredes do apartamento da rua Botafogo. O que acontecia ali dentro era apenas um reflexo do que se passava lá fora. Não tinha começado naquela tarde, não acabava naquele lugar, não se reduzia a personagens secundários da polícia local. A cena de violência da rua Botafogo era o reflexo da grande política, dos grandes personagens e das grandes tragédias que moldavam o Brasil do final dos anos 70. Era apenas um retrato em branco e preto daqueles tempos cinzentos que o país procurava vencer, deixando para trás o sufoco da ditadura em busca do ar limpo da democracia.

Ninguém sabia o tempo dessa jornada, nem mesmo se aconteceria. A partir de 1978, o país ainda iria respirar o ar viciado da Botafogo por longos sete anos, até que o último general deixasse o Palácio do Planalto pela porta dos fundos, devolvendo o poder aos civis.

Por isso, mais do que o relato de um sequestro, esta é uma reportagem dos tempos da ditadura. Em primeiro plano narro a sequência dos eventos que vitimaram Universindo, Lílian e seus dois filhos, mas faço também uma incursão ao passado e atualizo a história do presente. Parto de meu testemunho de vida e de minha visão como repórter, mas também reconstruo episódios e cenários conforme me foram contados e descritos pelas personagens da narrativa, que tiveram voz, cara e coragem para me ajudar a reconstruir os acontecimentos.

Para não quebrar o fluxo dessa narrativa, evitei ao máximo o uso da nota de pé de página. Recorri a ela, em dose mínima, apenas quando foi necessário um esclarecimento pontual ou uma referência específica que reforçaria a credibilidade do relato sem prejudicar o ritmo da leitura.

Adicionei ainda dois anexos. No primeiro, reconstituí o cenário histórico do Uruguai, que compartilhava as mesmas dores e tragédias com o Brasil da época dos sequestrados. No segundo, resumi a trama da criação da Operação Condor, da qual o sequestro de Porto Alegre é um raro exemplo no Cone Sul em que as vítimas sobrevivem fortes e íntegras como a dura verdade que descrevem ao longo deste livro.

Neste livro, a história do sequestro mistura-se à biografia das personagens, nem todas encontráveis na rua Botafogo, nem todas contemporâneas de 1978. Elas emergiram clandestinas em outros tempos, em lugares distintos do Cone Sul do continente – nas ruas do bairro porto-alegrense do Menino Deus, na paulistana rua Tutoia, na carioca rua Barão de Mesquita, na Automotores Orletti de Buenos Aires, nas colônias de terror da DINA chilena, nos centros de tortura de Montevidéu. É a biografia de cada um que traça o fio caprichoso da história.

Aparentemente, uma cena ou outra pode parecer repetitiva. É a cena recontada pela testemunha do sequestro, pelos sequestrados e pelos sequestradores. Um recurso deliberado de narrativa para contar a história de três perspectivas distintas, que convergem para uma verdade mais completa. Afinal, como repete sempre o repórter uruguaio Roger Rodríguez: *la verdad es, la historia puede ser.*

É a integração dessa tríplice visão que faz a junção da história com a verdade. A história narrada neste livro é a verdade que pode ser – e é.

Acredito também que a história é construída pela biografia de cada um de nós.

O sequestro de Porto Alegre destacou algumas, rebaixou outras.

Eu lembrei algumas delas, outras também.

Elas estão contadas nas páginas seguintes.

Luiz Cláudio Cunha

1
O TELEFONEMA

Porto Alegre, novembro de 1978

As pernas tremem, bambas.

Não desabo no chão porque estou sentado no banco da frente do Chevette. O cano escuro da pistola a um palmo da minha testa é a imagem que ainda gira solta dentro da minha cabeça. Não tenho ideia melhor.

– Vamos embora, Scalco!

Amolecido como eu, Scalco tenta se desculpar enquanto liga o motor.

– Minha perna está mole. Vou ter que fazer força pra engatar a primeira e sair daqui.

– Toca em frente, cara – insisto. – A minha perna também está travada. Ainda bem que não estou dirigindo, Scalco. Não tenho o hábito de encarar uma pistola assim, tão de perto...

– Nem eu, chefe!

O carro arranca lenta, suavemente, tentando preservar o silêncio da rua cheia de árvores, vazia de gente. A chuva mansa que cai naquela tarde cinzenta de primavera em Porto Alegre deixa o dia ainda mais sonolento. Do outro lado da rua, um Passat creme sem placas continua estacionado com um homem ao volante. Ele nos segue com os olhos. Quatro quadras adiante, antes de dobrar à direita na avenida Praia de Belas, Scalco confere pelo espelho retrovisor antes de responder minha pergunta.

– O Passat continua parado, ninguém nos segue.

A rua Botafogo fica para trás, sonolenta e monótona. Nada parecia perturbar sua tranquilidade de final de tarde, véspera de fim de semana. Ainda assim a tremedeira não passa.

Chego a pensar em perguntar ao Scalco como é que ele consegue imprimir força suficiente na perna para pressionar o acelerador. Não faço a pergunta, com medo de parecer ainda mais ridículo naquela circunstância.

Diabos, o que estava acontecendo? No curto trajeto de volta para a sucursal, eu procurava organizar o caos dentro de minha cabeça. Tentava cavar respostas, mas só brotavam novas perguntas.

Por que a visita ao apartamento da Botafogo, os dedos nervosos nas armas engatilhadas, o medo nos olhos, os minutos de terror?

Por que a liberdade inesperada, a sensação de alívio, a impressão de culpa e a tentação de fugir?

Fugir de quê? Fugir pra quê?

Eu sabia que teria uma sexta-feira agitada, normalmente agitada, mas nada parecido com aquilo.

Diabos, eu estava com medo, tremia.

Por quê?

***

Aquela sexta-feira, 17 de novembro de 1978, amanheceu com água caindo sobre Porto Alegre e votos jorrando das urnas.

Dois dias antes, o país fazia fila para votar nas eleições que renovaram a Câmara dos Deputados e um terço do Senado. Os jornais da manhã exibiam o sorriso plástico do presidente do partido governista, Francelino Pereira, emoldurando seu anúncio de que "a ARENA está vencendo no país inteiro, em termos gerais".

A matemática oficial, em termos, estava certa. O governo ganhava em 12 dos 22 Estados brasileiros, mas o partido da oposição, o MDB, esmagava a ARENA nos grandes centros urbanos e nas regiões de maior concentração eleitoral. Os números permitiam que um e outro, usando raciocínios diferentes, alardeasse a mesma vitória.

No Rio Grande do Sul, um fiel reduto oposicionista até nos anos mais duros da ditadura militar, a contagem dos votos não admitia dúvidas: a oposição ganhava, mantendo a maioria na Assembleia Legislativa e derrotando os três candidatos arenistas com seu candidato único ao Senado, Pedro Simon, presidente estadual do MDB.

Na sexta-feira, em sua casa no litoral gaúcho, Simon, impedido duas vezes de conquistar o governo estadual por força de cassações de mandatos parlamentares e casuísmos eleitorais, já podia falar sem constrangimentos de sua vitória: naquele momento, 58% dos votos apurados eram dele.

Para dedicar a vitória ao povo pela "capacidade de resistência", o novo senador gaúcho começou a receber a imprensa, vestido ainda de pijama e chambre azul, empunhando seu inseparável cachimbo e amparado na mesa ao lado por um exemplar da obra *A justiça no mundo*, edição do Vaticano. Dois emissários meus reforçavam o grupo da imprensa na entrevista do senador eleito: o repórter Pedro Maciel e o fotógrafo Ricardo Chaves, da sucursal da revista *Veja* em Porto Alegre, que eu chefiava havia seis anos.

Assim, cortado pela metade, o efetivo da sucursal ficava reduzido a mim e a Dedé, a repórter Adélia Porto da Silva. As nossas preocupações previam uma sexta-feira limitada às paredes da simpática casa térrea onde se alojava a sucursal, na Vieira de Castro, uma rua arborizada e tranquila do bairro Santana. Uma recepcionista ocupava o hall de entrada, que convergia para um corredor que levava às duas primeiras salas, repartidas entre o departamento comercial e a área administrativa.

A partir dali começava o mundo mais trepidante e ruidoso da redação. Um pouco mais adiante, o corredor curto e estreito se abria para dois ambientes. À direita, a minha sala: a mesa sempre forrada de jornais, com o telefone e a parruda Olivetti Línea 88 ao lado, atrás de duas cadeiras e defronte a um armário com a coleção da revista *Veja* e alguns arquivos de reportagens. À esquerda, do outro lado do corredor, a sala barulhenta do Tota, o Aristóteles Azevedo, o veloz teletipista que passava o dia picotando em fita as matérias que eram enviadas pelo telex à sede da Editora Abril, em São Paulo.

Ao fim do corredor, a sala ampla da redação, onde se alinhavam meia dúzia de mesas dos repórteres e fotógrafos que integravam as revistas da Abril no Sul – *Veja*, *Placar*, *Exame* e *Quatro Rodas*, entre as principais. Em um cavalete, junto à parede, os principais jornais da cidade e do centro do país. O aparelho de TV estava sempre ligado, sem som, para não abafar o rádio que se alternava entre os noticiosos das duas principais emissoras da capital, a Guaíba e a Gaúcha.

Tudo sob o olhar vigilante e a organização rígida da minha secretária, Loraine, uma loira alta e vistosa que singrava aqueles mares agitados com a serena autoridade da Sétima Frota americana. O janelão dos fundos escancarava o pequeno pátio, de onde vinha o ar fresco do jardim, que renovava os pulmões, e a imagem da churrasqueira, que reforçava a gula.

Nesse mar ruidoso, especialmente em uma sexta-feira de fechamento, Dedé e eu nos dividíamos entre o telefone, o telex, a máquina de escrever, o rádio e o aparelho de TV – que naquele dia, para desespero geral, pareciam rugir simultaneamente.

À medida que a apuração avançava e os números se cruzavam no ar, era preciso transmitir imediatamente o que nos interessava para a redação central da revista, em São Paulo, onde se preparava a reportagem de capa da semana que fechava naquela madrugada.

No final da manhã, Loraine entra na minha sala e faz sinal para interromper a conversa ao telefone. Tapo o bocal com a mão.

– Fala, secreta...

– Tem um homem no telefone querendo falar contigo. Um castelhano. Não disse quem é – avisa.

– Pô, eu estou com a redação de São Paulo na linha. Não posso atender agora – digo, com certa irritação.

Retomo minha conversa com o editor da revista sobre o andamento das eleições. Minutos depois desligo e volto a batucar minha Olivetti velha de guerra. Cesso o tlec-tlec na lauda para atender outra vez o telefone. É a secretária de novo, desta vez ligando pelo ramal da sala logo ali ao lado, certamente para não ver minha cara feia.

– Chefe, ligação de São Paulo pra ti.

– Da revista? – imagino.

– Não. É aquele sujeito de novo, o castelhano.

– Em dia de fechamento, só falo com a revista, Loriley – lembrei, apelando para o apelido carinhoso que podia amenizar minha bronca. Mas ela insistiu:

– O cara parece nervoso...

– Droga! Passa, então... – concedi, com a ideia de me livrar logo daquele incômodo. – Alô!

– *Hola!* – foi a resposta do outro lado. Minha saudação virou uma pergunta.

– Alô???

– *Periodista Luiz Cláudio Cunha*?

Lembrei do alerta da secretária. Era o castelhano. O próprio. Entramos em sintonia falando o espanhol.

– *Sí. Quién habla?* – O homem ignorou minha questão e entrou direto no assunto que lhe interessava, sem me dar espaço para interromper seu recado.

O tom de voz era apressado, traindo certa urgência, certamente ansiedade.

– *Hola! Una pareja y dos niños uruguayos que viven en Porto Alegre están desaparecidos hace una semana. Los nombres son Lilián Celiberti de Casariego y Universindo Rodríguez Díaz, y los niños se llaman Camilo y Francesca. Hola?... Me escuchas?...*

– *Sí, claro. Estoy anotando todo...* – disse, enquanto rabiscava em uma folha de papel. – *Y la dirección?*

– *La dirección es Calle Botafogo, número 621, habitación 110, bloque 3. Por favor, necesitamos que alguien vea lo que pasa.*

Tentei descartar aquela missão inesperada. Bom momento, pensei, para um maluco qualquer ligar na hora mais inconveniente para um jornalista: o horário de fechamento da edição. Arrisquei:

– *Che, no es posible que estas personas hubiesen viajado, algo así, normal?...*

– *No, nosotros lo sabríamos...* – insistiu o homem. Tentei cercar a informação pelo outro lado:

– *Cuál es el significado de "desaparecidos"?*

– *Detenidos* – respondeu ele, secamente, sem dar detalhes.

– *Pero... quién está hablando?* – avancei, tentando descobrir quem eram "nosotros". – *Como es su nombre?*

– *Estoy llamando desde San Pablo* – disse, sem responder minha pergunta. Desligou, sem nem se despedir.

O sujeito não parecia mal-educado.

Só nervoso.

***

Larguei o telefone e desliguei o assunto da minha cabeça, mergulhando de novo na zoeira eleitoral que congestionava a sucursal.

Eram quase quatro horas da tarde quando Dedé e eu completamos o trabalho, com uma projeção segura da futura composição da Assembleia estadual e a relação dos deputados federais mais votados. Restava agora aguardar números atualizados no final da noite para uma última checagem – e o retorno da dupla que fora ao litoral entrevistar Pedro Simon, o senador recém-eleito e principal personagem gaúcho da semana.

Deixei de lado por alguns instantes a máquina de escrever e dei de cara com o pedaço de papel onde anotara o estranho telefonema da manhã.

– Ihhhhh, os uruguaios! – lembrei.

Naquele momento eu estava a pé. Bira, o motorista Ubiraci Dias, circulava pelo litoral com a Brasília de cor creme da sucursal, acompanhando a dupla que ouvia o novo senador do MDB. Olhando pela janela à esquerda, vi no corredor da garagem o Chevette preto que poderia resolver a minha pedestre condição. Berrei da minha sala pelo dono do carro, que lia distraído um jornal na redação, em plena zoeira radiofônica.

– SCAAAAAAAALCOOO!!!

Segundos depois, invadiu minha sala o Scalco, João Baptista Scalco, ou simplesmente JB, o fotógrafo da revista esportiva da Abril, a *Placar*, que dividia a cobertura no Sul com seu amigo e parceiro, o repórter Divino Fonseca.

– Chamou, chefe?

– Tá fazendo alguma coisa ou tá coçando o saco, *Jotababy*? – provoquei, apelando para o nome artístico que JB usava quando, como *disc jockey*, animava um programa de música jovem em uma rádio de Tenente Portela, no interior gaúcho. Ele gostava da lembrança.

– Nada. Tava lendo o jornal.

– Vamos dar um passeio. Estamos a pé. Dá pra ir no teu carro? – sugeri, espichando o olho para o Chevette.

– Claro! Aonde?

– Uma checagem, cara-pálida, só uma checagem de informação. Te conto no caminho – falei, enquanto Scalco catava sua bolsa de equipamento na redação. Botei no ombro minha própria bolsa, com caderneta de anotações, caneta, cachimbo, fósforo e fumo, e abri a porta do carona do Chevette.

Meu motorista eventual parecia espremido na direção. Aos 27 anos, forte e robusto, Scalco tentava acomodar seu um metro e noventa no apertado banco da frente. Ele não era apenas o mais alto dos doze habitantes da redação da Abril em Porto Alegre. Era um gigante da imagem.

"O mais brilhante fotógrafo de esportes da história do jornalismo brasileiro", escreveu Juca Kfouri, diretor de redação da *Placar*, que o chamava de "Falcão da fotografia". O chefe de redação, João Rath, inventou outro apelido que JB adorava: "O Van Gogh dos Pampas".

Enquanto a maioria dos fotógrafos se postava ao lado do gol, junto à linha de fundo, Scalco tinha a mania de acompanhar os lances da partida do meio do campo. Para compensar a distância até o santuário dos dois goleiros, armava-se de teleobjetivas avantajadas, quase obscenas, de 400mm, que ele transformava em pincéis de precisão para desenhar com arte e poesia a paisagem sempre dramática da grande área.

A ousada opção por uma lente tão poderosa dava a Scalco uma crítica e estreita área de foco, cerca de um metro apenas de nitidez em cena captada a uma distância de 60 metros de seu ponto de observação. Se usasse uma tele menos ambiciosa, de 200mm, ele teria o conforto e a segurança de um foco com até quatro metros de tolerância.

Em um esporte marcado pelo movimento, pelo improviso, pela surpresa, pela rapidez, a atrevida opção por uma teleobjetiva tão potente poderia resvalar para escanteio, esbarrar em uma imagem tremida, tropeçar em um borrão sem foco, sem definição, sem bola. Pois Scalco conseguia driblar tudo isso com o seu olho mágico e firme, que aprisionava com nitidez o momento sublime do futebol. Nove de cada dez fotos que fazia tinham foco perfeito – e uma beleza ímpar.

O drible desconcertante, a bola beijando o travessão, a água espirrando na bola cabeceada sob a chuva, o esforço supremo dos jogadores saltando na área em banal cobrança de escanteio, os músculos crispados pela disputa mortal no lance decisivo. Tudo ficava eternizado com qualidade plástica e cores deslumbrantes, realçadas por outro lance de audácia: a contraluz, que afugentava tantos fotógrafos e que Scalco buscava com devoção e reverência.

Ele preferia a luz do segundo tempo do jogo, ao entardecer, quando o ângulo do sol se convertia para ele em aliado, não em algoz como para todos os outros. Fotógrafos comuns e torcedores de todos os times ficavam incomodados com aquele clarão nos olhos, que os fazia erguer a mão em gesto instintivo de proteção para o rosto.

Scalco, ao contrário, buscava esse confronto direto com o astro no céu, de quem ele roubava o clarão para conferir uma aura dourada aos astros no gramado, na grande área, onde ele brilhava como ninguém, calçado sempre com suas duas câmaras Nikon F-3. Humildes e agradecidos, os gênios da bola acabavam todos vestindo aos domingos o uniforme de modelos inesperados nos estádios, posando com graça e estilo para a lente sempre iluminada deste gigante da fotografia.

Como era comum nos anos 70, Scalco cultivava barba e bigode, em parte talvez para disfarçar um pouco o rosto cheio e simpático de nenê, realçado pelos cabelos encaracolados, de querubim. Com tudo isso só reforçava a aparência inusitada de um bebê chorão de barba e bigode.

Era esse o fotógrafo que, na ausência do Kadão, em viagem ao litoral, o acaso botou ao meu lado.

Um acaso que faria reaparecer quatro pessoas.

Um acaso que salvaria quatro vidas.

Una pareja y dos niños.

Os desaparecidos.

Detenidos.

2
A PISTOLA

Porto Alegre, novembro de 1978

O endereço da Botafogo ficava no bairro vizinho, o Menino Deus, a cerca de quinze quadras da sucursal, menos de três quilômetros em linha reta. A rua guarda o ar pacato e a arquitetura baixa que marca o horizonte do bairro, uma área residencial que, ao contrário de outras, ainda não cresceu para cima.

O Menino Deus se espraiou para os lados, horizontalmente, graças aos aterros que ampliaram os espaços, mas estrangularam a boca do Guaíba, o estuário às margens do qual nasceu Porto Alegre, a capital que só agora – bicentenária – ultrapassava o milhão de habitantes.

A rua era salpicada pela copa verdejante de jacarandás e cinamomos que, no verão, ofertam uma sombra preciosa e exalam um perfume suave na primavera. A chuva fina ressaltava o odor do verde e deixava a rua ainda mais deserta naquela tarde, quando o Chevette estacionou próximo ao número 621, na calçada oposta.

Havia um Passat cor creme, sem placas, estacionado quase em frente, com um homem ao volante. O endereço indicava um conjunto habitacional estreito e comprido. Tinha duas janelas de largura e três blocos de fundo, cada um deles com quatro andares.

Desembarcamos, e um garoto na calçada nos indicou o bloco 3, nos fundos do conjunto de classe média. Ingressamos no hall apertado do andar térreo, para onde se abriam as portas de quatro apartamentos. A porta cinza do 110 era a segunda à nossa esquerda, ao pé de uma escada que levava ao andar superior.

Aperto a campainha, com Scalco ao meu lado esquerdo. Aguardo.

Enquanto espero, um homem moreno, atarracado, peito largo e uma minúscula bolsa preta a tiracolo, entra no prédio vindo da rua e caminha em nossa direção. Penso que vai me dirigir a palavra, mas ele passa às minhas costas e sobe as escadas. Volto a minha atenção para a porta do apartamento, onde existe um pequeno olho mágico. Tenho a impressão de estar sendo observado.

Há alguém do outro lado da porta, penso, sem comentar nada com Scalco.

Ergo a mão para soar a campainha outra vez, mas antes disso a porta se entreabre, devagar, e para. No espaço estreito surge o rosto pálido de uma jovem morena e miúda, de cabelos pretos escorridos, sobrancelhas grossas e dois olhos arregalados, negros como um par de jabuticabas.

Ela se apoia com firmeza na porta, mas a dança nervosa dos olhos me dá a certeza de que ela treme, assustada.

Não diz nada, não faz nem mesmo a pergunta protocolar sobre o que eu queria. Por algum motivo parece não estar surpresa com minha visita. Apesar disso, permanece muda, talvez tentando me dizer algo somente com o olhar. Quebro o silêncio, cortando nossa muda troca de olhares, e pergunto primeiro pelo homem da casa. Atento à informação de que buscava *una pareja de uruguayos,* falo em espanhol.

– *Hola! Universindo está?*

Minha pergunta só deixa mais frenética a dança visual da jovem à minha frente. Ela não diz nada. Talvez não tenha entendido direito minha pergunta. Resolvo ser mais claro.

– *Universindo Rodríguez Díaz vive acá?*

– *Sí...sí* – balbucia ela, gaguejante, movendo os olhos de um lado ao outro, como a indicar alguém a seu lado, atrás da porta. Scalco desvia o olhar da jovem e observa, no seu lado esquerdo, o vão entre a porta e a parede, junto às dobradiças.

Há alguém ali, percebe Scalco, sem tempo de me avisar.

Encorajado pela resposta positiva, mudo o foco de minha atenção. Tento tirar nossa penosa conversa do impasse e procuro outra confirmação.

– *Usted es Lilián?...* – pergunto, recebendo de volta um contido aceno de cabeça, afirmativo, com certo ar de culpa.

Não é bem o que eu chamaria de diálogo, mas as duas respostas eram positivas. O telefonema anônimo tinha acertado o endereço e a identidade da dupla. Era um começo tortuoso, mas animador. Fico mais confiante e meu espanhol ganha mais fluência.

– *Bueno, nosotros somos de la Editorial Abril y recibimos ahora una llamada de San Pablo. Me gustaría saber si está todo bien...Yo...*

Não pude terminar a frase.

Em um movimento firme e rápido, mas sem violência, a jovem afastou-se para o lado, me deixou falando sozinho. Calei por um bom, sólido, metálico motivo. Saiu de cena o negro profundo de seus olhos cambiantes e entrou no seu lugar o interior escuro e estático do cano de uma pistola, a um palmo de minha testa.

Era a minha vez, agora, de arregalar os olhos.

Deixei o olhar escorrer pela arma cromada, que lembrava na forma e no tamanho uma pistola calibre 45. Fiz isso com o cuidado extremo de não perturbar qualquer nervo mais sensível de meu novo anfitrião. Minha maior preocupação, agora, era a mão direita, a que segurava a arma. Não queria fazer nada que pudesse contrair seus músculos – principalmente os do dedo indicador no gatilho da pistola.

Corri o olho pela coronha quadrada da arma, o braço direito que a segurava, e acabei no rosto magro e marcante de um homem branco, que regulava com minha altura e idade – menos de trinta anos, cerca de um metro e setenta de altura. Tinha cabelos castanho-claros, lisos, repartidos no lado esquerdo, pontuados por sobrancelhas bem definidas. Os lábios finos quase sumiam diante do bigode farto, que caía sobre os cantos da boca. Os olhos, arqueados levemente em simetria com o bigode, projetavam uma inesperada melancolia.

Um conjunto que produzia um olhar inesquecível – especialmente acompanhado por uma calibre 45 ainda mais melancólica.

Agora toda escancarada, a porta permitia que Scalco recebesse também uma recepção à altura, com uma pistola escura, igualmente assustadora. Era empunhada por um homem negro, de tez clara, robusto, com cintura redonda, cabelo curto e enrolado, sem barba ou bigode. Era mais forte e um pouco mais baixo do que Scalco.

Senti algo frio e metálico nas costas e, com o canto dos olhos, reconheci o atleta de bolsinha que subira as escadas do hall, segundos antes.

– *San Pablo?* – perguntou o homem de bigode à minha frente, em voz baixa, preocupado em não atrair a atenção de mais ninguém no prédio. Com o dedo indicador da mão esquerda me fez o sinal para entrar no apartamento, enquanto o homem por trás fazia uma leve pressão, forçando meu passo para frente.

Diante de tanto argumento a favor, não vi como resistir ao convite.

Nesse momento, o homem negro que rendia Scalco levou a mão direita até a máquina Nikon que ele trazia pendurada no pescoço. Isso fez o homem de bigode desviar os olhos de mim para Scalco e percebi nele, pela primeira vez, uma ponta de hesitação.

A máquina fotográfica o perturbou, pensei.

Scalco perdeu a Nikon e a bolsa de equipamentos, que o negro forte colocou sobre uma mesa de fórmica. A porta se fechou atrás de nós.

Estávamos em uma sala pequena, pobremente decorada, mobília simples. Sobre a mesa, em um suporte de metal, uma cuia minúscula de chimarrão, bem menor do que a gaúcha, confirmava a presença uruguaia no local. Atrás dela um aparelho de TV pequeno, ligado a meio volume, mostrava um filme de bangue-bangue em preto e branco que não atraía a atenção de ninguém na sala.

Justificável. Naquele momento, a maior atração eram os dois forasteiros – eu e Scalco.

Junto à parede havia um balcão e três cadeiras, todos em fórmica cinza combinando com a mesa. A persiana de ferro da única janela estava abaixada quase até o fim, embora a luz estivesse apagada. A iluminação vinha da rua, pela porta aberta da área de serviço que se atingia da sala com apenas quatro passos, ao lado da pequena cozinha do apartamento.

O assoalho de parquê denunciava que a dona da casa não controlava o lugar há algum tempo. Estava um lixo, com jornais espalhados, tocos de cigarro, latas de cerveja, marcas de sola de sapatos sujos.

Um outro homem se encarregara de arrastar a jovem para um quarto próximo ao corredor que desembocava na sala, logo que a porta fora fechada atrás de nós. Outros dois ou três homens permaneciam imóveis e calados no fundo da sala, protegidos pela penumbra que não permitia ver seus rostos.

Só se ouvia o som da TV. Scalco e eu ficamos estáticos no centro da sala, com as mãos para o alto. A posição parecia reflexo do filme de bang-bang. O homem de bigode aproximou-se de Scalco, com cuidado, apalpou o bolso da camisa polo vermelha e afastou-se, ao verificar que era apenas o chaveiro do Chevette.

– De frente pra parede, mãos acima da cabeça – ordenou o bigodudo.

Uma ordem que, estranhamente, me deixou mais aliviado. Ele falava no bom e claro português. Melhor, com o sotaque gaúcho. Um gaúcho da capital, certamente.

Um conterrâneo, tchê!

Um consolo besta, pensei, ao me apoiar na parede, mãos acima da cabeça, de cara para a parede. Fiquei mais no fundo da sala, com Scalco à minha esquerda, mais perto da porta. Senti uma leve cutucada entre os tornozelos, para abrir as pernas. Lembrei que já tinha visto a cena em muito filme policial. Este pequeno detalhe me deu a certeza que faltava: a técnica de revista não me deixou dúvidas quanto à identidade de nossos captores.

Mas, que tipo de policial?, me perguntei.

Vi Scalco ao meu lado sendo apalpado na cintura e por dentro das pernas pelo homem de bigode, que mantinha a pistola cromada na mão direita. O homem negro que recebera Scalco era quem me revistava, e senti um cuidado maior em relação a mim – coisa que não me deixou nem um pouco lisonjeado. Eu talvez fosse o sujeito que aqueles homens esperavam.

Meu diálogo rápido em espanhol com a jovem, à porta, reforçava a ideia de um visitante uruguaio.

O uruguaio que eles queriam, pensei.

A visita que a uruguaia temia, imaginei.

Senti a mão esquerda, grande e pesada, do negro me apalpando, em busca de armas. A mão direita continuava com a pistola às minhas costas, enquanto a outra percorria o meu peito, passava pelas axilas, descia para a cintura, deslizava por dentro da perna e terminava nas meias. Minha bolsa preta já me fora retirada do ombro e estava agora sobre a mesinha, em frente à televisão, ao lado do equipamento de Scalco.

Poderia ser um quadro do cinema mudo, não fosse o som baixo da TV e a respiração medida na sala. Afora isso, era o silêncio. Ninguém conversava.

O chefe falou o mínimo, o necessário para que a ação não perdesse a sequência, nada mais. Convencidos de que estávamos desarmados, o bigodudo e o negro afastaram-se em direção à porta, armas ainda apontadas para nós. Os outros homens na sala ficaram às nossas costas, disciplinadamente mudos. A distância maior das pistolas me ajudou a retomar o fôlego.

– Ei, o que está havendo? – comecei, provocando a primeira decepção na sala. Ué, eu não era uruguaio? Era brasileiro, como o bigodudo?

– Nós somos jornalistas! – emendei, transformando a decepção em espanto.

Jornalista? O que fazia um jornalista naquele lugar?

– Revista *Veja*, sucursal de Porto Alegre! – completei, convertendo o espanto em perplexidade.

Jornalista da *Veja*, logo da *Veja*, a revista semanal mais importante do país?

Senti no ar o peso de minhas três frases, cada uma pior do que a anterior. Se eu tivesse atirado uma granada no meio da sala, o estrago não poderia ser maior. Minha declaração não ajudou em nada a acalmar meus anfitriões.

Pelo contrário. Senti o chefe de bigode um pouco desnorteado, por duas razões muito simples: os dois peixes na rede não eram uruguaios e, pior, eram jornalistas – imprevisto que certamente não estava nos planos de nenhum daqueles homens armados.

– Como é que vocês chegaram até aqui? – perguntou o chefe, traindo certo nervosismo por trás de sua notável irritação.

– Eu recebi um telefonema... – comecei a explicar.

– De quem? – interrompeu ele.

– Não sei. Era um cara de São Paulo – completei.

– Como é que tu sabes que era de São Paulo?

– Não sei se era de São Paulo. Foi o que o cara disse. Ele tanto podia estar em São Paulo como no orelhão da esquina, porra! – respondi, com uma impensada ousadia, mostrando alguma irritação.

Houve um momento de silêncio, em que ninguém parecia ter mais perguntas a fazer.

Nós e eles, ao que parece, tínhamos chegado à mesma e frustrante conclusão – aquele encontro imprevisto nunca deveria ter se realizado. O equívoco se consumara, restava saber quem de nós poderia consertar a situação. Na falta de melhor ideia, o chefe de bigode tentou discutir normas de jornalismo – um terreno onde eu, francamente, me sentia muito melhor armado.

– Vocês costumam sair atrás de qualquer telefonema que recebem? – reclamou.

– Tchê, eu faço o meu trabalho, como vocês fazem o de vocês. Quando eu recebo uma informação, eu checo – respondi, até com um ar triunfal. – É o que estou fazendo agora. E, pelo jeito, a informação era correta...

O bigodudo desprezou a minha ironia, mais preocupado em descobrir uma saída para a situação. Embora ainda com as mãos para o alto, de frente para a parede, eu falava com ele olhando-o diretamente nos olhos, coisa que na hora me pareceu um bom sinal. Denotava certo descontrole, pois o normal seria que ficássemos sempre com a cara contra a parede, impossibilitados de identificar nossos captores.

Mais um equívoco, pensei.

Nada mal. Pelo menos era a nosso favor.

Já fazia uns quinze, vinte minutos que estávamos ali e certamente ali ficaríamos anos, estatelados, se alguém não tomasse a iniciativa de desfazer aquele nó. Eu até me apresentaria como voluntário, prazerosamente, mas liberdade de movimento era o que mais me faltava no momento. Esse não era o problema do chefe.

Com um aceno de cabeça para seus companheiros, colocou a pistola no cinto, encoberta pela camisa listrada de manga curta que ele vestia por fora da calça de brim clara, abriu a porta do apartamento e saiu por onde havíamos entrado.

Ficamos Scalco e eu naquela posição ridícula, apoiados na parede, sob a desconfortável vigilância de um bando de homens de quem não víamos o rosto, nem se ouvia nada. Apenas os sentíamos às nossas costas, o que só fazia aumentar nossa insegurança. O único que estava sob nosso ângulo de visão era o negro junto à porta, que não tirava os olhos de cima da gente.

Ele se mantinha mudo, como o resto do pessoal. Um constrangimento intolerável. Resolvi fazer uma gracinha para recuperar um pouco da confiança. A ausência do chefe, confesso, me intranquilizava.

– Ei, parece que caí numa fria, né?

– Uma baita fria, cara! – respondeu o homem negro, rompendo pela primeira vez o monopólio da fala do homem de bigode.

A resposta não me animou a continuar a conversa. A porta então se abriu e o chefe, para meu consolo, retomou seu posto. Desta vez, porém, parecia mudado com aqueles cinco minutos fora do apartamento. Perdera um pouco de seu nervosismo, ou aparentava mais calma, e tentou transmitir este estado de espírito a Scalco e a mim.

– Tudo bem com vocês, podem abaixar as mãos.

A luz foi acesa e percebi o clima de distensão quando vi as armas sendo colocadas de volta no cinto. O chefe nos pediu as credenciais de imprensa, puxou uma cadeira e sentou-se à mesa para anotar nossos nomes e cargos na sucursal da Abril. Para tão súbita transformação só consegui imaginar uma coisa: o chefe consultou algum superior hierárquico, pessoalmente ou por rádio, fora do apartamento, para decidir o que fazer conosco.

Percebi o recuo e parti para a ofensiva:

– Afinal, qual é o problema com o pessoal? Contrabando? Subversão?...

– Ah, sabe como é, estrangeiro ilegal no país, essas coisas... – respondeu o bigodudo, sem levantar os olhos do papel onde escrevia. A explicação parecia indicar uma operação da Polícia Federal, a quem está afeta este tipo de problema, mas o bigodudo procurou ser vago o bastante para me deixar na dúvida. Tentei mais uma vez.

– Bem, eu vou ter que publicar alguma coisa a respeito...

– Não, nada disso – interrompeu o chefe –, tu não podes noticiar nada. Se esse cara que telefonou voltar a ligar, não diz que nós estamos aqui. Vamos ficar esperando.

Ele terminou de anotar os dados de nossas credenciais, devolveu as carteiras e, pela primeira vez, sorriu, como uma espécie de prêmio pelo nosso bom comportamento.

– Pronto. Agora vocês podem ir. Estão liberados – completou, com a mesma frieza de um encarregado do setor de crediário de uma loja ao nos informar, para alívio mútuo, que nosso crédito estava afinal liberado. Senti uma sensação estranha no estômago.

Naquele instante, porém, a expectativa de respirar ar puro a céu aberto, a poucos passos dali e longe daquilo tudo, pareceu-me a coisa mais importante do mundo. Sem pensar muito, guardei minha credencial dentro da bolsa e me dirigi para a porta aberta, seguido de Scalco. Felizmente tive a mínima lucidez de não estender a mão para me despedir do chefe.

Saímos para o hall e dali ganhamos a lateral do prédio, sob a chuva fina que caía mansamente na cidade. Tudo continuava deserto, sem ninguém por perto.

Aproveitei a curta caminhada para respirar fundo e, em voz baixa, sem olhar para o lado, perguntei:

– Scalco, tu reconheceste alguém aí dentro?

– Não tenho certeza, mas... um deles me lembrou o Didi...

– Quem?

– O Didi... Didi Pedalada. Um cara que jogou no Inter, anos atrás. Lembrei dele quando vi o sujeito na porta. Mas... não sei.

Scalco parou de falar quando alcançamos a calçada, ainda deserta. Nem o garoto que nos indicou o bloco estava lá. Não havia ninguém. Mas o Passat creme continuava estacionado em frente ao prédio. O rápido olhar do sujeito ao volante sobre nós não me deixou nenhuma dúvida. Aquele homem sabia do que se passava no interior do apartamento. Ele era um deles.

Atravessamos a rua, Scalco destrancou o Chevette e entramos no carro. Sentei no banco da frente e foi aí, então, que eu senti – ou melhor, não senti as pernas.

Eu amolecia rapidamente. Diabos, eu estava com medo, tremia. Por quê?

Por que a pressa de sair dali, por que a falta de maior agressividade nas perguntas para o chefe daquela operação?

Droga, eu sabia por quê.

– Vamos embora, Scalco.

Não contei nada a ele, enquanto olhava no horizonte sem fim da rua Botafogo.

Não era a primeira vez que eu via aquela moça.

Eu já conhecia Lílian.

3
O VISITANTE

Porto Alegre, outubro de 1978

– *Permiso?*

Era um dia qualquer de outubro, não lembro.

O rapaz educado que ingressou em minha sala, conduzido pela secretária da redação, não chegou a atrair minha atenção.

Como muitos outros não estava interessado em mim, mas nos pesados volumes em couro negro onde estavam encadernados dez anos de vida da revista *Veja*. Era comum que estudantes, pesquisadores ou simples curiosos recorressem à preciosa biblioteca disposta na prateleira em frente à minha mesa.

Orientado por Loraine, ele ficou ali, em pé, examinando as datas na lombada da coleção, abrindo um ou outro volume, enquanto eu batucava algo na máquina. Depois de algum tempo, percebendo seu desconcerto diante de tanta informação acumulada em mais de quinhentas edições da revista, procurei ser gentil:

– Tchê, estás procurando alguma reportagem em especial?

– *Sí, busco notas acerca del Uruguay* – respondeu ele, com um sorriso simpático por baixo do bigode moreno e bem aparado, com cabelos escuros e lisos, tez pálida como a maioria dos uruguaios, o que não comprometia o ar saudável de um corpo mediano no peso e na altura, que ainda não atingira os trinta anos de idade.

– *Usted es uruguayo?* – perguntei, contente como sempre em falar com gente de um país que é quase um prolongamento natural do Rio Grande do Sul.

Um único pampa largo e espraiado que une gaúchos de um lado e outro da fronteira seca sob hábitos e marcas tão comuns como o chimarrão, a milonga, os rebanhos de gado, o horizonte sem fim das pastagens, o minuano, as corridas de cancha reta, o recorte suave das coxilhas, a *payada* e o churrasco.

O único detalhe que nos separava, claro, era o futebol.

***

Desde 1972 eu viajava sistematicamente ao Uruguai, a passeio ou a trabalho, e tinha uma bela lembrança daquelas jornadas.

No início da década, quando o Uruguai ainda era uma democracia, nós costumávamos fugir da ditadura aqui para respirar liberdade lá. Quando um feriado emendava com o fim de semana, Kadão e eu, ambos noviços na sucursal da *Veja*, tínhamos por hábito breves escapadas para respirar democracia em Montevidéu, a capital iluminada que mantinha cinemas e livrarias da avenida 18 de Julio abertas e agitadas até a madrugada.

Via-se tudo, lia-se de tudo em um país de elevado nível cultural e alta consciência política. Nós saíamos do cinema que exibia *Laranja Mecânica*, de Kubrick, e entrávamos na sessão do outro lado da avenida, dedicada a *Sacco e Vanzetti*, de Montaldo. Depois, *A Classe Operária vai ao Paraíso*, de Petri, *A Batalha de Argel*, de Pontecorvo, e *Z*, de Costa-Gavras – todos banidos do Brasil pela censura, o que dava um gosto especial à nossa subversão cultural.

Em uma única década (1968-1978), o país do AI-5 proibira seiscentos filmes, sessenta por ano, cinco por mês, um toda semana. O Uruguai nos livrava da dieta forçada. Livros e discos, vetados nas prateleiras brasileiras por terem a assinatura de autores de esquerda ou as vozes de cantores de forte militância política, nos faziam gastar horas nas livrarias e lojas da cidade.

Saciado o espírito, matávamos a fome com as calóricas *parrilladas* do Las Brasas ou o perfumado *pejerrey a la roquefort* em restaurantes populares do animado mercado público da Ciudad Vieja, junto ao porto de Montevidéu. Sempre bem acompanhados pela garrafa bojuda de quase um litro de uma Norteña bem gelada, a melhor cerveja do país.

Naqueles tempos, o Uruguai era uma delícia que se carregava no paladar, no olfato, na visão. Um prazer que se guardava na memória. Dava saudades já na fronteira do Chuí, na viagem de volta, quando nós éramos obrigados a abandonar a Zona – o nome carinhoso que dei ao meu velho Fusca 69, lataria verde-oliva e rodas brancas – para a revista de praxe da polícia brasileira. Abriam o porta-malas, vasculhavam embaixo dos bancos, conferiam documentos e bagagem. Não buscavam contrabando. Queriam só apreender material "subversivo".

Kadão e eu aprendemos a esconder livros e discos sob o forro das portas do carro, que nós recheávamos com nossos pequenos tesouros culturais. Era uma Zona cultural. Profundamente subversiva, apesar de verde-oliva.

Agora o jovem moreno à minha frente na sucursal era uma maneira de relembrar aqueles bons momentos. Indiquei a ele algumas matérias que tinham o Uruguai e sua crise recente como tema. Ele me pediu para xerocar algumas delas.

– Às ordens – concordei.

Falamos sobre o presente nada agradável de seu país. Percebi nele um crítico da conjuntura uruguaia e me interessei ainda mais pela conversa.

– *Estás a paseo en Brasil?* – perguntei, em tom casual. Senti imediatamente uma retração.

– *No, estoy viviendo acá por unos tiempos* – respondeu vagamente. Falou seu nome, Miguel, com tal economia de palavras que temi ser descortês com a insistência de perguntas desse tipo. Não era nada estranho que um uruguaio agora fosse cauteloso nas palavras e contido nos gestos. Desisti de perguntar sobre Miguel e voltamos a falar sobre o Uruguai. Um país que me interessava como jornalista e que o perturbava como uruguaio. Ele, mais do que eu, sabia por quê.

O Uruguai, um exemplo de democracia até a década de 60, tinha se convertido na década de 70 num laboratório de horrores de uma das ditaduras mais impiedosas do mundo. O golpe civil-militar de junho de 1973 mal tinha completado cinco anos.[1]

1. Sobre o país de Lílian e Universindo, ver Anexo I, "O Uruguai sequestrado".

Enquanto conversava com Miguel sobre sua terra, ao mesmo tempo tão interessante e tão perturbadora, levantei da cadeira para ajudar em sua pesquisa. Localizei algumas reportagens recentes na coleção da *Veja* e lembrei a ele que era cada vez mais difícil o trabalho dos jornalistas no Uruguai, desde minha primeira visita ao país, em 1972.

Os velhos amigos, as boas fontes, as cabeças inteligentes do povo uruguaio já não eram acessíveis. Boa parte agora estava no exílio, alguns cumpriam longas penas de prisão, outros desapareceram, muitos foram simplesmente exterminados. Para o Brasil, o Uruguai não era apenas uma notícia de jornal, mas uma dura realidade que sangrava e machucava, inclusive brasileiros.

Flávio Tavares, correspondente de *O Estado de S.Paulo* e do jornal mexicano *Excelsior* em Buenos Aires, amargou seis longos meses de prisão e tortura em Montevidéu. Quando foi libertado, em janeiro de 1978, estava mais magro do que ao sair de uma prisão brasileira, nove anos antes, como um dos presos políticos trocados pelo embaixador americano Charles Burke Elbrick, sequestrado pela guerrilha.

Foi preciso uma intensa movimentação da opinião pública no Brasil e no México e uma discreta gestão do Itamaraty para que Flávio fosse libertado horas antes do desembarque em Montevidéu do presidente Ernesto Geisel, em visita oficial de três dias.

Depois do Flávio descobriu-se a Flávia.

As cartas e o longo cativeiro da gaúcha Flávia Schilling no presídio feminino de Punta de Rieles, nas cercanias da capital, emocionaram o Brasil e garantiram o espaço diário na imprensa brasileira para o regime cada vez mais notório de Montevidéu. Uma forte campanha de rua iria, mais tarde, arranhar a capa de indiferença dos generais em Brasília.

O novo presidente, João Baptista Figueiredo, em seu primeiro ano de mandato, teria a chance de executar sua ideia de anistia ("lugar de brasileiro é no Brasil"), através de uma eficaz pressão sobre o presidente uruguaio Aparicio Méndez. Flávia, integrante do proscrito grupo guerrilheiro dos Tupamaros, fora ferida com um tiro no pescoço em tiroteio em Montevidéu com uma patrulha do Exército. Ficou sete anos e meio nos cárceres uruguaios, até ser libertada em abril de 1980.

Naquele dia de outubro de 1978, porém, enquanto eu conversava com Miguel em Porto Alegre, Flávia ainda não passava da anônima presa n° 313 do pavilhão B do presídio de Punta de Rieles, em Montevidéu. Depois de me queixar rapidamente da atualidade uruguaia, avisei ao meu visitante:

– Miguel, como jornalista, me interessa todo material confiável sobre teu país. Quero abrir novos canais. As fontes que eu tinha lá desapareceram, não sei onde elas estão – lamentei.

– *Bueno, voy a pensar sobre eso. Unos dias más y volveré* – respondeu, carimbando a promessa com um sorriso.

Apertou minha mão, pegou o envelope com as cópias de sua pesquisa e sumiu. Esqueci dele.

Duas ou três semanas depois, lá estava ele, de volta, com o laconismo habitual, mas um sorriso maior se insinuando no rosto ainda sério, algo tenso. Gostei de rever meu visitante. Trazia na mão uma pasta de cartolina rosa encapando dezenas de cópias xerox de recortes de jornais europeus, documentos de entidades internacionais, todos abordando a crítica situação dos direitos humanos no Uruguai.

Antes de ir embora, Miguel abriu a bolsa que carregava e de lá retirou um panfleto do tamanho de uma página de ofício dobrada. Era um jornaleco em preto e branco, impressão barata, diagramação rudimentar em duas colunas, com dezesseis páginas em letra miúda, fotos borradas e alguns desenhos. As manchetes lúgubres, a maioria sobre torturas, prisões, desaparecimentos, não deixava dúvidas da opinião de seus editores sobre o regime uruguaio.

O panfleto tinha um nome, *Compañero*, e logo abaixo uma explicação: "periódico del Partido por la Victoria del Pueblo – PVP". A identidade na capa mostrava que já estava no seu sétimo ano de vida, com as edições batendo na casa do número 70.

– É semanal? – perguntei.

– *Sale cuando es posible* – respondeu Miguel, com a sinceridade possível, sem dar maiores detalhes. O tom panfletário, francamente partidário e oposicionista de esquerda, não escondia algumas notícias realmente interessantes sobre a realidade uruguaia. Algo precioso diante das informações censuradas ou oficialistas da imprensa tradicional de Montevidéu.

Disse a Miguel que, se possível, gostaria de receber regularmente o *Compañero*, um pedido que parece apenas ter se adiantado ao oferecimento que ele certamente me faria.

Suas visitas eram rápidas, quase profissionais, em que tratava de largar seus recortes e panfletos e seguir em frente. Uma forma também de falar pouco. Em sua quarta ou quinta visita, Miguel parecia mais desenvolto, e isso era possível perceber já na porta. Ele estava acompanhado. Entrou na sala atrás dele uma jovem morena, pequena, magra, ar frágil destacado pelos grandes olhos negros, negros como um par de jabuticabas.

– *Mucho gusto! Maria.* – respondeu a moça ao meu aperto de mão. Ela sentou-se, as mãos cruzadas sobre um pulôver com o tradicional descolorido uruguaio, em tom cinza, e ali ficou – muda mas atenta – ouvindo nossa conversa.

Miguel desta vez estava mais falante, seguro, quase desinibido, parecendo querer se despir de suas defesas. Depois de entregar outro de seus panfletos engrenou uma conversa em que, além de perguntar, se atrevia a fazer análises.

Quis saber primeiro quais eram as chances eleitorais do partido de oposição, o MDB, no Rio Grande do Sul. Depois de um breve comentário sobre a campanha política que se desenvolvia no país, visando o pleito de 15 de novembro, Miguel expressou sua surpresa diante do grau de movimentação e liberdade que a imprensa e os sindicatos brasileiros começavam a ter naqueles dias. Para um uruguaio, clandestino e refugiado no país, o debate político no Brasil era um avanço em relação ao Uruguai.

– *Eso es muy importante para todos los países del sur del continente. En especial para el Uruguay* – garantiu.

Sentada ao lado de Miguel, com ar submisso, Maria apenas ouvia. Mas concordou com a cabeça, em silêncio, como se tentasse dizer que ela também estava espantada. Por timidez ou cautela, contudo, manteve-se sempre calada.

Em pouco tempo a conversa minguou. Miguel e Maria se despediram, prometendo voltar.

Nunca mais voltaram.

Miguel não reapareceu.

Muito menos Maria.

***

Até que o telefonema daquela sexta-feira chuvosa, 17 de novembro de 1978, me arrancou da poltrona e me colocou, minutos depois, diante da muda e estranha companheira de Miguel.

Aqueles olhos negros escancarados à minha frente, na porta entreaberta do apartamento 110 da rua Botafogo, me desconcertaram.

Eu conheço esta moça, pensei de repente, sem determinar ao certo quando e como isso acontecera. Aquela cara assustada não recordava em nada a fisionomia serena da jovem amiga de Miguel.

Na porta do apartamento, no entanto, os olhos, o mutismo e os acenos nervosos de cabeça subitamente me lembraram a fugaz visitante da sucursal.

– *Usted es Lílian?* – perguntei, confuso pelos dados que havia anotado do telefonema anônimo.

Perguntava por Lílian a quem conhecia como Maria.

Eu tentava processar na mente informações simultâneas que me deixavam desconfortável.

Primeiro, o telefonema não era um trote.

Segundo, eu reconhecia a moça na porta, mas não gostei de saber que seu verdadeiro nome era outro.

Terceiro, não achei conveniente bater no endereço particular de quem nem se dignava a abrir a boca em meu local de trabalho.

Tudo isso embaralhava minha cabeça, já um pouco zonza pelo vai e vem visual e nervoso de Maria.

Ou melhor, Lílian.

Mas não houve tempo para pensar melhor sobre isso.

Agora eu já não via mais Lílian, ou Maria, diante de mim.

Não via mais nada.

Só a escuridão do cano da pistola entre meus olhos.

Um cano mais negro que os negros olhos de jabuticaba de Lílian. Ou Maria.

4
O PESO

Porto Alegre, novembro de 1978

Um chimarrão.

Foi a primeira coisa que pedi ao chegar à sucursal, de volta do apartamento. A imagem daquela pistola ainda zumbia na minha cabeça.

Eu tinha o olhar perdido no montinho verde de erva cobrindo metade da cuia, que segurava com as duas mãos, aquecidas pelo calor da água quente que subia pela bomba de prata. Sorvia lentamente, para não queimar a língua, em um ritmo que me dava tempo para pensar.

Precisava pensar.

A água quente, curiosamente, me ajudava a esfriar a cabeça. O mate clareia as ideias, ensina a tradição campeira. Enquanto o líquido amargo me aquecia a garganta, por dentro, lembrei-me de um velho texto sobre o chimarrão.

Dizia mais ou menos assim: "A infusão aumenta a força muscular, desenvolve as faculdades mentais, tonifica o sistema nervoso, regulariza as funções do coração e respiração, dá uma sensação de bem estar e vigor, sem efeitos colaterais como insônia, palpitação, agitação".

Era tudo o que eu precisava naquele momento.

Energia, cabeça e calma, muita calma.

Peguei a garrafa térmica e enchi outra vez a cuia. Mas só isso não bastava. Eu precisava falar. Loraine, que sentia a temperatura da sucursal na ponta dos dedos, percebeu que algo havia acontecido. Quando ela e Dedé, a repórter que tinha ficado na redação, entraram na minha sala, meu coração se aqueceu como a garganta. Fechei a porta e contei a elas o que acontecera na rua Botafogo.

O desabafo potencializou o efeito regenerador do chimarrão. Recuperei a confiança, retomei a ofensiva. Era importante informar meus chefes, em São Paulo, sobre o incidente. Liguei para o editor de Internacional, Roberto Pompeu de Toledo, e contei a história dos uruguaios.

– O que você acha que devemos fazer? – indagou o editor.

– Pompeu, a sexta-feira já está acabando. Estamos no pique do fechamento da capa de eleições. O policial disse que era prisão de estrangeiro ilegal no país. Este negócio de deportação é um processo demorado. Na segunda-feira eu checo melhor esta história. A minha equipe está voltando do litoral, com a entrevista do Simon, e eu preciso cuidar da capa.

O editor concordou comigo e desliguei.

Não contei a ele que já conhecia Lílian. Ou Maria.

Tive o pressentimento de que poderia voltar a me encontrar com o homem de bigode ainda naquele dia. Não, não estava pensando em voltar ao apartamento.

Mas achei que o policial poderia vir até a sucursal, interessado talvez em outro uruguaio ilegal no país – Miguel, o homem que me apresentara Lílian como Maria.

Miguel... Ou seria Universindo?

Lembrei-me então do relatório sobre direitos humanos no Uruguai que Miguel, ou Universindo, me havia entregado em uma de suas visitas. Não queria que isso pudesse agravar um possível processo contra sua permanência ilegal no país, como alegava o homem de bigode da Botafogo.

Levantei, abri o armário da minha sala e tirei de lá a pasta com documentos e recortes. O malote diário que seguia para São Paulo com filmes, fotos e documentos administrativos fechava por volta das 18h. Olhei o relógio, estava em cima. Chamei Loraine e passei o documento.

– Secreta, manda isso pra São Paulo. Encaminha pro Scotch – pedi.

Scotch, nome de guerra do jornalista Jorge Escosteguy, um vibrante gaúcho de Livramento, na fronteira uruguaia. Fora meu parceiro durante algum tempo na sucursal, agora era editor-assistente da editoria Brasil. Ele poderia repassar o material mais tarde à editoria Internacional, se fosse o caso.

– Bota no malote e semana que vem eu explico ao Scotch o que é isto – emendei.

Já anoitecia quando minha equipe voltou do litoral.

A Brasília da sucursal estacionou na entrada lateral, onde desembarcaram Pedro e Kadão, o repórter e o fotógrafo que traziam a entrevista com o senador Simon. Antes de cuidar da eleição, achei melhor relatar o caso a eles. Cabeça fria, eles chegaram à mesma conclusão.

– Acho que os hôme logo, logo vão estar aqui. Tá na cara que foi um erro te soltar, chefia! – falou o Kadão, cru e direto, dizendo em voz alta o que era o sentimento geral.

Inclusive o meu. Se eles queriam saber mais das conexões do casal, era natural que me procurassem. Em certo momento, quando ficou sozinho comigo na sala, Kadão fechou a porta e me apertou.

– Vem cá, chefia. Quero falar contigo como amigo, não subordinado. Não fica brabo comigo. Tu tens algum envolvimento com estes uruguaios?

– Envolvimento? Como assim, Kadão? – reagi, irritado.

– Calma! Tu tiveste alguma reunião com eles fora da sucursal, lá no apartamento, algum outro lugar, sei lá?...

– Caramba, Kadão! Envolvimento nenhum! O cara veio aqui algumas vezes, pesquisou a coleção, conversamos sobre o Uruguai. Uma vez ele trouxe a garota. Ela entrou muda e saiu calada. Muda como uma porta. Nada mais. Nunca mais a vi, até bater na porta do apartamento, hoje.

– Tudo bem, chefe. Então, não há problema algum. Foste lá por dever profissional. Tiveste a atitude correta como jornalista. Não há nada a temer. Vamos tomar a iniciativa. Vamos cobrar da polícia informações sobre o que está ocorrendo... – falou o Kadão, com a clareza e a precisão que eu aprendi a respeitar desde que nos conhecemos, em 1970, ainda focas, iniciantes no jornalismo. Estreamos juntos aos dezenove anos na redação do jornal *Zero Hora*. No ano seguinte comecei a trabalhar como *freelancer* fixo da sucursal de *Veja*.

Quando assumi a chefia da sucursal, em 1973, contratei Kadão como fotógrafo principal da revista. Era o profissional talentoso que eu buscava. Era casado com Loraine, a majestosa Sétima Frota da Abril, que exercia com competência e graça seu duplo comando diário – mandava em mim na sucursal e, fora dela, no Kadão.

– Vamos ligar para o major Barcelos e perguntar o que está havendo – lembrou Kadão, sugerindo o telefone do porta-voz da Secretaria de Segurança Pública, o major-aviador João Barcelos de Souza. Era uma medida objetiva. Dedé ligou, mas ao anoitecer de sexta-feira ninguém mais atendia na assessoria de imprensa. Não havia outro nome que pudesse ser acionado naquela hora.

Até então acreditávamos que não havia motivo para tanta preocupação. O caso poderia ser retomado calmamente na segunda-feira, sem atropelo. Nossa prioridade, ora bolas!, era a reportagem de capa que fechava naquela noite e que deveria ocupar entre oito e doze páginas da edição.

Voltamos às eleições. A redação de São Paulo esperava nosso material. Pedro Maciel foi cuidar do texto final da entrevista, e Kadão sumiu no laboratório da sucursal, para alimentar a máquina de telefoto que mandaria as imagens do novo senador gaúcho.

A vida voltou ao normal. A boca seca me lembrou que era hora do chimarrão.

A nova cuia me pareceu menos amarga do que nunca, a água já não queimava tanto. Entretanto, a lembrança do dia continuava atravessada na garganta. O susto inicial deu lugar a uma surda irritação, que se convertia aos poucos em raiva espessa, intragável. Eu começava a me sentir enganado pelo sujeito do telefone, desconfiava ter sido usado pelos uruguaios.

Revisando o filme do apartamento, eu me perguntava: por que o casal não me falou a verdade? Por que mentiram seus nomes?

O homem de São Paulo devia saber o que se passava no apartamento quando me telefonou. E será que ele chamou mesmo de São Paulo? Como saber?

E se o cara de bigode dispara aquela pistola na minha cara? Hein, hein?... Fiquei ainda mais irritado.

Ei, mas podia ser pior! E se o cara do telefone fosse amigo não dos uruguaios, mas dos policiais? E se tudo aquilo fosse só uma armadilha para me envolver em uma armação que tivesse como alvo a sucursal, a revista, a editora?

Como é que eu podia ter sido tão imbecil?, resmunguei, cada vez mais irritado comigo mesmo.

Decididamente aquele não era o meu dia de sorte... Para não tornar ainda mais desastrada aquela sexta-feira, voltei ao trabalho. Já era noite quando terminamos de mandar nossa última linha para a redação em São Paulo. Fechamos a sucursal.

A caminho de casa, carregava comigo, como um peso, a sensação de que teria um fim de semana atrapalhado. Os policiais haviam anotado meu nome e local de trabalho. Não seria difícil para a polícia me procurar em casa, logo que fosse divulgada oficialmente a detenção dos uruguaios ilegais no país. Em pouco tempo seus captores descobririam que eu já conhecia Lílian. Poderiam até invocar o meu testemunho para o processo regular de expulsão que se seguiria.

Ou, pior, poderiam ficar apenas me vigiando, seguindo meus passos, na crença de que eu poderia ser a isca para a polícia descobrir um bando de uruguaios ilegais.

Pronto.

Fiquei preocupado de novo.

***

No dia seguinte, sábado, 18 de novembro, o MDB comemorava a vitória em todas as dezenove regiões eleitorais do Rio Grande do Sul.

Em Porto Alegre, cidade com 495 mil eleitores, Pedro Simon derrotava sozinho o trio da ARENA por 213 mil votos. Chuvas intensas faziam flagelados nas zonas da fronteira com o Uruguai e a Argentina. Um gaúcho a cavalo, Rogério da Silva, morreu atingido na cabeça por um raio nos campos de Santana do Livramento, na fronteira com o Uruguai.

Na capital gaúcha, no entanto, o sol brilhava naquela manhã de sábado.

Cedo, com o chimarrão na mão, desci para a calçada em frente ao meu apartamento, em uma rua cheia de árvores no ainda tranquilo bairro Rio Branco. Ainda que distante apenas uma quadra da movimentada avenida Protásio Alves, o prédio de três andares na esquina da Álvaro Alvim estava voltado para a quadra arborizada e silenciosa, em frente a um hospital, o que garantia o sossego da região.

Sentei na pequena escadaria de três degraus que ligava o hall do prédio com a calçada, enquanto minha filha de dois anos, Gabriela, brincava com seu triciclo. Passei os olhos pelo jornal, indiferente ao tráfego dos poucos carros que passavam por ali, mais atento aos movimentos da pequena.

Peguei a térmica e enchi de novo a cuia do chimarrão.

Não havia quase ninguém na rua. Só um homem forte, negro, de roupa esporte, que parecia ler uma revista, encostado em um prédio do outro lado da esquina, a uns cinquenta metros de distância. Comecei a observá-lo e, várias vezes, o surpreendi olhando para mim.

Ué, será que ele estava me vigiando?

Deve ser paranoia minha, imaginei. Mesmo assim, resolvi fazer um teste – como se faz no cinema, quando alguém dobra uma esquina para se certificar de que está sendo realmente seguido por um sujeito suspeito. Eu estava sentado no primeiro degrau, na beira da calçada. Levantei, como se fosse voltar para casa e, em um movimento rápido, me agachei no degrau sob a porta de entrada, protegido pelo muro baixo que cercava o pequeno jardim à frente do prédio. Fiquei fora da visão do sujeito, esperando para ver se ele reagiria à minha ausência.

Bingo! Lá estava o cara, pescoço espichado, conferindo se eu havia entrado no edifício. Quando ele se sentiu surpreendido pelo meu ridículo truque cinematográfico, voltou rápido para seu esconderijo.

E agora?

Esperei passar alguns segundos. Então levantei para uma breve caminhada que me desse novamente a certeza de que ele estava lá, de olho em mim. Não havia mais ninguém. O homem tinha desaparecido. Voltei para casa com a certeza de que me vigiavam.

Contei a cena para minha mulher, Janda, que me ouviu em silêncio. Não falei nada, mas achei que em questão de horas alguém bateria à porta de meu apartamento para novas perguntas sobre os inquilinos uruguaios da rua Botafogo. Mas nada aconteceu.

O sábado e o domingo passaram.

Ninguém veio perturbar a minha paz doméstica.

***

A segunda-feira raiou com o dólar cotado a vinte cruzeiros, a moeda da época. A televisão chamava os telespectadores para a grande estreia da noite, a minissérie *Holocausto*, relato dos horrores nazistas sobre os campos de concentração na Segunda Guerra Mundial.

As atenções do mundo, contudo, estavam concentradas no holocausto daquele dia: Jim Jones, chefe de uma seita fanática de americanos refugiados nas selvas da Guiana, comandara um derradeiro ritual suicida. Uma nota oficial do constrangido governo de Georgetown revelava que Jones levara à morte por envenenamento quase oitocentos fiéis do Templo do Povo, mortandade que incluía o próprio pastor.

Naquele dia minha preocupação maior era outra: esclarecer o episódio da sexta-feira. No início da tarde, acompanhado por Kadão, procurei o assessor de imprensa da Secretaria de Segurança. O major João Barcelos ouviu meu relato e devolveu com outra a minha pergunta sobre o que estava acontecendo.

– Luiz Cláudio, tens certeza de que não estavas sonhando?

Diante de minha insistência, o major pegou o telefone e ligou pelo ramal interno para a DCI, a Divisão Central de Informações, o órgão que coordena todas as atividades policiais do Estado na área de inteligência.

– Coronel, houve uma operação na rua Botafogo na sexta-feira? – perguntou o major. Ouviu a resposta, sem comentá-la, agradeceu e desligou.

– É, isso não foi trabalho da Secretaria de Segurança – emendou.

– Ué, não foi a Secretaria, major? Quem poderia ter sido? – perguntei, surpreso pela negativa.

– Olha, isso tem jeito de ser coisa da Polícia Federal. Procura o delegado Fuques.

Saímos da Secretaria de Segurança em direção ao prédio de seis andares da superintendência gaúcha da Polícia Federal, na avenida Paraná, uma via esburacada no bairro Navegantes, no outro lado da cidade. A secretária abriu a porta e entramos na sala do moreno e roliço Edgar Fuques, coordenador regional da PF, o segundo homem na hierarquia da Polícia Federal no Estado.

Hesitei. Ele não estava sozinho.

Na cadeira de visitante, por acaso, estava outro jornalista: Erni Quaresma, da sucursal gaúcha de *O Globo*, um jovem e excelente repórter que fazia a cobertura de assuntos policiais para o jornal. Tinha malícia no sorriso e no olhar, sempre protegido por óculos de sol, escuros como a barba cerrada, que lhe davam uma aparência irretocável de tira. Tanto que, no meio jornalístico, Quaresma atendia pelo carinhoso apelido de Inspetor. Fazia com frequência trabalho de *freelancer* para a *Veja*, a meu pedido. Eu gostava dele como profissional.

Não seria educado pedir que Quaresma saísse da sala. Apertei sua mão e brinquei com ele:

– Pô, Inspetor, tu estás sempre em cima! Bem... ouve com atenção. Vou te dar um furo aqui na frente do delegado.

Repeti ao delegado da Polícia Federal toda a história que contara ao major da Secretaria de Segurança.

Aos quarenta anos, Fuques franziu a testa, espremida entre duas grossas costeletas e alargada por duas entradas que prenunciavam a calvície. Abriu um sorriso que traía um ar de incredulidade, aquela reação de dúvida cada vez menos convicta à medida que aumenta a experiência policial.

– Estranho... Me conta de novo a história – pediu ele.

Não contei ao delegado, como não contara ao major, que já conhecia Lílian. Preferi ouvir antes a reação policial. Também guardei comigo a suspeita de Scalco sobre a semelhança de um daqueles homens com um ex-jogador, um certo Didi...

Depois de ouvir pela segunda vez o relato, Fuques pegou o telefone e consultou alguém não identificado. A resposta negativa pareceu também não convencer o delegado. Pediu que eu repetisse o nome do casal de uruguaios, enquanto escrevia em um cartão. Depois chamou sua secretária.

– Por favor, passe isso para o S.I. e veja se tem alguma coisa – ordenou. Não perguntei, mas imaginei que a sigla indicasse algum setor de informações ou coisa parecida.

– Êpa! Isso está parecendo coisa do DOI-CODI, hein, doutor? – provocou o repórter do *Globo*, ao meu lado.

– Que é isso, Quaresma, tu sabes que o DOI-CODI está desativado. Não diga isso! – protestou Fuques, fechando a cara. Ele não gostou da menção à sigla maldita do DOI, Destacamento de Operações de Informações, braço executor do CODI, Centro de Operações de Defesa Interna, reduto da tigrada mais feroz das Forças Armadas no combate integrado contra a esquerda e a luta armada.

A demissão no ano anterior do ministro do Exército, Sylvio Frota, líder da linha-dura militar, começara a limar os dentes afiados da repressão. Na década seguinte, já banguela e enjaulado no processo de desmobilização da ditadura, o temido DOI-CODI seria rebatizado com uma desdentada sigla – SOP, Setor de Operações.

A secretária abriu a porta, interrompendo a conversa e devolvendo o cartão ao delegado. Ele leu a resposta em silêncio, virou o cartão para baixo e o colocou sob um bloco de anotações. Voltou a sorrir:

– É, não há nada. Não sabemos de nada – informou Fuques, olhando firme para nós, com ar de caso encerrado.

Não houve a reação – formal e necessária – de tomar meu depoimento, gesto natural diante da gravidade da denúncia. Nem a Polícia Federal, nem a Secretaria de Segurança tomaram a atitude reflexa, burocrática da investigação. Tudo parecia natural, estranhamente natural.

A negativa do major e do delegado mostrava que era uma coisa muito pior, muito mais grave. Ficava cada vez mais claro que, de forma acidental, eu havia interrompido uma operação suja, ilegal, clandestina.

Mas, afinal, o que era tudo aquilo? O que é que eu tinha testemunhado?

Senti então um arrepio. A sensação incômoda de uma palavrinha que crescia por dentro, viscosa, subia pela boca do estômago, amarga, e se espalhava pela garganta, azeda.

Uma palavra assustadora, traiçoeira, letal como um câncer que corrói, que devora, que consome, que remói.

Sequestro!... Sequestro!... SEQUESTRO!...

Por que razão a Secretaria de Segurança e a Polícia Federal negariam tudo aquilo?

Claro, era isso, só podia ser isso. Sequestro, puxa vida! Aquilo tudo que Scalco e eu víramos na sexta-feira não era uma diligência de rotina, mas uma operação secreta, criminosa, por isso inadmissível oficialmente. Um sequestro!

A surpresa cedia lugar a um vazio, invadido cada vez mais por um sentimento de revolta. Eu havia sido enganado.

E não fora pelos uruguaios.

Voltei para a sucursal, mais pesado. Carregava o peso da descoberta.

Pedi mais água quente.

Precisava de outro chimarrão. Bem quente.

5
O CALÇÃO

Rio de Janeiro, novembro de 1978

Quando Kadão e eu nos despedimos do delegado Fuques na Polícia Federal, saímos acompanhados de Quaresma. Lá fora, sob a sombra de uma árvore na calçada vazia, enquanto Kadão caminhava até o carro da sucursal, eu e o colega do *Globo* repassamos a história, estranhando a fria reação da polícia.

– Tá cheirando a tira – resumiu o Inspetor, com um faro apurado. – Deu pra identificar alguém lá dentro?

– Eu não conheci ninguém, Quaresma. Mas o Scalco acha que um deles era parecido com o Didi... Conhece? Didi Pedalada. Parece que jogou no Inter...

Deixei Quaresma digerindo a informação e, com Kadão, regressei à sucursal. O Inspetor teve ideia melhor: foi ao apartamento da rua Botafogo.

Encontrou a porta aberta e o interior do pequeno apartamento todo revirado – os espelhos arrancados, interruptores de luz e tomadas retirados da parede, latas de cerveja vazias espalhadas pelo chão, repleto de pontas de cigarro e, na lixeira do banheiro, dois absorventes femininos usados.

Uma mulher limpava o apartamento, sob as ordens do dono do imóvel, Jaime Plavnick, ainda surpreso com a inesperada devolução do imóvel mobiliado que fora alugado a Lílian Celiberti no dia 23 de outubro. Ela havia pagado dois meses adiantados e dado ainda uma caução de cinco mil cruzeiros.

Às onze da manhã daquela segunda-feira, um rapaz baixo e magro procurou Plavnick em sua casa para devolver-lhe as chaves do apartamento. Junto, um bilhete de Lílian onde ela nem se preocupava em cobrar a caução ou o aluguel pago a mais:

> *Ruégole me disculpe no poder entregar las llaves del apartamento personalmente, debo salir de viaje un poco apresurada. A la vuelta del mismo, hablaré con Ud. para darle las explicaciones del caso. Atenciosamente, Lílian Elvira Celiberti*

O bilhete foi entregue de maneira tão rápida que Plavnick não teve tempo de fazer qualquer pergunta ao jovem que se afastou ligeiro, quase correndo.

À noite, quando falava com Quaresma na sucursal de *O Globo*, fui apresentado a um advogado franzino de 47 anos, cabelos desalinhados e grisalhos, óculos de aro grosso marcando o rosto magro.

Omar Ferri trazia no sangue italiano a agitação que se projetava nos olhos acesos e na voz sempre elevada. Tudo temperado pelo sorriso fácil. Quem não simpatizava com ele, o que era raro, era a polícia política: o advogado trafegava na área de direitos humanos e era ligado à esquerda brizolista – boas razões para figurar na lista negra da repressão.

Ferri entrara na história da mesma forma que eu: pelo telefone. Porém, para ele a ligação não fora anônima.

Quem chamou de São Paulo, no meio da tarde daquela sexta-feira, 17 de novembro, se identificou. Era a jornalista Jan Rocha, correspondente no Brasil da rede inglesa BBC e militante dos direitos humanos junto à Arquidiocese de São Paulo. Deu a ele o mesmo endereço e os mesmos nomes fornecidos a mim, horas antes. Ferri perguntou se era urgente.

– Não, não largue seus afazeres. Mas seria bom que você desse uma checada ainda hoje – sugeriu Jan.

Ferri bateu na porta do apartamento da rua Botafogo lá pelas 21h, umas cinco horas depois de nossa saída dali. Tocou na campainha, mas ninguém atendeu. Voltou no sábado e retornou no domingo. Nada. Ninguém em casa. Só ficou sabendo do desaparecimento dos uruguaios na tarde de segunda-feira, avisado por Quaresma, que encontrara o bilhete que Ferri havia enfiado por baixo da porta em sua primeira visita.

Ao final da noite de segunda-feira, 20 de novembro, as agências de notícias do país e do exterior já transmitiam as primeiras notícias sobre o "sequestro dos uruguaios".

Em Brasília, o chefe da Divisão de Comunicação Social da Polícia Federal, Paulo Leite, inaugurou naquele dia a série de declarações infelizes que marcaria a fria reação oficial ao tema:

– É um caso sem a menor importância, uma coisa de rotina, que muito provavelmente não chegará a Brasília – garantiu o porta-voz da PF.

Pouco a pouco chegavam às redações e sucursais da imprensa informações de exilados, cada vez mais detalhadas, que engrossavam a ideia de sequestro. Apesar do ceticismo de Brasília, projetavam a "coisa de rotina" para fora das fronteiras brasileiras.

As redações de jornal e sucursais de Porto Alegre receberam ainda na terça-feira os primeiros dados, enviados anonimamente pelo correio, que começavam a explicar o "desaparecimento".

***

Lílian Celiberti, 29 anos, dois filhos, era professora do nível primário e dirigente da Federação Uruguaia do Magistério quando foi presa em 1972 por desempenhar atividades políticas. Cumpriu quase dois anos de pena na penitenciária feminina de Punta de Rieles e, ao ser libertada, transferiu-se para a Itália para junto do marido exilado, Hugo Casariego, e da irmã, Mirtha.

De Milão, onde frequentava o curso de Investigações Sociais da Universidade Estatal, Lílian viajava com regularidade a Genebra, sede da Comissão dos Direitos Humanos da ONU, para municiar a entidade com informações sobre a prática da tortura no Uruguai. Ali mantinha contatos com uma figura maldita para os generais uruguaios: o ex-senador Wilson Ferreira Aldunate, líder do conservador e ainda assim proscrito Partido Blanco.

Desde 1968, era uma militante ativa da Resistência Obrero Estudiantil (ROE), organização anarquista do meio universitário dizimada, como todas as outras, com a violenta repressão desencadeada quatro anos depois. O que sobrou do ROE transformou-se sete anos depois no PVP, Partido por la Victoria del Pueblo.

Em abril de 1978, ainda sem os dois filhos e com o nome verdadeiro transcrito no passaporte uruguaio n° 018257, Lílian chegou a Porto Alegre para fixar residência por muito tempo. Como membro do PVP, sua tarefa seria canalizar informações sobre direitos humanos no Uruguai para as entidades internacionais na Europa e nos Estados que denunciavam violência política no Cone Sul. Apesar do documento oficial, adotou o nome de Maria.

A Maria que me visitou na sucursal.

Seu companheiro e subordinado hierárquico no partido era Universindo Rodríguez Díaz, 27 anos, estudante de Medicina da Faculdade de Montevidéu, obrigado a se refugiar em Buenos Aires em 1974 para fugir à perseguição das Forças Conjuntas.

Em 1976, com o início das operações ilegais da repressão uruguaia na Argentina, estimuladas pelo recém-instalado governo militar de Videla, Universindo se transferiu para a Suécia, na condição de refugiado sob a proteção das Nações Unidas.

Em voo separado de Lílian, ele ingressou no Brasil também em abril de 1978, com um passaporte falso espanhol em nome de Luís Piqueres de Miguel. O mesmo Miguel que conheci na sucursal e que, um dia, me apresentou Maria.

Lílian, pelos filhos ou pelo passado, não se afastava de Porto Alegre. Passava boa parte do dia em seu apartamento na rua Botafogo escrevendo em uma máquina portátil os relatórios que enviava para a Europa. Eram baseados nas informações que ela e Universindo recebiam pessoalmente na fronteira do Brasil com o Uruguai, em contato com outros militantes da clandestina oposição ao regime militar de Montevidéu.

Embora o risco calculado e a necessária discrição, Lílian tinha sólidos motivos para acreditar em uma longa e normal permanência na capital gaúcha. Ela estava animada pelos ventos da abertura, a política de progressiva democratização anunciada pelo presidente que assumiria em Brasília a partir de março de 1979, general João Baptista Figueiredo.

Era a sequência natural da distensão lenta e gradual desencadeada pelo então presidente em fim de mandato, general Ernesto Geisel. Com ele começou o delicado processo de desengajamento do aparato repressivo que, sob a mão de ferro do general Emílio Garrastazu Médici (1969-74), levara o país ao momento mais sangrento da ditadura. Foi a fase de esplendor e terror do DOI-CODI.

Confiante nesses novos tempos brasileiros, Lílian tratou de ensinar aos filhos a língua da terra que adotariam como pátria dali em diante. Com a mãe, Camilo teve que abandonar o Uruguai aos quatro anos, quando recém balbuciava as primeiras palavras em castelhano. Sua irmã, Francesca, nasceu em 1975, em Milão, onde conheceu seus primeiros amiguinhos no idioma dos italianos.

Essa baldeação continental produzia uma justificável confusão na linguagem das crianças. Na capital gaúcha, os filhos de Lílian estudavam português, mas falavam um esquisito *italianol* – mistura de italiano com espanhol. Camilo a chamava de *mamma*, não de *mamá*.

Era a vida atribulada e instável de crianças com pais separados e exilados pelos regimes militares que desfaziam casamentos, lares, famílias, partidos e vidas no assombrado Cone Sul do continente. Em Porto Alegre, na ficha de matrícula de Francesca na escola maternal Cisne Branco, a três quadras de distância do apartamento da rua Botafogo, Lílian resumiu a curta experiência de vida de sua filha. "Sono: agitado".

No maternal, durante a tarde, Francesca e Camilo teriam seu primeiro contato com a gramática portuguesa. Essas horas do dia dariam tempo para que Lílian e Universindo procurassem jornalistas, parlamentares da oposição e movimentos de anistia em Porto Alegre.

Tempo para que Maria e Miguel visitassem a sucursal de *Veja*.

No exílio, Lílian tentava reconquistar a rotina de tranquilidade. Não havia motivos para quebrá-la, particularmente para seus filhos. As crianças tinham gostado tanto da escola e de seus novos amiguinhos que Lílian, ainda no final de outubro, tinha acertado com as professoras a reserva de matrícula para os primeiros meses de 1979. Apesar disso, 48 horas antes do sequestro, Camilo e Francesca abandonaram as aulas sem qualquer explicação à escola. A sexta-feira, 10 de novembro, registrou o último dia de presença das duas crianças.

Como sempre faziam, Camilo e Francesca ainda apareceram no sábado, dia 11, no apartamento do vizinho em frente, José Carlos Gonçalves, o síndico do bloco onde morava a família Celiberti. Assistiram aos desenhos da TV em companhia do amiguinho de 11 anos, filho do síndico.

Depois disso, desapareceram.

***

As informações sobre o sequestro já atraíam os repórteres à sede da Polícia Federal, na tarde de terça-feira, 21 de novembro, quando Scalco e eu ali chegamos na busca de maiores detalhes que nos ajudassem a desvendar o caso. O delegado Fuques continuava na defensiva.

– Não participamos disso. Se outro órgão tivesse agido estaríamos sabendo e não ficaríamos procurando a esmo, como estamos – reconhece Fuques, inocente.

Na impossibilidade de uma entrevista esclarecedora, só então a polícia resolve nos entrevistar formalmente. Dois escrivães, por ordem de Fuques, tomam um "termo de declaração" das testemunhas com a descrição dos homens armados que nos receberam à porta do apartamento de Lílian.

Cada vez mais desconfiado da inocência policial, continuo omitindo meu prévio contato com os uruguaios, na sucursal de *Veja*. A polícia, afinal, mostrava uma estranha lentidão em seus atos. Só à noite daquela terça-feira, 24 horas depois da denúncia e quatro dias após nossa trombada com os sequestradores de Lílian, é que a Polícia Federal lembrou de mandar alguém vasculhar o apartamento da rua Botafogo – frequentado desde o dia anterior por jornalistas, advogados e faxineiras que já haviam limpado e arrumado a cena do crime.

Policiais experientes cometiam, assim, um deslize imperdoável e insanável: esqueceram de fazer a perícia do local do crime, um mandamento primário da técnica de investigação dos casos mais simples. E aquele não era, certamente, um caso simples.

– Recebi ordens expressas do diretor-geral da PF, coronel Moacyr Coelho, para esclarecer o caso, que interessou diretamente ao ministro da Justiça, Armando Falcão – avisa com sorriso animador o próprio superintendente regional da Polícia Federal no Rio Grande do Sul, coronel Luís Macksen de Castro Rodrigues, o superior de Fuques.

As repetidas negativas e o baixo rendimento da polícia, contudo, começam a produzir em nós todos – repórteres empenhados na cobertura do sequestro – a certeza de que aquela investigação só avançaria com o esforço da imprensa.

A prática nos daria uma lição: polícia não investiga polícia.

A apuração cabia, portanto, à imprensa.

Na quarta-feira, 22, uma senhora gorda de 54 anos bem marcados nos cabelos grisalhos desembarca anônima na Estação Rodoviária de Porto Alegre, procedente de Montevidéu.

É Lilia Rosas Terrón de Celiberti, mãe de Lílian.

Sintomaticamente sua primeira reação é procurar não a polícia, mas a imprensa. Ela seguia o rastro da manchete naquela manhã do jornal *Zero Hora* – "Denúncia de sequestro investigada" – e pede ao motorista de táxi que a leve diretamente ao jornal. Sua presença na capital gaúcha ecoa na sede do jornal, onde dá uma entrevista coletiva no início da tarde mostrando sua aflição de mãe e avó.

– Pelo amor de Deus, me entreguem ao menos os meus netos! Que culpa podem ter as crianças? Têm apenas três e oito anos!... – suplica.

No outro lado da cidade a Polícia Federal escancarou frieza para justificar seu estranho desinteresse pelo depoimento da mãe da uruguaia desaparecida:

– Eu só ouvirei dona Lilia quando ela estiver em perfeitas condições emocionais. Agora, face ao desaparecimento da filha e dos netos, ela deve estar muito nervosa – diz o sensível delegado Fuques, que jamais se encontraria com dona Lilia, mesmo depois de passados os momentos iniciais de "nervosismo".

O delegado não queria ouvi-la, mas eu sim.

Vou ao seu encontro no escritório de Ferri. Ela me recebe com frieza, um ar ressentido.

– *Señor, ellos estaban con mi hija... Había que denunciarlos* – protesta, a indignação dando um pouco de rubor à pele acinzentada de seu rosto triste, amargurado.

– Dona Lilia, não sei o que lhe dizer nesta hora. Mas eu farei o que estiver ao meu alcance para tentar esclarecer os fatos. É o meu papel como repórter.

– *Nosotros sabemos todo lo que hace esta gente... Espero que ya no sea tarde, señor.*

O encontro não durou muito tempo, não chegou a conclusão alguma.

Eu também esperava que já não fosse tarde.

***

No dia seguinte, vou para a praia.

A praia de Copacabana, Rio de Janeiro. Desço no Galeão, pego um táxi e dou o endereço para o motorista. Paro em frente a um prédio antigo, em uma rua interna do bairro, a três quadras do calçadão da avenida Atlântica. Passo a porta de entrada e subo alguns lances de escada do edifício escuro, de corredores estreitos e mal iluminados, que o tempo transformou em um cortiço para inquilinos temporários de baixa renda. O alarido indica uma superpopulação.

A porta do apartamento se abre e me deparo com outro taxista. Aliás, ex-taxista. E não era brasileiro.

– *Hola! Cómo está?* – me saúda o uruguaio William Quinteros Vasconcellos, 27 anos, casado, um filho, olhar decidido reafirmado por um vasto bigode que transborda o limite da boca. Uma fonte no sul me dissera que ele podia ajudar. Quinteros passara cinco anos e meio nos cárceres de Montevidéu, acusado de ser membro da guerrilha Tupamaro. Libertado em maio de 1978, continuou sendo assediado pela repressão uruguaia. Decidira então fugir com a família para o Brasil, escala para conseguir asilo em um país europeu, talvez Noruega.

Enquanto esperava pela boa notícia do escritório carioca do Alto Comissariado das Nações Unidas para Refugiados (ACNUR), que o protegia, Quinteros vivia quase clandestino no Rio. Ele e quase uma centena de exilados uruguaios, todos assustados com o braço longo da repressão de Montevidéu. Na insegurança dessa vida provisória, cada um deles sofria na espera angustiante do visto que nunca chegava. Ganhavam da ACNUR uma ajuda de custo mensal de 3.700 cruzeiros novos, que corresponderiam em 2008 a R$ 1.755.[2]

O sequestro de Porto Alegre adicionava medo às dificuldades. Era isso que Quinteros queria me contar. Mas não ali. O apartamento apinhado de gente, com velhos e crianças acomodados em colchões espalhados pelo chão, não lembrava um feliz acampamento de balneário. As crianças choravam, um clima de aflição e desconforto deixava o ar irrespirável. Todos queriam estar longe dali, da praia, do Rio, do Brasil – principalmente do Uruguai. Não era um bom lugar para conversar.

Preferimos um lugar público, aberto, insuspeito.

A praia, claro.

Eu não estou preparado. Tiro então as calças, os sapatos e as meias e Quinteros me empresta um calção vermelho, que parece dançar na minha barriga. Amarro a camisa branca na cintura e trocamos a penumbra do apartamento pelo brilho forte do sol. Caminhamos pelo calçadão como dois banhistas bissextos traídos pelo branco da pele e nos estiramos na areia de Copacabana.

---

2. A cada refugiado a ACNUR pagava, por quinzena, 180 dólares.

É uma conversa incomum naquele mundo de belas mulheres de biquínis sumários e homens maduros suando nos aparelhos de ginástica. Quinteros também sua.

Não deve ser o calor da praia. Deve ser outra coisa.

– *Nosotros no salimos en grupo, para no llamar la atención. No salimos a la noche y ninguno camina solo por la ciudad* – conta Quinteros, ainda com o hábito de olhar com certa preocupação para um lado e outro da praia, herança natural da vida clandestina.

Ele sabia que um membro do PVP, Carlos Castro Acosta, havia sido preso em Montevidéu na manhã de 2 de novembro, uma quinta-feira. Nos dias seguintes, à medida que apertava o torniquete da tortura, outros dez companheiros foram presos – entre eles Ana Salvo, amiga de Lílian. No início da semana seguinte, a violência produziu resultado: revelou-se a presença de Lílian e Universindo em Porto Alegre. Nas proximidades, talvez a presa maior para os generais de Montevidéu: Hugo Cores, líder máximo do PVP, que vivia clandestino em algum lugar do Brasil.

A repressão uruguaia começou então a tramar a *Operación Zapato Roto*, lembrança sutil ao hábito de Cores de usar sempre o mesmo velho e surrado par de sapatos.

No dia 14, véspera das eleições no Brasil, três dias antes de nossa aparição no apartamento da rua Botafogo, o assustado Quinteros ligou para um advogado na capital gaúcha.

– *Doctor, recibimos informes seguros de que militares de Montevideo están ahora en Porto Alegre, cazando uruguayos. Necesitamos ayuda, antes que les ocurra algo. Los milicos nuestros no perdonan, señor*! – diz ao advogado Décio Freitas, que conhecia bem o perigo. Ele era o advogado de Flávia Schilling, a brasileira condenada a oito anos de prisão pela ditadura do Uruguai.

Freitas resolve naquele mesmo dia usar os canais que havia aberto com a chancelaria brasileira ao longo das negociações em torno do caso Schilling. Relata ao ministro Luís Felipe Lampreia, porta-voz do Itamaraty, sua apreensão diante das informações que recebia.

Surpreso, ouve do diplomata uma resposta que consolava e inquietava ao mesmo tempo.

– O governo brasileiro está inteirado e irritado com o fato – admite Lampreia, secamente.

A irritação não adiantou nada. Três dias depois, 17 de novembro, Quinteros voltaria a ligar para Décio Freitas na noite daquela sexta-feira. Desta vez para anunciar que a caçada tinha dado resultado.

Acontecera o sequestro em Porto Alegre.

***

Uma semana depois, contudo, as autoridades brasileiras ainda insistiam em duvidar publicamente dos fatos. Tratavam o sequestro como um simples "desaparecimento".

– Um caso sem importância, coisa de rotina, que provavelmente não chegará a Brasília – apostava o porta-voz da Polícia Federal.

Provavelmente.

A coisa de rotina não tinha chegado à capital brasileira, mas já alcançara uma cidade distante oito mil quilômetros da capital gaúcha – Washington, DC, capital dos Estados Unidos.

Para ouvir meu relato por ordem do Departamento de Estado, o cônsul dos Estados Unidos em Porto Alegre, Frederick Exton, sentou-se à minha frente na sucursal da *Veja* na tarde de 24 de novembro, a sexta-feira seguinte à nossa ida à rua Botafogo.

No espaço de apenas uma semana, o governo Carter reconhecia o que o governo Geisel teimava em negar publicamente.

– Washington é muito sensível à Anistia Internacional – justifica Exton, arranhando o português com seu sotaque carregado, amenizado pelo sorriso largo no rosto comprido e magro. Durante quase duas horas, com sua letra miúda, o cônsul anota tudo o que eu digo em pequenas fichas brancas que carregava no bolso. Ao final, com uma expressão séria, reconhece:

– Isto é um foco inflamatório, capaz de infeccionar ainda mais a imagem internacional do Uruguai.

Enquanto a ideia do sequestro era levada a sério lá fora, no Brasil as autoridades continuavam céticas, relaxadas, inertes. No momento em que eu falava com o cônsul dos Estados Unidos, o delegado Fuques recebia a visita do síndico do prédio da Botafogo, José Carlos Gonçalves, acompanhado de sua esposa, Maria Luísa.

– Foi uma conversa demorada e proveitosa – limita-se a informar Fuques. Estranhamente, não registra o depoimento do casal, inquilino privilegiado do apartamento vizinho ao de Lílian, que não voltaria a ser ouvido nem mesmo no inquérito aberto semanas depois. Fuques parece tranquilo e convencido, diante dos repórteres ainda ávidos por respostas.

– Tudo estará esclarecido dentro de 48 horas – anuncia.

Edgar Fuques não era um profeta, mas sabia o que dizia. Não foi necessário aguardar pelo domingo.

Na manhã de sábado, 25 de novembro, uma semana depois do sequestro, constato que o delegado Fuques falava a verdade.

Pela primeira vez.

O sequestro estava esclarecido.

6
O SANGUE

Montevidéu, novembro de 1978

– Já te avisaram? – pergunta o gordo e competente Danilo Ucha, repórter da sucursal gaúcha de *O Estado de S.Paulo*. O telefonema para minha casa logo após o almoço, no sábado, não me dá tempo de entender nem responder a pergunta. – Apareceram os uruguaios.

– Onde? – reajo, quase adivinhando a resposta.

– Em Montevidéu – confirma Ucha –, está entrando agora um telex da Agência France Press.

Era a informação que sustentava simultaneamente o nosso testemunho e as palavras do delegado: comprovava o sequestro e também confirmava a ousada previsão de Fuques.

O comunicado n°1.400 divulgado pela Oficina de Prensa das Forças Conjuntas uruguaias ao meio-dia e meia daquele sábado, 25 de novembro, tinha o evidente cuidado de confirmar a versão policial – e não jornalística – do caso.

> Com a finalidade de satisfazer a inquietude natural criada pelas notícias da imprensa nacional e estrangeira de que os cidadãos uruguaios Universindo RODRÍGUEZ DÍAZ e Lilian CELIBERTI ROSAS DE CASARIEGO e dois filhos menores de idade desta última haviam desaparecido da cidade de Porto Alegre, comunica-se à população que os mesmos foram detidos pelas Forças Conjuntas ao penetrarem em território uruguaio, achando-se em seu poder material sedicioso, que ratifica as informações que se sabia sobre suas atividades em vários países, integrando uma vasta organização internacional marxista. Todas as pessoas citadas se encontram em perfeito estado de saúde e, pelas razões acima indicadas, preferiu-se sacrificar o segredo dos procedimentos e o êxito dos mesmos, dispondo-se além disso a transferir nesta data a custódia dos menores para seus avós. Oportunamente se ampliará este comunicado.

Nessa versão de 132 palavras, as Forças Conjuntas não conseguiram juntar forças para divulgar uma única verdade.

Os detidos não haviam invadido o Uruguai, não foram presos na fronteira, não tinham material subversivo e, submetidos a tortura, Lílian e Universindo não estavam em "perfeito estado de saúde".

Mas havia um dado positivo, espantoso: estavam vivos.

Presos, mas vivos. E as crianças entregues aos avós.

Universindo, Lílian e seus filhos eram os primeiros exilados que, sequestrados pelo regime de Montevidéu no exterior, reapareciam vivos e formalmente identificados por seus captores – fugindo ao destino comum no Cone Sul de "mortos em combate" ou simplesmente "desaparecidos".

Apesar disso, Lílian e Universindo não escaparam à maldição da tortura. Tortura que continuou no Uruguai, mas começou no Brasil. Começara ainda em Porto Alegre, seis dias antes daquela sexta-feira inesperada na rua Botafogo.

Uma tortura executada a quatro mãos.

Mãos uruguaias e brasileiras.

***

Vista do alto, a construção ovalada em concreto da Rodoviária de Porto Alegre, inaugurada em 1970, lembra um estádio coberto de futebol. O bloco ao lado, em semicírculo, abriga a ala internacional da estação.

O box 50 no setor norte era reservado aos ônibus da TTL, uma empresa que fazia a linha Porto Alegre-Montevidéu. Passava um pouco das onze, havia pouco movimento naquele domingo sonolento, 12 de novembro.

Uma faxineira percebe a presença de uma jovem morena que aguarda, por perto, a chegada de mais um ônibus procedente do Uruguai. Mas quem chega primeiro é um grupo de homens, três ou quatro, que abordam a moça. A faxineira percebe, pela reação da jovem, que não é um encontro amigável.

Ela para de varrer e recua alguns passos, até o balcão da empresa, para chamar a atenção do bilheteiro que escrevia algo, de cabeça baixa.

– Seu Adélio... Olha ali! Estão prendendo aquela moça!...

O bilheteiro ergue os olhos e sai de trás do balcão para ver melhor. Um homem de roupa esporte e porte elegante, queixo quadrado, sobrancelhas largas como as costeletas, cabelos alourados quase grisalhos repartidos ao meio, cobrindo as orelhas e a base da nuca, destaca-se no grupo com o seu terno estilo safári. Parece o chefe. Ele pega a moça pelo braço. Não parece um gesto carinhoso.

– Quem é essa gente? – pergunta a faxineira.

– Não sei... Mas um deles, eu conheço – diz o bilheteiro. Ele conhece o homem que pegou o braço da jovem. Têm amigos comuns e chegaram a frequentar as mesmas festas de família. Ele e milhares de pessoas conhecem aquele homem.

Seelig. Pedro Seelig.

Delegado do Departamento de Ordem Política e Social, o DOPS, a polícia política, o braço da repressão. Pedro Seelig é o delegado mais famoso do Rio Grande do Sul.

À distância dá para ver a moça pegando alguns documentos na bolsa e mostrando para o grupo, mas isso não a libera das mãos de Seelig, que prende seu braço com firmeza. Minutos depois chega o ônibus de Montevidéu.

Enquanto os passageiros desembarcam o grupo de homens permanece ali, com a moça ao lado, como se esperassem alguém. Os viajantes pegam suas malas e o terminal se esvazia. Os homens parecem mais frustrados do que a moça.

Lílian Celiberti aguardava um grupo de familiares de desaparecidos e presos políticos no Uruguai. O ponto de encontro original era um hotel. Passou por lá e não encontrou ninguém. Dali foi para a Rodoviária pensando ter melhor sorte. Quando os homens apareceram e lhe pediram documentos, não se assustou. Ela não conhecia Seelig. Parecia simples burocracia, que já tinha lhe ocorrido nas rodoviárias de São Paulo e Rio de Janeiro.

Lílian estranha quando sente a pressão no braço. Depois, na longa espera pelo desembarque do ônibus. Começa a se assustar quando a levam para uma pequena sala na parte traseira da ala de desembarque, junto à calçada que dava para a rua. Entra e, de repente, outros homens se juntam ao grupo. Tiram-lhe a bolsa e alguém lhe diz que ela está detida.

– *Lilián Celiberti?* – ouve.

O acento agudo no nome e a clara entonação castelhana lhe mostram que a abordagem tinha cruzado a fronteira. O susto arregala seus olhos de jabuticaba quando reconhece o homem que a chama pelo nome, com a familiaridade de velhos conhecidos.

Yannone. Glauco Yannone.

Lílian lembra-se do jovem tenente a quem entregava, cinco anos antes, os pacotes que levava ao seu ex-marido, Hugo, preso em um quartel em Montevidéu. Apesar dos trajes civis, ela reconhece o homem de estatura mediana, bigode preto, agora promovido a capitão. Yannone é membro da secreta Compañía de Contrainformaciones, o braço executor de dezenas de sequestros e desaparecimentos de uruguaios na Argentina, subordinada ao Organismo Coordinador de Operaciones Antisubversivas, o temido OCOA.

No Brasil, o equivalente da Compañía seria o DOI, e o OCOA, o CODI. A versão DOI-CODI do Uruguai, os porões da repressão uruguaia.

Lílian percebe, na hora, que teria que fazer mais do que simplesmente mostrar documentos. Teria que lutar pela vida. Teria que sobreviver.

O grupo deixa a sala e a arrasta para a parte traseira de uma camionete Chevrolet Veraneio azul. Tudo fica escuro com o capuz enfiado na cabeça. Minutos depois o carro para e desembarcam. Andando aos tropeções, meio carregada, percebe que ingressam em um edifício. Sobem alguns lances de escada, caminham por um corredor e ela ouve a porta da cela se fechar às suas costas.

Tiram suas roupas. Ainda em pé, despida, só com o capuz, sente na pele nua o frio da cela e o arrepio do medo. Alguém fixa presilhas de metal nos dedos das mãos e nas orelhas. O gelo aumenta quando jogam água fria em seu corpo. Ao som da manivela seus músculos se retesam, antevendo a descarga da *picana*, a máquina manual de choques elétricos, o apetrecho doméstico de todos os cárceres do Cone Sul.

A manivela roda cada vez mais rápida, acompanhada pela zoeira de perguntas gritadas, repetidas, agressivas. São formuladas em português, por brasileiros. Mas, entre uma e outra, infiltram-se perguntas do capitão uruguaio, que ela reconhece pela voz.

– O que fazia na cidade? *A quién conocías?* Quem eram teus contatos? *Dónde están tus compañeros*?

Não há tempo para respirar, para pensar, para responder. A carga elétrica intensa distende os nervos, o controle muscular desaparece, o aparelho digestivo se contrai, afrouxa.

Ela sente o calor da urina e das fezes escorrendo perna abaixo. O medo se mistura à vergonha.

A tortura tem som, tem dor, tem cheiro.

A tortura fede.

A manivela para de repente, a descarga elétrica também. Mas o alívio cede lugar ao pavor. Alguém descobriu na sua bolsa o boleto da escola maternal. Junto, um endereço.

Retiram o capuz e ela vê o homem de cabelo grisalho, que pegava seu braço na Rodoviária, repetir em voz alta:

– Rua Botafogo, 621, apartamento 110, bloco 3... – lê o delegado, olhando para ela.

Lílian se rende e fala pela primeira vez, ainda mais assustada.

– *Bueno, esta es mi casa...* Tenho dois filhos, mas vocês não podem fazer mal a eles.

O delegado Seelig parece mais surpreso do que ela assustada.

– Dois filhos? Que idade?

– Três e oito anos – responde Lílian, certa de que a informação abalara o homem. Criança não costumava fazer parte do expediente de trabalho da repressão brasileira. O delegado pensa um pouco, olha atravessado para o capitão uruguaio ao seu lado e tenta relaxar a presa.

– Não, não vai acontecer nada com teus filhos – completa o delegado, pela primeira vez em tom ameno.

Lílian se anima, enquanto pensa: “Isso efetivamente complica a operação e a saída do Brasil. E complica ainda mais as justificativas. Sempre é possível dizer que duas pessoas adultas são terroristas perigosas. Mas não se pode dizer isso de duas crianças”.

Seelig diz que ela vai para casa e lhe devolve as roupas. Eles embarcam de novo na Veraneio da polícia. Desta vez ela não usa capuz. Vê a cidade deserta, preguiçosa, ruminando o almoço relaxado de mais um domingo.

Quando estacionam em frente ao prédio, vê os dois filhos, Camilo e Francesca. Na calçada, o garoto de oito anos e a menina de três se surpreendem ao ver a mãe desembarcar de uma camionete, acompanhada de homens que não conhecem. Seelig sai na frente, entra no andar térreo do bloco 3 e vê um rapaz moreno, de costas, trancando a porta do apartamento 110. Quando ele se volta, dá de cara com a pistola de Seelig apontada para seu peito. O delegado é seco:

– Tu tá preso!

O Internacional teria um torcedor a menos naquele domingo, entre os 17.735 pagantes no jogo contra o Caxias pelo Campeonato Gaúcho. Fã do Peñarol em Montevidéu, Universindo em pouco tempo se apaixonara pelo vermelho socialista da camiseta colorada. Estava saindo do apartamento para ir ao estádio Beira-Rio com as duas crianças.

Elas e Universindo não veriam o empate de 1 a 1 do time do coração. Perderam uma má atuação do Inter. O astro do time, Falcão, fez o gol colorado mas teve uma nota baixa, 5, anulado pelo melhor jogador do Caxias e da partida, o meia Clóvis, nota 9.

O jogo mudara, as regras também.

Alguém lhe toma as chaves e reabre o apartamento. Universindo é empurrado de volta para dentro. Ligam a TV portátil na sala com volume alto, mas ninguém presta atenção. É só para abafar o som seco dos golpes. Sentado em uma cadeira, algemado por trás, Universindo começa a apanhar. Leva muitos socos no estômago e pancadas na cabeça desferidas por um homem forte, negro, de mão pesada.

Ninguém se apresenta, mas Universindo identifica uruguaios no grupo. Um deles, pelo nome: Yannone. Havia outro militar uruguaio, que ele não reconhece. Gritam com ele e falam palavrões enquanto revistam o pequeno apartamento. Em certo momento, os uruguaios dizem que são integrantes das Forças Conjuntas.

Seelig não batia, apenas perguntava. Queria saber quem estava com ele, quem eram seus contatos.

Universindo não via as crianças, estava preocupado com elas. Na dúvida, avisa ao delegado que não resistiria, não gritaria se entregassem as crianças à mãe – uma maneira de proteger os três. Não sabia que as crianças já estavam com Lílian, na calçada, todos vigiados por policiais.

Seelig manda parar a pancadaria, conversa com Yannone e concorda.

– Fique tranquilo. Vamos te mostrar Lílian com as crianças – avisa o delegado.

Aliviado pelo fim da pancadaria, Universindo fica um pouco mais tranquilo quando vê os três na calçada por um breve momento antes de ser jogado dentro da Veraneio. Lá dentro é vendado, ganha um capuz por cima e é estirado no chão da camionete, oculto debaixo de um cobertor.

Lílian tenta uma última saída. Pede ao delegado para deixar as crianças com a vizinha, Maria Luísa, mulher do síndico, onde os filhos costumavam ver televisão.

Seelig gosta da ideia. As crianças eram um estorvo, seria bom livrar-se delas ali mesmo. Lílian bate na campainha uma, duas, três vezes. Nada. Nenhum ruído lá dentro. Não tentou bater nos outros dois apartamentos em frente. Morava há poucas semanas ali, não conhecia ninguém, não queria deixar os filhos com estranhos. Maria Luísa era de confiança. Só ela.

Seelig espera, paciente. Quando vai tentar a campainha outra vez, ele a pega pelo braço.

– Chega! Não tem ninguém. Vamos embora...

O carro com Universindo já tinha partido quando ela volta para a calçada. Agarrada às crianças, que tremem apesar do sol forte do domingo, Lílian entra em outro carro com Seelig. Rodam algumas quadras, uns cinco minutos, e param no pátio do prédio de três andares para onde fora levada ao ser presa na Rodoviária.

O tratamento, desta vez, está melhor. Sem capuz e sem escadas. Sobe ao segundo andar pelo elevador. Vê de longe Universindo, levado em seguida para um corredor fora de sua visão. Está em uma sala ampla, cheia de mesas e arquivos de aço, com duas janelas abrindo para a avenida em frente. Um policial vem e tira fotos dela e das crianças. Lílian acha um bom sinal. Em certo momento, a levam para uma sala isolada, longe das crianças.

Desta vez não há violência. Parece só uma rotina burocrática. Perguntam nome, sobrenome, tiram impressões digitais, checam documentos. Lílian responde, mas está preocupada com as crianças na sala ao lado. Antes de sair pede para uma mulher negra que trabalhava ali que cuide deles.

Lílian não tem mais ninguém em quem confiar. Conta rapidamente sobre os desaparecimentos de crianças na Argentina e implora para que ela ligue para seus pais em Montevidéu e avise sobre o que está acontecendo. Pede outra vez que cuide de seus filhos. Lílian fala rápido, teme que o delegado entre de novo na sala.

A mulher fuma, a mão treme, parece não compreender direito o que a jovem morena lhe fala aos borbotões. Ou parece não querer ouvir. A negra percebe que está diante de uma mãe aflita. Tenta consolá-la.

– Calma, moça!... Eu vou cuidar bem deles. Por favor, colabora! Responde o que estão te perguntando pra acabar logo com isto.

Lílian insiste:

– Os militares vão nos levar ao Uruguai e lá vamos desaparecer. *Me entiende? Sabes lo que es esto?*

A negra, com um penteado que lembra um capacete escuro, traga o cigarro outra vez, mais nervosa.

– Não, não, isso não vai acontecer... Fica tranquila, moça! – diz a mulher em tom maternal. – Fala, diz o que sabe, não coloca em risco a tua família. Agora, me dá as crianças, eu cuido delas enquanto tu conversa com eles.

Francesca, na inocência de seus três anos, brinca de comidinha com uma mulher loira, que também trabalha ali. Camilo, calado e sério, olha pela janela, vê a grande avenida quase deserta lá fora. Uma avenida cortada por um canal.

Vez por outra, na faixa do outro lado que leva ao rio Guaíba, cruza um carro quebrando o silêncio do domingo com suas buzinas estridentes. Carregam bandeiras vermelhas. São torcedores do Internacional rumo ao estádio Beira-Rio, a três quilômetros dali. Camilo olha de longe a festa dos colorados. Lembra do jogo. Queria estar lá, com seu time de coração. Coração vermelho. Vermelho como sangue.

Camilo corta seu pensamento quando ouve gritos. Volta-se e vê gente correndo em direção à sua mãe.

Lílian tem vermelho no braço. Vermelho de sangue. Quando Francesca pediu para ir ao banheiro, a mulher negra permitiu que a mãe levasse a menina. Lá dentro, Lílian viu um espelho. Viu além dele. Viu a chance de escapar do inferno, de fugir dali, de forçar uma saída para um hospital, um lugar onde pudesse gritar por socorro.

Quebrou o espelho e tentou se cortar. O pulso se tingiu de vermelho. O golpe no espelho e o choro convulsivo de Francesca alertam os guardas. Correm para socorrer Lílian, estancar a hemorragia. A sala se enche de gritos, o andar fica agitado. As duas mulheres, a loira e a negra, tentam ajudar no socorro, improvisam um curativo.

Camilo se vê sozinho. Ele e Francesca, ainda chorando. Pega a irmã pela mão e corre pelo corredor vazio. Vê uma escada e, ao tentar descer, vê homens subindo. Dá a volta e tenta fazer o mesmo, subindo as escadas. Para na porta fechada do andar de cima. O prédio só tinha três andares. Os homens levam as crianças de volta para a sala.

O vermelho cobre os pensamentos de Camilo.

O vermelho das bandeiras, o vermelho do sangue da mãe.

***

A camionete com Universindo encapuzado dá algumas voltas até chegar ao prédio da polícia. Quando sai do elevador, ele fica menos apreensivo. Vê Lílian com as duas crianças, ao lado de uma mulher negra.

– Estou cumprindo o compromisso que assumi contigo – lembra Seelig, atrás dele. A cordialidade acaba ali.

Universindo é levado a um quarto próximo, com uma mesa ao centro e uma janela que ilumina o ambiente. Não parece uma cela. Começam a fazer perguntas. Querem saber com quem falava, onde estavam os outros uruguaios. Especialmente um uruguaio: Cores. Hugo Cores, o chefe, o líder do PVP, o partido de Lílian e Universindo.

– *No sé, yo no lo conozco* – mente Universindo.

Os homens não gostam da resposta. Começam a bater. Algemado com as mãos para trás, sem capuz, Universindo vê os brasileiros se revezarem com o capitão Yannone na pancadaria. A cada golpe, arrancam algo da vestimenta. Primeiro a camisa, depois as calças, os sapatos, as meias. Poupam as cuecas.

Batem muito, batem todos.

Yannone bate mais. Bate tanto que cansa. Então, senta-se no chão, ao lado do preso algemado, e passa a socá-lo com força, com fúria. Tantos socos deixam o punho do capitão uruguaio doído. Ele então tira o mocassim que calçava e continua a golpear Universindo, desta vez com o salto do sapato.

O capitão já não sente dor. O preso agora sente mais.

O capitão conhece o seu ofício. Ainda primeiro-tenente, três anos após o golpe militar de 1973, foi enviado pela ditadura ao Canal do Panamá, então território ianque, onde a Escola das Américas (SOA, *School of Americas*), ali instalada em 1946 pelo Exército dos Estados Unidos, ministrava cursos de inteligência, interrogatório e combate à subversão para militares latino-americanos. Um exército de sessenta mil deles passou por lá em três décadas, aprendendo as técnicas que os levariam aos golpes militares e aos centros de tortura do continente nos anos 60 e 70.

Entre 1954 – quando morreu Getúlio Vargas – e 1988 – quando nasceu a Constituição Cidadã de Ulysses Guimarães –, a escola mudou de sede e de nome. A SOA trocou o Panamá em 1984 pelo Fort Benning, no Estado americano da

Geórgia, e passou a se chamar WHISC (*Western Hemisphere Institute for Security Cooperation*), Instituto do Hemisfério Ocidental para a Cooperação em Segurança. Por lá transitaram 332 militares brasileiros – 325 alunos e sete instrutores, que brilharam nos cursos de Operações de Selva, Interrogatório de Inteligência Militar e Operações Psicológicas. Vinte e um deles acabariam despontando na galeria de torturadores da ditadura brasileira.

A influência dos Estados Unidos era forte no pensamento militar do continente – especialmente nos quatro principais regimes militares do Cone Sul. Em três décadas, no período 1950-1979, as academias militares estadunidenses foram frequentadas por 8.659 brasileiros, 6.883 chilenos, 4.017 argentinos e 2.806 uruguaios.

Os militares uruguaios tinham uma preferência especial pela Escola das Américas. Nas duas décadas que antecederam o golpe de 1973, um total de 1.020 oficiais uruguaios frequentou 1.068 cursos da escola. O primeiro-tenente Glauco de León Yannone foi um deles, como aluno do curso de "Inteligência Militar 0-11", entre os dias 16 de janeiro e 28 de maio de 1976.

Doze anos depois, por ironia da história, o futuro torturador receberia um prêmio de um ídolo da resistência ao nazismo. O rei Olavo V, da Noruega, herói da Segunda Guerra Mundial, entregou o Prêmio Nobel da Paz de 1988 aos chamados capacetes azuis das Nações Unidas que representavam integrantes de diferentes forças de paz em catorze zonas de conflito no mundo a partir da guerra árabo-israelense de 1948. Yannone estava em Oslo, orgulhoso, como coronel e membro da delegação de dezessete homens do honrado pelotão de pacificadores da ONU. O major não lembrava em nada o capitão de uma década antes.

Em Oslo, o coronel Yannone era de paz.

Em Porto Alegre, o capitão Yannone era de guerra.

O capitão servia a tortura na Compañía de Contrainformaciones, que se divide em três seções: Operações, Técnica e Administrativa. Yannone era o chefe administrativo da Compañía, o DOI da repressão uruguaia. Agora o salto do sapato do capitão dói cada vez mais no corpo machucado de Universindo.

As respostas continuam insatisfatórias. Tiram as algemas e atam as mãos aos tornozelos. Passam uma barra de ferro entre os punhos amarrados e a dobra do joelho e o penduram a uns cinquenta centímetros do chão. De cabeça para baixo, Universindo parece um frango assado. Ele está provando agora o gosto amargo, dolorido, de uma genuína invenção brasileira: o pau de arara, um dos mais temidos instrumentos de tortura dos cárceres do Cone Sul, um legado verde-amarelo à civilização.

As perguntas continuam, os golpes também. A dormência se infiltra pelas artérias e veias dos pés e mãos, sem o sangue que se acumula na cabeça rente ao chão. A dormência cede lugar à dor, uma dor cada vez mais insuportável, indecifrável, intangível.

Para aumentar o sofrimento acoplam eletrodos no braço, no pulso, na perna, na orelha, no dedo. Uma dezena de conexões diretas com a dor. Alguém pega um balde, jogam a água sobre o corpo seminu. O medo congela, a água fria enregela.

A manivela gira mais rápida, os choques elétricos da *picana* provocam estertores, estremecem o corpo, as ideias, as convicções.

Universindo luta, resiste. Pensa na morte, no alívio, na paz.

A morte é o descanso.

Passa o tempo, parece uma eternidade. Universindo é pendurado pelo meio da tarde. Fica lá até quase meia-noite de domingo. Horas com o corpo suspenso, a vida suspensa. De repente, o choque cessa, as perguntas cessam, a vida cessa. Ele já não sente o corpo, só sente a dor. Tiram seu corpo inerte do pau de arara e o deixam no chão ensanguentado.

Universindo parece morto por dentro, por fora. Fica ali, moribundo, até que alguém o olha mais de perto. Chamam gente da enfermaria para reanimá-lo. A tortura dá uma trégua. Universindo pede para ir ao banheiro. Tiram as algemas e ele cambaleia rumo ao sanitário. Arrasta-se, trôpego.

Os passos parecem quilômetros, tudo dói.

Abre a tampa do vaso, imundo como aquele lugar, e sente um misto de dor e alívio acompanhar a contração da bexiga. Sente medo quando vê a cor escura da urina.

É vermelha, cor de sangue.

O organismo resiste à descarga elétrica e ao pau de arara descarregando no sangue a mioglobina, uma proteína muscular responsável pela reserva de oxigênio nos músculos. A respiração cortada pela tortura, o pulmão atravessado pela dor que endurece a musculatura, a sensação de sufocamento faz o corpo reagir. A mioglobina é liberada na circulação sanguínea junto com outras enzimas, sobrecarregando os rins e iniciando o processo de insuficiência renal aguda.

O aumento da mioglobina no sangue é a marca líquida e certa da pancadaria, das lesões musculares, dos golpes com o punho fechado sobre os rins. O peito, arfante, sente falta do oxigênio vital para o corpo asfixiado, martirizado. A proteína aparece, transborda, vaza para o sangue como um sinal de alerta, um pedido de socorro do organismo em choque, golpeado, agredido, que sucumbe à dormência da tortura.

A mioglobina é um sinal de alerta, um sinal vermelho.

Um sinal de sangue. Sangue na urina. Hematúria.

Passados trinta minutos, o alerta se converte em ameaça letal. Universindo já está ali há mais de quatro, cinco horas, pendurado como um naco de carne em um gancho de açougue. A mioglobina liberada na corrente sanguínea passa a ser filtrada pelos rins. Eles não suportam a sobrecarga, começam a falhar. A proteína se decompõe no sangue, como uma toxina maligna que leva à insuficiência renal.

Universindo não sabe, mas agora é vítima de rabdomiólise, que os médicos traduzem como uma síndrome causada por danos na musculatura do esqueleto, provocados por vazamento de mioglobina para o sangue. A urina cor castanho-avermelhada que Universindo vê jorrar no vaso é a prova disso. A rabdomiólise vem acompanhada de convulsões, edemas, espasmos, calafrios, cãibras, febre, insuficiência renal e respiratória.

Nos textos de medicina, um distúrbio que afeta uma em cada dez mil pessoas de qualquer idade.

Na crônica da tortura, uma fatalidade que atinge dez de cada dez presos que passam pelo pau de arara.

Universindo e sua urina cor de sangue são a prova científica disso tudo.

O efeito colateral de Yannone, de Seelig, da Compañía, do DOPS.

Universindo é a sequela da ditadura, a chaga do Cone Sul.

Uma síndrome.

O jato de urina vermelha arrefece. Cessa. Ele se volta para retornar à sala de tortura. Caminha alguns passos, para e recua. Olha de novo à sua esquerda, para o espelho que não tinha notado na parede.

Olha de novo e mal pode se reconhecer nele. Mudou de cor.

Está todo vermelho, vermelho de sangue, vermelho como a urina.

Universindo se assusta com sua imagem no espelho.

7
A RATOEIRA

Chuí, novembro de 1978

Cai a noite de domingo sobre Porto Alegre.

O tempo demora mais a passar no DOPS, mas passa.

A paciência do torturado se prolonga por horas, a impaciência do torturador se conta em minutos. O delegado volta, mais impaciente do que nunca.

– Bem, tu não queres falar... Então, vamos ter que fazer uma longa viagem – avisa Seelig.

Universindo pressente o pior.

– *Ustedes nos van a entregar a los militares uruguayos?*

– Bom, tu não queres falar – repete o delegado, justificando-se. – Vamos ter que fazer isso.

O preso resolve adotar um tom mais solene, jogando com a sensibilidade brasileira à opinião internacional.

– Eu sou Universindo Rodríguez Díaz. Sou refugiado das Nações Unidas e estou realizando aqui no Brasil um trabalho legal, dentro das normas do país. Vocês não podem me entregar aos militares uruguaios. De outra parte, estou vinculado à ONU e à proteção humanitária da Suécia, que sabem qual é a minha situação no país. Se vocês me entregarem ao Uruguai, isso será conhecido em poucas horas.

Universindo reproduz sem querer uma cena parecida de 42 anos antes, ocorrida 11.400 quilômetros ao norte de Porto Alegre.

No outubro gelado de 1936, o dissidente russo Leon Trótski perambulava pela Europa. Tentava fugir da longa garra de Stálin, desta vez escondido em uma casa isolada na floresta de Andorsrud, em Sköger, cidade norueguesa cinquenta quilômetros ao sul de Oslo. Dois meses antes, ele tinha sido condenado à morte como terrorista no primeiro dos Julgamentos de Moscou manipulado por Stálin.

Pressionado externamente pelos russos e internamente pelos nazistas noruegueses, o ministro da Justiça Trygve Lie, sem esconder o constrangimento, comunicou a Trótski que iria interná-lo no campo de concentração de Sundbyveien, quarenta quilômetros ao sul da capital. Ali aguardaria o navio que iria levá-lo ao exílio final e, anos depois, à morte no México.

O bolchevique encarou com firmeza o ministro, um admirador da Revolução de Outubro que chegara a conhecer Lênin no Kremlin:

– Este é seu primeiro ato de rendição ao nazismo em seu próprio país, ministro. Você vai pagar por isso! Você se considera livre e seguro para lidar com um exilado político como quiser. Mas está próximo o dia – lembre-se disso! – está próximo o dia em que os nazistas irão expulsá-lo de seu país, todos vocês!...

Revolucionário desarmado e líder banido, o pai do Exército Vermelho estava armado unicamente de sua dialética.

Trótski naquele momento era apenas profeta. Menos de quatro anos depois, como ele previa, as lagartas dos tanques do Reich alemão rolaram sobre o país. E o próprio Trygve Lie virou um refugiado em Londres, como chanceler do governo da Noruega no exílio.

Quatro décadas depois, em Porto Alegre, outro dissidente político faz uma profecia semelhante para a autoridade de um governo que sucumbia à vontade de uma tropa estrangeira.

Sem temer a redundância de uma informação que o delegado Seelig já tinha antes mesmo da tortura, Universindo reafirma:

– Sou um refugiado político. Vocês não podem me entregar ao Uruguai. O custo político será *muy, muy grande*. Para os militares brasileiros e para o governo do Brasil – previa Universindo para o delegado do DOPS, exibindo a mesma ousadia e a mesma antevisão política de Trótski diante do ministro norueguês.

Universindo lembra, consigo mesmo, que o Brasil teria eleições nacionais dentro de três dias. Na quarta-feira, 15 de novembro, seriam renovadas a Câmara dos Deputados e uma parte do Senado, além das assembleias estaduais.

Eleição no Brasil, repressão no Uruguai.

Ele apostava na diferença.

Como Trygve Lie, Pedro Seelig não contesta. Admite apenas que, naquele momento, o gigante Brasil se dobra à vontade do pequeno Uruguai.

– Bem... Eu não posso fazer nada. Os uruguaios estão nos pressionando para levá-los imediatamente até a fronteira.

Universindo sente que a conversa pode render. Percebe fragilidade no delegado. Decide aumentar a aposta. Joga mais uma carta na mesa.

– Eu quero falar com o chefe da operação, o chefe deste lugar! – anuncia, surpreso com o próprio atrevimento. – Quero falar com o diretor, com quem comanda todos vocês...

Fica ainda mais surpreso quando Seelig lhe dá as costas, sem replicar, e sai. Minutos depois ele volta. Com ele está um senhor de paletó e gravata, apesar de ser uma noite de domingo. Tem um rosto bochechudo e mechas de cabelo branco na cabeleira negra penteada com cuidado, que acentuam sua autoridade. Tem cara de chefe. Devia ser ele mesmo. Sua última esperança.

– Tu querias falar comigo? – pergunta o delegado Marcos Aurélio Reis, o diretor do DOPS, o que comandava todos eles, o chefe de Seelig.

Universindo se anima, entende que suas palavras tinham produzido efeito no delegado. Talvez funcione com o diretor. Repete o que havia dito a Seelig, insiste no custo político, no vazamento inevitável da operação.

– Somos uruguaios da oposição aqui, mas somos legais, *señor*. Não estamos desempenhando nenhum tipo de atividade guerrilheira, nem armada, nem clandestina. Estamos fazendo denúncias sobre violação de direitos humanos em nosso país. Vocês não podem nos entregar assim...

O diretor mostra a mesma impotência do delegado, que o ouve em silêncio.

– Não posso fazer nada. São o governo uruguaio e os militares que estão nos pressionando – lamenta-se Reis, quase que se desculpando.

Os dois saem da sala, Universindo fica na companhia de um policial. Não está ali só para vigiá-lo. Ele ajuda Universindo a caminhar, enquanto dá alguns passos, cambaleantes, em volta da única cadeira da sala. Ele sente muitas dores, principalmente na perna direita. Mas os poucos passos ajudam a reativar a circulação do sangue, a quebrar a dormência das pernas. Ele se apoia no ombro do policial. Parecem até amigos.

Passava da meia-noite de domingo para segunda-feira quando Seelig reaparece.

– Vamos embora – anuncia.

Universindo desce pelo elevador e, no caminho até o carro, passa por muita gente. Está sem capuz e estranha a multidão. Curioso, na noite de domingo havia mais gente no DOPS do que à tarde. No carro, sentados no banco da frente estão dois agentes brasileiros, um dirigindo. No banco de trás, Universindo e, à sua direita, o capitão Yannone, que o cutuca nos rins doloridos sempre que ele tenta dormir. Universindo entendeu que ele iria mantê-lo acordado ao longo dos 525 quilômetros que separam Porto Alegre do extremo sul brasileiro, a pequena Chuí, na fronteira com o Uruguai.

A viagem insone de mais de seis horas irá deixá-lo mais debilitado, menos resistente ao interrogatório na fronteira, imagina. Desde a prisão no apartamento, no início da tarde daquele domingo, ele não bebeu nem comeu nada.

Em outro carro, Lílian não dorme porque não quer. Prefere ficar acordada, pensando. Nas últimas horas tinha sido interrogada várias vezes. Não voltou a ser torturada. Até bebeu água. Por volta da meia-noite vieram buscá-la, ela e as crianças. No pátio do DOPS, os três embarcam no banco traseiro de uma Brasília branca. Na direção está o policial negro e forte que espancara Universindo no apartamento. Ao lado dele, um homem de bigodes caindo pelos cantos da boca. Parecem formar uma dupla. Lílian vê Seelig embarcar em outra camionete com uma policial.

Na hora, Lílian pensa que podia ser sua namorada ou noiva. Maluquice, condena-se.

O comboio de três carros arranca mansamente, deixando o pátio do DOPS pela ruela de trás, a Freitas e Castro. A avenida João Pessoa, sempre movimentada, está morta naquele início de madrugada. Deslizam por ela e, menos de dois quilômetros depois, dobram à direita para tomar o acesso ao túnel da Conceição. Passam pelo Elevado, que se ergue suave do outro lado, e Lílian vê à sua direita a grande construção ovalada da Rodoviária, onde tudo começara fazia pouco mais de doze horas.

Parece uma eternidade, pensa.

A enorme estação fica para trás, e o comboio embarca na avenida Castello Branco, separada das águas cinzentas do rio Guaíba por uma fileira de armazéns e docas descoloridas. Três quilômetros depois, o séquito motorizado circula o trevo de acesso da avenida Sertório e cruza o rio em um dos cartões-postais de Porto Alegre: a ponte Getúlio Vargas.

Inaugurada em 1958, era então a obra de engenharia mais audaciosa da América do Sul, com seu vão móvel de sessenta metros de pista e quatrocentas toneladas de peso elevando-se à altura de um prédio de dez andares para permitir a passagem dos navios, 25 metros abaixo.

Vencida a ponte, o comboio toma a principal rodovia federal do país, a BR-116, uma língua escura de asfalto que lambe dez Estados brasileiros. São 4.400 quilômetros que começam em Fortaleza, no litoral nordestino, e descem quase verticalmente até o pampa gaúcho de Jaguarão, separada da cidade uruguaia de Rio Branco pelas águas serenas do tortuoso rio Yaguarón. Mas o buraco do sequestro era mais embaixo.

Quando chega próximo de Capão do Leão, o comando uruguaio-brasileiro abandona a BR-116 e toma a rodovia à esquerda, a BR-471, que margeia a periferia sul de Pelotas, a segunda cidade mais populosa do Estado, a 270 quilômetros da capital. Menos movimentada, a estrada corre junto ao mar, espremida em uma franja de terra quase deserta entre o Atlântico e a lagoa Mirim – uma bacia binacional de águas rasas de 180 quilômetros de extensão e vinte quilômetros de largura que se espalha pelos dois lados da fronteira.

Apesar da aridez humana, é uma região bonita, plana, com o verde dos campos intercalando-se com o azul escuro das águas de um lado e outro da estrada, no mar e na lagoa.

Lílian chega a imaginar uma viagem de turismo. O agente negro na Brasília branca aparenta um inofensivo guia turístico descrevendo um passeio pela região. Ele e o homem de bigode falam com as crianças, puxam conversa, interessados em quebrar o clima de tensão. Exatamente o contrário do que Yannone fazia, no outro carro, com Universindo.

Lílian não entra no clima relaxado da conversa. Tensa por dentro, calada, ela pensa. O que vai acontecer na fronteira? O que fazer?

Ela não dorme nem quando as crianças, exaustas, adormecem no seu colo. Cada quilômetro vencido a aproxima de um inferno conhecido, de um destino desconhecido, onde as chances diminuíam, as pessoas sumiam.

A cabeça de militante fervilha mais do que a de mãe.

Algumas coisas a deixam intrigada. A rapidez da operação, a saída apressada de Porto Alegre. Desde o final da noite, nenhum interrogatório. E os militares sabem que as horas são decisivas para quebrar uma organização de esquerda. Lílian percebe que, no Brasil, determinadas coisas não eram como no Uruguai, apesar da semelhança dos regimes.

A fuga acelerada devia ser por causa das crianças, pensou ela. Criança não era novidade nem problema para a ditadura uruguaia. Criança era um constrangimento perturbador para a ditadura brasileira. Lílian percebeu isso na expressão espantada do delegado Seelig, quando lhe disse que tinha dois filhos. Um detalhe que os militares uruguaios, certamente, não tinham transmitido aos brasileiros. A rapidez da saída, compreendeu Lílian, devia ser uma exigência brasileira. Era isso! Claro!

A saída era retardar a saída, prolongar a permanência em solo brasileiro. Apostar que daria errado no Brasil o que sempre dava certo no Uruguai. Uma equação simples: fazer exatamente o contrário do que mandavam os brasileiros, do que queriam os uruguaios.

Mas, como ficar? Como voltar a Porto Alegre? Como voltar viva?

***

Os primeiros vestígios do sol nascendo no horizonte, lá longe no fundo do mar, abrem fendas de luz branca e amarela no manto escuro do céu. Na corrida de velocidade com o comboio, o dia espanta suavemente a noite. Pouco antes de chegar ao Chuí, a Brasília branca estaciona. O homem de bigode sai e volta, minutos depois, com um par de sanduíches para as crianças. Sanduíches frios como o ar fresco da manhã, com o cheiro da maresia.

O comboio anda um pouco mais e para de novo, algumas centenas de metros antes da fronteira. Dois carros se adiantam e estacionam no posto da Polícia Federal brasileira, à beira da estrada. Uma negociação rápida acontece para liberar a passagem do grupo sem os controles habituais. Universindo é estirado no chão do carro e coberto com um pano. Yannone, sentado no banco de trás, evita com os pés que ele saia do lugar.

A comitiva retoma viagem e passa pelo posto da Polícia Federal sem parar. Um quilômetro depois já está entre as casas de Chuí, uma cidadezinha de menos de dez mil habitantes e de dois países separados apenas por uma larga avenida. Do lado de cá da avenida, o Chuí brasileiro. Do lado de lá, o Chuy uruguaio. Quase ninguém vê a fila de carros passar pelas ruas desertas na cidade, que ainda se espreguiça para acordar na segunda-feira.

Seis quadras depois, em solo uruguaio, já não existem casas nem ruas de terra. Só a via asfaltada da Ruta 9, a rodovia federal que desemboca 340 quilômetros depois em Montevidéu, na boca do Rio da Prata. Em um entroncamento da Ruta, pouco antes do posto da aduana uruguaia, quase dois quilômetros além da fronteira, o comboio faz sua parada final. Os brasileiros são recebidos por militares uruguaios, todos vestidos à paisana e armados ostensivamente, comunicando-se por rádio. Estão em quatro veículos, entre eles uma Kombi amarela.

O comboio estaciona, todos desembarcam, inclusive os presos. Universindo não vê Lílian, nem as crianças. Algemado com as mãos para trás, ele pede uma liberdade provisória para urinar na beira da estrada. É um momento de alívio. A urina começa a retomar sua cor normal, mas ainda guarda o tom avermelhado, lembrança de Porto Alegre.

Quando é algemado outra vez, Universindo vê se aproximar o homem que comanda os anfitriões uruguaios – o capitão Eduardo Ferro, chefe do Setor de Operações da Compañía de Contrainformaciones.

É um faixa-preta de caratê de 31 anos. Tem cerca de um metro e 75 e físico encorpado, um pouco acima do peso. Usa cabelos curtos e um vasto bigode preto, que quase atravessa o rosto redondo. Tem olhos verdes e fama de violento. Certa vez, em uma aula de defesa pessoal, explicou ao professor: "Não posso praticar caratê, eu bato muito forte. Já matei um homem". Não deu detalhes, mas era um preso que, após dez dias de tortura, não resistiu à batida forte de Ferro.

Como Yannone, Ferro foi aluno da Escola das Américas, no Canal do Panamá, que frequentou como cadete aos vinte anos. Ele dispensa apresentações e, sem dizer nada, joga Universindo algemado no chão e lhe dá um pontapé no peito.

Lílian também experimenta a dramática mudança de clima. Ela e as crianças são embarcadas em uma Kombi por dois homens armados de pistolas. Camilo e Francesca são obrigados a imitar a mãe, deitados de barriga para baixo. Os homens no banco da frente ouvem a mãe falar com os filhos:

– Buenos, estamos en Uruguay!

Parece ironia, mas foi o jeito que Lílian encontrou na hora para lhes passar confiança, dizer a eles que estavam em casa.

Francesca não para de chorar. Camilo está calado, sério, não chora, não pergunta, não procura proteção. Parece habituado a tudo aquilo. Lílian acha que o garoto mostra um comportamento adulto demais para alguém de apenas oito anos de idade.

Ferro e seus homens decidem se afastar da fronteira e buscam um refúgio 35 quilômetros abaixo de Chuy – o parque nacional de Santa Teresa, um recanto histórico dominado pelo forte de pedra com muros em forma de pentágono, em área de dezesseis mil metros quadrados à beira do Atlântico. Foi construído no final do século XVIII pelos portugueses, com seus canhões voltados mais para a terra do que para o mar.

Os inimigos então eram os espanhóis, que tentavam avançar sobre o império de Lisboa. Agora sob administração do Exército uruguaio, os inimigos de Santa Teresa ainda falam castelhano – como Lílian e Universindo.

Nas areias mais bonitas do lugar, a 100 metros das ondas bravas da *Playa de La Moza*, estão os dez bangalôs que oficiais do Exército usam para as férias de verão. O comboio uruguaio estaciona ali com os presos de Porto Alegre. Enquanto as crianças são mantidas afastadas, Lílian é levada a um pequeno bosque, próximo ao mar.

As perguntas vão e vêm como o som das ondas ao longe. Quem eram os companheiros no Brasil, como era distribuído o jornal do PVP, quais eram os contatos da oposição no Uruguai, quem eram seus amigos em Montevidéu?

O capitão Yannone, que comanda o interrogatório, faz o papel de malvado, o que grita mais.

– Esta aqui está se fazendo de viva, não vamos dar bola, vamos agir! *Total! Aquí se termina el viaje* – berra.

Yannone tenta quebrar a resistência de Lílian com outra ameaça.

– *Uno más al Rio de la Plata*! – provoca Yannone.

É uma lembrança nada sutil aos catorze cadáveres que o rio devolveu ao litoral uruguaio, no inverno de 1976, em um arco sinistro de trezentos quilômetros que ia de Maldonado a Colônia, em frente a Buenos Aires. Os corpos que puderam ser identificados eram todos de exilados e ex-presos políticos que viviam na capital argentina, na outra margem, a 55 quilômetros dali. Tinham marcas de tortura, membros fraturados, tiros na cabeça. As mulheres foram violadas e os homens, castrados.

Um pouco mais distante, em um barranco que descia suave para a praia, Universindo experimenta o que, para Lílian, é só ameaça. Com as mãos e os pés algemados, embarca no submarino.

Ajoelhado diante do *tacho,* um tonel cortado ao meio, tem a cabeça mergulhada na água que corta a respiração, aumenta a ansiedade, a agonia. A mão por trás da nuca impede que ele venha à tona. Os segundos duram horas, o pulmão parece explodir, não dá mais para aguentar. De repente, a dor que alivia. O puxão nos cabelos machuca, mas arranca sua cabeça do tacho. Ele abre a boca, tosse e puxa o ar que lhe falta, aspira ao máximo para armazenar oxigênio no peito, para aguentar o próximo mergulho.

O interrogatório é um descanso. As perguntas lhe dão tempo de respirar, de sobreviver. Quando a cabeça afunda de novo, ele suspira pela dor. A dor nos cabelos puxados com violência, a dor que lhe dá ar, lhe dá vida.

O submarino dura um tempo, muito tempo. Minutos sem ar que valem por horas, horas que marcam uma eternidade.

Mas não vale a pena matar Universindo. Ainda não.

O submarino é desativado. Mãos fortes o colocam de pé e o arrastam até uma parede rochosa, ali perto. Apesar de o sol ainda não estar alto, a temperatura já está elevada. Novembro já é quente, muito quente no Uruguai. Mesmo assim Universindo treme – treme de frio, treme de medo. O contato prolongado com a água fria lhe dá calafrios. Um dos militares avisa que isso acontece com todo mundo que eles torturam. Universindo não se sente consolado.

Os calafrios, como as ondas do mar, não cessam. Voltam as perguntas.

– *Dónde está Hugo Cores? Hãnh... Dónde está Cores? Hable, hijo de puta!* – grita o capitão Ferro no seu ouvido, como se fosse surdo.

Universindo se finge de surdo. O capitão puxa um maço de cigarros Coronado do bolso da camisa e avisa:

– *Bueno,* vou fumar este Coronado. Quando terminar o cigarro, se não me contares onde está Hugo Cores, vou te matar!

Acende o cigarro e segue com os olhos o anel de fumaça que sobe e se dissipa no ar, enquanto se desfaz o tempo de Universindo. Ferro dá a última tragada, joga a guimba no chão, esmaga com o salto do coturno.

Chama um ajudante, pede uma pistola e uma bala. Puxa para trás a mola do percussor, abre a câmara do carregador e aloja ali a bala prateada. Fecha, engatilha a arma e aponta para a cabeça de Universindo. Ele cerra os olhos e espera. Lembra do tacho de água, o ar que não vem.

Clic! O cão do gatilho bate seco no cartucho vazio.

Clic! Não existe pólvora, não há a explosão na câmara que comprime o ar e dispara a bala.

Clic, é apenas o susto, só o som do clic.

Universindo volta ao submarino.

Ferro volta para junto de Yannone, que interroga Lílian com a mesma técnica, o mesmo truque, as mesmas armas. De pé, junto a uma árvore, Yannone manda um de seus homens apontar a pistola para a cabeça de Lílian. O capitão diz que não quer mais complicações com subversivos. O soldado puxa o gatilho.

Clic! Lílian nem se mexe.

Sabia que era um teatro, um simulacro. O cálculo político lhe dá confiança: não tem medo porque sabe que não a matariam assim, de forma tão rápida, tão singela, tão humana. O ódio à oposição era tão grande, pensou ela, que os militares não poderiam poupar sofrimento a nenhum deles.

– *Bueno, acá se acabó el viaje. Vamos a matarlos* – anuncia Yannone. Lílian desdenha.

– *Pero...* Vocês não iam fazer tudo isso para nos matar assim, *no más...* – diz Lílian, surpreendendo Yannone pela insolência.

– Eh, parece que contigo se pode falar! – intervém o capitão Ferro, mostrando os dentes brancos sob o bigode negro.

Ferro entra de sola na conversa, introduzindo uma informação que pode convencer Lílian de que Yannone fala a verdade.

– *Colaboras o desapareces!* Nós somos do "300 Carlos" – confessa Ferro, com a certeza de que ela nunca escapará viva para repetir isso a mais ninguém.

Lílian sabe que o "300 Carlos" é o codinome da unidade secreta do OCOA, no coração da Compañía, que sequestra uruguaios na Argentina.

O "300 Carlos" é o temido *dream team* do terror do DOI-CODI uruguaio. O seu centro de torturas fica em Montevidéu, em um pavilhão com dez celas sinistras nos fundos do 13° Batalhão de Infantaria, conhecido como *El Infierno.* Está situado em uma zona mais afastada e menos povoada da capital, na avenida de Las Instrucciones, a nove quilômetros do Palácio do Governo.

Ninguém sobrevive ao "300 Carlos".

Ninguém sobrevive a Ferro.

Mas Lílian tem uma carta na manga.

– Tenho responsabilidade com os meus filhos. Se vocês se comprometerem a salvá-los, posso lhes contar algo – insinua, jogando a isca.

Os olhos de Ferro se arregalam. Lílian diz que terá um encontro na capital gaúcha na próxima sexta-feira, 17. Ele pergunta quem é, ela diz que não sabe.

– *Un compañero muy importante, con certeza* – conta Lílian, sem avançar mais.

O capitão está mordendo a isca, ela pensa.

Lílian vai me entregar Hugo Cores, ele pensa.

Ferro sai e volta uma hora depois com ar triunfal.

– *Vamos hacer un viaje* – anuncia, como se a ideia fosse dele. Lílian pergunta para onde.

– Vamos voltar a Porto Alegre. Vamos ficar esperando na tua casa e ver o que acontece.

Lílian se anima e tenta uma nova cartada.

– Está bem, mas volto com meus filhos...

– Não, as crianças, não! – corta o capitão. – *Imposible!* Esta seria uma complicação a mais.

Ferro quer armar sua *ratonera,* a emboscada no apartamento para pegar Cores, o rato mais gordo do PVP.

Mas Lílian foi mais rápida. Sua ratoeira já estava armada.

No sábado, um dia antes de ser presa na Rodoviária, um companheiro do PVP em São Paulo a alertou sobre o possível movimento da repressão uruguaia no Brasil. Ela ficou sabendo que, no início do mês, gente do partido havia sido presa em Montevidéu. A tortura certamente faria vazar informações, e era preciso ainda mais cautela.

O esquema de segurança de Lílian previa um contato telefônico dia sim, dia não. Lílian não mentira a Ferro: um *compañero muy importante*, o próprio Hugo Cores, tinha realmente acertado uma viagem a Porto Alegre para um encontro com ela na sexta-feira. Com as informações alarmantes das prisões, ela se tornara ainda mais cuidadosa.

Lílian cancelou uma viagem que faria naqueles dias a Santana do Livramento, separada por uma simples avenida da uruguaia Rivera, na fronteira sempre vulnerável. Preferiu ficar na segurança de Porto Alegre. Ainda assim tratou de apertar seu esquema de proteção.

Pediu telefonemas diários, nos três dias que antecederiam seu encontro com Cores. Assim, ela deveria manter contatos telefônicos com São Paulo na terça, na quarta e na quinta-feira.

Só então Cores tomaria o ônibus para Porto Alegre, ao encontro de Lílian. Na rua Botafogo, 621, bloco 3.

Na tarde de sexta-feira, 17 de novembro.

O capitão Ferro sonhava com a cena: a porta do apartamento 110 se escancarando diante de Hugo Cores, o líder máximo da organização.

A *ratonera* pegando um ratão gordo, um nome *muy importante*.

El nombre más importante del PVP.

Mas quando a porta se abriu, Ferro percebeu que a montanha tinha parido um rato.

Um, não. Dois!

Eu e Scalco.

A *ratonera* de Ferro tinha dado errado.

A *ratonera* de Lílian começava a dar certo.

8
A SENHA

Porto Alegre, novembro de 1978

De longe, Lílian força um sorriso e dá um último adeus aos filhos, no forte de Santa Teresa.

Francesca está chamando pela mãe, chorando como nunca.

Camilo está calado, sério como sempre.

O olhar frio cravado na mãe dói como a ponta de um punhal, que sangra Lílian por dentro. Ela faz força para não chorar. Despede-se dos filhos com um beijo e uma desculpa banal, na qual talvez nem mesmo uma criança acreditasse:

– *Mamma* vai voltar a Porto Alegre para buscar a bagagem. Logo, logo nos vemos.

As crianças ficam para trás, como reféns da colaboração de Lílian com os militares. Este era o plano de Ferro. Mas o plano de Lílian era ainda melhor: enquanto estivesse viva e se mostrasse útil, as crianças estariam seguras.

A sobrevida da mãe garante a vida dos filhos, raciocina ela.

O pensamento lhe dá paz pela primeira vez, e ela adormece ao lado do capitão, no banco traseiro do carro. Na frente, dois agentes brasileiros da equipe de Seelig, que ela não identifica. Cansada, ela dorme toda a viagem de volta a Porto Alegre e só acorda quando o carro estaciona no pátio do DOPS, por volta das 20h de segunda-feira.

Ferro já se movimenta lá dentro com a intimidade de velho conhecido da casa. Sobe pelo elevador até o segundo andar, o andar do DOPS. Quando a porta abre, Lílian se depara com a mulher negra que cuidara das crianças, a mulher que não atendera seu pedido de socorro.

Ela aproveita um descuido do capitão e cobra da agente:

– Te lembras do que eu te disse? Que levariam os meus filhos?... *Bueno*, agora eles estão com os meus filhos... E você me disse que eu ficasse tranquila, que nada aconteceria a eles...

A negra mostra angústia no rosto. Pega um maço e acende um cigarro. A mão treme.

A vontade é se esconder atrás da baforada de fumaça.

Levam Lílian para uma cela, uma peça grande toda fechada, sem janelas e, no lugar da porta, uma grade aberta – certamente para manter seus pulsos intactos. Ela dorme a noite inteira, sono pesado, como um anjo no paraíso.

Na terça-feira de manhã, o anjo volta ao inferno.

Ferro a leva ao apartamento da Botafogo, uma visão que a deixa horrorizada. Está todo quebrado, devassado, vasculhado, revirado, sujo, os livros espalhados pelo chão, as roupas amontoadas. Quatro ou cinco policiais do DOPS estão sempre por ali, atulhando o apartamento, revezando-se na vigilância.

Um deles se agacha, revira um monte de papéis, escolhe um livro e olha para ela, vitorioso:

– Vou pegar este para mim – diz o policial, apontando para o exemplar em italiano de *O Pequeno Príncipe* que ela tinha dado ao filho no aniversário de seis anos em Milão, em 1976.

Ela lembra de Camilo, longe, sério, calado.

A tensão lhe tira a fome. Os policiais, preocupados, acham que Lílian quer adoecer, forçar um atendimento médico. Por isso a todo o momento lhe oferecem coisas que compram ali por perto. Abacaxi, sucos de frutas, frango assado.

O resto do tempo ela passa com o único uruguaio da equipe – Eduardo Ferro, que pergunta, confere papéis, revisa cartas, procura coisas, fatos, nomes. O capitão se detém em algumas mensagens cifradas, em códigos que Lílian embaralha e traduz de forma mais atravessada.

É um jogo de inteligência.

As persianas estão sempre abaixadas, com a luz acesa. Várias vezes ao dia o delegado Pedro Seelig aparece por lá. Em certos momentos participa do interrogatório. Ela tem a sensação de que o delegado reabastece o capitão com as informações novas que recebe por rádio, telefone ou telex de Montevidéu.

Na manhã de quinta-feira, de repente, um imprevisto.

A campainha toca. Todos congelam, as mãos procuram automaticamente as pistolas no cinto. Tudo cessa, tudo para. Um deles espia pelo visor. Alguém leva Lílian para a porta, guardada por dois homens armados. Ferro fica mais atrás, arma em punho.

Lílian entreabre a porta e vê um jovem de uniforme. Um carteiro.

– Telegrama para Lílian Celiberti. É aqui mesmo? – ele pergunta, com um sorriso.

Ela continua séria. Assina o recibo, balbucia um *gracias*, o jovem pega de volta e sai. A porta se fecha e Ferro arranca o telegrama de suas mãos.

> Bolsa concedida. Chamar urgente.

O texto indicava o local de origem da mensagem: Paris, França.

Lílian fica desconcertada, insegura. O envio do telegrama indica que seus companheiros não estão certos do que houve com ela. O código de segurança era claro: ela devia se comunicar na terça, na quarta e na quinta. Anteontem, ontem e hoje, relembra assustada. Desde domingo passado ela está ausente, silenciosa, incomunicável.

Como é que eles não entenderam? Por que não compreenderam?

Lílian se sente só, desamparada.

Ferro está excitado pela novidade. Manda Lílian responder, ligar para o número de Paris. Ela se recusa, ele insiste. Ela pede para ficar sozinha, para pensar. Pela primeira vez a deixam só, na cama revirada do quarto. Uma dúvida terrível a consome por dentro. Se não ligasse, ninguém saberia que ela estava ali, viva ainda.

Se ligasse, daria a entender que estava tudo bem, tudo normal. E o encontro marcado para o dia seguinte aconteceria.

Hugo Cores cairia na *ratonera*. Ferro venceria.

Lílian pede um lápis e um papel, para escolher as palavras certas, passar a mensagem correta. Um texto para avisar os companheiros sem alertar a repressão.

O texto mais difícil de sua vida de professora e militante política.

Ela rabisca o que diria ao telefone e passa o papel a Ferro. Empolgado, o capitão embarca Lílian em um carro e volta ao DOPS.

Desta vez eles a levam a um lugar desconhecido, um gabinete arrumado, mais solene, a sala do diretor do DOPS. O homem de cabelos com mechas brancas, sempre de paletó e gravata, que recusara o último apelo de Universindo antes da viagem ao Chuí, está ao lado da mesa escura que domina o ambiente. A mesa do homem que domina o lugar, o diretor Marcos Aurélio Reis.

Na frente dele, um telefone preto.

Ninguém fala. Todos sabem o que fazer, Lílian sabe o que dizer. Ferro lhe alcança o telefone e ela começa a discar o número gravado em sua memória. Primeiro o 00, código de acesso internacional. Depois 33, número da França, seguido de 1, código de área de Paris. Então, 805-8153.

– *Hola!* – diz a voz que atende no apartamento de Rubén Prieto.

***

Anarquista, membro da Resistencia Obrero Estudiantil (ROE) onde militou Lílian, Rubén Pepe Prieto era um dos dirigentes do PVP e vivia agora exilado na França. Prieto era mais do que um militante orgânico da esquerda.

Era um gênio da comunicação, que teria feito carreira em qualquer grande agência de publicidade do mundo capitalista. Com uma cabeça que brilhava pela inteligência e pela calvície precoce que desmatara metade de seus cabelos negros antes dos trinta anos, ele organizou o congresso clandestino de 1975 de fundação do PVP, um partido que nasceu rico.

No ano anterior, março de 1974, militantes refugiados em Buenos Aires haviam sequestrado Federico Hart, um rico empresário judeu de origem holandesa que fez fortuna na Argentina com exportação de lã. Exigiram um resgate de dez milhões de dólares, que Hart pagou sem chiar para não expor seu lado negro de contrabandista.

Foi a terceira maior extorsão da esquerda armada no continente – só perdeu para os Montoneros peronistas (64 milhões de dólares de resgate de dois herdeiros da multinacional de grãos Bunge y Born) e para o trotskista Exército Revolucionário do Povo – ERP (14 milhões de dólares de um executivo da petroleira Esso).

As verdinhas do imperialismo sustentaram os passos iniciais do partido vermelho. Financiaram o congresso clandestino, pagaram panfletos, compraram veículos e imóveis na Argentina para montar a infraestrutura de oposição ao regime militar de Montevidéu.

No congresso, o PVP adotou o X como símbolo de multiplicação desenhado sobre a letra V, representação cabalística de *Por la Victoria*. Aí apareceu o gênio de Prieto.

Ele contratou uma agência de publicidade para vender uma linha de cosméticos fictícia de uma empresa belga que não existia. Era uma campanha de expectativa, de algo que logo se desvelaria, de suspense progressivo, até explodir na grande revelação para as massas. Tinha até slogan: *Por una nueva forma de vivir.*

A única pista era um sabonete fino de banho, com o nome de Vilox. A logomarca tinha o contorno em preto do mapa do Uruguai, com duas letras em branco no centro – o V atravessado pelo X.

Ela proliferou em *outdoors*, em camisetas, em bandeirolas, em bonés. A imagem subliminar da Vilox pipocava em anúncios de rádio, TV e jornal, patrocinava a maior festa agropecuária do país, a Exposição do Prado, e turbinava até atletas da mais tradicional prova esportiva, a Vuelta Ciclista del Uruguay. A equipe pedalada pelos dólares do PVP, o Club El Límite, chegou em segundo lugar.

A fantasia da Vilox acabou quando Videla derrubou Isabelita, em 1976. Com passe livre no país vizinho, a repressão uruguaia descobriu o esconderijo do butim em Buenos Aires e capturou os dólares. Os militares transformaram os imóveis em casas de tortura e sumiram com o troco de oito milhões de dólares. A fortuna do PVP se dissolveu como sabonete.

Mas Rubén Prieto deu um banho de criatividade...

***

Não era esse talento da comunicação que atendia o telefonema disparado do DOPS. Era outro companheiro do PVP que se abrigava no apartamento de Prieto. Lílian o conhecia bem, reconhecia sua voz.

Com a ligação, o capitão uruguaio e o delegado brasileiro tentavam botar o queijo na *ratonera.* Mas foi Lílian que conseguiu enganar os dois.

– Como estás? – pergunta ela, sem identificar seu interlocutor.

– Está tudo bem, Maya? – devolve o homem, usando o codinome que o partido atribuía a Lílian. – Faz dias que não recebemos notícias tuas. *Le pasó algo grave?*

– Não, não aconteceu nada. Estou bem – finge Lílian, sob os olhares atentos de Ferro, Seelig e Reis.

– Então, por que a demora para se comunicar? – insiste a voz de Paris. Lílian consulta o papel que rabiscou a lápis.

– *No, por nada.* Não me diga nada, tenho pouco tempo. Por favor, diga ao companheiro de São Paulo que estarei amanhã às cinco da tarde em minha casa – responde Lílian, reforçando a ideia do encontro de sexta-feira.

A ansiedade a torna descortês. Ela desliga o telefone aflita, sem nem mesmo se despedir, nem um *adiós*, nem um simples *ciao.*

Ferro e Seelig se olham, satisfeitos. Eles não desconfiavam, mas Lílian tinha conseguido passar a senha que denunciava a prisão. A expressão "cinco da tarde" era o sinal de alarme, de que algo errado acontecia com ela.

Lílian larga o telefone, mas continua nervosa. Não sabe se o homem em Paris captou a senha com precisão, infiltrada em uma frase banal e rápida. Enquanto

Lílian pensa sobre o telefonema, o clima no gabinete escuro é de euforia. Ferro fica tão alegre que deixa escapar um elogio.

– *Qué buena muchacha! Así que colaboras!* – exulta o capitão, uma frase que deixa Lílian ainda mais angustiada.

Ela diz a Ferro que está muito cansada e pede ao capitão que não a interrogue nessa noite. O dia seguinte seria horrível, alega, com certeza terminaria com a prisão de alguém que significava muito para ela. Ferro resolve lhe dar esta recompensa. Lílian é poupada do interrogatório.

O sono desce pesado, profundo.

Ela amanhece sexta-feira na rua Botafogo. Um dia de espera, de tensão. Ferro está lá, acompanhado do homem negro e do homem de bigode que haviam levado Lílian e as crianças ao Chuí. Ela aproveita para descansar. Dorme no quarto dos filhos, na cama ainda desarrumada pela polícia. A porta permanece sempre aberta, com alguém de guarda. O outro quarto é usado para o descanso dos policiais. Três ou quatro homens armados permanecem na sala, esperando.

Em certo momento do dia, a vizinha bate na porta.

Ninguém responde, a vizinha desiste.

No meio da tarde, enfim, o som rouco da campainha quebra o silêncio do lugar. Os homens saltam para suas posições, armas na mão. Ferro esconde-se no vão da cozinha. Alguém olha pelo visor da porta. Comunicam-se por sinais, todos em silêncio. Ferro ordena que levem Lílian até a porta. Eles não deixam que ela espie pelo olho-mágico da porta.

Lílian está escoltada por dois velhos conhecidos da viagem ao Chuí.

À esquerda o homem de bigode que se sentava no banco da frente. À direita o negro forte que dirigia a Brasília branca.

Antes que a campainha soe outra vez a porta é entreaberta, o suficiente para mostrar o rosto fino e os olhos de jabuticaba de Lílian. A fala do visitante, que pergunta por Universindo e se expressa em espanhol rápido, reforça a impressão geral no apartamento.

Ferro, que acompanha a movimentação da cozinha ao lado, não tem dúvidas: o ratão do PVP caiu na *ratonera*.

Lílian tenta falar com a dança nervosa dos olhos, mas está preocupada com os homens armados ao seu lado. E se um deles comete a loucura de disparar um tiro?, pensa. Quando a conversa se prolonga, alguém puxa Lílian para o quarto e o homem de bigode toma seu lugar, com a arma apontada para a cabeça do visitante e uma pergunta disparada à queima-roupa:

– *San Pablo?*

No quarto ao lado Lílian ouve a porta se fechando atrás dos dois visitantes, que entram e são revistados pelos policiais. Lílian não vê nada disso, mas é a primeira vez desde domingo que está contente, feliz.

Ela sabia a identidade do barbudo que perguntava por Universindo. Era jornalista, o jornalista que eles tinham conhecido na sucursal da revista *Veja*.

A repressão caiu na sua *ratonera*, pensa Lílian com justificada satisfação. Se prendem os jornalistas agora – presume – alguém vai ficar sabendo. Jornalistas devem deixar no local de trabalho algum registro para onde vão, o endereço para onde seguem, algo assim. Se eles vieram, é porque alguém avisou, um companheiro alertou. Os jornalistas vão publicar a denúncia. Com a denúncia, os policiais terão que fazer um registro da prisão, o Uruguai vai precisar de um pedido formal de extradição. Ela estará em situação de legalidade. Presa, mas legal. O coração de Lílian acelera, enquanto imagina o desdobramento dos fatos. Ela não ouve o que acontece na sala. Percebe apenas que os jornalistas estão sendo interrogados. Depois de algum tempo, que lhe parece muito, muito tempo, ela ouve a porta se abrir e os visitantes saírem. Os homens que ficaram estão muito nervosos. Não sabem bem o que fazer.

As coisas deram errado. A *ratonera* falhou. Ferro aparece na porta do quarto, expressão contrariada e lhe fala com rispidez.

– *Nos vamos ya, ya.*

Lílian volta a ficar triste quando caminha apressada pelo passo acelerado dos policiais no corredor lateral do prédio. Imaginava ver ali uma multidão de jornalistas, câmeras de TV, flashes de fotógrafos explodindo na cara dos sequestradores... Sonhava com uma espécie de tapete vermelho da entrega do Oscar, atraindo a atenção da imprensa do mundo inteiro...

Entretanto, nada disso acontece. Não há ninguém ali. O corredor está vazio, a rua está deserta. Lílian se sente de novo só, abandonada.

Embarca no carro e volta para o DOPS com Ferro. Desta vez não a levam para a ala das celas. É outro lugar, um corredor comprido com várias portas. Deve ser a ala de quartos onde dormem os policiais, pensa.

É colocada em um deles, com um homem vigiando. O lugar não é sórdido como uma cela. Dá para notar que todo mundo está muito nervoso. Algo precisa ser feito, algo acontecerá em breve – pensam ela e os policiais.

O guarda que a vigia confirma sua impressão. A polícia está acuada. A frase do policial não intimida, apela.

– Ei, não vá me reconhecer, tá? Bem... Este não é o meu trabalho... Eu não tenho nada a ver com isso. Sou um simples guarda aqui, moça, um simples funcionário...

Lílian não sabe quem é, não o reconhece. Ela tenta medir a confusão que se instalou na cabeça de Ferro, de Seelig, do DOPS todo.

O que fazer depois da aparição dos repórteres de *Veja* no apartamento? Como sair do país, sair rápido?

Ferro abre a porta e chama.

– *Vámonos! Ya, ahorita* – diz, sem esconder a pressa.

Já era noite quando ela e Ferro embarcam em um carro, dirigido por um policial do DOPS que ela não identifica. Desta vez não é um comboio. É um carro apenas, com o motorista e Ferro na frente e ela no banco de trás. Não há mais o clima ameno da primeira vez, quando a viagem com as crianças dava a fugidia impressão de um programa turístico ao Chuí.

A sensação agora é de viagem inesperada, urgente, uma fuga.

Tanto que a rota de escape já não leva ao extremo sul do país. Ferro imagina que seria a saída mais previsível, sujeito a outro encontro inesperado com jornalistas. A imprensa poderia estar lá, de tocaia.

Desta vez o capitão tem o cuidado de sair de Porto Alegre com destino à fronteira sudoeste, rumo à cidade de Santana do Livramento, a 489 quilômetros da capital. Tomam a direção oeste pela BR-290, passam por Pantano Grande e, 321 quilômetros depois, ultrapassam São Gabriel e suas planuras cultivadas com arroz e soja. Rodam mais sessenta quilômetros até Rosário do Sul e viram à esquerda, trocando a rodovia federal por uma outra, a BR-158.

Ela cruza 66 quilômetros ao sul com outra estrada federal, a BR-293, que vem de Bagé e Dom Pedrito. Uma última curva à direita e, 30 quilômetros depois, chegam a Santana do Livramento.

Durante todo o trajeto, Lílian tinha uma certeza: seria morta ao chegar ao Uruguai. Sempre que podia ela se lamentava em voz alta, no carro:

– Não sei como isso aconteceu, *no tengo idea*, não sei como se deram conta... – fingia.

Ferro não contestava. Não queria talvez reconhecer que Lílian o havia enganado.

Cruzam a avenida binacional de Livramento e Rivera. Do lado brasileiro, conhecida como avenida João Pessoa. Do lado uruguaio, avenida Treinta y Tres Orientales. Avançam algumas ruas em Rivera, já em território uruguaio. O carro estaciona atrás de um outro que aguarda no acostamento, em uma zona afastada, sem casas por perto. Dois homens os aguardam.

Dois majores do Exército, os chefes da Compañía de Contrainformaciones, os comandantes de Ferro.

– *Cagaste todo!* – acusa o major Carlos Alberto Rossel. É a recepção hostil, agressiva do chefe da Compañía, um moreno de cara limpa, sem bigode, lábios finos, sobrancelhas grossas. Lílian parece mais confiante e reage.

– Cagaste, por quê? Sempre fiz o que me mandaram fazer.

Rossel faz cara de quem não gostou da resposta.

– Como foi que avisaste aos jornalistas? – insiste o outro major, José Walter Bassani, subchefe da Compañía, testa larga separando os cabelos negros do olhar fulminante. Lílian está firme, agora animada pelo conhecimento que os militares têm da presença dos jornalistas no apartamento. A imprensa era seu salvo-conduto, imagina.

– Eu não fiz nada. Não avisei ninguém. Pergunte a ele, que sabe de tudo. Você é testemunha – diz, dirigindo-se ao capitão, calado ao seu lado. – Peça-lhe para ver a mensagem que li no telefonema para Paris.

Constrangido, Ferro defende Lílian, sabendo que assim está defendendo a si mesmo.

– *Jefe,* ela não tem nada a ver com isso. Foi um acidente!...

Na longa viagem de madrugada até Montevidéu, o major Rossel ainda faz uma pergunta ameaçadora.

– Nunca te jogaram de um avião, *no?*

Lembrava os "voos da morte", em que jogavam sequestrados e torturados nas águas cinzentas e geladas do Rio da Prata. Era apenas uma provocação.

Un chiste, uma piada de mau gosto, conclui Lílian. Ela já não tinha tanto medo. Estava muito cansada, mentalmente exausta, mas estranhamente calma. Ela sabia que sua sobrevivência já não estava no Uruguai.

Sua vida dependia agora do outro lado da fronteira. Lílian Celiberti não sabia, mas ela tinha redesenhado a fronteira entre Brasil e Uruguai.

O sequestro de Porto Alegre iria mostrar que havia um claro limite entre as duas ditaduras.

A transnacional da repressão tinha ultrapassado todos os seus limites. Iria sair do breu envergonhado da clandestinidade para a luz reveladora das manchetes da imprensa.

Um fiasco.

9

O MONSTRO

São Paulo, novembro de 1978

Um drama. Um drama de morrer de rir.

A mulher recebe em sua casa em Madri, em meados de 1977, uma carta procedente do Brasil. Tem a logomarca de um hotel da Zona Sul do Rio de Janeiro e o nome do destinatário, Pedro Garcia.

O marido não estava. Viajara outra vez à Suíça para uma reunião de empresários. Ela rompe o envelope e lê:

> Ilmo. Pedro Garcia,
>
> Depois de sua estadia em nosso hotel, na data de 10 de maio passado, quando tivemos o prazer de alojá-lo, desejamos informá-lo que acabamos de incorporar aos nossos serviços quartos com sauna, hidromassagem, piscina etc. Por tê-lo tido como hóspede com sua esposa, María Salaberry, colocamo-nos à sua disposição para oferecer-lhe uma tarifa especial para um quarto de casal, com café da manhã incluído e uso grátis de nossas novas instalações.

A mulher de Garcia estranha. Ela não se chama Salaberry, muito menos Maria. Intrigada, liga para o hotel carioca, como se fosse secretária da empresa do marido, e descobre que a Maria que acompanhava seu parceiro, além de tudo, era francesa.

Canalha!, pensa. Então, ele finge que vai à Suíça a trabalho e na verdade está com a amante no Rio? Aquela cidade *caliente,* sensual, lasciva, repleta de tentações e pecados? E tudo isso com uma amante francesa? Logo francesa? Ah, Pedro!...

O marido volta da viagem e se depara com o olhar cortante da mulher, dura e fria. O interrogatório começa, ela não conta tudo o que sabe. Tateia o terreno inexplorado da libertinagem do marido. Ela não fala no Rio de Janeiro, nem dá nomes. Só menciona a figura da amante. Joga verde e colhe muito maduro.

O marido está perplexo: na Suíça, de fato, tinha se encontrado com uma amante, aliás, amiga de sua mulher. Não entende como ela soube. Descobre-se pego em flagrante delito. Soluçando, confessa o pecado. A mulher, vitoriosa, joga a carta reveladora do hotel carioca na mesa.

O marido percebe a confusão, ganha novo fôlego. Nega a falsa aventura brasileira, desviando o foco da verdadeira travessura suíça. Nega, nega, mas não adianta. A mulher traída não o perdoa. Tanto faz que a amante esteja no Brasil, na Suíça, na Cochinchina. Acabam se divorciando.

O drama de Pedro Garcia nasceu de um ato generoso de solidariedade. Ele cedera seu passaporte para um amigo exilado em Paris, Hugo Cores, viajar em segurança para o Rio. Na época, europeus de esquerda não viam problema nisso.

Documentos falsos eram protegidos pela Convenção de Genebra, uma tradição legitimada na ação dos *maquis* da Resistência francesa ao nazismo, na luta antifranquista da Guerra Civil espanhola. Alegavam perda do documento original e tiravam outro, enquanto o verdadeiro protegia a clandestinidade de gente ameaçada pela repressão de todos os regimes, de todas as épocas.

Nem Garcia nem Cores imaginavam que, em uma cômica casualidade, aquele gesto de amizade acabaria com o casamento do espanhol. O hotel carioca realmente hospedara um casal Garcia: Cores com a identidade de mentira do amigo, mas acompanhado da mulher de verdade do uruguaio, María Salaberry.

Passada a confusão de 1977 no Rio de Janeiro, Garcia e Cores morreram de rir.

Um ano depois, Hugo Cores quase morria de novo.

Desta vez, em São Paulo, não era de riso.

Cores agora morria de medo.

Medo de morrer.

***

A testa larga, o cabelo castanho, o bigode bem aparado, os óculos, o jeito tímido e sério davam a Hugo Cores o ar reservado de intelectual. Nas veias do pacato professor de História, porém, borbulhava o sumo vital de um revolucionário. Um amigo o definia como "um articulador político que unia as virtudes da paixão e do bom senso".

Nascido na Argentina em 1937 e criado no Uruguai desde criança, Cores estreou com dezenove anos na política como dirigente da FAU, a Federação Anarquista Uruguaia, que tinha raízes ideológicas nos sindicalistas que migraram da Espanha e Itália no final do século XIX.

Era um ativo líder sindical já na clandestinidade quando foi preso em 1969. Cruzou de volta o Rio da Prata com milhares de companheiros para fugir do golpe militar de 1973, o que tornou Buenos Aires um santuário da oposição aos generais de Montevidéu. Em abril de 1975, foi sequestrado na capital portenha pela Polícia Federal argentina e por militares uruguaios. Desapareceu por vinte dias.

Só reapareceu vivo na crista de uma campanha internacional que exigia sua libertação. Passou nove meses preso, a maior parte do tempo em cela de segurança máxima da penitenciária militar de Sierra Chica, na cidade de Olavarría, 350 quilômetros ao sul de Buenos Aires. Ganhou a liberdade ao ser expulso do país no final do ano. Exilou-se na França, onde foi recepcionado no aeroporto pelo advogado francês Jean-Louis Weil, o jurista que sete anos depois iria a Porto Alegre para investigar o sequestro de Lílian e Universindo. No mês seguinte, janeiro de 1976, Hugo Cores denunciou as torturas da ditadura uruguaia no Tribunal Bertrand Russel reunido em Roma.

Trabalhava na fundação do PVP quando foi sequestrado na Argentina. O Partido por la Victória del Pueblo seria uma organização de esquerda ferozmente caçada pela repressão uruguaia. Em três anos, quase todos os cem fundadores do partido estavam mortos ou desaparecidos. Uma das poucas sobreviventes era a jornalista María Salaberry, que os amigos chamavam carinhosamente de Mariela.

Nascida em 1948 em Durazno, cidade do interior uruguaio, ostentava um sorriso largo e franco que iluminava com simpatia o rosto fino e o olhar esperto. Trazia nos longos cabelos loiros e no sobrenome a ascendência francesa do pai, filho de um basco de sangue quente da região dos Altos Pirineus, no lado gaulês da fronteira. Sangue quente como o da neta, arrojada e temerária, quase no limite da inconsciência dos riscos da luta política.

Hugo Cores apaixonou-se por Mariela em 1971, quando saiu da prisão em Montevidéu. A filha, Sofia, nasceu no exílio de Paris, em 1977, três anos após o golpe militar de Montevidéu, um ano antes do sequestro de Porto Alegre.

Na França, Cores engajou-se no esfacelado PVP, virou seu líder máximo e voltou clandestino ao Brasil em 1978 para remontar o partido com foco nas denúncias de tortura no Uruguai. Junto com outros líderes da oposição, foi redator no exílio do manifesto de uma frente antiditadura que enfureceu ainda mais os generais. Sua cabeça estava a prêmio. Valia qualquer coisa para pegá-lo.

Até mesmo atravessar a fronteira brasileira e vasculhar Porto Alegre em busca de gente do PVP que pudesse servir de isca para capturar Cores. Gente como um casal uruguaio recém-chegado à capital gaúcha. Uma dupla que circulava discreta pela cidade desde outubro de 1978 e atendia pelos codinomes de Maria e Miguel.

Cores os conhecia havia anos pelos nomes verdadeiros. Lílian Celiberti e Universindo Díaz.

Os três uruguaios estavam especialmente preocupados em novembro de 1978. No início do mês, a repressão prendera uma dezena de militantes do PVP em Montevidéu. Sob tortura, eles mostraram que o caminho até Cores passava por Lílian e Universindo. A notícia da queda no Uruguai chegou a São Paulo, onde Cores vivia escondido em companhia de Mariela e de Sofia, agora um bebê de cabelos castanhos e vinte meses de vida.

Cores tinha programado uma ida a Porto Alegre, na segunda quinzena de novembro, para um encontro com Lílian. A notícia das prisões os deixou em estado de alerta. Lílian cancelou uma viagem naqueles dias a Livramento, na fronteira com Rivera, onde receberia novos informes sobre torturas no seu país. Cores acertou contatos mais frequentes, por telefone público, para medir o perigo na capital gaúcha. Nos dias que antecederiam a reunião no Sul, dia 17, ficou combinado que Lílian faria contatos diários para mostrar que estava tudo bem.

Na manhã de domingo, dia 12, nada estava bem.

Lílian tinha sido presa pelo delegado Seelig na Rodoviária de Porto Alegre. Não telefonou na segunda, na terça, nem na quarta-feira. Na quinta, 16, preocupado, o PVP mandou um telegrama pedindo que ela ligasse naquele mesmo dia para Paris. A senha infiltrada na ligação que Lílian deu do gabinete do diretor do DOPS forneceu a certeza que todos já suspeitavam: Lílian também tinha caído.

Cores ligou em seguida para Paris e ficou mais nervoso com a má notícia. Aos 41 anos de vida, com a experiência da clandestinidade e do exílio, ele criara normas estritas de segurança em São Paulo. Uma única vez teve telefone em casa. Foi quando morou em um pequeno apartamento da rua Botucatu, a um quilômetro do Parque do Ibirapuera, um endereço quase secreto. Apenas um amigo entre milhões de pessoas naquela cidade imensa tinha o número para discar: o uruguaio César Charlone, que anos depois ficaria famoso como o fotógrafo sensível de filmes premiados como *Cidade de Deus* e *O Jardineiro Fiel*. Mas o telefone nunca tocava. Cores e a mulher só usavam orelhões e cabines públicas.

Para receber a correspondência, Cores montou um endereço virtual. Na rua Major Sertório, no centro da cidade, procurou um hotel barato da "boca do lixo" e alugou um quarto. Deixou ali uma mala com um tanto de roupa e algumas pastas com revistas para a camareira não desconfiar. Na recepção avisou que era viajante e que dormiria ali de forma irregular, já que estava sempre em trânsito. Só pedia que guardassem a correspondência.

Era um viajante de trânsito internacional, devem ter pensado. Ali chegavam cartas de todo o continente e da Europa, base principal do PVP no exílio. Vinham também cartas de um ponto mais próximo – Porto Alegre.

A diáspora provocada pelos generais de Montevidéu espalhava refugiados uruguaios pelo sul do Brasil e por outros 33 países. A correspondência tinha como destinatário um tal Fausto Ferraz, a identidade fictícia de Hugo Cores que luzia em uma carteira Modelo 19 falsificada com engenho e arte pelo PVP. As únicas coisas verdadeiras ali eram a foto, a impressão digital e a assinatura – com o nome fajuto.

Sofia e seu sono inocente não perceberam a nervosa insônia de Cores e Mariela naquela noite tensa de quinta, 16. Foi a última que passaram no pequeno apartamento da rua Basílio da Cunha, uma via secundária entre o parque da Aclimação e o cemitério da Vila Mariana.

Na manhã seguinte, sexta, 17, Cores embarcou a mulher e a filha no seu velho Fusca e saiu na busca derradeira por notícias. O silêncio pesava no ar. Ninguém falava nada. Não havia o que falar. Não havia como falar, para não inquietar a criança no colo da mãe. Cores estacionou o carro em uma rua transversal, próxima ao hotel onde se hospedava como um viajante acidental, quase virtual. Fechou a porta e falou com a mulher pela janela:

– *Espérame!*

Voltou minutos depois. Agora agitado, muito agitado.

– *Están ahí!* – avisou, sem dar detalhes. Nem precisava. Ligou o motor do carro e arrancou em uma disparada que parecia imprudente, mas necessária.

Cores, com faro de perdigueiro treinado, tinha um olfato apurado a tudo que cheirasse cana, policial, tira, meganha, repressão. No retorno ao apartamento da Basílio da Cunha, deu muitas voltas, enfiando-se em ruelas inesperadas, escapando de avenidas congestionadas, evitando viadutos indiscretos e sempre olhando pelo retrovisor para garantir que não estavam sendo seguidos.

Ele manejava muito bem a direção e se localizava geograficamente de forma magistral, por mais desconhecido que fosse o bairro, a cidade, o país. O kit básico de sobrevivência de refugiado. Sempre dizia que nunca havia sofrido um acidente, nem uma leve batida. Nem mesmo no trânsito desleixado de Montevidéu, onde deslizava incólume, em tempos idos, com uma frágil Vespa. Um brinquedinho ágil de duas rodas que lhe aperfeiçoou o equilíbrio e lhe aguçou o senso de orientação, virtudes decisivas para resistir no exílio e enganar os cães raivosos da repressão.

Enquanto dirigia, Cores contou a Mariela que, ao entrar no saguão do hotel, desconfiou da atitude do rapaz que o atendeu na recepção, mais cordial do que o habitual. Além disso não havia nenhuma correspondência, coisa que lhe pareceu estranha. Não ia lá há dias, e deveria haver correio acumulado. A não ser que alguém tivesse passado ali, antes dele, e esvaziado sua caixa postal. Ao sair, viu um carro estacionado com alguns homens suspeitos no seu interior.

Sentiu o bafo quente da polícia. Começou a se apressar, para não permitir a reação. Se estava combinado com os policiais, o recepcionista do hotel não teve tempo de ir até a calçada para avisá-los antes que desaparecesse na multidão. Havia outro detalhe que ajudava Cores: eles não devem tê-lo reconhecido. Se tinham fotos dele, deviam ser imprestáveis. A fisionomia de Cores estava muito alterada em relação às fotos mais recentes que a repressão poderia ter daquele alvo permanente da esquerda uruguaia.

As fotos oficiais que existiam eram antigas, ainda da identidade uruguaia e do passaporte argentino.

A foto da polícia do Uruguai era de 1971, quando ele deixou a prisão e o terror do CGIOR, o Centro Geral de Instrução para Oficiais da Reserva do Exército, situado na esquina das ruas Dante e República, no tradicional bairro de Cordón, na capital uruguaia. Na década anterior, ali funcionara um respeitado centro de treinamento que chegou a ser frequentado por oficiais de Israel que, anos depois, brilhariam na fulminante Guerra dos Seis Dias contra o Egito. A ditadura converteu a escola, um prédio venerado onde funcionou o histórico Cuartel de los 33 Orientales, em temida base de tortura para presos políticos.

Um centro de ensino reduzido a uma central de desatinos. Um mergulho de insanidade que alterou o período e o currículo das aulas. Em vez da luz do dia, o esconderijo da madrugada. Ao invés de dar, tirava informações, com a lição gritada para extrair mais dor, mais confissões, mais informações.

– *Pinche, pinche, pegue, pegue!* – berrava o próprio diretor do CIGIOR, coronel Alonso Gallardo.

– Fura, fura, bate, bate! – ensinava o militar na macabra aula da escuridão, segundo a memória doída de Gerardo Gatti, contemporâneo de Cores naquele antro em maio de 1971. Libertado, Gatti refugiou-se em Buenos Aires. Não adiantou. Fundador da CNT, a central dos trabalhadores, Gatti foi sequestrado por um comando militar uruguaio em junho de 1976. Nunca mais foi visto com vida.

Nos nervosos idos de novembro de 1978, por coincidência, o CGIOR tinha sido transformado na sede da Escola de Inteligência e do Departamento II do Estado-Maior do Exército. A ele estavam subordinados o OCOA e seu braço executor, a Compañía de Contrainformaciones. A companhia secreta, o DOI uruguaio que caçava Lílian e Universindo em Porto Alegre, que buscava Hugo Cores no Brasil e no mundo.

A outra foto de Cores era de 1975, quando fora hóspede da penitenciária argentina de Sierra Chica. Devia ser inútil para a repressão. Mais parecia "a caricatura de um esqueleto de bigodes" – na abalizada opinião da mulher, Mariela. Agora, em São Paulo, a face alongada de Cores se ocultava debaixo de uma subversiva barba castanha. E ainda por cima estava gordo. O disfarce do líder do PVP era perfeito, praticamente irreconhecível.

Além disso, a polícia não tinha certeza de que Cores iria até aquele hotel, onde ele se registrara sob o nome falso de Fausto Ferraz. Não havia motivo para tanta prontidão, já que naquela sexta-feira, 17 de novembro, Hugo Cores não deveria nem estar em São Paulo. Ele era esperado, com escolta militar e policial, no apartamento da rua Botafogo.

O apartamento de Lílian e Universindo.

A vigilância no hotel de São Paulo confirmava as suspeitas de Paris. Era preciso que Cores e sua família abandonassem imediatamente o apartamento onde moravam, na Basílio da Cunha. Seria impossível fazer toda a mudança em um proletário Fusca. Mariela bateu na porta da vizinha do apartamento ao lado, uma amiga brasileira que vivia ali com o marido e um bebê recém-nascido. Já haviam conversado sobre a ditadura no Brasil e a morte de Vladimir Herzog no DOI-CODI.

Mariela decidiu lhe contar a verdade, pelo menos um pedaço da verdade. Confessou que, apesar do passaporte francês verdadeiro, era uruguaia. E de oposição. E procurada pela polícia. Tudo isso contado assim, de repente, aos borbotões, loucamente. A vizinha ficou pasma. Mas solidária. Topou guardar as roupas que Mariela não podia levar. Despediram-se chorando.

Deixaram só as roupas. Os livros, todos em castelhano, foram amontoados em duas malas. Em uma bolsa enfiaram as mudas indispensáveis de roupa. E não esqueceram o essencial – o berço portátil de Sofia, forrado com um tecido azul estampado com quadradinhos vermelhos. Ali Sofia dormia como um anjinho. Apesar de tudo.

O heroico Fusca rangia sob o peso da bagagem, a cabeça vergava sob o peso das preocupações, o coração acelerava no ritmo da aflição, a respiração se alterava pelo sufoco da angústia. Cores e Mariela sabiam o que a repressão uruguaia fazia com os seus inimigos, os seus presos, os seus bebês.

Sofia dormia no banco de trás.

Rodando pela cidade, a esmo, Cores decide aumentar sua aposta, repartir sua angústia, compartilhar aquele drama com um aliado importante nessas horas. A imprensa. Era preciso avisar a imprensa, alertar algum jornalista. Mas quem? Onde? O relógio já marcava mais de onze da manhã, tinha que fazer alguma coisa. E rápido.

Cores e Mariela viviam há apenas quatro meses na cidade. Apesar do instintivo senso de orientação de Cores, não conheciam ninguém em São Paulo, a não ser os caixas de supermercados, os donos de bancas de jornais, os balconistas de casas de xerox, os pais das crianças que brincavam nas praças com Sofia. Todos contatos superficiais, fugazes, eventuais, com a vagueza que o casal mesmo impunha.

Eles costumavam ler *Veja*, *Folha de S.Paulo* e *IstoÉ*, ainda deslumbrados com a fermentação política do Brasil, a eclosão de greves no ABC, o crescimento da oposição, o debate sobre a censura, a abertura, a anistia, a Constituinte. Temas todos ainda impensáveis nas atmosferas irrespiráveis do Uruguai e da Argentina. Agora, naquela emergência em São Paulo, lamentavam-se. Não conheciam nenhum jornalista, não dominavam a cidade, não traduziam os nomes e o sentido das ruas e avenidas. Tudo ainda era estranho, hostil.

Não pensaram em ligar para a Rede Globo. Acharam que uma emissora de TV não lhes daria importância. Imaginaram que era melhor ligar para uma revista. Cores estacionou perto de uma cabine telefônica, ao lado de uma banca. Ele tentou chamar a redação da revista *IstoÉ*. O telefone chamou uma, duas, três, quatro vezes. Nada, ninguém atendeu. Ele estava aflito, desligou.

Pegou uma revista *Veja* emprestada na banca, não conhecia ninguém ali. Em vez de outra ligação frustrada para a redação central de São Paulo, como tinha acontecido com *IstoÉ*, decidiu ir direto ao escritório gaúcho da revista da Editora Abril. Correu o dedo pelo expediente e parou em "Sucursal de Porto Alegre". Ali havia três nomes, um chefe e dois repórteres.

Achou melhor falar com o chefe. Luiz Cláudio Cunha. Anotou o nome, o número, agradeceu ao homem da banca e se dirigiu para a cabine telefônica.

Discou o prefixo da capital gaúcha, 051, e o número da sucursal na rua Vieira de Castro: 23-9502. Atendeu uma voz de mulher, a secretária.

– *Por favor, el periodista Luiz Cláudio Cunha!*

A secretária perguntou quem era, ele não quis se identificar. Esperou algum tempo até que a ligação fosse transferida. Não foi. Ouviu de novo a voz da secretária, explicando que no momento o chefe estava em interurbano com São Paulo. Pediu que ele ligasse alguns minutos depois. Cores desligou, frustrado. Bem, pelo menos agora ele tinha um número e um nome. Melhor esperar. Contou os minutos no relógio. O tempo não passava. Ou melhor, o tempo corria. Dez minutos, discou de novo.

Não queria fracassar de novo. Disse à secretária de voz gentil que o telefonema era urgente. E de São Paulo. O chefe da *Veja* não vai deixar de atender telefonema urgente de São Paulo, imaginou o ardiloso Cores. Acertou.

Ouviu a ligação sendo transferida e a voz grossa.

– Alô? – falou o tal chefe.

– *Periodista Luiz Cláudio Cunha*? – perguntou.

– *Sí. Quién habla*? – Cores achou simpática a resposta em espanhol do interlocutor. Ignorou a pergunta e entrou direto no assunto que lhe interessava, sem dar espaço para interromper seu recado. Falava apressado, sem ocultar a urgência, sem esconder a ansiedade.

– *Hola! Una pareja y dos niños uruguayos que viven en Porto Alegre están desaparecidos hace una semana. Los nombres son Lilián Celiberti de Casariego y Universindo Rodríguez Díaz, y los niños se llaman Camilo y Francesca. Hola?... Me escuchas*?...

– *Sí, claro. Estoy anotando todo...* – respondeu o jornalista. Cores ficou confortado ao saber que ele estava registrando o seu recado. Já esperava a pergunta seguinte.

– *Y la dirección?*

– *La dirección es Calle Botafogo, número 621, habitación 110, bloque 3. Por favor, necesitamos que alguien vea lo que pasa.*

A pergunta seguinte do jornalista o deixou preocupado. Será que ele achava que aquilo era coisa de maluco, uma piada, um trote? A dúvida dele era procedente:

– *Che, no es posible que estas personas hubiesen viajado, algo así, normal?...* – indagou o repórter.

– *No, nosotros lo sabríamos...* – respondeu Cores, aflito por não poder contar mais. Ele temia que seu laconismo desestimulasse o jornalista de Porto Alegre. Ele não podia contar mais, não sabia dizer mais. Mas poderia dizer um pouco mais, só um pouco, o suficiente para excitar o faro de repórter do outro lado da linha.

– *Cuál es el significado de "desaparecidos"?*

– *Detenidos* – respondeu Cores, secamente, sem dar detalhes.

– *Pero... quién está hablando?* – avançou o chefe da *Veja*. – *Como es su nombre?*

– *Estoy llamando desde San Pablo* – disse Cores, sem responder à pergunta. Desligou, sem nem se despedir. Cores se arrependeu do final abrupto que deu à conversa. Será que ele me achou mal-educado?, pensou. Ou apenas nervoso?

Cores se considerava um sujeito educado. Mas agora estava nervoso, muito nervoso.

O trânsito infernal da cidade grande naquela sexta-feira, 17 de novembro, deixava a situação mais caótica. Aonde ir? Como ir? Mariela teve uma ideia ao olhar, na calçada, um salão de cabeleireiro. Pediu para Cores estacionar, desembarcou e entrou lá.

Não era capricho de mulher, era precaução de refugiada. Passou a tesoura nos seus longos cabelos para usar, pela primeira vez, um penteado curto que tornaria mais difícil o seu reconhecimento pela repressão. Sofia esperava no colo do pai. Hugo se mantinha calado e sério, vestindo seu único paletó, veterano de muitas viagens clandestinas.

Cores lembrou então de uma instituição e de um nome que poderiam ajudá-los. Um prédio imponente, a Cúria Metropolitana da Arquidiocese de São Paulo, e uma figura majestosa na luta pelos direitos humanos, o cardeal dom Paulo Evaristo Arns. No subsolo da Cúria, em uma sala minúscula, funcionava uma ideia grandiosa: o Clamor, um grupo ecumênico que, mais do que denunciar, pretendia abrigar os perseguidos, proteger os torturados e localizar os desaparecidos do turbulento Cone Sul.

O Clamor havia sido fundado cinco meses antes, em junho de 1978, por um pastor anglicano, um advogado brasileiro e uma jornalista inglesa, todos reunidos sob a bênção do cardeal da maior diocese católica do mundo. O pastor Jaime Wright teve um irmão, militante da luta armada, preso, torturado e desaparecido nos porões da OBAN. O advogado Luiz Eduardo Greenhalg tinha forte atuação junto às famílias de presos políticos e às denúncias de tortura e morte sob a ditadura. A jornalista Jan Rocha, correspondente da BBC desde 1973, desembarcou no Brasil em 1964, o ano em que os militares embarcavam no poder para uma longa permanência autoritária de duas décadas.

Não havia ideia melhor do que recorrer ao Clamor. Cores teve que parar várias vezes para perguntar a diferentes motoristas de táxi sobre a melhor rota naquele labirinto paulistano para ir até o prédio da Cúria, no bairro de Higienópolis. Ao chegar lá, desceu do carro, entregou a direção a Mariela e ficou esperando na calçada, enquanto o Fusca ingressava no pátio arborizado da arquidiocese. A sede da Cúria era um endereço muito exposto para o líder do PVP. Convinha esperar lá fora. Mariela ainda teve que entrar em uma fila de gente aflita para conversar com Jan Rocha. Pelo jeito, muita gente tinha problemas parecidos a tratar com o Clamor.

Na sua vez, Mariela foi apresentada a uma mulher miúda, de cabelos negros repartidos no lado esquerdo e escorridos, dona de um sorriso melancólico e um olhar confiante. Jan Rocha tinha 38 anos, fortes ligações com a Anistia Internacional e um repertório de reportagens corajosas denunciando violações de direitos humanos no continente.

Mariela sentiu confiança naquela mulher e contou tudo. Falou dos uruguaios, do PVP, das torturas no seu país, do medo, de Lílian e Universindo, da repressão uruguaia em Porto Alegre. Jan era a mulher certa para ouvir o relato angustiado de Mariela, que lhe perguntou se conhecia alguém em Porto Alegre que pudesse conferir o que acontecia no apartamento da rua Botafogo.

Jan conhecia. Ela era casada com um advogado gaúcho, Plauto Tuyuti da Rocha, amigo de outro advogado gaúcho, Omar Ferri – um velho companheiro de lutas políticas que casualmente estivera dias atrás jantando com eles em São Paulo.

Jan ligou para o advogado amigo de Porto Alegre, no meio da tarde, cinco horas após a ligação de Cores para a sucursal da *Veja*. A jornalista repetiu a Omar Ferri as informações que Cores tinha passado ao repórter da revista. O endereço da Botafogo, os nomes dos uruguaios. Ferri perguntou se era urgente. Ela disse que ele poderia acabar o que estava fazendo, mas pediu que não deixasse de checar o endereço ainda naquela sexta-feira.

Em Porto Alegre, Ferri bateria na porta do apartamento, já vazio, por volta das nove da noite. Voltaria no sábado, no domingo. Ninguém.

Em São Paulo, a noite de sexta-feira já caía quando Mariela deixou a Cúria Metropolitana para recolher Cores na esquina. Ainda estavam tensos. Não tinham nem onde dormir. Alugaram um quarto em um hotel vagabundo, feio e barato, em uma grande avenida a cinco quadras da Paulista, o coração financeiro de São Paulo. Era uma zona muito movimentada. Uma zona.

O quarto tinha uma única cama. Sofia desta vez não dormiu no berço. Acomodou-se entre eles, mas custou a pegar no sono. Ninguém pegava. Cores e Mariela quase não dormiram, dividindo em silêncio os pesadelos daquele dia para não perturbar ainda mais o sono entrecortado de Sofia. Continuavam muito assustados.

Cores circulava pela cidade com sua carteira Modelo 19 falsificada. Carregava o nome de Fausto Ferraz com que se registrara naquele hotel vigiado pela polícia. Talvez já existisse uma circular nas delegacias informando que aquele homem era procurado. Cores não tinha outro documento de identidade. Só aquele.

O sono não pegava. A polícia pegava.

De manhã, maus pressentimentos. Alguém arrombou o Fusca estacionado diante do hotel e roubou as duas malas com livros. Depois eles até riram, pensando na frustração daquele gatuno azarado ao descobrir que ali dentro só havia livros, todos em castelhano, todos sobre o Uruguai. Apesar da graça, sentiram muita raiva com a perda cultural que o ladrão sem sorte jamais poderia avaliar. A frustração aumentava porque não havia a quem reclamar.

Não era possível procurar a polícia.

Era a polícia que os procurava.

Com a frustração, aumentou o medo – e a fome de Mariela. Estranhamente, a angústia e a tensão abriam o seu apetite, ao contrário do marido. No caso de Cores, os nervos lhe embrulhavam o estômago. Saíram para comer algo em uma lanchonete próxima. O casal parecia habitar planetas diferentes. Ela calada, calma, invadida por uma completa quietude no meio daquela tormenta. Cores atormentado, agitado. Movimentava-se pra lá e pra cá, agitava os braços, olhava para os lados – e falava.

Falava muito, falava sem parar. Chegou a se tornar insuportável. Mariela já nem entendia o que ele dizia, resmungava, reclamava. Ela reclamou, usando um tratamento íntimo para soar menos agressiva:

– *Negro, cállate un poco! Para! Me escuchas, querido!...*

Cores calou-se e escutou. Mariela explicou em um tom baixo de voz que o melhor agora era sair de São Paulo, enquanto os acontecimentos de Porto Alegre não se esclareciam.

– Não há mais nada a fazer, Hugo. Não podemos continuar assim, trocando de um hotel para o outro...

Cores escutou a mulher com enorme atenção. Ele estava fascinado com a serenidade e a sensatez da mulher no meio daquele turbilhão. Fitava com doçura a loira à sua frente, derramando sobre ela o olhar manso de doutrinador, oculto sob a lente dos óculos que disfarçavam a ebulição permanente daquela cabeça política.

O silêncio repentino de Cores espaireceu ainda mais Mariela, que falava baixa e tranquilamente. Ela terminou seu discurso, e ele piscou de volta, com aquele sorriso que tanto a seduzia, com o codinome amoroso que só eles conheciam.

– Tens razão, Maricucha. Vamos para Bertioga!

E desceram de Fusca pela Serra do Mar rumo ao balneário paulista de Bertioga, a oitenta quilômetros da ilha de Ilhabela, onde cinco meses depois morreria afogado o delegado do DOPS Sérgio Fleury, ícone da repressão no Brasil.

Antes disso, o litoral paulista já trazia boas lembranças ao casal uruguaio. Costumavam passar alguns feriados ali, sempre no mesmo hotel. No litoral embarcaram como sempre em uma balsa, atravessaram um canal, desembarcaram o carro e andaram nele uns dez minutos até chegar ao hotel, uma construção acolhedora no fim da rua e na beira da praia.

Cores entrou na recepção, onde já era conhecido, mais tenso do que nas outras estadias. Não sabia se havia uma lista de "procura-se" com o seu nome e sua foto. Não sabia nem se havia quarto vago. Minutos depois voltou para o Fusca, onde Mariela o aguardava aflita pela demora. Ele mostrou triunfante as chaves do quarto na mão.

– *Parece que no pasa nada!* – tranquilizou Cores.

Ficaram lá uns dois, três dias, incomunicáveis. O fim de semana foi frustrante. Cores ligou para Jan no sábado e no domingo. Soube que Ferri tinha batido no apartamento todos aqueles dias, e não havia ninguém. Não tinham nem como confirmar se o jornalista da *Veja* tinha ido ao apartamento. A sucursal estava fechada no fim de semana. Não havia a quem chamar. Um sentimento de raiva e impotência se misturou com a sensação permanente de medo.

As fotos do álbum de família daqueles dias, porém, enganam. Mostram que parecia "não passar nada" de preocupante com aquele casal de veranistas. Aparentemente Cores e Mariela estavam tão felizes quanto Sofia. Arrebatada pelas ondas na praia, a criança aparece com o pai em uma fotografia que Mariela tirou dos dois. Sofia e Cores brincam na areia marcada pelo branco da espuma do mar.

Cores já não parece um esqueleto de bigode, como naquela foto da prisão argentina. Está barbudo e gorducho. Ele não gostou da foto. Não gostava de se ver assim.

– Me parece o próprio monstro da lagoa! – brincava, zombando daquele cavalheiro de triste figura.

Outra imagem mostra Sofia nos jardins do hotel, cheios de vegetação tropical, brincando com a mangueira, e o jorro saltitante da água que fazia dançar com suas mãozinhas. O próprio monstro da lagoa fez a foto. Quem visse a cena e a felicidade da garota com certeza diria:

No pasa nada!

Mariela ficou enternecida. Pensou por um momento, ao ver a filha tão contente e relaxada, que estavam a salvo. A amplidão do mar e do horizonte davam a Mariela uma reconfortante sensação de segurança, de proteção. Ela relaxava ao ver a filha alegre ao lado do pai.

No pasa nada.

O paraíso de Bertioga acabou quando voltaram para o inferno de São Paulo.

Para fugir de hotel, sempre mais perigoso, alugaram um apartamento mobiliado no centro da capital. Era próximo ao cruzamento de dois imensos viadutos onde carros circulavam dia e noite. Aquele terrível moto-perpétuo era engrossado com frequência pelas sirenes enervantes dos carros da polícia ou ambulância. Apesar de ficar em andar elevado do prédio, o barulho era insuportável.

Pela janela também chegava a nuvem teimosa de poluição, que deixava o horizonte da cidade disforme, cinzento e triste. Dava para sentir o cheiro rascante de gasolina e diesel das ruas e dava para apalpar a sujeira nojenta que grudava viscosa no tampo dos móveis, na entranha das roupas, no fundo da alma. Era um lar amargo lar, um lugar apertado, sombrio, velho, com fedor de coisa enclausurada, mofada, escura.

Ali não entrava a luz do sol, nem mesmo uma réstia de alegria.

Ali passaram o infeliz Natal de 1978.

Um Natal de uma tristeza infinita. Só os três, solitários, esquecidos. Um Natal sem festa nem ceia da meia-noite, sem presentes nem palminhas. Um Natal sem música, sem mágica. Sofia nem notou a dor daquela noite especial. Apesar do barulho que vinha da rua, apesar do trânsito da vida, Sofia dormia tranquila.

Todos os fantasmas, imaginários e reais, pareciam habitar aquele lugar assustador. Aranhas e baratas se misturavam ao odor de naftalina e coisa velha encravado nas paredes encardidas. Dava nojo sentar no vaso, dava medo entrar na ducha. Tudo naquele banheiro imundo parecia um foco permanente de pestes medievais.

Lá fora o mundo congelou, enquanto o sequestro de Porto Alegre esquentava. Toda a atividade do PVP se interrompeu enquanto se esperava baixar o nível de tensão e perseguição policial. Cores e Mariela entenderam que, antes mesmo que a polícia chegasse, eles acabariam sucumbindo naquele lugar infecto onde se refugiaram na volta de Bertioga. Era preciso achar um lugar habitável, um lugar civilizado. Aquele apartamento lúgubre só aumentava os pesadelos do seu cotidiano.

Sofia adorava os passeios diários de Fusca pela cidade, em busca de um novo lar. Percorriam ruas e bairros em busca da placa de "Aluga-se". Quando viam uma casa ou prédio simpático em um endereço agradável, Mariela anotava o telefone e ligavam mais tarde. A rotina durou tanto tempo que Mariela percebeu que a primeira palavra que a filha de menos de dois anos de vida aprendeu, depois de "papai" e "mamãe", foi "aluga-se". Sofia era a primeira a identificar os cartazes coloridos na frente dos imóveis em oferta. Quando via um, apontava logo o dedinho:

– Aluga! – gritava, feliz pela descoberta que sempre atraía a atenção e o riso dos pais. Sofia, enfim, conseguia arrancar risos do papai e da mamãe sempre tão casmurros.

Encontraram afinal o que queriam. Um belo apartamento de dois quartos, sala, cozinha ampla, banheiro, piso de parquê e uma pequena varanda lateral, onde se podia lavar e secar a roupa. O sol entrava ali, abusado e revigorante. Era um prédio simpático de três andares, dois apartamentos por andar, sem elevador, na rua Samuel Porto, próximo à estação Saúde do Metrô. Ao contrário do insalubre endereço anterior, até o nome do bairro ajudava: Saúde.

Na esquina, ficava a creche que Sofia começou a frequentar. Mostrava no nome a fase mais iluminada que se abria, depois de tanta tormenta: "Sol".

Jan Rocha e os jornais traziam as informações do dia a dia do sequestro no Sul. Mariela recortava cada uma das notícias nas edições diárias que comprava em uma banca da avenida São João, próxima à praça da República. Ali também encontrava a edição do *El País*, o diário mais importante do Uruguai. Como os outros jornais submissos ou censurados de Montevidéu, nunca publicava nada sobre o sequestro, que tomava espaços cada vez maiores na imprensa brasileira e ousava invadir as manchetes da primeira página.

Mariela tirava fotocópias e as mandava para Paris todos os dias pelo correio, sempre de uma agência diferente. Da França, o noticiário chegava às agências internacionais de notícias e aos uruguaios exilados por 34 países do mundo, esperando o momento ainda distante da queda da ditadura, da volta para a pátria.

Mais do que os jornais, o que exigia atenção era o próprio jornal do partido, lançado em maio de 1971, quatro anos antes da fundação do PVP, quando Cores ainda mofava em uma cela do CGIOR. Até o golpe de 1973, o *Compañero* era um tabloide de impressão legal e circulação aberta em Montevidéu. Na clandestinidade e no exílio, tudo passou a ser mais difícil, mais escondido. O primeiro exemplar clandestino no Brasil saiu ainda em 1978, no Rio de Janeiro, com um título escrito em *letra set* que resumia os novos tempos no continente: "Ventos da anistia correm a América Latina".

A edição era menor e mais pobre, em preto e branco, sem o vermelho no título que marcava os primeiros exemplares do boletim oficial do PVP. Tinha um formato compacto de 21,5cm x 15cm, mais indicado para a arriscada circulação nas trevas da ilegalidade. Podia ser denunciado pelo impressionante cheiro de tinta que exalava. O problema foi resolvido quando, no ano seguinte, o jornal passou a ser editado em uma impressora melhor em São Paulo. Foram edições assim que Miguel e Maria, ou Universindo e Lílian, me entregaram na sucursal da *Veja* em Porto Alegre.

Cores e Mariela faziam os textos e os títulos, e as fotos eram trabalhadas por um militante especializado em fotografia. Herman Steffen desembarcou no Rio antes mesmo de Cores. Sua missão era encontrar Mariela, que chegara à frente com Sofia, procedente da França. Marcaram encontro em uma praça carioca, mas não deu certo. Mariela foi lá uma, duas vezes. Ligou para o comando do PVP em Paris para remarcar o ponto. Steffen fez o mesmo, ambos fazendo ligações a cobrar de orelhões da cidade. Só depois do duplo contato via Paris é que se acharam na cidade.

Steffen trabalhava com habilidade as fotos que vinham em microfilme da França e as imagens contrabandeadas dos cárceres do Uruguai, ampliando, cortando ou reduzindo o material para se acomodar no espaço restrito do boletim. Foi ele quem editou as primeiras fotos de Lílian e Universindo repassadas à imprensa pela mão ágil de Jan Rocha, a correspondente da BBC. Era um trabalho necessário, mas triste. No dia em que entregou o primeiro lote de fotos do casal uruguaio para Mariela, Steffen se mostrava cansado pela noite passada em claro. Cansado e abatido.

– É impressionante trabalhar tantas horas seguidas encarando o rosto estático deles. A noite toda olhando para aqueles olhos!... – divagou, o olhar perdido na memória.

Steffen era amigo de Lílian e Universindo há uns dez anos. Um amigo querido.

Fazer o jornal era difícil, pior ainda distribuí-lo. Além dos previsíveis livros ocos, o boletim do partido socialista precisou se valer de duas marcas saborosas do capitalismo industrial: latas de leite em pó da Nestlé e caixas de chocolate da Garoto. As embalagens de bombom davam menos trabalho. Bastava tirar com cuidado o papel celofane e os bombons embrulhados e forrar a caixa com o jornal. Até o tamanho da embalagem, retangular como o *Compañero*, ajudava a acomodar o contrabando. Depois, cobriam com um camada de bombom, devolviam a cobertura de celofane e remetiam o doce presente ao destinatário.

A lata de leite era um desafio maior. Dava um trabalho de cão cortar com extremo cuidado a lâmina de papel de alumínio que cobria o leite sob a tampa. O jornal era escondido no meio do pó, envolvido em saco plástico, e depois vinha a difícil tarefa de recolocar o alumínio. Um artesanato que exigia inquebrantável disciplina revolucionária.

Mas Cores e Mariela sabiam que aquele era um leite vital para o seu projeto socialista. O jornal às vezes era entregue pelo jeito tradicional – pessoalmente, direto na mão do freguês. O próprio Cores se encarregava disso, até nas viagens regulares de ônibus que fazia a Porto Alegre, meses antes do agravamento do cerco policial e do sequestro no Sul.

Quando uma dezena de militantes caiu no início de novembro de 1978 em Montevidéu, a repressão botou a mão em um organograma do PVP em Porto Alegre. Os nomes estavam todos lá – Lílian, Universindo, inclusive o de Hugo Cores, a presa maior. Mariela Salaberry constava da lista como um assexuado Salvarrey, imprecisão que lhe garantia uma certa imunidade. E havia ali um certo El Gordo, facilmente reconhecível pelo perfil avantajado e redondo. Era obeso, gigantesco. Na ficha da polícia gaúcha ele era procurado como "o elemento gordo".

O sequestro de Lílian e Universindo acendeu o sinal vermelho. El Gordo e sua companheira saíram às pressas da capital gaúcha e vieram para São Paulo. Dois dias depois, Cores ajudou na viagem da dupla em segurança para a Venezuela. O momento recomendava também a viagem da figura mais pesada e volumosa do PVP: seu líder, Hugo Cores. Por vias oblíquas e com documentos falsos tomou o rumo de Paris, fazendo uma escala insuspeita em Lima, Peru. Ficou um tempo lá fora, incluindo um giro de um mês pela América Latina para reativar conexões perdidas e detalhar a situação uruguaia diante da imprensa continental.

Mariela permaneceu em São Paulo com Sofia, cada vez mais só na cidade grande. Não conhecia quase ninguém. Nem companheiros. Só o fotógrafo Steffen, de quem guardava a distância recomendável. Ele não sabia onde ela morava, ela desconhecia seu endereço. Não tinham telefone. Para se verem, toda vez era preciso marcar um local e hora diferente para o encontro.

O sigilo era tanto que a mãe não sabia nem em que cidade Mariela morava. Quando saiu de Durazno, Uruguai, para visitá-la com uma sobrinha, foi recebida pela filha no aeroporto do Galeão, no Rio de Janeiro, ignorando que ela morava em São Paulo. Embarcaram em um ônibus para a capital paulista. Quase uma hora depois, a mãe comentou com Mariela:

– *Nena*, mas como é longe a tua casa! – admirou-se, depois de tanto tempo na estrada. Dormiu um pouco e acordou no meio da viagem. – Falta muito, filha?

Durante um bom tempo *la mamá* de Mariela imaginou que São Paulo não passava de um imenso e distante subúrbio do Rio.

Enquanto Cores estava fora, Mariela procurou se abrir mais com a vizinhança, que compensava a solidão. Aproximou-se da professora de Sofia na creche e ficou muito amiga da vizinha de porta do terceiro andar, Zulma, mãe de dois filhos e natural de Belém do Pará. Especialista em plantas, Zulma a apresentou às samambaias de mais de metro de comprimento e à risada amazônica de Fafá de Belém, que Mariela corria para ver e ouvir, deliciada, na TV da vizinha.

Ela aproveitou a ausência forçada de Cores para botar dentro de casa algo que ele odiava: um aparelho de TV. Não perdeu mais nenhum capítulo da série *Os Imigrantes*, da Rede Globo. Ela e Sofia viam abraçadas todos os programas infantis de *Chispita.*

Até que chegou a hora do retorno de Cores ao Brasil. Para evitar que ele entrasse sozinho no país, Mariela e Sofia voaram até Lima. Na capital peruana, embarcaram em um voo para Manaus, prevendo o desembarque no meio da rota, na cidade fronteiriça de Tabatinga, já no Brasil. Cores viajava com seu verdadeiro passaporte argentino, algumas poltronas separado da mulher e filha.

Quando viu o flácido controle de fronteira em Tabatinga, feito sem computador e por um único soldado armado de um simples carimbo para passaporte, Mariela mandou voltar as malas para o avião. Continuaram juntos até Manaus e, de lá, voaram tranquilos para São Paulo, de volta ao lar.

Em Montevidéu, o regresso para casa era mais atribulado, menos tranquilo. Pelo menos para a mãe de Lílian Celiberti.

10
O ARROIO

Montevidéu, novembro de 1978

Era a primeira vez que, depois de três dias de tensão em Porto Alegre, dona Lilia desatava a chorar.

Desta vez, um choro de alegria, com uma expressão de alívio no rosto. O telefonema que ela tinha atendido na casa do advogado Omar Ferri, logo depois do almoço de sábado, 25 de novembro, vinha de Montevidéu. Seu marido, Homero, acabara de receber em casa os dois netos. Pouco depois, foi divulgado o Comunicado n° 1.400 das Forças Conjuntas.

Contrariando uma regra escrita em sangue no Cone Sul, Camilo e Francesca sobreviveram incólumes a treze dias nas mãos da repressão binacional. Perderam a festa da torcida colorada no domingo vermelho do estádio Beira-Rio. Gastaram o resto do dia conhecendo por dentro a Secretaria de Segurança de Porto Alegre. Viajaram de madrugada ao Chuí em uma Brasília branca do DOPS. Viram Lílian calçada por homens armados na segunda-feira no parque militarizado de Santa Teresa. Voltaram à noite sem a mãe e sem explicações a Montevidéu em uma Kombi amarela da Compañía de Contrainformaciones.

Do dia para a noite, da tarde de domingo à madrugada de segunda-feira, as crianças trocaram a guarda materna pela escolta militar, perderam a paz de Porto Alegre pela intranquilidade de Montevidéu, substituíram os amiguinhos do maternal Cisne Branco pelos marmanjos mal-encarados da elite repressiva do Exército.

Antes crianças na capital gaúcha, agora desaparecidos na capital uruguaia.

Inocentes no Brasil, vítimas no Uruguai.

Durante cinco dias, elas sumiram no quinto e último andar de um prédio residencial de varanda dupla na rua Rio Negro, quase esquina com Canelones, no centro de Montevidéu. Estavam a seis quadras do Palácio Presidencial e a duas quadras de um par de ruas transversais que anos depois ganhariam os nomes de dois parlamentares uruguaios, o deputado Héctor Gutiérrez Ruiz e o senador Zelmar Michelini – sequestrados, torturados e executados em Buenos Aires em 1976 pela mesma Compañía de Contrainformaciones.

O apartamento de cobertura da rua Rio Negro fora expropriado de um grupo de guerrilheiros Montoneros preso pela repressão uruguaia e entregue aos militares argentinos. Conhecido pelo codinome de "Base 2", era habitado secretamente pelas telefonistas, todas solteiras, que trabalhavam na sede da Compañía e se revezavam, em casa, na guarda das crianças de Lílian.

O serviço das moças não ficava longe. Elas caminhavam só três quadras até o ponto de ônibus da arborizada avenida 18 de Julio, a mais importante da capital. Descendo à esquerda, cinco quarteirões abaixo, ela desembocava na Plaza Independencia. Ficava ali o Palacio Estévez, um prédio austero de três andares e a fachada com três varandas sustentadas por doze colunas clássicas. Era onde despachavam o presidente da República e seus generais.

Ou vice-versa.

Mas o ônibus das telefonistas pegava o caminho inverso da avenida, à direita, subindo três quilômetros rumo leste até encontrar o Bulevar General Artigas, na entrada do parque do Estádio Centenário, sede da Copa do Mundo de 1930. Ali o ônibus dobrava à esquerda, e elas desembarcavam dois quilômetros depois, na esquina da rua Colorado. Atravessavam a avenida em frente e chegavam ao conjunto de prédios que abrigava a temida Compañía e seus noventa cruzados antissubversivos. Galpões sem janelas tinham sido construídos há pouco no terreno de trás para atender ao movimento crescente do lugar.

Eram protegidos dos olhares indiscretos da rua por uma fileira de árvores de copa baixa, indevassáveis à curiosidade alheia. Ao lado havia um campo de futebol de grama irregular rodeado por uma pista de atletismo de chão duro, onde os homens da Compañía relaxavam os músculos depois do batente – muito batente.

Era em um desses galpões que Universindo, trazido no final da noite de segunda-feira diretamente do parque de Santa Teresa, estava tendo as carnes e ossos moídos pelos atletas mais musculosos do lugar, nas sessões de tortura que constituíam o esporte favorito da Compañía.

Universindo confirmava a regra da tortura, as crianças constituíam a exceção na crônica de desaparecimentos no Cone Sul.

Camilo e Francesca, devolvidos naquele mesmo sábado ao avô Homero Celiberti, não engrossavam assim a lista de dez crianças uruguaias detidas e desaparecidas com seus pais entre 1974 e 1977.

***

O nome mais patético dessa lista era o de Simón Antonio Riquelo, filho da professora Sara Rita Méndez, desaparecido com a mãe exilada no bairro de Belgrano, em Buenos Aires, na noite de 13 de julho de 1976. Segundo a repressão, Simon já estava convertido ao movimento comunista internacional, embora tivesse apenas 22 dias de vida.

Era um bebê, um *niño.*

A predileção por bebês coincidia com o sobrenome do major de Artilharia uruguaio José Nino Gavazzo Pereira. Aos 36 anos, era o chefe de operações do Serviço de Informação de Defesa (SID), que atuava no exterior sob o manto do OCOA.

Ali os agentes se identificavam pelo codinome *Óscar*, seguido de um número. Gavazzo era *Óscar 2*, o comandante do OCOA. Em 1976, o SID uruguaio e sua contraparte argentina, o SIDE, Serviço de Inteligência de Estado, ocuparam uma antiga oficina de dois andares no número 3.519/21 da calle Venâncio Flores, em frente ao Ferrocarril Sarmiento, no bairro portenho de Floresta. Montaram ali um centro binacional e clandestino de tortura que resumiria na placa da fachada os horrores daqueles tempos: *Automotores Orletti.*

Dois funcionários da Secretaria de Inteligência do Estado (SIDE), Felipe Salvador Silva e Júlio César Cartel, alugaram o imóvel em seus nomes. Durante sete meses de 1976, entre maio e dezembro, funcionou ali o que os serviços de segurança chamavam, em código, de *La Cueva de la Vía* ou *El Jardín*. O dono do canteiro era o general de brigada Otto Carlos Paladino, chefe do SIDE. O lugar estava sob a chefia operacional do I Corpo de Exército, comandado pelo general Carlos Suárez Mason. O SIDE era subordinado ao Comando Geral do Exército e vinculado daí à Casa Rosada. Traduzindo: o general Videla era o responsável direto por *El Jardín*.

Um grande salão de duzentos metros quadrados ocupava o andar térreo da velha oficina. Uma escada de concreto com degraus em madeira conduzia ao andar de cima. O chão ali era de concreto, sujo de terra e graxa, agora avermelhada pelo sangue. No andar superior funcionavam duas salas de torturas. Os carros da repressão não podiam alcançar a Orletti durante o dia, para não atrair suspeitas. Mas, quando o sol se punha, caíam também os constrangimentos. Pelo rádio, o motorista que chegava pronunciava a senha de acesso: *Operación Sésamo*. Só então a cortina metálica da Orletti era erguida manualmente com uma polia e abria-se, como um tapete mágico, aquele jardim de horrores. A cortina se fechava e os sequestrados eram desembarcados, para ascender ao piso das torturas, de onde poucos escapavam vivos. Cerca de 140 esquerdistas uruguaios entraram lá. Nunca mais foram vistos.

Desapareceram.

Gavazzo, ao contrário dos outros torturadores, não escondia o rosto. Exibia um sorriso largo e simpático que ressaltava as gordas bochechas de seu rosto redondo. Acompanhava as torturas acendendo seu cigarro com um isqueiro Zippo que reluzia com o emblema da CIA, onde fez curso de interrogatório.

Um de seus hóspedes, o jornalista uruguaio Enrique Rodríguez Larreta, torturado na Orletti quando procurava o filho desaparecido, lembra da frase orgulhosa do major:

– *Viejo de mierda!* Estás pensando o quê? Aqui passou gente muito mais importante do que você e hoje eles tocam harpa com São Pedro...

Os dois harpistas que inauguraram a temporada de concerto repressivo da Orletti, segundo o maestro Gavazzo, foram o senador Zelmar Michelini, fundador da coalizão de esquerda Frente Ampla, e o deputado Héctor Gutiérrez Ruiz, ex-presidente da Câmara dos Deputados do Uruguai.

Eles foram sequestrados na capital argentina em 18 de maio de 1976, em uma espécie de estreia triunfal da Orletti. Três dias depois, os corpos foram encontrados, com marcas de tortura e tiros na cabeça, no porta-malas de uma camionete Fiat estacionada sob o viaduto de uma movimentada autopista. Um achado macabro apenas dez quilômetros a oeste da Casa Rosada, o palácio presidencial, ocupado havia quatro meses pelo general Jorge Rafael Videla e sua junta militar, desde o golpe que derrubara Isabelita Perón.

Gavazzo era o comandante da operação contra o PVP na Argentina que capturou Sara Mendes e o perigoso Simon. Ela tinha acabado de amamentar Simon quando quinze homens irromperam em sua casa. Ali mesmo a tropa de elite de Gavazzo enfiou um saco plástico em sua cabeça – o sufocante *submarino seco* – e iniciou o interrogatório. Ele sorria quando arrebatou o bebê dos braços da mãe com uma sentença consoladora:

– *La guerra no es contra los niños!*

Apesar disso, Simon desapareceu. Não chegou a ver a mãe encapuzada, algemada nas costas, suspensa por um cabo e com os braços rodeados por fios de arame.

Doía menos quando ela sustentava seu próprio peso apenas no gancho, como um pedaço de carne inanimado no matadouro. Quando tentava apoiar a ponta dos pés no chão molhado e frio do cimento, para aliviar a pressão sobre os ossos do corpo manietado, Sara era transpassada por descargas elétricas da *picana* que pareciam agulhas intermináveis cravadas no fundo do coração. Lembrava então que a dor pelo gancho suspenso podia ser uma opção menos terrível ao choque inevitável no piso molhado – e tirava o pé do chão. No inferno da Orletti, ainda se podia escolher o sofrimento.

Por baixo do capuz, Sara reconhecia a voz de Gavazzo.

Quase podia imaginar seu sorriso.

Em um certo momento, um dos interrogadores perguntou ao outro por que o chão úmido estava esbranquiçado.

– *Es leche!* – foi a resposta que ela ouviu.

Leite que vazava do seio intumescido de Sara, o leite negado a Simon, expropriado por Gavazzo, usurpado pela Orletti, sequestrado pelo OCOA. O bebê sumiu, desapareceu nas gretas sem fim do submundo da repressão.

Simon esvaiu-se, escorreu.

Como o leite da mãe.

Dez dias depois, Sara foi transferida clandestinamente a Montevidéu, junto com outros vinte uruguaios sequestrados em Buenos Aires. Libertada cinco anos mais tarde pela ditadura, Sara começou a procurar por seu filho. Só dez anos após a prisão pensou ter chegado ao fim de sua busca, localizando no Uruguai um garoto que lembrava muito no porte físico e nos cabelos castanho-claros o pai de Simon, Maurício Gatti – militante do PVP e irmão de Gerardo, o companheiro de cela de Hugo Cores no CGIOR.

A mãe adotiva de Simon era prima-irmã da mulher de um coronel, Antonio Rodriguez Buratti, que se envolvera em sequestros e tinha sido chefe de Gavazzo. A aflição de Sara voltou quando o garoto, rebatizado Gerardo, recusou o teste de paternidade com uma frase que resumia o drama de uma geração:

– *Yo no quiero saber quién soy!*

Só aos 24 anos, afinal, Gerardo aceitou o exame de DNA.

Ele então soube quem não era.

Gerardo não era Simon. O resultado gerou novo sofrimento para Sara: as evidências não passavam de uma cruel coincidência. Dois anos depois, enfim, ela encontraria o verdadeiro Simon.

Ele tinha já 26 anos e fora adotado pelo inocente funcionário de uma clínica de Buenos Aires que recolhia crianças abandonadas.

Sara já não vertia leite.

Só lágrimas.

***

Os generais de Montevidéu, ao contrário de Gerardo, sabiam o que eram, mas não queriam que os outros soubessem. Na sexta-feira, 25 de novembro, uma semana depois do sequestro, o vespertino *El Diário*, da capital, reproduzia pela primeira vez as informações que a imprensa brasileira publicava em Porto Alegre:

Matrimonio uruguayo y sus dos hijos secuestrados en Brasil – denunciava o jornal, em letras garrafais, na manchete principal da primeira página dedicada ao sumiço do casal, *en extrañas circunstancias.*

No alto da página, mais detalhes: *Hombres fuertemente armados se los llevaron de su apartamento.*

Foi a única vez que um jornal da imprensa uruguaia ousou lembrar claramente a palavra "sequestro" no relato do caso Lílian-Universindo. O atrevimento não durou muito.

No dia seguinte, sábado, as Forças Conjuntas divulgavam o Comunicado n°1.400 com a fantasia da invasão do país cometida por um casal e duas crianças. Alertado pela força dos argumentos militares, o próprio *El Diário* tratou de corrigir este deslize de véspera com uma outra manchete, mais adequada à nova versão dos fatos:

Matrimonio sedicioso fue detenido en la frontera.

Acima do título, um esclarecimento que amenizava o crime dos sequestradores do dia anterior:

Entregaron los niños a sus abuelos.

Confirmada a aparição dos uruguaios em Montevidéu, tratei de telefonar imediatamente para o diretor de redação da *Veja*, José Roberto Guzzo, em sua casa em São Paulo. Contei ainda no sábado a versão divulgada pelos militares minutos antes e pedi a ele autorização para viajar ao Uruguai, em busca da verdade sobre o translado dos sequestrados de Porto Alegre até a capital uruguaia. Guzzo concordou.

Quando souberam de minha viagem, alguns amigos mais preocupados tentaram me convencer sobre os riscos da presença de uma equipe da *Veja* em Montevidéu, integrada por uma das testemunhas oculares do sequestro – no caso, eu. Havia, porém, bons motivos para não temer represálias.

Dali a uma semana, no dia 4 de dezembro, estariam reunidos em Punta del Este, o balneário mais famoso do país, os chanceleres dos cinco países da bacia do Rio da Prata para mais uma conferência de rotina. Entre eles, o ministro das Relações Exteriores do Brasil, Antônio Azeredo da Silva, uma espécie de *habeas corpus* preventivo a garantir nossa integridade em solo uruguaio, pensei.

Mesmo que não houvesse a blindagem dos diplomatas, eu iria. Teria que ir, precisava ir.

Não precisei explicar tudo isso a Janda, minha mulher. Formada em linguística, ela conhecia melhor do que eu o valor intrínseco das palavras, a força da expressão, o conteúdo das frases, a alma da linguagem. Como eu, como tanta gente, ela também tinha medo. Mas, tanto quanto eu, Janda compreendia a importância dessa viagem.

Na segunda-feira, 27 de novembro, Kadão e eu botamos a Brasília da sucursal na estrada rumo a Montevidéu sob a firme direção de Bira. Fazíamos sem saber a mesma rota cumprida por Universindo, Lílian e as crianças duas semanas antes.

A capital uruguaia tinha cheiro e cores marcantes.

O ar fresco da manhã se mesclava com o odor forte do óleo diesel queimado pelos pesados Leyland, os ônibus de fabricação inglesa que sustentavam o transporte público da cidade, misturados aos antigos táxis Mercedes-Benz pintados de preto e amarelo.

Os prédios cinzentos e a população envelhecida pelo êxodo dos mais jovens, que fugiam da repressão política e da depressão econômica, acentuavam a tristeza de Montevidéu.

A ditadura mostrava as pessoas mais tristes nas ruas. O silêncio em torno do sequestro nos deixava mais irritados. As edições do *Jornal do Brasil,* do Rio, e do *Correio do Povo* e da *Folha da Tarde*, de Porto Alegre, eram apreendidas pela censura uruguaia, ainda na rodoviária central de Montevidéu, sempre que publicavam qualquer coisa sobre o caso Celiberti.

A palavra "sequestro" era mencionada em voz baixa até mesmo no apartamento 202 de um imenso conjunto de 34 edifícios, retangulares e absolutamente iguais, encravado em zona residencial de classe média no bairro Buceo, a menos de um quilômetro das águas frias e sem ondas do rio da Prata.

Os donos do apartamento tinham razões mais sérias do que a polícia para essa discrição: a intranquilidade de seus netos Camilo e Francesca, os filhos de Lílian, devolvidos pelos sequestradores quatro dias antes aos avós, Lilia e Homero.

A inesperada reaparição das crianças, ilesas, contrariando a norma dos desaparecimentos definitivos no Cone Sul, trouxe alívio para o casal de meia-idade no pequeno apartamento de dois quartos e sala. Mas a falta de notícias sobre a filha, Lílian, ainda forçava um sorriso artificial e tímido em dona Lilia e em seu marido, Homero, um farmacêutico de 63 anos marcados pelo bigode grisalho e pelo olhar cansado.

Com esse mesmo sorriso formal, fomos recebidos pelos pais de Lílian na manhã de quarta-feira, 29 de novembro.

Kadão e eu tínhamos a solitária e solidária companhia de outros dois jornalistas brasileiros – o repórter Tomás Pereira e o fotógrafo Baru Derkin. Eles eram enviados pelo bravo *CooJornal*, um pioneiro projeto cooperativo na imprensa brasileira que operava uma agência de notícias e editava um mensário, orgulho de mais de trezentos jornalistas de Porto Alegre, seus fundadores – incluindo nós quatro.

Nenhum outro órgão de imprensa brasileiro cruzou a fronteira naqueles dias incertos. Apenas *Veja* e *CooJornal*.

Dona Lilia e *don* Homero logo entenderam que eu e meus colegas estávamos ali para ajudar. Naquele momento, ambos entendiam que alimentar a imprensa brasileira com informações tornaria ainda mais improvável e constrangedora, para a repressão uruguaia, a eliminação de Lílian e Universindo.

A pequena Francesca, com os cabelos caindo em franja sobre a testa, não queria outra coisa além da surrada boneca de pano que exibia satisfeita para os visitantes. Ria e brincava com seu ar travesso de criança de três anos.

O irmão ao lado, ao contrário, era quieto, retraído. Reservado demais para um garoto de oito anos. Nada estranho para um menino exilado aos três anos que, sequestrado com a mãe e a irmã cinco anos depois, era agora órfão de mãe viva não se sabia por quantos anos mais.

Camilo tinha o olhar vivo e esperto sob os cabelos negros, como os da mãe, escorridos sobre a pele morena, agora mais queimada pelo sol forte que brilhou naqueles dias na estreita faixa de areia grossa da praia do Buceo.

Lá se aventuravam mulheres não muito jovens, de maiôs não muito avançados, de corpos não muito esbeltos, que deixavam até o litoral de Montevidéu envelhecido, tristonho.

Camilo, melancólico como a praia, agora convertia sua vivacidade em silêncio desconfiado, um laconismo medido.

Havia uma simples razão para tudo isso: ele sabia. Camilo sabia o que acontecera com ele, a irmã, a mãe, o amigo. Porém, calava diante de visitas, especialmente falando português. O idioma dos agentes brasileiros, lembrava ele, se misturava ao espanhol dos militares que trabalharam juntos no sequestro de Porto Alegre. Camilo não tinha motivos para confiar em gente que falava assim.

Ele continuou de pé, sério, brincando com um jogo de armar, quando dona Lilia nos levou até seu quarto, pequeno e desarrumado. Tomás e eu ficamos de pé na porta, para não congestionar o lugar, enquanto Kadão e Baru se sentavam perto dele.

Baru Derkin tomou a iniciativa da conversa, como o representante mais autorizado do grupo. A voz grave, a fala mansa, a barba e os cabelos grisalhos davam ao quarentão Baru o ar paternal e tranquilizador que Camilo mais precisava naquele momento. Baru tinha vivido quase toda a década de 60 em Montevidéu e, por isso, falava um espanhol irrepreensível – o que fazia até esquecer sua condição de brasileiro. A conversa, penosa, começou pelo futebol.

Cachimbo na boca, Baru só conseguiu atrair o olhar de Camilo quando lhe disse qual era o seu time do coração. Como Camilo, ele também torcia pelo Peñarol, o clube mais popular do Uruguai. Do lado de lá da fronteira surgiu o primeiro desacerto: Baru confessou-se gremista, torcedor do Grêmio, e Camilo um convicto colorado, torcedor do Internacional.

Antes que a conversa esbarrasse na histórica rivalidade da dupla Gre-Nal, que rachava ao meio Porto Alegre e o Rio Grande do Sul, Baru resolveu entrar de bico de chuteira no assunto:

– Camilo, como voltaste a Montevidéu?

– *Nos trajeron...* – respondeu ele, desarmado diante da pergunta inesperada. Tomás percebeu a brecha na defesa e insistiu, sem perder a cautela:

– Quem te trouxe? Tua mãe e Universindo?

– Não, os homens que nos prenderam. Era quase uma hora da tarde quando nos pegaram. Eu e o amigo de minha mãe... A gente ia para o estádio Beira-Rio...

– Beira-Rio? – interromperam Baru e Kadão, em coro. – Com quem jogava o Inter? – indagou Baru.

– *El partido era con el Caxias* – respondeu o garoto, dando a primeira informação concreta sobre a data do início do sequestro: 12 de novembro, um domingo de sol em Porto Alegre, um empate sofrido de 1 x 1 entre Inter e Caxias, o jogo do Beira-Rio que Francesca, Camilo e o amigo Universindo jamais veriam.

– Ficaste com tua mãe em casa? – alguém perguntou.

– Não, eles nos pegaram, eu e Francesca, e nos levaram num carro...

– Levaram para onde? A uma casa? – perguntei, quebrando meu silêncio. Mantive a conversa em espanhol, tentando preservar a naturalidade do encontro, procurando conter a ansiedade da conversa, driblando a pressa de perguntar tudo, refreando a volúpia pelas revelações.

Um momento delicado em que o repórter sente que a pergunta certa é tão importante quanto a resposta. Ela não pode assustar, não pode desviar, não pode falhar. Tem que ser dura e precisa, mas também terna e envolvente. Um caçador diante de sua presa. A verdade ao alcance da mão, da frase, da fala.

A inteligência para perguntar, a paciência para ouvir.

– Não, era um edifício grande. Parecia um quartel... – lembrou Camilo. A resposta sugeria uma instalação militar, um lugar frequentado por gente fardada.

– Quartel? – repeti, surpreso. – Os homens desse edifício usavam uniforme, Camilo?

– Não – disse ele, eliminando a hipótese de que fosse uma guarnição militar. Voltei à carga:

– Usavam gravata?

– Não, roupas comuns – respondeu, excluindo a sede da Polícia Federal e seus agentes engravatados da lista de sequestradores.

– Te lembras de alguma coisa desse edifício, do lugar onde estavas? – insisti.

– *A ver... Bueno, era un edificio grande, en la ciudad, al frente a un arroyito con dos calles, una de cada lado.* Eu me recordo porque olhava para fora, por uma janela, onde vi *el arroyito y las calles.* Entramos pelos fundos e subimos por um elevador.

Um arroio pequeno.

Um *arroyito*, como dizia Camilo.

Nós quatro nos olhamos, no mesmo instante, mas ninguém precisou falar nada. Todos entenderam que estava liquidada a charada. A Secretaria de Segurança Pública do Rio Grande do Sul, um local onde a maioria dos policiais é civil e trabalha sem uniforme, sem gravata, funciona em um prédio grande, na esquina das avenidas Ipiranga e João Pessoa, em Porto Alegre.

No segundo andar, aonde se chega por um elevador, está a sede do DOPS.

E a avenida Ipiranga tem duas pistas, uma de cada lado do poluído arroio Dilúvio.

O *arroyito* visto por Camilo.

– Quem te prendeu era brasileiro? – emendei.

– Sim, brasileiros. Mas havia dois mais, uruguaios, dois homens que falavam castelhano – respondeu ele, sem hesitar.

– E como chegaste a Montevidéu? – completou Tomás.

– Nos trouxeram, eu e Francesca. No mesmo dia, ali pelas nove da noite, começamos a viagem num carro brasileiro. Viajamos toda a noite. Trocamos de carro na fronteira, passamos para um carro uruguaio. Continuamos a viagem até Punta del Este...

– E como sabes que era Punta del Este? – interrompi.

– Porque eu perguntei e o homem me disse que estávamos em Punta del Este.

– Mas tu tinhas certeza disso? Dava para ouvir o ruído das ondas do mar? – sondei.

– Estávamos numa casa, mas não ouvi o barulho do mar, das ondas. O que sei é que já havia atravessado a fronteira há um bom tempo.

– Tua mãe e Universindo estavam com vocês, durante a viagem? – quis saber Baru.

– Nunca mais vi minha mãe, desde que ela foi presa. Eles ficaram com ela – disse.

O lamento de Camilo lembrava menos o sequestrado e mais o filho abandonado.

Não tinha o ranço político de um militante da oposição.

Carregava apenas o peso doído de uma criança machucada pela violência da repressão.

Não era um manifesto.

Era uma bomba.

11
A HONRA

Porto Alegre, novembro de 1978

A bomba de um garoto sequestrado de oito anos de idade explode, no dia seguinte, no outro lado da fronteira – no colo da polícia gaúcha.

O jornal *Folha de S.Paulo* publica na quinta-feira, 30 de novembro, o depoimento de Camilo incriminando o DOPS gaúcho no sumiço dos uruguaios – material comprado da Agência CooJornal. Desnorteadas, as autoridades brasileiras perdem a embocadura e vestem a carapuça.

Ao invés de apurar as denúncias, começam a se defender.

– Nego oficialmente qualquer participação dos meus órgãos nesse episódio – rebate o secretário de Segurança gaúcho Rubem Moura Jardim, responsável supremo da área, a quem estão subordinados os delegados Marcos Aurélio Reis e Pedro Seelig e todo o DOPS – hospedeiros de Camilo e sua família. Jardim é um experiente coronel do Exército, agora na reserva, mas aparece nervoso diante da imprensa nacional, sentado na ponta de uma mesa tão longa quanto a série de perguntas sem resposta dos jornalistas.

– E não podemos esquecer que é apenas o depoimento de um menino de oito anos – desdenha o secretário. O repórter Pedro Maciel, de *Veja*, replica com precisão:

– Mas, coronel, o que importa é que ele identificou o prédio onde esteve preso. A identificação coincide com a sede da Secretaria de Segurança, e isso incrimina a polícia gaúcha...

– Se o senhor tem provas de alguma coisa, eu o encaminho à Polícia Federal para prestar depoimento – reage Moura Jardim, irritado, quase aos gritos, preferindo lançar novas dúvidas na mesa, em vez de se agarrar aos indícios já existentes. – É do meu conhecimento a existência de órgãos internacionais da subversão agindo no Estado. Quem garante que este caso não caracterize uma ação desses órgãos?

Na Polícia Federal, o clima também é tenso. Na quarta-feira, mesmo dia em que Camilo em Montevidéu implicava a Secretaria de Segurança, o coronel Luís Macksen de Castro Rodrigues, chefe da PF no Estado, recebia o diretor do DOPS. Foi uma conversa reservada de duas horas com o delegado Marcos Aurélio Reis. No dia seguinte, quando a bomba de Camilo já provocava estragos na polícia e na política, Macksen é chamado inesperadamente a Brasília.

– Assuntos administrativos, coisa de rotina – avisa Macksen aos jornalistas, manifestando uma estranha serenidade.

– Ontem eu estava apreensivo, mas hoje já estou mais tranquilo. Vamos esclarecer tudo no momento certo – garante, sem dar detalhes. Oriundo da área de informações do Exército, Macksen parecia revigorado pela frase solidária de seu chefe em Brasília, o ministro Armando Falcão.

– Não se pode admitir a possibilidade de o sequestro ter sido orientado do exterior – aventura o ministro da Justiça, sempre sisudo, cometendo um duplo deslize. É a primeira autoridade federal a pronunciar a palavra "sequestro" e, ao mesmo tempo, a admitir a autonomia verde-amarela na operação.

A cortina oficial de descrédito da denúncia, que se abre cada vez mais, anima o delegado Fuques. Ele sai da defesa para o ataque. Depois de negar qualquer informação aos repórteres, sob pretexto do "rigoroso sigilo" das investigações, Fuques ameaça:

– Lembro que existem no ordenamento jurídico brasileiro os crimes de denunciação caluniosa, de responsabilidade, de omissão e coautoria em subversão.

Para quem horas antes lamentava não ter informação sobre o caso, era um progresso animador. Fuques agora já classificava o caso de "subversão" e acusava as testemunhas de "coautores" do sequestro. Na sequência natural desse raciocínio tortuoso, bastaria prender a mim e a Scalco nas próximas horas para que todo o mistério estivesse desvendado.

O próprio governo, contudo, não sintonizava com a polícia. Aqui e ali desenvolvia teses isoladas que variavam entre o simplismo e a falta de imaginação. Era o caso do Itamaraty.

– Pode ser até que os uruguaios tenham decidido voltar para seu país. Quem é que sabe? – especulava o porta-voz do Ministério das Relações Exteriores, Luís Felipe Lampreia. Era o mesmo diplomata que, alertado em Brasília por um telefonema do advogado Décio Freitas sobre a presença de militares uruguaios em Porto Alegre, reconhecera duas semanas antes que "o governo brasileiro está inteirado e irritado com o fato".

O diálogo Freitas e Lampreia aconteceu no dia 14 de novembro, véspera da eleição, três dias antes de nossa aparição no apartamento de Lílian. No mesmo momento em que o porta-voz do Itamaraty admitia confidencialmente preocupação na conversa com o advogado, a *ratonera* do capitão Ferro e do delegado Seelig estava armada no apartamento da rua Botafogo, esperando capturar o chefe dos exilados uruguaios. Duas semanas depois, posando com ar de surpresa para os jornalistas, Lampreia cogitava sobre a volta voluntária do casal e das crianças ao país de onde haviam fugido. "Quem é que sabe?", divagava o diplomata.

Os militares uruguaios, por exemplo, sabiam. Menos de 24 horas depois da pergunta retórica de Lampreia, as Forças Conjuntas divulgavam ao anoitecer de sexta-feira, 1° de dezembro, o Comunicado n° 1.401. Era cinco vezes mais extenso do que o anterior, emitido uma semana antes. Tinha 85 linhas e, por isso, muito mais mentiras do que a primeira nota. Era um exercício de palavras montadas não para esclarecer, mas acobertar. Dizia:

> A direção da organização subversiva, autodenominada Partido por la Victoria del Pueblo (PVP), que dirige operações de agressão contra nossa pátria procedentes da Europa, emitiu orientações para incrementar a ação subversiva em nosso país.

> Para isso, foram organizados em Montevidéu grupos de ação comandados diretamente da Europa e apoiados por elementos radicados em território brasileiro, onde desenvolveram uma infraestrutura subversiva e clandestina, particularmente nas cidades de Rio de Janeiro, São Paulo e Porto Alegre.
>
> (...)
>
> Como consequência de decisões adotadas pela direção dessa organização sediciosa na Europa, e diante das dificuldades de conexão com os fatos que ocorriam em nosso país e no Brasil, decidiu-se efetuar uma reunião de alto nível, durante o mês de novembro (...).
>
> Para sua realização foram intensificadas as normas de segurança que são de uso corrente nas organizações terroristas.
>
> Nessa oportunidade, detectados por representantes da imprensa de Porto Alegre, elementos que deveriam se manter na legalidade, a direção decidiu prescindir rapidamente dessa base de operações.

Na versão dos militares, a verdade era subvertida. Eles tentavam passar a ideia de que os jornalistas tinham surpreendido os exilados uruguaios no apartamento. Não era isso. Os repórteres foram lá alertados pelo PVP e surpreenderam não os sequestrados, mas os sequestradores. A fantasia continuava, reafirmando o comunicado anterior de que o casal tinha invadido o país armado com duas crianças:

> Devido à necessidade de não deixar ilhados os elementos que operavam no Uruguai e à importância da direção do partido de que Lílian Elvira Celiberti Rosas de Casariego, integrante do mesmo, se separasse de seus dois filhos para melhor poder operar, determinou-se que se deslocasse de forma clandestina para nosso país a fim de cumprir as tarefas encomendadas. Desse modo, receberam dois veículos para que ingressassem no país através da região de Aceguá.
>
> Durante a realização de uma inspeção de rotina rodoviária procedeu-se à detenção de um veículo, fugindo o motorista, deixando abandonados no mesmo dois menores de idade.
>
> Alertadas as forças atuantes, montou-se um esquema de controle e, ao proceder-se a revista de outro veículo que viajava no mesmo sentido, foram encontrados materiais sediciosos que motivaram a detenção imediata de seus ocupantes.

O documento finalizava fingindo o desinteresse dos militares pelos exilados uruguaios que os levou ao sequestro de Porto Alegre:

> *Ninguna de las personas mencionadas estaba siendo requerida por la Justicia uruguaya.*

***

Li o comunicado dos militares naquela noite de sexta-feira, ainda em Montevidéu, no escritório da agência de notícias UPI. O texto tinha um mérito: mostrava que a ditadura uruguaia tinha feito uma opção irreversível pela farsa e pela mentira.

A tese de que Lílian e Universindo teriam decidido abandonar Porto Alegre depois de "detectados" pela imprensa – no caso, Scalco e eu – era simplesmente ridícula. Por uma razão simples e lógica: a denúncia pelo telefone do desaparecimento dos uruguaios interessava somente aos sequestrados, e não aos sequestradores.

Era impossível acreditar que dois militantes de oposição como Lílian e Universindo, ex-presos políticos torturados em seu país e agora abrigados no Brasil, decidissem retornar inocentemente aos cárceres uruguaios, tripulando dois automóveis e armados de um exótico material sedicioso que incluía duas crianças.

Entretanto, sempre haveria gente em Brasília – como o porta-voz do Itamaraty – que poderia acreditar naquilo tudo. Afinal, quem é que sabe?

Já em Montevidéu, distante da cética capital brasileira, o tom do comunicado militar recomendava maiores cuidados. Especialmente com nossa fonte mais preciosa e vulnerável: Camilo.

O rico depoimento do garoto, inesperadamente longo e preciso naquelas nervosas circunstâncias, confirmava nossas suspeitas. Tínhamos agora material suficiente para aprofundar as investigações. Mas, ao mesmo tempo, nos preocupava uma excessiva carga sobre Camilo – e, por extensão, sobre dona Lilia. Compreensivelmente, a avó queria poupar Camilo de novas tensões naquele período dramático de sua vida.

De nossa parte, vivíamos um dilema. De um lado, o compromisso de levantar a verdade. De outro, a preocupação de não expor a família à represália dos militares uruguaios. Eu, Kadão e Bira sentamos à noite em uma *cafetería* no centro da capital para definir os próximos passos. Ainda estávamos excitados pelo depoimento de Camilo, mas eu continuava insatisfeito.

– Kadão, não podemos ficar só com reconhecimento do garoto. A gente precisa agora confirmar o que ele disse – propus.

– Pô, chefia, só faltou o garoto mostrar a placa do DOPS! Rua com *arroyito* no meio, duas pistas... É a Ipiranga, a avenida da Secretaria de Segurança – emendou o Bira, ainda mais animado do que nós dois. Respondi usando o apelido carinhoso ao qual eu apelava nessas horas:

– Eu sei, Birovski. Mas não podemos avançar o sinal sem certeza absoluta. Não dá pra errar, tchê! Se a gente errar o tiro, a repressão nos enraba. Nós precisamos de uma foto. O Camilo tem que ver uma foto do DOPS, para não deixar dúvidas. A gente precisa 100% de certeza – insisti.

Kadão concordou e tratamos de encomendar uma foto do prédio de três andares, a partir da perspectiva da rua, mostrando as duas pistas da avenida cortada pelo arroio – com as janelas do DOPS que se abriram para Camilo. Deixei de lado o telefone, que tinha controle militar na central de Montevidéu, e usei o telex para me comunicar de forma mais segura com a sucursal de Porto Alegre.

Expliquei em detalhes qual o ângulo que a foto deveria mostrar. Pedi que o serviço fosse feito por Assis Hoffmann, um experiente ex-fotógrafo da própria Abril, com quem eu já tinha trabalhado na sucursal da *Veja*. A geração dos melhores fotógrafos do Rio Grande – incluindo Kadão, Scalco, Olívio Lamas, Leonid Streliaev, Sílvio Ferreira – tinha passado pelo comando do veterano Assis.

Mas a técnica apurada de Assis esbarrou no anacronismo do Uruguai, que ainda não atingira a idade do satélite e continuava falando com o Brasil através de linhas telefônicas estendidas no país antes da Segunda Guerra Mundial.

Kadão e eu gastamos boa parte de nossa paciência, na noite de quinta-feira, diante de um trambolho eletrônico na redação do jornal *El Día* que teimava em não receber as telefotos que a sucursal de Porto Alegre tentava transmitir. As figuras que a máquina jogava em nossas mãos poderiam ser qualquer coisa, até um eletroencefalograma inacabado – menos uma fotografia.

– *No entiendo.* A máquina foi comprada há pouco tempo, é muito moderna. O problema está na linha telefônica, *señor!* – procurava nos consolar o constrangido operador de telefotos do jornal, encarregado de domar aquela inútil fera eletrônica.

Naqueles tempos, telefoto era a forma mais rápida e moderna de transmissão de imagens – embora um tanto barulhenta. A foto copiada era enrolada em um cilindro com um visor de luz que, ao girar, transformava os pontos em branco e preto em impulsos elétricos que viajavam pela linha telefônica. Fazia um irritante óin-óin-óin que durava quinze, vinte minutos até transplantar uma única foto à distância.

Com o fracasso da tecnologia, tivemos que regredir. Não chegamos ao Pony Express do faroeste americano, mas foi perto. A foto teve que ser colocada em envelope e despachada, por ônibus, para Montevidéu. Demorava onze horas para chegar, mas chegava – legível, clara, sem interferências. Usamos os serviços de nossa velha TTL, a empresa que fazia a ponte rodoviária entre a oposição uruguaia e seus contatos em Porto Alegre.

Enquanto aguardávamos o malote, eu e Kadão fomos até a Casa del Gobierno, o palácio presidencial na Plaza Independencia, em busca de mais informações. O comandante Juan Medina, responsável pela sala abarrotada e confusa do segundo andar onde funcionava a Dirección Nacional de Relaciones Públicas, a DINARP, não gostou da ousadia de um jornalista perguntando sobre o sequestro. Pareceu ficar nervoso diante de minha pergunta direta.

– Não temos informações, senhor, nem sabemos onde eles estão detidos. *Y no fue secuestro* – protestou o oficial. – Eles foram detidos quando ingressavam ilegalmente em território nacional. Isso já foi explicado pelas Forças Conjuntas – gaguejou por detrás de um cigarro que não parava de dançar em seus lábios trêmulos.

Nossa presença ali era sugestão do próprio QG do Exército uruguaio, que eu e Kadão havíamos visitado um pouco antes, com o atrevimento que os militares não costumavam ver na dócil imprensa local.

– Por favor, procurem a DINARP. Eles têm mais condições de falar com a imprensa – esquivou-se o educado major Arnoletti, ajudante de ordens do comandante em chefe do Exército, general Gregorio "Goyo" Álvarez. O general era o chefe supremo dos capitães Ferro e Yannone, da Compañía, do OCOA, da tigrada do regime.

Na manhã de sábado, 2 de dezembro, chegou o malote de Porto Alegre com as fotos, endereçadas – para maior discrição – ao Bira. O motorista foi apanhá-las na Rodoviária de Montevidéu, enquanto eu e Kadão esperávamos no carro. Eram apenas três fotos: duas com cenas do jogo Inter x Caxias e a terceira com o prédio da Secretaria de Segurança – na perspectiva exata que eu havia recomendado.

O apartamento dos Celiberti, na rua Santiago Rivas, no bairro Buceo, estava sob vigilância discreta dos agentes da repressão uruguaia. Regularmente dona Lilia recebia a visita indesejável de um oficial do Exército, em roupas civis, que se apresentava como major Rodriguez. Ele insistia em recomendar silêncio diante de jornalistas e fazia claras ameaças valendo-se do Juizado de Menores. Os avós, dizia, poderiam perder a guarda das crianças. Dona Lilia resistia bravamente a estas investidas.

– *Bueno*, botem uma barreira policial na rua. Então a imprensa não passará! – respondia ela, desafiadora, sabendo que isso só agravaria o desgaste dos militares.

Mesmo assim achamos melhor evitar uma possível represália por nossa presença em sua casa. Resolvemos repassar as fotos a Camilo por um atalho seguro – a farmácia onde *don* Homero trabalhava, todo dia.

Havia uma preocupação ainda maior. Não induzir de forma alguma o reconhecimento do prédio por Camilo. Uma acusação segura e isenta era muito mais importante, para nosso trabalho, do que uma pista falha e induzida, que faria o caso despencar imediatamente no descrédito de uma denúncia insustentável.

– *Don* Homero, por favor, peça a dona Lilia que encontre a forma mais natural de exibir esta foto a Camilo. O reconhecimento precisa nos botar na pista certa. Não queremos e não podemos forçar nada. Por favor, diga isso a ela. É muito importante que seja assim – ressaltei.

Voltamos para o hotel, para um angustiante fim de semana de espera e tensão. A confirmação de Camilo nos daria a certeza final de que estávamos no rumo certo. Mas, e se fosse o contrário? E se Camilo não reconhecesse o prédio? Se fosse tudo uma suposição errada de nossa parte, a partir de sua descrição? A negativa do garoto nos faria recuar ao ponto zero de um deserto de pistas.

O jeito era esperar que o fim de semana se arrastasse até o retorno de *don* Homero e seu veredicto, na segunda-feira. Ainda no sábado, Kadão, Bira e eu tratamos de relaxar. Antes de alimentar o corpo, procuramos saciar o espírito. Fomos ver um filme antes do jantar.

Foi uma péssima escolha.

Entramos em um cinema que exibia, como tantos outros, um filme ainda proibido no Brasil: *A Comilança* (*La Grande Bouffe*), trabalho do italiano Marco Ferreri. Fizemos mais do que uma ousadia política. Cometemos uma temeridade orgânica.

Era a história de quatro homens de meia-idade que se refugiam em uma mansão para cumprir o pacto de comer até morrer. Um comandante de avião (Marcello Mastroianni), um produtor de TV (Michel Piccoli), um chefe de cozinha (Philippe Noiret) e um magistrado (Ugo Tognazzi) mergulham em uma orgia escatológica e suicida que mistura sexo e gastronomia e embrulha olhos e estômagos.

Resumindo: uma obra nada recomendável para abrir o apetite. Ainda assim, levantamos da poltrona e logo depois sentamos na cadeira de um restaurante. Jantamos mal, muito mal.

Nauseados por Ferreri, preocupados por Camilo.

Na segunda-feira, 4 de dezembro, conforme o combinado, fomos até a farmácia de *don* Homero, no centro da cidade, a uma quadra da movimentada 18 de Julio. Eu e Kadão preferimos esperar em um bazar ao lado, olhando com desinteresse os brinquedos da loja, quase todos caros e importados do Brasil. Baru Derkin, nosso embaixador, ingressou sozinho na farmácia para ouvir, com discrição, o recado decisivo de *don* Homero: afinal, Camilo estava certo?

Os minutos escorriam lentos no bazar. Kadão e eu olhávamos com insistência para a porta de entrada, tensos, aguardando a volta de Baru. A demora aumentava o nervosismo e a ansiedade pela revelação, crucial e iminente. Devia ser o início seguro da investigação. Mas podia também ser o fim de tudo.

Então apareceu, recortada contra a luz do dia lá fora, na porta da loja, a figura alta e forte de Baru, o cachimbo na mão fazendo o contrapeso com a bolsa de fotógrafo, pendurada no ombro esquerdo. Kadão e eu paralisamos nossos gestos, esperando pela intervenção de nosso emissário.

Ainda na porta, a alguns metros de distância de nós dois, estatelados, Baru estancou, segurou o cachimbo em um canto da boca, esboçou um sorriso tímido com o outro canto e ergueu o polegar da mão livre no sinal característico:

OK, positivo!

Parecia uma tomada do cinema mudo. Gestual, silenciosa, mas eloquente. Uma cena maravilhosa, um daqueles quadros que o cérebro fotografa e pendura para sempre na parede da memória. Baru e o polegar para cima significavam que tínhamos uma larga avenida pela frente. Transitávamos por ela com segurança e rapidez, na direção certa, com objetivo definido. A tensão que me comprimia a espinha desapareceu e pude, afinal, respirar fundo e aliviado.

Don Homero contou a Baru que, seguindo nossas instruções, dona Lilia cercou o reconhecimento da indispensável casualidade. Espalhou as fotos, displicente, sobre a mesinha baixa no centro da sala e esperou que Camilo passasse por ali.

Atraído naturalmente pelas duas fotos do jogo que nunca viu no Beira-Rio, Camilo largou a bola que carregava e se ajoelhou para ver melhor as imagens do seu velho Internacional. Foi aí que notou a terceira foto, uma imagem que não tinha nada a ver com futebol. O retrato do prédio que desviou Camilo do estádio. A memória explodiu como um grito de gol.

– *Mire, nonna* – gritou ele, admirado, chamando a avó como costumava fazer em Milão.

– Que foi, Camilo? Que aconteceu? – provocou dona Lilia.

– *Mire, fue acá que yo y Francesca estuvimos. Acá nos trajeron!* – disse, apontando com o dedo para uma janela do segundo andar. O andar da Secretaria de Segurança onde funciona o DOPS gaúcho.

***

A frase do neto para a *nonna* confirmou a denúncia que, quatro dias antes, tinha atravessado a fronteira como um raio e atingido na testa o secretário de

Segurança gaúcho. Naquela quinta-feira, 30 de novembro, o coronel Moura Jardim desdenhou a fala da criança de oito anos e preferiu fazer uma vaga referência, em tom ameaçador:

– É do meu conhecimento a existência de órgãos internacionais da subversão agindo no estado. Quem garante que este caso não caracterize uma ação desses órgãos?

Foi desmentido no dia seguinte por seu chefe – o governador do Estado do Rio Grande do Sul.

– Não tenho conhecimento de que exista um movimento subversivo no Estado, financiado do exterior. Não percebo qualquer indício nesse sentido – corrigiu o governador Synval Guazzelli, desmentindo as teorias alarmistas de véspera de seu especialista em Segurança.

Ele caminhava na tarde de sexta-feira, 1° de dezembro, pela praça da Alfândega, no coração de Porto Alegre, na festa de inauguração da 24ª Feira do Livro. Guazzelli acabou por ser a primeira autoridade a discordar das reações oficiais, dando mais importância às palavras de Camilo do que às do coronel Moura Jardim.

– Creio que o depoimento de um menino de oito anos não pode, de um lado, ser tomado como verdade definitiva. Mas, de outro, também não pode ser desprezado a ponto de não se fazer uma averiguação. Por isso, eu recomendei ao secretário de Segurança que fizesse uma sindicância de alto a baixo, uma sindicância vertical em todos os escalões para apurar qualquer envolvimento dos policiais – anunciou o governador aos repórteres que o perseguiam.

Emendou com uma declaração de princípios, solene e definitiva:

– O esclarecimento dos fatos se constitui em questão de honra, tanto para as autoridades federais quando para o meu governo e, acredito, para a própria nação.

O governador gaúcho estava colocando à prova mais do que a honra de seu governo.

Synval Guazzelli estava apostando sua biografia.

12
O ESPARADRAPO

Punta del Este, dezembro de 1978

A repercussão do sequestro crescia no Brasil.

Era hora de voltar a Porto Alegre.

Antes, uma breve escala no caminho de volta, a 138 quilômetros da capital, em Punta del Este, com suas praias de ondas bravas e seus cassinos de roleta em redemoinho. No balneário, dominado por argentinos que desprezavam a agitação de Mar del Plata, estavam reunidos por três dias os chanceleres dos cinco países da Bacia do Rio da Prata. Cinco tributários da corrente anticomunista. Cinco regimes de quartelada. Cinco ditaduras.

Os diplomatas espraiavam-se pelos salões atapetados do Hotel Casino San Rafael, uma sólida construção em pedra procurada menos pelo azul do mar em frente do que pelo verde das mesas de carteado lá dentro. A imprensa agora tinha outros interesses, além do rotineiro impasse de Itaipu, a gigantesca hidrelétrica em construção que ameaçava entupir os canais de amizade castrense entre Brasil e Argentina.

Nesse momento, a situação da brasileira Flávia Schilling, presa há seis anos em Punta de Rieles, e o sequestro dos uruguaios em Porto Alegre atraíam como enxurrada os cinquenta jornalistas destacados para a cobertura da conferência – todos desaguando em disputa nervosa pelas únicas quatro máquinas de telex instaladas no local.

Entre Punta del Este e o Brasil havia apenas duas linhas de transmissão, precárias e demoradas. As ligações pedidas no fim da manhã só se completavam no início da noite, oito, dez horas mais tarde. A comunicação caía misteriosamente quando as reportagens incluíam no texto palavras imprudentes como "tortura", "repressão", "tupamaro" e "sequestro".

Para os chanceleres Antônio Azeredo da Silveira, do Brasil, e Adolfo Folle Martinez, do Uruguai, a insistência dos repórteres brasileiros com os casos Schilling e Celiberti irritava mais do que constrangia. Ambos se escondiam em longas e convenientes reuniões de trabalho para fugir ao contato com a imprensa.

Na manhã de terça-feira, 5 de dezembro, não houve jeito. Conseguimos finalmente encurralar o ministro uruguaio no hall de recepção do hotel, em frente ao restaurante. Cercado pelos brasileiros, o alto e elegante Folle Martinez, de cabelos prateados e ondulados cuidadosamente penteados para trás, não teve como fugir às perguntas sobre o sequestro. Tentou esquivar-se dizendo que todas as informações já haviam sido dadas nos dois comunicados das Forças Conjuntas. A resposta não satisfez.

– Mas houve o sequestro, ministro – sustentou o atrevido repórter do *Jornal do Brasil*, Carlos Marchi. – Inclusive temos aqui conosco a testemunha do sequestro, o jornalista Luiz Cláudio Cunha...

O rubor tomou conta do rosto do chanceler e eu aproveitei o seu momento de hesitação para avançar dois passos, enfiar a cabeça na roda de repórteres e confrontá-lo:

– Ministro, como é que o senhor explica a discrepância entre o meu testemunho e o comunicado das Forças Conjuntas?

Vermelho, tenso, pouco acostumado a este tipo de insolência jornalística, Folle Martinez ficou mudo um instante, talvez matutando sobre aquela testemunha impertinente que ousava cruzar a fronteira e questionar o regime em pleno território uruguaio. Vacilando, o chanceler preferiu não discutir.

– *Bueno*, se o seu testemunho é verdadeiro, acho que o senhor deve prestar declarações ante as Forças Conjuntas, que estão tratando do caso. *Solamente eso* – encerrou, sugerindo o que eu já havia tentado, sem sucesso, em Montevidéu.

Antes que eu pudesse informá-lo das respostas vazias dos assessores no Palácio do Governo e no Comando do Exército, o chanceler Folle Martinez rompeu o cerco e escafedeu-se, alegando uma reunião que o aguardava em algum lugar longe, muito longe dali.

Nem os militares em Montevidéu, nem os diplomatas em Punta del Este estavam interessados em ouvir testemunhas do sequestro. Restava-nos, por isso, o regresso ao Brasil, que parecia cada vez mais sensível ao problema. Pelas ondas curtas do rádio do carro, ainda no balneário uruguaio, sintonizamos um noticioso da rádio Guaíba, de Porto Alegre. Relatava progressos enormes da Polícia Federal que, incapaz de descobrir os sequestradores, conseguira pelo menos identificar os amigos dos sequestrados.

Na quinta-feira, 7, em entrevista coletiva, o coronel Macksen anunciou a descoberta de uma organização subversiva de uruguaios no Brasil, da qual fariam parte Lílian e Universindo. Em nome da constatação inesperada, a polícia deteve na capital gaúcha cinco pessoas para interrogatório e invadiu o apartamento de Ofélia Montserrat Hernández Rodríguez, exilada uruguaia e amiga de Lílian, que fugira pouco antes para São Paulo ao ser informada do desaparecimento de seus parceiros da rua Botafogo.

Como prova da trama, o coronel Macksen exibiu o material apreendido no apartamento de Ofélia: exemplares do *Compañero*, o boletim mimeografado do PVP, um folheto da Air France, mapas de Porto Alegre e São Paulo, um livro sobre operários publicado no Brasil e disponível em qualquer livraria. Além disso, a polícia afirmou ter encontrado em notas de francos, marcos e dólares a quantia de 35 mil cruzeiros novos, a moeda da época, equivalentes a quinze mil reais.[3]

– Universindo Díaz entrou no Brasil de forma ilegal, inclusive porque seu nome consta de uma relação de estrangeiros impedidos de entrar no país – revelou o coronel Macksen.

---

3. A atualização de valores neste livro seguiu o Índice Geral de Preços-Disponibilidade Interna (IGP-DI) da Fundação Getúlio Vargas. Disponível no site da Fundação de Economia e Estatística (FEE), Secretaria do Planejamento e Gestão, Governo do Rio Grande do Sul, http://www.fee.tche.br/sitefee/pt/content/servicos/pg_atualizacao_valores.php. Acesso em 10 de janeiro de 2008.

– Que relação é esta? – espantaram-se os jornalistas.

– Toda pessoa que normalmente tem problemas de ordem política e social no seu país, o Brasil, através de informações fornecidas à Polícia Federal, os considera indesejáveis e não os aceita aqui – respondeu o coronel, admitindo involuntariamente a colaboração entre as polícias brasileira e uruguaia.

Uma sombra, imperceptível, sobrevoou a sala do chefe da Polícia Federal. A sombra da *Condor*.

A Operação Condor, que ninguém ali sabia que existia.

Ninguém além do coronel Macksen.

Assustado com seu próprio escorregão, o comandante da PF não quis comentar a identificação feita por Camilo do prédio da Secretaria de Segurança. Levantou-se e encerrou abruptamente a entrevista coletiva.

– Desculpem, mas tenho um compromisso urgente, agora, às cinco horas...

Naquela mesma quinta-feira, a sinopse jornalística que o presidente Ernesto Geisel lia toda manhã em seu gabinete no Palácio do Planalto, em Brasília, antes de iniciar o expediente religiosamente às nove horas, dedicava exatas e tranquilizadoras cinco linhas ao sequestro que ocupava manchetes e espaços generosos na imprensa havia vinte dias:

> O coronel Rubem Moura Jardim, secretário da Segurança, esclareceu ontem que foi concluída a investigação preliminar em sua pasta, ficando comprovado que nenhum órgão ou funcionário da SSP está envolvido com o desaparecimento de Lílian Celiberti, seus filhos e Universindo Díaz.

O que o informe burocrático entregue a Geisel escondia é que, 25 dias antes, funcionários de um órgão subordinado ao secretário davam início ao "desaparecimento" dos uruguaios, detendo Lílian na Rodoviária.

O governador Synval Guazzelli, chefe imediato do secretário, tinha o privilégio de estar mais bem informado do que o presidente da República. Estava próximo do calor do episódio e distante da frieza das sinopses. Não era apenas isso. Guazzelli não se restringia aos relatos diversionistas do coronel da Segurança, chefe solidário dos agentes do DOPS envolvidos no sequestro. O governador prestava muita atenção, também, à testemunha do sequestro.

Como chefe da sucursal de *Veja* no Sul, eu tinha conversas quase toda semana sobre política nacional com o governador do Rio Grande do Sul. Excelente informante, conquistado ao longo de inúmeras conversas *off the record* em seu gabinete e na ala residencial do Palácio Piratini, mesmo nos momentos mais tensos de seu governo, formara-se entre nós uma consistente relação de confiança baseada entre um repórter e uma fonte honesta que se respeitavam.

Diante do sequestro, além do governador e máxima autoridade estadual, eu via em Guazzelli um aliado.

Pessoalmente, eu procurava transmitir os dados atualizados da investigação ao governador – em quem, mais que esperança, eu depositava confiança. Eu contava com a cobertura de Guazzelli para desvendar o sequestro. Acreditava nele por seus excelentes antecedentes como fonte e pelos sólidos fundamentos de sua digna biografia política.

***

Semicalvo e com ar jovial aos 48 anos de idade, dono de um sorriso cativante que desfazia o ar de pêsames que lhe cerrava a fisionomia nos momentos graves, Synval Guazzelli era advogado e fazendeiro nos campos de Vacaria, no alto da serra gaúcha.

Pisou no asfalto da política ainda jovem, aos 25 anos, na trilha de seu padrinho partidário, Daniel Krieger, senador e líder gaúcho da UDN filiado ao grupo *castellista,* a ala liberal ou menos dura do golpe de março de 1964. Guazzelli estava encastelado como secretário de Obras do governador Ildo Meneghetti quando os generais derrubaram o governo Jango. Na virada partidária de 1966, trocou a UDN por sua herdeira natural, a ARENA, o partido da nova ordem militar.

O prestígio de Krieger junto a Geisel, com quem trabalhou no governo Castello Branco, definiu a indicação do então deputado federal para o cargo de governador – naqueles tempos escolhido diretamente pelos quartéis. A linha dura dos generais não gostava de Guazzelli. A linha moderada de Geisel nem sabia ao certo como devia chamá-lo.

Em 24 de janeiro de 1974, adotando as últimas providências para a posse de Geisel em Brasília dali a sete semanas, o futuro chefe do Gabinete Civil, general Golbery do Couto e Silva, telefonou para o coronel Edmundo Adolpho Murgel. Golbery disse ao chefe da Agência-Rio do Serviço Nacional de Informações que o futuro presidente queria ver a ficha de um tal Guazzelli. Murgel perguntou qual o primeiro nome dele, Golbery não soube dizer.

Synval Sebastião Duarte Guazzelli, o futuro governador gaúcho, ainda era um ilustre desconhecido para o feiticeiro da comunidade de informações, o criador do SNI. Cinco dias depois, no seu gabinete de transição na sede carioca do Ministério da Agricultura, um prédio no Largo da Misericórdia, próximo ao Museu Histórico Nacional, Geisel enfim recebeu das mãos do secretário particular Heitor Ferreira a ficha do tal Guazzelli, em marcha batida do anonimato para a notoriedade.

O futuro presidente leu a ficha do SNI em voz alta:

> Em 1956, vice-prefeito de Vacaria. Comunista. Quando estudante era um dos líderes do movimento comunista na Faculdade de Direito de Porto Alegre. (Informe sem classificação) (...) Segundo 87SSP de 14 de março de 1966, em outubro de 1958, em suas palestras, passou a fazer proselitismo da doutrina comunista. (...) É comunista atuante. (...) Em 1960, convidado pelo primeiro-ministro Fidel Castro, seguiu para Cuba a fim de assistir aos festejos do segundo aniversário da Revolução Cubana.

Além de uma avantajada caixa de charutos para presentear o padrinho Krieger, Guazzelli voltara da ilha arrebatado pelos novos ares caribenhos. Daí ganhou dos militares o apelido de *Fidelito*, graças a seu conspícuo entusiasmo com a experiência revolucionária dos barbudos do Caribe.

Geisel não gostou do que leu, e ameaçou tosquiar seu futuro político. Guazzelli teve que ser defendido pelo próprio Heitor Ferreira, que lembrou ao general que, naqueles idos românticos de 1960, os *compañeros* do comandante ainda estavam envoltos na fumaceira libertária de Sierra Maestra.

Em abril de 1974, um mês depois da posse de Geisel como presidente e um ano antes da entronização de Guazzelli como governador, Ferreira descobriu que as sucursais do SNI não trocavam informação. O "comunista atuante" dos registros do SNI carioca não passava de um "democrata convicto" nos arquivos do SNI gaúcho.

A ficha de Guazzelli, tosada dos fiapos esquerdistas do passado, ressurgiu lipoaspirada pelos quartéis e garantiu sua posse como governador da confiança dos militares no sensível Rio Grande do Sul. O ex-comunista comandando o extremo sul, a terra natal de Leonel Brizola, o comandante mais odiado pelos golpistas de 1964.

O punho pesado de Geisel esmagara as desconfianças da comunidade de informações.

A ficha virou charuto, o veto virou fumaça.

***

Não havia motivo para tanto sobressalto militar.

Guazzelli mostraria sua gratidão ao regime, um ano depois de virar governador, em um episódio que lavaria para sempre sua ficha de "comunista atuante" no SNI. Um deslize que jogaria sombra em sua biografia.

Nas eleições de novembro de 1974, as primeiras da era Geisel, a oposição mostrara sua força. Confiante no clima mais ameno de relativa liberdade, com acesso dos partidos ao rádio e à TV, o governo esperava uma tranquila vitória da ARENA, especialmente na disputa pelo Senado, que renovava um terço de suas cadeiras. Mas a oposição deu um banho.

O MDB recebeu 14,5 milhões dos 24,5 milhões de votos válidos para o Senado, 59% da preferência popular. Conquistou dezesseis das 22 cadeiras em disputa. A ARENA dos generais ganhou apenas seis.

A força das urnas deu uma robusta e inesperada base política à oposição. O povo viu no voto uma forma de protesto e voltou em peso às filas de votação. Na primeira eleição da ditadura para a Câmara dos Deputados, em 1966, dois anos depois do golpe, o país tinha 22,3 milhões de eleitores – e quase 23% não se deram o trabalho de comparecer ao pleito fortemente tutelado pela nova ordem militar. Após o sufocante Governo Médici, os ares mais oxigenados da política engrossaram as fileiras de votantes. Em 1974, na primeira eleição do Governo Geisel, o eleitorado pulou para 35,8 milhões – e a abstenção caiu para menos de 20%.

Junto com ela caíram a votação e a empáfia da ARENA.

Os militares ficaram inquietos com o próximo embate eleitoral.

O pleito municipal de novembro de 1976 deixou Geisel ainda mais preocupado.

Em Brasília, no final do expediente daquela tarde de abril, Armando Falcão conferiu pela última vez a agenda do dia seguinte – a dele e a do chefe.

Falcão e Geisel não tinham nada a tratar naquele dia. O ministro da Justiça sabia que o presidente teria a manhã tomada por outras audiências. Falcão relaxou e dormiu além da conta. Até que o telefone o tirou da cama. Na linha estava Fernando, seu filho e chefe de gabinete, que estranhava o atraso do pai. Eram oito horas e o pai ainda não havia chegado ao seu gabinete, como de hábito.

Fernando lhe disse, com voz aflita, que o aguardava na antessala de seu gabinete. Chegara uma mensagem do Palácio do Planalto, avisou. O presidente Geisel queria ver seu ministro às dez horas em ponto. Falcão lembrou que nada havia agendado com o presidente, e tentou imaginar que assunto inesperado requeria a Justiça naquela manhã.

Antes do prazo, o desperto Falcão já estava no palácio, aguardando que o ajudante de ordens o anunciasse a Geisel.

– Ministro, os seus políticos e os meus soldados estão me criando dificuldades – começou o presidente, entrando de coturno no assunto. Cinco meses antes, Geisel tinha enfiado o bico da chuteira na canela dos militares mais duros do DOI-CODI, o QG da repressão. Um choque inédito no jogo bruto do regime militar.

Em 25 de outubro de 1975, após horas de tortura, o jornalista Vladimir Herzog apareceu morto no cárcere da rua Tutoia, onde operava o DOI-CODI de São Paulo. "Suicídio", alegou o quartel. Geisel não gostou e deu um cartão amarelo para o capitão do time de brutamontes, general Ednardo D'Ávila Mello, o comandante do II Exército.

Menos de três meses depois, outro "suicídio", o do operário Manoel Fiel Filho, morto sob tortura em 17 de janeiro de 1976 na cela do mesmo DOI-CODI. Geisel detestou a ousadia, em tom de desafio, e dessa vez mostrou o cartão vermelho para o general, exonerando-o do comando do Exército.

Botou no lugar Dilermando Gomes Monteiro, ameno no trato, na ficha militar e no estilo de jogo. Acentuando a gravidade da intervenção, Geisel não consultou nem o ministro do Exército, Sylvio Frota, líder supremo do time da linha dura.

Apesar da humilhação, as feras da repressão nem miaram.

Ao terror dos quartéis somava-se agora o pavor das urnas. O presidente sentia o cerco iminente, à direita e à esquerda. Os políticos e os soldados, de um lado e de outro, criando dificuldades. A carantonha de Geisel parecia mais fechada naquela manhã de abril diante do ministro Falcão, outra face mal-humorada do regime.

– Acabo de demitir o Ednardo, ministro, porque a tigrada andou matando um jornalista e um operário – disse Geisel, com a crueza e a sinceridade que não se permitia nas notas oficiais. – O Dilermando está controlando a situação, mas o Frota não me inspira confiança. Precisamos fazer alguma coisa para o debate político das eleições não incendiar o circo...

As eleições municipais de 1976 aconteceriam em novembro, dali a sete meses. A proximidade do pleito e a crise militar no DOI-CODI paulista conspiravam contra o projeto de distensão. O presidente temia o fogo desse debate na propaganda eleitoral.

O ministro Sylvio Frota ainda era o chefe dos quartéis, e as consequências poderiam ser incontroláveis. O general resistiria no cargo mais de um ano, enquanto Geisel não lhe mostrasse – em outubro de 1977 – outro cartão vermelho.

Até lá, o circo da distensão viveria na corda bamba, sem rede de proteção para salvá-la dos radicais que aguardavam sua queda. Geisel sabia que, derrotado no seu projeto político, acabaria se esborrachando no chão, devorado pelas feras da extrema direita.

– Falcão, vou acabar com a farra dos seus politiquinhos! Essa gente fala demais e pode estragar tudo. Vou botar um esparadrapo na boca dessa gente! – avisou Geisel.

No fundo do gabinete presidencial, dissimulada como um abajur de mesa, encolhida em uma poltrona de couro escuro, uma testemunha muda acompanhava o diálogo. No início, Falcão não prestou muita atenção à presença quase clandestina do forasteiro. O diálogo direto com Geisel nem lhe dera tempo de cumprimentá-lo. Grave e soberano, Geisel apresentou e introduziu o visitante, sem perder o fio da meada:

– Ministro Falcão, o nosso Synval Guazzelli, gaúcho de Vacaria, tem a solução para o nosso problema.

O governador do Rio Grande do Sul levantou da poltrona e se aprumou para ouvir os elogios do ilustre conterrâneo, gaúcho de Bento Gonçalves. Apenas 93 quilômetros em linha reta separam as duas cidades da serra sulista. No pensamento político, os dois gaúchos estavam ainda mais próximos.

– O governador trouxe um projeto que vai dar ordem nessas eleições – continuou Geisel. – Vamos fazer uma lei que proíba candidatos de falar na televisão. Só pode aparecer o retratinho e os nomes do partido e candidato. Vai ser democracia sem demagogia!

Geisel estava convencido da eficácia do esparadrapo sugerido por Guazzelli. Estendeu a mão sobre a mesa e passou ao ministro uma pasta plástica transparente, trazida pelo governador.

Dentro da pasta, um texto de duas páginas em papel branco. No alto da folha, um brasão tricolor em verde, vermelho e amarelo. Na parte inferior da insígnia oval, a data histórica da Revolução Farroupilha, 20 de setembro de 1835. Na parte superior, a expressão "República Rio-Grandense". O escudo de armas que identificava o Estado do Rio Grande do Sul.

Falcão passou os olhos pelo texto. Apesar da gravidade, não tinha o carimbo de "confidencial". Estava datilografado em versão única, sem cópias. Protegido pela discrição da noite que antecedera sua ida a Brasília, sem a ajuda de secretária, Guazzelli procurou uma máquina no escritório da ala residencial do Piratini e datilografou sua proposta. O próprio governador botou no papel timbrado a ideia do esparadrapo para tapar a boca do eleitorado.

Assim que Falcão leu o documento, Geisel ordenou:

– Ministro, o senhor tem quinze dias para transformar este projeto em lei. A ideia do Guazzelli vai ser a lei do Falcão. Pronto, Lei Falcão! O senhor vai entrar na História com nome de lei, ministro!

O fantasma de um projeto restritivo sobrevoava Brasília há algumas semanas. Ganhara peso com uma conta simples feita pelo líder do governo no Congresso. O senador Jarbas Passarinho somou os candidatos da ARENA e do MDB a prefeito e vereador e dividiu o resultado por mais de quatro mil municípios. O senador contabilizou o tempo que cada um teria no horário político de rádio e TV: não chegava a dezoito segundos.

Manter essa regra, na visão de Geisel, era fazer "democracia com demagogia". No final de março, ao sair de um almoço com o comandante do II Exército, em São Paulo, Falcão avisou os repórteres que estudava novas regras para a propaganda no rádio e na TV. O problema é que ninguém tinha encontrado a fórmula milagrosa para atender à restrição. Até que apareceu Guazzelli.

Sagaz, o governador gaúcho já antecipava em meados de março preocupações que não assaltavam políticos mais distraídos. Em sua primeira entrevista coletiva, em 16 de março, lembrou que para garantir o "bom nível" dos programas eleitorais a direção dos partidos deveria influir mais, "orientando na maneira de expor os pontos de vista, sem arriscar palpites". Como os generais de Brasília, Guazzelli traía preocupações inesperadas para um político liberal:

– Não me impressiona tanto se alguém vai ocupar dez ou quinze minutos de espaço no rádio e na TV, mas sim como serão ocupados estes espaços.

O governador observou que ano sem eleição é diferente de ano eleitoral, que tem debate político "apaixonante". Guazzelli achava que isso não deveria criar dificuldades, mas deu um recado:

– A não ser que os debates sejam travados num clima de paixões, de ódio, de radicalismos, o que comprometeria não só a administração, mas até as próprias instituições políticas – ressalvou o governador, soturno, antecipando os receios que sobrevoavam a cabeça de Geisel.

Em abril de 1976, o Brasil se recuperava de dois sobressaltos. Um, militar, com um novo "suicídio" no DOI-CODI paulista, que levou à traumática demissão do general Ednardo D'Ávila Mello em meados de janeiro. O outro, político, com a inesperada cassação de dois deputados gaúchos da oposição punidos pelos generais por um inócuo discurso no interior do Estado, no final de março. Apesar do clima pesado, Guazzelli via o mundo cor-de-rosa:

> É importante nós podermos viver estes dias de hoje no Rio Grande do Sul, como de resto em todo o Brasil, de concórdia, de entendimento e de harmonia. Nesta manhã ensolarada, tão bela, de outono, aqui neste recanto de lazer do trabalhador rio-grandense, nós podemos todos nos sentir felizes porque vivemos num país maravilhoso como é este nosso Brasil de hoje, neste clima de amizade e de compreensão.[4]

---

4. *Correio do Povo*, 27 de abril de 1976, p. 22.

Guazzelli discursava num domingo, 25 de abril, em um centro operário em São Leopoldo, na abertura da Semana Sindical. No palanque ao lado dele, o general Oscar Luís da Silva, o comandante do III Exército.

Na tarde da quinta-feira anterior, 22, Guazzelli estivera por 45 minutos com Geisel em Brasília. Antes passou pelos gabinetes do secretário particular, Heitor Ferreira e, depois, pelo Gabinete Civil do general Golbery do Couto e Silva, encontros devidamente registrados na agenda. Na manhã seguinte, sexta-feira, 23, Guazzelli voltou ao Planalto, oficialmente para uma audiência às 11h com o ministro Reis Veloso, do Planejamento, no terceiro andar do palácio – a poucos passos do gabinete presidencial.

No final de abril e início de maio, Geisel fez duas viagens ao exterior – França e Reino Unido. De volta ao Planalto na segunda-feira, 10 de maio, a primeira audiência política de rotina de Geisel foi concedida ao ministro da Justiça, que cumpria religiosamente o prazo de duas semanas que o presidente lhe dera para transformar a sugestão de Guazzelli no projeto da Lei Falcão.

Na sexta-feira anterior, dia 7, a lei ainda sem nome sobrevoou a Câmara dos Deputados. Discursando da tribuna, o catarinense Luís Henrique (MDB) denunciou que o governo preparava uma "lei da mordaça". O tema estreou no Senado em 13 de maio, uma quinta-feira, pela voz do líder do MDB, o senador paulista Orestes Quércia.

– Não há projeto. V. Exª fala sobre algo que não existe. O projeto não saiu e V. Exª não gostou – ironizou o fluminense Vasconcelos Torres, da ARENA.

– Mas V. Exª também não leu e já gostou – rebateu Quércia.

Cinco dias depois, para gosto e desgosto de uns e de outros, a Lei Falcão mostrou as garras na forma de projeto de lei nº 49/76-CN enviado pelo Planalto. Foi sancionada por Geisel em junho e virou norma do Tribunal Superior Eleitoral (TSE) como a Lei nº 6.339, de 1º de julho de 1976.

Era a Lei Falcão, a ideia de Guazzelli que botava ordem na eleição e acabava com a "farra dos politiquinhos", consagrando o cinema mudo dos candidatos na TV.

Um cala-boca naquela gente que falava demais, que poderia estragar tudo. Geisel iria erguer a lona de um circo imune a incêndios, um espetáculo cívico que transformava candidatos e eleitores em palhaços. Uma ideia que jogava a democracia no chão e a imagem do regime no ridículo.

Enfim, a democracia sem demagogia sonhada por Geisel.

Nascia a Lei Guazzelli, maquiada como Lei Falcão.

Nem o governador nem o ministro revelaram na época aquele encontro sigiloso de fins inconfessáveis. O veto à sua divulgação veio do próprio Guazzelli, que não suportaria ver sua imagem deteriorada publicamente. O governador teve a coragem de propor o esparadrapo, não de assumi-lo.

Era um criador que renegava a criatura, um pai que se envergonhava da filha.

A paternidade de Guazzelli acabaria sendo confirmada uma década depois pelo próprio Falcão. Durante dez meses, no período de 1987-88, o ex-ministro gravou quatrocentas horas de fitas em depoimentos prestados em seu apartamento da enseada do Botafogo, bairro do Rio de Janeiro, ao jornalista Ronald de Carvalho, então editor de política da Rede Globo. O material seria a base do livro de memórias *Tudo a declarar* (Nova Fronteira), lançado em 1989. De bermudas, camiseta polo e sandálias de couro, o cearense Falcão falava duas horas, às terças e quintas-feiras, para o gravador de Carvalho. Numa dessas sessões, a revelação:

– A Lei Falcão não é minha. A ideia foi do Guazzelli – contou o ministro. Surpreso, o jornalista pediu detalhes:

– Guazzelli ditou as ideias para o senhor?

– Não, ele trouxe um rascunho – explicou. O ministro levantou-se da mesa de jacarandá que dominava a biblioteca de seu apartamento e buscou na estante as duas folhas em papel timbrado com o embrião mal datilografado da Lei Falcão. A autoria de Guazzelli continuou encoberta porque, na edição final do seu livro, o ministro liberou apenas 150 das quatrocentas horas gravadas. Justificou então o seu silêncio:

– Deixe a lei assim, como ideia minha. Eu quero bem ao Guazzelli. Não vou causar embaraços a pessoas vivas. Quero poupar os vivos. Este livro não deve deixar ninguém mal – avisou.

Synval Guazzelli morreu em 2001, aos 71 anos de idade, amargurado pela paternidade oculta da Lei Falcão, um fardo histórico que ele nunca assumiria em público.

Nos registros da burocracia, a lei ficaria carimbada como obra de Armando Falcão. Nos laboratórios da história, o DNA do esparadrapo encobriria a paternidade de Synval Guazzelli.

A lei tinha a cara e o focinho de Falcão.

Ninguém suspeitaria da cabeça e da mão de Guazzelli.

Para sorte do governador e azar do ministro, Guazzelli comeu milho e Falcão levou fama.

***

Nos idos de 1978, afora Geisel e Falcão, ninguém conhecia os maus antecedentes de Guazzelli.

Muito menos eu.

Guazzelli integrava a *troika* de governadores – ao lado do paulista Paulo Egydio Martins e do mineiro Aureliano Chaves – onde Geisel se apoiava para exercitar a distensão. Era por tudo isso um dos líderes estaduais de maior prestígio junto ao Planalto.

No plano político local, Guazzelli tinha inclusive o reconhecimento do MDB, governando sem maiores atritos mesmo diante de uma maioria oposicionista na Assembleia Legislativa, onde o partido presidido por seu amigo Pedro Simon detinha 31 das 56 cadeiras.

Antipatizado nos setores militares mais ortodoxos, Guazzelli comia o milho da oposição e levava a fama de liberal, dentro e fora do governo. Inegavelmente, era a autoridade politicamente mais atingida pelos autores do sequestro, que sabiam não poder contar com sua cobertura para uma operação clandestina.

Na verdade, Guazzelli se convertera em um governante comprometido com a normalização democrática, crítico dos casuísmos revolucionários e seus surtos de cassação. O mentor da Lei Falcão era agora um governador decepcionado com o "pacote de abril" de 1977, o ponto mais baixo, o recuo mais assustador no projeto de distensão do governo Geisel.

Naquele momento, o Guazzelli de abril de 1977 não lembrava em nada o Guazzelli de abril de 1976. O Congresso tinha sido fechado pelos soldados de Geisel, que transformou sua residência em Brasília na "Constituinte do Riacho Fundo". O governador me garantia, em conversa confidencial no palácio, que lutara para excluir normas ainda mais drásticas do arranjo autoritário do regime.

Desta vez nem precisou ir a Brasília. Deve ter achado que não valia a viagem. Brandiu seus argumentos democráticos pelo telefone. Pelo resultado final, não deve ter sido levado muito a sério por Geisel e Falcão. Tanto que, do berço do Riacho Fundo, nasceu um monstrengo chamado "senador biônico", um representante do povo sem o voto do povo, indicação militar sem intermediários (como os governadores) para garantir a mansa maioria governista no Congresso.

Guazzelli devia ter desconfiado que um regime que se empolga com o esparadrapo da Lei Falcão só podia acabar no remendo caricato do senador biônico.

O novo rótulo de democrata convicto de Guazzelli, naquelas circunstâncias, me bastava. Entre mim e o DOPS, não havia dúvidas da opção do governador.

Antes de minha viagem ao Uruguai, logo após a divulgação do primeiro comunicado das Forças Conjuntas, tratei de procurar Guazzelli. Ele me recebeu em seu gabinete de despachos, no primeiro andar do Palácio Piratini, sinceramente preocupado:

– Mas... O que foi que fizeram contigo, rapaz?

Contei toda a história da sexta-feira, os homens armados no apartamento, as negativas oficiais, a confirmação do sequestro, a suspeita crescente de envolvimento de sua polícia. Ele ouviu em silêncio e, ao final, lamentou-se:

– Ah... Se tu, logo depois de sair do apartamento, tivesses ligado para a Brigada Militar, poderia ter voltado lá e evitaria o sequestro, não? Tu não lembraste disso? – provocou.

– Mas, governador, por que eu ligaria para a polícia para denunciar uma operação da polícia? – repliquei.

Ele não me respondeu. Contei a Guazzelli sobre minhas dúvidas, naquela primeira semana de sequestro, e adverti:

– Os policiais lá dentro eram brasileiros, governador, sem dúvida nenhuma. E dois deles, os que nos receberam na porta, eu e o Scalco temos plenas condições de reconhecer.

Prometi que o manteria informado, passo a passo, e lembrei que sua colaboração seria decisiva para localizar os autores da operação. Despedi-me garantindo que voltaria, assim que tivesse mais dados na mão.

Regressei do Uruguai certo de que o apoio de Guazzelli, naquele momento, era ainda mais crucial. E a eficácia de seu apoio dependia, cada vez mais, de nossa colaboração.

As apressadas declarações do coronel Moura Jardim, em incondicional apoio aos seus homens, confirmavam que a polícia estava menos interessada em investigar o sequestro do que inocentar todos os 4.500 agentes da Secretaria de Segurança – incluindo os quase duzentos policiais do DOPS. Guazzelli tinha boas intenções para elucidar o caso, mas nenhuma retaguarda para executá-la. O noticiário do rádio, que eu ouvi ainda em Punta del Este, confirmava essa impressão.

Mesmo assim, cumprindo minha promessa, procurei o governador tão logo cheguei a Porto Alegre, de volta do Uruguai. Fui encontrá-lo na manhã de quinta-feira, horas antes da solidária entrevista do secretário da Segurança naquele dia. Guazzelli estava na sala VIP das autoridades do aeroporto Salgado Filho, aguardando a chegada do ministro da Marinha, almirante Geraldo Azevedo Henning.

Levei-o para um canto da sala e lhe fiz um relato breve de nossas descobertas no Uruguai. A fala do garoto, a identificação do prédio da Segurança, o reconhecimento das fotos.

– As suspeitas transformaram-se em convicções, governador – avisei. – O DOPS está comprometido com o sequestro.

– Tu topas olhar as fotos de todo o pessoal do DOPS, para tentar reconhecer os sequestradores? – propôs Guazzelli.

– Claro, governador. Mas quem me garante que verei mesmo todas as fotos da polícia? – duvidei.

– Eu faço o seguinte – insistiu ele. – Mando o secretário Moura Jardim requisitar o fichário do DOPS, vocês dois se fecham em uma sala e conferem as fotos, uma a uma... E então?

– Governador, se dependesse só do senhor, não haveria problema. A questão é que, agora, eu não confio no seu secretário de Segurança. O DOPS tem envolvimento direto no caso, e o senhor não está sendo corretamente informado por seu secretário. Entre o senhor e a polícia, governador, o coronel preferiu ficar com a polícia! – adverti.

Guazzelli ficou alguns segundos em silêncio, fisionomia carregada, a mão no meu ombro, mas não retrucou. Reafirmei mais uma vez que o manteria informado pessoalmente, me levantei e me despedi. Ele veio atrás de mim, para atender ao bolo de repórteres de rádio e TV que o espreitavam, do outro lado da parede de vidro da sala VIP, com sua parafernália eletrônica.

Diante dos microfones, o governador repetiu a determinação, transmitida aos seus assessores diretos da área policial, de realizar uma sindicância capaz de apontar os nomes dos implicados. Capaz de lavar a honra do Rio Grande. Era quinta-feira, 7 de dezembro.

Cinco dias depois, um experiente policial da alta hierarquia do DOPS seria implicado publicamente no sequestro – mas a acusação não seria obra de nenhum assessor de Guazzelli, nem mesmo façanha de um brasileiro.

A proeza caberia a um francês, calado e anônimo, que nem mesmo falava português.

13
O dedo

Palmeira das Missões, março de 1976

Porto Alegre estava morta na sexta-feira, 8 de dezembro, feriado dedicado a Nossa Senhora da Imaculada Conceição.

A cidade parecia paralisada, imóvel – menos o hóspede do apartamento 1.404 do hotel Plaza San Rafael.

Ele desenvolvia uma intensa atividade naquele santo dia. Conheceu o apartamento da rua Botafogo, em companhia do advogado Omar Ferri, conversou com o cardeal Vicente Scherer, visitou o cônsul italiano Ilário Dinalli. Depois de saborear as delícias da carne gaúcha na churrascaria do hotel, o discreto e elegante Jean-Louis Weil, quarenta anos, com a face permanentemente rosada e os cabelos prateados repartidos lateralmente, subiu para o seu quarto no 14° andar animado pela rara oportunidade que teria nas duas horas e meia seguintes.

O jurista ouviria a testemunha de uma operação repressiva uruguaia no exterior, uma empreitada clandestina que nunca deixava rastros nem relatos, muito menos sobreviventes.

Ouviria o relato de um repórter. O meu depoimento.

– Pelo que sei, é a primeira vez que um sequestro deste tipo é testemunhado. Este é um fato da máxima importância e ajudou a determinar o fracasso da operação. O casal e as crianças reapareceram vivos, no Uruguai, por causa da presença de testemunhas no apartamento, no momento do sequestro – declarou Weil, depois de ouvir todo o meu relato, que ele anotou em bloco de papel com caneta esferográfica preta e esmero de um copista medieval.

Nem ele entendia meu português, nem eu o francês dele. Nossa comunicação tinha uma excelente tradutora, a jornalista Letânia Menezes, que vivera em Paris e agora executava trabalhos de *freelancer* na sucursal da Abril.

Weil era um especialista no tema macabro de desaparecimentos políticos no Cone Sul. Por duas vezes ele visitara o Uruguai, como membro de comissões internacionais de direitos humanos, e relacionou mais de cem sequestros patrocinados pelo regime de Montevidéu no exterior. Jurista perante a Corte de Paris, Weil trazia uma tríplice credencial, representando entidades influentes como o Movimento Internacional de Juristas Católicos, a Federação Internacional dos Direitos do Homem e o Secretariado Internacional de Juristas pela Anistia no Uruguai (SIJAU).

– Havia pelo menos um militar uruguaio no apartamento, no momento em que você apareceu – disse-me Weil, a convicção envolta em voz mansa, serena, medida, como se falasse em um confessionário. – Isso é absolutamente certo.

A primeira visita oficial de Weil, no sábado, foi acompanhada por Omar Ferri e mais dois advogados da OAB. O anfitrião, o vice-governador Amaral de

Souza, era naquele dia a maior autoridade no Estado pela ausência temporária de Guazzelli. Apesar do calor de dezembro, foi um encontro gélido. O anfitrião era um duro patriota, fazendo cara de malvado diante do estrangeiro insolente.

– Não existe violação de direitos humanos no Brasil – garantiu Amaral de Souza, esclarecendo que recebia os advogados da OAB brasileira que o acompanhavam, não o jurista da França. Quando Weil pediu, gentilmente, que o futuro governador facilitasse um encontro seu com autoridades da segurança estadual, ele exagerou:

– Dr. Weil, aqui no Brasil o DOPS e a polícia têm folga nos fins de semana...

– Mas, *monsieur*, casualmente o sequestro ocorreu em um domingo – replicou o francês, com uma expressão de pedra congelada no rosto. Amaral insistia em fugir do tema, dizendo que a competência do caso era exclusivamente da Polícia Federal. A palavra que Weil mais ouvia da intérprete, e que mais o irritava, era *compétence, compétence...*

O diálogo não prosperava, diante do clima glacial imposto pelo anfitrião, que insistiu na ofensiva e ousou discutir um aspecto, para ele vulnerável, da realidade francesa: os direitos humanos. Lembrando que vira pela televisão dias antes um grupo de agricultores da França sendo vítimas de repressão, Amaral de Souza condenou:

– A polícia francesa batia com muita violência, Dr. Weil. No Brasil não acontece isso. Aqui não temos essa violência...

Os fotógrafos que documentavam o encontro entre os dois perderam o foco. Não conseguiram segurar o riso unânime e espontâneo que deixou o vice-governador mais colorido do que o rosado jurista francês. Fingindo que não era com ele, Amaral de Souza continuou em solo francês:

– As entidades que o senhor representa, doutor Weil, deveriam também tratar disso – pregou o vice-governador.

A conversa sucumbiu aí.

Ambos se despediram com um gelado aperto de mão e uma dupla derrota.

Weil não convenceu Amaral de Souza de que a França do político Giscard d'Estaing era uma democracia.

E Amaral de Souza não persuadiu Weil de que o Brasil do general Geisel era inocente no sequestro.

***

O francês não sabia, mas estava em território inimigo.

A residência oficial do vice-governador, lugar do encontro, era o "Palacinho", nome popular do Palacete Santo Meneghetti, na avenida Cristóvão Colombo.

Estava quase dois quilômetros distante em linha reta do palácio de Guazzelli. Ficava a cerca de quinhentos metros da Rodoviária, a três quadras de onde começou o sequestro dos uruguaios. Onde Lílian Celiberti foi presa, contrariando a sagrada folga dominical do DOPS.

A lareira da sala de reuniões onde Amaral de Souza recebeu Weil gozava de um merecido repouso, naquele sábado abafado e quente de dezembro. Mas teria sido inútil para quebrar o gelo da conversa. O cenário não estimulava discussões sobre direitos humanos.

A mansão imponente de dois andares em estilo neoclássico, com grandes janelas em arco destacadas por sacadas de pedra, fora construída na década de 20 por um descendente italiano, Santo Meneghetti, que fez fortuna com serraria. Cortava madeira no interior e vendia na capital que se expandia pela construção de novas moradias.

Como seus patrícios, Meneghetti se inflamava com a marcha dos "camisas negras" que levaram Mussolini e o fascismo ao poder na bota e na força. O velho Santo foi ver de perto a festa do *Duce*, na véspera da guerra, e voltou de Roma com a cabeça ainda mais empanzinada. Diz a versão oficial que ele preparava o palacete para acomodar com a devida pompa o Conde Galeazzo Ciano, genro do *Duce*, que faria uma escala na capital gaúcha em uma futura jornada diplomática pela América do Sul.

A lenda sustenta que o projeto de Santo era ainda mais ambicioso – hospedar o próprio *Duce*. A eclosão da guerra, em setembro de 1939, acabou com o sonho do velho Meneghetti.

O Palacinho nunca recebeu Benito Mussolini.

Teve que se contentar com Amaral de Souza.

Aos 49 anos, o advogado José Augusto Amaral de Souza era conhecido em sua terra natal, Palmeira das Missões, como "Dr. Josezinho". Desembarcou na Assembleia estadual em 1963 determinado a adotar o nome de "José Souza", mas foi demovido por um colega mais esperto chamado Synval Guazzelli. Dez anos antes, como vice-presidente da União Nacional dos Estudantes (UNE), ganhara de um ativo líder estudantil paulista, o futuro governador Paulo Egydio Martins, o apelido de "Souzinha".

Diante de tantas alternativas inexpressivas, acabaria enfim se contentando com o diminutivo "Amaralzinho".

Ele fazia jus ao apelido.

Era um político literalmente pequeno, de ancas largas e entroncado, espremido no parco um metro e 58 que o deixava quase quadrado, limitado na altura e espaçoso na largura. Tinha a mesma estatura da rainha Vitória, dois centímetros menos que Gandhi, era onze centímetros mais baixo que Napoleão, apenas cinco mais alto que Elis Regina, menor cinco centímetros que Mozart e Picasso, dez menos que Romário, seis mais baixo que Maradona.

Pareceria ainda mais diminuto diante do imponente um metro e 69 de Mussolini, o santo fascista venerado pelo Santo Meneghetti que construiu o palácio que ele agora ocupava. Amaral de Souza já estava de olho vidrado em um palacete maior, o Piratini, para onde se mudaria em definitivo, três meses depois daquela desagradável conversa com aquele francês atrevido.

A surpreendente escalada de Amaralzinho ao cume do poder começara em uma atravessada conversa sobre sua estatura – física e moral.

Em um dia de setembro de 1977, o general Fernando Belfort Bethlem, comandante do III Exército, chamou o repórter Marco Antônio Kraemer, que cobria a área militar para o jornal mais influente do Sul, o *Correio do Povo*. O general disse ao jornalista que queria convidar seu patrão para um almoço no QG. Breno Caldas era o respeitado dono da Caldas Júnior, a empresa jornalística que, além do *Correio do Povo*, tinha outros dois diários e uma rádio.

No *ranking* de 1969 da revista *Exame*, o empresário fora classificado como o sexto homem mais rico do Brasil. Quando recebeu o convite do comandante, o doutor Breno – como era tratado por civis e militares, amigos e adversários – estranhou. Retraído, reservado, não costumava frequentar generais. Os generais é que o frequentavam.

Dois chefes militares, Garrastazu Médici e João Baptista Figueiredo, eram comensais dos churrascos exclusivos que Breno Caldas regalava no Haras do Arado, na localidade de Belém Novo, quarenta quilômetros ao sul da capital. Ali ele vivia em uma bela mansão de dois andares, com fachada em três arcos e um acolhedor pátio interno de inspiração sevilhana. Tinha um porto natural às margens do Guaíba onde ancorava seu iate, o *Aventura*, construído por ele. Com Breno Caldas no timão, cruzou em segundo lugar a linha de chegada da regata Buenos Aires-Rio de Janeiro de 1962, depois de atravessar 1.200 milhas náuticas de mar brabo ao longo de dez dias.

O orgulho maior era o haras, onde nasceu o alazão Estensoro, um puro-sangue inglês que foi o maior craque da história do turfe gaúcho. Perdeu uma única corrida, a primeira, em 1958. Ganhou dez grandes prêmios seguidos nas raias de areia dos hipódromos do Moinhos de Vento e do Cristal. Bateu recordes das provas de milha, 2.200 e 3.200 metros, que Breno Caldas nunca via: acompanhava o galope arrebatador de seu cavalo pelo rádio, em casa. Tríplice coroado, não havia mais o que conquistar no Sul.

Em agosto de 1959 foi levado ao Rio para disputar uma barbada, o GP Brasil. Dessa vez, como favorito da prova, tinha a companhia do dono. Breno Caldas achou que esse prazer especial merecia ser saboreado pelos olhos, não pelos ouvidos. Mas Estensoro estranhou a pista de grama da Gávea, remanchou, ficou para trás, pipocando no chão duro, e cruzou o disco de chegada no trote de uma inacreditável derrota, muitos corpos atrás do vencedor.

O dono do cavalo voltou ao Sul mancando de dor.

O potro Estensoro deu a maior decepção da vida de Breno Caldas. Amaral de Souza daria a segunda.

Breno Caldas e Kraemer foram recebidos com solenidade pelo general Bethlem. A nata do Alto-Comando do maior exército brasileiro estava lá, uns seis ou sete generais. Entre eles, dois ilustres descendentes do Patriarca da Independência, os irmãos e generais Antônio Carlos (o Serpa Louro) e Luiz Gonzaga de Andrada Serpa (o Serpa Preto).

Quando explodiu a crise militar do DOI-CODI paulista, em janeiro de 1976, os oficiais mais duros articularam um movimento de solidariedade ao exonerado Ednardo D'Ávila Mello, que Geisel responsabilizara pelos dois "suicídios" registrados no espaço de quatro meses nos porões da tortura no II Exército.

O Serpa Preto remou contra a maré. Comandante da guarnição mais poderosa do Nordeste, a 7ª Região Militar e a 7ª Divisão de Exército, baseada no Recife, o general Luiz Gonzaga teve uma reação desusada e corajosa. Mandou um telex ao comandante do IV Exército pregando justamente o contrário do movimento em favor da anarquia militar – pediu o desengajamento do DOI-CODI das atividades policiais, reconduzindo o porão às atividades exclusivas de informações. Foi o único oficial general em posto de comando a sugerir, com palavras educadas, mas firmes, o fim da tortura que a tigrada cometia havia sete anos.

Os Serpas ilustravam com sua bagagem histórica a agradável conversa da mesa principal dos generais com Breno Caldas. Falaram de tudo – do Brasil, da Transamazônica, de Carajás, da Segunda Guerra Mundial, do perigo nuclear.

Falaram até de democracia.

Ao final do almoço, já em pé para o cafezinho, o general Bethlem, cercado pelas estrelas de maior grandeza de seu Estado-Maior, apresentou as armas ao visitante.

– Dr. Breno, nós o convidamos para vir aqui pois queríamos ouvir sua opinião sobre o convite que desejamos fazer ao vice-governador Amaral de Souza para ser o próximo governador...

A democracia sem sutileza daqueles tempos era assim. General, e não o povo, é que convidava alguém para ser governante. Mas o que deixou Breno Caldas surpreso foi o sentido, não o conteúdo da pergunta.

– Como assim? A minha opinião?... Não conheço essa pessoa o suficiente para dar uma opinião, isto é, para emitir um conceito. Não tenho opinião formada a seu respeito. Poderia quando muito dar uma impressão... E que não é favorável!

Os generais estufaram o peito, ainda mais curiosos.

– Mas... Qual é a sua impressão? Nós gostaríamos de saber...

Breno Caldas não se acuou diante das estrelas que o cercavam.

– A minha impressão é que ele está abaixo do nível necessário... Falta-lhe pelo menos um palmo e meio.

– Como assim? – perguntou o comandante do III Exército, espantado diante da medição do empresário. – Em que sentido, Dr. Breno?

– Em todos os sentidos. Ele não tem estatura física, nem pessoal, nem moral...

Breno Caldas disse tudo isso aos generais[5]. Não adiantou nada. Com um palmo e meio a menos, Amaralzinho aceitou, sete meses depois, o convite dos generais e escalou, em 1979, as escadarias sem povo do Palácio Piratini.

Seis anos depois daquele insólito cafezinho no QG Breno Caldas diria tudo aquilo de novo. Dessa vez por escrito nas páginas do *Correio do Povo* já declinante na circulação, mas ainda com cerca de cem mil assinantes.

Em fevereiro de 1983 a empresa Caldas Júnior definhava, tentando cavalgar uma dívida em dólares mais galopante que o veloz alazão Estensoro. Breno Caldas dependia da forragem dos bancos oficiais para chegar ao fim da raia. Não precisava

5. Episódio também narrado por Caldas et Pinheiro Machado (1987: p. 41-43) e Galvani (1995: p. 464-466)

nem ganhar, bastava chegar. No dia da inauguração do III Polo Petroquímico, contrariando o clima de festa, o empresário soube que o Banrisul – banco do governo gaúcho – entrara na Justiça com uma ação executiva da dívida.

O banco do governador Amaral de Souza.

Furioso, Breno Caldas voltou para a redação, sentou-se à máquina e esporeou sua ira em um editorial com título evocativo: "Palmo e meio". Revelou, ponto por ponto, sua crua conversa de 1977 com os generais. Começou cheio de ironias sobre as coisas miúdas.

> Hoje, vou relatar uma lembrança. Uma pequena história. Mas nem por isso menos verdadeira. Afinal, o que é pequeno também existe, e, às vezes, as circunstâncias põem o que é intrinsecamente insignificante em posição de causar transtornos e até desastres.

Bordou frases sobre democracia que deixariam amargo o cafezinho do Quartel-General.

> Como a personagem em causa [Amaral de Souza] não foi submetida ao teste de uma eleição direta, mediante a qual existisse a possibilidade de consenso amplo, não sei se minha impressão, que depois se tornou opinião consistente, seria, ou não, aprovada pelo grande número. Não sei. Para mim, o que se viu não deixa dúvidas.

Antes de baixar o texto para as rotativas, Breno Caldas refletiu um pouco mais e ligou para o repórter testemunha do almoço. Marco Antônio Kraemer alegou que, se pudesse influir, não publicaria o texto.

Uma estranha inversão no universo autocrático das redações: desta vez, era o repórter que pedia ao dono do jornal que não desse uma notícia incômoda ao poderoso de plantão. O patrão disse que iria pensar. Viajou para o Arado, naquela noite, refletindo. Voltou no sábado de manhã ainda pensando. Quando Kraemer ligou, avisou:

– Sim, Marco, vou publicar.

O texto explodiu na edição de domingo, o dia de maior circulação do jornal. O Rio Grande do Sul ficou perplexo. Pelo inusitado da história, pela contundência do editorial, pela hierarquia do acusado, pela identidade do autor. Cinco dias depois, na sexta dia 11, Breno Caldas voltou a provocar. Publicou o "Palmo e meio – 2", ainda mais ferino. Começava assim:

> O ilustre senhor governador não gostou da nota "Palmo e meio" que aqui publiquei domingo último. Pois eu gostei. E muita gente também.

Desenhava com ironia o governador, desdenhando da nota oficial que ameaçava uma interpelação judicial contra o jornalista.

Não me animei a reproduzir a íntegra do pífio documento, que sei partejado com muito esforço e esmero literário e jurídico. Não atino com o que ali seja pior: se o fundo ou a forma. De qualquer maneira, a peça é bem reveladora do fraco teor dos seus autores. Que, afinal – vejam bem –, são quem nos governa. Desgraçadamente.

A ação na justiça não parou, a crise se agravou, e o *Correio* parou de circular em junho de 1984.

Breno Caldas morreu em 1989, pouco antes de comemorar os oitenta anos.

Cinco anos antes de o *Correio do Povo* chegar aos cem.

Faltou palmo e meio para a festa do centenário.

***

Em outubro de 1977, um mês depois daquele inusitado almoço com Breno Caldas, o general Fernando Bethlem trocou de comando – deixou o III Exército em Porto Alegre pelo ministério do Exército em Brasília, vago com a traumática demissão de Sylvio Frota.

Ernesto Geisel retomava as rédeas da distensão política. Em uma única atropelada, domava o radicalismo nascente nos organismos de repressão e selava o general João Figueiredo como barbada em raia presidencial agora sem concorrentes.

Com a concentração de força de muitos camaradas fardados, Amaralzinho irrompeu 1978 com a estatura de gigante – apesar da má impressão de Breno Caldas.

Seu cabo eleitoral mais estrelado, Fernando Bethlem, assumira como ministro do Exército. Era amigo do futuro presidente Figueiredo. Tinha a simpatia de ministros influentes em Brasília, como Golbery do Couto e Silva (Casa Civil) e Armando Falcão (Justiça). Era aliado do general Antônio Carlos de Andrada Serpa e do brigadeiro Délio Jardim de Mattos.

Com tanta estrela e simpatia, Amaralzinho acabou recebendo em abril a unção do presidente Geisel como novo governador gaúcho. Atropelou o deputado Nelson Marchezan, um vigoroso concorrente de um metro e 85 de altura, como se o secretário nacional da ARENA fosse um pigmeu.

Parlamentar em 1966 de origem democrata-cristã, Marchezan se juntara à oposição para tentar eleger um professor liberal como governador do Rio Grande. Os militares, que no ano anterior tinham cassado oito deputados do PTB, decapitaram outros seis da bancada do MDB na Assembleia, refizeram na marra a maioria arenista e levaram de roldão a dissidência, repondo a ordem unida na casa.

No ano seguinte, o corpo de um ex-sargento do Exército com antecedentes brizolistas apareceu boiando nas águas do rio Jacuí, um afluente do rio Guaíba. Manoel Raimundo Soares tinha marcas de tortura, após uma sessão de pancadaria no DOPS, e, ainda assim, as mãos amarradas às costas. Marchezan foi um dos deputados mais incisivos na CPI que tentou investigar o caso. Os cabos e generais de Amaralzinho aqueciam a frigideira lembrando que o deputado não gostava de eleição indireta e ainda elogiava dom Hélder Câmara, o arcebispo esquerdista de Olinda e Recife.

Quando Guazzelli tentou reanimar Marchezan como seu sucessor, percebeu que estava politicamente com as mãos amarradas pela direita militar. A linha dura não gostava de Guazzelli e gostava menos ainda de Marchezan.

Em abril de 1978, preparava-se em Brasília mais uma cena da democracia sem demagogia sonhada por Geisel. O presidente da República começaria a anunciar ao país o resultado da eleição de um voto só – o dele – para os governos estaduais. Aos poucos, nome a nome brotava da autocrática cartola do Planalto. Seria a quarta sucessão estadual consecutiva sem povo desde 1966. Guazzelli acreditava na promessa de Geisel de que ele seria ouvido sobre sua sucessão no Rio Grande.

– Eu perguntei se ele tinha alguma preferência, ele disse que não, que estava isento, que na hora adequada nós nos reuniríamos com o Figueiredo e discutiríamos a questão. Eu fiquei tranquilo e satisfeito. E não era para ficar, Luiz Cláudio? – me perguntava o governador na sexta-feira, 21, quatro dias após o trágico desfecho da sucessão gaúcha.[6]

Não, não era para ficar. Eram muitas as evidências de que Guazzelli seria esmagado na sucessão. Tanto que na sexta-feira anterior, 14, eu o procurara para confirmar os boatos cada vez mais insistentes

– Pode pescar tranquilo, Luiz Cláudio. Não vou viajar! – garantiu o governador, certo de que Brasília não faria nada sem ouvi-lo. Naquela mesma noite um telefonema de Brasília interrompeu a sessão privada de cinema na ala residencial do Palácio Piratini. Guazzelli levantou para atender. Era o senador Tarso Dutra, presidente da ARENA gaúcha e feroz cabo eleitoral do vice Amaralzinho.

– Governador, o senhor não vem a Brasília na segunda-feira para o anúncio do seu sucessor? – perguntou Tarso.

– Não, o presidente não me chamou. Assim, ainda não há decisão – respondeu Guazzelli.

Tarso percebeu que tinha queimado a língua. Despediu-se e desligou. Lá pela meia-noite, outra vez o telefone. Agora era o presidente nacional da ARENA, deputado Francelino Pereira.

– Governador, o anúncio... – começou Francelino. Mas não terminou. Guazzelli sentiu que algo estava errado, e bateu o telefone. Não queria ouvir o nome do futuro governador pelo interurbano. Tratou de reagir para evitar o inevitável. Localizou no Rio já de madrugada o seu patrono, o senador Daniel Krieger. Pediu que conseguisse uma audiência urgente com Geisel – antes da segunda-feira fatal.

Golbery, o chefe da Casa Civil, ligou na manhã de domingo para dizer que o presidente o esperava para uma reunião no final da tarde na Granja do Riacho Fundo. Lá estariam Francelino, Krieger e o futuro presidente, Figueiredo. Quando desembarcou na capital, às 17h25, o cândido Guazzelli ainda sonhava.

– Não há nada sobre indicação. Se existisse, eu saberia – disse aos jornalistas.

É, mas já existia e ele não sabia. A reunião com o presidente começou tensa, às seis e meia. Geisel fez uma longa dissertação sobre os candidatos à sucessão

6. Depoimento ao autor, 21 de abril de 1978.

gaúcha. Krieger, sentado ao seu lado, cutucava a perna de Guazzelli para acalmá--lo. Até que ele não se aguentou:

– Presidente, estamos conversando há mais de meia hora e o senhor ainda não disse se o governador está ou não escolhido – interrompeu. Geisel foi seco:

– Está – Guazzelli não parou aquele bizarro interrogatório. Insistiu:

– Posso saber quem é?

– É o Amaral.

– Mas, presidente, o senhor não havia se comprometido comigo de que eu seria ouvido antes da decisão final? – reclamou.

– Governador, o senhor não havia dito aos líderes do partido, à imprensa e a mim que os seis nomes da lista mereciam a sua confiança e representavam o consenso? Assim, escolhi o Amaral...

Guazzelli não replicou. Amaral só estava na lista porque sua ausência significaria um veto. E ele não queria constranger o presidente. No momento certo ele falaria em favor do primeiro nome da lista – seu amigo Nelson Marchezan. Ele não gostava do vice e achava que Amaral estava cercado por um grupo muito radical de direita. Sabia que o maior cabo eleitoral de Amaralzinho não era seu inimigo Tarso Dutra. Era o ministro do Exército Fernando Bethlem. O mesmo general Bethlem que, seis meses antes, tinha anunciado o nome de seu favorito no cafezinho do QG do III Exército ao jornalista Breno Caldas.

Na segunda-feira, 17, com cara de velório, o governador Guazzelli se submeteu ao rito daquela democracia sem demagogia, obrigado a anunciar no Palácio do Planalto o nome que não desejava como seu sucessor.

– A decisão foi superior, do senhor presidente da República – justificou, sem esconder sua derrota.

Guazzelli não foi ouvido na sucessão.

Foi atropelado.

Quatro dias depois, as notícias não eram melhores no Sul. Uma seca persistente assolava as lavouras, derrubando a safra de trigo e soja. E uma misteriosa "maré vermelha" destruía a vida marítima ao longo de quatrocentos quilômetros da costa gaúcha. Naquela quinta-feira, 20 de abril de 1978, ele olhou para mim com um desalento que eu nunca tinha visto e se lamentou:

– Que fim trágico de mandato, hein, Luiz Cláudio?

Restavam menos de onze meses para transmitir o cargo ao sucessor.

Faltavam ainda sete meses para o sequestro da rua Botafogo.

***

Amaral de Souza era o sucessor natural da caserna, o homem de confiança da tropa.

Nomeado governador, ele seria o menor dos 21 homens que o antecederam no Palácio Piratini desde a proclamação da República. Dois centímetros menos que o rotundo Getúlio Vargas, que saiu da vida e entrou na história como líder de massas, regente por um quarto de século de um país redesenhado politicamente à sombra descomunal que se projetava de seu parco um metro e sessenta.

Amaralzinho não fazia sombra. Era um político restrito, de horizonte mais curto que voo de galinha, que jamais alçaria voo em um regime de franquia democrática. Ganhou seu primeiro mandato de deputado estadual aos 33 anos pelo conservador PSD, quando o partido tirava um pé do governo de João Goulart para colocar o outro no estribo da coluna militar que o derrubaria, dois anos depois. Aos 37 anos, era deputado federal pela ARENA, a sigla do golpe.

Aos 45 anos, descobriu-se vice-governador, como prêmio de consolação ao padrinho e senador Tarso Dutra, frustrado pelo revés na eleição indireta de 1974, quando perdeu o Piratini para Guazzelli, o afilhado de seu adversário Daniel Krieger. Aos 48, alçado futuro governador pela escadaria despovoada dos quartéis, resolveu posar de liberal: proclamou-se social-democrata. Em novembro de 1978, mês do sequestro dos uruguaios, Amaralzinho pediu o fim dos "senadores-biônicos" como seu padrinho, Tarso Dutra, e defendeu a revisão da Lei Falcão. Com senso de oportunidade, ele espichava seu olho para a abertura.

Guazzelli, ali ao lado, continuou com o esparadrapo na boca, fingindo que não tinha nada a ver com aquilo.

Amaralzinho não tinha estatura política para crescer em uma democracia, mas tinha o talhe perfeito para se espichar em uma ditadura. Ele tinha olho para o poder.

Um único olho, o esquerdo. O direito tinha perdido a visão, anos antes, em um derrame provocado pela crônica pressão alta que estourou os vasos sanguíneos do globo ocular. Trocou a vista cega por um olho de vidro.

A deficiência visual se incorporou para sempre ao rosto redondo, de bochechas gordas e testa larga, os óculos pesados e escuros em tom degradê – um verde-escuro intenso na metade superior da lente que se diluía gradualmente na metade inferior. Era o suficiente para proteger os olhos da luz e da contemplação alheia. De dia e de noite, em ambientes fechados ou abertos, Amaralzinho nunca tirava os óculos escurecidos, que lhe marcavam o rosto como uma máscara e acentuavam o desconforto do interlocutor, privado de encará-lo olho no olho. O sorriso sem jeito, que ensaiava com algum esforço, ficava esmaecido pelo semblante perturbador do homem de quem nunca se via o olhar.

Apesar disso, Amaralzinho via bem, via longe. E escutava melhor ainda. Ao contrário de Guazzelli, tinha boas, convenientes, úteis amizades nos quartéis que ele frequentava com prazer evidente e discreto cálculo político. Nunca recusava o convite para uma partida camarada de cartas com o comandante do III Exército. Ele e dona Miriam, sua mulher, eram parceiros fiéis do general Oscar Luís da Silva e de dona Marina no joguinho de biriba na residência oficial do comandante, em uma esquina bem situada da avenida Cristóvão Colombo, no bairro Higienópolis.

As lentes verde-oliva dos óculos de Amaralzinho filtravam o mundo cor-de-rosa do Brasil seguro, ordeiro e anticomunista que os militares de 1964 sonhavam construir. Eles podiam contar com Amaralzinho para o que desse e viesse.

E deu-se que o olho atento e os ouvidos alertas de Amaralzinho, ainda vice-governador em 1976, perceberam algo estranho no interior recôndito do Estado. Em uma noite fresca de sexta-feira, 19 de março, o MDB fez uma reunião política de rotina no maior produtor de soja do Estado, Palmeira das Missões, cidade com 65 mil habitantes, 374 quilômetros a noroeste da capital. Juntou menos de mil simpatizantes que lotaram o Cine Gaúcho, que dali a dois meses trocaria a zoeira partidária pela toada da música nativista em uma nova edição do Carijo da Canção Gaúcha, a maior festa da cidade missioneira, à qual acorriam pajadores e artistas até da fronteira argentina, a cem quilômetros dali.

A caravana emedebista era formada por seis deputados estaduais e outro tanto de federais, liderados pelo chefe da oposição no Sul, o então deputado estadual Pedro Simon. Os discursos começaram amenos. Naquela noite, as duas estrelas no palco eram os deputados federais Nadyr Rossetti e Amaury Muller, destaques do bloco dos Autênticos, a ala mais radical do MDB, ambos gaúchos com votações adubadas pelo eleitorado comunista. Embalado pelo entusiasmo crescente da plateia, Rossetti, o terceiro orador da noite, resolveu subir o tom:

– Quem está com o povo não precisa ter medo... A revolução é um regime duro para o povo, mas aberto para o poder econômico... A queda do regime é coisa certa. Se não for por podre, será pela corrupção!

O quinto orador, o estadual Ivo Sprandel, atacou um dos lemas da política oficial, "plante que o governo garante" ("É um lema mentiroso!"), e convidou o povo para a posse de Pedro Simon no Piratini, pelo voto direto, em janeiro de 1979. O microfone chegou então às mãos do sétimo orador da noite, Amaury Muller, que aproveitou a deixa e emendou:

– Somos governados não pela vontade do povo, mas pela força das armas. Estamos em um regime de golpe, não de revolução, dominados pela aristocracia fardada!

Recheou o ataque com uma homenagem ao fantasma que mais assombrava os militares, o ex-governador Leonel Brizola, exilado desde o golpe no Uruguai de onde fugiram Lílian e Universindo. No embalo, Muller trocou a data sagrada de 31 de março pelo mentiroso 1° de abril como dia de arrancada do golpe de 1964.

– O que houve em 1° de abril foi uma quartelada com fuzis e metralhadoras compradas com dinheiro de quem paga imposto. Chegou a hora de pôr um fim à ditadura!

O federal Odacir Klein, 11° orador da noite, tinha preparado uma fala insossa sobre soja, mas resolveu entrar no clima para não parecer moderado demais:

– Vamos lutar contra o regime de exceção que, instalado há doze anos, não respeita a vontade popular e se fundamenta em legislação imposta pela força!

O presidente estadual do partido, Pedro Simon, encerrou a noite, habitualmente conciliador:

– Sofremos sempre a prepotência do regime a qualquer iniciativa dos homens do MDB, mas o final será a conquista da justiça social!

O encontro acabou, o cinema esvaziou e nada de novo parecia ter acontecido naquela noite. Bater na ditadura era mais do que a obrigação de uma oposição brava. Era uma rotina que se repetia nos grotões do interior do Estado, nas lonjuras do país. Tanto que ninguém se preocupou em passar esse ramerrão para a imprensa. Os jornalistas ali presentes não viram nenhuma urgência que justificasse um boletim extra. O fim de noite de sexta-feira, início da madrugada de sábado, já pega os grandes jornais fechados, rodando as edições pesadas do fim de semana.

De tão trivial, a reunião política de Palmeira das Missões passou batida pelas edições de sábado dos jornais. E não teve fôlego para chegar à primeira página. A edição de domingo, 21, do *Correio do Povo* só encontrou espaço lá dentro, em três colunas da página 8, na seção Panorama Político. O título era mais ameno do que o comício: "MDB denuncia pressão política e presta homenagem a Leonel Brizola". Não ecoou nem no plenário da Assembleia Legislativa, na segunda-feira, 22.

Doze deputados discursaram sobre temas diversos, um só lembrou de Palmeira. Hugo Mardini, da ala mais radical da ARENA, trovejou:

– Profundamente chocado... Um verdadeiro festival de acusações ao governo da Revolução... Vamos fazer um exame aprofundado na reunião de quarta-feira da bancada da ARENA...

Naquela mesma tarde o deputado federal Fernando Gonçalves, da ARENA gaúcha, tirou o tema das fronteiras estaduais e botou no palco nacional. Falou da tribuna da Câmara dos Deputados e inscreveu o tema nos anais da Casa.

Por acaso, Gonçalves era cunhado de Amaralzinho. Por fatalidade, Palmeira das Missões era a terra natal de Amaralzinho. Por gentileza, um assessor do vice-governador conseguiu uma cópia da gravação com todos os discursos daquela noite no cinema. Por patriotismo, a fita do assessor de Amaralzinho caiu nas mãos do comandante do III Exército.

Na edição de quarta-feira, 24, a página 8 do *Correio do Povo* alertava: "Manifestações de Palmeira das Missões continuam repercutindo no Legislativo". Uma foto ao lado, por coincidência, mostrava o general Oscar Luís ao lado de um notório comunista: Chang Te-Chung, o embaixador da China de Mao Tse-tung, em visita de cortesia ao QG do III Exército.

Mas Amaralzinho tinha sido mais rápido no gatilho. Ele se inspirava na clássica definição do marechal Humberto Castello Branco, que um dia lembrou "os pescadores de águas turvas que rondam os quartéis e bivaques como vivandeiras impenitentes". Amaralzinho pescou o discurso da oposição nas águas turvas de Palmeira das Missões e rondou o bivaque do III Exército como vivandeira impenitente. Mandou embalar a fita do cinema e encaminhou a gravação até o seu velho parceiro de biriba no QG da rua da Praia.

O comandante do III Exército agradeceu a gentileza e viajou ainda na quarta-feira, 24, a Brasília para uma sessão de rotina do Alto-Comando do Exército. Desembarcou com a cartucheira carregada: a fita e a transcrição do ataque de rotina do MDB em Palmeira das Missões. A crônica da morte anunciada estava na primeira página da edição do dia seguinte, quinta-feira, 25, do *Correio do Povo:* "Discursos do MDB levados por Oscar Luís a Brasília."

A notícia dava uma frase premonitória do general.

– Os responsáveis pelas provocações devem ser enquadrados devidamente na lei – avisou.

O primeiro registro dos arapongas sobre o encontro subversivo das Missões só caiu nas mãos de Geisel na segunda-feira, 29, na *Apreciação Sumária n° 12* do SNI – dez dias depois do comício e cinco após o início da reunião dos chefes do Exército. Estava provado que Amaralzinho tinha uma visada melhor e mais certeira do que os preguiçosos agentes do burocrático SNI.

A inspiração da reunião de rotina do Alto-Comando sobre o comício subversivo de rotina do MDB acabou na decisão de rotina do general Geisel: Rossetti e Muller foram cassados pelo AI-5 ainda naquela segunda-feira, 29 de março de 1976.

Tudo aquilo tinha a decidida colaboração do ouvido sensível, do olho bom e do dedo ruim de Amaralzinho. Geisel deve ter então começado a pensar – graças ao episódio de Palmeira das Missões – no perigo iminente de uma campanha eleitoral acesa no rádio e na TV, sem um esparadrapo legal na boca descontrolada da oposição.

Amaralzinho, o sucessor de Guazzelli, mostrou em março de 1976 o problema – o discurso radical no cinema do interior gaúcho.

Guazzelli, o antecessor de Amaralzinho, trouxe em abril de 1976 a solução – a mordaça preventiva da Lei Falcão.

O governador da UDN e o vice-governador do PSD juntaram-se sob o mesmo guarda-chuva ideológico da ARENA. Apesar de origens partidárias distintas, das fortes diferenças políticas e da mútua antipatia pessoal, o fazendeiro de Vacaria e o advogado de Palmeira surpreendentemente tinham muito em comum, além das raízes interioranas do Rio Grande.

Ambos tinham consciência do que faziam, por baixo dos panos e das agendas oficiais, para preservar o regime e seus benfeitores.

Amaralzinho gravou e levou – escondido – a fita para o general Oscar Luìs.

Guazzelli arquitetou e levou – furtivo – a lei do esparadrapo para o general Geisel.

Não se gabaram do que fizeram, não se orgulharam do que entregaram, não revelaram o que cometeram. Não contaram por um motivo simples: tinham vergonha. Como moleques traquinas, sabiam que tinham feito travessura. Sabiam que era coisa feia, muito feia. E calaram. Acreditaram no manto protetor do silêncio, na derrogação lenta dos tempos, no oblívio que dissipa a culpa. Esqueceram de um único detalhe: a História.

O governador do esparadrapo achou que tivera uma boa ideia, e o vice-governador da fita pensou que fizera a denúncia certa. Mas a História foi melhor que a ideia de Guazzelli, mais rígida que o dedo de Amaralzinho. Trombaram de novo com ela, cada um a seu tempo, cada um a seu modo, no sequestro de Lílian Celiberti, das duas crianças e de Universindo Díaz.

Um não soube escolher o lado certo.

O outro escolheu o lado errado.

Ambos se equivocaram.

Outra vez.

14
O CARCARÁ

Rio de Janeiro, dezembro de 1978

Depois do Palacinho, o palácio.

No domingo, 10, ainda impressionado com a fria recepção que tivera no gabinete do vice-governador, Jean-Louis Weil foi recebido por Synval Guazzelli no Piratini, a sede do governo.

Foi um contato mais cordial e caloroso na ala residencial do palácio. O francês continuava acompanhado de Omar Ferri e mais dois advogados da OAB gaúcha. Weil ouviu mais do que falou. Guazzelli falou menos do que poderia. Intimamente Guazzelli começava a juntar informações constrangedoras que ele não devia proclamar como governador, mas podia desabafar com um amigo.

O governador não escondia sua preocupação com o caso. Disse que a Secretaria de Segurança, com base em sindicância preliminar, negava qualquer participação. Reconheceu que a declaração de Camilo, em Montevidéu, exigia uma investigação mais profunda. E garantiu:

– Doutor Weil, o Rio Grande não tem nada a esconder da imprensa.

O encontro, embora ameno, acabou na platitude habitual. O governador acompanhou os visitantes até o hall de entrada da residência oficial. Na despedida, o sangue italiano de Guazzelli e Ferri falou mais alto. Com descontração, Ferri passou o braço sobre o ombro do governador, como velhos amigos caminhando na praça em fim de tarde, e cochichou:

– Mas que foi sequestro... foi mesmo, Synval! – provocou ele, com aquele jeito natural que ignorava a figura da autoridade e deixava tudo tão espontâneo.

– Para que vejas, Ferri... – completou Guazzelli, com um sorriso que tentava amenizar a gravidade do caso. – Quando os nomes das pessoas são mais importantes do que os fatos!...

Ferri, atropelado pelo ritual de apertos de mão junto ao portão, não teve tempo de aprofundar a conversa interrompida. Mais que um desabafo, a frase do governador soava como uma revelação intrigante. Que nomes seriam mais importantes do que o fato? Afinal, do que já sabia o governador?

Pela primeira vez uma autoridade sugeria que a identidade dos sequestradores poderia ser mais importante do que o sequestro. Uma premonição, talvez, sobre o mecanismo de proteção que se armaria para abafar a apuração do caso.

No trajeto até o aeroporto, Letânia, que acompanhava os dois no carro, traduziu para o francês o estranho diálogo entre o governador e o advogado, uma conversa que Weil não tinha captado. O jurista embarcou no avião rumo ao Rio de Janeiro com a bagagem carregada de fortes convicções. Elas foram expostas no último momento de sua presença em solo brasileiro. No aeroporto do Galeão, pouco antes de embarcar no *Concorde* que o levaria a Paris, na segunda-feira, 11 de dezembro, ele deu sua derradeira entrevista à imprensa nacional e estrangeira.

Weil esclareceu que, do ponto de vista técnico, a operação na capital gaúcha mantinha o padrão de dezenas de outros sequestros realizados pela ditadura do Uruguai na Argentina. Havia uma rotina de procedimentos na repressão de vários países que denunciava uma coordenação internacional na repressão no Cone Sul. Entidades de direitos humanos e comunidades de exilados percebiam a sua existência. Sentiam a sua ameaça. Pressentiam a sua sombra. A sombra de um abutre. De um condor.

Desta vez, o jurista francês destacava uma diferença no caso de Porto Alegre. O desaparecimento dos uruguaios tinha deixado testemunhas. O testemunho de repórteres.

– O depoimento da testemunha do sequestro, jornalista Luiz Cláudio Cunha, dada sua precisão, calma e honestidade intelectual, confere confiabilidade aos fatos, em cada detalhe conhecido.

Weil anunciou que as entidades que representava enviariam à ONU um duro relatório sobre o sequestro, implicando o Brasil e o Uruguai. Ele classificou de "muito delicada" a posição da Polícia Federal brasileira, ao sustentar a "encenação" montada pelos órgãos de repressão uruguaios.

– A responsabilidade não pode ser atribuída a policiais, e sim aos dois Estados, segundo os princípios do Direito Internacional – lembrou o jurista francês.

Defendeu Lílian Celiberti da acusação de terrorista e contou que, em fevereiro de 1978, ela prestara depoimento sobre os refugiados uruguaios desaparecidos no exterior perante a Comissão dos Direitos do Homem da ONU, em Genebra, diante do próprio delegado oficial do Uruguai na entidade, um diplomata chamado Jean Bunot.

– Desde então – ressaltou Weil –, a ditadura uruguaia não mais perdoa Lílian e sua luta pela anistia e pelos desaparecidos.

O francês identificou então as siglas e os nomes que tornavam o sequestro ainda mais importante no Uruguai e no Brasil. Atirou quatro vezes, acertou três.

A sigla de lá que ninguém ainda conhecia aqui era o OCOA, o CODI uruguaio. Ele estava infiltrado em cada uma das quatro divisões em que se dividia o Exército uruguaio. Mesclava homens do Servicio de Inteligencia de Defensa (SID) com bandoleiros do "Esquadrão da Morte" da polícia uruguaia, juntos em uma organização secreta que operava fora da cadeia de comando dos quartéis, subordinada diretamente aos generais e ao Comandante do Exército. Era o braço longo da repressão no exterior.

O jurista francês denunciou o nome do diretor do SID, general Amaury Prantl. Nos anos 60, ele chefiara a força antitumulto da Guarda Metropolitana de Montevidéu. Aproximou-se da estação local da CIA e virou supervisor do centro de escuta telefônica que a agência mantinha na embaixada dos Estados Unidos, segundo o ex-agente da CIA Philip Agee, que operou ali durante dois anos.

O OCOA atuava em Buenos Aires em conjunto com o argentino SIDE. Foi o responsável pela montagem da Automotores Orletti, o centro de torturas da capital portenha gerenciado por José Nino Gavazzo, o major uruguaio que tomou o bebê Simon dos braços da mãe. Gavazzo era o braço direito de Prantl.

Weil mirou o general e o major como mandantes uruguaios do sequestro no Sul. Errou o tiro. Ambos já estavam fora da tropa. Prantl e Gavazzo tinham publicado, entre abril e junho de 1978, um panfleto clandestino de extrema direita, *El Talero,* acusando o comandante do Exército, Gregorio "Goyo" Álvarez, de "traição" por supostos contatos políticos com o exilado senador Wilson Ferreira Aldunate. Alvarez era um linha-dura que teve o irmão, coronel, morto pela guerrilha dos Tupamaros. Virou fera com a denúncia. O comandante descobriu a autoria do panfleto em julho e, para escapar à corte marcial, Prantl e Gavazzo pediram passagem para a reserva – cinco meses antes do sequestro de Porto Alegre. Deste crime eles eram inocentes.

Weil errou nos nomes uruguaios, mas acertou na sigla. A Compañía de Contrainformaciones, que mandou os capitães Eduardo Ferro (aliás, Guillermo) e Glauco Yannone (Javier) no encalço de Lílian e Universindo, era de fato subordinada ao OCOA – o organismo que se reportava diretamente ao Comandante do Exército. O elo entre o general Gregorio Álvarez e os militares do OCOA e da Compañía era o Estado-Maior do Exército, comandado pelo general Manuel Nuñez, codinome Rojo Bravo. Sob suas ordens estava o Departamento II, chefiado pelo coronel Calixto de Armas, cognome Rojo Maíz. A ele se reportava diretamente o major Carlos Alberto Rossel (Gustavo), o chefe da Compañía que recepcionou Lílian e o capitão Ferro em Rivera, na fuga apressada do Brasil. Essa era a cadeia de comando do sequestro de Porto Alegre. Ao apontar o OCOA, Weil acertou na cabeça.

Ao denunciar a parte brasileira do sequestro, Weil acertou na mosca. Na sigla e no nome. Acusou o DOPS gaúcho e seu agente mais famoso.

Seelig. Pedro Seelig.

Um delegado com fama de carcará.

Aquele falcão predador que, segundo a música de João do Vale, "pega, mata e come".

***

A acusação de Jean-Louis Weil explodiu na imprensa brasileira na terça-feira, 12 de dezembro – exatamente um mês após a prisão de Lílian na Rodoviária.

Cabia assim a um jurista francês que nem falava português recitar o nome do primeiro brasileiro implicado no caso Celiberti. Exatamente o mais célebre agente policial do Rio Grande do Sul.

– *Pedrô Seelíg* – repetiu Weil com acento gaulês, para não deixar dúvidas.

Sem sotaque, o delegado brasileiro tinha a inflexão perfeita para o exigente tom do sequestro. Aos 46 anos de idade, Pedro Carlos Seelig era também o mais notório policial do Rio Grande do Sul, fama produzida por uma estridente carreira que misturava sua festejada eficiência profissional com processos na Justiça por transgressões funcionais.

Desquitado, casado pela segunda vez no Uruguai civilmente liberal dos parceiros Ferro e Yannone, Seelig era pai de três filhos e tinha 22 anos de polícia, 10 deles cumpridos no DOPS. Aos 23 anos trocou o quepe de motorista de ônibus pela boina vermelha, a jaqueta, a calça cáqui com listra vermelha e o negro cassetete de borracha da tropa de choque da antiga Guarda Civil de Porto Alegre, formada por lutadores profissionais para dispersar tumultos. Ganhou dos colegas de serviço o apelido de *Caveirinha*, graças aos olhos fundos ressaltados pelo rosto magro e afunilado. Foi batendo que Seelig começou sua irresistível ascensão na comunidade policial, como escrivão de terceira classe.

Alto e vigoroso, batia nos adversários como zagueiro de estilo duro e capitão respeitado do esquadrão de futebol da Secretaria de Segurança. A família trazia a polícia no sangue: tinha uns dez ou doze parentes com o sobrenome Seelig servindo na corporação.

Dava para formar um time – e formava.

A parentada integrava uma unida e exclusiva equipe doméstica chamada Carcará. Além do sobrenome, o que dava harmonia ao time era o lema inspirado que atemorizava os adversários: "pega, mata e come". O comissário de polícia Omar Seelig, primo-irmão de Pedro, definia:

– No Carcará, do umbigo pra baixo é canela! Quando o cara não dá pau, a gente chama e diz: "Meu filho, qual é o teu negócio? Vai pra casa e bota uma sainha, vai..."

Quando estourou o golpe em 31 de março de 1964, Pedro Seelig estava escalado providencialmente no time do DOPS de Porto Alegre, capricho da vida que ajudaria bastante seu conceito na seleção de estrelas que agora apitava no país – os militares. Nos cinco primeiros anos como policial, ganhou três promoções e, no curso de delegado, completado no conturbado 1968, obteve o sexto lugar da turma. Em junho de 1969, com o país já imerso na ditadura do AI-5, Seelig aflorou no serviço de investigações da Divisão de Segurança Social do DOPS. Ali projetou definitivamente sua carreira.

Seelig era discípulo do afamado Sérgio Paranhos Fleury, delegado do DOPS paulista que atraía a atenção internacional pelas denúncias de tortura na repressão política e por seus laços fraternais com o Esquadrão da Morte em São Paulo. Tornou-se amigo de um astro em ascensão na comunidade de informação, o major Carlos Alberto Brilhante Ustra, que comandaria o DOI-CODI de São Paulo em sua fase mais dura (1970-1974).

Inspirado nesses bons exemplos, Seelig foi promovido em 1970 à direção da Divisão de Segurança Social do DOPS gaúcho. Virou capitão do time da repressão no momento em que sete organizações de esquerda – VPR, VAR-Palmares, M3G, POC, ALN, M-26 e FLN – adentravam o gramado no Rio Grande do Sul, para disputar o jogo bruto da luta armada.

Ganhou de goleada: em janeiro de 1971, contabilizava a prisão de 256 esquerdistas e a apreensão de quinze metralhadoras, 49 pistolas, nove automóveis, 27 mil dólares e milhares de cruzeiros. Investigou treze assaltos a banco praticados pela esquerda. Esquadrinhou a tentativa frustrada de sequestro do cônsul americano Curtis Cutter por um comando desarrumado da Vanguarda Popular Revolucionária (VPR).

Em 1970, na 2ª Seção do III Exército, Seelig conheceu um astro da repressão com vários nomes e muito renome. Na lista de alunos de 1959 do curso de Military Police Officer da sinistra School of Americas, seu futuro amigo aparecia como Paulo Magalhães, ainda um anônimo segundo-tenente. Dez anos depois, como capitão de cavalaria, ele servia ao Centro de Informações do Exército (CIE) na PE do Rio sob o nome de Francisco Paulo Malhães. Quando encontrou Seelig no CIE de Porto Alegre em 1970, já usava simplesmente o apelido de Malhães.

Nesse ano, a OBAN (Operação Bandeirantes) – a mãe de todos os DOI-CODIs – completava um ano de vida. Malhães, então, ensinou a um preso da VAR-Palmares a quem interrogou:

– A dança mudou, meu velho. A barra agora tá pesada!

A barra estava tão pesada que, na dança da repressão, Malhães subvertia até a hierarquia.

– Mas eu preciso dar explicações aos jornalistas – suplicava o coronel Jayme Mariath, secretário de Segurança do Rio Grande do Sul.

– Aqui quem manda sou eu, aqui ninguém se mete – replicava o major Malhães, com a insubordinação natural de quem conhecia a invertida cadeia de comando na anarquia da ditadura.

Malhães mandou também na mata, nas sessões de interrogatório dos combatentes presos na guerrilha do Araguaia em 1972. No ano seguinte, em Santiago do Chile, estava no estádio Nacional, uma construção inspirada no estádio construído por Hitler para as Olimpíadas de Berlim em 1936. Além da arquitetura, em 1973 o estádio chileno apresentava outra semelhança com o III Reich: tremia agora com os nervos de quarenta mil pessoas assustadas com os métodos nazistas das tropas de Pinochet, que transformaram o lugar em campo de concentração e tortura. Malhães não estava lá como espectador, mas participando dos interrogatórios dos exilados brasileiros presos no turbilhão do golpe de 11 de setembro de Pinochet. Malhães voltou dos Andes consagrado pelo codinome de Doutor Pablo. Era o número 180 de uma lista de 326 militares e policiais brasileiros envolvidos na tortura, segundo denúncia de presos políticos enviada em carta à OAB em outubro de 1975.

A lista completa foi publicada no *Em Tempo,* jornal alternativo de São Paulo. Abria com Fininho, policial do Esquadrão da Morte paulista, fechava com Zé Bonitinho, um torturador gay do DOI-CODI de São Paulo. Ali figuravam entre outros o coronel Ustra (número 43), o juiz de futebol Dulcídio Wanderley Boschilla (75), o empresário Henning Boilesen (106), o coronel Jayme Mariath (125), o brigadeiro João Paulo Burnier (137).

Pedro Seelig era o número 285 da lista, 43 posições na frente do delegado do DOPS paulista Sérgio Fleury, o ídolo de todos eles.

Fleury, o carcará-rei, era temido. Até general tinha medo dele. Em dezembro de 1973, a quatro meses de assumir a chefia do SNI, o general João Baptista Figueiredo comentou com Geisel e Golbery o cerco do promotor Hélio Bicudo contra o Esquadrão da Morte paulista e seu chefe, Fleury:

– Se esse camarada falar é um perigo para uma porção de gente!

Um mês depois da posse de Geisel, o poderoso ministro da Casa Civil, general Golbery do Couto e Silva, mostrava-se incomodado com a figura de Fleury, réu em processos de extorsão e execuções do esquadrão que misturavam policiais e traficantes de drogas.

– Tira esse homem para fora! Bota esse homem em férias, manda ele passear na China. Aliás, o chefe [Geisel] está de acordo nisso. É uma burrice ter esse homem aí, à vista de todo mundo – reclamava o feiticeiro do regime em telefonema em 11 de abril de 1974 ao secretário particular de Geisel, Heitor Ferreira.

Golbery tinha uma solução doméstica, menos oriental, para resolver o problema Fleury. O general sugeriu a Heitor:

– Manda ele para Foz do Iguaçu. Tem um negócio onde criam jacaré, manda ele tomar banho lá. Esse é bandido. Esse é um bandido. Agora, prestou serviços e conhece muita coisa.[7]

Evitando os jacarés da política e cultivando os carcarás da repressão, Pedro Seelig também prestou serviços, conheceu muita coisa e firmou sua imagem junto aos militares. Porte atlético, tinha mais músculos do que gordura espalhados pelo corpo esguio de mais de um metro e oitenta. Tinha alfaiate próprio e preferência por conjuntos esportivos, tipo safári. Pelo talhe elegante, Seelig parecia predestinado à passarela iluminada de modelo de loja de ternos de grife, não aos corredores sombrios das celas da repressão. Sua alinhada cabeleira precocemente grisalha, repartida ao meio, caía em ondas disciplinadas sobre as orelhas, o pescoço e as costeletas. O rosto anguloso, agora mais retangular, exibia traços duros, esculpidos com cinzel prussiano. Grossas sobrancelhas, mais escuras que os cabelos, acentuavam a frieza do olhar. A linha aguda do nariz se impunha sobre os lábios finos e o queixo quadrado. A pele mais escura da face mostrava que os pelos rígidos da barba resistiam à lâmina matinal com uma rebeldia crônica, quase subversiva.

No trabalho, conforme testemunho de ex-detidos seus, Seelig sabia alternar a fala mansa com o rigor e a rudeza necessários para extrair o máximo possível de informações dos presos políticos no tempo mínimo indispensável. Na sala de tortura do DOPS, sua presença era antecipada pelo odor indefectível do perfume que usava e pelo codinome Major com que era tratado pelos subordinados. Tentava ser claro e direto pelo uso de gíria e de palavrões dos mais jovens.

– Tá rindo de quê? – reclamava em 1977 na cela do DOPS com um barbudo estudante de jornalismo da Universidade Federal. O jovem ria nervoso, acuado pelas perguntas, pela fama e pelo perfume penetrante do Pedrão, apelido que Seelig recebera da gurizada de esquerda, barbuda e cabeluda.

– Olha pra mim quando falo, porra! Que idade tu tem, seu merda? Teu pai sabe que tu anda metido nessas coisas, cara?

A partir do segundo semestre de 1970, fase mais aguda da repressão política do recém-empossado governo do general Médici, os presos do DOPS de Seelig foram obrigados a usar capuz nos interrogatórios. O Instituto Médico Legal recebeu ordens superiores para não mais exigir de presos oriundos do DOPS a anamnésia, o histórico clínico do paciente anterior ao primeiro exame. O objetivo era claro:

7. Gaspari, 2003, p. 398-399.

convencer os médicos a esquecer a fase de duro interrogatório aplicado pelo time do Pedrão.

Apesar do recato, Seelig ganhou da imprensa o título de Fleury dos Pampas. A face violenta do delegado está marcada pelas cicatrizes da Justiça na sua machucada folha funcional: em 1957, Seelig foi processado por crime de lesões corporais e, em 1958, por agressão. Antes do sequestro dos uruguaios, o momento mais difícil de sua carreira ocorrera em 1973, quando enfrentou uma CPI na Assembleia Legislativa e a ameaça de julgamento pelo Tribunal de Júri de Porto Alegre em processo de homicídio qualificado, acusado da morte por afogamento de seu filho adotivo, Luís Alberto Pinto Arébalo, de 17 anos.

Na manhã do dia 6 de fevereiro de 1973, suspeito de ter roubado uma pequena quantia em dinheiro de uma associação comunitária presidida por Seelig, o menor é levado para uma das celas do DOPS para ganhar "um susto" – por ordem do pai adotivo. Passa por duas sessões de pancada na "fossa", a principal sala de torturas no fundo do corredor. Apanha por meia hora. À tarde, ao ouvir a voz do delegado, chama por ele. Seelig abre a porta e se espanta com o que vê.

– O que fizeram contigo, cara? Não era pra fazer isso com o guri – diz, olhando com cara feia para três carcarás de sua equipe.

Quando Seelig sai, eles devolvem Arébalo à fossa. Mais vinte minutos de pau, desta vez enfiando uma mangueira de água na boca. O garoto se afoga, passa a noite agonizando, tremendo de frio, respirando mal, com dores no peito. Enrolado em um cobertor, sua diante de um grande ventilador ligado o tempo todo. Horas depois, mais machucado do que assustado, Arébalo é transferido às pressas para o Hospital Sanatório Partenon. Sussurra para a irmã Celsa, chefe do serviço de triagem do hospital:

– Aqueles caras me bateram... Aqueles caras lá, né!

Morreu quatro horas depois, no dia 8 de fevereiro – e não foi de susto. O laudo de necropsia disse que ele faleceu por "insuficiência respiratória aguda, consecutiva a afogamento parcial", antecedida por traumas que debilitaram o jovem. O afogamento, escreveram os legistas, foi comprovado pela presença de plâncton mineral nos assustados pulmões do rapaz.

Indiferente a essas líquidas evidências, a maioria governista na CPI desensopou a denúncia e concluiu secamente – por quatro votos da ARENA contra três do MDB oposicionista – que Seelig poderia no máximo ser acusado de abuso de autoridade. Na Justiça, o juiz Luiz Carlos Castello Branco, alegando falta de provas, impronunciou o delegado. Emotivo, Seelig chorou perante a família e os amigos policiais. Humilde, dobrou-se diante dos fotógrafos dos jornais, persignado em um banco de igreja e orando com fervor na missa pela alma do finado. Parecia um pai devastado, não um delegado incriminado.

Seelig, porém, tinha mais fé na força terrena do que no conforto divino. Especialmente na força verde-oliva. Rosto compungido ainda de dor, pouco antes da sentença do juiz submeteu-se a uma reconfortante cerimônia castrense: a entrega solene pelo Exército da "Medalha do Pacificador", honraria militar concedida sempre por indicação de um general e entregue apenas àqueles que se destacaram na luta contra a subversão. Ele tinha o amparo da força terrestre.

O delegado, ao contrário do filho, era imune a sustos. Pedro Seelig era um dos intocáveis do regime.

Depois do caso Arébalo, o delegado teve por duas vezes a refrescante sensação da boa imagem junto à opinião pública. Em 1974, quando ainda respondia ao processo por homicídio, Seelig comandou uma espetaculosa operação policial para resgatar o menino Alexandre Möeller das mãos de seus sequestradores – o garoto acabou sendo resgatado por agentes da Polícia Rodoviária Federal.

Em 1977, em nova ação sensacional, Seelig coordenou as investigações sobre seis crianças de um bairro da capital, o Cristo Redentor, sequestradas pelo comerciário Santino Ferreira – mas o sequestrador, noutro desfecho frustrante para ele, acabou sendo preso por uma anônima patrulha da Brigada Militar.

Nessa época, o Internacional era o grande time do país, com Paulo Roberto Falcão, Paulo César Carpegiani e *don* Elias Figueroa. Para desespero dos gremistas, já acumulava o segundo título de campeão brasileiro de futebol. Era comum então encontrar Seelig, fanático torcedor colorado, nos vestiários do estádio Beira-Rio confraternizando com jogadores e dirigentes após as grandes vitórias, que ele assistia confortavelmente instalado em uma das cabines reservadas à imprensa.

Durante o campeonato gaúcho de 1978, ele mesmo organizou o esquema de segurança do time colorado em alguns jogos mais arriscados do interior. O delegado circulava pelos corredores do DOPS e pelo gramado do Beira-Rio com a mesma familiaridade. Seu grande amigo e estrela principal do Inter, o meio-campo Paulo Roberto Falcão, tinha como procurador o então preparador físico do time, Reinaldo Jorge Salomão – filho de um cunhado de Seelig e também delegado do DOPS. O craque colorado, que o conhecia desde 1974, retribuía sua presença no estádio visitando-o na delegacia.

– Olha, eu sou suspeito pra falar do Pedro, porque sou muito amigo dele – dizia Falcão, driblando com a elegância habitual as perguntas da imprensa.

Pedro Seelig gozava ainda os efeitos desse intervalo de herói quando a inesperada denúncia do francês Weil, implicando seu nome no caso Celiberti, o fez trocar a camiseta de colorado pelo traje de delegado do DOPS, regredindo de novo à condição de vilão.

O carcará voltava a sobrevoar o Estado.

O voo rasante de Seelig, agora, iria pegar, matar e comer a credibilidade do jornalismo, em uma página especialmente infeliz da imprensa do Rio Grande do Sul.

***

Os jornais gaúchos de terça-feira, 12 de dezembro, reagiram com exagerada cautela à acusação contra o temido Seelig. Inexplicavelmente suprimiram do texto da matéria o nome do delegado gaúcho denunciado pelo jurista francês. Precavidos, os jornais da terra chutaram a responsabilidade para longe, identificando a

Agência Jornal do Brasil (AJB) como a fonte daquela notícia em que os nomes pareciam mais importantes – e constrangedores – do que os fatos.

Na Caldas Júnior, a maior empresa jornalística do Estado, nenhum de seus três jornais publicou a grave acusação de Weil. Faltara mais do que palmo e meio de coragem aos jornais de Breno Caldas. O principal jornal do trio, o *Correio do Povo,* publicou uma nota envergonhada no meio do noticiário de polícia, na página 5, com uma manchete que escondia mais do que revelava: "Advogado francês denunciou as autoridades responsáveis".

Teve o cuidado de não dar no texto nenhum nome brasileiro, só uruguaio. Disse que o sequestro tinha sido realizado por um comando do OCOA uruguaio, "comandado pelo general Amaury Prats (*sic*), com a participação de policiais brasileiros do DOPS de Porto Alegre". Além de confundir o uruguaio Prantl com o general chileno Carlos Prats, assassinado pela ditadura de Augusto Pinochet em Buenos Aires em 1974, o jornal escondeu o nome de Seelig, pronunciado com todas as letras por Weil.

O mesmo logro foi cometido pelos outros dois jornais da casa, a *Folha da Manhã* e a *Folha da Tarde.* Só 48 horas depois, na quarta-feira, 13, o vespertino da Caldas Júnior atreveu-se a escrever o nome do delegado, em uma notícia sob outra manchete camuflada na página interna: "Sequestro. Advogado faz novas acusações contra os integrantes da polícia gaúcha".

Em um texto acovardado, a *Folha da Tarde* só menciona o nome de Seelig no sexto parágrafo. Ainda assim dedica quatro linhas à acusação e quinze à defesa do delegado, em que ele mesmo desdenha da denúncia.

O principal concorrente da Caldas Júnior, a *Zero Hora,* teve um tropeço mais visível na edição de terça-feira, 12. Estampou sua falta de coragem e mau jornalismo na primeira página, com uma manchete igualmente medrosa: "Advogado francês acusa general uruguaio pelo sequestro".

O tal general "teria contado com o auxílio de policiais brasileiros", desinformava o subtítulo do jornal. Lá dentro, em matéria secundária da página central, a *Zero Hora* continuava escondendo a informação essencial sobre o nome do primeiro agente brasileiro denunciado. A coragem que sobrou para identificar o general Prantl faltou vergonhosamente na hora de nomear Seelig.

Não era a primeira vez que *Zero Hora* tropeçava diante do sequestro.

Treze dias antes, na noite de quarta-feira, 29 de novembro, o jornal tinha nas mãos o explosivo depoimento do garoto Camilo apontando o prédio do DOPS gaúcho como seu local de cativeiro. Era um material exclusivo enviado pelos repórteres da Agência CooJornal.

A reportagem da agência havia sido comprada também por outros dois jornais, um de São Paulo e outro de Brasília. O editor-chefe do jornal, Carlos Fehlberg, até quatro anos antes secretário de Imprensa do Palácio do Planalto no governo Médici, deve ter achado aquele fardo pesado demais para carregar sozinho. Só baixou a reportagem para a oficina com uma insólita e refratária ressalva na abertura do texto:

Esta matéria, redigida pelo repórter Tomás Pereira, da CooJornal, está sendo publicada hoje simultaneamente nos jornais *Folha de S.Paulo* e *Jornal de Brasília.*

Cuidados inúteis. Durante a madrugada a reportagem, já fotolitada e pronta para a impressão, desapareceu misteriosamente na boca da rotativa. Foi substituída na manhã seguinte, quinta-feira, 30, por explicações pouco convincentes do gaguejante editor-chefe aos irritados editores da redação. O leitor gaúcho, ao contrário dos outros brasileiros que leram jornal naquele dia, não teve o direito de saber que sua própria polícia era suspeita de conivência no sequestro binacional.

A notícia só saiu na *Zero Hora* do dia seguinte, sexta-feira, 1° de dezembro, assim mesmo ecoando a repercussão no Legislativo gaúcho. "Debate na Assembleia sobre o envolvimento do DOPS no sequestro", dizia a cuidadosa chamada na primeira página do jornal. Jogava a denúncia na boca do deputado Waldir Walter, do MDB, "baseando-se em matéria publicada no jornal *Folha de S.Paulo*" – esclarecia o diário gaúcho, lavando as mãos com a própria incompetência jornalística.

Afinal, o jornal paulista acabou publicando sem ressalvas e sem medo a mesma reportagem da Agência CooJornal que a *Zero Hora* tinha comprado com exclusividade, mas que, estranhamente, deixara na gaveta.

Carlos Fehlberg era um repórter experiente e um calejado editor político. Deixou a assessoria de imprensa do Planalto no final do governo Médici para assumir por dezessete anos o posto de comando do jornal que, sob sua chefia, tornou-se o mais importante do estado. Diante do sequestro, porém, ele capengava como um iniciante.

O editor-chefe voltou a tropicar feio no mês seguinte, janeiro de 1979, quando a missão da OAB rastreava corajosamente o sequestro na boca do leão, lá mesmo em Montevidéu. Desta vez, a crônica hesitação de Fehlberg foi flagrada no próprio jornal. Anos depois o secretário de redação de *Zero Hora*, João Aveline, descreveu a cena melancólica sob um título encharcado de frustração: "A notícia não saiu. Velório na redação". Conta Aveline:

> Todos os jornais se ocuparam do caso. Um casal de uruguaios havia sido sequestrado em Porto Alegre e entregue à polícia daquele país. Os fatos e as circunstâncias indicavam concretamente que tudo não passava de uma operação policial de cooperação entre os chamados órgãos de seguranças do Rio Grande do Sul e do Uruguai. Ou seja, uma ação criminosa, à margem da lei, em torno da qual a imprensa especulava, investigava e denunciava.
>
> De um modo geral, a sociedade que começava a reagir mais incisivamente contra o arbítrio se manifestava diretamente contra aquele crime que atingira um casal e duas crianças. A Ordem dos Advogados do Brasil, seção do Rio Grande do Sul, formou uma comissão para investigar o delito. Essa comissão ou parte dela esteve em Montevidéu para tentar o reconhecimento, por parte das crianças, dos policiais que eventualmente tivessem participado do sequestro.
>
> Os jornais, saindo de um doloroso período de censura, estavam famintos e se atiravam em cima do caso como se quisessem recuperar o tempo perdido e

ganhar a credibilidade dos leitores. Até o velho *Correio do Povo*, o de Breno Caldas, disputava notícias. E foi assim que em uma de suas edições, em um "furo de reportagem", publicou com exclusividade as andanças da Comissão da OAB na capital uruguaia. Dava detalhes, informando sobre as atividades dos advogados gaúchos, em matéria, por sinal muito bem feita, assinada por Tomás Irineu Pereira, iniciativa do *CooJornal*, órgão da Cooperativa dos Jornalistas de Porto Alegre, e vendida ao *Correio do Povo*.

A direção de redação de *Zero Hora* não gostou. O editor-chefe Carlos Fehlberg, um jornalista vidrado na notícia, alucinado pelo furo e amante que faz questão da exclusividade, me cobrou duplamente, com cara de bandido. Pela minha condição de secretário do jornal e por minha vinculação com a Cooperativa dos Jornalistas.

A rigor eu não tinha nada a ver com o acontecido. Não trabalhava na produção e não tinha por que participar da atividade jornalística da cooperativa. Eu não trabalhava no *CooJornal*. Mas me interessei e me integrei às preocupações do Carlos Fehlberg. Telefonei à cooperativa e fui informado de que a matéria tinha sido vendida com exclusividade para os órgãos da Caldas Júnior. Mas, se a *Zero Hora* se interessasse, havia uma outra matéria, também exclusiva, que estaria à disposição de *ZH*. Era uma matéria-bomba, pois informava sobre a bem-sucedida missão da comissão da OAB em Montevidéu. Um painel de fotografias de diversas pessoas, inclusive os de alguns policiais gaúchos, foi colocado na frente das crianças do casal sequestrado. Elas não tiveram dúvidas: puseram seus dedinhos nas fotos dos tiras.

A reportagem incluía texto e três fotos. Preço razoável. Mais para barato do que para caro, pois a cooperativa, jornalística e politicamente muito ativa, estava interessada na elucidação e divulgação dos fatos. A democracia estava em jogo.

O rosto de Fehlberg se iluminou. O brilho dos olhos substituiu o rigor da cobrança de minutos antes. Só queria saber se "era só nossa". Expliquei as condições dos companheiros do *CooJornal*: a matéria seria vendida, além de *Zero Hora*, para a *Folha de S.Paulo*, para *O Globo* e para um jornal de Recife, com exclusividade nos respectivos Estados. Depois de marchas e contramarchas (apesar da abertura, ainda havia muita preocupação de parte das direções dos jornais e também porque a Cooperativa dos Jornalistas, por suas posições corajosas, era muito visada), a matéria finalmente foi comprada. A edição estava quase fechando quando o estafeta da cooperativa chegou com a preciosíssima encomenda, que foi logo encaminhada à oficina pelas mãos do diretor do jornal, jornalista Lauro Schirmer. Como eram momentos de grande expectativa vividos nas redações dos jornais, todos sabiam que no outro dia *Zero Hora* tinha novidades exclusivas sobre o sequestro dos uruguaios.

Mas nesse mesmo "outro dia" a redação parecia um velório. Na face de cada um, a máscara da tristeza. Em cada gesto, um total desânimo. A tal matéria-bomba não saíra. *Folha de S.Paulo* e *O Globo* publicaram. E com chamada de capa.

Parece até que nós havíamos comprado a matéria para garantir sua ausência nos jornais do Rio Grande do Sul.

Zero Hora deu no dia seguinte ao dia seguinte.

Provavelmente porque a responsabilidade, na ótica de quem vetou, seria de quem divulgou primeiro.[8]

Essa vacilação inicial da imprensa do Rio Grande não dissipou as graves suspeitas sobre o delegado. Procurado naquele dia pelos repórteres para comentar a acusação de Weil, Seelig preferiu justificar o ataque pelas glórias do passado.

– Isso tudo não passa de mera especulação. É mais um ônus por ter acabado com o terrorismo no Rio Grande do Sul. Criei fama, fiquei visado por ter acabado com os grupos de esquerda – lembrou, falando sem modéstia de sua própria grandeza.

– Tudo o que acontece, agora, é culpa do Pedro! – reagiu, falando na terceira pessoa, como se se tratasse de uma entidade alheia. Um carcará voando alto, distante.

Em Brasília, o chanceler Azeredo da Silveira, incapaz de provar se o delegado gaúcho estava ou não envolvido em crime de repercussões internacionais, preferiu chutar o jurista francês.

– Eu acho que o sr. Weil nada tem a ver com isso.

O jurista, talvez não. Mas o delegado e o governo do chanceler, certamente sim.

***

Na mesma terça-feira, 12 de dezembro, em que os jornais publicavam a denúncia do juiz francês, um encontro casual na rua mais famosa de Porto Alegre reforçava as evidências de que o acontecido na rua Botafogo também era culpa do Pedro – o delegado Pedro Seelig.

Em pleno calçadão da movimentada rua da Praia, o advogado Mariano de Freitas Beck, deputado federal cassado e conselheiro da seção estadual da OAB, foi interpelado por um colega que o reconheceu como um dos acompanhantes do francês Weil em sua incursão ao sul.

– Eu tenho uma cliente que está apavorada com esta história de sequestro – avisou o advogado, um homem baixo, rosto roliço arredondado pela espessa barba negra que compensava a calvície precoce aos trinta anos de idade. Quando se apercebeu da importância da revelação, Beck já perdera de vista o advogado, que se dissolvera na multidão.

Em companhia do filho Hermínio, Beck tratou de procurar Omar Ferri para lhe relatar o estranho encontro. Além da descrição física, Beck lembrava vagamente que seu interlocutor era um advogado recente, formado há pouco mais de um ano, e que respondia pelo nome de Castro, ou algo parecido.

Como outros colegas iniciantes, Beck sabia que ele tinha escritório na Galeria do Rosário – um prédio febril de 22 andares no centro da cidade convulsionado por centenas de saletas povoadas por dentistas, médicos e rábulas em começo de carreira, cartomantes consagradas, copiadoras de xerox, especialistas em chaveiros extraviados e pequenos corretores de terras e moral duvidosa.

8. Aveline, 1999, pp. 64-65.

Beck, Hermínio e Ferri saíram à caça do advogado gordinho, munidos apenas destas pistas. Com a ajuda do porteiro do prédio e uma atenta leitura do enorme painel ao lado dos elevadores, indicando em letra miúda o número das salas e o nome de seus ocupantes, conseguiram chegar até a sala 2.109 do 21° andar, refúgio de quem se ajustava com perfeição ao apressado personagem da rua da Praia: o advogado João Antônio Castro.

– O senhor trabalha rápido, hein, doutor? – surpreendeu-se Castro ao ver Beck, minutos depois do encontro na rua, irromper em seu apertado escritório, acompanhado do filho e de Ferri. Desenvolto, Castro contou que uma cliente sua, irmã de um policial do DOPS, o procurou preocupada com o envolvimento do irmão no sequestro.

– A Lílian, segundo minha cliente, foi presa em Porto Alegre – contou o advogado –, e o irmão dela foi um dos que participou da operação. Isso ocorreu no dia 12 de novembro, quando ele precisou viajar inesperadamente. Chegou em casa e pediu à irmã uma mala emprestada. O rapaz foi um dos que levaram os uruguaios para Montevidéu. Ele é um garotão e quem o comanda é o Pedro Seelig. O rapaz agora está apavorado e se arrancou daqui.

Apesar da insistência de seus confidentes, Castro não revelou o nome do policial, nem de sua cliente. Certo de que já falara demais, interrompeu seu relato e enxotou os visitantes da sala. A partir daí, cada vez mais determinado a cultivar o silêncio e a omissão diante do sequestro, Castro passou a reagir estranhamente diante dos jornalistas que conseguiam localizá-lo.

Na quinta-feira, dois dias depois de sua desastrada confissão, Castro foi visitado pelos repórteres Erni Quaresma, o esperto "Inspetor" de *O Globo,* e Evilázio de Oliveira, da *Folha de S.Paulo*. Enquanto conversava, tenso, ele abriu a gaveta e para espanto dos jornalistas depositou sobre a mesa um volumoso maço de notas de cem cruzeiros, a mais alta daqueles tempos. O gesto do advogado, que não avançou nenhuma explicação, deixou Quaresma e Oliveira às voltas com algumas hipóteses: ele estava insinuando que, se o problema dos jornalistas era dinheiro, ali estava a solução? Ou que dinheiro, na verdade, não era mais o seu problema, apesar de ser um advogado em começo de carreira?

Nervoso, vasculhando as gavetas sob a desculpa de que iria viajar para o interior, Castro recusou-se a responder aos jornalistas.

– Não adianta perguntar, não falo nem que me torture – advertiu.

Apesar da crença de Castro de que a tortura se constitui também em uma forma de arrancar informações de alguém, nós continuamos a procurá-lo para que ele – sem tortura – nos contasse a verdade. O pânico crescente que o dominava, contudo, tornava cada dia mais difícil a simples aproximação. Depois de uma primeira tentativa frustrada, em que ele se recusou a me receber, consegui surpreendê-lo no andar térreo da galeria. Ao vê-lo saindo em sentido contrário, abandonei a fila das pessoas que entravam no elevador e o interceptei:

– Doutor, eu...

Olhos arregalados, desnorteado como um foragido pego em emboscada, Castro não permitiu nem que eu me apresentasse, embora me reconhecesse pelas fotos de jornal.

– Não, não quero papo contigo, não! – retrucou, descartando a aproximação com as mãos e acelerando o passo para se esconder na multidão. Desapareceu com uma única olhada para trás, apenas para se certificar de que eu não o seguia. Aquela fuga desajeitada de uma testemunha potencialmente importante para uma boa pista do sequestro encerrava melancolicamente a semana.

Desde a denúncia da operação, os comunicados militares no Uruguai e as vacilações policiais no Brasil ajudavam a consolidar a ideia de que um crime fora cometido por agentes de um lado e outro da fronteira. Um mês depois do sequestro, porém, nossas convicções esbarravam em um obstáculo intransponível: não havia novas pistas. Não existiam outros depoimentos capazes de abrir brechas no sólido muro de silêncio levantado em torno da operação da Botafogo.

O desalento, mais uma vez, tomava conta de mim. Depois da chance desperdiçada de abortar o sequestro, naquela tarde de 17 de novembro, eu via agora crescer o risco de que a denúncia, nascida com atraso, sucumbisse logo na quarta semana de vida por falta de oxigênio – no caso, o ar revigorante de novas evidências.

Eu vergava ao peso dessa dupla derrota. Estava abatido pela impossibilidade de conter a enxurrada de mentiras que ameaçava afogar nossa história. A velha e pura verdade não estava me livrando do fracasso.

Um gosto amargo invadia a boca, a cabeça pesava, a espinha parecia permanentemente retesada. A incerteza sobre o que fazer me deixava cansado. A tensão permanente, agravada pelo beco sem saída para novas pistas, reforçava minha expressão visível de cansaço. Foi com essa sensação de vazio, ampliada por mais um fim de semana absolutamente inócuo e improdutivo, que eu saí do escritório de Ferri e sentei no banco de trás do táxi na tarde monótona de segunda-feira, 18 de dezembro.

No meu horizonte só via mais uma semana de decepção e trabalho inútil pela frente. Não havia ideias, informações, pistas.

Não havia nada – só o Kadão, sentado ao meu lado.

Minutos depois, ao desembarcar em frente à sucursal, minha cabeça estava ainda mais pesada. Tinha acabado de sobreviver, no táxi, a um interrogatório inesperado do sempre persistente Kadão. Entramos na sucursal, conversamos um tempo e Kadão voltou a pegar um táxi.

Fiquei sozinho na calçada, enquanto via o carro arrancar, dobrar à direita na esquina, duas quadras adiante, e sumir no tráfego pesado da avenida.

Kadão tinha encontrado a saída do beco.

Estava no meu apartamento, à noite, quando o Kadão reapareceu. Trazia com ele três fotos. Com a cara e o nome de um velho conhecido meu.

Um dos sequestradores da rua Botafogo.

15
O DRIBLE

São Paulo, dezembro de 1978

O gordo fumante de cachimbo sentado ao meu lado, no banco de trás do táxi, era um inconformado. A qualquer eventual desalento meu, ele opunha uma obstinada resistência a considerar um caso perdido. Qualquer caso. Esse, afinal, era o Kadão que eu conhecia.

Kadão, codinome de Ricardo Chaves, era mais magro nessa época, mas suas opiniões já tinham o peso das convicções encorpadas que encantam e encorajam. Com os anos arredondaria seu perfil com uma barriga imponente, um par de suspensórios que combinava com a elegância da gravata-borboleta das ocasiões solenes e uma marcante barba branca que faria dele uma réplica perfeita de Ernest Hemingway.

Quando o levei para trabalhar comigo na sucursal de *Veja*, sabia que Kadão era um fotógrafo competente que não se limitava ao clique da máquina. Era o repórter vibrante que raciocinava, perguntava, duvidava, discutia e melhorava o nível de autocrítica da redação e o rendimento de todos nós. Um detalhe fundamental para dar consistência e dinamismo à equipe pequena mas versátil da sucursal, que mesclava experiência com garra.

Felizmente, era ele quem estava ao meu lado no táxi, naquele final de tarde da segunda-feira, 18 de dezembro. Por hábito, ou só para me provocar, ele se recusava a aceitar a hipótese de que o sequestro sucumbia ante a carência de pistas. Desafiando meu desânimo, Kadão pôs-se a especular e a perguntar, com o entusiasmo de quem começava a tomar conhecimento do sequestro naquele momento.

– Vamos lá. Vamos voltar o filme todo. Me conta de novo a história – pediu.

– Como?... Contar o quê? – reagi, vazio de ideias.

– Tudo, cara, desde o início. O telefonema, a ida ao apartamento, o papo lá dentro, a saída. Deve haver alguma coisa que a gente ainda não fez. Algum detalhe, alguma frase deles que nos ajude a retomar a investigação. Para quem não tem nada, não custa nada tentar. Não temos mais nada a fazer. Vamos lá, desembucha! – cutucou Kadão, com sua lógica imbatível, iniciando o interrogatório.

Entediado, com o enfado de quem vê o mesmo filme pela enésima vez, recontei tudo o que ele já sabia. A voz ao telefone denunciando o desaparecimento, a recepção de Lílian, os homens armados na sala, a tremedeira nas pernas, tudo. Repeti mais uma vez o relato que pensei que já fosse do conhecimento de Kadão.

– Logo depois que o chefe nos devolveu as credenciais, a porta foi aberta e saímos para o corredor do prédio – contei. – Antes de chegar ao carro, eu lembro que perguntei ao Scalco se ele havia reconhecido alguém do grupo. Ele respondeu que não. Mas observou que pelo menos um deles era muito parecido com um ex-jogador do Internacional, um tal Didi Pedalada.

– Didi Pedalada? – repetiu Kadão, um gremista que, como eu, não prestava muita atenção aos jogadores do time adversário. – É a primeira vez que ouço este nome – contou.

Não, aquilo não era novo. Lembrei Kadão de que, em nossa segunda ida à Polícia Federal para descrever a cena do apartamento, cheguei a contar esse detalhe para o Quaresma.

Depois disso, continuei lembrando, viajamos ao Uruguai e na volta perguntei a Scalco se havia algo em torno daquele Didi Pedalada. O repórter de *O Globo*, disse Scalco, havia conseguido um recorte de jornal com uma notícia de esportes informando que Didi havia abandonado o futebol. O recorte trazia uma foto pequena de 1970 mostrando Didi com a camiseta do Inter. Foi o que o repórter mostrou a ele.

Sem considerar a precariedade da foto, Scalco achou que poderia estar cometendo um equívoco: o homem do apartamento era parecido com Didi, mas certamente não se parecia com a foto naquele velho pedaço de papel pouco nítido. Diante da constatação, deixei de lado essa vaga referência e me concentrei em outros aspectos mais urgentes do caso, expliquei. Kadão continuava à espreita, pronto para dar o bote no detalhe que faltava.

– E tu, o que achou da foto? – indagou.

– Eu? Eu não achei nada... Eu não vi a foto.

– Tu não viu a foto, cara? – admirou-se ele.

– Não, pô! Eu estava no Uruguai contigo nesse dia, cara! Tu não lembra mais? – reagi. Kadão, agora mais animado do que surpreso, insistiu:

– Ué... eu não sabia desse negócio da foto... E por que tu não dá uma olhada nela também?

– Eu não sei se o Scalco ainda está com aquele recorte do jornal. Dá para tu conseguires outra foto? – perguntei.

– Isso não é problema. Em vez de uma cópia do recorte velho, consigo uma foto melhor...

De volta à sucursal, antes que Kadão saísse em busca de novas fotos, chamei o companheiro de Scalco na revista *Placar*, Divino Fonseca – um repórter alto e esguio, elegante nos gestos e no texto primoroso que lhe dava o status de craque na imprensa esportiva brasileira. Pedi que ele nos contasse algo sobre o tal Didi.

Divino sabia tudo do Inter. O correspondente da *Placar*, além de excelente repórter, era colorado. Soubemos então que o jogador chegara ao Internacional em 1967 por indicação do técnico Sérgio Moacir Torres Nunes, que se impressionara com o ímpeto do centroavante veloz, raçudo e driblador do Guarani, clube da cidade de Bagé, a cinquenta quilômetros da fronteira com o Uruguai. Ele estreou com a camisa 9 do Inter em partida do torneio Roberto Gomes Pedrosa. Era um jogo difícil contra o poderoso Cruzeiro de Minas, onde cintilavam Tostão, Piazza e Dirceu Lopes. Mas foi Didi quem brilhou: fez os dois gols da virada de 2 a 1 contra os mineiros.

Terminado o período de empréstimo do jogador ao Inter, o Cruzeiro teve a sua desforra: pagou mais pelo seu passe ao time de Bagé e sequestrou Didi para

Belo Horizonte. Em 1968, pouco adaptado ao estilo mineiro de vida e de futebol, Didi retornou ao Sul. Dois anos depois foi comprado definitivamente pelo Internacional. Enfrentou uma inglória disputa pela camisa 9 com o titular e ídolo da torcida, o centroavante Claudiomiro, o trombador que chegaria a ser convocado para a Seleção Brasileira.

Didi foi bicampeão gaúcho pelo Inter em 1970 e 1971. Nessa época, ampliou seu apelido, graças a um drible desconcertante em que passava o pé direito sobre a bola, simulando tocá-la de calcanhar, para depois levá-la para frente com o pé esquerdo, como se estivesse pedalando uma bicicleta imaginária. Era a alegria da torcida e a consagração de um novo nome: Didi Pedalada.

Mas o deslocamento forçado para a ponta-esquerda e a reserva eventual tiraram de Didi o bom humor e a boa forma. Cada vez mais afastado do gol, da área, do time principal, ele se aproximou da bebida, das mulheres, das noitadas. Ausente constante dos treinos, pedalava com assiduidade cada vez maior na pista de dança da boate Sambaqui, na elegante avenida Independência.

Em 1973, foi tentar a sorte no Paraná. Jogou dois anos no Atlético Paranaense e, em dois campeonatos brasileiros, fez apenas dois gols – um em cada ano. Muito pouco para um artilheiro. Amargou a reserva e acabou se exilando no México, em 1974. Suou algum tempo a camiseta do Laguna, um time inexpressivo da segunda divisão em Torreón, na fronteira com os Estados Unidos.

Voltou ao Brasil em 1976, gordo e esquecido. Sua arte estava perdida na poeira do tempo. O futebol de Didi já não dava mais pedal. A história contada por Divino parava aí. Ninguém mais sabia o que acontecera com ele. Naquele momento, contudo, eu queria saber apenas como era a cara de Didi.

– Tudo bem, mas tu lembras bem do sujeito que te recebeu no apartamento. Se for a mesma pessoa, a gente pode descobrir agora – argumentou Kadão, antes de pedir um táxi. A pretexto de uma reportagem especial de craques do passado para *Placar*, ele e Divino iriam até a *Zero Hora* para localizar as fotos do jogador.

A sede do jornal ficava em um prédio moderno de três andares, na esquina da avenida Érico Veríssimo com uma velha conhecida – a avenida Ipiranga, a rua larga dividida ao meio pelo arroio Dilúvio.

Kadão era uma presença familiar na ampla redação do segundo andar. Era comum circular ali para comprar fotos de arquivo para reportagens de diferentes revistas da Abril.

– Ei, cara, estou procurando fotos de times antigos do Inter – disse ele ao arquivista do jornal. – Existe por aí alguma pasta com fotos de um jogador do Inter, o Didi?

Existia. Era uma pasta fininha, com um nome em destaque na etiqueta do arquivo: Didi Pedalada. Havia algumas poucas fotos dentro. O material da pasta reproduzia fotos antigas da carreira do jogador. Kadão se interessou pela mais recente, com data de 1974, que mostrava Didi no saguão do aeroporto Salgado Filho decolando para sua aventura mexicana.

Na hora de copiar as fotos, o chefe da Fotografia, Telmo Cúrcio da Silva, um velho chapa, estimulou:

– Deixa de frescura, Kadão! Entra lá no laboratório e copia tu mesmo o que tu quiseres. Tu não és de casa, cara?

Lá dentro, sob a lâmpada vermelha da câmara escura, Kadão selecionou três negativos diferentes do aeroporto, mostrando Didi de frente, de lado, em close. Botou o negativo no ampliador, acertou o foco, expôs, revelou, fixou e botou no tanque de lavagem, cumprindo o lento ritual dos tempos em que a fotografia ainda era uma odisseia de química e paciência. Exigia a demorada interação dos reagentes que antecedia o divino momento da revelação. De repente, a folha de papel começava a ficar salpicada com pontos brancos e pretos que, miraculosamente, ganhavam contraste em alguns segundos, formando a imagem fotográfica.

Para acelerar o milagre químico, Kadão esfregou as fotos com a mão, ainda dentro do tanque com água. Saíram dali três cópias grandes, nítidas, em formato 18x24 cm. Ele juntou as fotos, ainda molhadas, enrolou e saiu dali com a respiração acelerada, como se carregasse o mapa do tesouro cobiçado há tanto tempo.

Já era noite e, dessa vez, Kadão não voltou para a sucursal. Pediu ao taxista que o levasse direto ao meu apartamento da Álvaro Alvim, onde eu já o aguardava em companhia de Janda e Loraine – a minha mulher e a dele. Mal cruzou a porta, Kadão disse:

– Vamos pra cozinha, chefia! Preciso de uma torneira.

Ele abriu a bolsa, onde os fotógrafos carregam todas aquelas tralhas, e tirou de lá um canudo. As fotos, quase secas, estavam grudadas e enroladas, como se fossem um diploma. Sob o fluxo de água da pia da cozinha, as três fotos começaram a amolecer, a desenrolar, a descolar, a se abrir, a se revelar. Kadão pegou uma a uma, ainda pingando, e grudou no azulejo branco da parede, como se fosse uma miniexposição fotográfica improvisada na cozinha.

Aí, foi a minha vez de amolecer.

Bati o olho no conjunto, olhei uma depois da outra, enquanto o coração disparava. Examinei mais de perto, me afastei para mudar a perspectiva. A primeira das três fotos mostrava a figura morena de um homem adulto, forte, de cara limpa, sem barba e sem bigode, ainda sem barriga e com uma cabeleira espessa que dava um formato redondo à cabeça. Estava vestido com um colete escuro aberto sobre a camisa de mangas compridas. Estava meio de perfil e carregava, na mão direita, um embrulho e uma bolsa de documentos.

Mudo e ainda assim alvoroçado por dentro, olhei a segunda foto, parecida com a primeira, mostrando de frente o homem da cintura para cima. Diante da terceira foto, uma ampliação mais enquadrada do rosto, eu me dividi entre dois sentimentos contraditórios. De um lado, a clara sensação de alegria revelada pelo sorriso nervoso que vazou de minha boca. De outro a estranha perspectiva do medo iminente. O rosto negro, o nariz abatatado, a boca sinuosa e os lábios grossos da foto produziam em mim o impacto da descoberta que gratifica e, ao mesmo tempo, amedronta.

Minha observação era muda, silenciosa. Kadão continuava calado. Apenas observando minha reação. Só esperando minha reação. E ela veio, em tom de desabafo. Era uma resposta em voz alta, embora não houvesse nenhuma pergunta.

– Putz, Kadão! É o cara!... É o sujeito que eu vi no apartamento! É ele, mas... Tem uma coisa. O cara da Botafogo era mais gordo, tinha mais barriga, o cabelo era mais curto... Mas, é ele... Quer dizer, tem 95% de chance de ser ele... – disse, com uma reduzida ponta de dúvida.

– O detalhe, chefia, é que estas fotos são de 1974, quando ele tava embarcando pra jogar no México...

– Bah, então é ele mesmo! É o Didi, Kadão! Acabaram os meus 5% de dúvida... Um jogador que deixa o futebol pra entrar na polícia ganha barriga e corta o cabelo, né? – disse, falando mais comigo mesmo, readquirindo total segurança.

Didi era o cara.

Fui até a porta da cozinha e interrompi a conversa na sala entre Janda e Loraine.

– Preta, vem cá! Quero te mostrar a foto de um velho conhecido.

***

Exatamente um mês e um dia depois da sexta-feira de 17 de novembro, conseguíamos ultrapassar a soleira da porta do apartamento da Botafogo e cravar a investigação no núcleo da operação clandestina – os sequestradores e sua identidade.

Olhando para a foto à minha frente, voltou à memória a resposta que aquele policial deu à minha pergunta no interior do apartamento, enquanto eu estava calçado contra a parede e sob a mira de pistola de seus companheiros:

– Uma baita fria, cara!

A observação soou sarcástica, mas agora eu não podia deixar de pensar – com ironia – que a mesma frase poderia ser dita por mim no momento em que reencontrasse Didi Pedalada. A primeira providência, para tornar isso possível, era levantar mais dados sobre o que fazia agora o ex-jogador do Inter e as explicações sobre sua presença na rua Botafogo naquela sexta-feira. Tínhamos que começar pelo nome verdadeiro de Didi.

No dia seguinte, terça-feira, rastreando informações do arquivo do Beira-Rio e do governo gaúcho, descobrimos o nome de batismo e a idade de Didi: Orandir Portassi Lucas, 34 anos. Ele era, de fato, agente do DOPS. De uma fonte na secretaria da Administração, que controla o fichário dos servidores públicos do Estado, conseguimos o dado fundamental: a ficha do escrivão Orandir na burocracia oficial. A pista começava a esquentar. O número de matrícula, 1-193295-3, indicava no jargão burocrático que ele era um "contratado em exercício".

– Este último número na ficha funcional, o dígito 3, mostra que é uma matrícula ativa – esclareceu a fonte.

– Matrícula ativa? – rebati, sem entender.

– É a matrícula que mostra que o funcionário está no serviço ativo, em plena atividade.

O homem da "baita fria" era quente, cara!

Sempre havia a possibilidade de que tudo aquilo poderia ter sido apenas uma travessura ilegal do ex-jogador, cometendo uma ilegalidade qualquer de iniciativa pessoal, sem vínculo com o Estado. A informação, porém, mostrava que Didi estava lá na condição de agente público, servidor em exercício do estado do Rio Grande do Sul. Era, portanto, uma operação clandestina – mas oficial – do DOPS, que lhe pagava salários com o imposto do contribuinte gaúcho. Um funcionário do estado, a primeira digital brasileira na operação transnacional.

Com a discrição possível, cada um de nós na sucursal se encarregou de apurar com gente do mundo esportivo maiores detalhes sobre a carreira de Didi fora do futebol.

A pretexto de consertar seu carro, Kadão visitou a oficina de um mecânico do bairro do Menino Deus, que conhecia bem o ex-jogador desde Bagé.

– E aí, cara? Dá uma olhada pra mim neste carburador. Ele tá pipocando... – pediu Kadão, introduzindo casualmente na conversa as peladas de fim de semana do sujeito de macacão dobrado sobre o motor do carro.

– E aí, batendo muita bolinha no sábado? Cadê aqueles colorados da velha guarda? O Claudiomiro...? – ensaiou Kadão, abrindo o jogo e levantando a bola.

O mecânico matou no peito.

– Pois é, doutor... Ele vai sempre lá. Sai um *racha* toda semana, mas é tudo desculpa pra tomar uma cervejinha com os amigos, sacumé...

– É isso aí. Grande Claudiomiro! Mas tem mais gente boa. E aquele outro... o Didi... Como é mesmo o nome dele?... – arriscou Kadão, avançando em direção ao gol.

– O Didi Pedalada? Ah, ele bate uma bolinha nos domingos lá no Berimbau, um time de várzea daqui, junto com o Guaporé... Guaporé, o goleiro, lembra? Quem tá sempre lá, também, é o Dorinho, puta meia-cancha...O Didi agora tá numa boa... Ele tá lá no DOPS. O Seelig levou ele pra lá...

Kadão não chegou a pular de alegria, até porque o ambiente e a barriga não ajudavam. Mas teve vontade de dar um soco no ar, como fazem os artilheiros no momento supremo do gol. O chute de Kadão na oficina tinha acertado no ângulo, no véu da noiva, ali onde mora a coruja.

Gol de placa.

O mecânico não sabia, mas tinha pedalado Didi.

Em outro canto da cidade, um ex-lateral do Inter e agora dono de uma loja de artigos esportivos, Jorge Andrade, confirmou que em 1977 apresentou Didi, então desempregado, ao delegado Pedro Seelig. Os vizinhos acabaram acrescentando mais detalhes sobre a nova escalação de Didi. Na noite daquela terça-feira, o dono do bar-armazém de um pequeno prédio de dois andares, na rua Antônio Carlos Tibiriçá, 148, no Jardim Botânico, falou bem-humorado sobre o seu vizinho do apartamento 302, que Kadão e o repórter Osmar Trindade do *CooJornal* procuravam para uma suposta reportagem sobre o Internacional e o novo campeonato estadual, conquistado no domingo anterior.

– Voltem amanhã, na primeira hora da tarde. O Didi vai estar em casa, porque o plantão dele no DOPS começa só às sete da noite – avisou o comerciante, dando outra pista valiosa.

Na primeira hora da tarde de quarta-feira, quando os repórteres voltaram, o gentil dono do bar se transformara em um homem desconfiado, reticente, vago:

– O Didi precisou sair e foi direto para o serviço – disse, concordando em marcar uma nova entrevista para a manhã seguinte, quinta-feira, 21.

No horário marcado, meio-dia, nem o dono do boteco estava lá. Em seu lugar, um homem desconhecido, vestido com um avental de açougueiro, deu uma vaga explicação com visível má vontade:

– Houve uns problemas com o Didi e ele precisou viajar. Ele está para ir embora, treinar os juvenis do Guarani de Bagé – informou. Propôs uma nova entrevista, mas antes disso pediu os nomes e o telefones de Kadão e Trindade. Os dois desconfiaram do olhar cortante do açougueiro e da enorme faca na mão suja de sangue, negaram o pedido e deram o fora. Não havia mais nada a fazer ali.

Didi já percebera que tinha entrado "numa baita fria". Sumiu do mapa.

***

Enquanto minha equipe apertava o cerco sobre Didi, eu tinha uma missão mais urgente pela frente: encontrar Scalco, que fechava uma reportagem da *Placar* em São Paulo. Antes de viajar, eu e ele acertáramos que todo e qualquer reconhecimento da dupla de sequestradores na porta da rua Botafogo só seria levado adiante em cima da dupla confirmação de um e outro. Não bastava a certeza de um esmaecida pela dúvida do outro. Qualquer divergência, nesse caso, sepultaria a suspeita.

Nosso reconhecimento devia ser duplo, total, absoluto. Ou tudo ou nada. Nosso trabalho só permitia jogar com a certeza, nunca com a dúvida. Acabei localizando Scalco na tarde de terça-feira pelo telefone.

– Jotababy – brinquei –, preciso falar urgente contigo. E pessoalmente.

– Aconteceu alguma coisa? – ele perguntou.

– Ahn, ahn... Mas não posso falar pelo telefone. Quero te mostrar uma coisa. Te segura aí na pauliceia. Estou embarcando agora.

Começava a cair a noite de terça-feira quando o avião tocou a pista do aeroporto de Congonhas. Scalco me aguardava na ala de desembarque, tentando decifrar no meu rosto a explicação para aquele encontro inesperado. Pela ansiedade que refletia no olhar, percebi que ele presumia o tema da conversa. Achei melhor retribuir com um sorriso tranquilizador.

– Calma, chaparral! Está tudo bem!

Com ele estava José Maria de Aquino, veterano e festejado repórter especial da *Placar*, um velho amigo comum que hospedava Scalco em São Paulo. Foi o Zé Maria quem indicou o local adequado para nossa conversa – um bar ainda sem movimento ao lado do Minhocão, a pista elevada que saracoteia pelo coração da capital paulista. Pedimos a especialidade da casa – chope em caneca e bolinho de bacalhau – e a mesa fez silêncio, esperando meu próximo movimento. Peguei o envelope amarelo, na cadeira vazia ao lado, e o passei a Scalco, sentado na minha frente, mais inebriado pela encomenda do que pelo perfume fumegante do bacalhau.

– Dá uma olhada nisso aí, Scalco – pedi.

Ele abriu sobre o colo o envelope com as três fotos ampliadas por Kadão e puxou a primeira, lentamente, para fora. Anteviu ali o teor da conversa, que ele já suspeitava. Scalco movia os dedos com o cuidado de um meticuloso cirurgião prestes a localizar o coágulo que alterava o ritmo do coração escancarado à sua frente. A mesa parecia ressoar o batimento cardíaco mais acelerado de Scalco, enquanto o bolinho esfriava e o chope esquentava. Agora era o coração de Scalco que parecia escancarado diante de mim e de Zé Maria. Ele olhou alguns segundos para a foto sobre seu colo e ergueu o olhar, acompanhado daquele sorriso atravessado, meio cínico, meio tímido. Esperei que ele terminasse de olhar as outras duas, mas quem fez a pergunta foi ele.

– E agora, chefe?

– Agora, o quê? – provoquei. – O que é que tu viste aí, cara?

– É ele. É o Didi! – respondeu Scalco, com a autoridade da testemunha de memória fotográfica colocada diante da foto do homem que o recepcionara com uma pistola entre os olhos, na porta do apartamento de Lílian.

– Tu tens certeza? – insisti. – Olha de novo, Scalco.

– Ah, que é isso, chefia? – protestou ele. – Eu cheguei a fotografar o Didi no Internacional, e eu sei que ele lembra de mim dos treinos no estádio dos Eucaliptos. Mas, e agora, chefe? – repetiu ele.

– Bem, Scalco, isso não é o fim da história. É só o começo. Agora é que a coisa vai apertar, vai ficar mais difícil. Temos o fio da meada nas mãos.

Pedimos mais uma rodada de chope – agora sem bacalhau – para comemorar o sucesso da identificação. O duplo reconhecimento de Didi, como exigia nosso rigoroso código cirúrgico, desentupia a investigação do caso. O coração do sequestro estava ali, exposto, aberto, escancarado, desobstruído, pulsando com ritmo e força. Chegara o momento de dissolver o único coágulo que ainda restava.

– Antes de botar o pé na estrada, Scalco, vamos amanhã de manhã falar com o Guzzo. Eu e tu – convoquei.

Eu já sabia o que dizer a José Roberto Guzzo. Mas o mais importante é o que Scalco ouviria de viva voz do diretor de redação da *Veja*. Eu queria uma definição clara da revista sobre a nossa posição no caso.

Por trabalhar em outra revista da Abril, a *Placar*, ele poderia ter motivos para se sentir menos protegido do que eu. Reconhecer um agente do DOPS como sequestrador, pelas páginas da *Veja*, não deveria ser uma aventura pessoal. Individualmente, nem eu nem Scalco tínhamos estrutura ou motivos para assumir os riscos dessa atitude. Era preciso encarar tudo isso com uma postura profissional, como uma decorrência natural de nosso trabalho como repórteres. Repórteres a serviço da revista e dos leitores, apenas.

Era um compromisso que, para minha tranquilidade, já estava expresso no espaço editorial da *Veja* daquela semana, 20 de dezembro. No texto escrito na sexta-feira para a Carta ao Leitor, casualmente 72 horas antes de descobrirmos Didi Pedalada, o diretor de redação José Roberto Guzzo já definia:

Fato n° 1: dois cidadãos uruguaios, residentes no Brasil, desaparecem de sua residência em Porto Alegre e reaparecem, alguns dias depois, em um cárcere em Montevidéu, Uruguai.

Fato n° 2: duas testemunhas oculares, os jornalistas Luiz Cláudio Cunha, chefe da sucursal de *Veja* em Porto Alegre, e o fotógrafo J.B. Scalco, atestam que pelo menos uma das duas pessoas desaparecidas, Lílian Celiberti, esteve detida sob a mira de armas em um apartamento da capital gaúcha, no dia 17 de novembro passado.

Fato n° 3: como a sra. Celiberti não deixou a cidade de Porto Alegre por sua livre e espontânea vontade, e como se provou que ela ali esteve detida por um grupo de pessoas armadas, evidencia-se que um crime de sequestro foi cometido em território brasileiro.

Fato n° 4: como o governo do Uruguai detém no momento seus dois cidadãos desaparecidos em território brasileiro, e como é o único beneficiário do crime de sequestro aqui cometido, evidencia-se que agentes seus, diretamente ou por meio de intermediários, violaram a soberania do Brasil.

Isso é o que aconteceu: não há comunicado oficial, jogo de frases ou investigação que possam demonstrar o contrário. Muito bem, e daí o que acontece? Não acontece nada. As autoridades brasileiras dizem que não foram elas que sequestraram os uruguaios. Que bom, muito obrigado! Ficamos assim tranquilos, sabendo que nossas autoridades não sequestram pessoas. Também nos é comunicado que as vítimas são criminosos que tentavam subverter, a partir de nosso território, a ordem vigente no Uruguai. Agradecemos, igualmente, esta informação. Nada disso, entretanto, remove a questão básica de toda essa deprimente história.

Em primeiro lugar, não basta dizer que o governo brasileiro não tem nada a ver com isso. Os dois uruguaios podem ter sido sequestrados por uma quadrilha de contrabandistas, pela Ku Klux Klan ou por agentes do reverendo Jim Jones, pouco importa: o que importa é que um crime foi cometido em Porto Alegre e que é dever das autoridades brasileiras procurar os criminosos, sejam eles quem forem. Também não interessam, no caso, os antecedentes das vítimas: se eles estavam desenvolvendo alguma atividade ilegal no Brasil, deveriam responder por seus atos perante as autoridades brasileiras; se são culpados de crimes cometidos no Uruguai, para lá deveriam ser extraditados na forma da lei. O fato é que nada do que se deveria fazer foi feito. E o saldo do episódio, até agora, é que um sequestro ficou sem investigação séria e que um ato de agressão à soberania nacional – sempre guardada com tanto ciúme pelas autoridades – ficou sem nenhuma resposta, como se fosse a coisa mais natural do mundo.

É preciso dizer que o país vai se cansando disso tudo – e que o próprio governo deveria ser o primeiro a sentir-se cansado. Pois, quando trata assim episódios dessa natureza, só consegue chamar para si as suspeitas – mesmo que não tenha tido culpa alguma, ou que a culpa pertença a funcionários que agem por conta própria. Nesses casos, para não macular injustamente a imagem do governo, procura-se empurrar tudo para baixo do tapete. O resultado que se consegue, porém, é exatamente o oposto.[9]

9. *Veja* n° 537, 20 de dezembro de 1978, p.19.

Minha conversa com Guzzo tinha esse sentido oposto: levantar o tapete e expor todo aquele lixo aos olhos do país pelas páginas de *Veja*.

Scalco entenderia ali, pela voz da autoridade maior da revista, que essa faxina seria uma pensada decisão editorial.

Era uma pauta jornalística, como qualquer outra.

Como nenhuma outra, devia ser só uma pauta.

***

Da janela do táxi, no dia seguinte, vi se aproximar ao longe a grande logomarca verde da Editora Abril destacada no horizonte descolorido da capital paulista. O enorme desenho de uma árvore estilizada cobria boa parte da parede lateral do prédio de dez andares que abrigava a redação central da revista, na avenida marginal que costeia o Tietê, um rio poluído e malcheiroso.

Era ali, às margens desse crime ambiental de São Paulo, que iríamos definir o curso da investigação sobre o crime binacional de Porto Alegre.

Eu e Scalco subimos ao sétimo andar do prédio da Abril, na ala da diretoria. Márcia nos recebeu com a simpatia de sempre. Pedi para Scalco esperar na antessala, enquanto a secretária me introduzia no gabinete. A porta se fechou às minhas costas e, de trás da mesa cheia de papéis, ergueu-se o diretor, com um largo sorriso que não era sua marca registrada.

José Roberto Guzzo não tinha fama de simpático, o que tornava mais notável sua recepção. Era reservado e tímido, marcas que acentuavam seu estilo pouco social e que impunham uma distância segura entre ele e seus interlocutores. Comigo, era diferente. Como velhos amigos que não se viam com frequência, ele sempre me brindava com um tratamento caloroso.

O diretor de redação usava terno e gravata com disciplina de monge e visitante nenhum o via sem o paletó, que dispensava apenas no recato de sua sala. Avesso a entrevistas e distante de festas e badalações do meio jornalístico, Guzzo se refugiava em uma pétrea decisão: quem devia brilhar era a revista, não o diretor.

Dono de um texto elegante, claro e encadeado, queria ver a revista ir além do mero resumo semanal dos fatos, com a biografia e os bastidores dos personagens que construíam a notícia e a história. Era um repórter na cadeira de diretor. Trazia na sola do sapato a poeira dos campos minados do Vietnã em guerra e da visita pioneira de Nixon à muralha chinesa de Mao Tse-tung, que ele cobriu como correspondente de *Veja* em Nova York no início da década de 70.

Guzzo achava que a revista devia ser chacoalhada, sempre que possível, com a agitação de uma reportagem inesperada, fora da rotina semanal.

Teve essa chance em agosto de 1976, poucos meses após assumir a direção, quando um Opala cinza se desgovernou na Via Dutra e bateu contra uma carreta. O morto no banco de trás, que relaxava sem sapatos e comia biscoitos de polvilho, era Juscelino Kubitschek, o último presidente civil eleito antes do golpe de 64.

Era o final da tarde de domingo, e a edição normal de *Veja* estava nas bancas desde o início da manhã. O ágil redator-chefe da revista, Carmo Chagas, não conseguiu localizar o diretor. Mesmo assim, botou a tropa da *Veja* na rua naquele mesmo domingo para uma ousada edição extra, a segunda na história da revista (a escolha de Geisel, em junho de 1973, foi a primeira).

Guzzo chegou a hesitar, na manhã seguinte, temeroso do risco industrial e preocupado com a reação militar ao destaque dado à morte de um presidente cassado. Mas o brilho da operação de guerra montada por Carmo o convenceu. Afinal, era isso que ele queria da revista. Ousadia e impacto.

A emoção de milhares de pessoas nas ruas de Brasília – carregando nos ombros o caixão de JK, entoando o "Peixe vivo" e derretendo o gelo burocrático que os militares haviam despejado sobre a capital construída pelo ex-presidente – somou-se à surpresa da comovente edição extra da *Veja*, já nas bancas da terça-feira. Foi um sucesso de vendas, um exemplo de precisão jornalística, uma consagração de agilidade editorial.

O resultado calou fundo em Guzzo. Em julho de 1977, quando o general Sylvio Frota ainda afiava as garras no Ministério do Exército para se impor como candidato da linha-dura à sucessão de Geisel, Guzzo bancou pessoalmente uma dose ainda mais forte de ousadia: uma capa e mais quinze páginas para Fidel Castro, mito da esquerda verde-amarela e assombração para os radicais do regime militar.

Era a primeira entrevista do guru dos barbudinhos de Cuba a uma publicação brasileira, resultado de quatro horas de conversa com o jornalista Fernando Moraes. Guzzo reservou seis páginas para o texto de Moraes e nove para a entrevista de Fidel.

Dessa vez foi o dono da editora, Roberto Civita, quem vacilou. Afinal, Fidel vivo assustava mais do que JK morto.

Guzzo ganhou a parada e a capa saiu – "Exclusivo – Fidel fala a *Veja*" –, confirmando a marca que ele queria para a revista: *jornalismo com impacto e ousadia.*

Guzzo tinha uma cintura ovalada, o rosto espichado e uma rala cabeleira que desenhava uma testa cada vez mais larga. Os óculos pesados e um bigode de envergadura mexicana lhe davam uma aparência mais velha, quase cinquentona. No entanto, não passava de um jovem de 35 anos, apenas oito mais do que eu.

Era um precoce talento jornalístico que assumira aos 33 a direção da revista semanal mais importante do país. Ficaria ali por quinze anos. Quando virou diretor, em 1976, *Veja* tinha uma tiragem de 170 mil revistas. Saiu, em 1991, carimbando uma edição de 908 mil exemplares, que colocava a brasileira no quarteto das maiores semanais de informação do mundo (atrás das americanas *Time*, *Newsweek* e *U.S. News & World Report*, na frente da alemã *Der Spiegel*, da francesa *L'Express* e da italiana *Panorama*).

Melhor dizendo, já era a maior revista semanal do mundo no hemisfério Sul, algo que o tímido Guzzo jamais diria.

Naquela manhã de quarta-feira, ele me recebia sem paletó, um alentador sinal de informalidade. Entrei direto no assunto:

– Diretor, tenho uma boa notícia. Descobrimos a identidade de um dos sequestradores dos uruguaios.

– É mesmo? Caramba! E quem é? – perguntou, com o entusiasmo de quem pressentia agitação à frente.

– Um sujeito chamado Didi Pedalada, um jogador de futebol que jogou no Internacional, se aposentou no México e virou policial. Acabou no DOPS. O tal Didi tem o fio da meada. Puxando, a gente vai descobrir quem é que está por trás disso – contei.

– Excelente, Luiz Cláudio, vai fundo nesta história! É ouro puro...

– Também acho, diretor. Mas, antes, quero esclarecer uma coisa importante contigo...

– O que é? – perguntou, curioso.

– Guzzo, o Scalco tá aí fora, esperando nossa conversa. Conseguimos botar a mão em um policial brasileiro. Dá pra imaginar o desdobramento desta identificação. O que nós precisamos fazer é definir que este reconhecimento não é uma decisão pessoal, individual. Não é uma vingança minha ou do Scalco contra quem quer que seja. Isso deve ser produto de uma pauta da revista. Se for só uma questão pessoal, de dois repórteres acusando dois sujeitos que nos botaram um revólver na cara, então devo te dizer que nem eu, nem o Scalco temos estrutura pra aguentar a barra pesada que vem pela frente. Sem apoio, paramos nossa matéria aqui e agora, Guzzo. Ninguém aqui tem vocação pra herói ou mártir. A matéria só vai pra frente se for uma decisão editorial da revista, uma missão jornalística que nos garanta a retaguarda da *Veja* e da Abril. E aí, o que vamos dizer ao Scalco, diretor?

Ele respondeu em cima.

– É exatamente isso, Luiz Cláudio. É uma bela pauta, uma pauta de *Veja*, com a cobertura e a responsabilidade que a revista tem de ir até o fim da investigação. Manda o Scalco entrar...

Abri a porta, Scalco entrou, saudou Guzzo e ganhou dele elogios pela coragem e decisão. Guzzo repetiu então o que me dissera minutos antes, olhando mais para Scalco do que para mim.

– Não tenham receio. Esta é uma bela história e vamos mergulhar fundo nela. É uma pauta da revista e tudo o que fizerem, em cima do caso, será por minha determinação pessoal – esclareceu Guzzo, agora me encarando. – Inclusive, se você achar necessário, Luiz Cláudio, eu vou contigo a Porto Alegre e informo diretamente o governador Guazzelli sobre a posição de *Veja*.

– Não é preciso, Guzzo – agradeci –, basta o teu esclarecimento. Depois eu me entendo com o governador. Se for necessária a tua intervenção, eu te dou um alô.

Cheguei a sentir falta daquele chope e do bolinho de bacalhau para festejar o encontro. Mas seria demais.

À tarde, talvez para injetar ainda mais confiança na equipe, Guzzo fez uma segunda reunião, agora com a presença do redator-chefe Carmo Chagas, do editor de Política Mário Alberto de Almeida e do editor-assistente Jorge Escosteguy. Saímos de lá embalados pela certeza de que não havia nada a temer – bastava trabalhar a fundo na história.

Conversei longamente com Scotch, o editor Jorge Escosteguy, de cabelos e barba encaracolados, que agora assumia, de fato, o cargo informal de "editor do sequestro". De São Paulo ele discutiria e orientaria permanentemente nosso trabalho, dando unidade e qualidade às nossas matérias, ajudando-nos a repensar à distância as várias linhas de investigação possíveis.

Estava plenamente confortado pelo alento oficial do mais alto escalão da revista. Era hora de botar o pé na estrada, havia muito caminho pela frente. Scalco continuou em São Paulo, fazendo as malas para passar as festas de Natal na Bahia, e eu voltei a Porto Alegre, ainda naquela quarta-feira, preocupado com a resposta da sucursal à pergunta central da semana: como o ex-jogador do Inter acabara vestindo a camiseta de sequestrador na rua Botafogo?

Ao desembarcar no Sul estava duplamente gratificado: pela firme identificação de Scalco e pela sólida decisão tomada pelo comando da revista. Era tudo de que eu precisava. Mas faltava ainda uma coisa.

Uma captura, antes da caça.

Antes de caçar o sequestrador, eu precisava capturar o governador.

Didi Pedalada já estava na mira.

Faltava acertar a pontaria com Synval Guazzelli.

16
O NÓ

Porto Alegre, dezembro de 1978

Versalhes em Porto Alegre.

O visitante do Palácio Piratini pode perceber nos detalhes a influência francesa que erigiu a sede do poder gaúcho, ali instalado em 1921. O Petit Trianon – palacete que o rei Luís XV construiu no século XVII para a amante Madame de Pompadour no parque onde se esparrama a opulência de Versalhes – é que inspirou o arquiteto francês Maurice Gras.

A partir do Trianon ele projetou o prédio de linhas neoclássicas e uma fachada de sete janelões e varandas em pedra que se abrem para a praça da Matriz, no coração da capital gaúcha.

O portão principal é guardado por duas esculturas que representam a Agricultura e a Indústria, esculpidas em pedra calcária pelo artista francês Paul Landowski, o mesmo que moldou a estátua do Cristo Redentor, uma das sete maravilhas do mundo moderno.

Uma graciosa escadaria com dezoito degraus em mármore francês de Villars leva ao primeiro andar, com salões mobiliados com poltronas estilo Luís XVI, iluminados por lustres com 1.800 pingentes de cristal lapidado e decorado com esguias ânforas azuladas de Sèvres, onde Pompadour fundou a célebre fábrica de porcelana.

Da sacada central, no salão Negrinho do Pastoreio, Getúlio Vargas acenou ao povo antes de tomar a frente da Revolução de 30 e da vida política nacional, de onde só sairia morto, 24 anos depois, para entrar na história.

Sete anos mais tarde, dali irradiou-se a resistência civil de Leonel Brizola pela legalidade contra o frustrado golpe militar de 1961.

Dali, três anos depois, não pôde se despedir do povo o presidente João Goulart, que optou pelo caminho do aeroporto e do exílio no Uruguai, sem resistir ao golpe militar de 1964.

No canto de trás, à direita do salão, abre-se a porta do gabinete do governador, uma sala dominada por uma grande mesa escura de reunião com doze cadeiras estofadas. Ao fundo, uma escrivaninha clássica, com um tinteiro de prata sem tinta e um antigo telefone folheado a ouro que não recebe chamada.

Em frente, uma lareira em mármore branco italiano que nunca é acesa, encimada por um grande espelho de cristal onde se reflete uma réplica da estátua do Laçador – a representação do gaúcho em escultura de Antônio Caringi, que está fixada na principal avenida de acesso a Porto Alegre. Entre a escrivaninha e a lareira, um sofá trabalhado onde o governador concede suas audiências.

Tudo isso sobre um grande tapete em lã de quase 42 metros quadrados entretecidos manualmente com 96 motivos florais diferentes e tramados em 97 cores distintas. Uma proeza de artesão que exigiu meses e meses de engenho e paciência para trançar exatos 78.400 nós em cada metro quadrado.

Era sobre esta obra de arte formada no total por 3.263.656 nós que Synval Guazzelli cumpria sua jornada diária de trabalho em palácio.

Na tarde daquela sexta-feira, 22 de dezembro, o sequestro dos uruguaios era apenas o nó número 3.263.657 da dura rotina do governador do Rio Grande do Sul.

Talvez o mais enrolado deles, onde Guazzelli poderia enroscar sua biografia.

Eu pedi uma audiência, sobre aquele tapete, preocupado em lhe dar a chance de puxar a ponta do novelo e desemaranhar a honra do seu governo.

Já tínhamos a foto, a ficha e o nó de Didi Pedalada com o sequestro, embaralhando o DOPS na operação clandestina com o Uruguai. Naquele momento a reportagem apurada e editada já estava em São Paulo, no trabalho de edição final antes de descer para a gráfica, que iria terminar de imprimir a revista na madrugada de sexta para sábado.

Eu queria dar a Guazzelli a vantagem estratégica de saber disso tudo antes de sua polícia. Pretendia lhe dar algum tempo, antes que a revista fosse para as bancas, para adotar as providências devidas para surpreender os sequestradores e tomar a iniciativa da investigação sobre os órgãos de repressão.

Eu precisava avisar o governador no momento certo – a estreita janela de tempo entre a impressão da revista e a percepção pelo DOPS de que os sequestradores tinham caído na rede. Nas minhas contas essa janela de poucas horas se abria na manhã de sábado e se fechava no final da tarde, quando os primeiros exemplares estariam um pouco mais cedo nas mãos dos assinantes de *Veja* em São Paulo, devido às festas natalinas. Em pouco tempo, a revelação do envolvimento de Didi chegaria ao Sul.

Encontrei Guazzelli sobre seu milionário tapete, enredado com a assinatura da papelada de fim de ano. Ele acelerava o expediente para subir a serra no final da tarde rumo a Cipó, a fazenda de sua propriedade no interior de Vacaria, sua terra natal, 240 quilômetros ao norte de Porto Alegre. Ali passaria as festas de Natal e ano-novo, retornando ao palácio só no dia 2 de janeiro, início de seu último trimestre à frente do governo gaúcho.

O sucessor, o vice Amaral de Souza, já embalava a mudança do Palacinho para o Piratini.

– Governador, existem algumas informações importantes sobre o sequestro que poderão se confirmar neste fim de semana, sábado ou domingo – anunciei, com cuidado para não fazer inconfidências – e gostaria que o senhor fosse a primeira autoridade a tomar conhecimento.

– Ok, Luiz Cláudio. Estou viajando agora à noite para Vacaria. Vou passar o Natal na fazenda. Quero descansar com a família. Mas, como tu és de casa, não tem problema... Te espero lá, quando quiseres.

– Eu não queria atrapalhar seu feriado, governador, nem o meu. Mas acho que pode ser importante. Se for preciso, posso visitá-lo na fazenda?

Pouco animado, mas procurando evitar a impressão de qualquer contrariedade, Guazzelli acedeu com a simpatia habitual.

– Claro, Luiz Cláudio, pode ir. Eu nunca deixei de te receber de forma hospitaleira, não é mesmo? – respondeu, largando um pouco o monte de documentos à sua frente.

– É verdade, governador. Então, boa viagem e até lá – disse-lhe devolvendo o aperto de mão, antes de tirar os pés do tapete com três milhões de nós onde se assentava o governador.

***

Voltei para a sucursal. Estava batendo à máquina ao cair da noite de sexta-feira quando o telefone tocou. Era Loraine, na sala ao lado.

– Fala, secretinha...

– Chefe, é do palácio. Assessoria de imprensa...

– Deve ser o Salomão. Pode passar, Loraine.

O assessor de imprensa de Guazzelli, Salomão Kirjner, ex-editor político do *Correio do Povo*, era um homem sisudo, contido, elegante com terno e gravata sempre escuros, que lhe davam um grave ar de sexagenário. O nariz triangular e pronunciado tinha a solidez necessária para sustentar a armação quadrada e pesada dos óculos que protegiam seus olhos miúdos. Falava baixo e pausado, como um professor que declama o ditado para seu aluno. Transmitia absoluta serenidade na voz, sempre gentil.

– Luiz Cláudio, vamos ter que mudar nossos planos. O governador pensou melhor e não quer se preocupar com este assunto durante o Natal. Ele quer ficar só com a família em Vacaria, descansando – anunciou. Kirjner entoava suas frases sempre sereno, monocórdio, em um tom de voz que tornava qualquer réplica quase uma grosseria. Mesmo assim, insisti.

– Mas... Salomão, é muito importante o meu contato com ele. E tem que ser amanhã. Eu estou disposto a sacrificar o meu Natal pra mantê-lo informado do que está acontecendo. Coisas importantes estão acontecendo. Eu vou até lá, converso e volto. É rapidinho, Salomão! Juro que não vou incomodar. E te garanto que ele não vai se arrepender...

A voz de Kirjner continuou imperturbável, límpida, retransmitindo com calma a decisão do chefe.

– É, eu tentei, Luiz Cláudio... Mas o governador prefere deixar assim mesmo. Ele já sabe que o assunto é sequestro e não quer se preocupar durante o Natal. Quer ficar só com a família, descansando.

Senti que a batalha estava perdida. Desisti.

– Eu sei disso, Salomão. Eu me ofereci para ir a Vacaria, mesmo no feriado, só para não deixar o governador preocupado mais tarde. Eu sei que ele me agradeceria por isso. Mas, se ele prefere assim, não há problema.

– Ele não vai deixar de te receber. Ele só quer adiar para depois do Natal. Ele te recebe na fazenda em Vacaria na terça-feira, dia 26. Está bem pra ti? – perguntou, sempre atencioso.

– Ok, Salomão, tudo bem. Continuo achando que esta conversa antes do domingo seria mais importante para ele do que pra mim. Mas... Vamos deixar assim, então. Eu o procuro na fazenda, então, na terça-feira. Um feliz Natal pra ti e pro governador, Salomão!

Desliguei o telefone irritado. Desabafei com Pedro Maciel, que ouvia a conversa sentado à minha frente.

– Droga, Pedro! O Guazzelli roeu a corda. A revista nas bancas domingo e o governador descansando na fazenda! Mas, é isso aí. Eu tentei...

Avisando Guazzelli horas antes que a *Veja* circulasse com a foto de Didi Pedalada, eu daria tempo ao governador para acionar os mecanismos legais e impedir, por exemplo, que o DOPS apagasse pistas ou facilitasse o sumiço de um sequestrador. Porém, o governador dispensou o privilégio da informação antecipada.

Só por isso Guazzelli acabaria sabendo do novo nó de seu governo junto com os leitores do *Jornal do Brasil*, na véspera do Natal.

Sempre bem informada e cinzelada pelo talento do editor de Política do jornal, Elio Gaspari, o Informe JB abriu sua coluna no sábado 23, no espaço mais nobre da página 6, com uma nota natalina de 41 linhas dedicada às autoridades:

> Na rede
>
> Presente de Natal para o Ministro da Justiça, o chefe do Departamento de Polícia Federal, o atual e o futuro governador do Rio Grande do Sul, bem como seu Secretário de Segurança: está devidamente identificado um dos cidadãos que no dia 17 de novembro sequestrava a Sra. Lílian Celiberti, refugiada uruguaia, em seu apartamento em Porto Alegre.
>
> É um policial lotado no DOPS gaúcho.
>
> ***
>
> Reconheceram-no os jornalistas Luiz Cláudio Cunha e J.B. Scalco, que estiveram no apartamento da Sra. Celiberti e viram-na presa por misteriosos cidadãos antes que ela aparecesse presa e incomunicável no Uruguai.
>
> As autoridades encarregadas de zelar pela segurança dos cidadãos, pelas leis nacionais e pela soberania brasileira poderão ver o nome do acusado, com fotografia, na próxima edição da revista *Veja*, onde trabalham os dois jornalistas.
>
> ***
>
> A partir de agora, o que já é uma tragédia, com o sequestro de dois refugiados em uma operação hipoteticamente patrocinada por um país estrangeiro, passa a ser também uma comédia. Cabe às autoridades escolher o papel que preferem.
>
> Quem deu a ordem de invasão do apartamento da Sra. Celiberti? Para quê?
>
> Se havia um policial no apartamento da Sra. Celiberti, como ela poderia ser presa ao tentar entrar no Uruguai, dias depois, como dizem as autoridades de Montevidéu?[10]

Era tudo, mas dizia o suficiente para dar um nó – mais um – nos festejos natalinos da fazenda Cipó.

---

10. *Jornal do Brasil,* Informe JB, 23 de dezembro de 1978, p. 6.

Ao anoitecer de sábado os assinantes cariocas e paulistas de *Veja* recebiam em suas casas a última edição de 1978 da revista com uma chamada de capa – "EXCLUSIVO: nova pista no sequestro de Porto Alegre" – e duas páginas abrindo a seção de Brasil: "Surge o primeiro nome", era o título da reportagem.

A edição do *Jornal do Brasil* de domingo, 24 de dezembro, traria no alto da primeira página, no canto esquerdo, uma imagem inusitada: um jogador de futebol com calção e camiseta de treino. Era Didi Pedalada treinando no campo do Atlético Paranaense em foto de arquivo de 1974 do jornal *O Estado do Paraná*.

A foto da *Veja*, que mostrava Didi no final daquele ano no aeroporto embarcando para o México, estava creditada ao diário *Zero Hora*. Jornais e agências de notícias nacionais e internacionais começaram a chamar Porto Alegre com insistência para comprar a foto – e passou-se algum tempo até que o jornal gaúcho entendesse o motivo de tanto interesse por aquele esquecido jogador subitamente tão requisitado.

Já que o governador não queria ser importunado no seu Natal, eu tratei de garantir o meu.

***

Ainda no sábado, procurei um velho bancário aposentado em um apartamento da rua da Praia, ao lado do *Correio do Povo*. Alfredo, meu pai, ouviu com certo ar de assombro a notícia de que havíamos reconhecido um dos sequestradores. Falei com ele no canto da sala, baixinho, para não deixar acelerado o coração já fragilizado de minha mãe, Lila.

No dia seguinte, domingo, véspera do Natal, a história iria para as ruas e imaginei que meu telefone não pararia mais de tocar. Não queria atrapalhar a festa familiar com esse transtorno inevitável. Pior fim de semana que o meu, pensei, só mesmo o do governador. Como isso não me servia de consolo, tratei de arranjar um Natal tranquilo e inacessível. Solicitei dispensa da noite natalina em família com os pais, os três irmãos mais novos – Sérgio, Márcia, Roberto – e minha cunhada Rose.

Pedi emprestada ao pai a chave da casa na praia – um local discreto e sem telefone em Cidreira, um balneário de água fria e ventos fortes na costa atlântica, noventa quilômetros a leste da capital. Embarquei Janda e Gabriela no carro e tomei a direção da praia, para longe do vendaval que se prenunciava.

Passamos o domingo de Natal só nós três, isolados e impotentes para abater o imenso peru encomendado para a data.

A segunda-feira ainda nos encontrou enfastiados com aquela ave esquartejada que parecia interminável. No meu caso, mais do que falta de apetite, era o excesso de expectativa que reduzia minha voracidade.

Gabriela, inquieta por causa do dia chuvoso e da ventania que nos confinava dentro de casa, exigia mais atenção. Eu dividia meu tempo entre ela, a cuia de chimarrão e o rádio Philco Transglobe de nove faixas onde tentava sintonizar algum noticiário em ondas curtas das rádios de São Paulo e Rio.

A manchete sobre a identificação de um policial do DOPS envolvido no sequestro ecoava em seco na capital gaúcha, incapaz de repercutir no feriado da segunda-feira a denúncia do dia anterior.

Eu estava em Cidreira, Scalco em Salvador, Guazzelli em Vacaria e Didi, sumido.

A viagem de volta da praia para Porto Alegre, na manhã de terça-feira, foi feita ao som dos debates nos programas jornalísticos das emissoras da capital, que já detectavam a perplexidade, o constrangimento e o nervosismo na sede da polícia gaúcha. O som que eu ouvi no corredor, antes de abrir a porta do apartamento, não me surpreendeu.

Era o telefone. Atendi.

– Alô!

– Jornalista Luiz Cláudio Cunha? Bom dia. Aqui é da Casa Militar do Palácio Piratini. Eu tenho um recado do governador para o senhor...

Minha viagem para Vacaria tornara-se desnecessária, porque Guazzelli decidira retornar a Porto Alegre no dia seguinte, quarta-feira. Ele me receberia em palácio às quinze horas, comunicou-me o assessor militar.

A aparição da revista nas bancas e a volta antecipada do governador tornaram ainda mais tenso o clima da terça-feira na Secretaria de Segurança, onde reuniões sucessivas nos gabinetes mais importantes da cúpula policial deixavam os repórteres sem explicações, impossibilitados de repercutir a denúncia com as autoridades da área.

– O Guazzelli vai virar a mesa, vai pedir a cabeça de todo mundo – previa, alarmado, um delegado de uma das divisões especializadas da Segurança.

Em uma dessas reuniões, na manhã de terça-feira, o secretário Rubem Moura Jardim ouviu sigilosamente o depoimento de Orandir Portassi Lucas. A única testemunha da conversa era o superintendente de Serviços Policiais, delegado Leônidas da Silva Reis.

Irmão do diretor do DOPS, delegado Marcos Aurélio Reis, o superior imediato de Pedro Seelig, Leônidas dava sinais de problemas cardíacos desde que a história do sequestro passou a rondar a família.

Do encontro nasceu uma simplória e decepcionante nota oficial de 32 linhas, onde o secretário Moura Jardim insistia:

> Reafirmamos que nenhum órgão desta SSP [Secretaria de Segurança Pública] teve qualquer participação nesta ocorrência. (...) O servidor em apreço [Didi] já foi ouvido pela Superintendência dos Serviços Policiais, nada tendo sido apurado até agora como atuação irregular do mesmo.

Dois detalhes se destacavam no texto: o secretário afirmava a inocência dos "órgãos" da segurança, não mais de seus funcionários, e ressalvava que nada fora apurado contra Didi, "até agora". Esclarecia ainda que o acusado estava prestando serviços na Escola de Polícia "desde 14 de setembro do corrente ano". Os jornalistas que ouviam a leitura da nota pelo major Barcelos, porta-voz da secretaria, protestaram.

Se ele estava lotado na escola, como se explicava o plantão de Didi no DOPS na quarta-feira anterior, como informava a revista *Veja*?

– Não, tudo é polícia, isso aqui é tudo polícia – gaguejou o major.

Insatisfeitos com a resposta, os repórteres abandonaram o major e rumaram em grupo para a escola, a menos de quatro quadras de distância da Secretaria de Segurança, na avenida João Pessoa, a tempo de comprovar a mentira. O surpreso diretor da escola, delegado Adílio Machado Rodrigues, ainda sem saber da existência da nota oficial, acabou por desmenti-la de viva voz:

– Ele faz sindicâncias para a escola, mas continua lotado no seu serviço normal, o DOPS – informou o diretor, tranquilo e calmo, esclarecendo que Didi concluíra no dia 31 de agosto o curso de escrivão e inspetor de polícia que havia iniciado em março de 1978. Desde então Didi auxiliava nos serviços de sindicância sobre a vida pregressa dos candidatos à Escola de Polícia, sem apresentar qualquer vínculo ou horário de trabalho com ela.

– Sempre que precisamos dele, nós mandamos uma viatura apanhá-lo, em casa ou no órgão onde trabalha, o DOPS – contou Rodrigues, candidamente.

Os jornalistas retiravam-se satisfeitos quando tropeçaram na entrada da escola com o delegado Marcos Aurélio Reis, o chefe de Didi e Seelig, agora surpreso e irritado diante da presença inesperada dos repórteres.

Ele percebeu naquele momento que havia chegado tarde ao encontro indispensável para sintonizar o diretor da escola com a versão do secretário. Derrotado, Reis limitou-se a esbravejar:

– O secretário não deu uma nota oficial? Deu e ninguém abaixo dele vai falar... – disse, tardiamente, fuzilando com o olhar o assustado diretor da escola, com quem Reis se reuniu logo em seguida a portas fechadas.

Naquele momento, na sessão da tarde na Assembleia Legislativa, os deputados abandonavam o prometido debate sobre a situação da economia gaúcha para discutir o sequestro, que começava a inflamar o plenário.

– O secretário de Segurança está acobertando os culpados – protestou Waldir Walter, um dos seis deputados do MDB a tratar do assunto. – A nossa última esperança reside no governador Synval Guazzelli, que, para descobrir os culpados, precisa começar exonerando o secretário Moura Jardim.

***

A quarta-feira amanheceu iluminada por um sol forte, boatos intensos na área política e tensão crescente na comunidade de segurança.

Didi Pedalada aproveitou o dia para vender apressadamente o seu Volks ano 1973 por 31 mil cruzeiros (quase R$ 14 mil) e distanciar-se ainda mais dos repórteres que rondavam sua casa desde a noite de segunda-feira.

Às dez horas da manhã o deputado estadual arenista Cícero do Amaral Viana, ex-superintendente de polícia no período 1968-1970, foi convocado para uma reunião secreta no prédio de tijolos avermelhados, no final da rua da Praia, onde se alojava o Quartel-General do III Exército. Ali, além do comandante Samuel Alves Correa, Viana encontrou o chefe da seção gaúcha da Polícia Federal, coronel Luís Macksen de Castro Rodrigues. Minutos depois chegou o secretário de Segurança, coronel Moura Jardim. O tema do encontro, que só terminou ao meio-dia, permaneceu sigiloso, assim como a própria realização da reunião.

As únicas audiências previamente anunciadas para aquele dia, com foco no sequestro, eram os encontros separados do governador com o seu secretário de Segurança e, logo depois, comigo, na condição de chefe da sucursal da *Veja* no Sul.

Cheguei ao Palácio Piratini alguns minutos antes das quinze horas, mas a agenda do governador estava sofrendo algumas estranhas modificações. Fui direto ao subsolo do palácio, onde funcionava a assessoria de imprensa. Salomão Kirjner tirou a máscara grave do rosto e me brindou com um largo sorriso.

– Vamos ter que esperar um pouquinho, Luiz Cláudio. Nossa audiência vai atrasar – avisou, sem dar detalhes.

– Tudo bem, Salomão. Isso sempre acontece. A gente acaba acostumando – respondi.

Ele se mostrava impressionado com a afluência de jornalistas ao palácio.

– Dá a impressão de que está todo mundo aqui. Parece que é a única pauta do dia – reforçou o assessor.

– Pois é, Salomão... Eu dizia que minha conversa naquele sábado era importante. Mas... Vamos deixar para lá. Acho que é melhor eu me juntar aos outros, lá em cima. Quando o governador estiver pronto para me receber, me avisa, ok?

Subi os dois lances de escada e me dirigi ao pátio interno, um conjunto de jardins e calçadas em pedra portuguesa que uniam com duas passarelas cobertas a parte administrativa à ala residencial, no lado de trás do palácio. Cerca de quarenta repórteres e fotógrafos de rádio, TV e jornal se concentravam ali, esperando pela fala do governador. Minha entrevista das 15h com Guazzelli já tinha meia hora de atraso quando o portão lateral se abriu e, por ele, passou um Opala negro de placa branca, trazendo a bordo o secretário Moura Jardim. Parecia explicado o atraso na agenda.

Os jornalistas ainda estavam buscando suas canetas e máquinas fotográficas para abordar o secretário assim que o carro estacionasse, quando um segundo e inesperado veículo penetrou na área ajardinada do palácio, logo atrás do Opala. Era negro também, mas muito mais imponente.

O imenso Ford Galaxie Landau que estancou ali mansamente não tinha placas brancas. Estas eram verde-oliva e sobre elas resplandeciam quatro estrelas douradas.

– É o general, gente! – avisou algum repórter mais atento.

A porta traseira direita do Landau foi aberta por um funcionário do palácio e, do seu interior, saltou o general Samuel Alves Correa, comandante do III Exército.

Aos 61 anos, era uma das faces duras do regime. Assumira o comando do Sul no início do ano e três meses depois já mostrava sua afiada arcada dentária. Em meados de março, um inesperado arrastão repressivo prendeu onze intelectuais e professores ligados a dois jardins de infância de Curitiba. A capital do Paraná estava na jurisdição do III Exército, sob o coturno do general Samuel.

A nota oficial da Polícia Federal dizia que os professores estavam praticando "atividades contrárias à segurança nacional". Naqueles dois focos subversivos, as escolas Oficina e Oca, os mestres estariam fazendo "doutrinação dentro de princípios marxistas, desenvolvendo-lhes uma visão materialista e dialética do mundo", tudo mesclado às exóticas teorias de um notório psicólogo suíço levemente progressista chamado Jean Piaget.

O bando de sessenta precoces comunistas daqueles aparelhos eram crianças entre dezoito meses e seis anos de idade. Um perigo!

A primeira prisão ocorreu em uma escola primária da periferia de Curitiba na tarde de sexta-feira, 17 de março. Uma estudante de jornalismo e professora primária de 21 anos foi sequestrada por três homens em uma Veraneio e levada dali para uma jornada de dez sessões de choques elétricos e duro interrogatório em lugar não identificado. Ameaçavam levá-la a São Paulo:

– Você vai bater um papo com o delegado Fleury! – avisavam.

Foi libertada no sábado à noite sem explicações de seus captores, em um lugar às margens da rodovia BR-116 próximo à cidade paulista de Registro, a duzentos quilômetros de Curitiba.

Além da volta ameaçadora da camioneta Veraneio, naquele tempo a viatura predileta desse tipo de bando paramilitar, jornalistas perceberam que estavam sendo seguidos e vigiados pela cidade. Entre eles, o chefe da sucursal de *Veja* em Curitiba, Hélio Teixeira, e o correspondente do *Jornal do Brasil,* Luiz Alberto Manfredini.

No final do mês o general Samuel fechou o seu espetáculo de intimidação na festa militar pela Revolução de 31 de Março. Formou a tropa no QG em Porto Alegre e diante dela mandou ler os nomes de 93 militares e policiais tombados nos doze anos anteriores em confronto com a esquerda armada. Era a sua áspera resposta também ao clamor que se levantava na oposição e nos meios intelectuais pedindo anistia aos perseguidos políticos.

As quatro estrelas que o general carregava nos ombros mudariam de grandeza em breve. Deixaria o posto na virada do ano, em janeiro, para assumir a chefia do Estado-Maior do Exército (EME), o segundo posto da força, no alvorecer do governo Figueiredo. Viraria ministro cinco meses mais tarde como chefe do Estado-Maior das Forças Armadas (EMFA).

O general Samuel desceu do carro no Piratini com quepe, uniforme de manga curta e sem a túnica indispensável para visitas formais.

Pela porta esquerda do Landau, com o mesmo traje de serviço, desceu o general de brigada Paulo Campos Paiva, chefe do Estado-Maior do III Exército. Mau sinal. Era ele o responsável pela área de segurança, a quem se subordinavam a 2ª Seção e o DOI-CODI.

Sérios e calados, os generais se esquivaram dos repórteres, ainda confusos pela súbita aparição. Os dois tomaram a mesma direção do secretário Moura Jardim, que se aproveitara da hesitação dos jornalistas para alcançar a porta que dá acesso ao primeiro andar da ala administrativa do Piratini. Aparentemente, os dois generais se reuniam primeiro com o coronel em uma sala próxima ao gabinete do governador, muito embora Guazzelli ainda estivesse na ala residencial.

Meus colegas e eu continuávamos junto aos dois carros, ainda sem entender a razão daquela visita imprevista. A reunião dos militares com o governador teria que transitar inevitavelmente por onde estávamos. Ou os generais desciam até o governador ou o governador subia até os generais.

Em dois grupos compactos nós cobríamos as portas principais das duas alas do palácio – se não fosse Guazzelli, os seus visitantes é que acabariam sucumbindo ao nosso cerco. Foram os generais que caíram na rede. Quinze minutos mais tarde, sem o coronel Moura Jardim, que permanecia no gabinete do primeiro andar, reapareceram os generais Samuel e Campos Paiva.

Os militares desceram os quatro degraus sob a arcada em granito que liga o palácio à residência e, antes de alcançar a outra porta que levaria a Guazzelli, foram interceptados por nós. Antes que pudéssemos fazer a primeira pergunta, o general Samuel estancou, virou-se para o grupo que o perseguia e fez gracinha.

– Ué, tem Papai Noel aqui, hoje? – perguntou, olhando em volta, com um sorriso sem jeito, mas sem ouvir a resposta de ninguém.

Além das circunstâncias pouco indicadas para o exercício do bom humor, os jornalistas não estavam habituados a ver o seco general tentando desmanchar sua carranca com uma piadinha de jardim de infância. Só divertiu os repórteres quando explicou a razão de sua presença em palácio:

– Eu vim cumprimentar o governador pela passagem de ano e desejar a ele e sua família muitas felicidades no ano-novo – disse o general, agora sem fazer graça, com a convicção de quem acredita em Papai Noel. Pediu licença e entrou na ala residencial ao encontro de Guazzelli. A porta fechou-se para o estranho encontro social entre os dois generais e o governador. Sigiloso demais e inusitadamente prolongado para uma simples apresentação de cumprimentos: quarenta minutos.

Quando a porta foi reaberta surgiu finalmente o governador, com o semblante fechado e a tez mais descorada do que o terno bege-pálido que vestia. Guazzelli decididamente não tinha a cara feliz de quem recebia uma visita agradável e previsível. Com um sorriso formal cumprimentou os generais e voltou para o refúgio da ala residencial, sem um único olhar para a multidão de jornalistas.

Era a primeira vez que o chefe político do Estado e o comandante supremo da área militar apareciam diante dos jornalistas.

Mas não era o primeiro encontro entre os dois naquela quarta-feira tensa, inesperada.

17
A PERGUNTA

Porto Alegre, dezembro de 1978

O domingo subiu a serra, cruzou os campos de pastagem, ultrapassou o curso sinuoso e encachoeirado do Rio das Antas, penetrou a mata que margeia o Rio Refugiado e atravessou a paz e o Natal da fazenda Cipó.

A denúncia na capa da revista *Veja*, amplificada pela primeira página do *Jornal do Brasil,* estragou o repouso do governador em seu refúgio. Era uma casa rústica de dois andares em madeira, cercada por uma larga varanda em pinho que se abria para um açude próximo e para os campos de 1.400 hectares que envolviam a sede da fazenda, quarenta quilômetros ao sul de Vacaria.

Colonizada no século XVIII por jesuítas que criavam o gado solto pelas colinas da região, a cidade tomou o nome das picadas abertas a machado para a empoeirada viagem das boiadas e mantimentos que subiam do Sul rumo aos mercados do Paraná e São Paulo. Dois séculos depois, o transporte de cargas continuava a ser a segunda maior fonte de renda do lugar. O animal cedera lugar à máquina – e Vacaria tinha agora a segunda maior frota de caminhões do Estado, com mais de 2.300 caminhões.

Ali Guazzelli criava uma dezena de cavalos crioulos e algum gado de raça. No palácio, Guazzelli não descuidava da fazenda. Um dia levou o governador da Bahia, Lomanto Júnior, para visitar a Expointer em Esteio, cidade ao lado da capital, onde acontecia a maior exposição agropecuária do país. Entusiasmado, o gaúcho adquiriu duas vacas e presenteou seu colega baiano com um touro. Na voz sóbria do locutor da rádio Guaíba, a notícia acabou avacalhada por um texto mais torto que chifre de boi:

> O governador Guazzelli deixou seus afazeres no Piratini e foi participar como estancieiro da Exposição de Esteio. Comprou duas fêmeas para a fazenda Cipó e um macho para o governador da Bahia.

Na fazenda, ele respirava o ar puro e a tranquilidade dos campos de cima da serra. Só os amigos mais chegados alcançavam a sala grande da fazenda, aquecida por uma lareira que crepitava nos dias mais gelados do inverno. O centro da sala era dominado por uma mesa rústica feita com o tronco trabalhado de um velho pinheiro de metro e meio de diâmetro.

Na santa paz daquele domingo natalino, no aconchego e no conforto da Cipó, o governador refletia sobre o nó estampado com fotos e manchetes na revista e no jornal. O silêncio em volta, estranhamente, o deixava desconfortável. O isolamento fazia dele um homem desassossegado.

Um caminhão de dúvidas atropelava seus pensamentos.

Ele fez o que costumava fazer nesses momentos de tensão. Pegou o telefone na sala e discou para Porto Alegre. Do outro lado atendeu José Paulo Bisol, cinquenta anos, juiz da 7ª Vara Cível de Porto Alegre, um companheiro e confidente de adolescência. Conheciam-se desde o curso clássico do colégio Rosário, tradicional escola marista de Porto Alegre. Descendente de imigrantes italianos como Guazzelli, Bisol era filho de colonos do interior de Caxias do Sul, centro vinícola a apenas setenta quilômetros de Vacaria, cidade natal do governador.

Guazzelli estava angustiado, sentimento que camuflava em público, mas vertia com poucos e íntimos amigos. Bisol era um deles.

Quando o sequestro explodiu, cinco semanas antes, Guazzelli chamou o amigo ao palácio para desabafar. Bisol costumava ir à noite, fora do horário de expediente. Entrava pelo portão direito do Piratini, no lado oposto ao prédio da Assembleia Legislativa. O guarda da guarita já o conhecia, ele nem precisava se identificar. O governador o recebeu na sala de jogos da ala residencial, fingindo estar mais preocupado com a tacada certeira na bola branca à sua frente, no pano verde da mesa de sinuca. Mas Guazzelli já estava de olho na bola preta do sequestro.

Bisol tateou o assunto, esperando o momento certo para encaçapar o tema. Como que antevendo o envolvimento dos seus órgãos de repressão, o governador lembrou ao amigo, quase desabafando consigo mesmo, que estava no palácio por obra e graça dos militares, a quem devia um sentimento de lealdade.

– Devo ser solidário. Eu tenho essas contradições – reconhecia Guazzelli, lastimoso, refletindo sobre qual seria a bola da vez. A sombra de *Fidelito* voltava a sobrevoar sua biografia. Bisol entrou no jogo e deu sua tacada.

– Olha, Synval, isso tudo está acima de tua condição de governador. Agora é uma questão histórica. Ser governador é um pressuposto necessário, mas isso não tem tanta importância. O que importa é tua decisão. O desdobramento pode até prejudicar tua carreira, mas não será nada diante da significação histórica do que vais fazer.

Guazzelli deu a habitual resposta que não esclarecia, não apontava caminhos, não traía decisões. Ele ouvia muito, mas falava pouco.

– É, vamos ter que pensar nisso – disse o governador, sem dizer nada.

Bisol só ia ao palácio a chamado. Evitava constranger o amigo com sua proximidade. Era visto pelo regime militar como um homem de esquerda e em 1964, quando juiz em Santana do Livramento, na fronteira com o Uruguai, chegou a ficar em prisão domiciliar por ordem do quartel local. Na semana em que o sequestro ganhou as páginas dos jornais, a agência local do SNI assim definia Bisol, na informação 026/119 enviada em 20 de novembro à Agência Central em Brasília:

> Desembargador aposentado, pautou sua atuação no Judiciário do RS por atitudes liberais e anticonservadoras. É amigo íntimo de SYNVAL GUAZELLI, do qual foi contemporâneo no Curso de Direito. (...) Seguidamente escreve artigos para a *Zero Hora*, nos quais demonstra ser contrário ao regime e governos

pós-64. É muito culto e inteligente e seus artigos, pelo alto nível em que são abordados os temas, podem repercutir somente nas camadas mais esclarecidas da opinião pública.

Nos primeiros dias do sequestro, quando o Piratini vivia tumultuado e os assessores sobressaltados, Bisol tinha o raro talento de marchar na contramão.

– Synval, assuma a investigação. Encontre o culpado e puna! – pregava, justamente o contrário do que recomendavam os secretários mais assustados.

Guazzelli parecia um touro embretado. Queria dar a marrada que brotava da consciência, mas se sentia manietado pela fidelidade que devia ao regime que lhe armara aquele nó. No domingo, aflito, laçou o telefone e buscou a palavra do amigo na capital. Bisol já tinha lido o jornal no meio da tarde e ouvira no rádio a notícia sobre a manchete da *Veja*.

Ele percebeu na voz angustiada do governador ao telefone o drama que o consumia. Bisol disse a ele o que eu teria dito se tivesse subido a serra, como planejara, um dia antes da notícia explodir:

– Synval, vem para Porto Alegre, assume a investigação e te consagra.

O governador, como de hábito, ficou de pensar.

Pensou o resto do domingo, pensou na segunda-feira toda e, na terça, pensou ter tomado a decisão. O plano original era voltar só depois do feriado do ano-novo, dia 2, uma terça-feira. Guazzelli, porém, avisou ao seu gabinete que anteciparia o retorno à capital. Mandou que alguém me telefonasse, em casa, dizendo que me receberia no dia seguinte em palácio.

Entretanto, a sinuca do sequestro exigia sua tacada no Piratini já na quarta-feira, 27 de dezembro. De manhã cedo, no aeroporto local, ele embarcou no Piper Navajo – o pequeno bimotor para cinco passageiros que servia ao governo estadual. Voando a cinco mil metros de altitude e a trezentos quilômetros por hora, Guazzelli venceu em cerca de trinta minutos os 160 quilômetros em linha reta que separam Vacaria de Porto Alegre.

O avião taxiou no aeroporto Salgado Filho, na capital, e encostou no hangar do Departamento Aeroviário do Estado, onde desembarcavam as autoridades. Ao descer a escadinha do Navajo, uma surpresa.

Quem o esperava não era um major da Brigada Militar, mas um general do Exército.

Em vez do ajudante de ordens, a suprema autoridade da maior força terrestre do país: o general Samuel Alves Correa, comandante do III Exército.

O governador ficou espantado. Ninguém mais sabia de sua volta antecipada, naquele momento. Nem mesmo Bisol.

Por um momento, Guazzelli chegou a pensar que seu telefone na fazenda estava grampeado, sujeito à escuta pelos órgãos de informação. Logo ele, o governador do estado! Um *Fidelito*! Ou, pensando melhor, talvez por isso mesmo. O militar o saudou e o levou para uma sala reservada do hangar, onde conversaram durante quase meia hora, a sós.

Guazzelli jamais revelaria publicamente o encontro, muito menos o teor da conversa.

Nem ao amigo e confidente Bisol.

Do aeroporto, ambos tomaram caminhos distintos. O governador rumou para o palácio, o general seguiu para o quartel-general. Uma reunião secreta da cúpula da segurança foi convocada para as dez da manhã no comando do III Exército, na rua da Praia. O general chamou ao seu gabinete dois coronéis: Moura Jardim, o secretário de Segurança, e Luís Macksen de Castro Rodrigues, chefe da Polícia Federal no Sul. E uma figura pouco comum neste tipo de encontro: o delegado de polícia Cícero do Amaral Viana, que comandara a polícia estadual dez anos antes e que agora falava por ela na Assembleia como deputado estadual da ARENA.

Seis horas depois, sem avisar ninguém, o general Samuel irrompeu com seu Landau negro no Piratini, atropelando minha audiência com o governador. Dessa vez, ao contrário da conversa sigilosa no início da manhã no hangar, o general queria testemunhas e alarde para seu encontro com Guazzelli no palácio. Parecia uma manobra estudada, que mirava mais a opinião pública do que o governador.

De manhã, o recado tinha sido ao pé do ouvido do governador. À tarde, o recado seria repetido, com bumbo e fanfarra, para alcançar as audiências mais distantes e moucas. A acintosa aparição do general comandante na sede do poder civil tinha uma dupla intenção: estender publicamente o manto verde-oliva de proteção aos Didis de todo o aparato repressivo e relembrar à opinião pública a fonte original do poder que revestia o Palácio Piratini.

O governador estava lá – sugeria o teatro do general – não por vontade popular, mas por decisão militar.

O cumprimento público do general ao governador, naquele momento, não era uma gentileza.

Era uma advertência.

O general não rendia suas homenagens natalinas ao governador. Era o governador que se rendia sem graça ao enquadramento do general e sua força armada.

Não era uma cortesia. Era uma humilhação.

O nó militar do sequestro tinha se fechado em torno do pescoço do governador.

***

Guazzelli despediu-se rapidamente dos dois generais, com um sorriso forçado, e voltou para a ala residencial. O comandante do III Exército e seu mudo chefe de Estado-Maior agora ocupavam sozinhos o palco das atenções, o centro do poder.

Sem intermediários.

O general Samuel parecia mais aliviado, embora menos brincalhão, aceitando com tranquilidade as perguntas da imprensa. Exatamente vinte perguntas, com vinte respostas secas, vagas, quase contrariadas. Começou insistindo que estava ali para um simples abraço de ano-novo.

– *Foi só, general?*

– Só isso.

– *Não foi tratado outro problema?*

– Falamos sobre outros assuntos.

– *E sobre o sequestro?*

– Sequestro?

– *Dos uruguaios, general...*

– Não, não tratamos desse assunto.

– *O desaparecimento do casal uruguaio?*

– Não, não tratamos desse assunto.

– *O sr. tem acompanhado pelos jornais?*

– Esse assunto está a cargo da Polícia Federal, vocês sabem disso.

– *Mas, o sr. tem acompanhado?*

– Por vocês. Vocês é que estão numa fofoca danada...

– *Então, para o senhor, tudo isso é fofoca?*

– Não, eu não disse isso. Eu disse que estou acompanhando pela imprensa. Agora este assunto está a cargo da polícia.

– *É um assunto de extrema gravidade...*

– Eu não tenho posição. Eu aguardarei, como vocês no meu entender devem aguardar, o resultado do inquérito que está sendo feito. Não há necessidade dessa excitação toda em torno do problema.

– *O sr. afastaria a possibilidade de elementos ligados ao Exército – o DOI-CODI – terem participado ao menos de parte da operação...*

– Aquilo é uma leviandade, uma infâmia de um irresponsável que colocou no jornal.

– *...comandos de área do Exército?*

– Que eu saiba, não.

– *Houve comunicação entre...*

– Que eu saiba, não. Eu não vim para dar entrevistas. Eu vim para desejar boas festas a vocês.

– *General, os jornalistas identificaram um policial do DOPS. Não seria um problema de segurança nacional? Não há uma resposta?*

– Vocês aguardem as respostas do inquérito que está sendo feito pela Polícia Federal. Isso é o que o bom senso indica.

– *Foi isso que o sr. falou com o governador?*

– Eu disse para a senhorita e para os cavalheiros que eu tinha vindo conversar com o governador para desejar a ele e sua família felicidades no ano de 1979. Naturalmente, não ficou só nisso. Conversamos sobre outros assuntos. Minha ida ao Rio, minha ida a Brasília. Tá certo? Estou dando entrevista e eu não gosto de dar entrevista. Bom, até logo!

O general clamou duas vezes por bom senso e livrou-se daquela fofoca danada abrigando-se por trás dos vidros escuros do seu negro Ford Galaxie Landau, que arrancou suavemente.

Enquanto a imprensa concentrava sua atenção sobre os comandantes, o secretário Moura Jardim e o superintendente Leônidas Reis, aproveitando-se de nosso descuido, haviam cruzado a alameda com cinco passadas rápidas e ingressado na ala residencial. Dessa forma, pelo menos, não tiveram a chance de atribuir a visita aos cumprimentos inadiáveis de fim de ano.

Uma hora e quinze minutos depois reapareceu o coronel Moura Jardim, um tanto assustado com o número exagerado de repórteres, microfones e câmeras de TV.

– Eu acabei de entregar ao governador uma sindicância interna da secretaria sobre a participação ou não de policiais gaúchos no desaparecimento dos uruguaios.

Diante da insistência dos jornalistas, o coronel garantiu:

– Não há culpados.

– E o Didi Pedalada, reconhecido pelas testemunhas? – insistiram os repórteres.

– Não, o Didi diz que não é culpado. Sendo assim, até agora não há culpados. E quem não deve não teme – filosofou o coronel.

***

Já passava das 17h, duas horas depois do horário previamente marcado, quando um assessor do governador finalmente me chamou para a antessala do gabinete de Guazzelli, na ala residencial.

Era a última e mais curta – vinte minutos – audiência do dia. Kirjner me conduziu pelo corredor com piso de mármore e me introduziu na sala de despachos, sobriamente decorada com móveis pesados e escuros que contrastavam de forma admirável com a palidez do anfitrião. Guazzelli me recebeu de pé, sempre cordial – mas diferente.

Não mostrava a naturalidade de nossos encontros anteriores. Estava constrangido, talvez envergonhado da própria palidez. Apesar do caloroso aperto de mão deixava transparecer no sorriso forçado um enorme desalento. Minha função, ali, era mais ouvir do que falar. Esperei pacientemente pela palavra do governador.

A única testemunha de nossa conversa era o silencioso e contido Salomão Kirjner, que se mantinha de pé como advertência viva sobre a exiguidade de tempo que me cabia. Sentamos em uma pesada poltrona de couro, de braços e espaldar alto, grave como a conversa que se iniciava penosamente. Guazzelli perguntou pelo meu Natal, eu perguntei pelo dele, falamos alguma amenidade sobre a fazenda e o clima na serra.

Estranhamente, parecia não haver assunto a tratar entre nós. O governador continuou tateando.

– E então, Luiz Cláudio, como vão as coisas?

– Está tudo bem, governador – respondi, no mesmo tom vago.

– E então, o que é que queres de mim?

– Eu?... Eu nada, governador. Foi o senhor que me chamou aqui. Me ligaram em casa marcando esta audiência...

Sem que eu dissesse nada, ele então entrou no tema do sequestro. Para meu espanto, porém, repetiu em termos gerais tudo aquilo que o general e o coronel haviam antecipado minutos antes aos jornalistas acampados no palácio. O caso estava sendo investigado, os prazos legais seriam cumpridos, a lei seria mantida, os responsáveis seriam punidos. Tudo estava bem, tudo acabaria bem. Até lá – ensinou o governador – não tínhamos alternativa senão aguardar...

Só faltou falar, como o general, em bom senso e fofoca.

Eu apenas ouvia, perplexo. A explicação burocrática de Guazzelli não correspondia ao que se poderia esperar de um governador que interrompe suas férias para ouvir a testemunha de um sequestro. Naquele momento, diante da expectativa da opinião pública e da atenção concentrada da imprensa, Guazzelli estava diante do grande lance que poderia determinar sua vitória sobre os sequestradores.

O movimento certo o consagraria como um governante firme, corajoso e independente em suas decisões – virtudes que não costumavam habitar o opaco currículo de governadores sem voto popular alçados ao poder pelo braço militar do regime, a partir de 1964.

Guazzelli tinha nas mãos um sequestrador identificado, a confiança da opinião pública e o apoio da imprensa. Ele se constituía na última instância para resgatar o sequestro do lodo da mentira e da farsa, um terreno movediço que com o passar do tempo ameaçava engolir a credibilidade do governador. Eu pensava nisso tudo, enquanto olhava para ele, enredado em sua patética tentativa de me convencer que tudo corria bem, que tudo acabaria bem.

O desalento, agora, era meu. O governador, apesar de minhas generosas expectativas, era um homem essencialmente coerente – e eu compreendi ali, afundado na poltrona de couro, que a única saída digna que lhe restava era a incoerência. A coerência com o regime lhe cobrava submissão aos generais.

A fidelidade à opinião pública, mais do que incoerência, exigiria coragem.

Eu procurava em Guazzelli a resolução temerária do estadista, mas tinha diante de mim apenas o insolvente delegado civil do poder central, militar e fardado.

O governador dos generais, não dos gaúchos.

O funcionário público fiel não aos cidadãos dispensados compulsoriamente de votar em seu governador, mas submisso aos chefes militares responsáveis por sua nomeação para o emprego mais importante do Rio Grande do Sul.

Guazzelli, não dava para esquecer, era governador de um golpe militar surdo aos clamores da sociedade civil. Ele não tinha de fato nenhum motivo para escutá-la. Para meu azar, Guazzelli revelava-se ali apenas um homem consequente, comprometido somente com os interesses daqueles a quem devia favores.

Fazia naquele momento uma opção irreversível: garantia seu emprego à custa de sua biografia.

Um outro nó de Guazzelli é que o calendário marcava para 15 de março de 1979 a posse de seu sucessor, outro governador coerente escolhido pelos generais. Esquecera apenas que seu emprego viraria pó em pouco menos de três meses – a biografia, não.

Apesar de tudo, teimoso, eu ainda tentava me convencer de que o governador resistiria. Procurei uma confirmação:

– Mas, se está tudo dentro das previsões, por que o senhor interrompeu suas férias e está despachando hoje em palácio? Eu achei que o senhor iria ficar mais algum tempo na fazenda... – provoquei, devolvendo a bola quadrada para meu anfitrião.

– Ah, eu teria que vir a Porto Alegre de qualquer maneira para assinar a papelada do pagamento de fim de ano para o funcionalismo público – gaguejou Guazzelli, visivelmente incomodado pela fragilidade da explicação.

A sua resposta me incomodou. Ninguém assina papelada de funcionalismo quatro dias antes da data do pagamento. Além de tudo havia uma Chevrolet Veraneio que costumava subir a serra abarrotada de documentos justamente para não perturbar o sagrado retiro do governador. Minha decepção começava a ceder lugar a uma raiva, contida pela ironia. Resolvi quebrar o teatrinho e perguntei sobre o personagem do dia.

– Mas... Governador, e a visita do general Samuel? – insisti, movido mais pela curiosidade de ouvir sua resposta.

– O general? Ah... O general veio apresentar os cumprimentos pelo ano-novo.

– Só por isso, governador?

– É, pelo ano-novo – repetiu, sem convicção.

– Governador, a boataria aí no jardim é muito grande, em torno dos motivos que levaram o general a visitá-lo logo agora, de repente... – avisei.

– Ah, é? Mas é o que estou te dizendo. Foram apenas cumprimentos... – reagiu Guazzelli, sem insistir no tema. Meio irônico, meio irritado, avancei o sinal:

– Então eu devo lhe dizer, governador, que o general escolheu um péssimo dia para lhe apresentar cumprimentos – repliquei. – Os repórteres aí fora estão certos de que ele veio aqui por causa do sequestro e dos boatos envolvendo a exoneração do secretário de Segurança.

– Mas... Que coincidência!... – observou Guazzelli, aparentando incredulidade, tentando me convencer de que ela era sincera. A conversa empacou. Ele parecia estar com o olhar distante, divagando, com jeito de que não queria estar ali.

Nem eu.

Achei que a conversa tinha chegado ao fim. Nem tocamos no nome de Didi Pedalada, que pairava no ar como assombração, diante do pesado constrangimento que dominava o ambiente. Vi que não havia mais nada a aproveitar daquela conversa inócua e me levantei para sair. À porta, ele jogou seu braço esquerdo em torno de meus ombros, no seu fraterno abraço de sempre, e acompanhou os tapinhas consoladores nas costas com um gracejo:

– Tu, hein, rapaz?... Me aprontas cada uma!

Eu estava mais preocupado com a reação, lá fora, diante do frustrante resultado de nossa conversa. Sondei mais uma vez:

– Governador, os jornalistas vão perguntar pela nossa conversa. O que é que eu digo?

– Mantenha o teor de nossa conversa reservado, por favor.

– Mas eles vão insistir, governador...

– Diga, então, que vieste aqui me cumprimentar pelo ano-novo... – propôs ele, absolutamente sério.

– Não, governador, isso não. Todo mundo sabe por que eu estou aqui. A imprensa do país inteiro quer saber o que o general veio fazer hoje aqui. Acho bom o senhor ir lá fora e conversar com os colegas – propus.

– Ah, não, não quero falar. Tu mesmo podes fazer isso. Vai lá e conta o que eu te falei agora – esquivou-se.

– Não, governador, eu não sou porta-voz. Sou um repórter, como os outros. Repórter não dá entrevista, faz. Eles querem ouvir é o senhor, não eu. Eu acho que o senhor deve sair e conceder uma entrevista coletiva. Ninguém vai entender o seu silêncio. A boataria lá fora está muito intensa, governador, principalmente agora pela visita do general – adverti.

Nós nos despedimos, pela primeira vez sem a efusão e a naturalidade que sempre marcaram nossas conversas. Diante do sorriso amarelo-desbotado de Guazzelli, que combinava com o terno claro e não desfazia o ar abatido que o envolvia, cheguei a ficar com pena dele. Minha aposta no governador se mostrara equivocada. Ele ficara menor que a crise.

A honra do Rio Grande já não estava nas mãos de Guazzelli.

De volta ao jardim interno do palácio avisei aos meus companheiros que Guazzelli daria uma entrevista dentro de alguns minutos. Incorporei-me ao grupo de repórteres, que me poupou de perguntas e passou a aguardar a palavra do governador. Em pouco tempo abriram-se as portas do hall de recepção da residência oficial e os jornalistas foram convidados a esperar ali pelo entrevistado.

Guazzelli surgiu cinco minutos depois com o mesmo semblante sério. Ainda em pé foi envolvido em uma malha de fios de câmeras de TV, microfones de rádio, gravadores. O governador balbuciou a mesma explicação esfarrapada sobre a visita do general, especulou sobre o avanço da investigação, reafirmou a honorabilidade de uma apuração rigorosa... Contou que o general Samuel tinha tentado consolá-lo de tanta chateação:

– O general até me disse: "Governador, o senhor está se incomodando, esquentando sua cabeça com este problema todo!..." – contou o próprio Guazzelli, tentando injetar descontração na entrevista.

Podia ser justificativa, mas parecia mais imolação.

– A sindicância não é conclusiva, ela apura que não houve no caso a participação dos órgãos da polícia estadual. Se alguns policiais participaram, é uma informação que será fornecida pelo inquérito da Polícia Federal, que deverá ser concluído em breves dias – declarou Guazzelli, reafirmando mais uma vez que a elucidação do sequestro era questão de honra de seu governo. Em seguida, fez um esclarecimento contraditório:

– O assunto é de competência exclusiva da área federal.

Ué, a questão de honra deixou de ser competência de Guazzelli?, pensei.

O vazio das palavras do governador ficaria expresso naquele mesmo dia pelo pedido da Polícia Federal para prorrogar seu inquérito por mais trinta dias. O sequestro começava a emperrar: a competência escapulia das mãos do governador, o inquérito era adiado, a honra estadual virava uma maçaroca, um nó, mais um...

Tudo isso devia constranger muito a Guazzelli, que logo após a entrevista coletiva tratou de retornar ao seu merecido descanso na fazenda. Com batedores de sirene aberta à frente do carro oficial rumou de volta para o aeroporto, onde embarcou outra vez no Piper Navajo.

Ele trocava de novo os nós políticos do Piratini pela paz bucólica da fazenda Cipó. A cinco mil metros de altitude, o governador estava literalmente nas nuvens, parecendo leve, talvez até aliviado. Afinal, deixava para trás a papelada do funcionalismo assinada e carregava na bagagem os votos de feliz ano-novo do general.

Mas, por dentro, Guazzelli viajava pesado, angustiado, esmagado. Ele moía, remoía, mastigava, ruminava uma frase do general. Uma frase, uma observação, uma lembrança, um puxão de orelhas. Um aviso.

Uma pergunta simples que não demandava resposta.

– Governador, será que o senhor ainda não percebeu que a Revolução de 64 não deve contas a ninguém? – questionou o general Samuel, duro e seco, sob o testemunho calado do general Campos Paiva.

Nunca se soube o conteúdo da resposta do governador. Nem mesmo se houve resposta.

Essa, aliás, era uma questão irrelevante.

O que interessava no caso não era a resposta.

Era a pergunta.

18

O GIGANTE

Porto Alegre, dezembro de 1978

Dois advogados, dois fumantes compulsivos, dois filhos de Vacaria. Com tanto em comum, um encontro parecia inevitável.

Mas eles casualmente se desencontraram, e não foi pela mera diferença de dezoito horas. O governador Synval Guazzelli embarcou no seu Piper Navajo ao final da tarde de quarta-feira, 27 de dezembro, no hangar de autoridades do aeroporto Salgado Filho. O conterrâneo Raymundo Faoro, presidente do Conselho Federal da Ordem dos Advogados do Brasil (OAB), desembarcou de um Boeing da Varig no dia seguinte, ao meio-dia, no terminal de passageiros em Porto Alegre.

O sentido inverso de um e outro resumia bem o papel de cada um, naquele momento histórico.

O governador do Rio Grande decolava para a fazenda e deixava para trás, com certo alívio, os generais e o nó do sequestro. O líder dos advogados brasileiros descia na capital gaúcha e encarava, com preocupação cada vez maior, o emaranhado legal e político que embaraçava cada vez mais as autoridades de segurança e os governos do Brasil e Uruguai.

Guazzelli buscava esfriar a cabeça longe do caso, Faoro queria entrar de cabeça na apuração do sequestro. No Sul, ele acertaria os detalhes finais da viagem de uma missão da OAB a Montevidéu, na semana seguinte, a primeira de 1979, para tentar um contato direto com Lílian e Universindo, os uruguaios sequestrados no Sul.

Faoro tinha a autoridade dos justos. Uma semana antes, no dia 15 de dezembro, ele falara ao *Jornal do Brasil* com clareza e contundência. Foi a primeira personalidade da vida nacional a verberar contra a pedalada internacional patrocinada pelas duas ditaduras.

– O sequestro do casal uruguaio e das duas crianças, se confirmado, atenta contra a soberania nacional... O depoimento do menino Camilo, embora não tenha validade jurídica, esclarece muitos fatos... A audiência [da missão da OAB com Lílian e Universindo] tem que ser reservada para que não haja coação aos presos e eles possam falar livremente sobre o que aconteceu. Comprovado o sequestro, caberá ao Itamaraty negociar a volta dos uruguaios ao Brasil, uma vez que eles estavam sob proteção da lei brasileira.

Naquele mesmo dia o raciocínio claro de Faoro ecoou em Porto Alegre, no 8º Congresso dos Advogados do Rio Grande do Sul. A Comissão de Direito Constitucional do encontro aprovou uma moção de protesto a ser enviada ao presidente Geisel exigindo "identificação dos culpados e a reparação das violações dos direitos humanos e da soberania nacional".

No espaço nobre da página 6, o *Jornal do Brasil* daquela sexta-feira abria a coluna Informe JB com um editorial, "Santa Missão", e uma pergunta desconcertante que complementava a entrevista de Faoro, duas páginas adiante:

> É necessário se perceber desde já que os advogados brasileiros não buscam intervir em assuntos internos do Uruguai. A sra. Celiberti tinha um advogado em Porto Alegre. Desde o dia em que ela desapareceu esse advogado está impedido de cumprir sua missão e é precisamente no cumprimento desse dever que se procura saber o que há com a sra. Celiberti.
>
> Os advogados não intervêm em assuntos internos do país vizinho e para lá embarcam com as escassas armas da lei e da civilização. São fortes e impotentes como o é todo cidadão comum que pode ser sequestrado misteriosamente no Brasil, para aparecer na Cochinchina.
>
> Nada se pede ao Uruguai senão uma entrevista reservada com a sra. Celiberti e com o sr. Universindo.
>
> Que eles digam o que lhes sucedeu.
>
> Será demais?

Dois anos antes, em entrevista a *Veja*, Raymundo Faoro fizera uma frase que sua própria biografia desmentia: "A história do Brasil é um romance sem heróis".

Ele na verdade era um herói vigoroso e sereno da luta contra a ditadura e pela volta do país à democracia. Um capricho do romance nacional o colocaria, no mesmo dia, em contraponto a um dos vilões do regime que ele combatia. No dia 1° de abril de 1977, quase simultaneamente, fizeram-se a treva e a luz.

Em Brasília, a treva.

Pela manhã, o general Ernesto Geisel reuniu o Conselho de Segurança Nacional e, com base no AI-5, fechou o Congresso. Teve o apoio unânime dos 21 ministros e dos chefes de Estado-Maior das três Forças Armadas. Era a terceira vez que isso acontecia na ditadura, agora em retaliação à resistência do MDB a uma reforma do Judiciário.

No Rio de Janeiro, a luz.

À tarde, o Conselho Federal elegeu Raymundo Faoro presidente da Ordem dos Advogados do Brasil. Venceu apertado, por treze votos a onze, mas foi o suficiente para colocar a Ordem à sua altura na luta pela redemocratização.

Faoro era um gigante de um metro e noventa, que fazia o conterrâneo Guazzelli parecer pequeno.

Aos 52 anos, tinha a testa larga pairando sobre olhos argutos, protegidos por um par de óculos imenso e quadrado, de aro grosso, que deixava seu rosto ainda mais solene. Quando conseguia tirar da boca o cigarro ou o cachimbo onipresente, brotava de sua garganta uma voz poderosa e gutural, de tom baixo, que se erguia alto na defesa da ordem constitucional e das liberdades.

Apesar da cara de poucos amigos e do jeitão aristocrático, adorava receber políticos e pensadores em sua casa no bairro carioca das Laranjeiras para uma conversa, um bom vinho, a descoberta comum de um livro.

Quase duas décadas mais tarde, já na democracia, um barbudo que despontara nas assembleias sindicais de São Bernardo tentaria pela segunda vez trocar os palanques do ABC paulista pela rampa do Palácio do Planalto, disputando a presidência em 1994. Parecia difícil, mas seria ainda pior convencer Faoro a integrar sua chapa como candidato a vice.

– Lula, sou um homem preguiçoso e amante das boas coisas da vida. Aceitaria de bom grado uma embaixada em Viena... Desde que vitalícia – brincou, descartando com humor o convite do líder do PT.

Definia-se como "um jurista com alma de sociólogo e coragem de guerrilheiro". E desculpava-se com quem sonhava em vê-lo em postos mais destacados da vida pública.

– Não tenho a elegância do patriciado paulista, sou um simples gaúcho de Vacaria. Aprendi alemão nos clubes masculinos de Porto Alegre, inglês nas peças políticas de Shakespeare e francês com as fábulas de La Fontaine. E, apesar disso, falo como um animal.

Faoro falava e pensava como um animal político.

Ele ficou surpreso em abril de 1978 quando o Palácio do Planalto respondeu ao convite protocolar para a abertura do Congresso Nacional da Ordem, no mês seguinte. Mais surpresos ainda ficaram seus amigos quando ele aceitou o convite do general Geisel para uma conversa no Planalto.

O mesmo general que exatamente um ano antes fechara o Parlamento e, com as luzes de meia dúzia de assessores reunidos na "Constituinte do Riacho Fundo", levara catorze dias para baixar o "pacote de abril". Entre outras barbaridades, aquele embrulho cancelava as eleições diretas para governador em 1978, alterava o cálculo do Colégio Eleitoral para reduzir o peso dos estados maiores e mais oposicionistas, inventava o "senador-biônico" de escolha única e exclusiva do presidente.

Onde todo mundo só via treva, Faoro vislumbrava uma réstia de luz na queda do quorum necessário para reformas constitucionais, que caía de dois terços para maioria absoluta.

– É uma porta entreaberta – anteviu, sem dizer mais nada. Quando a porta do gabinete de Geisel se entreabriu naquela quarta-feira, 19 de abril de 1978, foi recebido por uma saudação alentadora.

– Queremos a mesma coisa, Dr. Faoro. Mesmo com discordância podemos chegar às mesmas conclusões – disse o general de Bento Gonçalves ao advogado de Vacaria, conterrâneos de nascimento e vizinhos de serra gaúcha. Animado pela visita Geisel avançou o sinal:

– Afinal de contas, Dr. Faoro, o que o senhor quer do meu governo?

Com "alma de jurista e coragem de guerrilheiro", Faoro resumiu sua aspiração:

– Quero muito pouco, senhor presidente. Basta que V. Exª restaure em toda a sua plenitude o instituto protetor das liberdades públicas, que é o habeas corpus. Assim não haverá mais clima para aqueles que torturam nos desvãos do DOI-CODI, nem terão mais coragem de segurar quem quer que seja dentro dos presídios. E aos poucos vai acontecer a redemocratização desse país.

No último dia do ano, o habeas corpus ressuscitou com o passamento, sem choro nem vela, do AI-5.

Faoro ensinou o general de plantão, poderia também ensinar o general do turno seguinte.

João Baptista Figueiredo, chefe do SNI, era o favorito de Geisel desde 1973. O secretário particular do presidente, Heitor Ferreira, queria tirar o forte odor de cavalariça do candidato. Tradutor esmerado de biografias de Bismarck e Churchill, Heitor convertia-se agora em um tratador dedicado que tentava dar a Figueiredo um lustro cultural, lutando para domar o seu temperamento xucro. O secretário escovava o pelo duro do general, tentando fazê-lo cavalgar bons livros. Selecionou duas dezenas de títulos, quase todos de autores americanos falando sobre presidentes de lá e heróis de todas as guerras.

Um único brasileiro frequentava esta seleta: Raymundo Faro e seu *Os Donos do Poder*, um clássico em dois volumes da sociologia política, lançado nos anos 50, mostrando como a sociedade moldava a esfera pública – o "estamento burocrático" – aos seus interesses privados, herança da Coroa portuguesa e mãe da corrupção crônica que caracteriza o patronato brasileiro. Foi reeditado com a aura de ser uma das vinte obras mais importantes da história brasileira.

Se folheou, Figueiredo deve ter achado muito chato. Melhor voltar aos cavalos.

Na véspera do Natal de 1978, Faoro resolveu tomar nas mãos as rédeas do sequestro dos uruguaios. Dias antes, ele recebera no Rio de Janeiro um estranho telefonema de um gentil cavalheiro, anônimo, que falava em castelhano e lhe recomendava um bom local para receber a OAB na capital uruguaia:

– Alô, Dr. Faoro? Em Montevidéu nós conhecemos um ótimo lugar para hospedar por uma temporada o senhor e toda a comissão que vai tentar libertar Lílian Celiberti e Universindo Díaz. O hotel não é muito bom, mas é barato. Chama-se Libertad!

Faoro nunca tinha ouvido falar no Hotel Libertad. O presidente da OAB chegou a agradecer a gentileza, mas depois se deu conta de que era um trote. Libertad é o nome do maior presídio masculino para presos políticos do Uruguai. O deboche era uma reação à firme decisão de Faoro de recomendar a criação de uma comissão à OAB gaúcha para investigar o sequestro, estimulando inclusive a viagem à capital uruguaia.

Guazzelli já havia retornado ao descanso da fazenda quando, na quinta-feira, 28 de dezembro, a OAB gaúcha divulgou na presença majestática de Faoro o relatório preliminar enviado ao governador. Nele, os advogados constatavam que "os uruguaios efetivamente encontravam-se nesta capital e que foram coercitivamente transladados para o vizinho país" e admitiam "inequívocos e veementes indícios" sobre a participação de Didi Pedalada no sequestro.

Para apurar o "provável" envolvimento de outros funcionários policiais, a OAB sugeria a Guazzelli a formação de uma comissão de inquérito formada pelo

Ministério Público, Ordem dos Advogados e Associação Rio-grandense de Imprensa (ARI), já que haveria "suspeição" no caso de investigações procedidas "por componentes deste mesmo organismo policial".

Ainda na quinta-feira, o deputado arenista e delegado de polícia Cícero do Amaral Viana subiu à tribuna da Assembleia Legislativa para externar sua opinião – consolidada no dia anterior na reunião secreta com os generais no QG do III Exército. Em um duro e inflamado discurso de oito páginas, Viana defendeu a polícia e atacou o resto:

– Por que esta sanha associada com a subversão para desfazer, para acabar com os órgãos de segurança do estado e do país? – indignou-se, juntando em uma virtude só o general Samuel e os coronéis Macksen de Castro e Moura Jardim.

– Feliz o povo, feliz o estado que têm na chefia de suas forças homens de patriotismo como estes.

Tachou de criminosos Lílian e Universindo ("Que nem era bem um casal na acepção cristã do termo") e classificou a campanha no Brasil para libertar Flávia Schilling de "estelionato para tirar do bolso do povo o dinheirinho ganho com muito suor para uma causa inexistente". Diante de tanta eloquência, o senador eleito Pedro Simon resumiu a impressão geral:

– Parece que ficou claro: ganhou o secretário de Segurança, capitulou o governador do Estado.

Cáustico, o líder do MDB na Assembleia, César Schirmer, ecoou fazendo um duro discurso que a *Folha de S. Paulo* resumiu, no dia seguinte, abrindo uma manchete interna de página inteira com a pergunta central do deputado:

– Afinal, quem governa o Rio Grande?

O tema que começava a incendiar o pampa gaúcho continuava passando batido pelo Congresso Nacional.

O primeiro parlamentar a tocar no assunto foi o deputado federal Rosa Flores, do MDB gaúcho, no Pequeno Expediente da terça-feira, 28 de novembro. Bateu duro, exigindo o esclarecimento do sequestro, denunciando o conluio entre os dois países e clamando pela defesa da soberania nacional. Ficou falando sozinho.

Voltou ao tema na quinta-feira, 30. Fez coro com outro gaúcho da oposição, o deputado João Gilberto Lucas Coelho. E foi só. O ano todo de 1979 passou em branco na Câmara dos Deputados, sem um único discurso – do governo ou da oposição.

No Senado a letargia foi semelhante.

O sequestro estreou na Casa pela voz do vice-líder do MDB, o goiano Lázaro Barbosa, na sessão de quarta-feira, 29 de novembro – quatro dias após a divulgação do Comunicado n° 1.400 das Forças Conjuntas do Uruguai reconhecendo a prisão dos uruguaios em Montevidéu. O senador exigiu explicações do Itamaraty.

No final do ano, o líder da oposição, o gaúcho Paulo Brossard, preferiu um recado mais direto – uma carta aberta ao presidente Geisel, onde reclamava:

> O esclarecimento do fato atingirá pessoas mais ou menos graúdas, que uma falsa concepção faz intocáveis porque o procedimento delas repercutiria em tal

ou qual instituição ou serviço, quando, é evidente, o acobertamento de pessoas faltosas é que gangrena serviços e instituições. (...) Deixou de haver segredo e não haverá mais sigilo, razão por que considerações de conveniência política deixarão de ter pertinência. (...) Se não houvesse o receio, para não dizer o medo, de apurar o fato, ele, há muito, estaria desvendado.[11]

O tema só voltaria à tribuna do Senado pela voz tonante do mesmo Brossard, em 7 de março de 1979, uma quarta-feira.

> A Nação inteira sabe que a soberania nacional foi violada, quando cidadãos uruguaios foram sequestrados na capital do meu estado. (...) Cidadãos uruguaios, cujos nomes não importa saber, foram presos lá no Rio Grande do Sul e, como animais, contrabandeados para o Uruguai. O instituto da extradição encontrou uma modalidade ou versão nova, não reconhecida pelos autores e não conhecida pelos tratados.[12]

No início de janeiro, em entrevista ao *Correio Braziliense*, Brossard tinha desdenhado do inquérito preliminar executado burocraticamente pelo coronel Moura Jardim na Secretaria de Segurança.

– O resultado representa um insulto à Nação, um escândalo. A própria polícia foi usada para ocultar um crime que foi revelado pela imprensa e pela Ordem dos Advogados do Brasil. A polícia foi convertida em instrumento de acobertamento – vergastou o tribuno gaúcho.

E ninguém mais tocou no assunto da tribuna do Senado ao longo de 1979.

Mas a melhor medição política da febre do sequestro não se fazia em Brasília, muito menos em Porto Alegre.

Era feita no Rio de Janeiro.

11. Valls, 2004, p. 319.

12. Idem, p. 319-320.

19
O termômetro

Rio de Janeiro, dezembro de 1978

A apenas treze anos de seu centenário, o *Jornal do Brasil* era em 1978 o mais influente diário brasileiro.

Circulava aos domingos com 326 mil exemplares a partir da cidade que ainda ecoava a opinião pública mais contundente e mais oposicionista do país. O *JB* tinha um diferencial na grande imprensa diária: o editor de Política, Elio Gaspari, um grandalhão de 34 anos que aos 19, um antes do golpe de 1964, entrara no jornalismo pela porta esquerda do *Novos Rumos*, jornal do Partido Comunista. Assinou ali seu primeiro texto como Elio Parmegiani. No *JB*, ele cozinhava a editoria de Política e ainda temperava o Informe JB, a prestigiada coluna de notas da página 6 que formava um condimentado contraponto no cardápio político do jornal.

Nascido em Nápoles, órfão de pai, deixou a Itália do pós-guerra e migrou para o Brasil com a mãe aos cinco anos de idade. No sobrenome ou no pseudônimo, Elio exibiria sempre a sonoridade de um exuberante chefe de cantina, acostumado a falar em voz alta, a montar raciocínios redondos como uma pizza e a torrar os argumentos adversários com a dialética superaquecida de um forno a lenha.

Dono de um texto brilhante e uma ironia apimentada, tinha uma condição singular entre os jornalistas de mando nas grandes redações do eixo Rio-São Paulo: Gaspari era o único repórter que penetrava na cozinha do poder, em uma das fases mais arredias e fechadas do regime militar.

Ernesto Geisel mostrava isso na cara sempre amarrada. Golbery do Couto e Silva dera a ele sua própria definição: “Eu sou o general do silêncio”. Os generais carregavam a fama de não gostar de jornalista e de ter raiva de quem gostasse.

Pois gostavam de Gaspari.

Ele ainda conquistou a amizade do sujeito que conseguia ser secretário particular ao mesmo tempo do sacerdote (Geisel) e do feiticeiro (Golbery) do regime: o meticuloso Heitor Ferreira, que tinha o rigor de um taquígrafo ao gravar em fichas manuscritas o dia a dia do presidente mais hermético da ditadura.

A temperatura do regime, auscultada no trio Geisel-Golbery-Heitor, era registrada pelo acurado termômetro político de Gaspari, que antecipava no noticiário político e nas notas da coluna os tiques, as manhas e as tendências de um núcleo autocrático de poder que não falava.

Pior, cultuava o silêncio.

O jeito era ler Elio Gaspari.

Nas páginas do *JB*, o sequestro aqueceu aos poucos. A primeira notícia do sumiço dos uruguaios, na terça-feira, 21 de novembro, era um mero registro burocrático, publicado lá atrás, na página 22, em duas colunas abaixo da seção de obituário. Com a oxigenação do noticiário, o assunto começou a avançar em direção à primeira página do jornal. Transbordou para a página 16, escorreu depois até a 10, alcançou enfim a página 8 no sábado, 25 de novembro, quando os militares do Uruguai divulgaram o Comunicado n° 1.400, assumindo a prisão e escancarando o sequestro.

Então Gaspari botou lenha no forno.

No domingo, 26 de novembro, o sequestro invadiu o terreno nobre da primeira página do *Jornal do Brasil*, sob o título: "Casal que sumiu no Sul aparece preso no Uruguai". A partir da segunda-feira 27, Gaspari pegou o touro à unha. Abriu dez parágrafos e ocupou mais da metade do Informe JB, a coluna que ele acumulava com a editoria Política, para discorrer sobre "A banalidade do mal":

> Há 14 dias desapareceram de Porto Alegre, onde viviam, os uruguaios Universindo Rodriguez Díaz e Lílian Celiberti e seus dois filhos menores. Foram, conforme o depoimento de dois jornalistas brasileiros, testemunhas do delito e quase vítimas dele, sequestrados em território nacional por agentes da repressão uruguaia ou – o que é ainda mais constrangedor – por brasileiros a serviço da intolerância uruguaia.
>
> Casos como esse, de agressiva, notória violação da soberania de um país, servem para testar a capacidade de indignação de uma sociedade e de um governo, atributo vital da independência e do respeito aos princípios internacionais.
>
> Presume-se, pelas primeiras reações, que o Brasil se deixe reprovar neste teste. No Uruguai, é bom não esquecer, já foi preso e torturado o brasileiro Flávio Tavares. Lá, agora mesmo, cumpre pena de trabalhos forçados na penitenciária de Punta de Rieles a brasileira Flávia Schilling, condenada em 1978 quando tinha dezenove anos. O Itamaraty e a opinião pública brasileira não se comoveram nem se incomodaram.
>
> É claro, por culto à leviandade, pode-se também edulcorar este sequestro, lambuzando-o com as explicações inverossímeis da nota que, em sua descomplexada tipicidade, as autoridades repressivas uruguaias distribuíram. Isso exige acreditar em coisas implausíveis.
>
> Por exemplo, que um casal procurado no Uruguai, e livre no Brasil, atravessasse voluntariamente a fronteira de volta e se atirasse nos braços de um regime sob a suspeita mundial de praticar a mais ilegal violência. Ou que, com a mesma lógica, esse casal levasse, junto com "material subversivo", duas crianças.
>
> ***
>
> Pode-se aceitar essa versão e, com ela, tolerar a monstruosidade. Ou preferir o relato factual, direto, minucioso e pessoal de uma testemunha do delito – o jornalista Luiz Cláudio Cunha – que viu o sequestro e, por profissão, vive da credibilidade da própria palavra.
>
> ***
>
> Não se trata de exercício intelectual. Este caso coloca o Brasil diante de uma circunstância concreta de ameaça à segurança nacional, em cuja intenção abstrata se sacrificaram catorze anos de liberdades e a normalidade política no país. Se a polícia uruguaia pode entrar em Porto Alegre e nela fazer prisões, então o

Brasil é um país sem segurança, sem fronteira, sem mesmo uma noção clara do que seja nacional.[13]

Foi a primeira fornada, sem azeite, de Gaspari para que o sequestro não terminasse em pizza.

Começou ali uma impressionante sequência de editoriais candentes, olorosos, temperados pelo fino orégano da ironia, que se prolongaram até 24 de dezembro, o domingo em que o *JB* ecoou a denúncia de *Veja*, publicando a foto de Didi Pedalada na capa.

No curto espaço de 28 dias, o Informe JB dedicou catorze longas, duras, contundentes notas de abertura ao sequestro. Na média era uma nota dia sim, dia não, mostrando sensibilidade em relação a um episódio grave que ainda não era um prato quente no menu da grande imprensa brasileira. Nem mesmo da imprensa gaúcha, que se limitava a uma cobertura mais factual do caso, sem avançar opinião e crítica com a coragem e a indignação exibidas pelo diário carioca.

Na quarta-feira, 29, sob o título de "Elementar, caro Watson", o Informe escorria ironia:

> Mesmo admitindo-se que dois refugiados políticos, depois de terem a casa invadida por homens armados, resolvam embrulhar livros marxistas e aparecer na fronteira do país onde são perseguidos, é preciso estabelecer a identidade dos cidadãos que estavam no apartamento quando lá chegou o jornalista.
>
> Com ordem de quem agiam? Onde trabalham? O que fizeram ao casal? Para onde o levaram?
>
> ***
>
> Se as autoridades uruguaias, sobre quem paira a suspeita de terem copatrocinado um sequestro em território brasileiro, estão seguras de sua versão, por que não permitem que o casal seja visitado, sem testemunhas nativas, por uma autoridade internacional? Nessa visita poderiam contar o que lhes sucedeu.
>
> Qualquer abordagem que se faça desse ridículo mistério leva à conclusão de que o casal pode ter sido sequestrado por uruguaios, ou por brasileiros a serviço de uruguaios. Em um e outro caso violaram-se não só os direitos humanos dos envolvidos, o que nesta parte do mundo pode não ser muita coisa, mas também a soberania brasileira.
>
> ***
>
> No dia 7 de dezembro o Chanceler Azeredo da Silveira deverá ir ao Uruguai. Deve cuidar do que leva na mala, pois, pelo visto, se lhe acontecer alguma coisa, pouco fará o Itamaraty para trazê-lo de volta.

O depoimento de Camilo, desenhando seu cativeiro no DOPS gaúcho, elevou a temperatura do Informe JB de sexta-feira, 1° de dezembro, que cuspiu fogo sob o título de "Ofensa nacional":

13. *Jornal do Brasil,* Informe JB, 27 de novembro de 1978, p. 6.

Ou se divulgam fatos capazes de desmentir a narrativa do menino Camilo (...) ou a polícia brasileira deverá apresentar ao país os criminosos que, no dia 12 de novembro, sequestraram na Capital gaúcha duas crianças.

(...) Ele e sua irmã foram levados por brasileiros – identificados pelo idioma, a um prédio grande, em frente a um pequeno rio e de lá colocados em um carro tripulado por dois cidadãos que falavam espanhol (...)

Enquanto o DOPS for um prédio grande em frente a um riacho na avenida Ipiranga, a sociedade brasileira merecerá informações a respeito de semelhante delito.

Enquanto o governo uruguaio não permitir que o casal Lílian e Universindo narre, sem constrangimento, como saíram de Porto Alegre, onde viviam como refugiados, e apareceram no Uruguai, onde eram perseguidos, deve-se suspeitar da prática de uma operação policial que resultou em clara e cabal violação da soberania brasileira.

***

Sem dúvida há que se suspeitar da narrativa de uma criança. No entanto, há mais lógica no que diz o menino do que na nota oficial divulgada por adultas autoridades uruguaias, segundo as quais o casal tentou regressar ao país e, nisso, foi preso. Contra essa versão há a narrativa adulta do jornalista Luiz Cláudio Cunha, que viu o apartamento da sra. Celiberti invadido por cidadãos armados e, infelizmente, falando o idioma português. (...)

***

Antes do episódio, o Chanceler Azeredo da Silveira tinha em sua agenda uma visita ao Uruguai. Depois dele, essa visita deve ser adaptada ao curso das investigações. Se o Uruguai envia ao Brasil policiais para sequestrar pessoas, seja lá com a ajuda de quem for, já que o faz sem a ajuda de qualquer lei, lá não deve ir o ministro das Relações Exteriores. Se lá vai, o faz movido por informações que lhe afastam essa suspeita, ou por alguma forma de intuição solidária.

É preciso que o caso dos refugiados uruguaios ofenda. É preciso que alguém se indigne, que se manifeste a capacidade de sofrimento e ira de uma sociedade. Do contrário, quem usar meias ou cintos poderá acabar enforcado, pois os monumentos ao mal se erigem sobre a indiferença e, sobretudo, a noção segundo a qual "esse não é o meu caso".[14]

No domingo, 3 de dezembro, o *JB* abriu seu Informe com um raciocínio crocante sobre as acusações genéricas da polícia, na nota "Ainda os uruguaios":

Informa-se em Porto Alegre que eles estariam envolvidos em um vasto plano subversivo descoberto na região do Prata. Muito bem. Admita-se que o sr. Universindo é a subversão em pessoa. O próprio Trótski. Estabeleça-se que a sra. Lílian é a encarnação do perigo vermelho. Rosa Luxemburgo rediviva.

***

Isto posto, a questão continua a ser rigorosamente a mesma. Não é a qualidade dos sequestrados que torna criminoso um sequestro. É o ato em si e, sobretudo, a

14. *Jornal do Brasil,* Informe JB, 1 de dezembro de 1978, p. 6.

origem dos sequestradores, até porque se suspeita que sejam não só funcionários de um país, mas também agentes de outro que lesou a soberania do primeiro.

***

O que parece ter sucedido em Porto Alegre foi a violação da soberania brasileira pela ação de agentes estrangeiros com a hipotética colaboração de funcionários locais. Quem são os sequestrados é questão de menor importância.

Trótski era subversivo e foi recebido na Turquia e no México. Georges Bidault, o chefe da organização terrorista francesa na Argélia, também era e foi recebido no Brasil.

***

O refugiado refugia-se porque alguém o acha perigoso. Se, por acaso, transgride as leis do país que o hospeda ou, se nele hospedado, ofende o país de onde foge, compete ao primeiro tratar de sua expulsão para outro lugar e ao segundo rogar sua extradição.

O resto é crime.[15]

O ridículo de uma situação cada vez menos justificável fica marcado quando transborda do noticiário para o espaço da charge, reino universal do deboche. No alto da página 10, à direita dos editoriais do jornal e acima da seção de cartas, a charge de Ziraldo na edição de sábado, 2 de dezembro, alfinetava pela primeira vez o sequestro. Mostrava uma cena na rua da Praia, ponto mais tradicional de Porto Alegre, onde um truculento agente de chapéu suspendia pela lapela um cidadão apavorado com uma pergunta *muy* brasileira:

– *Sabe Usted con quien está hablando?*

Ziraldo voltaria a atacar na segunda 4 de dezembro, com um diálogo encharcado de ironia, aproveitando a presença do chanceler brasileiro em uma reunião em Punta del Este a partir do dia seguinte:

– O Silveirinha tá indo pro Uruguai... – diz um.

– Por livre e espontânea vontade??? – pergunta o outro.

No Informe JB daquela segunda, quatro páginas antes, uma pequena nota de vinte linhas, sob o título "Uma palavra", fustigava o chanceler com elegante inclemência:

Está em Montevidéu o Chanceler Azeredo da Silveira.

A alguns quilômetros de distância de seu hotel estão presos, e ainda incomunicáveis, dois cidadãos uruguaios que viviam como refugiados no Brasil e desapareceram misteriosamente para reaparecerem presos. Na banca de jornais mais próxima ao seu gabinete, o Chanceler poderá ver que os jornais brasileiros que tratam do assunto não circulam.

Seria desejável que o Ministro das Relações Exteriores, na volta da fruição da hospitalidade do governo de Montevidéu, tivesse algo a declarar. Poderia dizer, por exemplo, qual é o conceito de soberania que pragmática e responsavelmente vem cultivando.[16]

---

15. *Jornal do Brasil,* Informe JB, 3 de dezembro de 1978, p. 6.

16. Idem, 4 de dezembro de 1978, p. 6.

No dia seguinte, terça 5, o sequestro mudou de lado – saiu da charge à direita e invadiu à esquerda o sacrossanto território do editorial no alto da página 10, espaço reservado à opinião do próprio jornal. "Teste de Força" cutucava diretamente o governo Geisel:

> Por tudo que permanece de mistério no desaparecimento, em Porto Alegre, de um casal de uruguaios que apareceu, também sem explicações, preso mais tarde em Montevidéu, fica à mostra a necessidade de um momento em que os excessos praticados em nome da segurança nacional recebam o tratamento de castigo.
>
> Sem uma demonstração exemplar da parte do governo, os chamados organismos paralelos continuarão com as práticas autônomas que se arrogaram e que, a esta altura, já contrariam as intenções e palavras oficiais. Quem fica mal perante a opinião pública é o governo, que anuncia a erradicação do arbítrio e, no entanto, é afrontado por atos de abuso. (...)
>
> O governo é o juiz da melhor oportunidade de cortar as asas ao arbítrio residual mas, se não souber fazê-lo por via administrativa, acabará estimulando a convicção de que os organismos paralelos são casos de investigação política. Na verdade a questão é essencialmente política e diz respeito, em primeiro lugar, aos governantes que se empenham em abrir a saída institucional.
>
> O teste da impunidade tem em vista aferir o grau de disposições efetivas de fazer refluir o ânimo da ilegalidade que opera à sombra da ideia de segurança nacional, como se esta pudesse tornar-se vulnerável sob a proteção dos instrumentos legais.
>
> (...) Ou o governo dá a demonstração de que discorda do método autônomo em matéria de sua competência, como é a segurança nacional, ou podemos desistir da expectativa de que o país se encaminha para a normalidade nas relações entre a sociedade e a máquina do governo. Este tem a liberdade de escolher a hora de agir, mas tem o dever de agir em tempo útil se não quiser ser desautorizado pelos fatos consumados.[17]

Na nota de abertura do Informe de quinta, 7, sob o título "Inteligência e soberania", o jornal zombava da autoinocência proclamada pela polícia gaúcha:

> Ninguém está interessado em saber se foi a polícia brasileira quem sequestrou os uruguaios. Aliás, ninguém está interessado em saber a profissão dos sequestradores. O que se deseja é a identidade, para que se providencie o competente encarceramento dos criminosos.
>
> ***
>
> É pena que, diante da suspeita de um crime, a polícia tenha a informar que não foi ela. Afinal, não se paga a polícia para que saia por aí a sequestrar pessoas. Paga-se para que previna sequestros e prenda sequestradores. (...)
>
> Diante de uma máquina administrativa que levou duas semanas para começar a investigar um caso de sequestro, é preciso que as coisas sejam ditas com alguma clareza:

---

17. *Jornal do Brasil,* Informe JB, 5 de dezembro de 1978, p. 10.

Suspeita-se que a polícia brasileira não vá apurar coisa alguma.

Suspeita-se que o sequestro foi feito com o alto patrocínio do governo uruguaio que, assim, conseguiu conquistar, pela primeira vez na história dos dois países, soberania jurisdicional sobre o território gaúcho. Essas suspeitas acabarão quando alguma autoridade, brasileira ou uruguaia, apurar alguma coisa de positivo. Descobertas negativas, como a de que "preliminarmente" não foi a polícia, têm o mesmo valor que o anúncio da inocência, neste caso, do Abominável Homem das Neves.

***

Afinal, o senso comum ensina que se pode violar a soberania de um país. O que não se pode é obrigar seus habitantes a serem estúpidos.[18]

A polícia, o chanceler e o governo brasileiro poderiam ter anotado, com atenção, as palavras nas últimas horas de dois gigantes na luta interminável contra a estupidez humana – dom Paulo Evaristo Arns e Jimmy Carter. Um roçava as penas de um macabro aparato transnacional, ainda sem nome, que sobrevoava o continente com a sombra de um abutre. O outro mostrava que o tradicional patrono da doutrina que atropelava fronteiras e direitos humanos tinha mudado dramaticamente de lado.

Na terça-feira, 5, o mais importante líder da Igreja Católica no Brasil, o cardeal de São Paulo, dom Paulo Evaristo Arns, falou sobre direitos humanos na PUC paulista. E provocou a imprensa:

> Os jornais devem ter a coragem de seguir as pistas para ver o que existe e desmantelar possíveis entendimentos entre os órgãos de repressão na América Latina. Tivemos um caso na semana retrasada em Porto Alegre, temos sempre novos casos. Há tantas vozes por aí que indicam que há entendimentos entre os órgãos repressivos. Estive no Chile e no Paraguai e lá me disseram: "Nós aprendemos com vocês, nosso pessoal aprendeu a reprimir com vocês". Isso fala muito contra as instituições democráticas.[19]

No dia seguinte, quarta-feira, 6 de dezembro de 1978, o mais poderoso governante do planeta deu o seu recado na Casa Branca. O presidente Jimmy Carter (1977-1981) aproveitou a cerimônia dos trinta anos da Declaração Universal dos Direitos do Homem e falou, claro e duro, diante de 250 ativistas de direitos humanos do mundo inteiro. Tinham se passado apenas doze dias desde que seu cônsul em Porto Alegre, Fred Exton, havia escutado meu relato sobre o sequestro em 25 de novembro.

Carter ressaltava uma inflexão histórica na política externa dos Estados Unidos. Era uma guinada radical na política que ficara marcada pelos dólares, equipamento, doutrina e amparo internacional que costumava dar aos regimes auto-

18. Idem, 7 de dezembro de 1978, p. 6.

19. *Jornal do Brasil*, 6 de dezembro de 1978, p. 7.

ritários, sob o pretexto da luta contra o comunismo. O governo Carter, inspirado pela formação religiosa batista e forte apego moral de seu chefe, era um interregno liberal entre duas administrações republicanas conservadoras que estimulavam os generais mais virulentos do continente: o antecessor Nixon (1969-1974) e o sucessor Ronald Reagan (1981-1989). O discurso de Carter, naquele dia, era prova de que o Grande Irmão do Norte já não apoiava a violência contra os cidadãos e as liberdades:

> Esta administração tem um compromisso com a política de direitos humanos e nenhuma força na Terra, enquanto for presidente, será capaz de me demover desta meta. Os direitos humanos são a alma de nossa política externa porque são também a alma real de nosso senso de nacionalidade. (...)
>
> Em alguns lugares, presos políticos foram libertados. Em outros, diminuiu a brutalidade da repressão. Em outros, ainda, ocorreu um movimento em favor das instituições democráticas ou do império da legalidade. De todos os direitos humanos, o mais importante é o de não sofrer violência arbitrária, venha ela do governo, de terroristas, de criminosos ou de pessoas que se intitulam messias, e agem sob a cobertura da política ou da religião. Mas os governos – porque seu poder é muito maior do que o de qualquer indivíduo – têm uma responsabilidade especial.
>
> Não hesitaremos em manifestar nossa indignação aos regimes que continuam empenhados em amplas violações dos direitos humanos, nem fingiremos que isso não afeta nossas relações. A quem pensa que esta política às vezes prejudica a quem se propõe beneficiar, eu digo: perguntem às vítimas, perguntem aos exilados, perguntem aos governos que praticam a repressão. Os governos sabem que estamos vigilantes.
>
> Das prisões, dos campos de trabalhos forçados ou dos exilados constantemente recebemos a mesma mensagem: erguer nossa voz, denunciar e perseverar, fazer ouvida a voz da liberdade.[20]

Dois dias depois, sexta-feira, 8, o Informe JB erguia de novo sua voz para denunciar, na nota que abria sob o título "Nada disso":

> Ontem o coronel Macksen de Castro Rodrigues, superintendente da Polícia Federal no Rio Grande do Sul, deu entrevista para esclarecer o caso do sequestro dos uruguaios, desaparecidos em Porto Alegre e presos em Montevidéu, onde estão incomunicáveis.
>
> Disse:
>
> 1) Que os dois são subversivos.
>
> 2) Que "para mim e para a Polícia Federal, não houve sequestro".
>
> ***
>
> Não está em questão o que são ou deixam de ser os dois refugiados. O que se questiona é a integridade da soberania brasileira. (...)

20. *Jornal do Brasil*, 7 de dezembro de 1978, p. 13.

> Tudo bem. Falta explicar o que faziam, no dia 17 de novembro, alguns cidadãos armados de metralhadora na casa da sra. Lílian Celiberti. Falta saber quem eram e por ordem de quem lá estavam. Eles foram vistos por um cidadão brasileiro, o jornalista Luiz Cláudio Cunha.
>
> Se não houve sequestro, o que é uma possibilidade lógica, o que faziam estes senhores? Levavam amostras de remédio, vendiam produtos Avon, ofereciam lactobacilos vivos Yakult, ou será que tentavam vender metralhadoras à refugiada?
>
> ***
>
> Quando a polícia brasileira puder dizer o que ocorreu no apartamento então valerá a pena se saber o que ela acha. Até lá, que cumpra o seu dever. (...)
>
> Por favor, roga-se às autoridades que, além de impostos, alguma submissão, respeito e até mesmo admiração, elas não exijam dos contribuintes um cretinismo que eles não podem dar.[21]

No dia em que o AI-5 completava dez anos de vida, 13 de dezembro de 1978, uma quarta-feira, o Informe JB bateu pesado, em uma impiedosa nota de abertura sobre "O desaparecimento dos uruguaios":

> Informou ontem o major João Barcelos, relações-públicas da Secretaria de Segurança do RS, que "não houve nenhuma alteração, até agora, em relação às conclusões da investigação preliminar, que comprovaram não ter existido a participação de policiais gaúchos no desaparecimento do casal de uruguaios Lílian Celiberti e Universindo Díaz".
>
> Ou as palavras perderam o seu sentido, ou já se fez algum progresso. O major, ao contrário do governo da República do Uruguai, admite que o casal desapareceu. Os militares de Montevidéu acham, em nota oficial, que eles apareceram na fronteira e lá foram presos.
>
> ***
>
> Se a polícia gaúcha admite que antes de *aparecerem* no Uruguai eles *desapareceram* de Porto Alegre, resta apenas saber se sumiram por conta própria ou *foram sumidos*.
>
> Há, como se sabe, a suspeita de que os dois uruguaios tenham sido sequestrados, em território brasileiro, por um comando organizado por representantes de uma nação estrangeira que nele entrou para praticar um ato de força.
>
> ***
>
> A conclusão preliminar da polícia gaúcha, segundo a qual o país pode ficar tranquilo, pois não foi ela, é mísera de eficiência. Não se paga à polícia para sequestrar ou não sequestrar pessoas, e sim para que ela descubra quem as sequestra. (...)
>
> ***
>
> Senhores, temam o ridículo. Não temam a sociedade, pois ela só vota de quatro em quatro anos. Temam o ridículo. Olhem para a História, vejam os filmes recentes e prestem atenção para as pessoas que se julgavam poderosas e agora provocam gargalhadas nas plateias.[22]

21. Idem, 8 de dezembro de 1978, p. 6.

22. *Jornal do Brasil,* Informe JB, 13 de dezembro de 1978, p. 6.

Na segunda-feira, 18 de dezembro, o Informe JB foi o único a lembrar:

> Ontem, há um mês, o jornalista gaúcho Luiz Cláudio Cunha recebeu um telefonema informando-o que dois refugiados políticos uruguaios estavam sequestrados em Porto Alegre, em um apartamento da rua Botafogo. (...)
>
> Desde o primeiro dia da denúncia, enquanto milhares de pessoas viviam inebriados pelos resultados eleitorais, levantou-se a suspeita de o território brasileiro ter sido violado por agentes do governo uruguaio que aqui sequestraram dois dissidentes de seu bizarro regime. Poucos foram os que se incomodaram e pouco se conseguiu das autoridades encarregadas de zelar pela segurança do Estado. (...)
>
> Parece claro que os responsáveis pelo sequestro, bem como os administradores do silêncio, esperam que o assunto morra. Aguardam que esses aborrecidos cidadãos interessados no assunto se cansem. Ou sabem demais, ou não sabem nada, nem querem saber. Sentem-se fortes para desdenhar a indignação daqueles que percebem o aspecto grotesco do sequestro e as características macabras da indolência com que ele é tratado.
>
> ***
>
> Pena que não percebam uma pequena sutileza: não se cansam as pessoas que pedem a verdade. Cansa-se a moralidade, extenua-se a imagem de pessoas pagas para manter a ordem que, além de não conseguir mantê-la, escondem-se envergonhadas.
>
> Fica aberta uma corrida de resistência entre a polícia gaúcha, a repressão uruguaia e todas as suas eventuais conexões, e aqueles que desejam preservar a dignidade humana e a soberania nacional.
>
> ***
>
> Passou o primeiro mês. Um mês de mancha na biografia do governo uruguaio, do governo gaúcho, de seu secretário de Segurança e das autoridades federais que deveriam tratar seriamente do assunto.[23]

Até que chegou o sábado, 23 de dezembro, quando o Informe JB publicou a nota "Na rede" com a notícia que eu tentei dar em primeira mão ao governador do Rio Grande do Sul no seu refúgio de Vacaria. Era a notícia que, ironizada como "presente de Natal", dava a identificação de Didi Pedalada pelos repórteres de *Veja*. A nota que atravessara o descanso natalino de Synval Guazzelli na fazenda Cipó.

Na virada do ano, o sequestro aterrissou no santuário da política nacional, a página 2 do *Jornal do Brasil*, onde se fincava a Coluna do Castello. Ali, na quinta-feira, 4 de janeiro, o jornalista Carlos Castello Branco, então o mais influente articulista político do país, botou o dedo na ferida no artigo sob o título "Um caso de honra no Rio Grande do Sul". Transferiu de Porto Alegre para Brasília a responsabilidade pela investigação sobre "uma conivência, consentida ou informal, de aparelhos repressores que atuam no Cone Sul do continente".

23. *Jornal do Brasil*, Informe JB, 18 de dezembro de 1978, p. 6.

A pena clara do jornalista roçava a asa negra da "Operação Condor", uma entidade sinistra conhecida então apenas no código militar da repressão transnacional do Cone Sul. Trechos do voo rasante de Castellinho:

> Habituamo-nos a ver no governador Synval Guazzelli um homem de bem. Como político ele peca mais pela inconveniência de atitudes do que pela reserva conveniente, pois não costuma esconder o que pensa nem deixa passar sem esclarecimento qualquer equívoco que se arme em torno das suas atitudes. Conhecendo-o e acompanhando suas reações sobre esse caso do sequestro de uruguaios em Porto Alegre, não podemos duvidar de que ele considerou como "caso de honra" a apuração do que ocorreu. Se ele, no entanto, volta à sua fazenda de Vacaria para continuar suas férias sem que os esforços da Secretaria de Segurança do seu estado tenham investigado em profundidade toda a questão, deve-se procurar uma razão plausível para sua decisão.
>
> Essa razão parece-nos situada no fato de ter sido o governador convencido de que o episódio do sequestro escapa à alçada do governo do seu estado e se situa na alçada da União. A Polícia Federal assumiu a responsabilidade das investigações e atua a seu modo, sigilosamente, sem testemunhas, sem acareações indispensáveis, no âmbito da autossuficiência com que se movimentou o aparelho repressor à sombra do extinto AI-5. O governo do Rio Grande do Sul nada tem a ver com o assunto, ainda que eventualmente elementos do DOPS tenham sido utilizados na operação. A ação que o governador tiver de adotar estará assim condicionada à investigação das autoridades federais em um caso bastante complexo por envolver relações internacionais.
>
> Tem todo cabimento assim a carta que o Senador Paulo Brossard (...) endereçou ao presidente da República solicitando sua interferência no caso, invocando como precedente o que ocorreu nos episódios das mortes do jornalista Vladimir Herzog e do operário Manuel Fiel Filho. A carta insinua, pelos precedentes invocados, que a operação do sequestro se desenvolveu sob responsabilidade ou com a cumplicidade de autoridades federais, senão militares pelo menos civis, e assim somente um ato cirúrgico do presidente, semelhante à exoneração do comandante do II Exército, seria capaz de terminar com o que poderá ser uma conivência, consentida ou informal, de aparelhos repressores que atuam no Cone Sul do continente. (...)
>
> Deve-se prever, assim, que as investigações em curso no Rio Grande do Sul não irão ao ponto de abrir o jogo dessa maldita parceria de cuja existência se suspeita. Mas um ato do presidente será suficiente para liquidar um jogo sinistro que elimina a segurança de uma ampla área do continente. (...)
>
> Se a Polícia Federal não o apurar, haverá alguém com conhecimento dos fatos suficiente para torná-los públicos. É de prever-se que a atuação do presidente faz-se necessária não só para pôr fim a uma possível aliança informal de aparelhos de segurança internacionais como para compelir os responsáveis pelo inquérito a realizar todas as diligências necessárias a esclarecer a opinião pública nacional. (...)
>
> Quanto à atitude do presidente Ernesto Geisel, é imprevisível. Ele não costuma agir por provocação, mas em cima dos fatos e segundo seus próprios cri-

térios de avaliação. Não se sabe até que ponto mostrará compreensão por episódios que se terão passado ainda à sombra do arbítrio e na atmosfera da exceção gerada pelos poderes discricionários do governo. Como o sequestro vai envelhecendo e não se conhece a atitude do presidente, não seria de espantar que ele deixasse o assunto confiado à Polícia Federal ou às autoridades do III Exército.[24]

***

Onze dias antes, em um domingo, 24 de dezembro, véspera do Natal, o *JB* estampara na primeira página a foto do jogador, ecoando a denúncia que *Veja* levava em primeira mão aos seus leitores.

Nesse dia o secretário particular do presidente da República, Heitor Ferreira, atualizou o seu *Cronogeisel.* Era o apelido que dera ao registro diário do governo Geisel, que ele fazia em letra miúda em folhas de cartolina grande. Anotou ali a data – 23/24/dezembro/1978 – e escreveu, como um lembrete seco: Caso dos uruguaios sequestrados.

O sequestro tinha afinal chegado sem rodeios à cozinha do Planalto, o núcleo duro do poder. Seria o único registro conhecido no círculo restrito do presidente da República do caso que embaraçava o governo. Aparentemente, como escreveria Castellinho, o imprevisível Geisel não se moveu.

Só aparentemente. Geisel não agia por provocação, mas em cima dos fatos. E o fato do sequestro teimava em não envelhecer, enquanto escorriam os últimos três meses de seu governo. Irritado, ele chamou ao seu gabinete o sucessor já indicado, o general João Baptista Figueiredo, afastado desde junho de 1978 da chefia do SNI para cuidar exclusivamente de sua posse em março.

– Figueiredo, resolva este problema – ordenou o presidente, com o figurino carrancudo que vestia nos momentos mais desconfortáveis.

Para resolver a encrenca, Figueiredo convocou o seu homem de confiança: o general Octávio Aguiar de Medeiros, que saíra do comando da Escola Nacional de Informações (ESNI) em junho para assumir a chefia do SNI, vaga com a candidatura de Figueiredo. Ele repassou a ordem do chefe:

– Precisamos resguardar o governo, Medeiros. Trate pessoalmente deste caso – repassou Figueiredo.

Ainda em janeiro de 1979, por conta do "caso dos uruguaios sequestrados", Medeiros viajou a Porto Alegre.

Não uma, mas duas vezes.

Nenhuma delas está anotada no *Cronogeisel.*

24. *Jornal do Brasil,* Coluna do Castello, 4 de janeiro de 1979, p. 2.

20
O CAUSÍDICO

Porto Alegre, janeiro de 1979

Petequinha.

Nos primeiros dias de janeiro de 1979, essa era minha principal preocupação na vida.

Petequinha era o nome do maternal onde minha filha Gabriela estrearia sua rotina escolar, quatro meses após comemorar seu segundo ano de vida. No espalhafatoso uniforme de saia vermelha e blusa azul-marinho da escolinha, ela iniciava sua vida escolar em Florianópolis, a capital catarinense, 470 quilômetros ao norte de Porto Alegre, onde passaria os próximos meses. Em boa hora, Janda foi fazer o seu mestrado em Letras na Universidade Federal de Santa Catarina.

Elas viviam na Ponta das Almas, a uns vinte passos da margem da lagoa da Conceição. Suas águas mansas lambiam serenas a estreita franja de areia onde Gabriela se divertia, observando extasiada os caranguejos que corriam desajeitados pela praia. Ela só deixava aquele paraíso para encontrar os novos amiguinhos do Petequinha, no bairro da Trindade, onde passava parte do dia enquanto Janda estava bem próximo dali, no campus da universidade. Era um disfarce conveniente e um esconderijo eficaz, naquele momento, para as duas mulheres mais importantes da minha vida.

Segurança era algo que me preocupava naqueles tempos tão inseguros. Não chegava a comentar isso com Janda para não deixá-la aflita. Ela, esperta, também não puxava o assunto para não acrescentar outro foco de tensão na minha pauta diária. Ambos fingíamos que o problema não existia para não quebrar o encantamento de Gabriela.

Antes do início do ano escolar, planejamos passar alguns dias de janeiro na praia de Garopaba, descoberta dos anos 70 dos gaúchos de todas as idades – deslumbrados de um lado pela baía de águas verdes e calmas, de outro pelas ondas agitadas e maneiras que faziam a festa dos surfistas na praia atrás do morro. O lugar tinha então a paz de um litoral imune à especulação imobiliária.

Enquanto eu descansava com minha família no litoral catarinense, a polícia fazia marola na capital gaúcha. A onda chegou ao Palácio Piratini, na primeira semana de janeiro. Na crista da Secretaria de Segurança, os jornalistas criaram o redemoinho e sumiram. O repuxo chegou aos ouvidos do advogado Werner Becker pela palavra do amigo Ênio Castilhos, o secretário de Governo, que ouviu a queixa do próprio Synval Guazzelli.

– Werner, a polícia agora está em cima do Palácio. Dizem que os jornalistas são uns irresponsáveis. Criaram esta confusão toda e desapareceram...

– Não, Ênio – rebateu Werner –, posso te garantir que o Luiz Cláudio não está desaparecido. Diga ao governador que, se precisar, ele estará em Porto Alegre em 24 horas.

Por questão de segurança, Werner não deu detalhes de meu paradeiro.

Eu não poderia ter melhor defensor.

***

Werner Cantalício João Becker, apesar de seus ralos 43 anos, tinha os cabelos irremediavelmente brancos que contrastavam com o preto das sobrancelhas bem marcadas.

Sobrinho-neto de dom João Becker, que emigrara da Alemanha aos dois anos de idade e se fizera arcebispo de Porto Alegre no início do século XX, o porto-alegrense Werner tinha a cara lavada de santo que, na abençoada esteira do avô, lhe garantiria vaga eterna como príncipe da Igreja. Porém, em vez do purpurado do Sacro Colégio pontifício, ele envergou o secular terno e gravata de advogado – e ganhou, pela justiça dos homens, a unção como um dos cardeais do direito no Sul.

No início dos anos 70, tinha lugar cativo na mesa mais ilustre da *intelligentsia* nativa, que se remontava toda quinta-feira para um papo-cabeça e um santo almoço no Pagoda, endereço nobre da cozinha chinesa no início da avenida Protásio Alves.

Quem tinha cadeira ali não saía. Quem não tinha morria de inveja. Mas eram poucos os eleitos para compartilhar aqueles nacos de yakissoba, tofu, chop suey e frango xadrez temperados por muito shoyu, fina ironia, elevada filosofia, humor refinado e crítica ácida – na política e no futebol, não necessariamente nesta ordem.

Além de Werner eram membros cativos da confraria do Pagoda o filósofo e jornalista Ruy Carlos Ostermann, o crítico de cinema e publicitário Hiron (Goida) Goidanich, o cronista esportivo e mandarim colorado Ibsen Pinheiro, o jornalista José Onofre e um promissor colunista da província chamado Luis Fernando Verissimo, que se entrincheirava em um eloquente silêncio do começo ao fim do ágape.

Eventualmente frequentava aquele círculo restrito outro jornalista, Paulo Totti, então chefe da *Veja* em Porto Alegre.

Werner Becker fora o advogado de três ilustres militantes da esquerda gaúcha: Flávio Koutzii, Índio Vargas e Marco Aurélio Garcia.

Estudante de Economia, descendente de russos e trotskista, Koutzii militou no Partido Operário Comunista (POC) e se refugiou no Chile quando a repressão apertou o cerco. A queda de Allende o levou para a Argentina, onde foi preso antes do golpe de 1976, já integrado ao Exército Revolucionário do Povo (ERP). Foi torturado e ficou quatro anos na prisão, enquanto o Brasil se mobilizava pela libertação de seus três Flávios: Flávio Koutzii, Flávio Tavares e Flávia Schilling, estes dois detidos no Uruguai.

O jornalista Índio Vargas era ligado a Brizola e membro do clandestino "Grupo Armado do PTB". Eleito vereador mais votado em Porto Alegre, durou vinte dias no cargo – cassado pelos militares em 1968, dias antes do AI-5.

Marco Aurélio Garcia era um estudante de filosofia e aluno do curso de formação política do PCB ministrado por Apolônio de Carvalho, o herói mítico da esquerda que combateu o franquismo na Espanha, o nazismo na França e a ditadura varguista no Brasil. Apesar da sofisticação intelectual, Garcia seguia a liderança do tosco Edmur Péricles Camargo, um homem negro, alto e forte, que integraria depois a lista oficial de 136 desaparecidos políticos do país.

Paulista, Edmur trocou, em 1952, a luta sindical portuária no Rio de Janeiro pelo jornalismo militante no Rio Grande do Sul, onde ganhou o apelido de "Gauchão". Escrevia no *A Tribuna Gaúcha*, órgão oficial do PCB, até exilar-se, em 1964, no Uruguai. Voltou clandestino em 1969 para organizar o M3-G, sigla de uma misteriosa organização – Marighella, Mao, Marx e Guevara – que atuava nos restritos limites da Grande Porto Alegre. Mesmo com poucos integrantes, executou meia dúzia de assaltos irrisórios a bancos no espaço de um ano.

Edmur, apesar da fé marxista, era um devoto da astrologia. Planejava algumas ações militares consultando o horóscopo. Werner Becker descobriu em uma manhã de sábado, nos idos de 70, que a conjunção dos astros com a repressão não tinha sido favorável às previsões guerrilheiras do Gauchão. O advogado trabalhava em seu escritório, no centro de Porto Alegre, quando a porta se abriu de repente. Índio Vargas entrou, esbaforido. Solidário com a luta do Gauchão, aproximou-se da casa astrológico-guerrilheira do líder do M3-G. Índio era atraído pelo fio da navalha. No início dos anos 60, fora o pioneiro rádio-repórter de Política da equipe da rádio Gaúcha chefiada por João Aveline, que revolucionou o jornalismo do setor tirando a equipe da frieza do estúdio e botando no calor da rua, onde transmitiam ao vivo com a emoção do momento.

Agora Índio descobria que o trânsito planetário trazia eflúvios menos negativos do que o insondável trânsito terrestre. Contra todas as previsões cósmicas, certa vez o motor do DKW velho de guerra usado pela organização apagou no momento crucial após o assalto a uma agência do Banrisul em Cachoeirinha, na região metropolitana. O chefe da ação, o próprio Edmur, chegou correndo com um companheiro e um saco de estopa na mão cheio de dinheiro. O motorista do carro, João Batista Rita, o Catarina, girou a chave, o motor não pegou. O DKW, para suprema vergonha revolucionária, capitulou.

Humilhados, os três revolucionários do M3-G tiveram que fugir dali a pé. Catarina, que carregava o dinheiro, escapuliu pegando um proletário e lotado ônibus da Sogil, a linha interurbana que ligava a cidade ao centro da capital gaúcha, a quinze quilômetros de distância.

Diante de Werner, naquela manhã de sábado, Índio exibia uma aflição parecida. Nervoso, perguntou:

– A Regina te entregou?

Werner não tinha recebido nada da advogada que trabalhava com ele no escritório.

– Entregou o que, Índio?

– A metralhadora.

– O quê?! – espantou-se o advogado, que por frieza profissional não se espantava com nada.

Índio explicou que no dia anterior, sexta-feira, tinha participado de um assalto a banco nas redondezas. A área foi cercada pela polícia, ele fugiu e não achou lugar mais seguro do que o escritório do amigo no 14° andar do edifício Itapiru, na rua Andrade Neves, para esconder a prova do crime.

– Ela botou aí na gaveta. A gaveta de baixo. Esta gaveta aí!...

Werner abriu com cuidado e estava lá um embrulho. Abriu o pacote, cheio de dedos, só para não duvidar mais da história. Era ela mesma. Uma metralhadora! Grande e pesada.

– Tu tá maluco, Índio? O que é que eu vou fazer com isso? Tira isso daqui...

Índio alegou que não podia circular com aquela metálica evidência. Três dias depois, o insuspeito Werner pegou um táxi, com a metralhadora cuidadosamente embrulhada como se fosse uma estátua, e a levou até a avenida Independência. Ali, diante do cine Vogue, o aguardava Flávio Koutzii, veterano de um assalto a uma agência do banco Industrial e Comercial do Sul, em julho de 1969, a quem repassou a arma. Seis meses depois o Gauchão foi preso.

Marco Aurélio Garcia e Flávio Koutzii, sem o embrulho da metralhadora, decidiram se refugiar no Chile. Índio Vargas foi preso no final da manhã de 8 de abril de 1970, no seu cursinho pré-vestibular na rua Marechal Floriano, por quatro agentes e um delegado do DOPS. Aí, quem se preocupou foi Werner Becker, que poderia ser identificado como fiel depositário daquela maldita metralhadora. Ele se apressou em ir à OAB e se credenciou como defensor do preso. Formalizado na função, saiu dali e foi direto ao DOPS.

Logo ao chegar preso no DOPS, Índio viu um rosto familiar, antes mesmo de seu advogado. Era um homem baixo, de uns quarenta anos e voz anasalada que olhou para ele e disse:

– Eu te conheço...

– Eu também o conheço – respondeu Índio. Era um velho conhecido dele, ainda como chefe de gabinete de um secretário do Interior e Justiça. Agora o homenzinho era o superintendente dos serviços policiais, o segundo posto da Segurança Pública. Índio Vargas lembrou do nome dele: Cícero do Amaral Viana, que, nove anos depois, como deputado da ARENA, seria o porta-voz da polícia na CPI do sequestro dos uruguaios na Assembleia Legislativa.

O segundo rosto conhecido que Índio viu no DOPS foi o de Werner Becker, que adentrava a sala de visitas na condição de seu advogado.

Quando Índio viu o advogado entrar na sala de contato, lembrou do pesado embrulho em que havia metido o amigo e começou a chorar, enquanto repetia:

– Não fui eu, Werner, não fui eu!

Antes que Índio falasse em metralhadora, Werner atropelou:

– Não, não foste tu quem me chamou. Foi a Marlene, tua mulher...

Índio parou de chorar. Entendeu que ninguém ali sabia da metralhadora.

O embrulho virou, para sempre, uma inofensiva estátua em um táxi.

No DOPS, Índio passou por sessões de choque com os policiais de Seelig. Sobreviveu às torturas, à solitária e à solidão da gelada Ilha do Presídio, onde quatro anos antes começara o martírio e morte do sargento Manoel Raimundo Soares.

Índio saiu de lá direto para o Hospital do Exército, em Porto Alegre, com escolta dia e noite de soldados armados de metralhadora – sem embrulho – ao lado da cama. Temiam que fosse resgatado em uma ação épica pelo grande morubixaba da guerrilha brasileira, o capitão Carlos Lamarca.

Ainda no exílio, Garcia e Koutzii foram defendidos na justiça por Werner, que conseguiu absolvê-los na Auditoria Militar por três a dois, por "falta de provas". Não encontraram uma mísera metralhadora para acusá-los.

– Que falta de respeito para com a minha história! – brincou Garcia, ao receber o telefonema de Werner com a boa-nova.

***

Com a denúncia do sequestro, amigos jornalistas recomendaram que eu tivesse um advogado ao meu lado para atravessar o terreno minado que a própria polícia, emparedada pela investigação, estenderia em torno da imprensa. O Sindicato dos Jornalistas de Porto Alegre se ofereceu para patrocinar a assistência jurídica.

Mas, quem?

Janda resolveu a questão.

– E por que vocês não chamam o Werner? – perguntou ela, já com a resposta.

Chamei o Werner. Não passava então de um ilustre desconhecido para mim. Era um velho conhecido de minha mulher que lhe fora apresentado por uma irmã.

Desde o ginásio, graças à agilidade que tanto impressionava os colegas para resolver complexas equações matemáticas, Werner carregava como troféu um outro codinome, que o consagrou nas lides jurídicas: "Bruxo".

Werner – a quem comecei a tratar pelo apelido de "Causídico" – tinha uma virtude adicional: como eu, torcia pelo Grêmio. Era um gremista mais conhecido que parteira de campanha, um tricolor mais ortodoxo que rótulo de Maizena.

Frio, cerebral, dono de uma voz estridente e aguda como sua inteligência, Werner era a cabeça política que raciocinava em paralelo com a consciência jurídica de que eu necessitava, naquela travessia. O "Bruxo" era um polemista temido, que esgrimia suas réplicas com a agilidade e a precisão de um florete certeiro e letal.

Quem provou o gume afiado de sua ironia foi um vereador da ARENA, Jorge Goulart, um ex-sargento conhecido pela truculência. Werner, em curta carreira de vereador da oposição na Câmara da capital gaúcha, foi aparteado na tribuna por Goulart, que ironizava sua condição de contrito devoto de marcas de uísque de santa procedência e de idade provecta:

– Vou oferecer ao senhor, Dr. Werner, algo inútil: um copo de leite.

Werner estocou, cortante como a lâmina de um sabre:

– E eu vou oferecer ao senhor um livro!

A língua afiada de Werner não poupou nem outro advogado gaúcho, Oswaldo de Lia Pires. Baixinho e careca aos sessenta anos, com os olhos vivos e um sorriso permanente no rosto redondo e rosado, Lia Pires fora contratado pela polícia para defender os sequestradores. Quando soube que Werner era o meu advogado e seu oponente direto no sequestro, ele provocou:

– Ué, nunca vi testemunha com advogado!...

Inclemente, Werner rebateu na lata:

– Quando polícia vira bandido, Dr. Lia Pires, até testemunha precisa de advogado!

Os "bandidos da polícia" haviam informado ao governador do Estado que a testemunha do sequestro estava escondida em algum lugar de São Paulo. Guazzelli, preocupado com a informação, procurou meu advogado:

– Werner, eu mando um avião buscar o Luiz Cláudio onde for necessário.

– Não é preciso, governador. Eu vou providenciar.

Eu estava de fato refugiado no litoral catarinense, mas não inativo. Nem eu, muito menos a sucursal de *Veja*. Dias antes minha equipe tinha fotografado em Porto Alegre um suspeito que podia ser o chefe de bigode da rua Botafogo. Tive que ir às pressas de Garopaba para Florianópolis, cinquenta quilômetros ao norte, para conferir a telefoto do policial tocaiado.

Baita frustração! Era mais uma pista furada.

Na quinta-feira, 4, um dia após a conversa de Guazzelli e Werner, estacionou diante do meu chalé alugado na praia a velha Brasília do Bira. Junto com ele Kadão e Scotch, o meu editor de sequestro que estava em viagem ao Sul. Invadimos a madrugada bebendo chimarrão e conversando sobre o caso. Na manhã seguinte, sexta-feira, 5, voltei a Porto Alegre com o trio que fora me buscar em Garopaba. Minha primeira providência foi ligar para o Palácio Piratini e avisar à assessoria do governador que eu estava na cidade. A polícia já não podia mais falar no meu "desaparecimento".

Na terça-feira, 9, eu estava na sala do delegado Fuques, no primeiro andar do prédio da Polícia Federal, na avenida Paraná. Estava prestes a dar meu primeiro depoimento formal sobre o sequestro – exatos 53 dias após minha aparição no apartamento da rua Botafogo. De repente, com um sorriso artificial mesclado a um olhar desconfiado, Fuques me avisa que vou ser acareado com Didi Pedalada.

Fico surpreso e nervoso. Acareação?

– Eu preciso que vejas pessoalmente o Didi, pra ver se tens certeza de tua identificação – justifica o delegado.

– Bem... Neste caso, quero a presença de meu advogado.

Fuques me empresta o telefone e, vinte minutos depois, Werner Becker entra na sala. Fico mais aliviado. O momento da acareação está próximo. Levanto, caminho na sala, encho meu cachimbo para disfarçar a tensão. Risco um, dois, três fósforos até acertar o fogo. Fuques percebe minha excitação.

– Cuca fresca, guri! – aconselha.

Estou convicto de minha identificação, seguro de que a foto de Didi mostrava o mesmo homem do apartamento. Ainda assim eu me cobrava.

– E se eu estiver errado? E se eu cometer uma injustiça? – penso comigo, preocupado.

A porta se abre quando estou de pé, reacendendo mais uma vez o cachimbo. Entra na sala um homem negro forte, da minha altura, barriga saliente se insinuando para fora da calça esporte de tergal, camisa azul-clara de mangas compridas, correntinha no pescoço. Na mão, uma pochete preta.

No rosto cheio e redondo, onde a barba começa a brotar, um sorriso que parece forçado. A cova realçada pelo sorriso reforça o semblante simpático. Se eu fosse colorado e Didi ainda jogasse no Inter, certamente seria um bom momento para pedir um autógrafo. Mas os tempos eram outros, nossos times também.

Ainda constrangido e nervoso, olho de relance para ele, no momento em que passa ao meu lado, sem me cumprimentar. Mas já não há dúvidas.

É ELE !, grito para mim mesmo, em um desabafo interior e mudo que traduz o alívio que me invade, depois da enorme angústia que me esmagava nos últimos minutos. A certeza de que estava ao lado do homem que calçara Scalco na porta do apartamento me dá uma tremedeira que ninguém percebe. Minhas pernas ficam moles, como naquela tarde chuvosa na rua Botafogo.

Para disfarçar, volto a sentar na cadeira em frente à mesa do delegado, bem ao lado de Didi. Não nos olhamos, mas aos poucos recupero a calma perdida. Dou uma longa, gostosa tragada no cachimbo, que me aquece a mão e o coração.

Sinto uma paz enorme, a maior paz do mundo. Recupero o fôlego, a calma, a confiança, a convicção. Volto a ser titular neste jogo. Volto ao ataque.

Não estou metido "numa baita fria", como dissera Didi, naquele dia na Botafogo. A fria é tua e do DOPS, penso, repassando na minha cabeça o filme do sequestro.

– Tu conheces o sr. Orandir Portassi Lucas?

A pergunta do delegado interrompe minha divagação e volto à realidade. Olho para o meu lado esquerdo, para o homem que sorri para mim, talvez imaginando uma última hesitação minha que possa tirá-lo daquela baita fria.

– Conheço – respondo, com voz firme, mas com a sensação estranha de, pela primeira vez na vida, estar incriminando diretamente alguém. É um gosto amargo que desfaz a alegria que sentira, segundos atrás, ao ter certeza de meu reconhecimento. Mas agora não havia como recuar.

– Este senhor aqui ao meu lado é um dos homens armados que estavam no interior do apartamento da rua Botafogo, na tarde de 17 de novembro, e que falou comigo dizendo-me que eu havia entrado "numa baita fria". Ele é um dos participantes do sequestro, delegado!

O delegado Fuques inesperadamente dá um aperto no sequestrador ao meu lado.

– O que tu fazias na tarde do dia 17 de novembro? – pergunta.

– Fazia meu trabalho normal de sindicância na Escola de Polícia – responde Didi.

– E como é que tu lembras disso, especialmente a respeito do dia 17? – insiste Fuques.

– Porque é o meu trabalho de rotina.

– E essa barba? Tu sempre usaste barba? – emenda.

– Não, faz uns três meses que eu deixei ela crescer.

– Deixaste crescer a barba por quê?

– Por nenhuma razão específica – pedala Didi.

– E o jornalista aqui ao lado, tu conheces?

– Não, delegado, nunca vi.

– Mas ele diz que tu estavas lá, naquele dia...

– Pois eu não sei por que ele diz isso – rebate Didi, com um sorriso quase convincente.

– Tu não estás instruído para me dizer isso?

– Não, delegado, absolutamente – dribla Didi.

Encerrada a acareação, Didi se levanta, cumprimenta o delegado e sai. Olha para mim, com uma expressão mesclada de ironia e enfado, mas ninguém diz nada. Não temos a hipocrisia de estender a mão, um para o outro. Um inesperado sentimento de pena me invade. Eu me dou conta de que aquele simplório ex-jogador de futebol pode vir a ser o bode expiatório da operação.

O antigo centroavante abandonara os estádios para invadir a área bem mais violenta da repressão política no conturbado Cone Sul do continente, onde a Operação Condor estabelecia as regras e impunha o jogo bruto. O jogador Orandir Portassi Lucas, que nunca alcançou a fama internacional com a bola nos pés, agora seria conhecido no país do futebol e além-fronteiras como o escrivão de polícia Didi Pedalada.

Um sequestrador. Certamente o menos importante deles.

O delegado pareceu tão convencido por meu reconhecimento que nem quis fazer a acareação com J.B. Scalco.

– É desnecessária – alegou Fuques.

– Não, eu quero ter absoluta convicção – reagiu com firmeza Scalco, mais tarde, ao saber da decisão do policial. – Gostaria de ser acareado com o Didi, delegado.

Diante da insistência o encontro foi feito no dia seguinte – com o mesmo resultado da minha acareação de véspera. Na minha saída da Polícia Federal, confirmo aos repórteres que aguardavam o fim da acareação que reconheci formalmente o agente do DOPS. Fanfarrão, com o sorriso mais escancarado possível, Didi dá uma versão diferente aos jornalistas:

– Essa eu tirei de letra! – comemora o ex-jogador, tentando reviver os bons tempos do futebol.

No dia seguinte, quarta-feira, era a minha vez de tirar de letra, desta vez na boca do leão – a sede do DOPS.

Sou levado à sala do diretor, a mesma sala de onde Lílian, presa, ligara para Paris. Sou recebido pelo diretor Marcos Aurélio Reis, o mesmo delegado que estava ao lado de Lílian na hora do telefonema. O chefe de Seelig e Didi.

Ele fingia que investigava, eu fingia que acreditava.

Sentado ao lado de Werner e de um escrivão que registrava os termos da sindicância interna do DOPS, Reis me alveja com quarenta perguntas. Algumas delas traem a intenção de uma emboscada para a testemunha, ao invés de um atalho para elucidar o sequestro.

– Como é que o sr. acha que seria recebido se interrompesse ao meio uma reunião de subversivos? – provoca Reis.

– A pergunta, por ser altamente subjetiva, não permite uma resposta objetiva – escapo.

O diretor do DOPS parecia mais preocupado em inocentar o seu principal subordinado.

– O sr. reconheceu Pedro Seelig no apartamento naquele dia? – pergunta.

– Eu, como testemunha, não vi em nenhum momento o delegado Pedro Seelig no apartamento da rua Botafogo – esclareço, com o cuidado de não cair na armadilha do chefão do DOPS. – Mas não posso afirmar que ele ali não estivesse, pois havia nas dependências internas do apartamento movimentação de pessoas que nunca se mostraram diante de mim.

Reis não gosta da ressalva e reage:

– O sr. tem alguma prevenção contra o delegado Seelig?

Percebo a tentativa do diretor de desqualificar meu depoimento, e refaço minha resposta para escapar do ardil:

– Está bem, delegado, elimino a ressalva e substituo a palavra "apartamento" pela palavra "sala". Eu, como testemunha, não vi em nenhum momento, frente a frente, o delegado Pedro Seelig na sala do apartamento da rua Botafogo, no dia 17 de novembro. Está bem assim?

Reis fecha a cara, irritado pelo insucesso de sua malandragem. Encerrada a fase de perguntas, ele manda buscar Didi Pedalada, para a acareação de praxe. Ao contrário da Polícia Federal, Didi parecia agora mais tranquilo, sem o sorriso nervoso da véspera. Devia ser a sensação de estar em casa, amparado pela presença confortadora do chefe. As perguntas de um para o outro pareciam solidárias, até mesmo combinadas.

– Que revólver tu usas, Didi?

– Um 38, mas não costumo andar armado.

Fortalecido pela resposta, Reis volta-se para mim e dispara:

– Que revólver foi apontado para o sr.?

– Um 44 ou 45, não sei ao certo – respondo.

– Então?... – completou o diretor do DOPS, com ar triunfal.

Werner Becker, que acompanhava a acareação com olho de águia, dá uma rasante:

– Delegado, como é que o Didi anda desarmado se o estatuto policial obriga todos os funcionários da polícia a usarem revólver?

– É mesmo – gagueja Reis. – Não tinha observado isso. Precisamos puni-lo, Dr. Werner...

– Precisamos mesmo, doutor – completa Werner, muito sério.

Uma semana depois, outro advogado, com uma cabeleira ainda mais farta e mais branca do que a de Werner, daria uma lição de moral ao diretor do DOPS.

***

Aos 67 anos, Marcus Melzer era descendente das famílias pioneiras de imigrantes judeus da Bessarábia que chegaram ao Brasil em 1904. Eles fundaram na periferia de Santa Maria a colônia Filipson, a primeira comunidade judaica do país.

Advogado e ex-deputado estadual pela UDN, Melzer virou um campeão dos direitos humanos na ditadura e foi ao Uruguai em janeiro como membro da missão da OAB que investigou o sequestro de Porto Alegre. Em Montevidéu, ao lado do advogado Omar Ferri e na companhia de uma equipe de *Veja* – o repórter Pedro Maciel e o fotógrafo Olívio Lamas –, Melzer mostrou um novo lote de quatro fotografias ao garoto Camilo, no apartamento da avó, dona Lilia.

Ele manuseou por três vezes o conjunto de fotos. Pensou e separou duas fotos – dois retratos justamente de Pedro Seelig. Camilo, agora mais descontraído com os brasileiros, disse que conhecia aquele homem.

– Conheces de onde? – perguntou Marcus Melzer.

– *Fue en mi casa!* – respondeu o garoto, referindo-se ao apartamento da rua Botafogo e confirmando, quase um mês depois, a denúncia do francês Jean-Louis Weil no Galeão sobre o envolvimento do delegado gaúcho.

A viagem ao Uruguai rendeu um relatório de dezessete páginas da OAB gaúcha ao presidente nacional da Ordem, Raymundo Faoro, e um duro relato verbal de Melzer ao governador Guazzelli.

Talvez irritado por tudo isso, o diretor do DOPS ousou dias depois, na frente do secretário de Segurança, interpelar o advogado de quatro décadas de brava militância contra o arbítrio.

– Ora, logo o senhor, um homem da sua reputação, defendendo essa gente que não passa de subversiva, que é capaz até de matar!... O senhor me desculpe, Dr. Melzer!

– Dr. Marcos Aurélio – replicou o velho advogado, com a serenidade dos sábios –, quando o senhor tiver a minha idade, com certeza só terá compromissos com a verdade!

O tempo já trazia uma mecha branca aos cabelos do delegado, mas a falta de obrigação com a verdade continuou a mesma.

O descompromisso não era monopólio da polícia.

Os militares também apostavam na mentira.

21
A FARSA

Bagé, janeiro de 1979

O centro nervoso do poder amanhecia todo dia às nove da manhã no terceiro andar do Palácio do Planalto.

Sentado à cabeceira da mesa retangular de seu gabinete, o presidente Ernesto Geisel, de costas para uma bandeira do Brasil e um quadro na parede de Dom Pedro I, recebia quatro homens com quem comandava o governo e o país.

À sua esquerda, os ministros Hugo Abreu (Gabinete Militar) e João Paulo dos Reis Veloso (Planejamento). À direita, os ministros Golbery do Couto e Silva (Casa Civil) e João Baptista Figueiredo (SNI).

Com esse grupo restrito, Geisel passou mais da metade do tempo investido nos despachos com ministros ao longo de seus cinco anos de mandato. Pelo total de horas somadas, o presidente dedicou ao quarteto cerca de setenta dos mais de 140 dias que reservou às audiências ministeriais no Planalto.

Uma sutil mudança de cadeiras redesenhou a mesa, a partir de junho de 1978, quando Figueiredo escancarou sua condição de candidato à sucessão de Geisel. Ele cedeu o lugar ao diretor da Escola Nacional de Informações (ESNI), o general de divisão Octávio Aguiar de Medeiros. Era um velho chapa do futuro presidente, que o chamava carinhosamente de "gorila-mor". Os camaradas do Serviço usavam outro codinome, que evitavam na presença do general: Buck Jones – alusão ao mais famoso caubói de Hollywood na década de 30. Medeiros tinha sido seu secretário quando Figueiredo ocupou a chefia do Gabinete Militar de Médici. Dirigia há três anos a ESNI ao ser convocado pelo "irmão" – como Medeiros o chamava – para sucedê-lo como ministro-chefe do SNI. Tinha 55 anos.

No seu novo posto, Medeiros madrugava ainda mais.

Acordava às seis da manhã, religiosamente, no momento em que o carro do Serviço batia na porta de sua casa, a residência oficial do chefe do SNI na Península dos Ministros, no Lago Sul de Brasília. Tomava o café folheando o conteúdo do envelope lacrado entregue pelo mensageiro: as quinze ou vinte folhas do BINFO, o Boletim de Informações com capa azulada que o SNI produzia durante a madrugada, nas suas agências estaduais.

Era uma compilação das notícias mais importantes da imprensa nos Estados, no plano da política e da segurança, selecionadas e transmitidas por fax para a Agência Central em Brasília. O material era filtrado pelos analistas, remetido ao departamento gráfico e ali editado no formato de papel ofício com capa azul. Nascia o BINFO diário, a versão araponga da Sinopse produzida pela Radiobrás.

Por volta das sete horas, Medeiros desembarcava no palácio. Uma hora e meia antes de descer para a reunião das nove horas, no terceiro andar, o chefe do

SNI abria seu gabinete no quarto andar do Planalto para uma reunião prévia da área sempre tensa da comunidade de informações. Às sete e meia, Medeiros sentava à mesa com o seu chefe de gabinete, que trazia os relatórios da Agência Central e dos escritórios estaduais do SNI, com o assessor jurídico e com os representantes do setor de informações das três Forças – Exército, Marinha e Aeronáutica.

Quando o cenário internacional recomendava, abriam espaço na mesa para um representante do Centro de Informações do Exterior (CIEx), o serviço secreto que o Itamaraty manteve nas suas embaixadas, entre 1966 e 1985, para monitorar exilados e opositores da ditadura. A existência desse braço oculto da diplomacia só foi revelada em 2007, quando o jornalista Cláudio Dantas Sequeira, do *Correio Braziliense,* descobriu 32 volumes do arquivo confidencial do CIEx, composto por oito mil informes em vinte mil páginas em que estão registrados os nomes de 64 dos 380 brasileiros mortos ou desaparecidos durante a ditadura.[25]

No gabinete do chefe do SNI, eles repassavam os relatos dos agentes plantados na administração federal, peneiravam as questões mais importantes e consolidavam o balanço final no relatório que Medeiros levaria minutos depois para o andar de baixo, na reunião com o presidente.

Era uma avaliação mais ampla e atualizada que o sumário que Geisel recebia de manhã cedo ainda na Granja do Riacho Fundo, onde morava. A sinopse consistia em um relatório de umas dez páginas datilografadas, com o resumo das principais notícias do dia e comentários dos analistas do SNI, anexados na madrugada.

Geisel lia essa maçaroca na biblioteca, depois de acordar às seis e meia, tomar café e fazer exercícios físicos. Dali pegava o carro e viajava os trinta quilômetros que separam o Riacho Fundo do Palácio do Planalto, a tempo de abrir pontualmente a reunião das nove horas.

Na manhã de terça-feira, 21 de novembro de 1978, o sequestro de Porto Alegre ainda não tinha merecido uma única linha nos matutinos da capital gaúcha. Mas o caso já fazia barulho no resumo que Medeiros recebeu na reunião prévia das sete e meia.

– Estes caras fizeram merda!... São uns imbecis. Fizeram tudo errado! – esbravejou o chefe do SNI, diante do silêncio constrangido dos subordinados na sala, ao ler o resumo dos arapongas.

Ele não chegou a nomear os "caras", mas quem viu a cena entendeu logo quem era o alvo da fúria do general: o Centro de Informações do Exército, o CIE.

Os errados, os imbecis, os merdas – na explosão de Medeiros – eram comandados por um general de brigada da Cavalaria, Edison Boscacci Guedes. Fora designado para a chefia do CIE na crista da crise que levou à demissão de Sylvio Frota, em outubro de 1977. A queda do ministro arrastara o chefe do serviço secreto, general Antônio da Silva Campos, frotista demais para o gosto de Geisel. O presidente pescou o nome do sucessor de Campos na área do III Exército: Boscacci, ex-adido militar na embaixada do México, comandava a 3ª Brigada de Cavalaria Mecanizada

25. Sequeira, Cláudio Dantas. O serviço secreto do Itamaraty, in *Correio Braziliense,* 22 de julho de 2007, p. 3-5.

de Bagé, terra natal de Médici. Tinha fama de ser um militar duro, de poucos amigos, mas de absoluta lealdade aos chefes. Era o que bastava para Geisel.

A irritação do general Medeiros naquela manhã de terça, 21 de novembro, mostrava também que a operação era uma novidade para ele, o melhor atestado da santa inocência do SNI naquela trapalhada.

Como órgão de assessoramento exclusivo do presidente da República, o SNI tinha um perfil específico de informação, enquanto o CIE era uma sigla essencialmente operacional. No mundo compartimentado da área de segurança, quem fazia e acontecia era o CIE – ou, pelo menos, era quem deixava fazer e acontecer. Dessa vez, como reclamava Medeiros, os "imbecis" fizeram ou deixaram fazer tudo errado... Os caras fizeram "merda"!

Apesar disso, Medeiros não enxertou o tema malcheiroso na reunião das nove horas.

Na esfera indevassável de cada sigla da repressão, a autonomia e o sigilo da ação eram condições indispensáveis para o sucesso das operações. Um não contava o que fazia para o outro, para evitar vazamentos e assegurar o monopólio do sucesso. O segredo era a alma do negócio. No negócio da repressão, contudo, o sigilo às vezes acabava machucando a alma de velhos companheiros, agravando desconfianças, reavivando fantasmas.

O coronel Luís Macksen de Castro Rodrigues ficou surpreso na tarde de segunda-feira, 20 de novembro, quando ouviu o primeiro boato do sequestro. Ele assumira a superintendência da Polícia Federal no ano anterior e ali reinaria absoluto por dezoito anos, até se aposentar em 1995.

Desinformado, foi à fonte original: telefonou para seu velho amigo Attila Rohrsetzer, 47 anos, coronel do Exército e sucessor do próprio Macksen na chefia da Divisão Central de Informações (DCI).

Por coincidência, ela funcionava no terceiro andar da Secretaria de Segurança, um nível acima do DOPS, em salas que também abriam suas janelas para o *arroyito* Dilúvio vislumbrado pelo garoto Camilo.

O coronel Attila e o delegado Seelig dividiam o mesmo prédio, o mesmo elevador, o mesmo ambiente, os mesmos inimigos.

O fantasma de uma de suas vítimas habitava aquele lugar.

***

A ditadura ainda engatinhava em março de 1966.

Castello Branco inaugurava a safra de generais-presidentes em Brasília e em Porto Alegre o general Orlando Geisel, irmão do futuro presidente, comandava o III Exército.

Faltavam vinte dias para o golpe completar seu segundo aniversário quando dois sargentos à paisana da Polícia Militar do Exército, sem ordem judicial, prenderam um homem diante do auditório Araújo Viana, no Parque da Redenção, no bairro Bom Fim em Porto Alegre. Apontado por um delator, o preso no final da tarde de sexta-feira, 11 de março, era o ex-sargento do Exército Manoel Raimundo

Soares, trinta anos, na clandestinidade desde o golpe de 1964 e militante do Movimento Revolucionário 26 de março (MR-26), vinculado ao brizolismo.

Carregava na bolsa alguns panfletos e recortes de jornais com o carimbo de "Abaixo a Ditadura" e "Castello Branco ditador", o chefe do golpe, que visitaria Porto Alegre nos próximos dias.

Foi levado de táxi ao quartel da 6ª Companhia da Polícia do Exército (PE) e dali enviado ao DOPS, onde passou uma semana supliciado com pau de arara, choques elétricos e queimadura por ponta de cigarro. Um funcionário da companhia de ônibus Carris, Antônio Giudice, detido naquele período, conversou com ele na cela e viu Manoel coberto de hematomas e feridas.

No dia 19 de março ele foi transferido para a ilha das Pedras Brancas. Apesar do nome bucólico, era um gélido amontoado de blocos cinzentos de granito isolado no meio do rio Guaíba, onde fora construída uma penitenciária para presos políticos. Ficou até 13 de agosto na Ilha do Presídio, a mesma onde Índio Vargas seria preso e torturado quatro anos depois.

Na volta para o DOPS estava cego de um olho. Os presos da ilha tentaram aplacar suas dores terríveis jogando água com açúcar na vista perdida. Da prisão, conseguiu mandar quatro cartas para a mulher, Elizabeth, dando instruções para um habeas corpus na Justiça militar.

Dois pedidos foram negados sob o argumento de que o sargento não estava preso.

O terceiro pedido não chegou a ser julgado porque Manoel já estava solto. Solto e irremediavelmente morto: seu cadáver, putrefato e com marcas das torturas, foi pescado em 24 de agosto por um agricultor e um granjeiro no rio Jacuí, tributário do Guaíba.

O corpo flutuava com os pés e as mãos amarrados às costas.

Após 152 dias de prisão, o sargento Manoel Raimundo Soares se transformara no tétrico "Caso das mãos amarradas", que chocou a opinião pública e virou CPI na Assembleia gaúcha – a CPI que também afundaria o nome de Nelson Marchezan, o candidato do governador Synval Guazzelli à sua sucessão em 1978.

Até o Superior Tribunal Militar (STM) ficou abalado com as circunstâncias da morte do sargento:

– Trata-se de um crime terrível e de aspecto medieval, para cujos autores o Código Penal exige rigorosa punição – clamou o ministro e general Olympio Mourão Filho.

Era o mesmo general que, na madrugada de 31 de março 1964, botou os tanques nas ruas deflagrando o golpe militar que, dois anos depois, faria aflorar o cadáver do sargento boiando no Jacuí e na consciência nacional.

Apesar da consternação do general Mourão, o inquérito policial-militar aberto foi logo arquivado, sem incriminar nenhum dos vinte nomes envolvidos na denúncia de prisão, tortura e morte de Manoel Raimundo Soares. Eram dez sargentos, três delegados, dois comissários, dois tenentes, um guarda-civil, um tenente-coronel e um major do Exército.

O major Attila Rohrsetzer.

Rohrsetzer era um dos astros do braço clandestino do DOPS, o chamado Dopinha, que funcionava em um casarão no número 600 da rua Santo Antônio, no bairro do Bom Fim, a três quadras do parque onde o sargento foi detido. Era um centro de torturas fora da estrutura da repressão, como a "Casa da Morte" clandestina que o DOI-CODI mantinha em Petrópolis, na região serrana do Rio.

Um major do Exército, Luiz Carlos Menna Barreto, comandava o secreto "Dopinha", onde já brilhava outro delegado em ascensão no DOPS: Leônidas da Silva Reis, o espartano chefe da polícia gaúcha no governo Guazzelli e irmão de Marcos Aurélio, o diretor do DOPS que sequestrou Lílian e Universindo. Testemunhas dos idos de 1966 contam que o sargento Manoel foi hóspede da Santo Antônio.

O certo é que em setembro daquele ano, semanas após o achado do cadáver das mãos amarradas, o Dopinha foi fechado.

Não deixou saudades.

Só as mãos amarradas pela impunidade.

***

Em 1969, três anos após a macabra pescaria do Jacuí, nascia em São Paulo a OBAN (Operação Bandeirantes), ao mesmo tempo em que era criada a DCI em Porto Alegre.

Quando a OBAN virou DOI-CODI, no ano seguinte, a DCI continuou ocupando o espaço central da repressão no sul. Na verdade, havia algumas diferenças.

Em São Paulo, o DOI-CODI fazia tudo – da análise das informações ao combate nas ruas, passando pela sangrenta fase de interrogatórios e torturas. Em Porto Alegre a DCI, de Attila, processava as informações e coordenava o combate à subversão, mas delegava ao DOPS, de Pedro Seelig, o serviço sujo e perigoso – o suplício dos interrogatórios e as operações externas de combate.

Embora formalmente ligada ao secretário de Segurança, a DCI se reportava diretamente ao comandante do III Exército e à 2ª Seção do Estado-Maior, ligados ao CIE em Brasília.

O que o DOPS e o DOI-CODI somavam em São Paulo se concentrava em Porto Alegre, com vigor redobrado, na DCI. Ou seja, o coronel Attila Rohrsetzer era sozinho, em Porto Alegre, o que o delegado Sérgio Fleury e o coronel Brilhante Ustra representavam juntos em São Paulo.

Macksen ligou para Rohrsetzer para confirmar o sequestro naquela segunda-feira. O chefe da DCI surpreendentemente negou – e essa mentira, comprovada nos dias seguintes com a denúncia crescente da imprensa, cavou um fosso intransponível entre os dois.

Como responsável direto pelo combate à ação subversiva de estrangeiros no país, o chefe da Polícia Federal no Sul não perdoaria jamais a deslealdade de seu ex-camarada. Macksen fazia parte da primeira turma de coronéis formados pelo curso da ESNI, em uma turma onde teve como colega o coronel Moacyr Coelho, depois seu chefe e diretor-geral da Polícia Federal.

Macksen tinha suas conexões em Brasília, mas preferiu engolir em seco o desaforo de Attila. Ele sabia que, no jogo bruto da repressão, não se devolve canelada.

Principalmente de quem tinha a força – e os generais por trás.

Em cinco semanas Macksen veria os generais pela frente.

***

O jatinho executivo sem identificação oficial rolou suave pela pista do aeroporto Salgado Filho, de Porto Alegre, em uma manhã da primeira semana de janeiro. Do seu interior desceram dois militares em trajes civis: o general Octávio Medeiros, chefe do SNI, e seu carona, o coronel Moacyr Coelho, diretor-geral da Polícia Federal.

Embarcaram discretamente em um Opala preto de placa fria da Polícia Federal e rumaram direto para o coração da cidade, no final da rua da Praia, quase na ponta do Gasômetro. Desembarcaram no prédio quadrado de tijolo marrom onde se aloja o QG do III Exército. Foram recebidos no primeiro andar pelo chefe do Estado-Maior, general Paulo Campos Paiva, o mesmo que acompanhou o general Samuel Alves Correia no puxão de orelhas aplicado no governador Guazzelli na véspera do ano-novo, no Palácio Piratini.

Medeiros estava ali cumprindo a determinação de Geisel e Figueiredo.

Na sala de Campos Paiva, responsável pela 2ª Seção e braço do CIE no Sul, estava a nata da segurança no Estado: os coronéis e agora desafetos Macksen, da Polícia Federal, e Attila, da DCI, além do chefe da agência local do SNI, Carlos Alberto Ponzi. O secretário de Segurança, coronel Moura Jardim, não foi chamado, mas no seu lugar havia outro coronel, mais ilustre – Carlos Alberto Brilhante Ustra, então comandante do 16° Grupamento de Artilharia de Campanha de São Leopoldo (trinta quilômetros ao norte da capital), com retumbante passagem pelo comando do DOI-CODI paulista entre 1970 e 1974. Depois Ustra foi transferido para Brasília, onde chefiou o Setor de Operações do CIE entre 1975 e 1977. O mesmo CIE que autorizou a desastrada operação do sequestro em Porto Alegre que Medeiros, agora, tentava consertar naquela reunião de emergência no QG.

Medeiros voltaria uma segunda vez a Porto Alegre, ainda em janeiro, desta vez sem o diretor da PF.

O resultado despontou dias depois da primeira reunião secreta no QG, na frase triunfal e enigmática de Macksen ao irromper inusitadamente eufórico na sala de Fuques:

– Já temos a história! – festejou o coronel, habitualmente casmurro.

Fuques, encarregado de tocar a contragosto um inquérito faz de conta, não entendeu nada, e o coronel não justificou sua euforia. Algumas horas depois desabou na mesa do delegado um telex de uma delegacia da Polícia Federal na fronteira, criando uma nova versão de saída voluntária dos uruguaios – desta vez por Bagé, cidade natal do general Médici, 375 quilômetros a sudoeste de Porto Alegre.

– Bagé? Por que Bagé? Esta história não bate – duvidou Fuques consigo mesmo, cada vez mais contrariado com a ficção que lhe cabia rascunhar, e da qual não cabia duvidar.

O delegado, mais que raciocínio, tinha juízo.

Naquela emergência – resumida no desabafo de Medeiros como uma merda executada pelo DOPS, comandada erradamente pelos caras da DCI e autorizada pelos imbecis do CIE – era cada vez menor a distância entre o SNI e a Polícia Federal.

Em Porto Alegre, a proximidade era até física.

O SNI de Medeiros e a PF de Macksen ocupavam o mesmo prédio da avenida Paraná. Os dois primeiros andares eram tomados pelos agentes da PF, o terceiro andar era exclusivo do SNI. Tinha paredes forradas e revestidas em couro para evitar vazamento de som. Um telefone no saguão permitia que o visitante chamasse o elevador e subisse direto ao andar do SNI, sem o risco de cruzar com olhares indiscretos que pudessem comprometer a identidade do informante ou dedo-duro.

Quando o coronel Ponzi, chefe da agência do SNI, queria falar pessoalmente com o seu colega Macksen, bastava descer um andar. O coronel da PF só precisava fazer o contrário, tomando o elevador para o andar de cima.

Quem continuava travado no mesmo andar era o governador Guazzelli. Na quarta-feira 17, enquanto a repressão tramava às suas costas, ele desabafava com a imprensa no Piratini para se defender:

– Sempre cumpri com o meu dever. O que eu não fui, isto sim, nunca fui um governador trêfego.

Guazzelli aproveitou para dizer que os indícios eram suficientes para remeter a sindicância da polícia ao Ministério Público e abrir um processo administrativo na Secretaria de Segurança para apurar o caso, recomendando ainda o afastamento do cargo dos dois policiais suspeitos – o delegado Seelig e o escrivão Didi. Ensinou o governador aos jornalistas:

– Há uma coisa que o bom senso indica e vocês são inteligentes para saber: se não houvesse envolvimento, a sindicância não seria enviada ao MP.

O bom senso de Guazzelli não adiantou nada. Três horas depois da entrevista, seu subordinado, o secretário de Segurança, divulgou nota oficial dizendo que não afastaria Seelig e Didi, deixando a decisão com o Conselho Superior de Polícia, que abriria um processo administrativo. Naquela mesma quarta-feira, 17, enfim, surgiu um volumoso argumento para contrariar o bom senso e desafiar a inteligência da opinião pública: as 250 páginas do inquérito elaborado pelo delegado Edgar Fuques e entregue à Procuradoria da República.

Não trazia o depoimento de um único agente policial e, contrariando a convicção do governador sobre os fortes indícios do crime, a Polícia Federal concluía que sequer houvera sequestro.

Os uruguaios, escreveu Fuques de cara limpa e consciência leve, simplesmente tinham saído espontaneamente do país.

***

Havia algo mais importante naquela melancólica papelada: ali no inquérito da PF aparecia o resultado concreto da reunião secreta dos generais no QG do Exército.

Três testemunhas inesperadas contavam, na investigação até então sigilosa e vazada pelo próprio Fuques, que viram os uruguaios atravessando pacificamente a fronteira como prosaicos passageiros de um ônibus que fazia a linha entre Bagé e a cidade uruguaia de Melo, a sessenta quilômetros da fronteira brasileira.

No dia seguinte, quinta-feira 18, mandei para a fronteira o repórter Pedro Maciel e o fotógrafo Olívio Lamas para conferir a fantástica novidade descoberta pelo esperto delegado Fuques. Ao contrário do que se poderia esperar, as testemunhas não estavam arredias, assustadas. Mostravam-se simpáticas, falantes, identificando abertamente a inspiração para tanta tagarelice:

– A Polícia Federal disse que eu podia falar, não teria problema nenhum se fosse procurado pela imprensa – disse ao repórter de *Veja* o cobrador Patrocínio Acosta, 34 anos, que servia em Bagé na linha de ônibus da empresa Transportes Lima.

Apesar de não lembrar bem o dia – "parece que tinha sido antes das eleições de 15 de novembro", arriscou –, Patrocínio recordava bem que só os quatro uruguaios estavam no ônibus que percorreu os 120 quilômetros entre Bagé e Melo.

Ele só não soube explicar como é que a uruguaia presa naquele dia em Melo poderia estar de volta a Porto Alegre, dois dias após as eleições, para receber os dois jornalistas na porta do apartamento da rua Botafogo, na tarde de 17 de novembro.

Como toda farsa, ela estava mal ensaiada.

O proprietário da empresa de ônibus de Bagé, Osvaldo Biaggi Lima, admitiu ao repórter de *Veja* que os passageiros poderiam não ser aqueles imaginados pela Polícia Federal:

– Eu não reconheci os uruguaios. Quem me disse que eram eles foi a polícia, que me chamou uns quinze dias depois e me mostrou a lista de passageiros para provar que eles viajaram no meu ônibus...

A terceira ponta da farsa era o motorista de táxi Adil Ianzler, 42 anos, que teria transportado os uruguaios até a rodoviária de Bagé. Começou discordando do cobrador, que tinha visto só quatro passageiros no ônibus.

– Naquele dia viajaram mais três ou quatro pessoas no ônibus. Me mostraram as fotos na Polícia Federal, eu achei parecidas com eles. Mas, daí a reconhecer, vai uma distância muito grande – alertou o motorista ao repórter.

Descreveu as crianças de forma equivocada: Camilo teria treze anos e cabelos curtos (ele na verdade tinha oito anos e usava cabelos compridos) e Francesca aparentaria oito anos (de fato, a garota tinha apenas três anos).

O mais grave: a história do trio de farsantes de Bagé trombava com a própria versão das Forças Conjuntas que no Comunicado nº 1.401, de 1° de dezembro de 1978, dizia que os uruguaios haviam sido detidos em dois automóveis na região de Aceguá, exatamente na fronteira que corta a sede do município ao meio. Metade da cidade fica no Brasil, metade no Uruguai.

Subitamente a prisão mudara de lugar, deslocando-se sessenta quilômetros ao sul da fronteira, já na cidade uruguaia de Melo, às margens da Ruta 8.

O deputado estadual do MDB, César Schirmer, resumiu o drama de uma investigação tão atarantada:

– O organismo policial transformou-se em investigador, em julgador, em defensor e em réu. Quem está simultaneamente nestas quatro condições não tem isenção suficiente para estabelecer a verdade.

Pura verdade, que doía cada vez mais no lombo ardido do governador. Uma semana depois de determinar a abertura de um processo administrativo contra os sequestradores e o afastamento dos envolvidos de seus cargos, Synval Guazzelli foi duplamente desautorizado.

O Conselho Superior de Polícia, após uma reunião sigilosa, não atendeu nada que o governador queria: o processo não foi aberto, os policiais não foram afastados. O presidente do conselho era o delegado Leônidas da Silva Reis, o irmão de Marcos Aurélio Reis, diretor do DOPS e chefe direto de Seelig e Didi.

Na mesma quarta-feira 24, a sindicância da Secretaria de Segurança perdeu o selo de confidencial e também algumas peças comprometedoras, incluindo os depoimentos dos agentes suspeitos. No dia seguinte, o secretário Moura Jardim, da Segurança, justificou o expurgo em nota oficial:

– As peças retiradas, se divulgadas publicamente, podem até comprometer a segurança nacional.

Na véspera, o presidente nacional da OAB, Raymundo Faoro, tinha deixado Porto Alegre de mãos abanando, levando apenas um relatório informal e não a cópia do inquérito. Ele estava irritado com as autoridades e mais ainda com a farsa montada em Bagé:

– O trabalho da Justiça ficará claramente prejudicado. Se a polícia pretende um amparo nesta peça para firmar uma hipótese absurda, é necessário que se sirva de melhores auxiliares e não insulte de forma tão flagrante a inteligência de ninguém – chicoteou Faoro.

Por decisão de seu presidente, a seção da OAB em Bagé repassou os depoimentos das testemunhas inventadas pela Polícia Federal. O cobrador Patrocínio manteve o reconhecimento dos uruguaios, mas foi considerado "inidôneo" pela missão da OAB, que descobriu que ele tinha sido condenado a dois anos e três meses de prisão por roubo de gado, além de ter brigado recentemente com um agente da PF. O taxista Ianzler disse ter sofrido pressão da polícia, sob pena de perder sua licença de táxi, que é uma concessão pública.

Doze dias antes, em Brasília, um general acabaria reconhecendo o que policiais e autoridades no Sul teimavam em negar: a invasão de território brasileiro por militares estrangeiros na caça a exilados políticos.

Na manhã de sexta-feira, 12 de janeiro, o general Ruy de Paula Couto, logo após assumir a chefia do Departamento Geral de Serviços do Exército, explicou aos jornalistas por que não duvidava do sequestro, nem considerava a invasão uruguaia uma ameaça à segurança nacional.

– Não afeta a segurança porque, para passar a fronteira, basta mostrar a carteira de identidade. É assim com a Argentina, o Chile, o Paraguai e o Uruguai. E se quatro ou cinco entram para buscar alguém...

– Não atinge a segurança nacional porque são uruguaios buscando uruguaios, general? – insistiu o repórter.

– Isso, por baixo do pano, deve ocorrer com frequência. É uma velha prática. Vocês devem se lembrar do Adolf Eichmann, o criminoso nazista que Israel foi buscar na Argentina...

A língua solta dos generais em Brasília e a inteligência presa dos policiais em Porto Alegre estavam deixando mais exasperado o centro nervoso do poder – o Palácio do Planalto. Um assessor com linha direta com o presidente da República explicou a um repórter de *Veja* na capital o plano do governo:

– O presidente Geisel, mesmo irritado com o incidente, está adotando a tática de deixar o assunto morrer. Se o sequestro fosse confirmado, as pressões sobre o Uruguai seriam inevitáveis. E o presidente acha que o Brasil já está sendo rigoroso com aquele país no caso da Flávia Schilling. O pessoal já está querendo demais!...

O pessoal queria muito mais. O caso teimava em não envelhecer, e a imprensa insistia em não deixar o assunto morrer, como sonhava Geisel.

O general Medeiros, emissário a Porto Alegre do presidente que saía e do presidente que entrava, não tinha resolvido o problema, muito menos resguardado o governo, como determinaram Geisel e Figueiredo.

A tática palaciana não estava dando certo. A farsa de Bagé não matou o assunto. A reunião no QG do III Exército fez tudo errado. Os agentes que arranjaram aquelas testemunhas atrapalhadas eram uns "imbecis". Todos aqueles caras fizeram "merda".

O general Medeiros agora não podia reclamar de mais ninguém.

O chefe do SNI era o chefe da farsa.

O próprio.

22
A TORTURA

Porto Alegre, agosto de 1971

Os tanques rolavam e os soldados marchavam na avenida João Pessoa naquela manhã ensolarada. Era o desfile militar de sábado, 31 de março de 1973, comemoração pelo nono aniversário do golpe de 64.

Por ironia do destino, em um cartório da avenida Osvaldo Aranha, do outro lado do Parque Farroupilha, protegido pela barreira de árvores que abafavam a fanfarra das bandas e o ruído irritante das lagartas dos blindados e dos coturnos pisando firme no asfalto, eu me casava com Janda.

Eu a conhecera dois anos antes, quando ela dava aula de inglês na sucursal gaúcha da Editora Abril, então alojada em algumas salas do quarto andar do edifício Teruszkin, na avenida Otávio Rocha, no centro da capital. Entre seus alunos estava o chefe da sucursal, Paulo Totti, e o repórter Gilberto Pauletti, da revista *Veja*.

Em 1971, estudante de Letras e professora de inglês, Janda dividia com uma estudante de Economia, Marinês, um pequeno apartamento no segundo andar de um prédio baixo de classe média na rua Augusta, a apenas cinco quarteirões do endereço da rua Botafogo onde sete anos depois viveria Lílian Celiberti. O dono do imóvel de dois quartos no bairro do Menino Deus era Raul Pont, um anônimo estudante de Economia de 27 anos, naqueles dias clandestino em São Paulo e, no futuro, prefeito da capital gaúcha.

Ao anoitecer de quinta-feira, 12 de agosto, Janda voltou para casa e encontrou o apartamento todo revirado. Livros pelo chão, roupas espalhadas, os rastros caóticos de vandalismo. Nem sinal da amiga há dias desaparecida. Ninguém sabia dela na faculdade. No momento em que tantos outros estudantes estavam desaparecendo, procurar por Marinês na polícia poderia incriminá-la. Janda então iniciou sua busca pelos hospitais de Porto Alegre – um percurso que seria refeito pela única parenta de Marinês na cidade, uma tia. Nada. Janda decidiu então recorrer ao seu amigo Bruxo, o advogado Werner Becker.

Marinês se mostrava reticente desde o início do mês. Não explicou, mas avisou que iria viajar por um mês. Passou-se mais tempo. Ela não voltou. Ela sabia que a repressão havia capturado na semana anterior alguns de seus companheiros do POC, o Partido Operário Comunista, que nascera pouco antes do AI-5 na fusão da POLOP (Política Operária) com uma dissidência leninista do PCB no Rio Grande do Sul. Um dos fundadores do POC, o economista Flávio Koutzii, o receptador da metralhadora embrulhada por Werner Becker, só escapou porque já estava exilado no Chile.

Na manhã de quarta-feira, 11 de agosto, Marinês esperava por um companheiro de organização, no ponto marcado na esquina da avenida Borges de Medeiros com a rua Riachuelo, quando foi abordada por dois homens. Percebeu a encrenca na hora.

Reconheceu um deles como o inspetor do DOPS Nilo Hervelha, um dos policiais mais temidos e violentos da equipe do delegado Pedro Seelig. Ao lado dos inspetores Itaci e Pires, ele comandaria meses depois a sessão de tortura do jovem Arébalo, o filho adotivo de Seelig que morreu com os pulmões cheios de água após um susto fatal na fossa.

Arébalo não seria a última vítima, nem Marinês foi a primeira.

Seelig e Hervelha formavam uma dupla do barulho.

***

Quase metade dos casos de tortura no Rio Grande do Sul que chegaram ao Superior Tribunal Militar (STM), instância máxima dos inquéritos contra presos políticos, aconteceu no ninho de trabalho de Seelig.

Nunca se saberá o número exato de vítimas, porque nem todas as denúncias chegaram a Brasília. Segundo levantamento feito pelo projeto Brasil Nunca Mais, da Arquidiocese de São Paulo, nos primeiros treze anos da ditadura – de 1964 a 1977 – houve 6.016 denúncias de torturas em todo o país, espalhadas ao longo de 707 processos julgados pelo STM. Em uma simples conta aritmética, isso representa cerca de 8,5 denúncias de maus-tratos em cada causa levada ao tribunal.

Quando o cardeal Paulo Evaristo Arns acusou a ocorrência de 502 casos de tortura no DOI-CODI de São Paulo, o coronel Carlos Alberto Brilhante Ustra, que comandou aquele inferno na fase mais dura, entre 1970 e 1974, ironizou:

– Não foram 502, foram mais de três mil pessoas que passaram lá. E ficam sempre inventando denúncias de torturas não comprovadas...

Nos 21 anos do regime militar brasileiro passaram 25 mil presos pelos cárceres da ditadura, que exilou outros dez mil. O Brasil Nunca Mais afirma que "dificilmente houve pessoas que passaram pelos processos de elaboração dos inquéritos policial-militares sem terem sido torturadas".[26] Se cada um desses presos representasse um processo, seria possível fazer uma estimativa assustadora sobre as fronteiras sempre imprecisas, ocultas, inóspitas da tortura.

Nessa conta, segundo as projeções feitas sobre os números do STM, o Brasil contabilizaria 212 mil casos de tortura. Se cada um deles representasse uma pessoa, essa massa de afligidos lotaria cinco vezes o Estádio Nacional de Santiago do Chile, onde, nos primeiros meses da ditadura chilena, foram presas e torturadas quarenta mil pessoas. Essa multidão representaria duas superlotações do Maracanã, três estádios do Morumbi cheios, quatro vezes a capacidade do Olímpico ou do Beira-Rio – os campos oficiais de Grêmio e Internacional em Porto Alegre.

Corresponderia à metade dos habitantes de Santos (SP), a um de cada dez habitantes de Brasília, uma pessoa maltratada entre cada trinta cariocas reunidos em uma rodinha de samba. Significa um torturado para cada conterrâneo do delegado Sérgio Fleury na sua pacata Niterói (RJ), um machucado para cada morador

26. Arquidiocese de São Paulo. *Brasil Nunca Mais*, 1985, p. 173.

da Santa Maria (RS) natal do coronel Brilhante Ustra, um supliciado para cada seis patrícios de Pedro Seelig em sua Porto Alegre.

É como se cada um dos conterrâneos do general Médici em Bagé ou do general Geisel em Bento Gonçalves fosse torturado duas vezes, para horror dos vizinhos e amigos dos dois presidentes na terra em que nasceram.

O quadro de denúncias formalizadas na Justiça Militar naqueles treze anos – mais da metade das duas décadas de ditadura – fotografa o endurecimento do regime ao longo do tempo. Em 1964, ano do golpe, houve 203 acusações de maus-tratos, número que se reduziu em 1965 (84 casos) e em 1966 (66 casos). Chegou ao seu ponto mais baixo em 1967 (50 casos) quando Costa e Silva sucedeu Castello Branco. Voltou a subir em 1968 (85 casos) e em 1969 foi vinte vezes maior do que a marca de dois anos antes: 1.027 denúncias de tortura.[27]

O país tinha irrompido o ano já sob o império do AI-5, e 1969 acabou com o Brasil governado por uma patética junta militar, que ocupou por dois meses o vazio de poder provocado pelo derrame que matou Costa e Silva.

O ano seguinte, 1970, registra a estreia retumbante do general Médici e o ápice dos porões: foram 1.206 denúncias de tortura. A taxa se manteve em nível elevado no período restante dos Anos de Chumbo: 788 denúncias de tortura em 1971, 749 em 1972 e 736 em 1973. Caiu dramaticamente no último ano de Médici, 1974, quando se registraram apenas 67 casos. A violência voltou a explodir em 1975, no primeiro ano do general Geisel no Planalto, com 585 casos de tortura – quase dez vezes mais do que o saldo do derradeiro ano de Médici no Planalto.

A política de Geisel dava então seus primeiros passos, e os órgãos de repressão arreganhavam os dentes para a distensão. O embate do presidente com a linha-dura militar acabou na demissão do general Ednardo D'Ávila do II Exército, em janeiro de 1976, logo após as mortes de Vladimir Herzog e Manoel Filho no DOI-CODI de São Paulo. As denúncias de tortura naquele ano de 1976 caíram quase quatro vezes em relação ao ano anterior, acusando 156 casos. O ano de 1977 registrou 214 denúncias.

Os parcos registros do STM assinalam apenas 122 denúncias de tortura no Rio Grande Sul nesses treze anos iniciais de ditadura. Embora distantes da realidade, os números mostram percentualmente o peso do DOPS gaúcho no terrorismo de Estado. Um total de 48 casos, 43% do total, se localizam nas dependências do segundo andar do Palácio da Polícia, atrás das janelas de onde Camilo Celiberti descortinaria muito mais do que as águas escuras do arroio Dilúvio.[28]

A pancadaria no DOPS de Seelig não era um exagero individual da repartição. Era uma prática institucional do regime, que acabava chancelando por cima o que se cometia por baixo.

No mesmo período, o balanço do STM mostra outros dezessete casos de torturas espalhados por sete quartéis diferentes de guarnições do Exército em quatro

27. Bauer, 2006, p. 123.

28. Idem, p. 124.

cidades distintas do Rio Grande do Sul – Livramento, Santo Ângelo, Cruz Alta e Porto Alegre. Trinta denúncias de tortura atingiram quartéis da Brigada Militar em Passo Fundo, Três Passos e na capital gaúcha.

***

No início de abril de 1970, um comando de sete homens da Vanguarda Popular Revolucionária (VPR) tentou, mas não conseguiu, sequestrar o cônsul americano em Porto Alegre, Curtis Cutter. A feroz repressão que se seguiu prendeu nove pessoas em um espaço de duas semanas. Treze dias depois o motorista da frustrada operação foi preso na companhia de um jovem de 24 anos.

João Carlos Bona Garcia foi levado diretamente ao DOPS, o ninho de Seelig e Nilo Hervelha. Seu rubro relato:

> Entrei encapuzado e quando me tiraram o capuz vi sangue nas paredes, sangue no piso, pessoas ensanguentadas jogadas no chão e se arrastando, rostos inchados, corpos cheios de marcas e feridas, ensanguentados, olhos em fogo, bocas contraídas mostrando coágulos no lugar dos dentes, gemidos e soluços, uivos de dor. Lembrei imediatamente do matadouro. Tive a sensação de estar num matadouro de gente.[29]

No dia seguinte, marcado pelas queimaduras de ponta de cigarro, Bona Garcia foi levado para a fossa, o salão de tortura. Ele conta:

> Havia um gerador elétrico manual, a maricota, para dar choques elétricos. Conforme a velocidade na manivela, a voltagem ia subindo, até mais de trezentos volts (...) Foram me amarrando fios nas orelhas e dando choques na cabeça. A primeira vez dá uma sensação terrível. Com o choque nas orelhas se perde a visão, na hora fica tudo escuro (...)
>
> O pessoal da polícia ficava à volta, enlouquecido, gritando de prazer. Especialmente o Nilo Hervelha. Era o mais sádico, um dos piores torturadores, o mais cruel. Era também ligado ao tráfico de drogas. Durante as torturas chegava ao orgasmo. (...) Já o major Attila Rohrsetzer mostrava uma volúpia especial torturando mulheres. Especialmente nos seios e órgãos genitais.[30]

Na ditadura, Bona Garcia era assaltante de banco, terrorista e inimigo dos militares. Participou de duas ações da VPR atacando os carros pagadores do Banco do Brasil e do Bradesco. Foi banido do país, em janeiro de 1971, no grupo de setenta esquerdistas enviados para o Chile de Salvador Allende em troca do embaixador da Suíça, Giovanni Bücher, sequestrado no Rio de Janeiro por um comando da VPR liderado por Carlos Lamarca.

Em duas décadas, os caprichos da história viraram o mundo de Bona Garcia de cabeça para baixo.

---

29. Bona Garcia, 1989, p. 48.

30. Idem, p. 48.

Na democracia, o ex-assaltante de banco virou executivo de banco. Em 1998, foi diretor do Banrisul, o banco estatal gaúcho, e presidente do Sindicato dos Bancos do Rio Grande do Sul.

No regime civil, o subversivo caçado pela repressão, odiado pelos quartéis e banido pela ditadura virou subchefe da Casa Civil em 1986 do governador Pedro Simon, chefe da Casa Civil em 1998 do governador Antônio Britto, juiz da corte militar gaúcha no mesmo ano. O ex-preso político e ex-torturado Bona Garcia chegou em 2002 à presidência do Tribunal de Justiça Militar do Rio Grande do Sul.

Outros não conseguiram dar a volta por cima. Paulo Mello era um pacato pintor na praia de Xangri-lá, no litoral gaúcho, até ser preso em outubro de 1973. O DOPS não esquecera que meses antes ele integrava o MR-26, o movimento clandestino que o ex-sargento Manoel Raimundo Soares tentou infiltrar nos quartéis antes de aparecer boiando e amarrado como porco nas águas do Jacuí.

Foi recebido efusivamente no DOPS de Porto Alegre por Nilo Hervelha, que berrava enquanto o espancava:

– Brizolista! Comunista! Vais morrer nas minhas mãos, me fizeste de bobo muitas vezes!

O ex-tenente do Exército José Wilson da Silva, assessor de Leonel Brizola antes do golpe, relata o que aconteceu com Paulo Mello:

> Na primeira noite Pedro Seelig voltou para ver como andava o "serviço". A sessão era debaixo da maior pancadaria. No segundo dia foi para a fossa, um cubículo sujo, escuro, com muitas marcas de sangue que Hervelha fazia questão de mostrar que tinha sido de outra pessoa que "quis bancar a durona". (...) No "tratamento" junto com choques elétricos eram-lhe aplicados murros na cara e pauladas nas costas. Quebraram-lhe a boca várias vezes, passou pelo "telefone", sangrava muito pelo nariz e ouvidos, o corpo todo inchado. Mesmo assim, não cedendo ao desejo das bestas, colocaram-no no pau de arara (...). Num dia em que as forças estavam lhe faltando, chamaram o médico (...). [O médico] examinou-o, deu-lhe um remédio e disse a Seelig que não o espancasse mais, que o estado [*de* Mello] era de pré-morte.[31]

Os boatos de que havia morrido debaixo de pau obrigaram o DOPS a provar que Paulo Mello estava, ao menos, semivivo. Decidiram quebrar sua incomunicabilidade e permitir uma única visita – da mulher e do filho. Antes tiveram o cuidado de lavar e limpar o preso para lhe dar um aspecto mais apresentável. Não adiantou.

Ele surgiu diante da família com sangue purgando pelos ouvidos, olhos e nariz, além de hematomas no corpo. Ao ver o pai naquele estado, mais pré-morto do que semivivo, o filho sentiu-se mal. Teve que ser atendido por um médico.

O pintor e ex-guerrilheiro foi libertado condicionalmente em 1975. Estava com os rins destroçados, os ouvidos rompidos, os nervos em frangalhos. Sofreu um derrame cerebral, ficou com o lado esquerdo do corpo paralisado.

---

31. Silva, 1987, pp. 237-239.

Paulo Mello nunca mais pintou.

***

– Tira a roupa! – foi a primeira frase que a moça ouviu, no DOPS, logo após ser sequestrada em uma parada de ônibus no centro de Porto Alegre, na manhã de 11 de abril de 1972. Ela conta:

> O delegado Pedro Seelig, chamado por Cacique, junto com Nilo Hervelha e outros, arrancou minhas roupas. Perguntaram meu nome e eu disse: Nilce Azevedo Cardoso. Vieram então socos de todos os lados. Insistiram na pergunta, com socos na boca do estômago e do tórax. Mal podendo falar, eu disse que meu nome estava na carteira de identidade. Aumentou a violência. Ligaram fios e vieram os choques. Fiquei muda daí para a frente.

Nilce Cardoso foi levada para o pau de arara.

> Eram pontapés na cabeça e choques por todo o corpo. Minha indignação cresceu violentamente quando resolveram queimar minha vagina e meu útero. Enfiaram os fios e deram muitos choques. A dor, raiva, ódio, misturados com um sentimento de impotência, criaram-me um quadro assustador. E eu seguia muda. A raiva era tanta que eu não conseguia gritar (...). Quando eu pensava que estava morrendo, eles me tiraram dali (...).
>
> Quando acharam que já estava melhor, eles me penduraram novamente. O meu sangue jorrava e eles enfiaram a mão pela minha vagina com jornais. Colocaram uma bacia no chão e o sangue continuava a cair. Molharam meu corpo e me arrebentaram com socos e choques. Não sei quanto tempo isso durou nem quantas vezes aconteceu esse ritual macabro. Assombrava-me ao perceber que, nos intervalos, eles comiam, conversavam, como se há instantes não estivessem cometendo aquelas atrocidades.[32]

Nilce sofreu uma parada cardíaca. Ao tentar reanimá-la os policiais do DOPS acabaram provocando um esmagamento do seio e uma fratura no tórax. Foi levada para o Hospital Militar, ficou lá oito dias em coma. Depois voltou para o DOPS. Foi transferida para a OBAN, em São Paulo, para novas sessões de pancada. Voltou ao Sul e só deixou aquele inferno, com o alvará de soltura, em 20 de julho de 1972.

Ao contrário da AP de Nilce, do MR-25 de Paulo, da VPR de Bona Garcia, o PCB adotava a linha diet da esquerda. O Partido Comunista Brasileiro, o venerando partidão, era contra o esforço calórico da luta armada, o metabolismo temerário da guerrilha, o arriscado colesterol do enfrentamento nas ruas com a força militar. O PCB preferia o lento cozimento da consciência das massas.

Para o DOPS, o cardápio não fazia a menor diferença.

Era tudo comunista. Intragável.

---

32. Rio Grande do Sul. Assembleia Legislativa, Comissão de Cidadania e Direitos Humanos. Relatório Azul: garantias e violações dos direitos humanos no Rio Grande do Sul. 1997, s.p.

Hilário Gonçalves Pinha, dirigente do partidão no Sul, foi preso em março de 1975 pelo Exército. Passou um mês incomunicável na Polícia Federal e daí foi entregue ao DOPS de Porto Alegre. Passou por sessões de afogamento, choque elétrico e pancada, o cardápio básico da casa. Além disso, teve a barriga pisoteada, quatro costelas quebradas e os intestinos rompidos em várias partes.

Ficou tão machucado que nem o DOI-CODI de São Paulo quis receber aquela mercadoria tão estragada, ainda sem assistência médica. Ao ser transferido para a rua Tutoia, em abril de 1975, o chefe do Estado-Maior do II Exército, general Antônio Ferreira Marques, exigiu um ofício atestando as condições deploráveis do preso remetido pelo DOPS de Seelig. O médico do DOI-CODI o mandou para o pronto-socorro e lá perceberam que ele precisava de uma cirurgia de emergência.

Acabou sofrendo cinco intervenções cirúrgicas no abdômen no prazo de um mês no Hospital das Clínicas. Perdeu 80% dos intestinos e a capacidade de trabalhar.

Em dezembro de 1981, o juiz Moacir Álvares, da 2ª Vara Federal de Porto Alegre, condenou a União como responsável pelos danos físicos produzidos pela tortura em Hilário Pinha. Ele foi o primeiro preso político do país a ter reconhecido o direito à indenização pelos maus-tratos da ditadura.

Hilário Pinha morreu de câncer em Porto Alegre em 2006. Tinha 79 anos.

***

Naquela manhã de agosto de 1971 Marinês só conhecia a fama de truculência do inspetor Nilo Hervelha.

Seria apresentada minutos depois ao seu estilo de trabalho, ao ser arrastada para um Fusca estacionado por perto, onde encontrou o companheiro preso cinco dias antes. Começou a apanhar já no banco de trás do carro, no curto trajeto de dez minutos até o DOPS. Hervelha lhe dava tapas no rosto e socos nos seios. Ao descer do carro foi levada ao segundo andar, passou por uma espécie de guichê e ingressou em uma sala grande, sem móveis, sem janela.

Ali tudo escureceu. Sua cabeça foi coberta com um capuz, que dificultava a respiração com o forte fedor do vômito de presos anteriores. Ela foi despida e ficou por algumas horas em pé, rodando como pião sob gritos, ameaças, piadas obscenas e pontapés no traseiro.

De repente, mudou o cenário. Marinês foi levada através de um corredor com salas menores de um lado e outro e, no final, um banheiro. A superpopulação de presos obrigara o DOPS a transformar algumas salas em celas, onde jogaram colchões no chão para os presos dormirem, sempre com a luz acesa. Chegou enfim à sala de interrogatório – e a escuridão do capuz foi subitamente trocada pelo clarão ofuscante do holofote jogado sobre seu corpo nu, que tremia de frio, vergonha e medo.

Com cabelos ruivos e lisos, Marinês tinha pele clara, um rosto fino e uma fisionomia triste. Sob o brilho do holofote, ela percebia o intenso vai e vem na sala:

> O interrogatório se prolongou pela noite adentro com muitas presenças, todas masculinas, todos agitados, entrando e saindo pela única porta daquela sala

claustrofóbica, sem janelas. Eles todos no escuro e eu, nua, sob os holofotes. Diziam que queriam ver como era uma mulher ruiva, riam e batiam palmas. Na escuridão do lado de lá dava para eu distinguir a figura bem trajada do delegado Pedro Seelig, posicionado na frente do bando de machos excitados e à frente do interrogatório.[33]

Agitados pela rara visão daquela bela mulher de curvas bem delineadas no esplendor de seus 24 anos, toda nua e toda ruiva, eles se divertiam. Marinês chegou a pensar que seria estuprada, pelo grau de excitação no ar, mas ninguém a tocou. No limite entre a luz e a treva, o delegado Seelig, de terno e gravata, parecia controlar o foco de luz do holofote que lambia, libidinoso, o seu corpo indefeso.

Naquele teatro que misturava violência e degradação, Seelig fazia o papel do brincalhão, tentando se mostrar gentil e afável em meio a tanta sordidez. Durante todo o tempo, entre risos e piadinhas, Marinês ouvia perguntas sobre o POC, suas ligações políticas e a atuação do grupo junto ao movimento estudantil.

Quando o show terminou, o holofote foi desligado e ela colocada em uma cela com outra mulher, uma paulista da luta armada que havia sido violentada nos cárceres da OBAN. Estava toda arrebentada pela tortura e, ainda assim, era "tratada" por um médico do DOPS para aguentar a sessão seguinte de suplício. Desestruturada pela violência, ela imediatamente procurou o colo de Marinês. Embora adulta, a jovem comportava-se como um bebê desamparado, em busca do conforto materno.

A expressão melancólica de Marinês ficou ainda mais triste.

Na quinta-feira, 12, dois policiais levaram Marinês de volta ao seu apartamento. Entraram com a chave da presa e reviraram tudo, recolhendo alguns livros e deixando para trás a bagunça que Janda veria ao chegar à noite. No dia seguinte Marinês completou 24 anos. A notícia se espalhou pelos corredores e celas do departamento. Todo mundo queria ver, de perto, aquela moça azarada que fazia aniversário em uma sexta-feira, 13 de agosto – e ainda presa no DOPS.

Dezesseis dias depois aconteceu a prisão do dono do apartamento: Raul Pont foi capturado pela OBAN, em São Paulo, no dia 29 de agosto. Foi torturado lá mesmo.

Na semana anterior, ainda angustiada com o sumiço da amiga, Janda encontrou um envelope debaixo da porta do apartamento. Era uma intimação para comparecer ao DOPS. Avisou Werner Becker, que ficou de prontidão. Apresentou-se sozinha e foi recebida por um policial atencioso, de óculos, forte e gordinho como o pai, Poty Medeiros, um ex-secretário de Segurança.

O delegado José Antônio Leão de Medeiros parecia bem mais velho do que os tenros 29 anos completados treze dias após o aniversário de Marinês. Calmo, educado, era encarregado de fazer o perfil psicológico de quem circulava pelo DOPS. Fez perguntas sobre Marinês e, com o ar paternal de quem dá bons conselhos aos mais jovens, ainda repreendeu Janda:

– Como é que a senhora anda circulando no meio de tantos subversivos?

---

33. Depoimento ao autor, junho-julho de 2008.

Medeiros citou especificamente a sucursal de *Veja*, que o DOPS mantinha há alguns dias sob cerrada vigilância como foco de apoio logístico ao POC. O delegado teve o cuidado de não mencionar outros "ambientes subversivos" por onde Janda circulava. Ela também ministrava aulas de inglês para o filho do presidente da OAB gaúcha, Justino Vasconcelos, e para dois filhos do diretor do hospital da Brigada Militar, coronel Athos Pizzato.

Pior. Circulava uma vez por semana na restrita "área de segurança nacional" – o Palácio Piratini. Ali ensinava inglês ao filho único de nove anos do engenheiro Euclides Triches, coronel do Exército e governador do Estado. Janda tinha livre acesso à ala residencial do palácio e, com frequência, levava o garoto para aulas externas e mais divertidas nos bancos da Praça da Matriz, em frente ao Piratini – sempre escoltados por dois seguranças do governador.

Janda, apesar de tudo, parecia inofensiva ao regime, e foi liberada pelo delegado. Mas, a partir do conselho do delegado Leão, ela entendeu que estava sendo vigiada pela polícia. Um Fusca passava o dia inteiro estacionado perto do apartamento. Não era apenas o dono do imóvel, Raul Pont, que preocupava a repressão. Agora era também aquela jovem professora que entrava e saía do palácio toda semana, e ainda morava com uma comunista presa no DOPS!

O caso parecia ser um pouco mais grave, demandava mais cuidados.

Dias depois da paternal conversa de Medeiros com Janda, Marinês foi levada para o terceiro andar, um acima do piso do DOPS, a ala da DCI do coronel Attila. Era uma sala mais decente, com mesas de escritório, prateleiras, cadeiras. Ali havia três homens. Em comparação com os abrutalhados policiais do andar de baixo, o trio parecia ser de fino trato, até elegante. Apesar do terno e gravata, Marinês ficou convencida de que falava com militares, agentes do SNI.

Foi um interrogatório muito firme, duro, olho no olho, mas não houve violência nem ameaças. Ela ocupou uma cadeira diante dos três homens, igualmente sentados. Perguntaram muito sobre Janda, o que ela fazia, o que pensava, sua posição política, suas intenções ocultas ao frequentar o palácio. Para eles havia uma clara ameaça e uma nítida intenção subversiva na esquisita proximidade daquela professora com a família do governador.

Chegaram a perguntar, incisivos mas educados, se Janda não estava ali infiltrada pelo POC. Marinês negou com firmeza, dizendo que Janda desconhecia sua militância clandestina. Durante todo o tempo Marinês percebeu que a conversa estava sendo transmitida ao vivo, por um sistema de som instalado na mesa, para a sala do andar de baixo – exatamente o gabinete do delegado Pedro Seelig.

Ela parecia ter sido convincente na defesa que fez de Janda. Nunca mais tocaram no assunto com Marinês. Mas era ilusão. Janda ganhou uma ficha no SNI sob o número de registro G0109563 em 25 de agosto de 1971 – duas semanas após a prisão de Marinês. Misturando depoimentos de oito pessoas, definidas pelo SNI como "militantes ou simpatizantes do POC do Rio Grande do Sul", Janda virou personagem de uma fantástica documentação confidencial de 185 folhas do SNI.

A salada de siglas subversivas da ficha A0416873 de Maria Jandyra Cavalcanti no SNI, datada de 22 de dezembro de 1971, mistura o POC de Marinês, a VPR de Lamarca, a VAR-Palmares e o M3G do Gauchão. A leitura daquela ficha teria deixado até o governador Triches de cabelos em pé, se ele não fosse absolutamente calvo. Ainda assim, a professorinha do filho do governador – que nunca empunhou algo mais perigoso do que um pedaço de giz – não foi denunciada, nem processada.

Dias depois daquela conversa com o delegado do DOPS, a secretária da mulher de Triches informou a Janda de sua dispensa das aulas para o filho do governador. Janda nunca mais veria seu aluno, muito menos seus pais.

Enquanto isso, contratado pelo diretório acadêmico da Economia da UFRGS onde Marinês estudava, Werner Becker conseguia encerrar o inquérito policial. Marinês foi liberada quarenta dias após sua prisão. Ela saiu da cadeia enquadrada na Lei de Segurança Nacional, com hematomas na alma mais fundos que as dores no corpo.

Ela perdeu o emprego na clínica médica onde trabalhava. Não houve explicação. Nem precisava.

Em liberdade, continuava vigiada e seguida a todo momento. Certo dia, em uma rua meio deserta do bairro Floresta, um sujeito de uns 25 anos se aproximou e lhe falou ao pé do ouvido:

– Eu te vi nua, eu te vi nua, eu te vi nua!...

Era um dos "machos do DOPS", que ela não reconhecia. Marinês saiu dali correndo, apavorada.

Perdeu todas as cadeiras do semestre no curso da faculdade. Amigos esfumaram-se, parentes afastaram-se. Conseguiu um emprego provisório em um órgão de pesquisa estadual. Meses depois ele tornou-se a Fundação de Economia e Estatística (FEE), vinculada à Secretaria de Planejamento estadual, que a contratou como economista em 1974. Três anos mais tarde, ela fazia um doutorado na Universidade de Paris I quando se viu, inesperadamente, no centro da guerra de estrelas em Brasília entre Geisel e Frota.

Marinês era um dos 97 "comunistas" infiltrados na administração pública, segundo a relação dedo-duro que o general Sylvio Frota, ministro do Exército, divulgou na tarde de 12 de outubro de 1977, horas depois de ser demitido pelo presidente Geisel. Nove nomes da lista atuavam no Rio Grande do Sul, quatro deles eram economistas na FEE – entre os quais Marinês Zandavali Grando e uma colega chamada Dilma Rousseff. Marinês só não foi demitida, como os outros três, porque estudava na França, protegida por um acordo internacional que lhe garantia ficar por lá até a poeira baixar.

Ela voltou da França em 29 de outubro de 1978 – sete anos após sua prisão, às vésperas da anistia, dois domingos antes da prisão de Lílian por Pedro Seelig na Rodoviária de Porto Alegre.

A cicatriz mais funda da passagem pelo DOPS não ficou na ficha pessoal, nem no corpo, muito menos nas relações humanas. Ficou marcada na alma através de uma ferida que machucava por dentro, chamada Transtorno de Estresse Pós-Traumático. Afeta pessoas que passam por traumas de grande magnitude, como acidentes graves, catástrofes naturais, guerras, estupros, agressões físicas.

Ou simplesmente tortura.

Marinês não consegue falar sobre isso. Este bloqueio é a sintomatologia da doença. Mas a ruiva amiga de Janda, nesta altura, já não representava mais nenhum transtorno nem estresse para a repressão.

O DOPS agora estava de olho na *Veja*.

O alvo de Pedro era Paulo.

Pedro Seelig mirava Paulo Totti.

O meu antecessor como chefe da sucursal da revista.

23
O DRAGÃO

Porto Alegre, agosto de 1971

O cerco da repressão aumentava.

Desde o início de agosto, o DOPS montava o golpe final para desmantelar o POC no Sul. Localizou três "aparelhos" da organização em Porto Alegre onde era impresso o *Resistência Operária*, o jornal do partido distribuído entre operários e estudantes. Um dos braços do POC, a chamada Organização Para-Partidária (OPP), atuava entre os alunos das universidades federais de Porto Alegre e Santa Maria para alistar novos quadros.

Marinês era membro da OPP.

O DOPS prendeu trinta militantes, entre eles sete universitários dos cursos de Economia, Geologia, Medicina e Filosofia da UFRGS e quatro da universidade de Santa Maria, além de dois integrantes do Comando Nacional e outros quatro do Comando Regional gaúcho. Um dos comandantes locais detidos era o jornalista Luiz Fernando Valls, casado com outra militante presa, Alda Souza Valls, secretária de Paulo Totti na sucursal da *Veja*.

Apontado como "apoio logístico" ao POC[34], o escritório da Editora Abril em Porto Alegre estava sob rígida vigilância do DOPS antes mesmo da prisão do casal. Policiais tinham ido lá no começo do mês pedindo para ver as fichas funcionais com o endereço do pessoal do escritório. Mostraram especial interesse pelo chefe da sucursal, Paulo Totti, e pelo repórter Divino Fonseca, companheiro de Scalco na revista *Placar*.

Perguntaram mais ainda por um jornalista chamado Clayton Netz, que fazia *freelance* para a revista *Exame* e nem tinha ficha de funcionário da empresa. O assustado gerente comercial da Abril, Michel Barzilai, nem sabia quem era e o que fazia Clayton. O delegado Pedro Seelig disse ao gerente que precisava muito da presença de Totti no DOPS.

– É um simples esclarecimento de rotina, coisa rápida. Mas ele precisa se apresentar. Senão vamos atrás dele – avisou Seelig. Barzilai ficou ainda mais assustado.

O delegado não encontrou o chefe da sucursal porque ele não estava em Porto Alegre, nem mesmo no Brasil. Totti fazia uma reportagem na Argentina, área de cobertura que lhe pertencia de fato e de direito.

Repórter talentoso e experiente aos 33 anos, Paulo Totti era o homem de *Veja* mais próximo de Buenos Aires e um emérito especialista no sempre dramático tango político da Argentina. O país em poucos meses vira a troca de guarda na Casa

34. Secretaria de Segurança Pública, RS. Nota oficial. 'Organização comunista foi desbaratada pela segurança'. In *Correio do Povo*, 28 de setembro de 1971.

Rosada do general Onganía pelo general Lanusse, que logo depois reataria com a China Comunista, repatriaria os restos de Evita Perón e exumaria em vida o viúvo Juan Domingo Perón, vindo do exílio para reassumir sua liderança histórica.

Entretido com tanto drama lá, Totti precisava ser informado sobre o drama que se vivia aqui. Coube ao Leonid Streliaev fazer o contato. Ele era um grandalhão de longos cabelos loiros que, apesar dos pais russos, ganhara o apelido de Alemão Uda. Ele fazia freelance na Abril.

Uda pediu para usar o telefone de minha casa para ligar para Totti na Argentina. Nessa época, ainda solteiro, eu morava com meus pais no segundo andar de um prédio na avenida Farrapos. No andar térreo, funcionava a agência do Banco da Provícia onde meu pai era gerente. Ali certamente o telefone seria insuspeito para a polícia, ao contrário da linha vigiada da sucursal.

Inexperiente nas sutilezas da vida clandestina, Leonid foi logo avisando Totti, sem rodeios:

– A Alda e o marido dela caíram!

Totti entendeu, como entenderia a polícia se estivesse na escuta. A crise lá e cá justificava a permanência dele no exterior por mais alguns dias.

Ele ficaria em Buenos Aires enquanto a poeira assentava em Porto Alegre.

***

Ao saber da queda do POC, Totti temeu ser preso ainda na Argentina.

Confessou isso a um amigo, Jorge Bonafini, jornalista do *La Opinión*, o diário mais respeitável do país. Ele recomendou trocar de paradeiro por questões de segurança. Totti abandonou o San António – o simpático hotel de charme e sotaque britânico na Calle Paraguai, seu habitual endereço portenho – e se refugiou no apartamento onde morava o amigo, no bairro de Palermo.

Como Totti, Bonafini tinha militância de esquerda. Nunca mais se veriam. Jorge foi preso seis anos depois. Meses mais tarde foi a vez de seu irmão, Raúl, um estudante de zoologia de 24 anos. São dois dos trinta mil desaparecidos pela "Guerra Suja", que sangrou o país de 1976 a 1983. Eram filhos e inspiração de luta de Hebe de Bonafini, fundadora e líder das Mães da Plaza de Mayo, símbolo maior das denúncias sobre violências da ditadura argentina.

Antes de sumir, Jorge foi visto no Pozo de Banfield, um centro clandestino de torturas em Lomas de Zamora, ao sul da Grande Buenos Aires. Presas grávidas eram mandadas para lá, onde eram atendidas por um médico de bigodes e olhos grandes, Jorge António Bergés. Uma delas, Aída Sanz, teve o trabalho de parto precipitado pelos choques elétricos e pelos pontapés que lhe deram na barriga.

– Carmen nasceu muito nervosa – reclamou Aída com uma companheira de cela, antes de desaparecer. O bebê sobreviveu à mãe.

Inés Ortega, outra presa grávida, não conseguiu chegar a tempo até o doutor Bergés. O bebê nasceu dentro da viatura policial que a transportava. Ao desembarcar no Pozo de Banfield o médico a deitou em uma cama, tirou os restos de placenta do ventre e os jogou ao chão. Pediu aos guardas que lhe trouxessem um balde e um pedaço de pano. Obrigou a parturiente, ainda sangrando, a limpar a cama e a lavar o chão.

Inés desapareceu, o filho também.

Naquele prédio sórdido de dois andares, funcionava o que a polícia federal portenha chamava de Brigada de Segurança, Investigações e Inteligência. Era apenas um dos vinte centros de detenção ilegal sob o comando supremo do futuro general Ramón Camps. Ainda coronel, ele chefiou a polícia de Buenos Aires no período mais brutal, de abril de 1976 a dezembro de 1977. Anos depois Camps admitiu o uso de tortura como método de interrogatório e a responsabilidade no desaparecimento de cinco mil dissidentes.

Justificou até a apropriação de recém-nascidos das presas:

– Pais subversivos criam crianças subversivas!

Camps estava bem acompanhado. Seu braço direito, o comissário-geral e diretor de investigações Miguel Etchecolatz, então com 47 anos, foi o primeiro condenado do país à prisão perpétua como genocida e autor de crimes contra a humanidade. Seu confessor e capelão da polícia, o padre católico Christian von Wernich, 38 anos, ganhou também cadeia vitalícia por sete assassinatos, 42 sequestros e 32 casos de tortura.

A ficha corrida do general era bem maior: 214 sequestros com extorsão, 120 casos de tortura, 32 homicídios, dezoito roubos, dois estupros, dois abortos provocados por tortura e apropriação de dez menores. Apesar disso tudo ganhou uma pena de apenas 25 anos de prisão. Depois foi anistiado pela Lei da Obediência Devida.

Camps morreu de câncer. Não passou um único dia na prisão.

O general comandou o sequestro e a tortura do jornalista judeu ucraniano Jacobo Timerman, fundador e diretor do *La Opinión,* o influente jornal de inclinação de esquerda onde trabalhava Bonafini.

Timerman e Bonafini resumiam duas coisas que os camaradas fardados do general Ramón Camps não gostavam: jornalismo e opinião.

Durante a ditadura argentina, 112 jornalistas foram presos, torturados, mortos ou desaparecidos pelos militares. Quinze deles vinham da redação do *La Opinión* – como Jorge Bonafini, o desaparecido protetor de Totti.

Como o general Camps, o delegado Seelig não gostava de jornalistas com opinião.

Totti era um alvo natural para Seelig.

***

A espichada estadia de Totti no exterior nos deu tempo para armar uma rede de proteção.

Acionamos entidades de classe, amigos jornalistas, contatos no governo, advogados. Quando Totti enfim retornou a Porto Alegre, no final da manhã de terça-feira, 10 de agosto, parecia uma celebridade. Mais de vinte repórteres e fotógrafos o esperavam na pista, junto à escada do avião da Varig. A mulher, Marília, e os dois filhos estavam lá – e o delegado também.

Totti abraçou e beijou a família e, ao cruzar o portão que separava a pista do salão de bagagens do aeroporto Salgado Filho, um cidadão elegante de terno, gravata e cabelos grisalhos avançou para se apresentar:

– Sou o delegado Pedro Seelig, do DOPS. Tu estás convidado a ir até lá hoje à tarde – falou, com a fidalguia de um recepcionista que dá as boas-vindas ao turista recém-chegado. Simpático, passou a mão na cabeça dos dois filhos de Totti, de sete e quatro anos, voltou a encará-lo e elogiou:

– Teus filhos são muito bonitos. E não falte, hein?

Ainda no aeroporto, longe do delegado, Totti conseguiu conversar em código com um assustado companheiro do POC, que lhe contou rapidamente sobre a prisão dos militantes que atuavam junto a intelectuais e estudantes.

– E os operários? – perguntou Totti, discretamente.

– Que eu saiba, nenhum – foi a resposta. Uma informação tranquilizadora. Totti fazia ligação justamente com uma base operária da indústria de calçados de Canoas e Novo Hamburgo, na região metropolitana. A polícia ignorava essa ponta e, na delegacia, bastaria negar qualquer ação nessa área. O DOPS nunca soube que o POC tinha penetrado o setor operário no Sul. Nenhum operário foi preso.

À tarde, atendendo ao cordial convite de Seelig, Totti se apresentou no DOPS acompanhado pelo gerente da Abril, Michel Barzilai. A dupla foi recebida cortesmente por Seelig, que os levou até sua sala, no segundo andar do DOPS. O delegado voltou a dizer que precisava de Totti para responder apenas algumas perguntas, que exigiriam só algumas horas de permanência ali.

– Ele será bem tratado – tranquilizou.

No embalo, escancarando um sorriso, Barzilai tentou ajudar:

– O Totti só pensa em trabalhar, delegado. Ele é um cara pacífico...

Seelig emendou, retribuindo o sorriso:

– Todos dizem isso, mas tu precisas ver os trabucões que eles usam – replicou, sem esclarecer quem eram "eles".

Barzilai ainda sorria quando o delegado o levou até a porta e o despediu com um abraço e um rijo aperto de mão.

Mal Dr. Jekyll fechou a porta, ao se virar já se transformara em Mr. Hyde. Totti se levantava da cadeira quando o sorriso do delegado simpático à porta se desfez de repente. Seelig, de rosto crispado, aproximou-se e lhe desferiu uma violenta cutilada no ombro esquerdo. O golpe inesperado com a parte externa da mão direita do policial atirou Totti de volta à cadeira. A pancada doeu. Totti ficou surpreso com a violência repentina.

Seelig sorriu:

– O que é isso, Totti? Não me leve a mal. É só pra mostrar que aqui a coisa é mais dura do que parece...

Precavido, o jornalista levara consigo uma pequena sacola com cuecas, meias, duas ou três camisas, escova de dentes, aparelho de barba, para o caso de sua permanência ali durar mais tempo do que sugeria a estranha ambivalência de Jekyll e Hyde. De novo gentil, Seelig se apressou em pegar a sacola e carregá-la, com o desprendimento de um atencioso camareiro de hotel.

– Vou te mostrar nossas instalações – disse o delegado, percorrendo os corredores do DOPS com o orgulho de quem mostra o conforto de um estabelecimento cinco estrelas. Apresentou as celas e uma delas, no final de uma sala grande, escancarou o inferno daquela hospedaria fora de catálogo: havia dois presos ali, pendurados no pau de arara como dois frangos expostos na vitrine.

Um deles era uma mulher pequena, encolhida, totalmente nua, que soluçava em um ritmo cansado. Ignês Maria Serpa de Oliveira, 21 anos, a Martinha da VAR-Palmares, estava naquele inferno há quatro meses. Parecia ter chorado muito, durante muito tempo, e o soluço agora era sua última demonstração de alento. Seelig nem olhou para ela. Perguntou ao sujeito que estava ao lado, comandando o interrogatório:

– Tudo bem aí? Alguma novidade? – falou, como quem confere mecanicamente a mercadoria na prateleira. O homem respondeu com um grunhido, que soou como um "até agora, nada", e Seelig entendeu.

Fechou a porta e conduziu Totti para uma nova atração da casa: abriu a porta de outra sala e, com um gesto de mão, mostrou a cena à sua frente. Um homem no pau de arara, com a cueca vermelha de sangue. Na cadeira ao lado, outro preso, sentado, com os pés amarrados e fios enrolados em torno dos dedos. Tinha o rosto todo machucado, um dos olhos parecia saltar da órbita ensanguentada.

A visitação parecia ter chegado ao fim. Seelig levou Totti a uma cela onde havia mais duas pessoas e um beliche. Apontou para a parte superior da cama:

– Tu vais ficar aqui, por enquanto. Amanhã vamos conversar. Eu quero saber é do Clayton. Tu vais me contar onde ele está. Acho que não vou precisar te levar para aquelas celas que visitamos há pouco, né? – disse, em tom que mesclava ironia e ameaça.

Nada aconteceu no resto do dia. Na manhã seguinte, quarta-feira, 11, Seelig voltou. Pediu que Totti descrevesse toda a sua vida, contasse o que pensava da política, do governo, do regime e especialmente das ligações com Clayton Rogério Netz, um talentoso jornalista gaúcho de 23 anos que trabalhava na Caldas Júnior e fazia *freelance* na sucursal para a revista *Exame*. Ele tinha sumido há cinco meses e Seelig suspeitava que estivesse em São Paulo.

– O delegado Fleury está atrás do Clayton, é bom dizer onde ele está – recomendou Seelig, enquanto passava a Totti uma esferográfica e papel para escrever.

Totti perguntou se poderia usar uma máquina de escrever, Seelig concordou. Trouxeram uma máquina portátil e ele se acomodou em uma mesa no centro do corredor, onde transitavam multidões de policiais, todos à paisana. Pelo corte rente de cabelo e pelo porte físico, Totti percebeu que alguns eram militares, bem distintos dos policiais, mais gordos e desleixados na roupa, nos sapatos e nos cabelos.

Essa bizarra plateia parou para ver Totti em ação, impressionados com a rapidez com que batia à máquina. Alguns estancavam ali, outros traziam mais gente para ver a agilidade daquele sujeito que voava no teclado usando apenas os dois dedos indicadores.

Totti percebeu que enquanto estivesse executando aquela performance não seria incomodado e passou a reescrever as laudas que produzia. Eram tempos jurássicos, em que não havia a asseada tecla de "delete" para limpar o texto, corrigido então com o véu pouco discreto e cansativo da tecla "x" batida por cima das palavras erradas.

> Não cometi o erro de admitir militância política. Reconheci que, como jornalista, me ressentia da falta de liberdade e, como brasileiro, não concordava com a política econômica. Escrevi que não participava de partidos políticos, legais ou não, mas sim de grupos de estudo sobre a conjuntura nacional. Tive o cuidado de citar apenas nomes de pessoas que sabia estarem na segurança do exterior. Escrevi que ninguém jamais me falou de luta armada.[35]

Seelig apareceu, deu uma lida por alto, não gostou muito.

– Tu davas dinheiro para um dos presos, o Wladymir Ungaretti. Isso era contribuição de militante do POC. Explique isso. E me diga como conheceu o Clayton, qual era a militância dele, onde ele está...

O delegado, casualmente, emendou uma pergunta perigosa sobre operários, querendo saber se Totti tinha contatos na área. Ele tinha, mas rebateu na hora:

– Na *Veja* eu só trabalho. Não dá tempo para fazer mais nada.

Era quase toda a verdade. Ao escrever, Totti fez de conta que se esquecera de falar em operário. Seelig acabou esquecendo de perguntar de novo.

De fato, Ungaretti era o contato que recolhia a contribuição financeira dele ao partido. Totti negou que sua contribuição fosse regular e alegou que o dinheiro que lhe dava, às vezes, servia para comprar remédio. Ungaretti trabalhava em uma livraria próxima à UFRGS, onde Totti o conheceu. O dono da livraria era Flávio Koutzii, que meses antes tivera a fineza de receber a metralhadora embrulhada de Werner Becker.

Ele escreveu no depoimento que só conhecia Koutzii como livreiro. E Clayton, apenas profissionalmente. Totti disse não saber nada da vida privada ou das ligações políticas de Clayton, a preocupação central de Seelig naquele momento.

Todo fim de tarde, ali pelas cinco horas, aparecia lá no DOPS um homem com a regularidade de médico que visita seus pacientes no hospital. Não usava jaleco, nem era médico. Era um coronel do Exército, disfarçado de terno e gravata. Seu nome: Athos Cezar Baptista Teixeira, secretário de Segurança. Totti já o conhecia de algumas entrevistas coletivas.

Era magro, miúdo, rosto fino e alongado. Parecia atlético e conservado, com menos de sessenta anos. A testa alta separava os olhos frios e as sobrancelhas pretas dos cabelos curtos e ondulados, negros em cima e grisalhos nas têmporas. O nariz tinha um leve desvio para a esquerda, como se tivesse levado um murro inesperado em uma luta de boxe desfavorável. A boca, com os lábios furtivos voltados para dentro, lembrava mais uma cicatriz horizontal pouco discreta rasgando a face sob o nariz.

---

35. Depoimento ao autor, junho-julho de 2008.

Teixeira visitava todas as celas, inclusive as de tortura, e fazia discursos inflamados sobre a honestidade dos militares, a ameaça comunista, a grandeza da pátria, o fervor dos revolucionários de 64, coisas assim.

Em um desses dias, Totti estava sentado na mesa do corredor, escrevendo à máquina, quando Teixeira chegou para o seu bizarro happy hour. Ele parou na sua frente e alguém lhe disse:

– Este é o jornalista!

Ninguém o apresentou. Mas deviam ter falado de Totti para ele. O coronel então começou a discursar, em voz alta, como se falasse para uma imensa plateia. E Totti, solitário, olhando surpreso aquela performance particular. O coronel vociferava para ele, apesar da proximidade. Parecia querer que o mundo todo ouvisse aquela retórica redentora:

– Esta é uma guerra para salvar a pátria do comunismo! O inimigo é insidioso, sequestra e mata à traição... Os jovens são imaturos, podem ser facilmente iludidos pelos comunistas... Os mais perigosos são os que têm estudo, os inteligentes, jornalistas como o senhor e que aproveitam essa inteligência para servir ao inimigo da pátria!

O coronel urrava, cada vez mais excitado consigo mesmo, e Totti percebeu que se acumulavam no canto da boca estreita alguma gotas de saliva, formando aos poucos uma espuma viscosa que começava a escorrer pelo queixo. O coronel estava literalmente babando de patriotismo, espumando de fervor cívico naquele monólogo paranoico. Aí abriu os braços e se dirigiu ao perplexo Totti:

– O senhor sabe o que está acontecendo aqui, não?

Totti continuou calado, impassível. Não era saudável concordar, muito menos contrariar. O coronel repetiu a frase, como se fosse o diretor daquele exótico espetáculo e não esperasse nenhuma salva de palmas por ele. Limpou a baba da boca com a palma da mão, agora consciente do próprio ridículo, girou nos calcanhares e saiu.

Pelas grades da cela, à sua frente, Totti tinha a visão de uma sala com um policial ao lado de um telefone. Um alvoroço fora do normal naquele lugar anormal agitou a manhã seguinte. O homem berrava ao telefone:

– O quê?... Prenderam o Clayton? – punha a mão no bocal e gritava para alguém, fora da visão de Totti: – Ei, cara!, diz pro Pedro que o Fleury prendeu o Clayton...

Seelig apareceu minutos depois, os policiais se cumprimentaram, o clima era de feriado nacional. O delegado se aproximou da grade e confirmou:

– O Clayton caiu em São Paulo. – Duas horas depois ele voltou, com uma emenda ainda pior: – O Clayton tá contando tudo. Tu tá fodido, Totti!

Totti não se preocupou, porque dele Clayton sabia muito menos do que a polícia. Apesar de ambos integrarem o POC, eram de bases diferentes e não faziam reuniões, o que justificava o desconhecimento mútuo. Totti nunca entendeu por que tanto interesse dos policiais em Clayton, e menos ainda a farsa da comemoração.

Afinal, Clayton nunca foi preso no Brasil: com a queda do POC, ele fugiu para o Chile, onde foi detido na queda de Allende. Ficou cerca de quarenta dias no Estádio Nacional de Santiago, até ser expulso para a Suíça. Condenado à revelia a dois anos de prisão, voltou clandestino ao país em 1974. Trinta anos depois, o devoto comunista dos anos 70 virou o diretor de redação da revista *Exame*, a bíblia do capitalismo brasileiro.

No DOPS de Seelig, porém, não tinha conversa.

Ele queria que Totti falasse sobre Clayton.

A resistência do jornalista irritou Seelig. Totti acabou na sala de tortura.

***

A "cadeira do dragão" é uma cadeira pesada, com assento, apoio dos braços e espaldar revestidos de zinco.

Os pés e os pulsos são amarrados e as pernas empurradas para trás por uma travessa de madeira. Na parte traseira existe um terminal onde se acopla o magneto que transmite a corrente elétrica, gerada manualmente pela manivela conectada a um dínamo. A "pimentinha" dos torturadores ardia no corpo dos torturados, graças aos cem volts que produziam uma corrente de dez amperes.

Uma voltagem duas vezes menor já produz fibrilação ventricular. Com a pele molhada ou a voltagem aplicada diretamente na pele por eletrodos, uma carga de apenas quarenta volts pode ser letal. Um choque de meros dezesseis volts, aplicados diretamente no coração, leva à morte. A ponta dos fios conectados ao dínamo era fixada em pontos sensíveis do corpo – como o mamilo, situado exatamente sobre o músculo cardíaco.

Na fossa, sempre havia uma mangueira e um balde por perto para jogar água no corpo nu do prisioneiro. Potencializado pela água, o choque produzia um espasmo que fazia com que a perna batesse com violência na travessa de madeira, causando mais dor e novos ferimentos.

Duas vezes, em dias sucessivos, Totti sente o bafo quente e seco do dragão. A primeira é no começo da tarde de quinta-feira, 12 de agosto – um dia depois de Marinês ser presa na esquina da Borges de Medeiros. Ao sair da cela Totti é encapuzado.

O capuz mantém o anonimato do torturador, dá insegurança ao preso. Ele não sabe para onde vai. Alguém o pega pelo cotovelo e o conduz por um caminho desimpedido. De repente, mandam parar, como se houvesse um obstáculo. Ordenam virar à esquerda, depois à direita, dar um passo à frente, outro para o lado. O preso se desorienta. Alguns passos adiante Totti recebe ordem para sentar. Ele está ao lado de uma cadeira. Senta. Uma voz pergunta:

– Tu sabes onde nós estamos?

Totti diz que não. A voz pergunta se ele sabe o que vai acontecer. Totti repete a negativa.

– Sabe sim – alguém responde. Ele sente quatro mãos diferentes mexendo em suas mãos. Há um encosto na cadeira para estender o braço, como se fosse tirar a pressão. Totti percebe duas alças de couro que se fecham sobre os antebraços. Está preso na cadeira. Alguma coisa é fixada no dedo anelar da mão direita, o quarto dedo, entre o médio e o mindinho, o "seu vizinho". Ninguém mais toca na mão esquerda. Alguma coisa se agarra ao lóbulo da orelha esquerda. Totti sente pela respiração que três pessoas o rodeiam. O coração aperta, a garganta se contrai, a boca seca.

– Então, Totti, o que mais tu fazias no POC, além de dar dinheiro para um epilético? – pergunta alguém mais afastado. Totti reconhece a voz de Seelig. Sabe que o delegado se refere a Wladymir Ungaretti, mas disfarça.[36]

– Nada, eu já disse. Nem sei direito o que é o POC – repete Totti.

Ele ouve duas, três vezes o movimento de uma máquina. O rrrrããããã se acelera, depois não ouve mais nada. Só sente. Sente um tremor no dedo que sobe pela mão, corre pelo braço, atinge o lado direito do pescoço e desemboca no fundo do cérebro. Ao mesmo tempo um tremor parecido e oposto brota no lóbulo da orelha esquerda, daí desce para o pescoço, escorre pelo braço. O corpo todo se sacode.

– Este foi fraquinho – diz uma voz. Parecia um consolo.

– É isso aí – confirma o delegado Seelig. – Vou mandar aumentar se tu não me disseres onde está o Clayton, se tu não me contares tudo o mais que tu tá escondendo...

A palavra do delegado é tranquila, técnica, sem emoção. Totti não tem tempo de responder, a corrente aumenta. O choque agora vem mais forte. A onda sacode as costas, treme a coluna, atinge os rins. A secura na boca aumenta junto com os tremores. Os choques se alternam, entre o dedo da mão direita e o lóbulo da orelha esquerda. Às vezes os choques são simultâneos.

– E o POC? E o Clayton? – insiste Seelig.

– Não sei, não sei – persiste Totti, a boca seca pela corrente, os olhos úmidos pela dor.

– Este fresco tá chorando, mas ainda aguenta! – avisa alguém. Os choques continuam. Talvez uns dez minutos, talvez uma eternidade. Uma pausa e um alívio.

– Quer água? – pergunta Seelig.

Encostam um copo nos seus lábios, Totti bebe.

Tiram as garras da orelha e do dedo, soltam as tiras de couro dos braços. Começa a mexer os dedos das mãos e dos pés para estimular a circulação. Ele está sentado na cadeira, descalço, com camisa, calça e cueca. É erguido e levado de volta para a cela. Fecham a porta e dão ordem para tirar o capuz e jogá-lo pela abertura da porta de ferro por onde chega a comida.

Ao cair da noite, o inspetor Nilo Hervelha aparece na porta da cela com um recado:

– O delegado Seelig mandou dizer que resolveu te dar 24 horas pra tu pensares bem. O interrogatório recomeça amanhã.

No dia seguinte, sexta-feira 13, ali pelas três horas da tarde, tudo de novo.

Capuz, caminhada pelo corredor, o mesmo dedo, o mesmo lóbulo, os mesmos choques, a mesma secura, mais da mesma dor. Mais sofrimento. Desta vez, sem perguntas.

---

36. Em depoimento ao autor, Ungaretti esclarece: "Nunca fui epilético. Tomava remédio por ser hiperativo e quase não dormir, de tensão e medo. Por isso vivia quase sempre sonolento, com a voz arrastada". (8 de novembro de 2008)

Eles falam só entre si. Coisas técnicas, profissionais: bota o cabo aí, liga aqui, roda, mais força, isso. De repente, três ou quatro ondas de choque mais forte do que na véspera. Voltam as perguntas.

– E o Clayton? Onde ele está? Quem é que está escondendo ele em São Paulo?

Agora, nenhuma pergunta sobre o POC. Torturam para ver se pescam algo que ainda não sabem. Seelig dessa vez não está lá. Mas a dor é maior. A manivela roda uma dezena de vezes, a dor é mais forte, mais duradoura. Súbito, um pico insuportável de dor, intensa, interminável.

O tremor antes fazia bater o queixo, morder a língua, secar a boca. O tremor agora também dói, como uma coisa gelada, aguçada, pontiaguda, que penetra simultaneamente pelas veias do braço direito e pelo pescoço esquerdo. Os músculos retesam e relaxam na passagem da corrente alternada, no estertor da dor inalterada, da respiração alterada. A bexiga se solta, a urina verte, molha as calças, escorre pelo pé direito.

O choque para . Silêncio. Nenhum rrrrrrããããã.

Eles soltam as tiras de couro, Totti não consegue se levantar. Não se sustenta mais em pé. Eles o levantam pelos braços e o carregam até a cela. Totti se arrasta, não caminha. É deitado na parte de baixo do beliche. Mandam olhar para a parede, tiram o capuz e saem.

Não voltaram mais. Não houve mais torturas. Só ficaram os choques.

No dedo, no lóbulo, na memória.

Totti percebeu que, por alguma razão, ainda assim a manivela não girou na sua velocidade máxima. Entendeu pelo testemunho de outros presos que de alguma forma ele fora poupado da dor extrema que a cadeira causava.

Seelig sabia com quem lidava. O próprio delegado confessou essa contenção, ao profetizar certo dia:

– Totti, tu um dia vai dizer no jornal que o delegado Pedro Seelig só torturava o necessário. Já o Hervelha...

Sobraram as reticências do medo, o parêntese do terror. Seu carcará predileto, o truculento inspetor Nilo Hervelha, o mesmo que prendera Marinês, era o padrão da tortura desnecessária para o contido Seelig.

No domingo à tarde, 15 de agosto, os presos que ainda podiam se locomover após tanta tortura foram levados para tomar banho de sol em uma espécie de laje ao ar livre no segundo andar do DOPS. Foi ali que Marinês viu Totti e o casal Valls, da Editora Abril.

Naquele dia Totti conheceu uma jovem mineira de 21 anos da VAR-Palmares. Ela foi presa quando Seelig invadiu dois meses antes seu aparelho no bairro operário do Passo da Areia, na capital gaúcha. Era um pequeno apartamento de cozinha, quarto, banheiro e sala onde os agentes do DOPS encontraram uma maleta 007 com fundo falso.

Dentro, 32 mil dólares, o verde resquício de uma façanha de dois anos antes da esquerda verde-amarela.

O roubo do cofre de Adhemar de Barros.

***

"Rouba, mas faz" foi o lema que consagrou o ex-governador de São Paulo como um epítome da roubalheira na administração pública brasileira.

Adhemar de Barros teria uma fortuna espalhada e oculta em meia dúzia de cofres. Um deles estava na casa de um irmão de sua amante, no alto da ladeira de Santa Teresa, no Rio de Janeiro. Na tarde de 18 de julho de 1969, treze guerrilheiros – onze homens e duas mulheres – bateram lá se dizendo agentes da Polícia Federal.

Eram membros de uma nova sigla, a VAR-Palmares, nascida onze dias antes pela fusão da VPR de Carlos Lamarca com o COLINA de Carlos Franklin Araújo. Subiram ao segundo andar, depois de amarrar os empregados, e desentocaram um cofre de 350 quilos de peso. Na descida ele caiu da prancha de madeira e rolou escadaria abaixo, quebrando alguns degraus da bela construção em granito.

Com dificuldade carregaram o saque no bagageiro da camionete Veraneio C-14, que desceu a lomba do bairro arriada nos pneus traseiros. A operação toda durou apenas 28 minutos, mas entrou para a história como o mais rentável golpe da luta armada em todo o mundo.

Aberto o cofre em um esconderijo de Jacarepaguá, saíram de lá cerca de 2,6 milhões de dólares (o equivalente a 15,7 milhões de dólares em 2008), parte procedente de uma fraude com vacinas doadas por organismos internacionais. O sobrinho da amante do governador, um secundarista ligado ao COLINA, disse que Adhemar de Barros vendera o medicamento a laboratórios privados e mandara aplicar injeções com água na população.

Um dos que suou muito para carregar o cofre foi um franzino garoto de dezoito anos chamado Carlos Minc. Ainda inconsciente para a causa ecológica, o militante da VAR-Palmares e futuro ministro do Meio Ambiente ficou pasmo com aquela exuberante biodiversidade de cédulas: Minc nunca tinha visto tanto verde na sua vida.

A autora desse "plano de apropriação de capital" era Estela, codinome de uma mirrada economista mineira de 21 anos, de grandes olhos castanhos protegidos por lentes grossas de óculos pesados. Seu nome verdadeiro era Dilma Rousseff, e ela já planejara outros três assaltos a banco.

Dois meses depois, em um encontro da guerrilha em Teresópolis, Estela peitaria o ícone mais temido da esquerda. O capitão Carlos Lamarca queria agitar o interior com a guerrilha rural, Dilma Rousseff preferia mobilizar as massas das grandes cidades. Na discussão, os 37 presentes racharam. Sete saíram junto com o capitão. O resto ficou com a economista.

Ela arquitetou e coordenou o ataque ao cofre junto com seu companheiro, Carlos Araújo, um dos líderes da nova organização. A operação injetou quase 25 milhões de reais (valor atualizado) no caixa da VAR-Palmares, que não completara ainda duas semanas de vida.

Nas mãos da guerrilha, o bolo de 2,6 milhões de dólares foi repartido. Um milhão de dólares foi entregue ao embaixador da Argélia no Brasil, um quarto de milhão foi para contas secretas na Suíça. Uma fatia, cerca de 130 mil dólares, ficou com um livreiro parisiense ligado à esquerda. O milhão restante permaneceu no Brasil.

Um pedaço dele ficou em Porto Alegre.

***

Daquele dinheiro de Santa Teresa, uma quantia de 32 mil dólares – que hoje representam 272 mil reais – reapareceu dois anos depois no apartamento porto-alegrense da VAR-Palmares no Passo da Areia.

Há controvérsias quanto ao destino final do dinheiro.

Logo que descoberta, a maleta com os dólares foi entregue pelos policiais ao delegado Pedro Seelig. Dias depois, a dona da maleta foi levada para ser interrogada por outro delegado, Marcos Aurélio Reis. Queria saber quantos dólares havia na 007.

– Trinta e dois mil – respondeu ela.

– Quanto? – duvidou Reis.

– Trinta e dois mil – repetiu a presa.

– Tens certeza? – insistiu o delegado.

– Tenho.

– Puta que o pariu! O Pedro só me entregou quatro mil!...

A jovem foi mandada de volta para sua cela e logo depois reapareceu Mr. Hyde. Seelig estava furioso. Levou-a para a sala de tortura e disse que ela iria apreender a não bater com a língua nos dentes.

Literalmente.

Mandou aplicar-lhe choques na boca. Ela desmaiou. Quando acordou estava de volta à sua cela. Seelig nunca mais falou nisso. A jovem imaginou que ele e Marcos Aurélio tivessem refeito as contas e chegado a algum tipo de acordo.

Trombadas entre os chefes da repressão não chegavam a ser novidade. O marido da jovem guerrilheira do Passo da Areia, capturado junto com ela, foi atingido logo depois da prisão por uma violenta coronhada no rosto que quase lhe perfurou o olho. O agressor fora o vizinho do andar de cima, o então major Attila Rohrsetzer, da Divisão Central de Informações (DCI). Seelig iria levar o preso para "cobrir um ponto" e teve que maquiar o olho roxo de sua isca. O delegado não gostava que lhe "estragassem" os presos – e deixou isso claro para Rohrsetzer.

A face amena de Seelig, ou Dr. Jekyll, desconcertava os presos do DOPS gaúcho. Eles temiam a repentina irrupção de Mr. Hyde. Certo dia, um preso foi retirado de sua cela. Seelig o mandara buscar, isso não parecia bom sinal. Diante do delegado ele se deparou com uma mala cheia de cortes de tecido colorido, que Seelig acabara de trazer do Rio. O que o delegado queria, desta vez, não doía:

– Preciso te ouvir: tu achas isso aqui bonito? Está na moda? – ouviu o preso, aliviado pela súbita condição de conselheiro de moda do delegado.

Seelig atribuiu à dona da maleta 007 o apelido de Ciganinha. A jovem da VAR-Palmares viajava muito. Era levada para sucessivos interrogatórios nas masmorras de Curitiba, Belo Horizonte, Rio e São Paulo. Sempre voltava para o DOPS gaúcho, onde continuou apanhando. Completou dois anos e meio de cadeia, oito meses de solitária em Belo Horizonte.

Não foi o caso de Totti. O delegado Seelig tinha motivos para se moderar no tratamento ao chefe da sucursal gaúcha da mais importante revista semanal brasileira. Os jornalistas se movimentavam em seu favor no Sindicato e pela Associação Riograndense de Imprensa (ARI).

O irmão de Totti, quatro anos mais velho que ele, veio de Vacaria para ver o que estava acontecendo. Não se falaram, porque a prisão era incomunicável. Os dois tinham graves divergências.

Totti era gremista, ele colorado. Totti combatia a ditadura, ele participou do golpe de 64. Totti era jornalista, ele capitão da ativa do Exército. Ainda assim, o irmão de Totti foi corajoso ao ponto de percorrer o QG do III Exército para saber algo do irmão subversivo preso no DOPS. Um parentesco que não recomendava a carreira militar de ninguém, especialmente em uma ditadura anticomunista. Acabou na reserva do Exército como coronel e no interior de Vacaria como plantador de maçã.

Até o presidente da ARENA local, João Dêntice, conhecido pela coleção de vistosos chapéus de feltro da marca Ramenzzoni e pela cabeça liberal e arejada que os suportava, andou preocupado com Totti. Chegou a falar com o chefe da polícia, nada além disso.

Tanto esforço conjunto parece ter dado certo. No final da tarde de segunda-feira, 16 de agosto, Seelig mandou trazer Totti à sua sala. Parecia nervoso e apressado.

– Tu tens que assinar este documento para ser libertado hoje à noite. Se não assinar, vais ficar aqui.

O documento era uma declaração de que Totti fora bem tratado no DOPS, uma contradição em termos que, naquele momento, não cabia levantar.

– O Alberto André, o presidente da ARI, vai vir aqui te buscar. Mas já houve casos da gente soltar um preso e ele depois ser sequestrado... – contou Seelig, em tom de ameaça. O delegado lembrou cinicamente o caso de um subversivo que, em 1966, fora preso pelo Exército, torturado pelo DOPS, libertado e desovado no Jacuí. Para não deixar dúvidas, identificou o nome: Manoel Raimundo Soares, o sargento das mãos amarradas.

Naquela segunda-feira de agosto de 1971, Totti viu o sol refletido no espelho de águas escuras do arroio Dilúvio da janela do segundo andar, à direita da sala de protocolo de onde Camilo veria o *arroyito* em um domingo de novembro de 1978.

Mais que o sol, Totti viu as pessoas passando, apressadas. Livres.

Totti não precisou pensar muito. Assinou.

À noite ele foi libertado. Em casa soube que todas as tardes os amigos jornalistas se reuniam na sucursal da *Veja* para discutir as providências para sua libertação. Um falou com alguém do palácio, outro abordou o chefe da Casa Civil, um terceiro acionou um deputado para falar na Assembleia.

Sem amigos importantes, sem conexões políticas, sem saber a quem apelar, o motorista da Kombi da sucursal, Aramis Dias, pediu a palavra na reunião e informou da sua providência:

– Eu e minha mulher fomos a um terreiro de umbanda. O pai de santo mandou fazer um despacho e disse que o Totti vai sair da cadeia. Ele vai ser libertado na segunda-feira.

A solidariedade de Aramis foi a que mais comoveu Totti. Às oito da noite de segunda-feira, como previa o pai de santo, Totti foi solto.

Aramis morreu três anos depois, em 1974, de câncer no estômago.

A Kombi da sucursal foi substituída por uma Brasília branca. A vaga de Aramis foi ocupada pelo irmão, Ubiraci Dias.

Ubiraci, o velho Bira de guerra, o motorista que anos depois nos levaria com mão firme e forte ao Uruguai de Lílian e Universindo.

***

No final do ano de 1971, o secretário de Segurança Athos Teixeira estava babando outra vez. Não nas celas do DOPS, mas no texto escrito de um balanço secreto de fim de ano enviado antes do Natal aos órgãos de repressão no Estado.

O "Relatório Anual de Informações: atividades subversivas" resumia as vitórias de 1971 na luta contra a esquerda. O desmantelamento do POC tinha sido uma das maiores. O coronel Teixeira dividiu sua euforia com pouca gente.

Com o carimbo de "secreto", enviou três cópias para o DOPS de Porto Alegre e vinte para delegacias no interior do Estado. Remeteu ainda três exemplares para a agência local do SNI e trinta para a 2ª Seção do III Exército – a seção que fazia a ponte entre a DCI do coronel Rohrsetzer e o CIE de Miltinho, o general Milton Tavares de Souza, o nome mais admirado nos porões da repressão militar.

Naquele estilo apoteótico que Totti ouvira na audição privada do coronel nos corredores do DOPS, Teixeira "babava". Ele escreveu sobre o ano de 1971:

> caracterizou-se pelas vitórias obtidas, em nosso Estado, pelas forças governamentais contra os elementos que optaram pelo caminho antipatriótico da subversão e do terrorismo. Essas vitórias permitiram assegurar um clima de tranquilidade e segurança à população e às autoridades constituídas. (...)
>
> O êxito das ações repressivas respaldou-se no trabalho organizado e sistemático, entrosado e rápido, dos órgãos de segurança, (...) em suma, o resultado de uma junção de esforços executados com denodo e destemor, em uma demonstração de que no combate a essas cripto-organizações se deva estar alertas e, primordialmente, preparados.

Empolgado com sua eficiência, o coronel-secretário projetava o sucesso do novo ano. Previa mais tranquilidade em 1972, em virtude do aniquilamento dos principais grupos da esquerda armada nos dois anos anteriores. Teixeira imaginava que, privados de condições materiais e humanas, as siglas de esquerda tentariam obter auxílio em outros estados ou mesmo no exterior. E advertia nas "Estimativas" da IV Parte do relatório:

> Elementos subversivos oriundos de países vizinhos (Argentina e Uruguai) têm entrado clandestinos, através da fronteira gaúcha, causando preocupação às autoridades.[37]

Ainda faltavam sete anos para que Lílian e Universindo, "elementos subversivos oriundos do Uruguai", se transformassem em preocupação para as autoridades de segurança do Rio Grande do Sul.

Eles causariam mais do que preocupação.

Os uruguaios de Porto Alegre provocariam constrangimento e aflição nas duas ditaduras.

---

37. Bauer, 2006, p. 73-74.

24
A bruxaria

Porto Alegre, março de 1979

A oposição no poder.

O impensável iria acontecer no início de março de 1979, mês do 15° aniversário do golpe de 64.

Quem primeiro soube do feitiço foi o Bruxo.

Werner Becker costumava fazer um happy hour todo final de tarde no escritório de um amigo engenheiro na rua Dr. Timotéo, no bairro Independência. Um irmão do engenheiro, o advogado e dono de cartório Ênio Castilho, costumava ir sempre lá. Ele e Werner eram velhos companheiros, parceiros de uísque, profissionais da conversa. Castilho tinha outra credencial: era secretário de governo, com gabinete no Piratini e acesso diário ao governador.

Ao entardecer de segunda-feira, 26 de fevereiro, embalado pelo tilintar do gelo que rodava no copo dourado pelo scotch de nobre estirpe, Castilho decidiu fazer uma revelação, em tom casual:

– Werner, o Synval vai viajar a Brasília.

– Quando? – perguntou o amigo, olhando por cima dos óculos, subitamente interessado.

– Na quarta-feira, agora. Volta na sexta.

A cabeça do Bruxo começou a rodar. Mais rápido que as pedras no copo, mais fria que os cubos de gelo.

Guazzelli fora de Porto Alegre significava a oposição no poder, graças a um capricho constitucional. Com o governador viajando e o vice já afastado para sucedê-lo definitivamente na segunda quinzena de março, o cargo seria transmitido ao presidente da Assembleia Legislativa – no caso, o deputado Carlos Giacomazzi, do MDB.

Durante dois dias – sem tiros, sem violência, sem agitação, sem drama – a oposição iria enfim ocupar o Palácio Piratini, pensou Werner, antevendo as graves implicações daquela brecha política.

O governo do Estado mais oposicionista, berço dos cassados João Goulart e Leonel Brizola, zona de fronteira sensível com os países onde se exilaram os líderes mais temidos da ordem democrática derrubada pelo golpe militar de 1964, iria ficar algumas horas nas mãos do MDB.

Logo o MDB, a sigla que os generais consideravam tão inconfiável, tachada por eles como um suspeito guarda-chuva criado para abrigar os comunistas que queriam derrubar o regime...

***

Werner viu além disso.

Viu na curta interinidade do MDB a chance de tirar a investigação das mãos inconfiáveis da polícia e de apontar os rumos de uma apuração honesta. A corporação estadual apenas se defendia e negaceava, reagindo às ordens do governador, desdenhando da opinião pública. A Polícia Federal não acreditava em sequestro e ainda respaldava os farsantes de Bagé.

A sindicância sobre o sequestro conduzida pelo diretor do DOPS, descobriu-se depois, consistia naquele momento de três volumes: um com recortes de jornais, outro com os antecedentes políticos do advogado Omar Ferri e dos jornalistas testemunhas e o terceiro, com um relato sobre as atividades no Brasil dos sequestrados Lílian e Universindo.

Irritado com a tentativa dos chefes dos sequestradores de vincular as testemunhas do sequestro com o clandestino PVP dos sequestrados, Werner Becker fulminou:

– A sindicância do ponto de vista jurídico é nula, pois foi feita para apurar a vida pregressa dos jornalistas e advogados, e não as irregularidades praticadas por funcionários da Secretaria de Segurança.

O causídico ganhou o apoio da procuradora da República em Porto Alegre, Luíza Dias Cassales, que mandou suprimir algumas peças da sindicância – justamente as que tentavam envolver as testemunhas e o advogado Omar Ferri em atividades subversivas. Perguntaram à procuradora por que ela havia feito isso.

– Por quê? Ora, por considerá-las sem importância – respondeu sem hesitar.

O Conselho Superior de Polícia, que não cumpria as ordens do governador, resolveu indicar um ex-delegado do DOPS, Renato Maciel de Sá Júnior, para relatar o processo administrativo pedido por Guazzelli. No início de fevereiro, após mais uma infrutífera acareação na Polícia Federal entre mim e seis homens não identificados, em busca do chefe de bigode da rua Botafogo, o delegado Fuques permitiu-se um raro desabafo comigo:

– É, Luiz Cláudio, eu tentei. Fiz o possível. Vai ser difícil provar alguma coisa. O problema não é mais técnico, é político! – reconheceu o delegado.

Era uma variante da confissão feita pelo governador Guazzelli ao advogado Omar Ferri, em dezembro, ao final da visita do francês Jean-Louis Weil:

– Os nomes são mais importantes que os fatos, Ferri!

Eram confidências diferentes, mas parecidas – e igualmente graves. Admitiam a impotência de policiais e governantes para resolver, tecnicamente, o que era uma impossibilidade política: confrontar o sistema de repressão em que se sustentava o regime militar.

Até que Guazzelli tentou. Na manhã de segunda-feira, 12 de fevereiro, chamou o secretário de Segurança ao palácio e lhe antecipou que iria promover um expurgo no Conselho Superior de Polícia (CSP), o órgão que há um mês patinava na apuração do caso. O governador disse ao coronel Moura Jardim, confidencialmente, que decidira reduzir de nove para sete membros a composição do CSP, até então um clube fechado da polícia.

Além disso, Guazzelli avisou que trocaria dois policiais por civis de sua confiança – um promotor do Ministério Público estadual e um consultor-geral do estado. Em uma única canetada, o órgão perdia quatro de seus sete policiais. A área da segurança reagiu com hostilidade.

No dia seguinte, terça-feira, o governador teve uma dura conversa com o chefe do Conselho, Leônidas da Silva, superintendente dos Serviços Policiais e irmão do diretor do DOPS.

– Este Conselho não pune ninguém, delegado – reclamou Guazzelli.

– Pune sim, governador – replicou Leônidas. – Só neste ano ele já opinou pela punição de 62 policiais. E V. Exª. ainda não despachou os processos...

– Pois eu vou intervir no Conselho – anunciou Guazzelli.

– Por que no Conselho, se ele não teve até agora nenhuma participação no problema? – reagiu o delegado.

– É, mas eu vou intervir – insistiu Guazzelli.

– Então, governador, diante disso eu me exonero do cargo.

– Não, delegado – desdenhou Guazzelli. – Nós ficamos até agora, dá para aguentar mais um mês.

Leônidas, com disciplina espartana, aguentou. Na quarta-feira, 14 de fevereiro, o Conselho lipoaspirado se reuniu para conhecer o pedido do novo relator Sá Júnior de catorze diligências ainda não realizadas pela polícia.

Uma delas era hilariante: o "imediato" levantamento das impressões digitais no apartamento da rua Botafogo, "se possível e ainda eficiente". Era praticamente impossível que, três meses após o sequestro, houvesse alguma eficiência nesta formalidade, geralmente cumprida por policiais competentes no mesmo dia do crime. Werner ironizou o desprendimento do relator:

– Com tanta diligência, isso só vai ser cumprido num próximo governo Guazzelli!

A primeira das medidas solicitadas pelo relator, contudo, tinha plena justificativa, e seria o estopim da explosiva passagem do MDB pelo poder: Sá Júnior pedia o reconhecimento pelas testemunhas do sequestro de "todos os funcionários lotados ou a serviço do DOPS gaúcho, de agosto a novembro de 1978".

A repressão sentiu o golpe.

Uma semana depois, coincidência ou não, o diretor do DOPS, Marcos Aurélio Reis, declarou-se "impedido" e pediu afastamento da sindicância que há cinquenta dias ele simulava comandar sobre o crime praticado por sua repartição, com a sua dissimulada participação. Não deu explicações para a saída. Talvez tivesse sido a reunião da véspera, terça-feira, no Palácio Piratini, que deixou Guazzelli visivelmente irritado diante do secretário Moura Jardim e do delegado Leônidas, irmão do "impedido" Marcos Aurélio.

O Bruxo Werner Becker não perdeu a deixa:

– Pela primeira vez, após dez anos à frente do DOPS, o delegado Marcos Aurélio realiza uma sindicância insatisfatória – cutucou.

Seu sucessor na chefia da investigação era o delegado Jahir Souza Pinto, diretor da Divisão de Inspeção e Correição da Polícia Civil. Começou recebendo três novos pedidos do Conselho Superior de Polícia.

Um para saber se havia ordem ou pedido de busca dos uruguaios no Brasil. Outro, para listar todos os chefes de turma da Divisão de Segurança Social do DOPS comandada por Pedro Seelig em novembro de 1978. E uma última para apurar na Rodoviária se os uruguaios viajaram mesmo por ônibus a Bagé, exumando a farsa da Polícia Federal. Providência inócua, já que os guichês não pediam documentos e anotavam só o prenome do viajante na passagem.

***

O ato de reconhecimento de 185 funcionários do DOPS pelas duas testemunhas do sequestro – eu e Scalco – foi enfim marcado para a quinta-feira, 1° de março.

A escolha da data fora feita pelo novo chefe da sindicância, delegado Jahir Souza Pinto. Ele, ao contrário de Werner Becker, não sabia que o governador Synval Guazzelli naquele dia estaria sendo substituído pelo presidente da Assembleia.

Um deputado do MDB, um homem da oposição.

Na terça-feira 27, Werner saiu de seu apartamento, em um prédio da rua Riachuelo próximo à sede do Tribunal de Justiça, na praça da Matriz.

Uma praça cercada pelos poderes temporal e espiritual. À direita do edifício do Judiciário, o Palácio Farroupilha, base da Assembleia Legislativa. Em frente, do outro lado dos jardins, o coração do poder executivo, o Palácio Piratini. À sua direita a sede do poder eclesiástico, a Catedral Metropolitana desenhada pelo arquiteto italiano Giuseppe Giovenale, membro da Comissão de Arte Sacra da Basílica de São Pedro, e iniciada em 1921 pelo arcebispo Dom João Becker – o tio-avô do Bruxo Werner.

O causídico desta vez não dobrou à esquerda, em direção à praça. Atravessou a rua e desceu a Riachuelo à direita. Pouco antes de chegar à avenida Borges de Medeiros parou, entrou na portaria de um prédio e subiu pela escada ao primeiro andar.

Era o apartamento do livreiro e jornalista Mário de Almeida Lima, também diretor da sucursal gaúcha de *O Estado de S.Paulo*, um dos jornais mais importantes do país e mais rigorosos na cobertura do sequestro. Além do dono da casa, Werner encontrou ali o presidente da seção estadual da OAB, Justino Vasconcelos, e eu – todos convocados por ele. Conversamos longamente sobre os desdobramentos políticos e jurídicos do caso. E avaliamos as bruxarias que iríamos enfrentar nas próximas horas com o MDB no poder.

Werner saiu de lá com a missão de mandar imediatamente um ofício ao delegado Jahir estabelecendo "mínimas cautelas" para garantir a lisura do reconhecimento – entre elas, a identificação dos policiais para assegurar a presença ali da equipe suspeita do DOPS. A exigência caiu mal na corporação, e Werner tratou de se precaver. Foi direto ao Palácio Farroupilha, ao encontro do presidente da Assembleia.

Ricardo Chaves

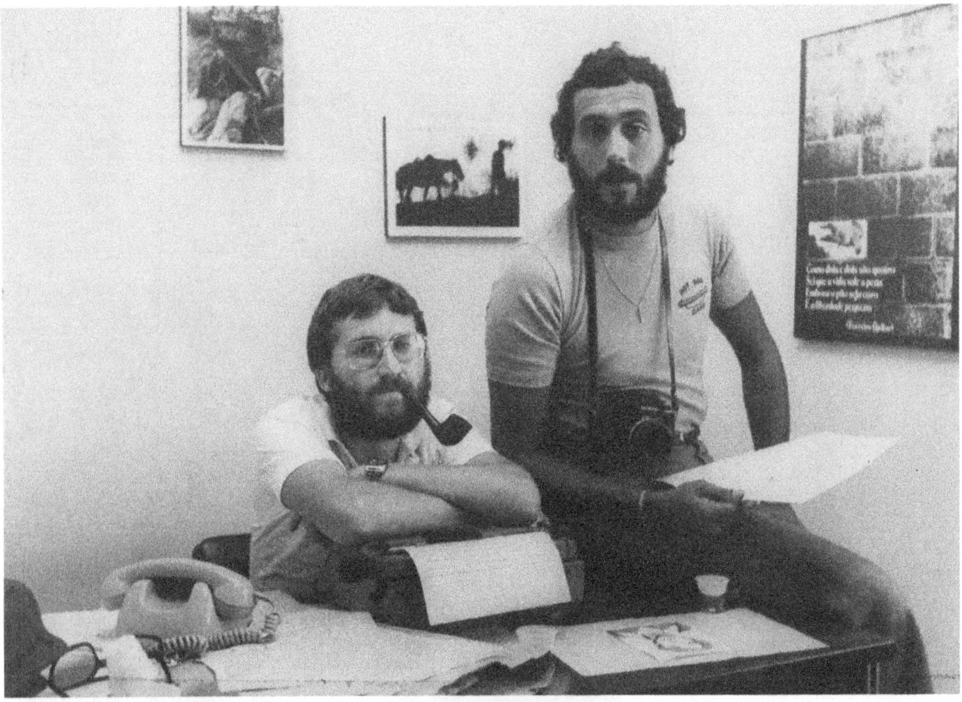

Reproduções

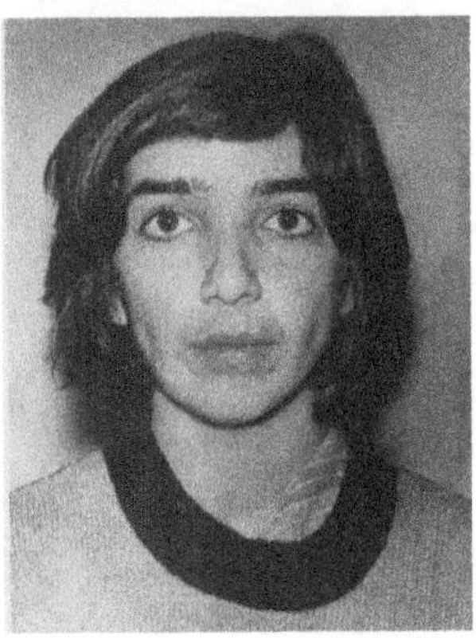

Acima: o repórter Luiz Cláudio Cunha e o fotógrafo J.B. Scalco. *Ao lado*: os uruguaios Lílian Celiberti e Universindo Díaz.

Ricardo Chaves

O local do sequestro: o prédio da rua Botafogo, n° 621, onde moravam os uruguaios.

Fotos: Ricardo Chaves

Acima: equipe da sucursal da Editora Abril em Porto Alegre, na época do sequestro (*da esquerda para a direita*): Pedro Maciel, Ubiraci Dias (Bira), Olívio Lamas, Divino Fonseca, Luiz Cláudio Cunha, Loraine Chaves, Adélia Porto da Silva (Dedé), Aristóteles Azevedo (Tota) e Luís Henrique. *Na frente*: J.B. Scalco e Ricardo Chaves (Kadão).

Acima: o uruguaio Hugo Cores, líder do PVP e autor do telefonema anônimo que denunciou o sequestro (foto de 1993).

Dona Lilia (mãe de Lílian) e o advogado Omar Ferri denunciam o sequestro em Porto Alegre, em 22 de novembro de 1978, quando os uruguaios estavam desaparecidos.

Ricardo Chaves

Ricardo Chaves

Assis Hoffmann

No alto, à esq.: o chanceler uruguaio Folle Martinez é interpelado sobre o sequestro pelos repórteres Carlos Marchi, do *Jornal do Brasil*, e Luiz Cláudio Cunha, da *Veja* (*da dir. p/ a esq.*), na reunião de Punta del Este (1978). *No alto, à dir.:* Camilo com a foto de seu cativeiro em Porto Alegre. *Ao lado*: nesta foto, Camilo reconheceu o arroio Dilúvio, que ele via do 2° andar do prédio da Secretaria de Segurança Pública, onde funcionava o DOPS. *Abaixo*: o jogador Didi Pedalada embarca para o México em julho de 1974. A foto do arquivo de *Zero Hora* levou à identificação, em 1978, do primeiro sequestrador do DOPS.

Zero Hora / Banco de dados

Olívio Lamas

Os jornalistas J.B. Scalco e Luiz Claúdio Cunha encontram o policial Didi Pedalada e o delegado Pedro Seelig na Procuradoria Geral da Justiça, em Porto Alegre, em 6 de abril de 1979.

Ricardo Chaves

O advogado Godoy Bezerra mostra aos jornalistas que Irno sempre teve aquele rosto (outubro de 1979).

Reprodução / Ricardo Chaves

Irno em 1969 e em 1978: a face do título eleitoral e o rosto transformado para desmentir os repórteres.

Reproduções

A metamorfose de Irno: cabeludo, sem barba, com bigode e, finalmente, com a aparência que tinha no dia do sequestro.

Fotos: Ricardo Chaves

O governador Synval Guazzelli transmite o cargo ao sucessor, Amaral de Souza (março de 1979).

Ao lado: o governador Guazzelli recebe a visita inesperada do general Samuel Alves Correa no Palácio Piratini, três dias após a identificação de Didi Pedalada. *Abaixo, à direita*: o diretor do DOPS, Marcos Aurélio Reis, em janeiro de 1979.

A tropa de choque da polícia na CPI do Sequestro: deputados Jarbas Lima (*sentado*) e Cícero Viana.

Werner Becker, o advogado de Scalco e Cunha, no Palácio Piratini (março de 1979).

Ricardo Chaves/Olivio Lamas

Faustina, a escrivã do DOPS, mostra a cara.

Ricardo Chaves

O promotor Dirceu Pinto (fevereiro de 1979).

Ricardo Chaves

O juiz Moacir Danilo Rodrigues (março de 1980).

J.B. Scalco

Delegado Fuques, da PF: seu inquérito concluiu que os uruguaios saíram "espontaneamente" do Brasil.

Ricardo Chaves

O comandante do III Exército, general Antônio Bandeira, recebe o chefe do SNI, general Octávio Medeiros.

Ricardo Chaves

O advogado Lia Pires (*à esquerda*) e seus clientes do DOPS: o delegado Pedro Seelig e os policiais Irno e Didi Pedalada. Pela primeira vez, desde 1964, a repressão senta no banco dos réus (junho de 1980).

Ricardo Chaves

O general Antônio Bandeira recebe o presidente Figueiredo em Porto Alegre (setembro de 1980).

Ricardo Chaves

O gen. Gregorio Álvarez comandava o Exército em Montevidéu quando aconteceu o sequestro.

Ricardo Chaves

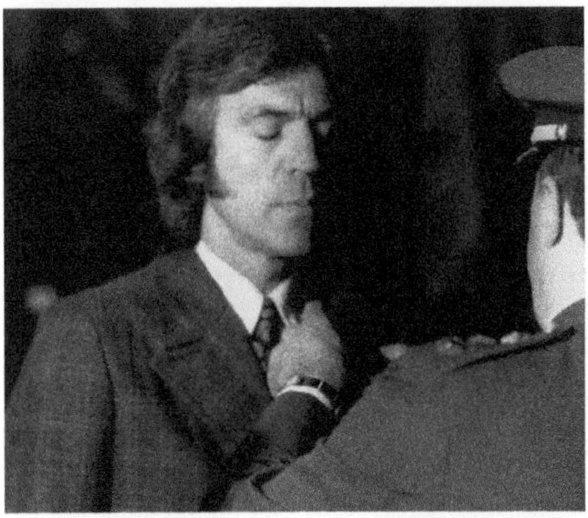

Braço forte, mão amiga: o delegado Seelig recebe do Exército, em 1973, a Medalha do Pacificador.

Julio Cordeiro / *Zero Hora*

Coronel Ustra: um "irmão" de Seelig, do DOI-Codi da Tutoia ao quartel de artilharia de São Leopoldo.

Reproduções

Major Carlos A. Rossel

Coronel Calixto de Armas

Soldado Garcia Rivas

Capitão Glauco Yannone

Capitão Eduardo Ferro

Major José W. Bassani

Major Thaumaturgo (Dr. Sabino)

Ten-cel. Flávio de Marco (Tio Caco)

Fotos: Ricardo Chaves

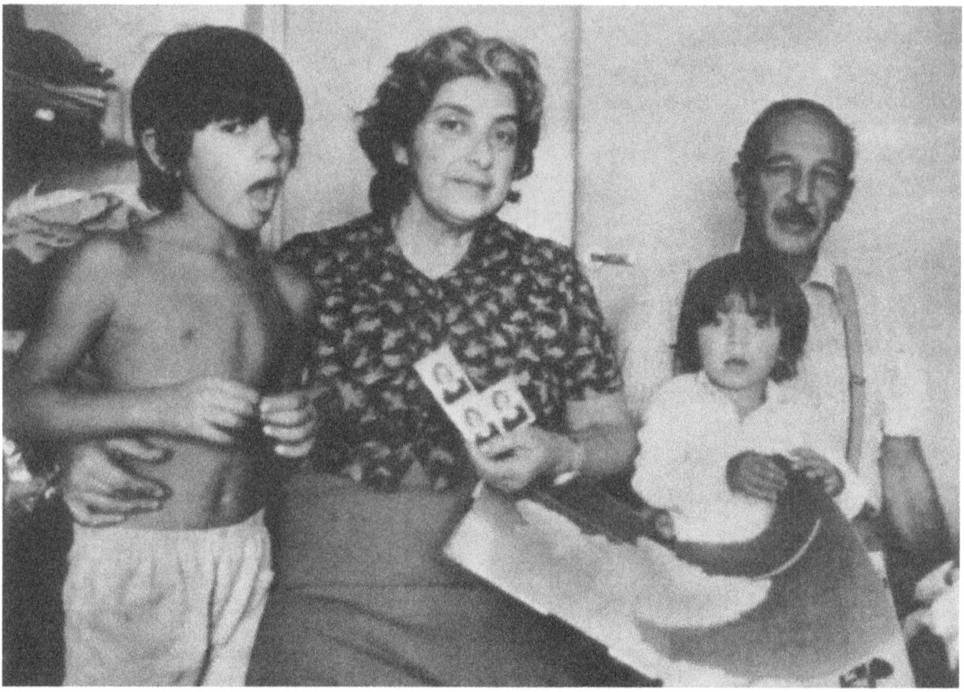

A denúncia aborta o desaparecimento de Camilo e Francesca. Duas semanas após a *blitz* em Porto Alegre, as crianças são devolvidas aos avós, dona Lilia e *don* Homero.

A família reunida no apartamento de Montevidéu, em 1993, quinze anos depois do sequestro. *Don* Homero e dona Lilia entre o neto, Camilo, e a filha, Lílian Celiberti.

– Deputado, o senhor vai assumir o governo, e eu devo informá-lo de algo grave. Tive indicações de que o chefe da sindicância está criando problemas para o ato formal do reconhecimento...

– Dr. Werner, espere eu assumir amanhã, e aí faremos uma reunião no palácio – limitou-se a responder o futuro governador.

Aos 45 anos, Carlos Giacomazzi era moderado nos gestos mas firme na palavra. Tinha grossas costeletas demarcando o rosto fino e a testa larga. Mantinha fundas raízes no interior, filho de um agricultor italiano que ingressara na política pela força do cooperativismo.

A borduna do AI-5 bateu forte na família: um irmão deputado foi cassado em 1969, e Giacomazzi, um ano antes, foi impedido pelos militares de assumir a prefeitura de Canoas, a terceira maior cidade do estado, que ele tinha conquistado pelo voto popular. O AI-5 carimbou o município, o mais populoso da região metropolitana de Porto Alegre, como "área de segurança nacional", e os prefeitos passaram a ser indicação solitária dos generais.

Dez anos depois, na mesma eleição de 1978 que fez Simon senador, Giacomazzi acabou recebendo a segunda maior votação do Estado para deputado estadual. Três dias após aquele domingo em que começava o sequestro de Lílian e Universindo.

O governador interino deu sinais claros de sua determinação já na tarde de quarta-feira, 28, no curto discurso na cerimônia em que recebeu o cargo de Guazzelli:

– Sinto-me com autoridade ao assumir, embora por poucas horas, o Palácio Piratini. Ainda que fosse por uma hora somente, procuraria da mesma forma chegar à raiz dos acontecimentos – avisou Giacomazzi.

Foi mais do que uma. Foram 45 horas de muita autoridade e graves acontecimentos até o final da manhã de sexta-feira, 2, quando devolveu o cargo. Nas muitas visitas que recebeu, em palácio, a preocupação geral era a atitude do MDB no governo diante do sequestro. Se mostrasse um comportamento omisso e discreto, que autoridade teria a oposição depois para cobrar providências de Guazzelli?

O novo senador, Pedro Simon, foi ao Piratini para um alerta:

– Giacomazzi, precisamos aproveitar esta brecha para definir perante a opinião pública o traço de distinção entre o governo da ARENA e o governo do MDB. Entre o governo e a Oposição. Entre o partido dos generais e o partido do povo!

A distinção começou a ficar nítida na manhã de quinta-feira, 1, quando os jornais publicaram a carta de Werner ao delegado Jahir, adiantando as duas exigências que Scalco e eu fazíamos para o reconhecimento: o fornecimento por certidão da lista completa dos funcionários do DOPS no período do sequestro, acompanhada da carteira de identidade de cada policial acareado. Perguntado pela imprensa, eu justifiquei a exigência:

– Vamos receber uma lista com cerca de duzentos nomes e precisamos ter certeza de que as pessoas que vão desfilar diante de nós são aquelas mesmas da lista, e não outras duzentas. Devemos ter certeza de que estamos reconhecendo policiais do DOPS – esclareci.

Antes de ir para o Palácio da Polícia, sede do DOPS, tivemos o cuidado de passar pelo Palácio Piratini. Werner, Scalco e eu fomos explicar ao governador interino as razões de nossas "mínimas cautelas" para o reconhecimento. Giacomazzi concordou. Fez mais do que isso. Telefonou na nossa frente para o delegado Leônidas Reis, superintendente da polícia.

– Dr. Leônidas, o senhor poderia me providenciar uma lista com os nomes de todos os funcionários do DOPS, a partir de agosto de 1978? – perguntou o governador.

Um silêncio pesado se fez do outro lado da linha.

Era uma pergunta inédita no império da segurança nacional. Nunca antes um político tivera a petulância de fazer uma exigência tão ousada ao núcleo do sistema repressivo que há quinze anos mandava, desmandava, comandava e sufocava o país.

A desarmada autoridade civil peitava de frente a prepotência do sistema policial. A bruxaria estava no ar. O poder civil e o poder policial mediam forças. O delegado toma fôlego e só então responde:

– Governador, é necessário aguardar um pouco. Preciso entrar em contato com o Tesouro do Estado para conseguir as folhas de pagamento e fazer o que o senhor me pede...

– Delegado, transmita ao Tesouro a minha ordem – diz Giacomazzi, em tom irritado. Leônidas resolve contrapor uma autoridade divergente:

– Mas, governador, eu tinha determinação do secretário de Segurança para não fornecer a lista. Eu preciso de ordens superiores para isso.

Giacomazzi crispou a mão que segurava o telefone:

– Delegado, acontece que quem dá ordens sou eu. Eu dou as ordens superiores. Sou o governador. Diga ao secretário de Segurança que sou eu quem decide se a lista vai ser fornecida aos jornalistas. Se houver problemas, que ele telefone para mim. Bom dia!

Passaram-se dez minutos. Leônidas volta a ligar, mais manso, para comunicar ao governador que a lista estaria à disposição dos jornalistas às 15h30. Enquanto Giacomazzi chama ao palácio a comissão da OAB que foi ao Uruguai investigar o sequestro, Werner, Scalco e eu vamos enfim para a secretaria.

No auditório lotado do prédio da Segurança, já se concentravam quatrocentos policiais, entre eles os 185 agentes do DOPS. Esperamos uma hora e meia até que nossa primeira exigência fosse atendida. O diretor-geral de Administração da secretaria, Ney Nunes Dias, foi ao nosso encontro, na sala de Relações Públicas da Segurança, para nos entregar a folha de pagamento dos meses de agosto, setembro, outubro e novembro de 1978 do DOPS.

Era um momento histórico.

Pela primeira vez, na ditadura instaurada no país em 1964, um documento oficial da sensível comunidade de informações era publicamente liberado pelas autoridades – rompendo o sagrado lacre de "segurança nacional" que protegia todos os órgãos de repressão. Eram quatro jogos de folhas datilografadas dos meses correspondentes, cada uma com seis páginas e cinco colunas, relacionando a matrícula, nome, cargo, frequência – e a última delas relatando faltas, férias, punições, remoções no mundo fechado do DOPS.

A lista de novembro, mês do sequestro, dizia que três deles – um comissário, um inspetor e um escrivão – estavam "à disposição" do Palácio Piratini. Um escrivão estava lotado na Secretaria do Trabalho. Dois gozavam de licença médica. Todas as folhas estavam rubricadas pelo diretor do DOPS, Marcos Aurélio Reis, matrícula n° 35.227, fincado no topo da carreira, a FG-9, a mesma função gratificada do delegado Pedro Carlos Seelig, matrícula n° 40.791. O escrivão Orandir Portassi Lucas, o Didi Pedalada, tinha a matrícula n° 193.295.

Pela primeira vez, tínhamos o retrato preciso do DOPS, o temido órgão central da repressão no estado, o braço operacional da DCI, a linha de frente do CIE no Sul. Era formado então, novembro de 1978, por 86 inspetores, 57 escrivães, dezoito investigadores, dez delegados, cinco comissários, além de médico (o clínico Neron Estivallet Fortes), técnico-científico, auxiliar-administrativo, assessor, identificador, técnico em pesquisas, oficial-administrativo, servente e um diretor. No total, 185 abnegados defensores da pátria na cruzada contra a subversão.

Já passavam das 17h, uma além do horário previsto para o reconhecimento, quando o delegado Jahir adentrou a sala. Meia hora depois de discutir detalhes técnicos com Werner, o delegado passou à etapa prévia de meu depoimento e de Scalco, quando ditamos a um escrivão – mais uma vez – a descrição dos homens que nos receberam na rua Botafogo. Surgiu então uma nova encrenca. Jahir agora negava a exibição individual da identidade dos policiais a serem submetidos ao reconhecimento.

– Delegado, existe uma ordem expressa do governador neste sentido. O senhor está praticando uma desobediência à ordem hierárquica do senhor governador em exercício! – fustigou Werner, com sua voz aguda.

– Desobediência, não. Admito estar praticando um ato de ilegalidade hierárquica para preservar a força policial – reagiu o chefe da sindicância.

Eram já 18h quando Werner e Jahir chegaram à mesma conclusão: não havia saída para o impasse. O reconhecimento foi cancelado. O causídico exigiu então uma ata onde fez constar a observação de que o delegado se negava a atender à solicitação dos jornalistas, "ainda que houvesse determinação expressa do governador do Estado".

O Bruxo tinha produzido sua mais recente feitiçaria: arrancara do coração da polícia o que se poderia chamar de "ata do desacato". Quando saiu da sala, Werner informou aos jornalistas que o delegado o autorizara a transmitir sua recusa pessoal, com a seguinte observação:

– O delegado Jahir disse que o governador interino não tem autoridade para determinar como deve ser feito o processo de reconhecimento – contou o causídico.

Nas entrevistas às emissoras de rádio o delegado chegou a repetir essa bobagem, falando de novo em "ilegalidade hierárquica". Voltamos ao Piratini, ao encontro do governador desautorizado. Giacomazzi ficou ainda mais irritado quando ouviu a gravação da entrevista do delegado.

A tensão crescia entre os poderes civil e policial. À noite, o secretário Moura Jardim e o delegado Leônidas foram ao palácio tentar segurar o touro à unha. O coronel procurou convencer Giacomazzi de que suas ordens não tinham sido bem compreendidas e não incluíam as exigências dos jornalistas.

Com a calma de sempre, o governador virou-se para Leônidas, sentado do outro lado da mesa, e apertou:

– Delegado, não é verdade que à tarde o senhor concordou comigo que, até para o bem da instituição, era conveniente a realização do reconhecimento nos termos dos jornalistas? É verdade ou não é?

– É verdade, governador – admitiu Leônidas, em uma clara insubordinação hierárquica perante o coronel e chefe à sua frente, que o fuzilava com o olhar.

O coronel e o delegado desceram ao andar térreo do palácio e iniciaram uma nervosa reunião com Carlos Alberto Allgayer, chefe da Casa Civil de Guazzelli, com quem chegou a falar por telefone em Brasília. No segundo andar, o governador interino avaliava a situação com a liderança do MDB. Uma das vozes que ele mais ouvia, naquele momento, era a de um sereno e respeitado deputado estadual, Ibsen Pinheiro, naquele momento ocupando a presidência da Assembleia vaga com a interinidade de Giacomazzi.

Em um canto do gabinete agitado pelas conversas paralelas, Ibsen, com a voz baixa que costumava usar nos momentos de crise, foi claro e direto:

– Giacomazzi, faça prevalecer sua autoridade. Demita o delegado!

– Mas, e o Guazzelli? – indagou o governador, pensando no que faria o titular efetivo do cargo.

Ibsen continuou no mesmo tom intimista, como se temesse romper a cumplicidade de confessionário.

– O problema é do Guazzelli. Quando ele voltar, ele decide o que fazer. Mas eu acho que ele vai manter o que tu decidires, Giacomazzi. Tua decisão será a dele.

A eletricidade da crise cruzava o palácio de alto a baixo, como uma corrente alternada que dava choque nas duas pontas.

A polícia embaixo, no térreo.

O MDB em cima, no gabinete do primeiro andar. Solidamente plantado naquele tapete de lã com três milhões de nós, Giacomazzi tentava isolar o fio desencapado da crise, mantendo sua autoridade e preservando a expectativa da opinião pública com a oposição no poder.

Na crise, o chefe da Casa Civil de Guazzelli virou uma gambiarra que tentava evitar o curto-circuito. Por duas vezes, Carlos Alberto Allgayer subiu do térreo ao primeiro andar para evitar o dedo na tomada. Na primeira, submeteu ao governador interino o esboço de uma nota oficial da polícia. Giacomazzi reagiu indignado:

– Se a polícia quer fazer uma nota, que a faça. Mas lá na Secretaria de Segurança, não aqui no palácio, Allgayer!

E recusou-se a ler o esboço. Quando Allgayer voltou ao gabinete após a meia-noite, a chamado do governador, foi para receber a folha de papel com o ato de exoneração do delegado Jahir Souza Pinto da chefia da sindicância.

A crise estava encerrada. O MDB mantinha sua fronte erguida, à custa da cabeça do delegado.

Havia uma clara distinção entre ARENA e MDB no poder.

Agora todo mundo sabia disso.

Até o DOPS.

***

Enquanto a crise corria solta no palácio, definindo autoridades e hierarquias, tirei minha fantasia de testemunha e voltei ao velho figurino de repórter, que me agradava bem mais. Eu estava preocupado ao anoitecer de quinta-feira, quando saí do prédio da Secretaria de Segurança. Carregava em um envelope pardo, embaixo do braço, um tesouro inesperado: a lista oficial do DOPS.

Eu temia que aquele troféu pudesse ser tão efêmero quanto o MDB no poder. Eram tempos muito estranhos, em que bastava um soco na mesa de um general mais exaltado – e tudo aquilo se desfaria no ar como uma bolha de sabão.

O general Médici emitira em 29 de outubro de 1970 uma norma – Diretriz Presidencial de Segurança Interna – e uma diretiva secreta chamada Planejamento de Segurança Interno, o pai de todos os nossos infortúnios. Era obra de uma comissão barra-pesada, formada pelos três ministros militares, pelo ministro da Justiça (Alfredo Buzaid), pelo chefe do SNI (general Carlos Alberto Fontoura) e pelo secretário-geral do Conselho de Segurança Nacional (CSN), o futuro presidente João Baptista Figueiredo.

Por ele criava-se o Sistema de Segurança Interno, conhecido pelo codinome burocrático de SISSEGIN. A partir daí, todos os generais-presidentes tiveram um pré-requisito para subir a rampa do Planalto: ou passaram pela secretaria-geral do CSN (Geisel), ou pela chefia do SNI (Médici) ou por ambas (Figueiredo).[38]

Para dentro e para fora do regime, contudo, o SISSEGIN acabou se resumindo a um único e simples apelido, que a tudo justificava, a todos assustava: o Sistema.

O impreciso, onipresente, onisciente Sistema era um monstro sem contornos, sem endereço e sem cara que abrigava a comunidade de informações e todos os nossos temores. Ali rugia a tigrada indomada e ladravam os cães raivosos que poderiam reagir a qualquer momento.

O Sistema podia tudo, o Sistema me assustava.

Não seria difícil que um de seus sabujos nos localizasse para resgatar a lista do DOPS, vazada em um descuido democrático de respeito às leis e à autoridade civil. Nenhum de nós sabia quanto tempo duraria esta impensável experiência de hegemonia do poder civil sobre a autocracia militar.

Na dúvida, tratei de me precaver. Pedi ao Bira que rodasse pela cidade, sem voltar à sucursal. Queria me garantir que não estávamos sendo seguidos. Depois de algum tempo rodando ao léu saímos do bairro de Santana, onde ficava o Palácio da Polícia, passamos pelo centro da cidade, tomamos a avenida Farrapos e chegamos

38. Fico, 2001, p. 119.

ao bairro dos Navegantes, na região Norte da capital. Conferimos mais uma vez para ver se havia alguém em nosso rastro. Tudo limpo.

Na avenida Sertório, paramos ao acaso em um posto de gasolina. Encontrei ali o que buscava.

Uma lojinha com uma máquina xérox. Fiz várias cópias das 24 folhas cobrindo quatro meses de pagamento aos funcionários do DOPS. Distribuí o material entre nós – eu, Kadão, Pedro Maciel, Bira. Cada um tratou depois de achar um lugar em casa, no apartamento de um parente, no escritório de um amigo, para garantir a integridade do material, longe das garras da repressão eventualmente arrependida pela liberalidade.

Passava um pouco das onze da manhã de sexta-feira, 2, quando o avião que trazia Guazzelli de Brasília desceu no aeroporto Salgado Filho. Oposição e governo estavam lá, junto com o interino Carlos Giacomazzi, que assinou ali mesmo a ata em que devolvia o cargo que ocupou por 45 horas de fortes emoções. O próprio Guazzelli brincou com a situação, ao abraçar o deputado na porta de entrada da sala de autoridades do aeroporto:

– Um dia de teu governo foi mais agitado do que quatro anos do meu, hein, Giacomazzi?

O deputado voltou à Assembleia, como presidente, despertando reações opostas.

O MDB adorou, a ARENA detestou.

– A entrega do governo ao MDB por 24 horas evidenciou que, no poder, a Oposição enfia os pés pelas mãos, agindo sem equilíbrio e sem serenidade – atacou o vice-líder arenista, deputado Romeu Martinelli.

Já a bancada emedebista saudou com aplausos a volta de Giacomazzi, que "mostrou a intenção da polícia de ganhar tempo e de fazer tudo cair no esquecimento", na expressão do senador Pedro Simon. O presidente do MDB não perdeu a chance, naquele 2 de março, de alfinetar o governador que reassumia o Piratini pela última vez, antes de ceder a cadeira de vez ao sucessor Amaral de Souza:

– Synval Guazzelli tem agora somente treze dias para mostrar ao Rio Grande que a solução do sequestro é uma questão de honra de seu governo! – calculou Simon.

Maldade do senador. Ninguém imaginava que fosse possível tanta feitiçaria em tão pouco tempo.

Só mesmo apelando para bruxaria.

E Guazzelli não era nenhum bruxo.

25
O BERRO

Porto Alegre, março de 1979

O garotão de 25 anos, cabelo castanho-claro, bigode e barba farta, vestia calção e camiseta branca, traje apropriado para aquela manhã ensolarada de sexta-feira, 16 de março.

Morava com três velhas senhoras em uma casa antiga e com varanda branca na rua Paissandu, a meia quadra do Partenon Tênis Clube, a entidade esportiva do bairro onde ele chegou a trabalhar como diretor de relações públicas. Há algum tempo tinha trocado o clube por outro, de relações mais reservadas.

– É, eu trabalho lá no DOPS. Sou inspetor – reconheceu Arvandil Ferreira da Silva Cardoso, revelando nervosismo nas tragadas rápidas no cigarro. Ele não gostou de me ver ali, de surpresa, fazendo perguntas incômodas sobre uma operação embaraçosa de sua repartição.

– Não sei de nada, cara! Estou parado por motivo de doença. Estou com sinusite, problema de garganta... – explicou. Lembrou subitamente de fungar, mas acabou esquecendo do cigarro que inalava com sofreguidão maior, sacrificando ainda mais seu delicado estado clínico. Sua agitação era maior pela visita inesperada que recebia.

– Estou fora, não sei de nada. Estou parado há tempos, cara! Mas, como é que vocês chegaram a mim?

Expliquei que estava há quatro meses investigando o sequestro, conhecia alguns amigos dele na polícia, e Arvandil desistiu:

– Tá legal, fica na tua que eu fico na minha. Mas eu não posso falar nada. São ordens superiores – disse, ao voltar para dentro de casa e fechar a porta. Antes desviou o olhar para o fotógrafo Ricardo Chaves, ao meu lado, e fez uma observação surpreendente:

– Tu não estudou no Colégio Parobé? Eu toquei contigo na Banda do Adão, cara! – lembrou para o surpreso Kadão, que até esquecera seu breve passado musical como corneteiro desafinado que sonhava um dia virar trompetista. Mundo pequeno, esse!

Havia uma razão especial para eu estar ali, fazendo perguntas. Embora inspetor do DOPS, Arvandil não fazia parte da lista oficial que a polícia, a contragosto, me entregara no início do mês. Alguma estranha ordem superior tinha expurgado seu nome, embora houvesse fortes indícios de sua participação na equipe que integrou o sequestro.

Outro ilustre ausente da lista eu encontrei naquela tarde de sexta-feira, também de calção e chinelos em casa. Fumava como Arvandil, mas não fungava nem tinha sinusite. José Cecílio da Cunha, igualmente apontado pelos informantes da polícia como membro da equipe do sequestro, era alto, forte, negro, de cabelos curtos e ondulados, vasto bigode caindo sobre a boca, idade em torno de 35 anos.

– Sou eu mesmo – respondeu secamente quando lhe perguntei se alguém ali na rua conhecia José Cecílio. Apesar do sumiço da lista confirmou que integrava a corporação de Pedro Seelig.

– Eu estou lotado no DOPS, é verdade.

– Comissário? – arrisquei.

– Não, sou inspetor.

– Há quanto tempo? – insisti.

– Ah, não vou falar. Se vocês têm alguém para dar meu nome e endereço, então essa pessoa pode contar o resto. Eu não falo, tenho ordens do chefe para não falar.

– E se o chefe der a ordem, tu falarias? – provoquei.

– Bem, isso é com o chefe – escorregou José Cecílio.

– E quem é o chefe? – emendei.

– Ah, não vai me dizer que não sabe! Te vira, meu!...

Tentei saber por que ele não estava trabalhando, naquela hora do dia. Nem devia ter perguntado.

– Estou de licença médica – justificou, com o cigarro no canto da boca. Talvez desconfiado de que sua explicação não fosse muito convincente, como a sinusite do companheiro Arvandil, buscou um reforço doméstico:

– E a minha mãe também está doente...

Afastados do serviço, expurgados da lista, supostamente adoentados, Arvandil e José Cecílio estavam seguramente contaminados pela forte suspeita de envolvimento no sequestro. Não foram reconhecidos por mim, nem por Scalco, mas eram apontados por fontes confiáveis da área policial como integrantes da equipe que, em algum momento, fez a segurança, a campana, a guarda e o translado dos uruguaios à fronteira.

***

Na segunda quinzena de fevereiro, o carteiro entregou na sucursal da *Veja* uma carta endereçada a mim, com uma observação datilografada no envelope: "urgente".

O carimbo dos Correios ao lado indicava que ela tinha sido postada no dia 15. Era uma única folha datilografada, com dez parágrafos, sem assinatura. Na última linha, um único nome em minúsculas batido à máquina: "fernando".

Dava alguns detalhes difíceis de conferir, mesclava nomes verdadeiros com outros desconhecidos e fornecia pelo menos uma informação errada ("o Pedro Seelig e o Marcos Aurélio Reis só estiveram na frente do edifício na rua Botafogo, mas não entraram").

Mas, no terceiro e quarto parágrafos, escrevia coisas que seriam confirmadas nas semanas seguintes:

> no dia 17 quem estava no apartamento, além dos conhecidos, eram o inspetor pires e o omar fernandez – que falam espanhol.

quem manteve as crianças na dops foi uma investigadora preta alta de nome lenira e uma branca que trabalha com o pedro.

Na folha de pagamento de novembro do DOPS, entregue a mim duas semanas depois da carta de "fernando", existia realmente um inspetor Nelson Pires, matrícula n° 28.794, na mesma folha onde reluzem os nomes dos delegados Marcos Aurélio Reis e Pedro Seelig. Mas não havia nenhum Omar Fernandez.

O perfil da investigadora Lenira – "preta alta" – coincidia com uma animadora informação captada ainda em janeiro em Montevidéu por Pedro Maciel. O garoto Camilo descreveu ao repórter de *Veja* as duas mulheres que haviam cuidado dele e da irmã Francesca na seção de protocolo do DOPS, com as janelas abertas para o arroio Dilúvio: "*Una alta y rubia y otra oscura, de pelo redondo*".

Nunca confirmamos a identidade da loira alta, que algumas fontes apontariam depois como sendo a escrivã Laura Maria Chivittes, incluída na lista do DOPS. Mas Lenira era uma aposta mais consistente.

Em novembro, na primeira semana crítica do sequestro, uma mulher fez quatro telefonemas para o escritório do advogado Omar Ferri. Era um período de silêncio e incerteza sobre a sorte do casal e das duas crianças uruguaias – entre a sexta-feira 17, quando fomos ao apartamento da Botafogo, e o sábado 25, quando saiu o comunicado das Forças Conjuntas reconhecendo enfim a prisão no Uruguai.

A voz feminina, que não se identificara, falava rápido, nervosa, mais preocupada em tranquilizar o advogado:

– As crianças estão bem, doutor, já estão no Uruguai!

Em um dos chamados deu uma nova pista ao advogado, ao dizer que "devo alguma coisa ao senhor". Depois não ligou mais. Fevereiro estava acabando quando um homem telefonou para a casa de Ferri. A empregada atendeu e anotou o recado:

– Diga ao Dr. Ferri para procurar o irmão Ângelo, num colégio religioso da capital. Ele sabe o nome da mulher que cuidou das crianças no DOPS...

Desligou antes que lhe perguntassem qual o nome do colégio. Existiam muitas escolas católicas em Porto Alegre, e Ferri não deu muita atenção à pista, precária e imprecisa. Uma semana depois, Júnior, o filho de dezesseis anos de Ferri, atendeu ao telefone. Era o tal irmão Ângelo, procurando um contato direto com Ferri. Encontraram-se naquele dia, e o advogado ficou sabendo que a funcionária do DOPS que cuidara de Camilo e Francesca era uma ex-religiosa, de nome Lenira. Nervosa com o sequestro, ela teria se refugiado no interior.

O calendário já avançava pelo mês de março quando Ferri recebeu a cópia integral das sindicâncias e inquéritos realizados pela suspeita corporação policial e remetida à Justiça. Kadão e eu fomos ao seu escritório para debulhar os oito volumes, totalizando mais de 1.500 páginas, e reproduzir alguns documentos. Cada um de nós pegou um tijolo daqueles e começamos a folhear.

Havia uma penca de depoimentos de policiais do DOPS, repetindo em coro que não tinham nenhuma pistola. Todos garantiam usar apenas revólver calibre 38, uma tentativa cretina de isentar os colegas da cena no apartamento da rua Botafogo, onde os dois agentes que nos receberam na porta portavam claramente pistolas pesadas.

Um desses depoimentos chamou mais a atenção: uma escrivã, de nome Faustina Elenira Severino, gastou duas páginas e meia para dizer, como todos os outros, que nada sabia do sequestro. Mas dizia algo mais. Ela afirmava que conhecia uma única pessoa relacionada ao caso, justamente o Dr. Ferri, que tinha sido advogado de seu irmão em um processo por homicídio.

Eu e Kadão chamamos a atenção de Ferri, que lia concentrado outro volume do inquérito na poltrona em frente.

– Ferri, esta escrivã aqui diz que te conhece – falei, interrompendo sua leitura.

– Me conhece? Como é o nome dela?

– Faustina Elenira Severino.

– Peraí, repete! – ordenou Ferri, pondo-se em pé.

Repeti e ele explodiu, em um misto de raiva e alegria.

– É isto! É ela!

– Ela quem, Ferri? – perguntamos, eu e Kadão.

– É a mulher que cuidou do Camilo e da Francesca. Li esse nome umas dez vezes e não me dei conta. O irmão Ângelo falou em Lenira, mas o nome certo é esse: Elenira, Faustina Elenira Severino. Justamente na época do sequestro, eu absolvi no tribunal um cliente chamado Delaro Severino, que deve ser esse irmão dela. Tem o mesmo sobrenome. A mulher que telefonava dizia que me devia um favor. É ela, pessoal!

Excitado pela revelação, nem lembrei na hora da carta assinada por "fernando" que falava na "investigadora preta alta de nome Lenira". Nossa empolgante descoberta com Ferri era mais importante. Ele completou a informação dizendo que Faustina tinha se refugiado em um convento em Venâncio Aires.

O advogado se encarregou de confirmar a ligação de Faustina com Delaro:

– O Delaro é negro. Se ele é mesmo irmão da Faustina, então ela é a negra descrita pelo Camilo. Vou confirmar isso e conferir a história do convento – avisou Ferri.

Eu e Kadão tratamos de botar o pé na estrada imediatamente. Chamamos o Bira e disparamos rumo a Venâncio Aires, 135 quilômetros a noroeste da capital. Em pouco mais de uma hora estávamos revirando a cidade – e nada de convento.

Parei em um orelhão e, bufando de raiva, liguei para Porto Alegre. Ferri não estava no escritório. Liguei de novo, minutos depois. Só na terceira tentativa é que ele atendeu.

– Pô, Ferri, não tem convento nenhum aqui em Venâncio Aires, cara!

– Venâncio? – surpreendeu-se ele. – O que vocês estão fazendo em Venâncio? Quem falou em Venâncio Aires?

– Tu mesmo, Ferri. Por quê? Não é Venâncio?

– Puxa, pessoal, me desculpem, foi engano. A cidade é Candelária...

– Porra, Ferri! Candelária??? – cortei, batendo o telefone. A sorte é que o engano não era longe. Candelária ficava a setenta quilômetros dali, menos de uma hora de viagem. Lá havia de fato um convento, mas Faustina já não estava lá. Ela tinha voltado para casa, um endereço registrado no seu depoimento no inquérito da PF.

Era um modesto apartamento em um prédio de três andares no número 517 da rua Prof. Freitas de Castro, bem ao lado de seu local de trabalho. Ela caminhava uma quadra, atravessava a avenida João Pessoa e – pronto! – estava no DOPS. Exatamente na seção de protocolo do DOPS, no segundo andar do Palácio da Polícia, o ponto privilegiado de onde Camilo vislumbrara a avenida Ipiranga separada ao meio por um *arroyito*.

Já era noite quando retornamos a Porto Alegre. Preparamos nossa investida para a manhã do dia seguinte, uma quarta-feira, 21 de março. Formamos um quarteto para nossa aproximação: eu, Kadão, o fotógrafo Olívio Lamas e o repórter Osmar Trindade, do *CooJornal*. Ao ver a geografia do local, traçamos rapidamente uma estratégia no corredor apertado do primeiro andar do prédio.

A porta do apartamento da escrivã tinha uma pequena portinhola de vidro. Botar ali a minha cara, já muito conhecida pelas fotos dos jornais e pela cobertura intensa da TV, iria afugentá-la. Ficamos grudados na parede, de costas, ao lado da porta, fora da visão de Faustina. Trindade, com seu ar respeitável de chefe índio, foi o escolhido para apertar a campainha.

Passava um pouco das nove horas quando ela abriu a portinhola. Trindade disse que era jornalista e queria conversar. Não disse qual o assunto, ela também não perguntou. Faustina fechou a portinhola e abriu a porta.

Ela esperava um único visitante. Trindade cruzou a porta e, atrás dele, entraram de surpresa Lamas e Kadão. A anfitriã ficou surpresa com tanta gente e fez menção de fechar a porta, achando que eram só os três. Então, aproveitando sua indecisão, entrei também no apartamento.

Quando Faustina me viu, entendeu tudo. Nós também. Estávamos diante da *mujer oscura, de pelo redondo*, descrita por Camilo. Não precisamos falar nada. Nem eu, nem ela.

Faustina agora sabia por que estávamos ali. Sabia principalmente por que eu estava ali.

A sala do apartamento era modesta, tinha um conjunto de sofá e poltronas puídas onde nos sentamos. Ela permaneceu em pé, as mãos trêmulas segurando um cigarro. Vestia uma blusa clara, com gola em V e mangas curtas com renda, sobre uma calça jeans. Os cabelos negros e encaracolados estavam mal cuidados e aparentemente sem corte, formando uma espécie de capacete escuro sobre o rosto marcado pela aflição.

Era o *pelo redondo* gravado na memória de Camilo.

Para ganhar tempo, talvez pensando nessa lembrança, ela caminhou até a cozinha na sala ao lado, pegou uma caixa de fósforos e acendeu outro cigarro, que fumava de maneira quase compulsiva. Parecia querer se ocultar atrás da fumaça exalada com ansiedade.

Aos 42 anos, Faustina passava a impressão exata de uma mulher em frangalhos, envelhecida, tensa, ruminando talvez as frases premonitórias de Lílian, naquele domingo de novembro, quando a uruguaia a advertiu que a polícia iria sumir com seus filhos. A dor do arrependimento, o remorso profundo parecia estar batendo na cabeça atormentada da mulher que, ao invés do hábito misericordioso de freira, assumiu as vestes burocráticas de um órgão repressivo.

Nessa hora a religião não consolava Faustina.

Ao contrário, afligia, torturava, esmagava. Era uma imagem devastada que, mais que tudo, dava pena.

Antes de começar a conversa alguém pede um pouco de água para relaxar o ambiente. Faustina vai até a geladeira, na cozinha que se misturava com a sala, e volta de lá com um copo sobre um pires. A mão tremia tanto que o copo tilintava na sua base frágil. A água agitada no copo parecia prestes a transbordar no chão.

Era a trilha sonora e o símbolo do desespero.

Apesar do clima tenso, não dava para perder tempo. Comecei o cerco:

– Faustina, tu sabes por que nós estamos aqui, não sabe?

Ela tentou resistir, com voz débil, gaguejando.

– Não, não sei...

– Pois é... Existe uma forte suspeita de que tu sejas a mulher que cuidou do Camilo e da Francesca no DOPS, Faustina.

– Meu Deus! Quem foi que disse isso? Com esta, agora, eu estou até tremendo – reagiu, com a fumaça do cigarro revoluteando ainda mais no ar com o movimento nervoso da mão, que ela não conseguia dominar. Faustina contou que ficou sabendo do sequestro pelos jornais, nada além disso.

– Colocada frente a frente com o Camilo, ele não te reconheceria? – arrisquei.

Ela tentou disfarçar, fingindo não ter receio da ideia:

– Ah, essa seria a maneira de se esclarecer definitivamente este assunto...

Decidi então apertar um pouco mais a conversa:

– Mas... Faustina, o Camilo fez uma descrição da mulher que cuidou dele. E ela é exatamente tu!

– Não!! Não é!!! Não sou eu!!! – reagiu, quase descontrolada. – Não fui eu, não fui!

Kadão está em pé, junto à janela, de onde tem a visão lá embaixo de um terreno baldio, transformado em estacionamento, onde se fincou um trailer de cachorro-quente.

Meu diálogo com Faustina é pontuado por uma tosse irritante. Não minha, nem dela. Era Lamas, que tossia com uma estranha insistência. Na verdade, era um truque: ele botou a câmara fotográfica sobre um dos joelhos, com a objetiva voltada para Faustina. Lamas simulava a tosse para abafar o disparo do obturador, tentando roubar uma foto da policial.

Na janela, Kadão faz um discreto sinal com o dedo para que Lamas interrompesse a manobra. Ele temia que Faustina descobrisse o truque e, irritada, nos expulsasse antes da hora.

A tosse de Lamas cessou por milagre, de repente.

A fumaça do cigarro agora se mistura com as lágrimas. Ela chora e implora:

– Por favor, vão embora!! Não fui eu!!! Eu quero que vocês me deixem em paz.

Achei que era o momento de afrouxar a pressão. Em tom de voz mais baixo, sempre calmo, mudei de tática.

– OK, tu estás dizendo que não foste a mulher que cuidou do Camilo no DOPS. Tudo bem, Faustina!... Pode ser que ele esteja se referindo a outra pessoa, muito parecida contigo. Então, vamos fazer o seguinte: para ter certeza, absoluta, para tua tranquilidade, vamos fazer uma foto tua e mostrar pra ele. Aí teremos toda a certeza do mundo, nós e tu, de que és inocente nisso tudo. E não te procuramos mais. E então?...

A proposta a deixou ainda mais agitada.

– NÃO!!! – gritou. – Por favor, não! Se eu tirar uma foto vou ser prejudicada no serviço. Eles não permitem isto, não vão permitir...

– Mas eles nem vão saber que a foto foi tirada aqui, Faustina – contestei.

Ela não se dobrou

– Não, não! Os meus chefes vão descobrir se eu fizer isso! Por favor, eu já pedi, vão embora de minha casa, vocês vão me deixar mal. Ninguém pode saber que vocês estiveram aqui... Por favor, saiam!...

Não havia mais nada a fazer ali.

Levantamos, agradecemos pela água e pela conversa, nos despedimos e saímos, com certo sentimento de frustração.

Embarquei na Brasília do Bira e voltei com o Trindade para a sucursal. Os dois fotógrafos ficaram lá na calçada do prédio. Bira voltou minutos depois com a encomenda que Kadão e Lamas tinham feito: algumas teleobjetivas poderosas para fazer a foto que não tinha sido possível no apartamento. A foto de Faustina, naquele momento, era essencial, para confirmar a descrição de Camilo.

A entrada do edifício ficava no meio da quadra. Kadão e Lamas se dividiram: um em cada extremidade da rua, cobrindo os movimentos possíveis de quem deixasse o prédio, de um lado ou de outro. Eles tinham certeza de que Faustina logo sairia de casa para relatar ao DOPS a visita que recebera dos quatro jornalistas – entre eles, a testemunha do sequestro.

Palpite furado. O relógio andou, e nada.

Passa-se meia hora. Passam uma, duas horas.

A impaciência aumenta, a fome mais ainda. Os dois olham com gula para o trailer de cachorro-quente. Já passava das 13h. Kadão acena para Lamas, bota a mão sobre a barriga e sinaliza com a mão sobre a boca. Sinal universal de fome. Os dois se dirigem para o trailer na entrada do estacionamento. Devoram um sanduíche e bebem o refrigerante de olho na porta do edifício.

Nada acontece, a mulher não sai.

Lamas resolve fazer cara de mau, o que não é difícil. Aos trinta anos, ele é magro, tem o rosto fino e encovado, os dentes amarelos de tanto cigarro, uma espessa barba negra e os olhos argutos de pirata medonho do Caribe. Apesar da fisionomia malvada, tem um coração de manteiga e um estômago sem fundo. Aquele sanduíche de emergência não resolve. Lamas está aflito.

– Kadão, não vamos ficar à base de cachorro-quente, cara! Estamos aqui há horas e esta mulher não sai, porra!

– Calma, Tatinha – disse Kadão, usando o apelido da intimidade de Lamas. – O gordo aqui sou eu. O jeito é esperar. De repente, ela sai.

– Sai nada, Kadão. E se a gente berrar o nome dela? Hein, hein? – propõe, duvidando da própria sugestão.

– Tá maluco? – duvida Kadão, segurando o riso. – A mulher não vai cair num truque besta desses... Ela trabalha no DOPS, é cheia de manha. Eu é que não grito... Mas se tu gritar, eu fotografo.

– Negócio fechado – aposta Lamas. – Deixa comigo!...

Lamas tinha o raro talento de estar no lugar certo, na hora certa. Foi assim dez anos antes, quando caminhava pela calçada em frente ao prédio da Secretaria de Segurança, na avenida Ipiranga. Estava começando o turno da madrugada do plantão da editoria de Polícia do jornal *Folha da Manhã.* Uma bolinha de papel caiu em sua cabeça. Já era noite, naquele final de 1969.

Lamas olhou para cima tentando ver o engraçadinho. Ninguém à vista. Ele fez o que pouca gente faria. Em vez de chutar a bolota de papel, abaixou-se, pegou o papel, desenrolou e leu um inesperado pedido de socorro: "Sou o frei Betto e estou preso no DOPS".

Lamas olhou de novo para a janela do segundo andar, onde ficava o DOPS. Saiu de lá e espalhou na imprensa a notícia de que o dominicano Carlos Alberto Libânio Christo, o frei Betto, enfim tinha sido localizado. Ele estava desaparecido desde o amanhecer de 9 de novembro de 1969, quando foi preso no seminário jesuíta do Colégio Cristo Rei, em São Leopoldo, cidade da Grande Porto Alegre onde vivia clandestino.

Cinco dias antes, o DOPS do delegado Fleury havia emboscado e morto em São Paulo o guerrilheiro Carlos Marighella, líder da organização de esquerda ALN que tinha fortes conexões com a Ordem Dominicana. Frei Betto foi torturado, rastejou pela solitária de quatro presídios de segurança máxima e amargou quatro anos de prisão. Mas sobreviveu.

Lamas teve boa parte na parte boa dessa história.

Esse era o parceiro que Kadão tinha ao seu lado naquela tarde, diante do apartamento de Faustina. Por duas vezes eles saíram debaixo do toldo do trailer, apontaram suas câmaras para a janela, mas caíram na gargalhada antes de gritar qualquer coisa.

Aquilo não parecia sério! Até que, na terceira tentativa, Lamas foi até a calçada do prédio, parou sob a janela do primeiro andar, conteve o riso, empostou a voz e conseguiu afinal dar o berro salvador:

– FAUSTIIIIIIIIINAAAAA !!!

Alguns segundos depois apareceu na janela do primeiro andar o rosto escuro e a cabeleira redonda da escrivã. Quando percebeu que tinha caído em uma cilada ela se abaixou rapidamente. Kadão, com a teleobjetiva apontada para o alvo, só teve o tempo de disparar o motor da Nikon, enquanto Faustina sumia do visor. A cena foi tão rápida que ambos tiveram a mesma dúvida:

– Será que deu certo?

Pegaram um táxi e voltaram rápido para a sucursal, rumo ao pequeno laboratório na redação que iria responder àquela pergunta. Kadão e Lamas passaram alguns minutos no escuro, literalmente, com o filme amadurecendo no breu do fixador. Superado aquele angustiante intervalo de tempo, acenderam a luz e abriram o tanque. Desenrolaram a película do carretel de revelação com o coração na mão. E afinal deram um duplo berro de alegria, mais alto do que o do prédio da Faustina.

Estava lá a foto. Uma única e miserável imagem. O negativo seguinte só mostrava a janela vazia. Mas não era preciso mais nada. Faustina estava eternizada na foto.

E que foto!

A ideia hilariante e idiota de Lamas tinha funcionado. Maravilhosamente!

***

Naquela mesma noite de quarta-feira, mandei Lamas e o repórter Pedro Maciel no último avião para Montevidéu.

Levavam na bolsa cinco fotos de policiais, entre elas a de Faustina, para mostrá-las a um velho conhecido: Camilo. Ao ver a quinta e última foto, o garoto apontou:

– Sim, esta eu conheço – confirmou. O repórter perguntou de onde.

– Do quartel, daquele quartel perto do *arroyito* – respondeu, referindo-se à sede do DOPS, às margens da avenida Ipiranga. Camilo olhava para a foto de Faustina.

Pedro Maciel voltou a Porto Alegre. Na manhã de sexta-feira, 23 de março, foi ao apartamento da escrivã, para lhe contar a novidade. Ela mesma abriu o postigo do apartamento.

– Dona Faustina, eu...

– Não, não, ela não está – disfarçou a escrivã, tentando se livrar da visita, que ela não conhecia.

O repórter insistiu e disse que acabava de voltar de Montevidéu, onde Camilo a reconhecera como sua guardiã no DOPS.

– Meu Deus! Como é que ele pôde dizer isso?... – reagiu a escrivã, batendo a portinhola.

Depois de Pedro Seelig e Didi Pedalada, Faustina Elenira Severino era o terceiro nome do DOPS a sobrevoar com força o sequestro.

Um fantasma que ganhara corpo, cara, cor, identidade, nome e sobrenome.

Uma personagem responsável pelo momento mais dramático e tenso do sequestro.

Faustina traria ao caso o drama e a tensão da morte.

26
A morte

Porto Alegre, maio de 1979

O cerco aos sequestradores já não era uma exclusividade da imprensa.

Na área política e na esfera jurídica começava também a apertar o ritmo da investigação.

No primeiro dia de março, o promotor Dirceu Pinto, após analisar o inquérito da Polícia Federal, decidiu denunciar o delegado e o escrivão, por ver "indícios veementes" de delito. Quarenta e oito horas depois, o procurador da República Amir Finochiaro Sarti, seguindo a opinião geral da OAB, argumentou que o caso era de competência da Justiça do Rio Grande do Sul, negando a tese da defesa, que queria empurrar o caso para a esfera federal. O juiz federal Hervandil Fagundes concordou, e Seelig e Didi foram formalmente denunciados pelo crime de abuso de autoridade.

Na quinta-feira, 22, um dia após a foto berrada de Faustina, o Tribunal de Alçada negou o recurso dos policiais e decidiu que a competência do processo era dos tribunais gaúchos. A Justiça avançava, contrariando o corpo mole da indolente corporação policial.

A polícia tentou uma última rasteira no governador no dia 12 de março, 72 horas antes da passagem do poder para Amaral de Souza. O Conselho Superior de Polícia decidia, em reunião reservada, se acatava ou não a sindicância administrativa determinada semanas antes por Guazzelli. Só o relator e os dois novos conselheiros nomeados por ele apoiaram o Piratini. Diante do impasse, três a três, desempatou o presidente do CSP, o insuspeito superintendente Leônidas Reis, irmão do diretor do DOPS que era o alvo da investigação.

O mano camarada votou pelo arquivamento da sindicância. O CSP segurou a informação até o último momento e só divulgou sua decisão à imprensa no último dia de mandato do governador, 14 de março, uma quarta-feira.

Guazzelli ficou indignado. Nos estertores de seu governo, que não conseguira resolver a "questão de honra" do sequestro, o governador rejeitou a decisão do conselho policial, sob o lógico argumento de que a abertura de processo na Justiça exigia igual providência na área administrativa do governo. O advogado Osvaldo de Lia Pires, que defendia os sequestradores, entrou com um mandado de segurança contra Guazzelli levantando uma tese bizarra:

– A representação do ofendido, condição básica para a abertura do inquérito, não ocorreu!

Um detalhe relevante omitido pelo advogado é que os "ofendidos" – no caso, os sequestrados – estavam com enorme dificuldade para se fazer representar na Justiça brasileira. Naquele exato momento, Lílian e Universindo sangravam, a contragosto, em um pavilhão da avenida de Las Instrucciones, em Montevidéu, a nove quilômetros do Palácio do Governo. Ali funcionava o centro de torturas do 13° Batalhão de Infantaria, conhecido pelos presos políticos como *El Infierno*. Era a sede do 300 Carlos, codinome da unidade secreta do OCOA, que sequestrava uruguaios no exterior.

Uruguaios como Lílian e Universindo.

Os "ofendidos" não podiam atender às exigências formais e burocráticas do Dr. Lia Pires. Lílian e Universindo estavam tentando sobreviver no cárcere à pancadaria que levavam dos parceiros de repressão binacional de Seelig e Didi. O Dr. Lia Pires achava que não ofendia a inteligência da opinião pública quando tentava justificar aquela alegação jurídica, em circunstâncias tão dramáticas.

– É que eu quero a coisa bem certinha! – justificava.

A Justiça, mais certinha que o advogado dos policiais, acabou recusando seu mandado horas depois. A sindicância, assim, seria desarquivada e prosseguiria no governo Amaral de Souza.

A coisa, porém, já estava bem certinha entre a polícia que ficava e o governador que chegava. Três meses depois, sob o amparo de Amaralzinho, o Conselho Superior de Polícia voltou a absolver os policiais, pelo mesmo placar – quatro a três. O voto de desempate que arquivou definitivamente a sindicância foi do presidente do conselho, o delegado Jahir Souza Pinto – o mesmo e ousado policial que em março passado assumira a "ilegalidade hierárquica" contra a ordem do governador interino Carlos Giacomazzi para "preservar a força policial".

Desta vez o governador de plantão, Amaral de Souza, não ficou indignado como Guazzelli.

Muito menos ofendido.

Como o Dr. Lia Pires, Amaralzinho gostava da coisa bem certinha.

***

Na sexta-feira, 23 de março, a Assembleia Legislativa instalou uma CPI para investigar o sequestro.

Era um pedido dos 26 deputados de oposição do MDB, não da ARENA, que continuava servilmente solidária aos farsantes de Bagé e ainda acreditava piamente na tese de que os "ofendidos" haviam saído espontaneamente do Brasil.

Para sorte da Comissão Parlamentar de Inquérito, a maioria era da oposição, que investigava, não da ala governista, que acobertava. O MDB tinha quatro deputados contra três da ARENA. Em Brasília, em vez de investigar o caso com o rigor que se exigia, o coronel Moacyr Coelho, diretor da Polícia Federal, fazia discurso:

– Isso tudo é uma grande exploração política!

Era previamente apoiado por dois membros arenistas da CPI, mesmo antes do início da investigação.

– É preciso investigar também os antecedentes de Lílian e Universindo. O caso deve ser examinado em toda a sua profundidade, doa a quem doer – pregava o vice-líder da ARENA, Romeu Martinelli, com cadeira na CPI.

– É tudo palhaçada e politicagem. Polícia não sequestra! – concluía outro membro da comissão, o ex-delegado, ex-chefe de polícia e deputado arenista Cícero do Amaral Viana. Antecipava assim os trabalhos de noventa dias e a conclusão de uma CPI que ainda nem se iniciara.

Ao final da sessão de instalação, o futuro relator da CPI, o arenista Jarbas Lima, resolveu atacar a "exploração política" da OAB no caso. Foi imediatamente rebatido pelo advogado Marcus Melzer, membro da comissão que foi ao Uruguai ouvir Camilo. O pau quebrou.

Repetiu, em doses menos civilizadas, o confronto do mês anterior dentro da própria Ordem. O advogado gaúcho Manoel Braga Gastal, um ex-radialista muito ligado aos militares, publicara carta aberta nos jornais censurando os "exageros" da OAB gaúcha na denúncia do sequestro. Ele não achou nada exagerado atacar seus colegas advogados sem declinar sua suspeita condição de presidente interino da ARENA gaúcha, o partido que defendia os sequestradores.

Levou um público puxão de orelhas de ninguém menos que o maior e mais respeitado dos advogados brasileiros. Aos 85 anos, Heráclito Fontoura Sobral Pinto, o católico fervoroso que defendera o comunista Luís Carlos Prestes logo após a revolta comunista de 1935, divulgou, em 10 de fevereiro, a carta que mandou em resposta ao seu recatado confrade gaúcho. Ensinava o bravo jurista:

> O ilustre colega, em vez de criticar o Conselho Seccional gaúcho pela atitude que assumiu, deveria pelo contrário louvá-lo nobremente. (...) O equívoco de V. Exª. tem a sua origem no fato de supor que a finalidade da OAB é tão só cuidar da seleção, disciplina e defesa da classe. Entretanto, esta suposição não é exata, porque, além desta finalidade, a Ordem tem uma atribuição importantíssima, expressamente definida em lei.

Sobral Pinto lembrava que o Artigo 18 da Lei n° 4.215 de 1963 confere ao Conselho Federal da OAB a atribuição de "defender a ordem jurídica e a Constituição da República, pugnar pela boa aplicação das leis e pela rápida administração da Justiça e contribuir para o aperfeiçoamento das instituições jurídicas". Braga Gastal teve que ouvir a seguinte lição de Sobral Pinto:

> O sequestro do casal uruguaio, por autoridades da República vizinha, com ou sem a colaboração de autoridades policiais brasileiras, constitui um atentado contra a soberania nacional, uma lesão à nossa ordem jurídica constitucional e um desrespeito ao governo de nosso país. (...)
>
> Nenhum governo estrangeiro pode mandar autoridades policiais militares ao território brasileiro para neste prender pessoas, suas nacionais ou não, que nele se asilaram. Um tal procedimento implica, em si e por si, atentado à soberania do país onde essas pessoas se encontravam. Sequestrando, então, em Porto Alegre, o casal uruguaio que estava nessa cidade, as autoridades do Uruguai feriram a nossa soberania.

Em 10 de agosto, pouco antes de sair o relatório arenista da CPI, o *Diário Oficial* do estado revelou que havia um contrato de assessoria entre o advogado Braga Gastal e o relator da CPI para a redação daquela criativa peça jurídica de 96 páginas que concluía que não tinha havido sequestro. Logo não havia culpados.

O jornal estatal revelou mais, disse que o presidente interino do partido governista tinha recebido quarenta mil cruzeiros (cerca de 14 mil reais) da Assembleia Legislativa. Traduzindo: o comandante estadual da ARENA foi contratado para assessorar o deputado da ARENA Jarbas Lima no relatório que inocentava a ARENA.

Uma coisa "bem certinha", como diria Lia Pires.

Braga Gastal poderia ter recebido outra lição do velho Sobral Pinto, que dois anos antes tinha revelado à revista *Veja*:

– Jamais cobrei dos comunistas os serviços prestados como advogado de defesa, para ter autoridade e para não dizerem que estou atrás de dinheiro.

***

Faustina Elenira Severino enfim entra em cena na terça-feira, 17 de abril.

Não pela aparição fugaz da janela de seu apartamento, mas pela vitrine escancarada da CPI.

Um médico da polícia acompanha a escrivã à sala da comissão. Ela aparece tensa, constrangida, com um forte hematoma no olho esquerdo que destacava o roxo sobre sua pele negra. O acompanhante esclarece aos deputados que ela sofre desmaios constantes e, em uma dessas quedas, bateu na quina do fogão.

Nervosa, Faustina começa negando qualquer relação com o sequestro.

– Eu não... Eu não sei de nada do que o senhor está falando, doutor.

– A senhora trabalha no DOPS, não trabalha?

– Eu sou... Eu trabalho na seção de protocolo do DOPS. E não posso lhe dizer mais nada...

– E por que a senhora não pode me dizer mais nada?

– Eu sou muito nervosa, doutor. Já pensei em me internar. Eu não posso lhe ajudar.

No início de maio, com a mesma insegurança, tinha falado na sindicância da Polícia Civil. Seu próximo compromisso ainda naquele mês seria o duro interrogatório na 3ª Vara Criminal, a cargo do promotor Dirceu Pinto. Ninguém achava que ela resistiria ao confronto.

Estava claro que Faustina era o elo fraco, a cabeça atormentada, o nervo exposto do sequestro. Sua resistência estava no limite e sua confissão poderia ser devastadora.

Mas Faustina jamais falaria.

A terça-feira, 8 de maio, amanheceu ensolarada, com as cores e odores do outono. O dia prometia.

Eu lia solitário os jornais na sala do apartamento vazio, tomando chimarrão. Volta e meia divagava pensando nas minhas duas mulheres, Janda e Gabriela, distantes mas seguras em Florianópolis. Uma hora depois, estava no banho com a trilha sonora habitual de milhões de gaúchos: a voz límpida e marcante de Lauro Hagemann, que apresentava, a partir das nove horas, o *Correspondente Renner* da rádio Guaíba, o mais conceituado noticiário do Estado.

Na década de 50 ele era a voz característica do *Repórter Esso,* atração maior da rádio Farroupilha. Em um domingo de agosto de 1961, três dias após a ébria renúncia de Jânio Quadros, apresentou-se como voluntário no porão do Palácio Piratini.

O secretário de imprensa de Leonel Brizola, Hamilton Chaves, pai do fotógrafo Ricardo Chaves, meu parceiro Kadão, ganhava de presente a voz mais conhecida do Rio Grande. Hagemann seria a partir dali a voz da "Rede da Legalidade", a corrente radiofônica que incendiaria o país na resistência ao golpe dos ministros militares, entre uma e outra execução do "Hino da Legalidade", com letra de autoria de Paulo César Peréio.

Hagemann virou líder sindical e comunista assumido dois anos depois. Perdeu os microfones a partir do golpe de 64. Ninguém lhe dava emprego. Até que em 1965 conseguiu uma vaga de locutor na rádio Guaíba. A volta daquela voz inconfundível ecoou mal nos ouvidos sensíveis do III Exército. O comandante, general Justino Alves Bastos, resolveu discutir aquela ousada reaparição com o patrão de Hagemann, o dono da Caldas Júnior.

No final da tarde daquele dia convidou o Dr. Breno Caldas ao QG da rua da Praia. O empresário foi recebido no mesmo gabinete onde, doze anos depois, reclamaria aos generais do palmo e meio que faltava na estatura física e moral do futuro governador Amaralzinho.

Daquela vez, contudo, o Dr. Breno estava mais descontraído, de camisa de mangas curtas, sem terno nem gravata. Ouviu calado o longo lamento do general Justino sobre o retorno ao éter daquele inimigo da Revolução, um comunista declarado, a odiada "Voz da Legalidade", o arauto da rebeldia civil que quatro anos antes quebrou a unidade militar da caserna. Até que se fez silêncio na sala.

– Terminou, general?

– Sim, Dr. Breno.

Depois de uma pausa medida, que reforçou a gravidade do momento, o dono do jornal fez um desabafo:

– General, eu nunca lhe disse, mas agora vou dizer. Eu não gosto do major que é seu ajudante de ordens. Mas não vou lhe pedir para o senhor demiti-lo. Sabe por que, general?

– Não, Dr. Breno. Por quê?

– Porque eu acho que, no seu Exército, o senhor toma as decisões. Como eu tomo na minha empresa. Se nós trocássemos de lugar, aí sim eu demitiria o major e o senhor demitiria o Lauro Hagemann. Como isso é impossível, fica tudo como está. Passar bem, general!

Breno Caldas saiu dali um palmo e meio mais alto do que chegara. E o comunista da Legalidade sobreviveu como a voz do *Correspondente Renner.*

A voz que eu ouvia naquela manhã, com o rádio em volume mais alto para compensar o som do chuveiro. Uma voz mais cristalina que a água que jorrava com força. Até que Hagemann, com a classe e a ênfase habitual, chamou a informação que fechava o programa daquela hora:

> E atenção para a última notícia!
>
> Porto Alegre: A escrivã Faustina Elenira Severino, acusada de participar do sequestro dos uruguaios, foi encontrada morta no seu apartamento, ontem. O DOPS impediu o acesso da imprensa ao local. O laudo de necropsia indicou como causa morte "acidente vascular cerebral hemorrágico".

O sabonete escorregou de minha mão. Girei a torneira, a água estancou e fiquei ouvindo o eco da notícia. Ela pingava na minha cabeça como as gotas retardatárias que teimavam em cair do chuveiro mal fechado.

Faustina morreu? Faustina morreu!

A revelação escorria lentamente, viscosa como o xampu que ainda empapava meus cabelos não enxaguados.

Mataram a Faustina?, cogitei.

Acidente vascular?, duvidei.

Caramba!, pensei.

Naquele momento, o que passava por minha cabeça encharcada de maus pressentimentos era o sentimento comum que varria o cético Rio Grande. A morte de Faustina por derrame era, no mínimo, um acidente conveniente para estancar a hemorragia iminente no caso do sequestro. Era o coágulo salvador que entupia a mais previsível artéria de vazamento no DOPS.

Era o elo frágil, prestes a se quebrar.

Seu coração, segundo o laudo da polícia, quebrou antes – às 18h15 do dia anterior, 7 de maio, uma segunda-feira, no apartamento onde Faustina morava, a uma quadra da Secretaria de Segurança e do DOPS.

Ela morria exatamente uma semana após outro estranho acidente que vitimou outra figura muito mais ilustre da repressão brasileira. Aos cinquenta minutos da madrugada de terça-feira, 1° de maio, Dia do Trabalho, o delegado Sérgio Paranhos Fleury escorregou ao saltar de um barco para outro no píer do Iate Clube de Ilhabela, no litoral paulista. A oitenta quilômetros do hotel, na praia de Bertioga, onde Hugo Cores se escondeu com a família dias depois do sequestro.

Fleury caiu na água ensopado de uísque, licor e uma taça derradeira de champanhe Moët & Chandon ingeridos no jantar. Resgatado segundos depois, Fleury acabou morrendo por afogamento. O amigo de Pedro Seelig, ícone do DOPS, astro da OBAN, executor das operações de cerco e morte de Marighella e Lamarca, chefe do Esquadrão da Morte, símbolo da tortura nos Anos de Chumbo, idolatrado pela repressão multinacional e demonizado pela esquerda continental morreu assim.

Um acidente besta, quase infantil. Morreu impune e inocente. No IML paulista, o legista Harry Shibata, o mesmo que atestara os "suicídios" de Vladimir Herzog e Manoel Fiel Filho no DOI-CODI, tentou fazer a necropsia de Fleury. Foi impedido por "ordens superiores".

As circunstâncias do derrame que matou Faustina eram igualmente esquisitas. Sua companheira de apartamento, a professora primária Maria Lisete Veloso, foi quem a encontrou caída no chão da sala, na tarde de segunda-feira. Avisada, a primeira coisa que a polícia fez foi isolar o quarteirão. E só liberou a notícia de sua morte na manhã seguinte, a tempo de encerrar a edição matutina do *Correspondente Renner,* quando o cadáver já estava no IML. Nem o irmão, Delaro, o cliente pelo qual Faustina devia favores a Omar Ferri, entendeu aquele acidente vascular.

– Na tarde em que morreu, ela foi vista caminhando com outra pessoa em uma avenida perto de casa. Estava tranquila e parecia bem – estranhou Delaro, dias depois, conversando com seu advogado.

No velório no IML, contou o irmão, os parentes em volta do caixão perceberam que havia um corte na parte de trás da cabeça. Algumas horas depois, a família decidiu encerrar a cerimônia e começaram a juntar as nove coroas de flores que acompanhariam o corpo em dois carros funerários até a sepultura na cidade de Candelária, 220 quilômetros a oeste de Porto Alegre. De repente, mudou tudo.

– Bota tudo lá de volta. Arruma as coroas de novo no caixão! – gritou, no centro da capela 3 do IML, a agente do DOPS Lisete Rejane Lessa da Silva. – Não tirem nada enquanto não chegarem o governador e o comandante do III Exército!

Ela não estava brincando. Para espanto e orgulho dos trezentos policias que se concentravam na capela, minutos depois estacionou lá o Landau negro do general Antônio Bandeira, 62 anos, o veterano do combate à guerrilha do Araguaia e comandante do maior exército do país desde janeiro passado. Trazia com ele uma chusma de generais de seu Estado-Maior. Logo depois desembarcou o governador Amaral de Souza, escoltado pela cúpula da polícia. O velório tinha se transformado em evento de Estado, um impressionante e inédito ato de desagravo público.

A dupla linha-dura que governava o Rio Grande era um colírio nos olhos empapuçados da repressão. Amaralzinho e o general Bandeira, com seu impenitente anticomunismo, faziam Guazzelli e o general Samuel parecerem dois esquerdistas, quase subversivos.

O general paraibano fora diretor da Polícia Federal durante dez meses no governo Médici, período em que carimbou 110 proibições da Censura, uma a cada três dias. Explicou seu critério a uma de suas principais vítimas, o editor Fernando Gasparian, dono do semanário *Opinião*, alvo permanente da tesoura do censor:

– Minha ordem é a seguinte: na dúvida, corta!

A equipe da Censura vivia cheia de dúvidas: em quatro anos e meio de vida o *Opinão* produziu 10.548 páginas semanais, mas apenas 5.796 sobreviveram ao corte. Até um inocente artigo sobre xadrez foi tesourado porque, na última linha, o autor escreveu: "As pretas ganharam". O censor achou que era uma alusão ao conflito racial. No seu primeiro ano de vida (1972), o jornal tinha uma tiragem (38 mil exemplares) quase tão expressiva quanto a da revista *Veja* (42 mil), mas se cansou do fio aguçado da censura. Fechou em abril de 1977.

O apurado faro antissubversivo do general Bandeira não poupava nem o maior empresário do setor de comunicações do país, o insuspeito dono do império Globo. Ele reconheceu para o diretor-geral da Rede Globo:

– O que eu digo, seu Walter Clark, é que esse Roberto Marinho ainda não me convenceu!

Bandeira agora estava lá, no velório de Faustina, convencido de que prestava sua homenagem a uma heroína da luta contra a subversão. Fontes de Brasília garantiram a *Veja* que a aparição do general ali era mera decisão pessoal, não uma recomendação federal. Mesmo assim, a presença da cúpula do regime inflou o peito da repressão. O investigador do DOPS Janito Jorge Kepler, um dos envolvidos no sequestro, começou a desfilar com o paletó aberto para exibir à imprensa a coronha da pistola que carregava na cinta.

– Urubus! – era como os fotógrafos e repórteres que trabalhavam ali começaram a ser chamados pelos policiais, cada vez mais agressivos. Por três vezes, falando com a imprensa, o compungido Amaralzinho externou seus sentimentos:

– Quero ver este caso encerrado, para que não se façam mais vítimas inocentes.

O clima ficou mais pesado no enterro em Candelária, para onde o corpo foi levado com um cortejo de dezenas de viaturas policiais, sob a estridente trilha sonora das sirenes abertas. Com o brilho protetor da estrela de tantos generais, a repressão arreganha os dentes. A agente Lisete, que cuidava do cenário no velório, agora no enterro trata de identificar todos os jornalistas presentes e apontá-los aos familiares da morta e aos policiais. Eles abrem os casacos, em tom de ameaça, para mostrar as armas. Gritam, xingam.

– Abaixa essa máquina, assassino! – grita um deles para um fotógrafo de jornal.

Um defeito no *flash* salva a vida do fotógrafo de *Veja* Olívio Lamas, autor do berro que levou Faustina ao inferno do sequestro.

– Se tu bater esta foto, eu te dou um tiro na cara! – avisa o policial, mirando a pistola na testa de Lamas. Quando ouviu a ameaça, ele já tinha apertado três vezes o disparador de sua máquina. Lamas sobreviveu porque, justo naquele momento, o *flash* falhou.

Os jornalistas pela primeira vez sentem medo. Tive o cuidado de não passar nem perto daquele circo de truculência – nem no velório, nem no enterro. Ninguém sabia medir o que a emoção e a superproteção militar poderiam insuflar na corporação policial, sedenta por vingança. Ostensivamente, os policiais culpavam os repórteres pela morte de Faustina.

O DOPS voltava a pedalar.

No dia seguinte, na Assembleia, o deputado Cícero do Amaral Viana, porta-voz da polícia, tentou aprovar um voto de pesar pela morte da escrivã, definida por ele como "uma vítima em holocausto ao extremismo ideológico". A própria ARENA brecou o voto pesaroso do ex-delegado e companheiro de bancada.

O líder do MDB, César Schirmer, reagiu com naturalidade à presença de tantas autoridades no IML, mas estranhou que, em quatro velórios recentes de policiais mortos em serviço, ninguém da administração tivesse comparecido – nem mesmo o secretário de Segurança. Quanto mais um general e um governador.

A ameaça articulada e corporativa da repressão, estimulada pelo apoio cerrado das autoridades civis e militares, obrigou a *Veja* a reagir institucionalmente, de maneira firme e clara. Na Carta ao Leitor, o seu tradicional espaço editorial, a revista da semana seguinte – 16 de maio – expôs o seu ponto de vista em um incisivo artigo assinado pelo diretor adjunto de redação, Sérgio Pompeu:

> Testemunhas involuntárias do sequestro dos uruguaios Universindo Díaz e Lílian Celiberti, ocorrido em Porto Alegre a 17 de novembro de 1978, os jornalistas Luiz Cláudio Cunha e J.B. Scalco, de *Veja*, procuraram cumprir seu dever tanto como profissionais quanto como cidadãos.
>
> Jornalistas sérios, Cunha e Scalco desde então têm perseguido pistas que levem à elucidação do caso. Cidadãos responsáveis, permanecem à disposição da Justiça – e também da CPI formada pela Assembleia Legislativa gaúcha para investigar o sequestro –, prestando os depoimentos que lhes são solicitados. Ao mesmo tempo, contudo, ambos vão sendo gradativamente incorporados a uma trama que tem oferecido sucessivas demonstrações de cinismo, quando não de completo deboche, de parte de quem deveria preocupar-se exclusivamente com a apuração rigorosa dos fatos.
>
> Primeiro, setores da Polícia Federal e da Secretaria de Segurança Pública do Rio Grande do Sul, encarregados de esclarecer o que ocorrera com Lílian e Universindo, tentaram pura e simplesmente provar que os dois haviam regressado espontaneamente ao Uruguai – portanto, à prisão.
>
> Depois, houve canhestros ensaios destinados a comprovar ligações perigosas entre os jornalistas de *Veja* e subversivos uruguaios homiziados em Porto Alegre. Sobrevieram mais manobras do gênero – até que, na semana passada, policiais e políticos gaúchos não hesitaram em brandir o cadáver da escrivã Faustina Elenira Severino, envolvida no sequestro e morta na terça-feira, para investir contra Cunha e Scalco.
>
> Segundo laudo fornecido pela própria Polícia, Faustina sofrera morte natural. Mas o deputado Cícero do Amaral Viana, da ARENA, propôs à Assembleia gaúcha um voto de pesar – mais tarde recusado – "por aquela que tombou em holocausto do extremismo ideológico". Como? De acordo com o parlamentar, a escrivã morrera por não resistir "à intensidade da pressão, da coação psicológica dos forjadores do sequestro".
>
> Talvez contaminado pela retórica do deputado, o governador Amaral de Souza sugeriu à imprensa que cessassem as investigações, antes que surjam "mais vítimas inocentes".
>
> De sua parte, *Veja* pretende continuar acompanhando o caso. E espera que a Justiça, ao contrário do que sugere o governador, também não interrompa a busca da verdade.

O ambiente estava carregado, tenso. É a primeira vez que alguém da área de segurança me recomenda diretamente que adote medidas de segurança. Um delegado de polícia, fonte confiável, me manda um recado de sobrevivência:

– A barra está pesada, Luiz Cláudio. É bom não sair sozinho na rua. Especialmente à noite!

Levei a sério o recado. A partir daquele dia tomei algumas cautelas.

A principal delas em casa. Morando só, com a mulher e a filha em Florianópolis, criei um ritual para evitar surpresas. Ao me deixar em casa, o Bira estacionava a Brasília no outro lado da rua Professor Duplan, em frente ao pequeno prédio onde morava, na esquina com a rua Álvaro Alvim.

Descia do carro, subia até o apartamento do terceiro andar, abria a porta, acendia a luz da sala, conferia os dois quartos, o escritório, a cozinha, o banheiro e a área de serviço. Completada a rápida checagem, ia até a janela da sala e piscava duas vezes a luz da varanda.

Sinal de que estava tudo bem. Só então Bira ligava o motor, dava um abano em resposta e ia embora. Toda noite, durante semanas, foi assim. Nunca aconteceu nada de mais. Nenhum telefonema, nenhuma carta anônima. Não era, claro, pelos bons modos ou pela bela índole da repressão.

Era apenas a constatação, imaginava eu, de que seria inútil e estúpido tentar intimidar um repórter que tinha ido tão longe no seu confronto com o aparato de segurança. Uma ameaça, mesmo velada ou insinuada, naquele momento só aumentaria o impacto e o poder de fogo da testemunha ocular do sequestro. Se eu não tinha recuado nem calado até agora – devem ter pensado – certamente não recuaria nem calaria diante de qualquer tentativa de intimidação.

O que era difícil de fazer em Porto Alegre era facilmente pensado em Brasília. Pensado e dito.

Aconteceu no final de abril, onze dias antes da morte de Faustina, pela boca aberta do general de exército Ruy de Paula Couto, chefe do Departamento Geral de Serviços (DGS), que tinha assumido o posto no janeiro anterior. Talvez faceiro pelos 63 anos que completaria dias depois, Paula Couto falou descontraído com os jornalistas.

– Existe uma cooperação extraoficial entre autoridades militares nacionais e estrangeiras na região de fronteira, mesmo contrariando os acordos bilaterais de extradição. Isso acontece na troca de pessoas procuradas por um dos lados – revelou Paula Couto, com a experiência de ter sido chefe do Estado-Maior do III Exército no governo Médici e responsável pelas ações do CIE e do DOI-CODI.

Não pronunciou o codinome dessa operação que ninguém ainda conhecia fora das unidades de repressão do Cone Sul: Condor.

– O sequestro da Lílian e do Universindo, por exemplo, só apareceu porque foi mal feito – disse ele, sincero e certeiro, com a reputação de pentacampeão de tiro entre todos os generais das três Forças Armadas.

O oficial do Alto Comando do Exército explicou que não se divulgavam esses entendimentos porque "haveria apelos na Justiça por parte dos que fossem levados de um país a outro, sem o protocolo de extradição". O atraso na burocracia não recomendava o uso oficial do Itamaraty em eventuais pedidos de entrega, justificou, com a experiência da área de segurança:

– O processo demora muito e dá tempo para que o sujeito desapareça assim que souber que é procurado.

Matreiro, Paula Couto encerrou a conversa com os repórteres, surpresos com tanta loquacidade, dizendo que aquilo tudo que dizia era off, conversa sem citação de fonte.

O jornal *O Estado de S. Paulo* cumpriu fielmente o acordo, na edição de 26 de abril de 1979, na matéria de três colunas publicada sob o título: "Admitida repressão conjunta na fronteira".

O diário paulista, respeitando o pedido do militar, atribuiu a fala destravada de Paula Couto a "um oficial-general no Estado-Maior do Exército (EME)".

27
A FICHA

Porto Alegre, março de 1979

Um mês antes da morte de Faustina, minha preocupação era outra.

Passei metade da segunda-feira, 2 de abril, confinado em uma poltrona da Assembleia Legislativa gaúcha. Abri a série de 42 depoimentos que ao longo dos noventa dias seguintes iriam acrescentar informações, polêmicas, debates, esclarecimentos e muita guerra ideológica na CPI do Sequestro.

Falei durante doze horas ininterruptas – ainda assim menos que as quinze horas do depoimento do advogado Omar Ferri, submetido durante dois dias seguidos pelos deputados da ARENA a um interrogatório de inspiração policial.

Sobrevivi a uma bateria de 118 perguntas. Delas, 83 foram feitas pelo bigodinho mais aparado e encrespado da CPI, o implacável ex-chefe de polícia Cícero do Amaral Viana, deputado arenista e porta-voz da polícia na comissão. A maioria de suas perguntas tinha sido formulada a quatro mãos, dentro do DOPS, por dois dos principais alvos da investigação – o diretor Marcos Aurélio Reis e o delegado Pedro Seelig, envolvidos diretamente na operação.

– O senhor recebe o jornal *Voz Operária*, órgão oficial do clandestino Partido Comunista Brasileiro? – perguntou o deputado, colocando um tema que nada tinha a ver com o sequestro.

Quatro anos antes a repressão tinha prendido em São Paulo dez membros do Comitê Central do PCB, empastelando o seu parque gráfico. O jornal só voltara a circular em abril de 1976, a partir de uma impressora plantada com segurança no exterior. Eram informações sigilosas que o deputado e seus amigos policiais tinham, não eu.

A pergunta mostrava também seu objetivo central, a desqualificação da testemunha pelo comprometimento ideológico. Apesar disso, respondi:

– Recebo o jornal do Partidão em casa, deputado, como milhares de pessoas recebem. Pelos Correios. Não sou assinante, nem militante, se é isso o que o senhor quer saber.

O ex-delegado não desistiu.

– O jornal *Compañero*, editado clandestinamente no Uruguai, difunde doutrina marxista-leninista? – indagou. Era uma questão imbecil e absolutamente irrelevante para determinar a identidade dos sequestradores.

Cícero mostrava nas perguntas detalhes que só a repressão poderia saber. Apesar do sigilo constitucional de minha mala postal, ele estranhamente sabia que eu estava na listagem do jornal do PCB.

Seu companheiro de bancada, o relator Jarbas Lima, insistiu que eu abrisse minhas fontes – dentro e fora da polícia – que mantinham o DOPS acuado e a *Veja* bem informada. Recusei.

Ele insistiu de novo. Falei que isso feria o sigilo profissional. O deputado voltou à carga. Diante da teimosia, tive que me socorrer da Carta Magna.

– Pois bem, deputado, já que o senhor insiste sou obrigado a invocar o inciso 15 do Artigo 5° da Constituição Federal, que trata dos Direitos e Garantias Individuais e que me assegura o sigilo da fonte. Não devo e não vou responder. Qual é a próxima pergunta, deputado?

A dificuldade dos amigos parlamentares da polícia era me caracterizar como um perigoso comunista, um subversivo militante, um consumado guerrilheiro infiltrado na imprensa. A repressão não conseguia me enquadrar para desqualificar meu testemunho e minha investigação do sequestro dos uruguaios.

Após uma frustrada varredura em meu fichário, ficou constatado que eu não tinha filiação partidária.

Era apenas jornalista. Esta era minha militância.

Até 1975, minha ficha no SNI era um tedioso currículo de apenas três empregos diferentes. A primeira anotação relevante surge em 20 de novembro daquele ano, quando os arapongas do SNI flagraram o meu primeiro "grave delito": minha eleição como vice-presidente do *CooJornal*, a Cooperativa dos Jornalistas de Porto Alegre, uma entidade que reunia mais de trezentos profissionais abrigados sob o manto "subversivo" do cooperativismo.

Produzia ali jornais empresariais, um semanário e o carro-chefe da casa, o *CooJornal* – onde eu assinava uma coluna de crítica da mídia humildemente intitulada Perdão, Leitores!

No ano seguinte, em 1976, um novo e vergonhoso "borrão". Um confronto direto com o comandante da guarnição militar de Caxias do Sul, minha cidade natal. O araponga de plantão ficou indignado. Anotou:

> Em nov. de 1976, quando das manifestações do MDB em Caxias do Sul, RS, [Luiz Cláudio Cunha] foi surpreendido anotando o número de registro de uma viatura do 3° Grupo de Canhões Automáticos Antiaéreos (3° GAAAe) e, como tal, foi tomado como elemento estranho à área. Foi conduzido ao quartel e, ao ser interrogado, mostrou-se bastante petulante e atrevido em suas respostas.

"Petulante e atrevido", certamente. Mas o araponga que escreveu aquilo não contou que o elemento estranho na área não era eu. A verdade, que ele não transcreveu na sua versão mentirosa, era outra.

Para dar um retrato nacional da eleição municipal de 1976, *Veja* escolhera vinte grandes cidades do interior brasileiro, já que não havia pleito nas capitais – onde os prefeitos eram escolhidos pelo regime militar. Minha cidade natal, Caxias do Sul, o segundo colégio eleitoral do Estado, a 130 quilômetros da capital, era a cidade gaúcha selecionada pela revista. Empenhado pessoalmente na vitória da ARENA, o presidente Geisel esteve lá duas semanas antes da eleição de 15 de novembro.

Não adiantou.

O candidato do MDB, Mansueto Serafini, ganhou com a maior votação individual do Estado, 43 mil votos, doze mil a mais do que o candidato de Geisel, o arenista Victor Faccioni. Alegre, o povo foi para a rua. A festa da vitória de dez mil pessoas e um cortejo de quatrocentos automóveis engarrafou a avenida Júlio de Castilhos no coração da cidade, na tarde de quinta-feira, 18 de novembro.

De repente, dois grandes jipes militares, cada um com onze soldados armados de fuzis-metralhadoras e baionetas caladas, começaram a abrir caminho trafegando lentamente, acintosamente entre a multidão.

A carranca verde-oliva da ditadura atravessou a avenida e a alegria popular – como fazia desde 1964.

O Exército, para repetir o araponga, é que era o "elemento estranho à área", incapaz de diferenciar uma festa espontânea de uma "manifestação".

Parei diante dos veículos militares, na frente da prefeitura, e anotei suas placas. Um soldado desceu do jipão, me interpelou, pediu explicações e minutos depois Kadão e eu fomos detidos. Fomos conduzidos até a carroceria aberta e dali nos levaram para o quartel.

O comandante, coronel Eugênio de Almeida Baptista, nos recebeu de pé, com cara fechada, no alto de uma pequena escadaria que dava acesso ao saguão principal da caserna. Tinha os braços cruzados sobre o peito, o nariz empinado e batia o pezinho direito no chão, sinalizando no coturno sua enorme irritação.

– Vocês são todos uns ordinários e sem-vergonhas! A vontade que eu tenho agora é de te enfiar a mão na cara! – fuzilou à queima-roupa, mal-educado, sem nem se apresentar.

– Boa tarde. Como é seu nome? – perguntei, em um anticlímax de tom baixo e sereno que desarmou o valentão. Ele se identificou com nome e posto. Eu declinei o meu.

– Coronel, meu nome é Luiz Cláudio Cunha. Sou jornalista e chefe da sucursal da revista *Veja*. Qual é o problema com a gente?

O coronel amansou. Surpreso com minha identidade, mas ainda irritado, perguntou por que eu anotava as placas dos seus jipões. Expliquei que sua aparição imprevista na festa tornava necessária esta informação na reportagem.

– Eles estavam lá para controlar a turba... – justificou o militar.

– Turba não, coronel – interrompi. – Massa. O que existe lá no centro é apenas uma massa de gente pacífica, alegre, comemorando uma vitória democrática. Seus jipes estavam só atrapalhando a festa.

– Neste caso, eu boto todas as viaturas do quartel aqui no pátio para o senhor anotar as placas... – desafiou.

– Não, coronel, só me interessam aquelas duas que se intrometeram na festa popular. Aliás, é para isso que eu vim a Caxias. Não sei nem por que estou aqui, em vez de cobrir a festa lá na cidade. Eu estou preso, coronel?

– Não! – gaguejou ele. – Estamos apenas conversando.

– Bem, neste caso, estou perdendo meu tempo. Eu não vim a Caxias para conversar com o senhor. Vim para cobrir a eleição e seu resultado. Neste caso, já que o senhor me tirou do meu local de trabalho, por favor, me mande de volta para lá antes que a festa acabe – pedi, com "a petulância e o atrevimento" que tanto impressionaram o araponga do SNI.

Antes de me liberar, o coronel pediu para não dar as placas dos jipes ("Repare bem, estou pedindo, não proibindo") e nos devolveu ao centro da cidade, desta vez transportados no seu carro particular, um sedã Variant verde, quase oliva.

– E, por favor, fale a verdade! – foi seu último apelo.

Quando voltamos ao centro já corria a notícia de nossa prisão. O presidente do Sindicato dos Jornalistas, João Souza, tinha avisado o governador Guazzelli na capital, o Exército se apressava em esclarecer o incidente. O vitorioso Mansueto Serafini desfilava em um DKW amarelo, saudado por foguetes e escolas de samba, acompanhado pelos operários que saíam das fábricas no final da tarde. Fez a volta na praça e foi carregado pela multidão por cinco quadras, até o edifício onde morava. Só não falou porque os companheiros lembravam da ordem expressa do coronel Baptista:

– Não transforme a passeata da vitória num comício político!

Foram os elementos estranhos do coronel que transformaram a festa ordeira em uma violenta desordem. Súbito, com a ajuda de vinte homens da Brigada Militar, a tropa do Exército entrou em choque com a multidão, distribuindo cacetada e explodindo oito bombas de gás. Dois vereadores do MDB e mais de vinte pessoas foram atendidos nos hospitais. Minutos depois as emissoras de rádio e TV e os jornais foram proibidos de noticiar a confusão.

A reportagem de capa da *Veja* da semana seguinte falou a verdade, como pedia o coronel, relatando toda a confusão provocada pela "turba" fardada – e ainda publicou as placas dos dois jipes enxeridos (EB-21-18-488 e EB-21-15-467) do comandante. Algumas semanas depois o coronel Baptista foi transferido.

Nada disso foi relatado no texto faccioso de sete linhas que o araponga infiltrou na minha ficha.

A partir daquele dia, a repressão começou a implicar com minhas companhias. Em 29 de abril de 1977, a 2ª Seção do III Exército, vinculada ao CIE no Estado, atualizou meu fichário para disseminar nos quartéis uma informação tola classificada como "sigilo C" (Confidencial): meu ingresso na nova diretoria do Sindicato dos Jornalistas.

Era uma notícia pública e notória que a 2ª Seção, em vez de ler nos jornais, precisou capturar pelo jeito mais complicado – o "Setor 32", a Divisão de Grampo do SNI. Ainda assim, percebe-se um tom de queixa no relatório do agente secreto do Exército:

> Assumiu no dia 25 ABR 77 a nova diretoria do Sindicato dos Jornalistas de Porto Alegre. Antônio Manoel de Oliveira, em seu discurso de posse [de presidente], disse que o jornalista enfrenta a falta de liberdade de expressão, o mais grave problema da imprensa.

Nove dias antes, a seção 119 da Agência Porto Alegre (APA) do SNI, encarregada de "Subversão no Campo Interno", produzira o relatório GO0084712 com o prontuário de treze dos novos dirigentes da entidade dos jornalistas gaúchos. Seis deles eram apontados como "profissionais de ideologia esquerdista engajados na ala contestatória da imprensa gaúcha".

O dedo rijo do SNI apontava entre eles o 1° vice-presidente Ruy Carlos Ostermann, a 2ª tesoureira Iara Rech, o conselheiro fiscal Antônio Hohlfeldt (vice-governador de Germano Rigotto em 2002) e o suplente Lucídio Castello Branco (diretor da sucursal do *Jornal do Brasil* e irmão de Carlos Castello Branco, o *Castellinho*). Outros sete diretores, segundo o SNI, "não revelam posição ideológica definida".

Embora 2° vice-presidente, meu nome não estava em nenhum dos dois blocos.

A sopa de números e letras de cada ficha tinha uma razão. Era norma estabelecida pelo general Ary Rodolfo Carracho Horne, quando chefiara a Divisão de Contra-Inteligência do SNI. Cada destinatário recebia a mensagem com uma palavra, um número, uma vírgula diferente. Assim, no caso de vazamento de um documento secreto seria fácil identificar o autor.

Menos de três meses depois, após uma atenta leitura do *Comunicação*, jornal oficial do sindicato, o SNI continuou a encasquetar contra a minha turma. De acordo com a ficha G0086745, emitida em 22 de julho de 1977, três meses após nossa posse, o araponga registra o que me pareceu um inesperado elogio:

> Pelas matérias publicadas no seu órgão de divulgação, observa-se que o Sindicato iniciou fase mais agressiva, tendente a conscientizar a categoria para tomada de posição em defesa das liberdades de informação e de imprensa. Para tanto, é dirigida crítica à censura oficial e empresarial. Procura também maior entrosamento com os demais sindicatos da categoria. Em 14 JUL 77, para os debates sobre as reformas que estão sendo introduzidas na CLT, o Sindicato convidou advogados comunistas.

Na véspera do Natal de 1977, 23 de dezembro, o SNI trovejou sobre o que eu escrevia no mensário da Cooperativa dos Jornalistas que ajudei a fundar:

> Em DEZ 77, através do *CooJornal* n° 23, apresentou artigo intitulado "Uruguai: Terror e Silêncio", que relatava fatos tendenciosos a respeito da prisão do jornalista Flávio Tavares, asilado no México, demonstrando seu posicionamento de defesa e solidariedade em favor daquele jornalista. (...) criticou veementemente o regime político uruguaio, denunciou a violação dos direitos humanos e apresentou as formas de tortura utilizadas em presos políticos no referido país.

A repressão tinha lá suas diferenças internas. Em 6 de janeiro de 1978, o chefe da Agência de Porto Alegre, coronel Carlos Alberto Ponzi, mandou para o chefe da Agência Central do SNI em Brasília, general Sebastião José Ramos de Castro, o relatório G0054010 com uma alarmante informação, capturada na sucursal de *Veja* pelo Setor 32, encarregado da escuta telefônica: a revista estava espionando os espiões brasileiros para uma futura reportagem.

> Preparação de matéria a ser publicada na revista *Veja*, sobre a atuação dos órgãos de informações brasileiros, visando atingir principalmente os DOI-CODI e a Polícia Federal. Integrantes da sucursal da revista em Porto Alegre. Constam dados de qualificação.

Cinco meses depois, o araponga-chefe do SNI foi desmentido pelo Exército. No dia 23 de maio, a 2ª Seção do III Exército enviou o relatório G0059031 à agência gaúcha para acalmar os nervos do Serviço sobre o tema "Publicação de matéria pela revista *Veja* sobre atuação dos órgãos de informações brasileiros". Esclarecia:

> Luiz Cláudio Cunha, Adélia Porto da Silva, Pedro Maciel e Ricardo Chaves trabalham na revista. Não ficou caracterizado que os mesmos estivessem fazendo levantamento de dados sobre os órgãos de informações e segurança da área do III Exército; encontram-se, entretanto, envolvidos em atividades contestatórias ao governo. Antecedentes dos nomeados. Constam dados de qualificação.

A 2ª Seção mandou o relatório ao SNI, anexando cópia dos prontuários dos quatro jornalistas de *Veja*.

Na antevéspera do ano-novo de 1978, dois dias após o encontro de Guazzelli comigo e com o general Samuel Alves Correa, em audiências separadas, a Agência do SNI emitiu um comunicado confidencial e enxuto com um rápido perfil das testemunhas do sequestro. No formato original da ficha, havia dez linhas telegráficas – nove dedicadas a mim, uma a Scalco.

> LUIZ CLÁUDIO CUNHA iniciou no jornalismo em 1969, trabalhando no setor de interior do jornal FOLHA DE LONDRINA, na cidade do mesmo nome PR. A partir de 1970 começou a trabalhar no jornal ZERO HORA, em Porto Alegre, RS, permanecendo como repórter até o ano seguinte, quando transferiu-se para a Editora Abril, onde trabalhou como repórter da revista *Veja* até o ano de 1973, passando a responder pela chefia da sucursal, em Porto Alegre. Em 16 MAR 77 foi eleito, em chapa única, à diretoria do Sindicato de Jornalistas. Em DEZ 77 compunha o Conselho de Administração do COOJORNAL. Registra antecedentes desabonadores, tendo já se envolvido na coleta de assinaturas para um manifesto dirigido ao Poder Legislativo, criticando medidas governamentais, além de apresentar artigos tendenciosos e maliciosos nos órgãos de divulgação a que pertence.
>
> JOÃO BAPTISTA SCALCO não registra antecedentes negativos nesta agência.

Coincidência ou não, na mesma segunda-feira, 20 de novembro de 1978, em que eu descrevia o sequestro da sexta-feira anterior ao major Barcellos e ao delegado Fuques, a agência do SNI no Sul mandava um relatório menos lacônico à Agência Central em Brasília, sob o título "Acompanhamento da Atuação da Imprensa no RS – 4.3.5".

Era mais que um Informe. Era uma Informação, que no jargão da inteligência significa uma "verdade insofismável, devidamente comprovada". Na verdade, o texto de cinco páginas da Informação n° 26, produzida pelo 119 APA, o setor do campo interno encarregado da Subversão, refletia a torta obsessão dos arapongas.

Apresentava os veículos e tentava desenhar, pelo traço enviesado e preconceituoso da repressão, o perfil de alguns dos principais personagens do jornalismo gaúcho. Listava os seis jornais mais influentes – *Correio do Povo, Folha da Tarde, Folha da Manhã, Zero Hora, Jornal do Comércio* e *CooJornal* –, sua posição em relação ao governo, a linha editorial, a ação de cada um sobre a opinião pública e eventuais ligações com opositores do regime.

Assim o SNI definia os jornais em 1978:

> a. *Correio do Povo*: é o jornal mais tradicional do RS, que se mantém dentro de uma linha de jornalismo conservadora, apresentando as notícias de forma realista, séria e sem deturpações. Geralmente assume posicionamento concordante com o governo Federal. Possui muito boa credibilidade junto à opinião pública;
>
> b. *Folha da Tarde*: vespertino de linha apolítica. Usa de linguagem moderada e imparcial nos seus artigos. Não faz oposição ao governo;
>
> c. *Jornal do Comércio*: jornal inteiramente dedicado a assuntos da área econômica. É bastante favorável ao governo Federal;
>
> d. *Folha da Manhã*: matutino que frequentemente apresenta notícias e reportagens de conteúdo crítico contrário ao governo. Através de artigos, manchetes sensacionalistas e charges, distorce os fatos, apresentando-os com inverdades ou meias verdades;
>
> e. *Zero Hora*: jornal de grande circulação no estado. Em seu editorial posiciona-se, geralmente, favorável ao governo Federal. Porém, no seu todo o jornal dá maior destaque para a oposição e para qualquer assunto ou movimento contrário ao governo e ao Regime Político atual. Salienta-se, também, que *ZH* é o único jornal do estado que divulga notícias da Agência NOVOSTI (APN) da UNIÃO SOVIÉTICA que, muitas vezes, são incluídas no noticiário de outras agências internacionais, intercalando-se ao texto das mesmas, fato ocorrido particularmente nos recentes incidentes do AFEGANISTÃO.
>
> f. *CooJornal*: encontra-se dentro da mesma linha de orientação dos demais jornais da imprensa "ALTERNATIVA", que atuam no País, apresentando conteúdo frontalmente contrário ao governo, às suas instituições e ao Regime Político implantado em 31 MAR 1964.

Caracterização do SNI sobre o tratamento que cada jornal dava sobre temas como moral, costumes e religião :

> *Correio do Povo* e *Jornal do Comércio* abordam esses assuntos de forma séria e comedida, restringindo-se ao relato dos fatos.

No entanto, os jornais *Zero Hora, Folha da Tarde* e *Folha da Manhã* dão bastante destaque e sensacionalismo aos fatos relacionados com o moral [*sic*] e os costumes. São explorados todos os acontecimentos ligados à criminalidade e à marginalidade sendo, muitas vezes, descaracterizada e desacreditada a ação dos órgãos policiais e das autoridades. Certos padrões morais são questionados e lançadas dúvidas sobre sua validade.

Já o *CooJornal*, geralmente, aborda assuntos de forma contrária ao moral [*sic*] e aos bons costumes. Os artigos de cunho religioso dão apoio integral à atuação e à orientação do clero "progressista" católico, e aos grupos religiosos que fazem oposição ao Regime atual.

Avaliação do SNI sobre os jornais e sua influência sobre os leitores:

O *Correio do Povo* e o *Jornal do Comércio* não desenvolvem qualquer ação com o objetivo de influenciar a opinião pública contra o governo;

A *Folha da Tarde*, também, não desenvolve trabalho no sentido de influenciar a opinião pública contra o governo. No entanto, determinadas edições fogem dessa linha, devido ao sensacionalismo das manchetes e ao conteúdo das charges;

O *CooJornal* é bastante agressivo no desenvolvimento dos seus artigos, com o objetivo de influenciar a opinião pública contra o governo. Para tanto, procura denegrir a imagem das instituições e das autoridades governamentais, além de combater o atual Regime Político.

Posição do SNI sobre a ligação dos jornais com partidos ou entidades da oposição:

Os jornais *Correio do Povo, Folha da Tarde* e *Jornal do Comércio* são imparciais no trato de assuntos de cunho político-partidário. Salienta-se que o *Jornal do Comércio*, inclusive, apresenta noticiário bastante favorável ao partido do governo;

Os jornais *Folha da Manhã* e *Zero Hora* dão ênfase às notícias que se referem à oposição, com destaque para as manifestações de grupos e/ou entidades de oposição ao governo e ao Regime Político atual;

O *CooJornal*, porém, dá total apoio aos blocos, ou organizações políticas de oposição ao governo, veiculando sistematicamente notícias desfavoráveis ao partido situacionista.

Os principais dirigentes e jornalistas mereceram um "conceito sintético" do SNI. Alguns exemplos:

No *Correio do Povo*:

– Breno Caldas, diretor-presidente da Caldas Júnior: Na sua direção o *Correio do Povo* mantém-se dentro de uma linha tradicional de jornalismo, espelhando os fatos de forma realista e imparcial. Elemento bastante ativo e democrata (...) é reconhecido nacionalmente por sua liderança. (...)

– Adail Borges Fortes da Silva, secretário de redação: integrava o Diretório Nacional da Liga de Defesa Nacional/RS (...), comprometido com os ideais da revolução de MAR 1964;

– Sérgio da Costa Franco, articulista: Apesar de registros contrários ao regime (...), suas apreciações estão dentro de uma linha política liberal, em defesa do regime democrático.

– Antônio Hohlfeldt, crítico literário: (...) antecedentes desabonadores pela autoria de artigos e pronunciamentos contra o regime (...), ligações com entidades de oposição (...), críticas à censura e à falta de liberdade de expressão.

– Ivo Egon Stigger, crítico de cinema. (...) promove filmes da linha do "cinema novo". (...)

– Paulo Fontoura Gastal, crítico literário, (...) de ideologia comunista. (...) constantes críticas contra proibições e "cortes" da censura.

Na *Folha da Tarde,* aponta o SNI:

– Edmundo Soares, diretor: sem antecedentes.

– Ivete Brandalise, cronista: (...) temas polêmicos, de modo irônico (...), críticas às medidas governamentais e ao regime.

– Sérgio Jockymann, cronista: (...) artigos com bastante realismo e imparcialidade, seguindo linha política democrática liberal.

– Adil Borges Fortes da Silva, colunista ("Hilário Honório") e secretário de redação: Elemento integrado ao Regime Revolucionário de 31 MAR 1964; anticomunista; (...) combate as organizações "esquerdistas" e/ou de oposição ao Regime. Ao mesmo tempo, faz propaganda do governo e de suas obras.

Na *Folha da Manhã,* segundo os arapongas:

– Francisco Antônio Caldas [filho de Breno], diretor: No desempenho desta função tem se revelado ineficiente ou omisso ao deixar que aquele jornal se paute pela oposição sistemática ao governo e ao Regime. Afora isto, o nominado não possui registro desabonador.

– Janer Cristaldo, articulista: (...) critica a atuação de grupos e organizações "esquerdistas". Atualmente residindo em PARIS/FRANÇA (...), linha política democrática liberal.

– Tuio Becker, crítico de cinema: (...) oposição ao governo e ao Regime. (...)

– Marco Viola, repórter: Vice-presidente da Cooperativa dos Escritores do RS, entidade que congrega escritores de oposição ao governo. Segue ideologia política "esquerdista". É ex-militante da APML do B.

– Rogério Mendelski, articulista político do jornal e coordenador do programa "Távola Redonda", da TV Guaíba: (...) antecedentes negativos como elemento de posição contrária ao Regime e ao governo.(...) linha política de cunho democrático liberal, favorável à Oposição.(...) analisa quase que exclusivamente os fatos (...) dos políticos emedebistas do Estado (...), critica comportamento oposicionista que não corresponda à oposição ao governo (...).

– Núbia Silveira, articulista internacional: (...) crítica constante da política dos EUA e dos regimes militares latino-americanos (...), em nenhum momento se manifesta contra países de ideologia socialista. Segue ideologia "esquerdista".

Na *Zero Hora,* avalia o SNI:

– Maurício Sirotsky, diretor-presidente da RBS: (...) elemento de grande influência nos órgãos de imprensa (...). apesar de manter linha editorial favorável ao governo, o nominado mantém grande número de jornalistas de oposição ao Regime, tornando a ZH um veículo desfavorável ao governo, onde predominam os artigos em apoio a grupos e/ou movimentos de oposição. Salienta-se a sistemática publicação de matérias da Agência NOVOSTI, que fazem propaganda da UNIÃO SOVIÉTICA.

– Lauro Schirmer, diretor de redação: (...) antecedentes desabonadores por sua militância no PARTIDO COMUNISTA BRASILEIRO (PCB) e ligações com comunistas. Na direção da gráfica (...) que imprime o jornal ZH, permite a impressão de diversas publicações, entre as quais o COOJORNAL, que se caracterizam pela forte oposição ao governo e ao regime.

– Carlos Fehlberg, editor-chefe: Foi assessor de imprensa do Ex-Presidente MÉDICI. Não existem dados sobre sua atuação na ZH.

– Luís Fernando Veríssimo, cronista: (...) artigos geralmente [de] conteúdo tendencioso e de oposição ao governo e ao Regime. Por seu posicionamento revela tendência "esquerdista".

– Ana Amélia Lemos, colunista e repórter da RBS em Brasília: (...) ligações com autoridades governamentais e os meios parlamentares, propiciadas particularmente pelo relacionamento do seu esposo OCTÁVIO OMAR CARDOSO, atualmente Diretor de Recursos Humanos da CAIXA ECONÔMICA FEDERAL, no Distrito Federal. (...) limita-se a acompanhar e informar o desenvolvimento dos fatos relacionados com os campos político e administrativo no País.

– Danilo Ucha, colunista: (...) antecedentes desabonadores, por ter integrado grupo contrário à Revolução de Março de 1964 (...), colaborador da imprensa "alternativa" (...), posicionamento contrário ao governo.

– Affonso Ritter, redator-chefe de assuntos econômicos: (...) aos domingos publica artigo onde procura transmitir uma imagem negativa do atual modelo econômico brasileiro. (...) correspondente da *Veja* em PORTO ALEGRE/RS e colaborador do COOJORNAL. (...) antecedentes subversivos. (...) artigos revelam sua ideologia "esquerdista" e seu posicionamento contrário (...) ao Regime de MARÇO de 1964.

– Elio Falcão Vieira, redator de assuntos econômicos: (...) posicionamento contrário à política econômica do governo (...), elemento democrata.

– Carlos Alberto Kolecza, repórter: (...) antecedentes negativos por ligações com o jornal VERSUS e com a imprensa "alternativa" (...), elemento de tendências "esquerdistas" (...) contrário à Revolução de MAR 1964.

No *Jornal do Comércio*, observa o Serviço:

– Zaida Jarros, diretora-presidente: (...) Conduz o JC dentro de uma linha bastante favorável ao governo.

– Marco Antônio Birnfeld, colunista: (...) frequentemente críticas à atual política do governo.

– Ayrton Fagundes, colunista residindo em Brasília: (...) sempre favorável ao Regime político atual.

– Manoel Braga Gastal, articulista: (...) integrado ao Movimento Revolucionário de MAR 64, tendo atuado no partido do governo (ex-ARENA).

No *CooJornal,* acusa o SNI:

Relacionamos os principais dirigentes e redatores do COOJORNAL, todos de tendências ideológicas "esquerdistas", que em seus artigos fazem forte oposição ao governo e ao regime político implantado em MAR de 1964:

– Elmar Bones da Costa, editor responsável;
– Osmar Trindade, secretário;
– Luiz Carlos Merten, redator;
– José Antônio Vieira da Cunha, redator;
– Renan Antunes de Oliveira, redator;
– Carlos Rafael Guimarães, redator;
– Edgar Vasquez, chargista.

Era com informações dessa origem e com dados dessa qualidade que os deputados da ARENA imaginavam me emparedar com as suas perguntas na CPI.

A dificuldade maior do partido dos generais não eram as perguntas que tentavam fazer.

O problema eram as respostas que não conseguiam dar.

28

A VERGONHA

Porto Alegre, setembro de 1979

Na CPI do Sequestro, na Assembleia gaúcha, "a petulância e o atrevimento" dos deputados da ARENA eram estimulados pelo arsenal de dados irrelevantes que os órgãos de informações lhes repassavam – não sobre os sequestradores, mas sobre as testemunhas.

Apesar disso, botei um novo nome na roda de policiais envolvidos com o sequestro: o investigador do DOPS Luís Nunes da Silveira, o Chucha. Era mais um a ser ouvido no processo administrativo da polícia pelo procurador Rui Rosado de Aguiar Júnior.

Entrava na fila já ocupada por Seelig, Didi, a ainda viva Faustina, José Cecílio, Arvandil e outro companheiro do DOPS – o investigador Janito Jorge dos Santos Kepler, o Jorjão, 24 anos. Ele e Arvandil frequentavam o mesmo Partenon Tênis Clube, onde Janito usava a fantasia de carnavalesco, como ensaiador de bloco do clube.

Janito entrou no samba do sequestro quando uma inspetora do DOPS deixou vazar que ele era o irmão da cliente aflita do Dr. Castro, o advogado barbudo que revelara na rua da Praia o envolvimento de um "garotão" no sequestro. Garotão e falastrão. Em conversa com um amigo do clube de tênis, Janito chegou a se confessar impressionado com a resistência de Lílian às torturas no DOPS:

– Ela é muito forte. Resistiu até a afogamento! – teria dito, dias depois.

Por acaso, Janito era um dos seis homens apresentados a mim e Scalco, por iniciativa do delegado Fuques, na frustrada acareação promovida na Polícia Federal no início de fevereiro. Não reconhecemos o "garotão". Mas os indícios, segundo o delegado informou a Werner Becker, garantiam a ele um lugar na comissão de frente do sequestro. O bloco devia ser bem maior do que nós imaginávamos.

Um cordão de até 28 policiais pode ter sido o total de figurantes do DOPS no sequestro, segundo cálculos do promotor Dirceu Pinto. Ele usou como base o número de 185 funcionários do departamento multiplicado pelo número mínimo de dias (sete) que durou a operação de captura, vigilância, campana e translado para as fronteiras de Chuí e Santana do Livramento. Na matemática do promotor, foi considerado que os plantões no DOPS são de 24 horas ininterruptas.

O advogado dos sequestradores ficava cada vez mais indócil com a evolução do desfile quase interminável naquela espécie de "sequestródromo", onde as informações da imprensa continuavam exibindo nota alta nos quesitos harmonia e conjunto – ao contrário dos adereços pobres e da bateria desafinada do bloco policial do garotão Janito.

– Não só os jornalistas, mas todos os que publicarem as denúncias poderão ser processados – advertia o advogado Oswaldo de Lia Pires, puxando mais uma vez o samba-enredo da intimidação.

Não empolgou, nem assustou. Mas Lia Pires insistia.

Na sexta-feira, 6 de abril, o advogado botou de repente Seelig e Didi na mesma antessala do procurador Aguiar Júnior onde eu e Scalco estávamos, aguardando ser ouvidos. Os policiais, que já tinham prestado depoimento, não precisavam estar lá naquele dia. Mas estavam, só para tentar criar constrangimento às duas testemunhas.

Scalco e eu ficamos em um canto da pequena sala enquanto no outro – a menos de três metros de distância – Didi, com a barba cada vez mais espessa, e Seelig, em elegante terno com calça boca de sino, trocavam amabilidades. Quando a imprensa cobrou de Lia Pires a razão para levar os sequestradores ali justo naquele momento, o advogado deu um sorriso:

– Trouxe-os aqui porque quis. Só isso.

Lia Pires não queria, mas menos de um mês depois a CPI os trouxe até a Assembleia Legislativa, na manhã de quarta-feira, 2 de maio.

Seelig, Didi e mais 183 funcionários do DOPS, mesclados a outros 217 funcionários da Secretaria de Segurança, tiveram que ir lá só porque a CPI quis, para uma mega-acareação comigo e com Scalco. Era, afinal, o ato formal de reconhecimento negado em março pelo delegado Jahir de Souza Pinto, que o levou à demissão após a "ilegalidade hierárquica" que assumiu diante do governador interino Carlos Giacomazzi.

A cidade via uma cena inusitada: 402 funcionários da Segurança chegando à Assembleia, alguns se ocultando por detrás das cortinas das janelas dos cinco ônibus da Carris que os transportavam. Dentro do prédio, no palco do auditório do Legislativo, eu vivia uma sensação estranha.

Descobri que a primeira acareação, como o sutiã da adolescente, a gente nunca esquece. Especialmente porque, naquelas condições, os bandidos pareciam ser Scalco e eu.

Em uma sala de "manjamento", para o ato de reconhecimento de um criminoso, o suspeito geralmente é misturado a cinco ou seis pessoas para que a testemunha, protegida por um espelho reverso, veja sem ser vista.

No nosso caso, Scalco e eu é que nos sentimos "manjados" por quatro centenas de policiais, quase duzentos egressos do DOPS, alguns deles sequestradores, um ou outro com sorriso irônico na face, nenhum deles contente por estar ali. Nós tampouco.

No palco do auditório, ficamos sentados em uma mesa montada ao longo de uma parede, acompanhados do presidente e dos membros da CPI. Os agentes do DOPS, mesclados aos outros funcionários, desfilavam diante de nós em grupos de dez.

Paravam em pé algum tempo na nossa frente, o suficiente para que Scalco e eu examinássemos o grupo em busca do homem que faltava: o chefe de bigode da ação na rua Botafogo. Como não havia nenhum espelho protetor nesse procedimento inusitado, não eram as testemunhas que olhavam – as testemunhas é que eram olhadas.

Um a um, era sempre um olhar mais frio e cortante do que o outro. O clima de constrangimento era enorme. Para quem reconhecia e para quem era reconhecido.

Todos os que desfilavam ali se sentiam culpados, até prova em contrário. Scalco e eu buscávamos um único culpado. Os quatrocentos pares de olhos que nos miravam friamente, como um pelotão de fuzilamento, nos reconheciam como os dois bandidos da história. Uma experiência nada recomendável para quem tem estômago fraco.

Em um daqueles grupos, lá estava ele – Pedro Seelig.

Parou, cruzou os braços e me encarou, fuzilante, expressão desafiadora. Olhava para mim, não para Scalco. Corri o olhar pelo grupo, sem me deter em Seelig, e informei aos deputados:

– Nenhum deles, senhores!

Em nenhum momento caí na tentação de reconhecer ou identificar Seelig, embora tivesse plena certeza de seu envolvimento e responsabilidade no sequestro. Nossa missão ali era clara: identificar o homem que podia ser identificado, o homem de bigode.

Ninguém mais. Nem mesmo Seelig.

Quando passou o grupo onde estava Didi, fizemos o contrário, seguindo a formalidade do ato:

– Um deles eu reconheço, presidente. É aquele policial, Orandir Portassi Lucas, conhecido como Didi Pedalada. Era um dos homens no apartamento da Botafogo – informei, corroborado por Scalco.

O ato acabou e não identificamos o homem de bigode.

Ele não passara diante de nós.

Toda aquela encenação, que parecia interminável, não passou incólume pelo olho implacável do cronista Luis Fernando Verissimo, de *Zero Hora.* Na página 6 da edição de 22 de junho, sob o título "Desproporções", ele escreveu:

> O caso do sequestro dos uruguaios foi comparado ao caso Watergate e a comparação era desproporcional, mas não era descabida.
>
> Nos dois casos a imprensa flagrou uma operação clandestina de um grupo pago com o dinheiro público e a denunciou ao principal interessado, o público. Nos dois casos o fato tinha ramificações que ultrapassavam a sua simples ocorrência, envolviam poderes mais altos e uma clandestinidade generalizada. Nos dois casos a diligência da imprensa instigou, orientou e muitas vezes substituiu a investigação oficial. E os dois casos foram até onde podiam ir.
>
> Nos Estados Unidos, onde – senão por idealismo democrático, então porque querem saber o que estão fazendo com os seus impostos – as pessoas costumam cobrar os desmandos do governo, se houve justiça, ou pelo menos uma convincente prestação de contas. Aqui, depois de quinze anos de descaso pela opinião pública e de prepotência transformada em rotina, quando não premiada, o máximo que se pode esperar é que nenhum denunciante acabe preso.
>
> Watergate derrubou Nixon. As revelações sobre o sequestro mal afetaram a empáfia dos seus executantes. Tentaram transformar o caso em uma diferença entre polícia e imprensa, usando para isso até a morte de uma pobre mulher que já tinha sido usada viva, quando a única diferença é entre um organismo policial desacostumado a prestar contas ao público e a verdade.

Roçou-se apenas no principal ponto de toda a questão: a ação secreta no Estado de grupos paraoficiais na repressão, a salvo de qualquer controle ou curiosidade. E o Conselho de Polícia absolveu a polícia, como queria fazer há tempos só que Guazzelli não deixou.

Está certo, não sejamos ingênuos. Estamos na primeira fresta, aquela fase da abertura em que já se pode fazer perguntas mas ninguém é obrigado a responder, e a impunidade continua. Nada mais ocioso do que redescobrir que nada igual a Watergate pode acontecer aqui por muito tempo.

Mas também nada nos impede de lamentar a desproporção.

Um dos momentos marcantes da CPI foi a confirmação da farsa de Bagé, revelada na sessão do dia 10 de julho.

A pedido dela o Instituto de Criminalística fez uma perícia nos documentos da suposta saída espontânea dos uruguaios pelo ônibus da linha Bagé-Melo. O motorista de táxi Adil Ianzler contara à Polícia Federal que fora procurado no seu ponto em Bagé por um casal de uruguaios acompanhado de duas crianças na manhã de terça-feira, 21 de novembro de 1978 – quatro dias após eu ter visto a assustada Lílian no apartamento de Porto Alegre.

Contrariando os fatos, o taxista contou que os quatro uruguaios, sem dinheiro para pagar a corrida até a cidade de Melo, seguiram até a estação rodoviária, onde embarcaram no ônibus. O cobrador Patrocínio Acosta confirmou a fantasia, dando como prova uma ficha da rodoviária com os nomes dos passageiros daquele dia – apenas quatro, justamente os uruguaios.

A lista fora preenchida pelo motorista Oswaldo Biaggi de Lima e, ao contrário de todas as outras analisadas pelos peritos, indicava como nacionalidade dos viajantes a sigla ROU – República Oriental do Uruguai.

– Quem usa essas iniciais, quando se refere ao Uruguai, é apenas a Polícia Federal – observou, esperto, o promotor Dirceu Pinto.

Comparando a ficha com a segunda via das passagens vendidas naquele dia na rodoviária, os peritos constataram que apenas um passageiro – de nome Luiz – embarcara em Bagé, às sete da manhã do dia 21, com destino a Melo. Ninguém mais.

Nem crianças, nem Lílian, nem Universindo.

Era a polícia provando a farsa da polícia.

O logro imaginado pelo general Medeiros.

A mentira estimulada pelo chefe do SNI.

O embuste montado no QG do III Exército.

As tramoias não funcionavam, mas sempre restava a intimidação.

O advogado Omar Ferri era o alvo central – ataques frontais da polícia e também do defensor dos sequestradores, ameaças de morte por telefonemas e cartas anônimas.

O Comando de Caça aos Comunistas, o CCC velho de guerra, reapareceu com seu batido estilo terrorista, tentando atingir o advogado de Lílian e Universindo com bilhetinhos deste teor:

> Prepare-se porque vamos começar a amolá-lo pra valer. Os primeiros atingidos serão seus familiares. Se não se afastar de suas atividades de conspirador imediatamente, sofrerá as consequências e não ameaça vã. Seu vermelhinho barato e sujo. CCC.

Ao telefone, o valentão anônimo ameaçava:

– Cafajeste! Cachorro! Vou te dizer uma coisa: te prepara porque vou te eliminar! Tu e toda tua família!

Ferri reagia com a dignidade devida: jogava no lixo as cartas apócrifas e respondia na lata aos telefonemas com ímpeto tão italiano e palavrões tão cabeludos que devia deixar o porta-voz do CCC mais vermelho do que os comunistas que caçava.

A polícia era mais formal e explícita com os jornalistas. Em 4 de junho, recebi na sucursal o mandado de intimação n° 155/79 da 2ª Delegacia de Polícia para comparecer ali na manhã seguinte e responder a um inquérito policial.

Meu crime: violação de domicílio e ameaça.

Nome da queixosa: Faustina Elenira Severino, a escrivã do DOPS que tinha morrido 28 dias antes.

Era uma queixa que vinha do além. Não estava registrada no livro de ocorrências da delegacia, como de praxe, mas em um ofício isolado. A morta teve inspiração de um advogado muito vivo: Oswaldo de Lia Pires, como ele mesmo admitiu a Werner Becker, no dia em que eu prestava depoimento na 3ª Vara Criminal. Na sua etérea reclamação, Faustina dizia que eu tinha forçado a entrada em seu apartamento, impedindo com o pé que ela fechasse a porta.

Gastei quase duas horas para contar toda a verdade, em detalhes, ao delegado Geraldo Ivo Gaston. Expliquei que não fui o primeiro a falar com ela naquele dia e que fui o último dos quatro repórteres a entrar no apartamento. Devo ter sido convincente, porque o delegado só me fez três perguntas. Os fotógrafos de *Veja* que me acompanharam na visita a Faustina, Ricardo Chaves e Olívio Lamas, também foram intimados e ouvidos.

O tempo passou e o inquérito da delegacia sumiu, como um fantasma.

***

Em setembro a CPI chegou ao seu final, após ouvir 42 pessoas em 120 horas de trabalho durante noventa dias, compilados em três grossos volumes com 191 laudas de documentos e 843 páginas.

Tudo isso foi resumido pelo relator Jarbas Lima, da ARENA, em relatório final de 96 páginas que terminava com esta brilhante conclusão:

> Não houve prova de delito, logo não há autoria. Por todo o exposto, é de se concluir pela improcedência da imputação aos policiais gaúchos Pedro Carlos Seelig e inspetor Orandir Portassi Lucas, eis que se limita a meras hipóteses, conjecturas e suposições.

Em um texto apaixonado, onde trai sua preocupação em inocentar os policiais e desqualificar as testemunhas, Lima denuncia as "relações políticas" que Scalco e eu teríamos com os uruguaios, de quem seríamos "segurança" no Brasil. Ele parecia absolutamente convencido de que não poderíamos reconhecer ninguém porque simplesmente não tínhamos visto nada:

> Nada se provou, portanto, quanto ao tão propalado sequestro. (...) São chocantes as contradições, a respeito da identificação das pessoas que estariam no apartamento (...) Os depoimentos dos jornalistas constituem (...) peças completamente sem serventia jurídica, tantos e tão aberrantes são os erros que cometem

Com um bigode curvo cobrindo a boca como um denso sinal circunflexo que fazia contraponto aos óculos Ray-ban esverdeados e à testa larga, Jarbas Lima ensinava aos pósteros:

> Quem nada pode provar é como quem nada tem; aquilo que não é provado é como se não existisse, não poder ser provado ou não existir é a mesma coisa.

Com uma aberrante dificuldade para encarar os fatos, após três meses de trabalho e quatro dezenas de depoimentos, o relator da CPI apostava:

> Se realmente se trata de encontrar a verdade dos fatos, com isenção, sem facciosismo, é indubitável que se deva reconhecer que todo o longo processo conduz a uma só conclusão: não se prova a existência não apenas do sequestro, mas de qualquer outro tipo de delito no caso.[39]

A edição da semana seguinte de *Veja* definiu no título da matéria o desempenho do nobre relator: "Mistificação".

Escrevendo na coluna Espaço Vital do *Jornal do Comércio*, o jornalista Fernando Albrecht reagiu ao que ele chamou de mundo cão do parecer:

> Meu Deus do céu, a que ponto chegamos! Talvez o nobre deputado precise ir ao Uruguai falar com Lílian e Universindo – se é que ainda estão em condições de falar. Lá ele encontraria a prova do delito, se é que ele a quer. Afinal, para repetir pela enésima vez, tudo não passou de imaginação dos dois jornalistas e um menino.
>
> Estamos no Ano Internacional da Criança, deputado. Um dia ele vai ser grande, vai ler, vai pensar. E, tomara!, algum dia lhe caia nas mãos a insolência que V. Exª cometeu. E vai se lembrar da sua mãe, do seu pai, das torturas e pressões que sofreram, de uma opinião pública que cansou de saber das coisas.
>
> Então, nesse dia, ele vai encontrar a prova do delito. Como V. Exª afirmou aos jornais que "estou com a consciência tranquila", espera-se que a tranquilidade seja exatamente o peso da adversidade dos sequestrados.

---

39. Quinze anos depois, em depoimento ao autor, o deputado Jarbas Lima enfim reconheceu o sequestro, que classificou como "lamentável". Justificou-se: "Não fui eu que o produzi. Fui apenas o responsável pelo relatório. Fiz o que me pareceu no momento o correto, o certo." (RBS Documento, RBS TV, 12/11/1993).

Nada mais pesado do que a mão de uma criança, deputado, e nada foi mais infeliz que seu parecer.

Luis Fernando Verissimo escreveu no jornal *Zero Hora* que o texto teatral de Jarbas Lima sugeria outro autor, bem mais talentoso e mais respeitado do que o arenista:

> O parecer do relator da CPI lembra aquela cena de Shakespeare em que Ricardo III faz a corte à viúva do homem que acabara de assassinar. Diante do escândalo da viúva, ele diz que não matou seu marido. Ao que a viúva responde:
> – Então ele está vivo!
> Universindo Díaz e Lílian Celiberti ainda estão em Porto Alegre, moram na rua Botafogo e passam bem!

O relatório trombou com a maioria emedebista da CPI, que ficou indignada com a conclusão de Jarbas Lima. O texto do parlamentar arenista foi recusado e escolhido um novo relator pelo MDB, o deputado Ivo Mainardi.

Em dez dias ele desfez a ficção da ARENA e recolocou a CPI de novo no rumo da verdade, reconhecendo a consistência dos fatos, a força dos testemunhos e o sólido conjunto do sequestro.

O relator do MDB acatou o envolvimento de Seelig e Didi e descartou a inocência dos farsantes de Bagé, pedindo processo por falso testemunho contra o motorista, o cobrador e o taxista que se prestaram à aberrante encenação montada pelo general Medeiros e seus figurantes.

***

Em novembro de 2005, 26 anos depois do sequestro dos uruguaios em Porto Alegre, a Assembleia Legislativa gaúcha abria um seminário inspirado no título *A ética na política.*

O primeiro conferencista do evento foi Jarbas Lima, agora diretor da Faculdade de Direito da Pontifícia Universidade Católica (PUC) do Rio Grande do Sul.

O ex-deputado e ex-relator da CPI tratava de chamar a atenção para a conduta moral e ética dos cidadãos e dos agentes políticos, claramente definida pela Constituição de 1988. Ensinava:

> A expressão escrita na Constituição – "decoro parlamentar" – diz tudo. É para nós, gaúchos, nada mais que duas palavras: vergonha na cara.

Jarbas Lima era gaúcho de Lagoa Vermelha.
Ainda tinha o mesmo bigode na cara.

29
O FIO

Porto Alegre, outubro de 1979

Repórter não é notícia.

Repórter vive, busca, morre e renasce pela notícia.

Esta é uma boa regra do bom jornalismo. Minha condição de testemunha era um privilégio que, em certos momentos, esmagava minha condição de repórter. Atrapalhava mais que ajudava.

Algumas entrevistas, alguns encontros, alguns movimentos ficavam prejudicados pelo carma de acusador, do sujeito que poderia com sua palavra abrir uma nova frente de investigação. Eu era sempre uma entrevista em potencial, uma notícia ambulante, abordado sempre que encontrava um grupo de jornalistas – condição que me incomodava e às vezes me tirava da pauta diária da reportagem.

Mas era preciso conviver com a dupla condição.

Graças a ela, em uma tarde de junho de 1979, voltei ao início do sequestro – e vislumbrei um marco decisivo na investigação. Kadão e eu estávamos no escritório de Omar Ferri, sempre frequentado por uma multidão de jornalistas, vasculhando algum detalhe perdido naqueles volumes frios de processos, nos boatos sem fim de informações dispersas, sem comprovação. Aquele mundo incipiente e vago onde habitam a curiosidade e a obstinação dos bons repórteres.

Em um certo momento, fui abordado por uma jovem morena que trabalhava em uma rádio de Porto Alegre. Pensei que seria mais uma entrevista de rotina para preencher a falta de novidade. Porém, ela não tinha pergunta a fazer.

– Tenho uma história pra te contar, Luiz Cláudio – disse, falando baixo. De repente, como quem se arrepende por ter falado demais, a repórter se corrigiu:

– Ah, não, não adianta te contar... Não tem como levar a história adiante.

– Que história? – perguntei. A testemunha voltava a ser repórter.

– É um parente meu, um primo, que sabe uma coisa importante do sequestro. Mas ele não quer papo... – disse, afastando-se com ar de arrependimento.

Kadão e eu armamos o bote, tiramos a jovem do grupo e a levamos até o corredor do prédio, sob o vão das escadas próximo aos elevadores. Insistimos em saber qual era a história. Ela acabou cedendo.

– O meu primo trabalha na Rodoviária, no balcão da TTL, e viu uma coisa importante do sequestro da Lílian...

Não falou mais. Só o nome dele: Adélio.

Não precisava dizer nada mais.

Saímos dali com a urgência das coisas que não podem esperar.

– Toca pra Rodoviária, Bira! – falei, ao embarcar na Brasília. Ele rebateu na hora, com o humor de sempre:

– As bonecas vão viajar?

– Toca, chaparral! – respondi, excitado pela novidade.

Fomos direto à ala internacional da estação, onde operava a empresa TTL, que fazia a linha Porto Alegre-Montevidéu. Meu deslocamento na cidade era sempre uma operação arriscada – para mim e para quem conversava comigo. Sempre havia o risco de estar sendo seguido pela repressão que eu perseguia, e as pessoas reagiam, assustadas, à minha aproximação.

Adélio Dias de Souza, 34 anos, me olhou assustado quando me apoiei no balcão da empresa onde ele trabalhava como bilheteiro. Não precisei me apresentar.

Ele me reconheceu. Não sorriu. O terno e a gravata acentuavam mais a seriedade do rosto moreno, com traços de gente da fronteira. Ele falava baixo, manso, com tranquilidade – e firmeza.

– Não, moço, eu não quero falar.

A conversa no balcão nos deixava expostos. Convidamos Adélio a tomar um refrigerante em um boteco pé-sujo com mesinha de ferro do andar superior da Rodoviária. Ele pediu que alguém cobrisse sua ausência e nos acompanhou. Resistiu, mostrava contrariedade por ter sido procurado, mais ainda por ter sido localizado.

– Não adianta, não vou falar – repetiu, com aquele ar desconfiado de fronteiriço. A resistência só aguçava nossa curiosidade.

– Adélio, quero te fazer uma proposta – falei. – A gente conversa, numa boa, tu nos conta o que sabe pra ajudar a gente a avançar no caso. E o que eu posso te prometer é que não iremos usar o teu nome. Só queremos tua ajuda, sob absoluto sigilo.

Reticente, ele começou a contar. Lembrou que no final da manhã de domingo, 12 de novembro, a faxineira chamou sua atenção para a moça morena que estava sendo detida por um grupo de homens no box 50 da TTL. O grupo esperou pela chegada de um ônibus de Montevidéu e aguardou o desembarque de todos os passageiros, como se esperasse alguém.

Um homem de cabelo grisalho segurava a moça pelo braço. Um homem que ele conhecia: Pedro Seelig.

– Como é que tu tens certeza disso, Adélio? – pergunto.

– Ah, ele é conhecidíssimo. E a gente participou de algumas festas com amigos em comum. Ele não me conhece, mas eu sei quem ele é. É delegado do DOPS. Eu leio muito jornal.

Seelig e o grupo levaram a moça para uma sala da parte externa da estação e, logo depois, a embarcaram em uma Veraneio azul. Adélio só entendeu quem era aquela moça uma semana depois, quando o nome e a foto de Lílian apareceram na imprensa e na TV.

Percebeu então que era testemunha do início do sequestro.

Meu coração acelerou com a riqueza e a força do depoimento. Ao contrário de Camilo, uma criança sujeita a todo tipo de intimidação da repressão uruguaia e fora do alcance da Justiça brasileira, Adélio era um cidadão brasileiro, adulto, absolutamente isento e devastador como testemunha. O problema era fazê-lo falar.

– Se nenhum policial, nem o poderoso Seelig, assume a autoria, não vou ser eu que vou abraçar esta bronca! – alegava Adélio, carregado de razão.

Tentamos localizar a faxineira, mas a empresa de limpeza era terceirizada e havia sido trocada há pouco, desfazendo a pista da testemunha.

Só nos restava Adélio.

Tivemos uma segunda e dura conversa no seu modesto apartamento em um conjunto habitacional na avenida Cavalhada, a nove quilômetros da Rodoviária. Entendemos então a origem dos receios de Adélio: a mulher, Carmen, estava grávida de seis meses de seu segundo filho.

– Minha mulher não pode se incomodar nem ficar nervosa. E eu fico constrangido por conhecer o delegado, mesmo que superficialmente... – esquivou-se.

Tentei uma última cartada, em um terceiro encontro.

– Tudo bem, Adélio. Tu não vais dar entrevista pra gente, mas pelo menos podes falar com o promotor.

– Depor? Eu?!... Que é isso, moço?

– Não é depor, Adélio, é falar. Só isso. Uma conversa com o promotor sempre vai te deixar mais seguro. Mais do que conversar com jornalista.

Relutante, ele topou. Na tarde de um dia de folga no trabalho, Kadão e eu o pegamos em casa e o levamos até um bairro distante do Centro, onde morava a única pessoa capaz de lhe dar segurança: o promotor Dirceu Pinto, um atento guardião da lei, encarregado da denúncia na Justiça contra os sequestradores.

Ninguém como ele sabia do valor de uma testemunha brasileira, descrevendo a cena inicial do sequestro com a participação direta de seu principal executor brasileiro, o delegado Pedro Seelig.

O promotor tinha trinta anos, olhos de águia, cabelos negros impecavelmente varridos para trás e um vasto bigodão mexicano que lhe dava a autoridade de um bandoleiro de Pancho Villa. Era tranquilo, certeiro nas perguntas, sólido no caráter, um destaque especial entre os jovens promotores gaúchos. Mais do que segurança, Dirceu impunha respeito.

Na minha presença e na de Kadão, Adélio descreveu outra vez a cena da Rodoviária ao promotor na sala ampla e iluminada de sua casa de paredes brancas e grandes janelas. Os olhos de Dirceu pareciam ensolarados diante do homem que seria uma testemunha decisiva de sua peça de acusação.

Adélio contou tudo em detalhes, mas continuou decidido: não iria depor. Ansioso pela chance que via escorrer entre os dedos, o promotor tentou de novo:

– Adélio, tu tens noção da importância disso tudo que tu nos contaste, não é?

– O senhor me desculpe, doutor, mas eu tenho noção de que preciso continuar vivo pra ver meu filho nascer. Por isso não vou depor, de jeito nenhum – reagiu. O promotor insistiu:

– Adélio, tu és uma testemunha fundamental para a acusação. Entendo teu medo, mas eu te garanto segurança e proteção para depor, como testemunha da promotoria...

– Proteção contra o DOPS, doutor? – cortou Adélio.

Proteção contra o DOPS! Ele resumia em quatro palavras simples a complexa, pesada realidade daqueles tempos. Quem poderia garantir segurança contra a principal figura da repressão no Sul? Quem poderia se proteger contra o delegado Pedro Seelig, um protegido da área militar?

Qualquer um, no lugar de Adélio, teria dito e feito a mesma coisa. O problema não era Adélio, era o país em que se vivia.

Deixamos Adélio em paz, resignados com o impasse que não era culpa nossa, mas deles.

Ele voltou aos bilhetes da TTL. Seelig jamais teria seu dedo acusador contra ele. Adélio era uma espécie de bilhete premiado que jamais poderia ser apresentado nem resgatado.

Sua secreta revelação, porém, teve uma importância decisiva: mesmo sem nunca depor no tribunal nos deu a dupla certeza – de fonte limpa – sobre a data e a execução do sequestro. Um adulto brasileiro confirmava definitivamente o que se sabia apenas pelo testemunho de uma criança uruguaia: a operação chefiada pelo delegado Seelig tinha começado na Rodoviária no domingo, 12 de novembro, horas antes do jogo do Beira-Rio que o menino jamais veria.

Adélio nos dava o conforto da convicção.

Estávamos no caminho da verdade.

Dirceu Pinto ficou frustrado com a recusa de Adélio. Meses depois, contudo, o promotor acabou encontrando a pista que nos faltava. Achou o fio da meada do homem de bigode.

Achou o fio do bigode.

***

Outubro de 1979.

No mês seguinte completaria o primeiro ano do sequestro. E o bigode... Nada!

O homem que, ao lado de Didi, me recebera na rua Botafogo com a pistola cromada entre os olhos, que falou comigo, que saiu do apartamento para receber instruções, voltou e nos liberou. O homem certo para explicar na Justiça a quem se reportava, qual era a cadeia de comando, quem era aquela gente que prendia Lílian, quem eram os chefes.

Ele sabia e podia mais do que Didi Pedalada.

O bigode era o homem.

Nossos olhos, meus e de Scalco, estavam sempre alertas para um inesperado encontro com o homem de bigode em qualquer lugar, em algum recanto da cidade, a qualquer momento, a todo o momento. Em uma fila de cinema, em um shopping, em uma praça, caminhando na calçada. A preocupação permanente estava virando uma obsessão, a meta distante de um trabalho que parecia não ter fim, uma obra inacabada, imperfeita. Era preciso achar o bigode. Fechar o ciclo. Completar a missão.

Era o que esperavam de nós.

Era o que nós nos cobrávamos.

O que se lê e o que se vê na imprensa, nas páginas dos jornais e revistas, na tela da TV, é a pauta que funcionou, o bom resultado, o sucesso, o objetivo alcançado, o que deu certo.

Não se vê e não se lê o que deu errado, o que não aconteceu, a entrevista furada, a fonte inconsistente, a pista falsa, o fracasso. Grande parte do trabalho de um repórter é gasta com o insucesso. A maior parte do tempo é investida em pistas erradas, em apostas perdidas, em suspeitas infundadas. Coisas que ninguém jamais verá nem lerá. Perdem-se muitas horas e dias para avançar alguns minutos. Gasta-se muita sola de sapato e muita energia para avançar alguns metros.

Sem esse esforço aparentemente inútil, nada avança, e tudo se perde. Apesar da frustração, é uma purgação essencial do jornalismo. Uma espécie de seleção natural, com o descarte das informações ruins e a preservação das informações melhores, mais consistentes, mais aptas à evolução da reportagem rumo ao estágio superior da verdade. Um determinismo da busca do conhecimento ao qual todo repórter deve se submeter com a humildade e o rigor de um cientista, com a paciência e a obstinação de um pesquisador.

Um darwinismo jornalístico.

Onze meses depois, a busca continuava. Cartas anônimas, telefonemas obscuros, pistas equivocadas de informantes, vagas suspeitas de vizinhos – tudo chegava a nós por diferentes fontes. Tudo era motivo de investigação. Desprezar uma pista, uma única dica, poderia ser o descarte do homem que procurávamos. Por isso nada podia ser ignorado.

Quase um ano de procura, em vão, e o cansaço aumentava. Uma pauta não pode, não deve durar tanto tempo. A paciência se esgota. Repórteres estão acostumados ao efêmero, ao fugaz, à notícia que vira embrulho de peixe no dia seguinte. Mas nosso embrulho não estava completo. Faltava a última dobra. Faltava dobrar o último obstáculo.

Faltava o bigode. O último fio da história.

– Esse cara não me é estranho. Acho que esbarrei nele lá pela metade do ano, ali por junho ou julho de 1978, no Beira-Rio – admitiu Scalco, em uma das muitas sessões de duro interrogatório a que submetíamos regularmente o meu parceiro. A fórmula tinha dado certo comigo, naquele táxi de dezembro, quando Kadão resgatou Didi Pedalada na recontagem que eu fiz do sequestro. Não custava tentar com a testemunha de memória fotográfica.

A pista de Scalco fazia sentido. O nome de Didi aflorou no campo dos Eucaliptos, o velho estádio colorado que antecedeu a época dourada do Beira-Rio. Foi nos treinos tediosos de meio de semana do Internacional que Scalco viu pela primeira vez o homem negro, forte e raçudo que reencontraria tempos depois, mais gordo e mais reforçado, no apartamento da Botafogo.

Era possível que, assim como Didi vinha dos campos colorados, seu parceiro de bigode pudesse também transitar pelo futebol.

– Pô, Scalco, tenta lembrar! Puxa pela memória! – eu provocava, junto com Kadão, Pedro, Dedé, Lamas, Bira, todos tentando resgatar o elo perdido.

Pedimos que Scalco nos contasse toda sua vida. Lugares onde morou, amigos de infância e adolescência, ruas onde brincou quando moleque, a turminha do bairro. Talvez estivesse ali o rosto familiar que intrigava a memória de Scalco.

O cara que não era estranho.

Semanas antes, em uma tarde de domingo, Scalco levava no seu Chevette preto o repórter Divino Fonseca, o colega da revista *Placar.* A dupla se dirigia ao estádio Olímpico para cobrir um jogo do Grêmio pelo Campeonato Brasileiro. A duas quadras do estádio, na engarrafada avenida Carlos Barbosa, o trânsito estancou.

De repente, na pista oposta, passou por eles um Dodge Polara branco, cheio de gente. Ao volante, o nosso alvo. Scalco imaginou estar vendo outra vez na sua frente o homem de bigode. Bateu o desespero: o Chevette trancado no engarrafamento, o Dodge trafegando livre na pista desimpedida do lado.

Scalco ficou agitado, perturbado pela aparição. Não havia como manobrar. No sufoco, em vez de olhar para trás pela janela, buscou a placa primeiro pelo retrovisor – esquecido de que a imagem vinha refletida ao contrário. Quando botou a cara na janela, já era tarde. O Dodge do bigode tinha sumido. Ou será que não era ele?

Dias depois, outro esbarrão, desta vez sem engarrafamento. Pensou ter visto o bigode em um sedã Volkswagen. Dessa vez estava na mesma pista da avenida Venâncio Aires, próximo à sucursal, e ele só teve que acelerar em busca de seu alvo. Manteve a perseguição na avenida Osvaldo Aranha, atravessou o túnel da Conceição. Conseguiu enfim emparelhar com o Fusca em uma sinaleira do centro da cidade. Olhou. Apesar do bigode e da semelhança, não era o nosso homem. Vida que segue...

Gastamos muito tempo fazendo o que a polícia devia fazer e não fazia: "campana" em cima dos suspeitos. Como a polícia, suspeita e indolente, não queria constranger os próprios companheiros e cúmplices, a aborrecida missão de tocaia dos sequestradores sobrou para os repórteres. Kadão, Pedro, Lamas e eu nos revezamos muitas vezes nesta tarefa exaustiva, quase sempre frustrante. Afinal, estávamos procurando um entre 185 funcionários do DOPS.

Um bigode no palheiro. A caçada por um fio.

Era preciso paciência.

Certa vez recebemos a informação sobre um delegado do DOPS que podia ser nosso alvo. Localizamos seu apartamento, em um prédio elegante de um bairro de classe média e ali estacionamos. Ficamos lá uns três dias, de manhã à noite, enquanto havia luz para conseguir uma foto com teleobjetiva.

As horas passavam, os dias corriam – e nada.

O homem não aparecia nem no portão do prédio. Não dava para sair dali, nem para comer. Bira dava uma volta e retornava com refrigerante, frango assado e farofa para matar a fome da equipe. A Brasília parecia às vezes o comedor improvisado de um piquenique mal resolvido.

No quarto dia, enfarofado de tanta espera e frustração, resolvi precipitar as coisas. Desci do carro e procurei o orelhão mais próximo. Impaciente, disquei para o apartamento. O delegado atendeu, eu me identifiquei.

– Doutor, estamos querendo falar com o senhor. Coisa rápida.

– Eu sei o que vocês querem, Cunha. Mas eu não quero falar. Não adianta insistir. Não sou quem vocês estão procurando. Desista. E larga do meu pé, pô!

Desisti e larguei. Não conseguimos o contato, mas uma foto de arquivo logo depois nos mostrou que era uma pista falsa. Ficou no ar o sentimento de mais uma aposta errada. Além do cheiro forte de frango com farofa, que banimos de nosso cardápio durante um bom tempo.

Até que um dia ele apareceu.

Sem um fio de bigode.

Mas era o fio que faltava.

O homem de bigode. O chefe.

***

Apareceu na quarta-feira, 10 de outubro, em uma providência burocrática do promotor Dirceu Pinto.

Ele pedia ao juiz da 3ª Vara Criminal, Antônio Carlos Netto Mangabeira, que eu e Scalco fôssemos acareados com outros dois policiais, lotados no DOPS na época do sequestro e com indícios de envolvimento que só o promotor conhecia.

Um era investigador, agora desviado para o almoxarifado da secretaria, e tinha o nome de Juarez Correa Perrone. O outro nem isso tinha: era conhecido apenas pelo codinome, Irno.

A quarta-feira seguinte, 17 de outubro, trouxe enfim duas boas notícias.

Pela manhã nasceu Diásio, o segundo filho do bilheteiro Adélio, o homem que viu o começo do sequestro em um domingo na Rodoviária pelas mãos do chefe, o delegado Pedro Seelig.

À tarde nasceu Irno, o chefe do sequestro no apartamento da rua Botafogo. Ele ganhou nome e sobrenome pelas mãos do repórter Osmar Trindade, que levou até a sucursal um exemplar da edição que estava saindo naquela tarde do semanário *O Rio Grande*, editado pela *CooJornal*.

Irno, revelava o jornal, atendia pelo nome de João Augusto da Rosa. Era um inspetor do DOPS que, por coincidência, tinha ingressado na polícia junto com Janito Kepler, o agente acareado com as testemunhas na Polícia Federal e denunciado pelo promotor.

Juarez e João eram, para mim, apenas mais dois nomes, novos nomes entre tantos que já tínhamos checado, sem qualquer resultado. Não cheguei a me entusiasmar. Mas era preciso cumprir o ritual de checagem. Na quinta-feira, com nossas fontes no governo, conseguimos o endereço de cada um deles.

Com nome e sobrenome na mão, voltamos à nossa fonte primária para checar a enorme lista de suspeitos: o fichário do Tribunal Regional Eleitoral, que guardava uma foto três por quatro de cada eleitor. Não pedi pressa na checagem, imaginando a tediosa rotina de mais uma pista sem futuro. As fotos começaram a chegar na tarde de sexta-feira, 19 de outubro.

Pedro Maciel trouxe a primeira, a de Juarez Perrone, conhecido pelo codinome de Picanha. Tinha traços indígenas e cabelos ondulados, repartidos ao meio.

Confirmando a regra, não era ele.

Caía a noite e a edição se encaminhava para o fechamento semanal, sem sobressaltos e outra vez sem novidades sobre o sequestro. Já passava das 18h quando Bira entrou na minha sala, onde eu conversava com Scalco, Lamas, Pedro e Kadão. A foto retardatária do tal Irno estava na mão dele, em um envelope pardo do TRE, que ele me alcançou, eu ainda sentado na minha cadeira.

Como naquela sexta-feira de um ano antes, Scalco estava ao meu lado, agora escorado com seu jeito displicente na quina de minha mesa. Quando me preparei para abrir o envelope, Scalco interrompeu:

– Chefe, quero ver primeiro!

Surpreso com o pedido, entreguei o envelope ao meu parceiro de aventura. Ele se pôs em pé na frente da minha mesa, ao lado de Bira e Pedro Maciel. Era mais uma foto que passaria por nossos olhos, e o pedido de Scalco parecia ser apenas uma forma de jogar os dados de maneira diferente, uma aposta diferente para ver se agora dava certo.

Fiquei orgulhoso que, após tanto tempo, Scalco ainda mantivesse a mesma garra de repórter, a mesma fibra guerreira que nos sustentara durante toda a longa jornada. Ele abriu o envelope lentamente, fazendo suspense. Parecia se divertir com a curiosidade geral na sala. Olhou a foto, fora do meu acesso visual, e notei a diferença.

Um arrepio me correu a espinha.

A fisionomia de Scalco estava diferente. Já não havia diversão em seu rosto. Não era aquela cara de tédio, de frustração, uma após outra, ao ver mais uma foto de um suspeito que não passava disso – um outro suspeito. Eu já conhecia a cara de desdém do Scalco para fotos rejeitadas, para pistas furadas.

Agora, a cara era outra.

Era uma expressão que só eu reconhecia naquela sala. Era a fisionomia de outro momento. O momento em São Paulo, com cheiro de bolinho fumegante de bacalhau, quando ele viu a foto de Didi Pedalada.

Senti no silêncio de Scalco que a foto de Irno reproduzia nele a mesma sensação, o mesmo impacto. Ele olhou alguns segundos, girou a cabeça em minha direção com aquele mesmo silêncio eloquente de um ano antes, esboçou um sorriso sutil e me passou a foto, sem falar nada, esperando daí a minha reação. Pressenti na cara do Scalco, ainda sem olhar a foto, que desta vez era diferente.

Então olhei.

Vi a foto de um garoto de dezoito anos olhando fixo para a câmera do lambe-lambe, no clássico retrato três por quatro que se costumava tirar em uma praça qualquer para fazer o título eleitoral. Não tinha bigode, ainda. Mesmo assim fui atravessado pelo mesmo arrepio que me estremecera, um ano antes, ao ver a foto ainda molhada do Didi no azulejo da cozinha de meu apartamento.

Irno era o bigode.

Não pelo bigode que ostentava naquela tarde de 17 de novembro de 1978, aos 27 anos – a mesma idade que eu tinha. A foto não mostrava nenhum bigode. O que identificava Irno aos 18 anos naquele retrato sem bigode eram os olhos, marca irretocável de todo ser humano.

Os olhos caíam pelos cantos acentuando a melancolia da expressão, tornando ainda mais inconfundível e certeira a identificação. Era fácil imaginar aquele rosto de menino, nove anos mais velho, com bigode caindo pelo canto da boca fina, com os cabelos claros e lisos repartidos do lado esquerdo. A foto não deixava dúvidas.

Olhei de volta para Scalco, para uma pergunta da qual já sabia a resposta, cumprindo o ritual não escrito de que a última palavra era sempre dele:

– E daí, Scalco?

– Pô!!!... É ele, cara!

Um sentimento geral de alívio e alegria escancarou um sorriso na cara de todos nós. Mais efusivo, Bira deu um salto como um moleque que comemora um gol de placa na várzea.

A agonia tinha terminado.

Onze meses e dois dias depois de nosso encontro, eu estava mirando outra vez, olho no olho, o homem da rua Botafogo.

Os olhos de Irno, os olhos de João Augusto da Rosa.

Os olhos do chefe.

Saímos de nosso extasiado torpor e lembramos que o fechamento da revista avançava. Era preciso atualizá-la e botar aquela descoberta ainda naquela edição, prestes a descer para a gráfica. Já eram quase sete da noite, o tempo urgia. Peguei o telefone e liguei para o editor-assistente da seção de Brasil da revista, meu "editor de sequestro", Jorge Escosteguy. E pronunciei pela primeira vez, com um sabor especial, aquela frase que resume o objeto de desejo mais profundo de qualquer repórter:

– Scotch, parem as máquinas! – brinquei, ecoando o bordão ancestral dos tempos barulhentos das velhas rotativas, dos jornalistas excitados pelo furo que redime, pela notícia inesperada que muda a história, que ilumina as sombras, que abre horizontes.

– Fala, bagual! O que aconteceu, tchê? – replicou ele, naquele dialeto xucro e rústico que atravessa a fronteira do pampa e do tempo.

– Achamos o cara, Scotch. O bigode. O chefe do sequestro. Repagina a seção aí com o Mário e arruma espaço pra gente. Temos a chamada de capa e a abertura de Brasil. Depois te conto os detalhes. Temos que ir atrás do cara, agora. Ligo depois. Pode comemorar, bagual! Tchau!

Não tinha muito tempo para falar. E não tinha confiança no telefone para uma conversa mais detalhada. Preferi mandar uma mensagem por telex, mais seguro, com a informação essencial para o redator-chefe Carmo Chagas, o editor de Brasil, Mário Alberto de Almeida, e o meu "editor de sequestro".

O telex que tilintou na redação de São Paulo exatamente às 18h37 daquela histórica sexta-feira, 19 de outubro de 1979, transcrevia em apenas dezenove palavras o fecho daquela aventura de onze meses, grafada com as letras maiúsculas do telex e o inevitável H que supria a falta de acento do teclado:

PARA: CARMO/MARIO/SCOTCH
DE: LUIZ CLAUDIO
**** URGENTE ****
CHEFES,
O NOME EH JOAO AUGUSTO DA ROSA.
EH SOH. MAS EH TUDO O QUE EU QUERIA.
GRANDE ABRAÇO

A primeira informação sobre Irno nos levou ao apartamento 103 de um prédio estreito de dois andares no número 462 da rua Visconde do Herval – a exatamente duas quadras do apartamento de Lílian Celiberti que ele conhecera por dentro onze meses antes. Ninguém atendeu à porta e um dos moradores conseguiu dar à *Veja* uma informação importante:

– O Rosa! Ah, ele não mora mais aqui, desde novembro.

Novembro, o mês do sequestro. O ex-vizinho deu seu novo endereço: rua Catumbi, 101, apartamento 603, nos altos do bairro Teresópolis. Era um edifício de alto padrão, moderno, com dez andares, quatro apartamentos por andar, com dois ou três quartos, garagem privativa, dois elevadores e uma atraente piscina oval sobre os amplos jardins que rodeiam o prédio.

Um apartamento caro na região, avaliado na época em 1,5 milhão de cruzeiros (quase quinhentos mil reais). Seria proibitivo para um simples inspetor do DOPS, com salário inferior a dez mil cruzeiros (cerca de três mil reais), agravado pelo fato de Irno ser casado e ter dois filhos. O inspetor só morava ali porque o apartamento não era dele, era da sogra.

Pedro Maciel e eu batemos no endereço às oito e meia da noite daquela sexta-feira. Fomos recebidos pela empregada, que cuidava das crianças enquanto Irno jantava fora com a mulher e um cunhado. A empregada não gostou da visita:

– Não adianta voltar depois das onze da noite porque o guarda, lá embaixo, tem ordem para não deixar ninguém entrar.

Voltamos meia hora mais tarde. Desta vez, o guarda nem deixou entrar. Tive que falar pelo interfone da portaria. A empregada ficou mais irritada:

– Por favor, eu te peço que não voltes aqui depois das dez porque perturba. Estou com uma criança passando mal. Não insista. Não volte aqui.

Voltamos no sábado pela manhã. Agora, quem guardava o apartamento não era a empregada, era a dona.

A sogra. Com má vontade ela informou que o genro tinha saído em companhia do pai, bem cedinho, ali pelas cinco da manhã, para visitar um tio doente em Venâncio Aires. Não tinha a menor ideia de quando retornaria.

Um funcionário do edifício contou uma história diferente. Irno saíra por volta das oito em uma camioneta Variant cor de vinho, acompanhado apenas pela mulher e os filhos. Daí sumiu, desapareceu. Ele andava sumido até para os companheiros de serviço. Nos últimos tempos, quando os colegas do DOPS lhe perguntavam onde estava lotado, ele era evasivo:

– Estou por aí...

Irno estava por aí há tempos. Mais tarde, rastreando sua história de vida, descobrimos que ele, quando menino, vivera a poucos quarteirões da casa de um guri espichado e que se tornaria anos depois um grande fotógrafo da revista *Placar*.

Irno de fato não era um cara estranho para Scalco.

Com grande agilidade, a edição da *Veja* foi repaginada naquele fim de noite, como eu pedira.

A revista saiu no domingo com uma chamada na capa – "EXCLUSIVO – O Chefe do Sequestro de Porto Alegre" – e mais quatro páginas abrindo a editoria de Brasil, ilustrada com a foto de eleitor de Irno e seu olhar inesquecível. Título da reportagem: "O homem que faltava".

A denúncia do domingo na revista ricocheteou em um abissal silêncio da área de segurança. Ninguém falou nada. A segunda-feira passou em branco. A forçada sobriedade da polícia só se dissipou em um coquetel na terça-feira, 23 de outubro, na comemoração do Dia do Aviador, na Base Aérea de Canoas. Com o copo de uísque na mão, talvez confortado pela presença de tantos militares, falou o superintendente dos Serviços Policiais do Estado, o delegado Luís Carlos Carvalho da Rocha, sucessor no cargo do espartano Leônidas:

– Cunha e Scalco são agentes de segurança da Lílian – denunciou, sorrindo. E, para agradar à plateia estrelada que o cercava, voltou a lembrar que as testemunhas do sequestro poderiam ser enquadradas na Lei de Segurança Nacional. Levou uma lambada de volta do deputado Antenor Ferrari, do MDB:

– Esse é um típico exemplo do que se faz neste país, onde dizer a verdade é ser inimigo da pátria. Quando alguém fala e testemunha a verdade é enquadrado na Lei de Segurança. Este delegado reflete bem o Estado de Exceção. O que ele deseja realmente é a repressão policial no país.

Dois dias depois, enfim, Irno reapareceu, em feérica entrevista coletiva em um salão da Secretaria de Segurança, diante dos holofotes da TV, das câmeras dos fotógrafos, dos microfones de rádio. Era quase meia centena de jornalistas concentrados em torno de uma longa mesa de reunião.

Eu não pude ver nada disso, recolhido ao apartamento de Werner Becker na rua Riachuelo, onde aguardava ansioso o relato de Kadão e Pedro Maciel, que representavam *Veja* na coletiva. Não havia transmissão ao vivo pela TV, e o relato radiofônico só aumentava minha ansiedade: afinal, qual era a cara de Irno na entrevista daquela quinta-feira, 25 de outubro?

Quando ele entrou no salão fez-se um silêncio glacial, quebrado apenas pelos flashes dos fotógrafos. Kadão gelou.

– Ihhh! Quebramos a cara!... – pensou, olhando para o homem à sua frente.

Irno não era o sequestrador reconhecido por nós.

***

Nem parecia um policial. Tinha a cara e o focinho de um burocrata medíocre e exótico de algum escritório infecto de contabilidade da periferia. Estava enfiado em um terno escuro e folgado, com uma gravata listrada que ele envergava com o constrangimento de um iniciante. Mostrava-se inibido pela plateia e desajeitado pelo traje. Estava mudo como os jornalistas, perplexos com aquele inusitado visual.

Nada a ver com o retrato 3x4 publicado pela *Veja*.

Contratado horas antes pelo policial, o advogado Manoel Augusto de Godoy Bezerra começou dizendo que Irno era um ótimo servidor público e que a denúncia não fazia sentido.

– Ele foi reconhecido por uma foto de dez anos atrás, quando ele era um rapaz de dezoito anos. Nem Jesus Cristo seria capaz de fazer um reconhecimento baseado naquela fotografia do título de eleitor. A revista *Veja* vai ser processada por ter publicado esta notícia mentirosa – avisou. Irno falou pouco:

– Uso barba há dois anos, desde que saí da Escola de Polícia para o DOPS. Num órgão de informação, eu necessitava de uma fisionomia diferente. E meu cabelo começou a cair há quatro anos e está nisso que vocês estão vendo.

A dupla de *Veja* não acreditava no que estava vendo. Kadão olhou apreensivo para o repórter ao seu lado:

– Pô, Pedro, não é o bigode!

Primeiro, porque o homem ali não tinha bigode. Segundo, porque tinha barba, uma barba espessa, negra, que escondia o pescoço. Terceiro, porque era calvo, com entradas pronunciadas que avançavam até a traseira do crânio, em nada lembrando o policial com cabelos repartidos que eu vira. E, por fim, usava óculos, de aros escuros, lentes grandes, marcantes.

A figura na ponta da mesa era uma antevisão quase perfeita dez anos antes do folclórico Dr. Enéas Carneiro, o bizarro médico que atravessou a eleição presidencial de 1989, a primeira direta pós-ditadura, com o seu meteórico bordão de quinze segundos: "Meu nome é Enéas!" Mas o candidato, ao contrário de Irno, tinha um bigodão preto que cercava harmonicamente a boca e se juntava à barba negra.

Na verdade, o policial ali era cópia quase idêntica de outra figura – o russo Alexander Soljenitsin, um dissidente do regime soviético. O Prêmio Nobel de Literatura de 1970 era a cara e o focinho de Irno: tinha barba, não tinha bigode, era careca e usava óculos. O escritor e o inspetor guardavam até uma afinidade ideológica: ambos detestavam comunistas.

A aparição de Irno foi devastadora, um desmentido ao reconhecimento veemente que eu e Scalco afirmávamos na revista, baseados no retratinho do título eleitoral de 1969.

Era o fim da linha. Um desastre. Como se Didi Pedalada perdesse um gol feito aos 45 minutos do segundo tempo, com o goleiro batido, o arco escancarado diante do matador. Eu e Scalco tínhamos feito o impossível: chutado para fora. Para alegria da torcida adversária, para espanto da nossa torcida.

O sujeito diante da imprensa brasileira era um retrato totalmente invertido de nossa descrição. Exatamente o contrário de tudo o que as testemunhas da *Veja* afirmavam.

Kadão, no fundo da sala, tinha o pesado sentimento da derrota. Trocou de lente, para fazer novas fotos, desta vez com uma teleobjetiva de 200 mm. Com seu olho de fotógrafo e o faro sempre apurado de repórter, Kadão apontou a mira da tele para aquela calvície reluzente sob os holofotes da TV.

De repente, surgiu um fio.

Um fio de dúvida.

Kadão ficou intrigado. Ajustou o foco, aumentou o zoom e transformou sua tele em um pente, varrendo a careca de alto a baixo, da testa larga ao cocuruto redondo. Kadão, o chato de plantão, não se conformava com o que via. Acabou fazendo uma espantosa, decisiva descoberta.

Aquela careca era nova, recente!

Os fios de cabelo cortados rente mostravam pela aproximação da tele que ali persistiam traços de uma cabeleira recente, tão recente como a calvície. O toco da cabeleira raspada exibia, na pele, a intenção quase subversiva de reflorescer em breve naquele espaço precocemente desmatado.

Uma navalha camarada transformara o velho cabeludo em um novo careca.

Irno estava maquiado, preparado, formatado, repaginado, redesenhado meticulosamente para contrariar o testemunho dos repórteres. Era uma imagem fabricada – verdadeira como uma nota oficial das Forças Conjuntas do Uruguai, convincente como a versão montada pelo SNI com os farsantes de Bagé.

Kadão recuperou a confiança perdida. Voltou-se para Pedro Maciel, igualmente soterrado pelo desânimo, e falou de sua capilar descoberta. Lá na frente, todo pimpão, o advogado Godoy Bezerra mostrava a carteira de identidade do inspetor lado a lado com seu macerado título do TRE. Agora revigorado pela descoberta de Kadão, Pedro levantou a mão e pediu para ver a carteira de identidade de Irno.

Prestimoso, o advogado lhe passou o documento. Pedro percebeu logo ao tocá-lo com os dedos: era uma carteira novinha em folha.

Na foto da identidade, Irno usava barba, mostrava indícios de um bigode raspado, exibia um cabelo rente no alto da cabeça e não usava óculos. O detalhe mais extravagante Pedro descobriu ao conferir a data de emissão do documento: 12 de março de 1979. Irno havia tirado a carteira exatamente quatro meses após a prisão de Lílian na Rodoviária, em 12 de dezembro.

– Ei, Dr. Godoy, mas esta identidade foi feita agora! E quem faz a identidade é a polícia. Este documento não tem valor, doutor! – acusou o repórter.

O bolo desandou. Repórteres, policiais, advogado, sequestrador, todo mundo se agitou. Criou-se um tumulto, as perguntas se atropelaram, não havia respostas, a coletiva foi interrompida. Na confusão sumiram Godoy Bezerra e Irno.

Escafederam-se.

A farsa, mais uma, estava escancarada. A foto maquiada do neocareca e sem-bigode João Augusto da Rosa provava que nossa versão continuava de pé, íntegra, sólida, inabalável. Cabia a nós, agora, provar essa nova mentira da polícia, cada vez mais enredada em suas artimanhas. A polícia insistia em dizer que Irno era um velho careca, nunca tivera cabelo.

Em 8 de maio de 1980 o juiz Antônio Carlos Netto Mangabeira cedeu seu lugar na 3ª Vara Criminal ao juiz Moacir Danilo Rodrigues. Certamente inspirado em Guazzelli, o novo magistrado afirmou:

– É uma questão de honra para a Justiça a apuração deste caso. A imagem do Judiciário está em jogo e pretendo dar minha sentença o mais rápido possível.

Ao contrário do ex-governador, o juiz cumpriria sua palavra em menos de três meses.

Mudou o juiz, mas a mentira de Irno continuava a mesma.

– Uso óculos sistematicamente desde 1968 ou 1969. Nunca usei bigode, nunca usei o cabelo repartido ao meio, por causa de um princípio de calvície, e nunca usei o cabelo cobrindo parte das orelhas – contou na Justiça.

Outro embuste. Em meados de maio, *Veja* obteve uma foto dele de 1973, quando Irno trabalhou como motorista do Banrisul, em Porto Alegre. Ele aparece sem óculos e começa a cultivar barba e um bigode que lhe cai pelos cantos da boca. Usa também uma vasta cabeleira repartida ao meio, que lhe cobre não parte, mas toda a orelha. Era um garotão cabeludo, estilo Woodstock, que mentia descaradamente para o juiz. O juiz Moacir Rodrigues não passou recibo e ditou ao escrivão:

– Consigne-se que, embora o réu tenha declarado que há muitos anos usa óculos sistematicamente, a foto da carteira de identidade que apresentou dá-o sem óculos.

Em junho de 1980, o juiz reinquiriu a mim e Scalco como testemunhas. Ele também anexou aos autos duas novas fotos, cópias fotostáticas das fichas de pedido de emprego e do registro de funcionário no Unibanco, tiradas apenas dois anos antes do sequestro de Porto Alegre. Nelas aparece com a vasta cabeleira de roqueiro, caindo sobre os ombros. O visual cabeludo desmontou a lenda da careca.

Ao material fornecido pelo banco para a justiça foi acrescentada uma terceira folha, na qual foi colado o original de outra foto 3x4 do policial, sem maiores explicações. Nesse retrato inesperado Irno mostra um bigodão avantajado e um princípio de calvície que poderia ajudar na sua descabelada defesa. *Veja* foi atrás da história da foto.

Eu já tinha me transferido no início de 1982 da sucursal de Porto Alegre para a *Veja* de Brasília, e minha cadeira no escritório gaúcho tinha sido ocupada pelo jornalista José Onofre – um dos seis sócios exclusivos com lugar cativo, ao lado de Werner Becker, no almoço das quintas-feiras no Pagoda. No departamento de pessoal do Unibanco na capital gaúcha, Onofre se deparou com o estranho nervosismo do chefe da seção, José Leonardo Goulart da Silva. Ele explicava que a sede do banco, em São Paulo, tinha mandado as fotos pelo malote.

– O pessoal do Unibanco em São Paulo tirou as duas cópias dos registros de Rosa e mandou pra cá – explicou Goulart.

– Duas? Só duas? – estranhou Onofre.

– Só duas – garantiu o funcionário. A terceira foto, portanto, era outro mistério. Menos para o gerente do escritório porto-alegrense da Transportes Aéreos Portugueses (TAP), Carlos Ilte Caetano da Silva, sogro de Irno.

– O João é careca desde jovem. Quando casou já não tinha mais cabelo na frente da cabeça. A fotografia que a *Veja* publicou dele, cabeludo, só pode ser uma dessas montagens feitas por mau artista, um chinelão. Quando ficar provada a inocência do João vamos processar a *Veja*. Queremos dinheiro, muito dinheiro – avisou em junho de 1980.

Naquela mesma semana, o sogro foi desmentido pelo Banrisul. O banco forneceu à Justiça uma foto do genro do gerente da TAP, com uma vasta cabeleira caindo sobre os ombros. A data estava estampada na lapela do paletó quadriculado: 3 de outubro de 1973. Era exatamente o ano do casamento que o sogro lembrava pela calvície do noivo.

Nove meses depois de ter pinçado, pela primeira vez, o codinome Irno entre os suspeitos do sequestro, o promotor Dirceu Pinto conseguiu a prova final para acusar João Augusto da Rosa como sequestrador: a foto mostrando sua cara verdadeira, a mesma cara que ele exibia diante de mim e de Scalco no apartamento da Botafogo.

Persistente, o promotor garimpou os arquivos da própria polícia e descobriu lá a foto decisiva no fichário do exame biométrico a que se submete todo candidato à carreira policial.

A ficha de Irno era de janeiro de 1978 – apenas dez meses antes do sequestro. Na foto ele aparece conforme a descrição original das testemunhas: cabelo cobrindo as orelhas, repartido do lado, caindo sobre a testa, sem barba, sem óculos e com bigodes caindo pelo canto da boca. Era o autêntico João Augusto da Rosa, com a sua verdadeira fantasia de sequestrador.

O retrato sem truque, tal como naquela sexta-feira, 17 de novembro de 1978. Só faltava ali a pistola cromada calibre 45.

Dirceu Pinto anexou a foto na terça-feira, 8 de julho de 1980, ao nono e último volume do processo onde o Ministério Público denuncia Irno, Didi, Janito e Pedro Seelig pelo sequestro dos uruguaios.

Dois meses antes, o governador Amaral de Souza continuava surdo e cego a tantos indícios, tantas denúncias, tanta reviravolta capilar no chefe dos sequestradores. Em 1º de maio, Dia do Trabalho, apesar da cabeluda situação de Irno no caso, Amaralzinho deu um prêmio a ele: promoveu João Augusto da Rosa a inspetor de segunda classe.

O ato acintoso do governador não desfazia em nada o nosso trabalho, bem mais árduo e sério do que a canetada de Amaralzinho. Havíamos levado onze duros meses para cumprir nossa obrigação: investigar, identificar, reconhecer e denunciar os dois policiais brasileiros – Irno e Didi – que nos receberam no apartamento da rua Botafogo.

Nossa missão como jornalistas e testemunhas estava cumprida. Nosso trabalho, encerrado.

Restava apenas passar o sequestro pelo fio afiado da Justiça.

Faltava só a sentença do juiz Moacir Danilo Rodrigues.

30
O SOL

Porto Alegre, março de 1979

Um baita frio. O rapaz espantava o frio brabo da noite de inverno bebericando um copo de cachaça. Estava no balcão de um boteco sórdido da rua Voluntários da Pátria, zona do baixo meretrício no centro de Porto Alegre, quando a polícia chegou. Passava um pouco das dez da noite.

Noite de agosto. Agosto gelado.

Foi preso por vadiagem.

Marco Antônio Dornelles de Araújo, 29 anos, solteiro, não era um vadio. Dava duro todo santo dia, carregando sacos de cimento em uma construção, e vivia em um barraco miserável na Ilha das Flores, transformada em depósito clandestino de lixo ao ar livre na maior das 28 ilhas que se espalham pelo arquipélago do estuário do Guaíba.

O inquérito policial pediu o indiciamento do rapaz no artigo 59 da Lei de Contravenções Penais, que pune gente na vagabunda situação de Marco Antônio.

O caso caiu na mão de Moacir Danilo Rodrigues. No passado, o juiz fora um garoto do interior que gostava de tomar banho e pescar lambari nas barrancas de um rio. O rio que cruzava sua terra natal, o lugarejo de Roncador, no município de Candelária. Muitos invernos depois, já distante das águas cristalinas do rio Botucaraí, o garoto era agora o respeitável juiz da 13° Vara Criminal da capital.

Tinha 37 anos quando lhe caiu na rede o julgamento daquele lambari desgarrado pela vida vadia nas margens pouco límpidas do Guaíba. Escreveu o juiz:

> O que é vadiagem? (...) "Entregar-se habitualmente à ociosidade, sendo válido para o trabalho..." Trata-se de uma norma legal draconiana, injusta e parcial.
>
> Destina-se apenas ao pobre, ao miserável, ao farrapo humano, curtido vencido pela vida. O pau de arara do Nordeste, o boia-fria do Sul. O filho do pobre, que pobre é, sujeito está à penalização. O filho do rico, que rico é, não precisa trabalhar, porque tem renda paterna para lhe assegurar os meios de subsistência.
>
> Depois se diz que a lei é igual para todos! (...)
>
> Carrega sacos. (...) Seu mal foi estar em um bar na Voluntários da Pátria, às 22 horas. (...) Na escala de valores utilizada para valorar as pessoas, quem toma um trago de cana num bolicho da Volunta, às 22 horas e não tem documento, nem um cartão de crédito, é vadio. Quem se encharca de uísque escocês numa boate da Zona Sul e ao sair, na madrugada, dirige (?) um belo carro, com a carteira recheada de "cheques especiais", é um burguês.
>
> Este, se é pego ao cometer uma infração de trânsito, constatada a embriaguez, paga a fiança e se livra solto. Aquele, se não tem emprego é preso por vadiagem. Não tem fiança (e mesmo que houvesse, não teria dinheiro para pagála) e fica preso. (...)

As mãos que produzem força, que carregam sacos, que produzem argamassa, que se agarram na picareta, nos andaimes, que trazem calos, unhas arrancadas, não podem se dar bem com a caneta (veja-se a assinatura do indiciado à fls. 5v.) nem com a vida. E hoje, para qualquer emprego, exige-se no mínimo o primeiro grau. Aliás, grau acena para graúdo. E deles é o reino da terra. Marco Antônio, apesar da imponência do nome, é miúdo. E sempre será.

Sua esperança? Talvez o Reino do Céu.

A lei é injusta. Claro que é. Mas a Justiça não é cega? Sim, mas o juiz não é.

Por isso:

Determino o arquivamento do processo deste inquérito.

A inusitada sentença de 27 de setembro de 1979 do juiz Moacir Danilo Rodrigues teve repercussão nacional. Foi publicada nos anais do VIII Congresso Latino do Movimento Familiar Cristão, realizado na capital gaúcha em julho de 1980.

Antes que aquele julho acabasse, o garoto de Roncador daria uma sentença ainda mais notável, que entraria para os anais da Justiça brasileira.

A sentença do sequestro dos uruguaios.

Até então o caso seguia seu destino trôpego na área policial. Em fevereiro de 1980 – quinze meses após a clandestina operação que os retirou de seu apartamento na rua Botafogo –, os uruguaios Lílian e Universindo deixaram de ser vítimas para se tornarem réus no Brasil.

Com uma eficiência que não mostrou em mais de ano de investigação, as autoridades militares de Montevidéu entregaram à Interpol uma copiosa documentação mostrando que o casal uruguaio usava cédulas de identidade e passaportes falsos no Brasil.

O papelório foi repassado à Polícia Federal e entregue às mãos do delegado Edgar Fuques, que agora se deparava com um duplo dilema: era o funcionário brasileiro que apurava a contraditória condição dos uruguaios – de um lado, vítimas desaparecidas em Porto Alegre e, de outro, presos processados em Montevidéu.

No inquérito que presidiu na Polícia Federal, Fuques não percebeu nenhum crime de sequestro. Na denúncia apresentada pelos militares do Uruguai, Fuques investigava o crime de falsa identidade. Simultaneamente vítimas e réus, Lílian e Universindo trocavam de condição, dependendo do lado da fronteira que os investigava.

Naquela mesma semana de fevereiro de 1980 aconteceu, enfim, a primeira punição do sequestro.

Não era a de nenhum dos sequestradores, mas exatamente de quem investigava com rigor o sequestro: o promotor Dirceu Pinto. Em novembro de 1978, casualmente o mês do sequestro, a Procuradoria-Geral do Estado havia criado a Coordenadoria das Promotorias Criminais.

O homem designado para chefiá-la foi Dirceu Pinto, a quem o advogado Omar Ferri definira como "a versão gaúcha de Hélio Bicudo", em referência ao franzino promotor paulista que enfrentara bravamente o Esquadrão da Morte do delegado Sérgio Fleury.

Coube a Dirceu Pinto conduzir com firmeza a denúncia do sequestro por abuso de autoridade contra os agentes do DOPS. Apesar disso, acabou estranhamente exonerado em fevereiro de 1980, quando o processo na Justiça se encaminhava para o seu final.

– Foi um ato de rotina – justificou secamente o procurador-geral Mondercil de Moraes.

O senador Pedro Simon não achou nada disso:

– Foi um ato muito grave. O promotor está sendo punido por cumprir seu dever. Estava investigando a polícia e descobrindo os responsáveis pelo sequestro.

Num artigo no jornal *Zero Hora*, o agora desembargador José Paulo Bisol escrevia o que dissera de viva voz ao amigo e governador Synval Guazzelli em dezembro de 1978, nas horas tensas que cercaram a identificação de Didi Pedalada pelos repórteres de *Veja*:

> O sequestro dos uruguaios já não é mais um simples caso judicial, mas de recuperação do autorrespeito e da dignidade nacional. (...) A alternativa que ele propõe é disjuntiva e irreversível: ou se tem ou não se tem vergonha na cara.

Moacir Danilo Rodrigues tinha.

Na sua terra natal, fora anos atrás vereador da ARENA, o partido do regime militar, a sigla que defendia os sequestradores. Presidiu a Câmara de Vereadores de Candelária, a mesma cidade onde brotou o rastro da escrivã Faustina Elenira Severino. Quase uma década depois, como juiz, julgaria os companheiros de Faustina no sequestro. Tinha um passado parlamentar pela ARENA como o deputado Jarbas Lima, o relator da CPI do Sequestro que não enxergara nenhum delito, nem autor, muito menos sequestro.

Só que Rodrigues, embora juiz, não era cego.

Uma questão disjuntiva e irreversível, que diferenciava uma nova geração de magistrados, nascida na década de 1940 e marcada pela vitória sobre o nazifascismo.

Uma geração que estava nos bancos da faculdade no final de 1968, quando caiu o tacape do AI-5 sobre a democracia moribunda do país.

Uma geração que, dez anos depois, estaria na cadeira de juiz para começar o enfrentamento legal contra o arbítrio e o estado policial que se formara em torno dele.

Uma geração com vergonha na cara.

***

Vergonha na cara não era privilégio dos jovens.

João Gomes Martins Filho já tinha sessenta anos quando ribombou o AI-5. Era um advogado do interior paulista formado na capital pela Faculdade de Direito do Largo de São Francisco. Foi constituinte de 1946 da Assembleia de São Paulo e concorreu ao governo estadual pelo PSD como candidato a vice do udenista Prestes Maia.

Perdeu. Retornou ao Direito e à universidade. Mais do que um jurista, era venerado por seus alunos na faculdade como um humanista de vasta cultura.

Ocupava a cadeira de juiz da 7ª Vara da Justiça Federal na capital paulista quando ali chegou o processo contra a União movido pela família do jornalista Vladimir Herzog, morto sob tortura nas instalações do DOI-CODI, na rua Tutoia, no ano de 1975.

O governo federal, pela primeira vez, era responsabilizado pelo assassinato de um preso político em seus cárceres. Os colegas do general Samuel Alves Correa agora viam diante de si um desafio humilhante: a Revolução de 64 sendo obrigada a prestar contas.

Uma batalha inédita: a primeira ação na Justiça brasileira que confrontava diretamente o aparato da repressão. A política de distensão do governo Geisel iria ser colocada à prova na barra dos tribunais.

Em meados de 1978, cinco meses antes do sequestro de Porto Alegre, o processo Herzog estava na reta final. As provas tinham sido colhidas, as testemunhas haviam prestado depoimento, as perícias foram avaliadas, as contradições estavam expostas. Faltava apenas a sentença. Martins Filho marcou a data da leitura: 26 de junho, uma segunda-feira.

Uma leitura que jamais aconteceria.

Ninguém sabia o que sairia da cabeça do juiz. Mas o regime da Segurança Nacional estava inseguro. Na dúvida, era melhor calar o juiz.

Na sexta-feira anterior, 23 de junho, um telex de Brasília tilintou na 7ª Vara Federal. Ele comunicava que o ministro Jarbas Nobre, do Tribunal Federal de Recursos, havia concedido liminar a um mandado de segurança da União impedindo a leitura da sentença.

Um fato *sui generis* na literatura jurídica mundial: um mandado para impedir um juiz de ler a decisão já tomada.

Uma semana depois, o Judiciário entrou em recesso. E, logo no segundo dia de julho, a ditadura livrou-se burocraticamente daquele perigoso estorvo: Martins Filho completou setenta anos e, nos termos da lei, foi aposentado compulsoriamente.

O DOI-CODI suspirou aliviado. O governo também.

Todos eles achavam que um juiz em fim de carreira seria incontrolável. Já um magistrado iniciante não ousaria comprometer a carreira afrontando o poder em uma ação tão importante. Um jovem juiz assumiu, protocolarmente, a vaga daquele inconfiável julgador septuagenário.

Márcio José de Moraes, filho de um lojista de ferragens no interior paulista, nascera em 1946, quando o país se reconstruía sobre os escombros da ditadura do Estado Novo. Formou-se no ano da graça de 1968, quando corações e mentes se agitavam nas universidades e nos protestos contra a ditadura. Os jovens proclamavam que era proibido proibir. Mesmo assim Márcio se mantinha longe da fritura política.

Muito tempo depois da formatura, ele ainda duvidava que houvesse tortura e morte nas prisões. A ficha caiu quando leu no jornal, em outubro de 1975, que Herzog entrou vivo no DOI-CODI, de manhã, e saiu morto à tarde. Teve uma crise de consciência ao perceber que as denúncias eram verdadeiras.

Passada uma semana, Márcio Moraes estava no tenso culto ecumênico na Praça da Sé pela morte de Herzog. Não entrou na igreja. Ainda assustado, ficou do lado de fora, escorado na parede de uma pastelaria. Pensou: "Se a cavalaria da PM invadir a praça, eu entro aqui e alego que estava só comendo um pastel..." Participava timidamente do ato e, ao mesmo tempo, garantia o pastel do álibi.

Três anos depois, aquele cadáver do DOI-CODI que abrira a consciência do advogado Moraes na pastelaria desabou no colo do juiz Moraes.

Em 1978, Moraes já era casado e pai de dois filhos quando herdou a causa não julgada do velho Martins Filho, com quem trabalhara durante oito anos e de quem se considerava quase um filho. Tinha apenas 32 anos. Ao repassar o processo para suas mãos, o veterano magistrado perguntou se ele queria ler sua inédita decisão. Moraes agradeceu, disse que não.

A papelada veio com um bilhete de Martins Filho: "Ao me proibirem de ler a sentença, mal sabem eles que sua mão é muito mais capaz e pesada".

Moraes tomou suas precauções contra o punho esmagador do regime. Despachou a família para um lugar seguro no interior. Tirou férias e passou a trabalhar sozinho na sentença, dividido entre a sua residência e a casa dos pais. Alguns amigos e parlamentares federais se mostravam preocupados com sua saúde. Davam sugestões:

– Não sentencie agora em outubro. Ainda vivemos sob o AI-5. Espere até janeiro de 1979, quando não haverá mais AI-5. Se você julgar agora e condenar a União, o governo te pega!

A sugestão abriu a cabeça do jovem juiz. Aquele era o momento, raciocinou:

– Minha sentença seria uma reação, um grito de independência do Poder Judiciário. Já tinha formado minha convicção, iria condenar a União. O gesto só teria valor, como uma espécie de grito político, de revolta contra a ditadura, se fosse dado sob o clima da ditadura, ainda sob o AI-5.[40]

O fedor da ditadura e o odor da pastelaria continuavam se mesclando na cabeça fervente de Moraes:

– Todos aqueles anos de alienação caíram sobre mim: "Agora você tem que mostrar quem você é. Dar a decisão, seja qual for, o mais livre possível, sem amarras políticas, sem preconceito político de qualquer tipo, o mais consciente. Para responder a essa ditadura. Está na sua mão." Na verdade, foi a hora em que eu cheguei para mim mesmo e disse que, politicamente, não poderia mais ficar comendo pastel.[41]

Moraes tinha ganhado a chance do destino de botar a sua azeitona no pastel cru do velho juiz e mestre. Desta vez, o telex não tilintou com uma decisão de última hora de Brasília. O jovem juiz pôde então ler a sentença de 45 folhas bem cozidas do processo n° 136/76, que encerrava assim:

---

40. Vasconcelos, Frederico. *Herzog 30 anos.* Entrevista: Márcio José de Moraes. *Juiz que condenou União temia ser morto.* Folha de S.Paulo, 3 de novembro de 2005.

41. Idem.

> Constata-se a prática de crime de abuso de autoridade, bem como há revelações veementes de que teriam sido praticadas torturas não só em Vladimir Herzog, como em outros presos políticos nas dependências do DOI-CODI (...)
>
> Pelo exposto, julgo a presente ação procedente e o faço para, nos termos do Artigo 4°, inciso I do Código de Processo Civil, declarar a existência de relação jurídica entre os autores e a ré, consistente na obrigação desta indenizar aqueles pelos danos materiais e morais decorrentes da morte do jornalista Vladimir Herzog, marido e pai dos autores, ficando a ré condenada.

O juiz foi além. Anulou o laudo do DOI-CODI, assinado por um único perito, e que ele considerou imprestável.

O perito-chefe tinha assinado o papel sem nem mesmo fazer a autópsia. O documento, principal prova da União, foi fritado na implacável frigideira jurídica de Moraes. Ele não ficou surdo às testemunhas que ouviram os gritos de dor de Herzog na masmorra da rua Tutoia e, com base nelas, convenceu-se de que o jornalista fora morto sob tortura.

O juiz não comprou o bolorento pastel da União, que insistia na versão gelada do suicídio.

Foi uma sentença corajosa, que restaurava a dignidade da justiça e o império da lei sobre o medo. A palavra escrita de que os tempos estavam mudando. Juízes que não eram cegos e que tinham vergonha na cara começavam a mostrar a nova face de um Judiciário que resgatava sua autoestima e sua fé no Direito.

O Tribunal Federal de Recursos confirmou a decisão de Moraes. O presidente da OAB nacional, Raymundo Faoro, festejou:

> Será esta uma história que mostrará a possibilidade, com a ordem jurídica, de abater o autoritarismo, sempre que se levantem, dentro de seus próprios muros, advogados e juízes, advogados que sejam verdadeiramente advogados e juízes de verdade, ainda que tolhidos pelas restrições às suas prerrogativas e garantias.

A histórica decisão de Márcio José de Moraes, reconhecendo a tortura no DOI-CODI da rua Tutoia, base da "tigrada" mais feroz e sangrenta do regime, foi lida na sexta-feira, 27 de outubro de 1978 – quatro meses após a frustrada sentença do juiz Martins Filho, exatos três anos após o enterro do jornalista Vladimir Herzog.

Três semanas depois, 17 de novembro, outra sexta-feira, eu e Scalco seríamos recebidos com pistola na cara no apartamento da Botafogo por Irno e Didi Pedalada.

O velho Martins Filho nunca revelou o que diria em sua sentença. Mas ficou gratificado ao ler a decisão do jovem pupilo que o substituíra. Escreveu uma carta emocionada a Moraes:

> Chegamos, por palavras diferentes, à mesma conclusão (...) Senti uma tristeza imensa ao verificar até que ponto podia chegar a tentativa de sufocar uma manifestação do Poder Judiciário (...) Não poderia desconfiar de um golpe dessa

natureza, e tanto é assim que havia marcado com antecedência o dia e hora para a prolação da sentença.

Veio o telex, anunciando a proibição da leitura e requerendo também informações sobre o processo no mandado de segurança impetrado pelo procurador, que se considera o detentor único da verdade e o cavaleiro andante da honra e do renome nacional.

Alegava que a sentença poria em risco a segurança do Estado e que, por isso, deveria ser impedida, como se a declaração de responsabilidade pela tortura e morte de um homem pudesse constituir-se em perigo para a honra e a segurança das instituições (...)

Ninguém sabia o teor da sentença, a não ser eu (...)

O Brasil inteiro ficou sabendo por esse telex qual seria o seu teor, pois ele já confessava a culpa publicamente. Ninguém mais duvidava daí em diante das conclusões do juiz (...)

Lançou-se sobre o Poder Judiciário a dúvida a respeito da dignidade, da coragem e da honradez do juiz que me substituísse.

Supôs-se que com o afastamento de um, a lição permaneceria com o outro e que talvez a verdade não aflorasse com a veemência que se deduzia da ação.

Enganaram-se os que assim pensaram, porque talvez mais forte, mais elegante e mais alta se elevou a voz de um jovem magistrado para deixar bem claro que ainda há juízes no Brasil.[42]

Havia juízes no Brasil, juízes em São Paulo.
E havia um juiz em Porto Alegre.

***

O juiz Moacir Danilo Rodrigues não era cego, muito menos surdo.

Ouvia há algum tempo velados conselhos para ter cuidado, muito cuidado. Como o colega Márcio Moraes dois anos antes, Moacir Rodrigues também tinha medo.

Mandou igualmente a mulher e os filhos para o interior, sem informar o paradeiro a ninguém. E se debruçou sobre os 23 volumes do processo do sequestro dos uruguaios e seus quatro denunciados – o delegado Seelig, os inspetores Janito e Irno e o escrivão Didi.

Recebeu vários avisos para não sair sozinho, de carro, na noite de Porto Alegre. Acatou a sugestão de andar em carros de amigos, abusando de carona, usando táxi como alternativa. Com um cuidado adicional: trocava sempre de táxi. Pegava um no ponto de origem, chegava com outro no ponto de destino.

Nos derradeiros dez dias, na medida em que avançava a leitura das dezenas de volumes da ação, datilografava pessoalmente sua sentença de 44 páginas. Não pedia nem o auxílio da secretária ou do escrivão, para garantir o máximo de sigilo.

---

42. OAB-SP. *Vladimir Herzog*. Grandes Advogados, Grandes Julgamentos. Pedro Paulo Filho, Depto. Editorial (Advogados Heleno Fragoso, Sérgio Bermudes, Marco Antônio R. Barbosa e Samuel MacDowell de Figueiredo). www.oabsp.org.br/institucional/grandes-causas. Acesso em 15 de agosto de 2008.

Tirava ele mesmo as fotocópias de cada página datilografada para permitir uma rápida recuperação, no caso de um sumiço inesperado. E escondia originais e cópias da sentença em locais diferentes do seu gabinete no tribunal ou de seu escritório em casa – sempre sob o tapete da sala onde trabalhava, solitário.

Menos velados do que os avisos, só as ameaças. O presidente João Figueiredo, o ministro Ibrahim Abi-Ackel e o governador Amaral de Souza insistiam em dizer que não havia sequestro. Aquilo tudo não passara de um singelo e espontâneo desaparecimento de um casal subversivo e ilegal no país. Um amigo, deputado da ARENA, procurou emparedar o juiz:

– Se correr o bicho pega, se ficar o bicho come, Moacir. O presidente da República, o ministro da Justiça e o governador do Rio Grande não podem ser desmentidos por um juizinho de primeira instância!...

– E o que tu queres que o juizinho aqui faça? – replicou Moacir.

– Transfira o processo para a Justiça Federal, alegando conexão. Aí, o tempo passa e o caso prescreve. Moleza, Moacir! Ninguém vai perceber, ninguém vai te incomodar, ninguém vai te cobrar. Hein? Pensa nisso!...

Rodrigues olhou para o amigo, pensou um pouco. Suspirou, soltou o ar dos pulmões e inundou a sala com sua voz baixa e melodiosa, herança dos tempos de locutor da rádio Princesa de Candelária. O som ribombava pela sala como um violoncelo afinado em ré, na corda mais grave e imponente, que pontuava a frase com uma aura austera, solene.

– Meu amigo, eu não posso fazer isso. O autoritarismo é como uma nuvem passageira e a liberdade é como o sol. Eu tenho que ficar com o sol. Depois, a nuvem passa, o sol volta e ilumina tudo – ensinou, as palavras escandidas trovejando com a sabedoria dos tempos, a metáfora brilhando como a luz dos relâmpagos que até cegos veem. E Rodrigues não era cego.

Homem do interior, juiz recém-nomeado na capital, longe da família, ele enfrentava solitário os desafios de um caso esmagador, de repercussão internacional.

– Não sou nenhum super-homem. O juiz é um cidadão comum – pensava ele, ruminando sua angústia pessoal, aflito com a decisão prestes a tomar.

A cabeça fervilhava. Resolveu espairecer no cinema.

Parou na calçada diante do cartaz que anunciava o filme: *Z*.

O capricho do destino tinha colocado o juiz de Porto Alegre cara a cara com *Z*, o libelo de Costa-Gavras contra os coronéis que fizeram uma quartelada na Grécia e durante sete anos mergulharam o berço da democracia no sarcófago da ditadura.

A data do levante, 21 de abril de 1967, acabaria virando sinônimo no grego moderno da palavra que significa "golpe de Estado". Os generais brasileiros, solidários aos coronéis gregos, mantiveram o filme na prateleira da censura por dez anos.

Z tinha sido liberado há seis meses no Brasil.

O *Z* permitido iria libertar a cabeça do juiz gaúcho.

Rodrigues comprou o ingresso, entrou, sentou, viu e ouviu deslumbrado a história inspirada na vida e morte de Gregoris Lambrakis, médico socialista e pacifista de 41 anos assassinado em 1963, quatro anos antes do golpe, por extremistas de direita em falso acidente de carro em Thessaloniki.

O personagem que mais chamou atenção de Rodrigues não foi o do deputado morto, interpretado por Ives Montand. A figura central do filme, para ele, era o papel encarnado por Jean-Louis Trintignant: Sartezatkis, um juiz iniciante como ele.

Um juiz de Atenas que, como os dois juízes de São Paulo, enfrentara o medo e confrontara o arbítrio. O título do filme representava a primeira letra da palavra grega *Zei* ("Ele vive!"), um símbolo de resistência que começou a aparecer pichado nos muros de várias cidades gregas, em alusão ao líder assassinado. *Zei!*

O juiz de Porto Alegre sentiu-se reanimado.

Vivo. *Zei!*

Ali, no escurinho do cinema, Moacyr iluminou sua cabeça com o exemplo de firmeza do juiz.

O *Z* do juiz grego mostrou o X da questão para o juiz gaúcho.

– Não posso, sob qualquer hipótese, recusar o cumprimento do dever, sejam quais forem as consequências – pensou, ao chegar em casa. Como sempre, trocando de táxi.

Na segunda-feira, 21 de julho de 1980, cinco semanas antes de completar 37 anos, Rodrigues tirou debaixo do tapete as 44 folhas de sua decisão e as exibiu à imprensa.

Vestia sua gravata favorita com bolinhas amarelas sob o elegante colete do terno claro, os cabelos fartos penteados para trás e acentuando, com o vozeirão, a figura de um consagrado cantor de tango. Estava no melhor de sua forma.

Como o juiz de Atenas, o juiz de Porto Alegre brilhava sob a luz dos holofotes e da consciência nacional. E brilhava ainda mais pelo que concluía na sua destemida decisão:

> Tenho, pois, por tudo o que restou examinado, que o fato narrado na denúncia e aditamentos aconteceu, isto é, Lílian Celiberti e seus dois filhos, Camilo e Francesca, e ainda Universindo Díaz foram presos em Porto Alegre e, ao menos por algum tempo, mantidos sob prisão, para depois serem levados para o Uruguai.
>
> Este fato, seja que nome se lhe queira dar, ocorreu. Disse várias vezes o ex-Governador Synval Guazzelli que o esclarecimento era questão de honra para o seu governo. Acrescente-se que o repúdio a tal procedimento deve ser almejado por todo brasileiro que admite viver apenas sob um império: o da lei!
>
> Embora a conotação político-ideológica com que foi encarado este fato, ao Judiciário cabe apenas, e tão somente, saber se houve o delito, não importando as figuras dos sujeitos ativo e passivo, nem as causas a que estejam engajados.
>
> Só há uma causa maior: a verdade! Se as vítimas se encontravam no Brasil de forma ilegal, caminhos existiam, legais também, como a própria expulsão, com normas específicas a serem seguidas.

Como o julgador de Atenas, o juiz de Porto Alegre reconheceu o crime.

Com fundamento nos artigos 4° e 6° da Lei n° 4.898, que trata do abuso de autoridade, julgou a denúncia procedente, em parte. Condenou Didi Pedalada e Irno a seis meses de detenção, proibindo ainda a dupla – nossa anfitriã no apartamento da rua Botafogo – de exercer funções de natureza policial no município de Porto Alegre pelo período de dois anos.

O juiz não esqueceu sequer os farsantes de Bagé:

> Por derradeiro, para que também sirva de exemplo a tantos que não se envergonham em mentir à Justiça, determino que, transitada em julgado esta decisão, sejam extraídas peças necessárias para remessa à Coordenadoria das Promotorias Criminais, com fins de denúncia, por falso testemunho (...) contra Oswaldo Biaggi de Lima e Patrocínio Lugo Acosta, residentes em Bagé, cujo procedimento delituoso foi tão bem apanhado pelo deputado Ivo Mainardi (MDB), relator da CPI.

O general Octávio Medeiros, ministro-chefe do SNI e mentor da impostura de Bagé, recebia assim o ricochete da Justiça.

O juiz não condenou Pedro Seelig porque contra ele havia apenas o testemunho de uma criança de oito anos, no exterior, que poderia estar induzida pelas fotos que lhe mostraram à distância. O juiz não teve a chance de ouvir o bilheteiro Adélio, o testemunho adulto de fonte limpa e próxima que ele precisava desesperadamente naquele momento para condenar também o delegado.

Como os juízes em Porto Alegre, em São Paulo, em Atenas, o bilheteiro tinha medo. Muito medo.

Rodrigues certamente não condenaria Adélio por isso.

O juiz e o bilheteiro eram apenas brasileiros no mesmo temor, pacientes da mesma ditadura.

Moacir Danilo Rodrigues fez o mais importante: reconheceu o sequestro e o crime praticado em solo brasileiro pelo braço longo da repressão uruguaia, com a conivência e cumplicidade dos agentes brasileiros.

A arrojada sentença do juiz gaúcho do Caso Lílian e Universindo era um passo à frente na corajosa decisão de dois anos antes do juiz paulista do Caso Herzog.

A condenação em São Paulo atingira a União, como instituição, sem personalizar culpados. O julgamento em Porto Alegre alcançava, de maneira nunca vista, agentes com nome e sobrenome ligados ao indevassável sistema de repressão e informações – coração e cerne do regime dos generais "revolucionários" de 64. Aquela "revolução" que, como o general Samuel Alves Correa advertira ao distraído governador Synval Guazzelli, não devia contas a ninguém.

Agora, uma década e meia após o golpe de 31 de março, os agentes do regime dos generais começavam a prestar contas. À justiça.

Aos juízes de São Paulo e ao juiz de Porto Alegre.

Havia juízes no Brasil.

Abaixo do título – "Verdade resgatada" – com que a revista saudou o final do sequestro dos uruguaios sob o manto protetor da lei, *Veja* destacava na edição de 30 de julho de 1980:

> Juiz condena policiais que sequestraram
> uruguaios atingindo, pela primeira vez desde 1964,
> a intocável comunidade de segurança do país.

Um deputado governista reclamou na Assembleia Legislativa gaúcha:

– Ah, o juiz só condenou porque teve medo da imprensa.

Moacir rebateu a ofensa sem piedade:

– Se o juiz tivesse que temer algo, ou alguém, certamente não seria a imprensa, que reconhecidamente nunca torturou.

Um ano depois do caso mais rumoroso de sua vida, o juiz Moacir Rodrigues publicou um livro de crônicas, *Ainda há flores no meu caminho*. Em uma delas, *A última cavalgada*, o garoto que pescava lambaris no rio Botucaraí resumiu assim sua vida de horizontes largos como o pampa gaúcho, limpa como a água cristalina da fonte onde viu refletidos os primeiros pelos na sua cara de guri:

> No grande rodeio da vida fui pialado pelas boleadeiras certeiras do destino e levado pelo brete da saudade para lugares que não têm o encanto do meu rincão. Mas ainda sou livre para sonhar. E, mesmo na cidade grande, posso voltar aos verdes pagos.

Vinte e quatro dias depois da palavra final do juiz, o Exército deixou claro que a Revolução de 31 de Março que não devia contas a ninguém também não abandonava seus cruzados da repressão.

Em 14 de agosto de 1980, o general Antônio Bandeira, o comandante que mostrara sua face compungida no velório da escrivã do DOPS Faustina Elenira, comunicou que havia sido concedida a Ordem do Mérito Militar, no grau de cavaleiro, ao advogado Oswaldo de Lia Pires, o defensor dos sequestradores. Era a maior condecoração que os militares brasileiros atribuíam a um civil.

A mesma insígnia foi conferida ao delegado Pedro Seelig, o chefe brasileiro do sequestro, que já ostentava no peito a Medalha do Pacificador, conferida aos que combatiam a subversão comunista. O advogado e seu cliente receberam a distinção na festa maior do Exército, o Dia do Soldado, em 25 de agosto.

Em 16 de dezembro de 1980, Pedro Seelig teve confirmada sua absolvição por falta de provas no Tribunal de Alçada, instância superior a que tinha recorrido o inconformado promotor Dirceu Pinto.

Uma semana depois, o governador Amaral de Souza promoveu Seelig a delegado de quarta classe, o ponto mais alto na hierarquia policial.

O delegado do DOPS atingira, enfim, o topo da carreira. Graças ao sequestro, também, caíra no fundo do poço de sua premiada e atribulada biografia na repressão brasileira.

Com o peito estufado pela medalha e a incômoda notoriedade de seu retumbante fracasso, Seelig submergiu no ocaso melancólico da ditadura, rumo ao silêncio da aposentadoria e à placidez da velhice.

Em 2008, aos 76 anos, Pedro Seelig estava esquecido – e eternamente impune.

Como tantos outros no Cone Sul.

***

Trinta anos depois do sequestro de Porto Alegre este era o saldo de vida e morte de outros de seus principais personagens:

João Baptista Scalco, fotógrafo. Ele não viu a final da Copa do Mundo da Espanha, em 1982, que cobria como craque principal da revista *Placar*. Um estranho inchaço nos pés o levou para o hospital, na véspera do jogo final em Madri, Itália 3 x 1 Alemanha. Retornou ao Brasil de maca. Atravessou o ano com dor no peito, até que foi internado para um exame cardiológico. Resultado do diagnóstico: pericardite, uma inflamação na membrana dupla que envolve e protege o coração. A infecção intensa faz aumentar o líquido que existe entre as membranas e provoca o derrame pericárdico, prejudicando o batimento cardíaco. O inchaço nos pés era o primeiro alerta do corpo. Scalco foi submetido a uma cirurgia, teve complicações pós-operatórias e entrou em coma. Sobreviveu uma semana. A testemunha do sequestro morreu em maio de 1983, em São Paulo, aos 32 anos. Deixou dois filhos, Mariano e Juliana.

Dirceu Pinto, promotor. Nunca superou a inexplicável exoneração do posto, apenas cinco meses antes da sentença final que reconheceu seu trabalho de investigação do sequestro. Exerceu mais três postos de promotoria e dois de procurador, sempre na capital gaúcha. Suicidou-se em Porto Alegre, uma semana após completar 38 anos, em abril de 1987.

Jorge Escosteguy, jornalista. O "editor de sequestro" na *Veja* teve, depois da revista, uma passagem pela televisão, na Rede Globo e na TV Cultura, onde apresentou por cinco anos o principal programa de entrevistas do país, o *Roda Viva*. Foi fulminado por um infarto em casa, em 1996. Morreu em um domingo, como aquele em que Lílian era presa na Rodoviária de Porto Alegre, em 17 de novembro, como aquela sexta-feira em que eu e Scalco batemos à porta do apartamento 110 da rua Botafogo. Deixou três filhos, João Pedro, Guilherme e Ana Luísa. Tinha 49 anos.

Moacir Danilo Rodrigues, juiz. Depois da sentença do sequestro, foi juiz de menores durante cinco anos e se aposentou como desembargador. Adoeceu gravemente pelo mal da mielodisplasia, uma deficiência fatal na produção de glóbulos vermelhos pela medula, o que enfraquece o organismo. Procurou em vão um doador compatível para um transplante salvador. Recolheu-se doente ao seu sítio no Lami, localidade rural a trinta quilômetros de Porto Alegre, levado pelo brete da saudade para lugares que não tinham o encanto das barrancas do seu piscoso rio Botucaraí. Morreu no Lami em agosto de 1998. Faltavam seis dias para festejar 56 anos de uma vida cristalina como a água da fonte de sua juventude.

João Baptista Figueiredo, general. Sucessor indicado de Geisel quando o sequestro foi executado e presidente da República quando o sequestro foi desmascarado, Figueiredo mandou ao Sul seu sucessor no SNI, general Octávio Medeiros, para abafar a crise. Ao incômodo do sequestro de 1978 somou-se o estrondo da bomba do Riocentro em 1981. O coração enfumaçado pelo cigarro e pelas bombas terroristas de direita fraquejou – e Figueiredo teve que passar por delicada operação cardíaca em Cleveland, Estados Unidos. Nunca mais foi o mesmo. Figueiredo estava doente no poder e piorou fora dele. Operou um aneurisma da aorta em 1995, passou a viver de hemodiálise para aliviar os rins, sofria de uma crônica hérnia de disco, tinha incontinência urinária e perdeu 70% da visão. Morreu no Natal de 1999, aos 81 anos. Esquecido, como pedira pouco antes de deixar o Palácio do Planalto pela porta dos fundos, em 1985, para não passar a faixa ao primeiro presidente civil após 21 anos de ditadura – José Sarney, o vice de Tancredo Neves.

Didi Pedalada, policial. A repressão deu ao escrivão Orandir Portassi Lucas em uma única semana a fama repentina que Didi Pedalada nunca teve correndo atrás da bola nos campos de futebol em dez anos de carreira. Identificado, denunciado na imprensa e na Justiça, acabou condenado por cumprir ordens do chefe absolvido por falta de provas, o delegado Seelig. Virou burocrata na polícia. Passou mal no Natal de 2004 no enterro do meio-campo Pio, um velho companheiro dos tempos dourados do Cruzeiro gaúcho, que chegou em terceiro lugar no campeonato de 1969, atrás da dupla Gre-Nal. Uma semana após o enterro do amigo, Didi, que esperava um transplante de rins, foi internado na Santa Casa. Morreu na manhã do primeiro dia de 2005, com falência múltipla dos órgãos. Foi cremado na manhã daquele domingo.

Octávio Aguiar de Medeiros, general. O chefe do SNI foi enviado pelo general Figueiredo ao Sul, dois meses após o sequestro, para armar o embuste de Bagé. Uma operação que aumentou o desgaste da polícia, reforçou a ideia de sequestro e ampliou as denúncias na Justiça por falso testemunho. Perdeu a condição de presidenciável, na sucessão de Figueiredo, com o fim da ditadura, em 1985, e trocou a farda pelo pijama. Teve um derrame e morreu em Brasília, em setembro de 2005, aos 82 anos.

Eduardo Ferro, capitão do Exército, Uruguai. Era chefe da Seção de Operação da Compañía de Contrainformaciones no sequestro de Porto Alegre em 1978. Dois anos depois, estava no Serviço de Inteligência de Defesa (SID). Perdeu utilidade com a queda da ditadura. Reapareceu como guarda-costas de seu ex-chefe no SID, general Iván Paulós, em depoimento à Justiça. Em uma entrevista à TV, reconheceu ter participado do "translado" de Lílian e Universindo da capital gaúcha, mas esqueceu o nome de quem lhe a ordem: "Foram meus superiores, mas agora não recordo...". Havia sido denunciado pelo sequestro na Justiça, em dezembro de 1986, quando a Ley de Caducidad lhe garantiu a impunidade. Em 2004, em um curso de caratê, conheceu o dono de um dos hotéis mais caros do país, o Las Dunas, a quinze quilômetros do balneário de Punta del Este. Ganhou o cargo de chefe de vigilância do cinco estrelas da praia de Manantiales. O recreio acabou ao ser descoberto pela imprensa, no verão de 2006. Foi demitido. Circula agora só em clubes militares e, mais discreto, trabalha em uma empresa de segurança.

Glauco Yannone, capitão do Exército, Uruguai. O militar que torturou Lílian e Universindo no DOPS de Porto Alegre. Era o chefe da Seção Administrativa da Compañía ao cruzar a fronteira para sequestrar os uruguaios. Depois de passar pela direção da penitenciária feminina de Punta de Rieles, integrou, em 1980, a Escola de Inteligência. Major em 1982, era membro do OCOA e torturador destacado em La Tablada, o centro clandestino de tortura conhecido como Base Roberto, uma instalação militar a dez quilômetros da Casa del Gobierno, o palácio presidencial no centro da capital. Representou o Uruguai na delegação dos "capacetes azuis" da ONU, que recebeu o Prêmio Nobel da Paz, em 1988. Com toda essa experiência, virou professor. Yannone agora dá aulas de História Militar na escola do Exército uruguaio.

Hugo Cores, político e refugiado uruguaio. O autor do telefonema para a sucursal da *Veja* que salvou a vida dos uruguaios. Em entrevista de 1993, concedida a mim, então editor-chefe de *Zero Hora* em Brasília, observou: "Todos os uruguaios sequestrados no exterior, que são ao redor de 180, estão desaparecidos até hoje. Os únicos que estão vivos são Lílian, as crianças e Universindo. O sequestro de Porto Alegre foi o único realizado no Brasil e o último praticado pelo Uruguai. Depois dele, nunca mais houve outro." Cores então voltava ao seu lugar na democracia uruguaia, ocupando uma das 99 cadeiras do Parlamento pelo agora legalizado PVP, integrante da Frente Ampla que levaria Tabaré Vázquez à presidência da República em 2004. Hugo Cores escrevia artigos na imprensa engrossando o movimento popular que pedia o fim da lei da impunidade. Pouco depois, a Justiça botou na cadeia o ex-ditador Gregorio "Goyo" Álvarez, o general que comandava o Exército quando o sequestro de Porto Alegre foi cometido. Cores teve um infarto quando dirigia seu carro pelas ruas de Montevidéu. Mesmo socorrido, foi traído pelo coração, em dezembro de 2006. Tinha 68 anos.

Olívio Lamas, fotógrafo. O dono do berro que trouxe o rosto da escrivã do DOPS Faustina para o centro do sequestro. Era o repórter das fotos radicais: a égua 33 que saiu do rodeio em Vacaria com a fratura exposta em uma das patas, o cão bebendo o sangue do dono recém apunhalado. E a mais pungente: a de um paciente magro, rosto encovado, ar triste, olhar sem brilho no quarto andar do hospital Emílio Ribas, em São Paulo. Era o retrato da morte, o primeiro paciente de AIDS fotografado no Brasil. Uma foto tão chocante que nenhum editor da grande imprensa quis publicar. Só Paulo Markun, editor da revista *Imprensa,* topou o desafio. Ela colocou o país diante da imagem cruel de uma doença que o Brasil se recusava a encarar. A ousadia lhe garantiu o Prêmio Esso de Fotografia de 1988. "No jornalismo, o cara tem que ter dignidade, só dignidade", ensinava o velho Lamas. Trocou a agitação de São Paulo pela paz da lagoa de Ibiraquera, ao lado da praia catarinense de Garopaba, onde abriu um bar no final dos anos 1980. Só saiu de lá como fotógrafo oficial da campanha vitoriosa de Lula em 2002. Depois voltou ao seu paraíso. Morreu ao lado da mulher, dos seis filhos – Luciane, Santiago, Laura, Aurora, Maria Maria e Vitória – e do mar, corroído por um câncer impiedoso, em junho de 2007. Tinha 58 anos.

Lilia Rosas de Casariego, mãe de Lílian. Uma anônima dona de casa em Montevidéu que a ditadura transformou em símbolo de luta pelos direitos humanos. Armada apenas de seus cabelos grisalhos e de sua justa indignação de mãe e avó, veio, sozinha, aos 57 anos, a Porto Alegre denunciar o sequestro da filha, Lílian, e dos netos, Camilo e Francesca. Suportou com firmeza a pressão dos militares e nunca fechou as portas aos jornalistas e advogados brasileiros, que via como aliados para garantir a vida dos sequestrados. Sem um grito, demoliu as mentiras dos generais, sustentando sempre a versão do sequestro. Morreu em 1999. Tinha 78 anos.

Homero Celiberti, pai de Lílian. O pacato dono de farmácia no centro de Montevidéu foi o companheiro firme de dona Lilia na luta pela vida e pela liberdade da filha e de seus netos. Estimulou sempre o delicado contato dos repórteres brasileiros com Camilo, o neto assustado e fonte fundamental para apontar a responsabilidade brasileira na operação uruguaia em Porto Alegre. Enquanto dona Lilia viajava para denunciar o sequestro no Uruguai, ele protegia os netos em casa e mantinha o contato com a filha na prisão. Morreu em 2006, aos 87 anos.

Camilo Celiberti, filho de Lílian. O garoto de oito anos em 1978 identificou o DOPS, Seelig, Didi, Faustina e marcou, definitivamente, a digital brasileira no sequestro binacional. Ninguém como ele garantiu a sobrevivência da mãe e de Universindo na prisão e a permanência do assunto nas manchetes da imprensa, amarrando as mãos da repressão uruguaia. Camilo casou e hoje, aos 38 anos, tem dois filhos, Anahí e Maurício. Trabalha como cozinheiro em Barcelona, Espanha.

Francesca Celiberti, filha de Lílian. A garota de três anos em 1978 era a figura mais frágil do sequestro, um dado perturbador na operação clandestina do DOPS, um incômodo que desconcertou um delegado experiente como Pedro Seelig. Habituada a sumir com crianças em casos deste tipo, a ditadura uruguaia teve que mantê-la viva, junto com o irmão e a mãe, para não transformar o fiasco do sequestro em um flagrante de assassinato testemunhado pela imprensa brasileira. Aos 33 anos, Francesca vive hoje em Montevidéu, onde trabalha com desenho gráfico. Casou e tem um filho, Luan.

Lílian Celiberti Rosas de Casariego, editora. Tinha 29 anos quando foi sequestrada e torturada em 1978 na capital gaúcha. Levada clandestinamente para seu país foi condenada a cinco anos de prisão pela ditadura uruguaia. Perdeu a infância dos dois filhos, de oito e três anos. O raciocínio político, a coragem pessoal e a resistência física fizeram esta mulher frágil resistir à força bruta e iludir profissionais experientes da repressão no Brasil e no Uruguai. Viu e anteviu no cenário da abertura brasileira o que militares e policiais de um lado e outro da fronteira não perceberam: o Brasil não era o Uruguai. Aqui já havia espaço para uma presença mais atuante da imprensa, dos advogados e da oposição, reflexo de uma opinião pública que clamava por liberdade, anistia e o fim da ditadura. Trabalha hoje em uma ONG de Montevidéu dedicada à defesa dos direitos das mulheres. Edita a primeira e única revista feminista do Uruguai, *Cotidiano Mujer*, fundada em 1985, dois anos após ser libertada da penitenciária de Punta de Rieles.

Universindo Rodríguez Díaz, historiador. O estudante de medicina tinha 27 anos em 1978. Apanhou no apartamento da rua Botafogo, sangrou durante horas no pau de arara do DOPS da avenida Ipiranga, padeceu afogamento, fuzilamento simulado e pancadaria no forte uruguaio de Santa Teresa e nos quartéis da repressão em Montevidéu. Policiais brasileiros e militares uruguaios o golpearam duro nos dois lados da fronteira, no limite do insuportável. Advertiu ao diretor do DOPS: "Isto terá um custo político *muy, muy* grande para o Brasil". Teve. Ao sair de Libertad, o presídio onde cumpriu cinco anos de pena por "invasão" do território uruguaio, retornou à universidade. Em vez de Medicina, formou-se em História. Hoje, aos 57 anos, integra o Departamento de Investigadores da Biblioteca Nacional, em Montevidéu. Roteirista, realizou documentários como *A las cinco em punto* (2004), sobre a greve de 1973, e a série de doze programas *Memorias de Luchas: de Trabajo y de Trabajadores (2006-2008)*. Tem um filho, Carlos Ivan, 21 anos, estudante de filosofia.

***

O sequestro dos uruguaios em Porto Alegre é o único fracasso internacional da Operação Condor – seu primeiro sobrevoo com testemunhas.

Primeiro e único. Ninguém ficou vivo no extremo sul do continente para contar, com testemunho da imprensa, a história da Condor em ação. Só escaparam os quatro uruguaios sequestrados em Porto Alegre.

Com Universindo, Lílian e as duas crianças sobreviveu a verdade.

Como eles, íntegra e forte.

A verdade viva. Como eles.

Zei!

Epílogo

A reportagem, apesar dos militares

A quinta-feira, 25 de outubro de 1979, foi um dia especial para o jornalismo. Uma data duplamente gratificante para a equipe de *Veja*.

Em Porto Alegre, era apresentado em um auditório da Secretaria de Segurança o inspetor do DOPS João Augusto da Rosa, o Irno, um dos policiais que calçara com pistolas dois jornalistas – eu e o fotógrafo João Baptista Scalco – no apartamento da rua Botafogo em novembro do ano anterior. Era o ato final de um exaustivo trabalho de onze meses realizado pela equipe da sucursal gaúcha de *Veja* na investigação do sequestro dos uruguaios Lílian Celiberti, seus dois filhos, Camilo e Francesca, e Universindo Díaz.

Em São Paulo, quase simultaneamente, a série de reportagens de *Veja* era agraciada com o Prêmio Vladimir Herzog, instituído pelo Comitê Brasileiro pela Anistia e pelo Sindicato dos Jornalistas de São Paulo. Tinha um peso afetivo especial para todos nós por ser o prêmio que carregava o nome do jornalista morto pela tortura naquele dia, quatro anos antes, nas dependências do DOI-CODI do II Exército.

Duas outras reportagens de *Veja* premiadas com o Herzog eram símbolo dos novos tempos que se vivia.

Uma, "Descendo aos porões", de Antônio Carlos Fon, revivia os horrores das torturas que o regime tentava esconder.

Outra, "A sentença", sobre a corajosa decisão do juiz Márcio José de Moraes condenando a União justamente pela prisão ilegal, tortura e morte de Vladimir Herzog, exaltava a nova postura de uma Justiça que a ditadura já não conseguia sufocar.

Em maio de 1979, a Editora Abril, o maior grupo editorial da América do Sul, realizou, no Centro de Convenções do São Paulo Hilton Hotel, a festa doméstica de entrega do IV Prêmio Abril. Foram conferidos 32 prêmios e 61 destaques a jornalistas de dezenas de publicações da Abril que se caracterizam pela qualidade, pela criatividade, pela excelência jornalística.

Naquele ano o júri – formado por Carmem da Silva, Roberto de Abreu Sodré, Rubens Vaz da Costa, Heitor Gurgulino de Souza, Max Feffer, Alberto Dines, Jan V. White, Otto Stupakoff, Thomaz Souto Correa e Roberto Civita – decidiu criar um prêmio extra para a série de *Veja* sobre o sequestro.

Um prêmio *hors concours*, o principal daquela noite festiva, foi concedido sob a seguinte justificativa:

> As reportagens sobre o sequestro do casal de uruguaios Lílian Celiberti e Universindo Díaz, em Porto Alegre, foram a mais importante peça de jornalismo in-

vestigativo apresentada ao longo do último ano na imprensa brasileira. Eles deram um vigoroso impulso neste gênero de atividade jornalística ainda pouco desenvolvido entre nós: durante sua feitura, os autores revelaram excelente técnica na apuração das informações, trabalharam com maestria suas fontes, foram sempre extremamente seguros nos fatos. O conjunto de matérias, enfim, é uma estimulante demonstração de persistência, destemor e dedicação na busca da verdade.

Em dezembro de 1979, o trabalho conquistou a categoria principal da mais importante e mais tradicional láurea da imprensa brasileira: o Prêmio Esso de Jornalismo. A comissão julgadora foi integrada por Joel Silveira (*Manchete*), Luiz Carlos Lisboa (*O Estado de S.Paulo*), Mário de Moraes (telejornal *Abertura*, TV Tupi), Paulo Henrique Amorim (*Jornal do Brasil*) e Carmo Chagas (*Veja*). Na apresentação do prêmio, o júri escreveu:

> A partir de uma informação anônima, a reportagem confirma e reconstitui o sequestro de dois cidadãos uruguaios com a ativa participação de policiais brasileiros. Mais do que o sequestro em si, a reportagem confirma a extensão dos acordos entre as polícias políticas dos países do chamado Cone Sul na perseguição e captura dos dissidentes dos regimes militares ali implantados.

A melhor descrição sobre os motivos que levaram à concessão do Prêmio Esso foi feita pelo redator-chefe de *Veja*, Carmo Chagas, um mineiro de texto elegante e fala mansa nascido em Inhapim em 1941, craque emérito das equipes que fundaram em São Paulo dois marcos da imprensa brasileira: o *Jornal da Tarde* (1965) e *Veja* (1968).

Em um artigo intitulado "O alegre retorno à liberdade de informar", publicado no livro *25 Anos de Imprensa no Brasil – Prêmio Esso de Jornalismo*, organizado por Olavo Luz e distribuído de forma restrita a estudantes e profissionais de Comunicação (edição Esso do Brasil, julho de 1980), Chagas escreveu, na condição de jurado do Esso de 1979:

> A liberdade de imprensa é o bem maior do jornalista. Exerce-se a profissão sem boas máquinas de imprimir e até sem máquinas de imprimir. Sem papel, sem tinta, sem máquina de escrever, sem equipe, sem telefone, sem dinheiro – mesmo que reduzido a um pedaço de carvão e uma lasca de madeira o jornalista é capaz de cumprir sua missão de informar. Mas se tiram dele a liberdade fica impossível trabalhar decentemente.
>
> Esta lição antiga, conhecida por jornalistas de vários países e várias épocas, está muito viva na memória dos que trabalham na imprensa brasileira de hoje. E a reportagem vencedora do Prêmio Esso 1979 exemplifica o que se entende por jornalismo decente – e, pelo oposto, pode mostrar o que significa jornalismo mutilado pela tesoura dos censores.
>
> Desde o primeiro momento – um telefonema anônimo – tem-se aqui o jornalista agindo e reagindo como se deve. Ouvida a denúncia de que cidadãos

uruguaios estavam sendo vítimas de sequestro em território gaúcho, o reflexo profissional jogou o repórter Luiz Cláudio Cunha para a investigação, a apuração do fato. Isso acontece, rotineiramente, nas redações. De um modo geral, aliás, denúncias desse gênero, sussurradas por vozes apressadas, não se confirmam. Ainda assim, até o jornalista mais calejado por frustrações só desiste depois de conferir a denúncia.

Acompanhado do fotógrafo J.B. Scalco, o repórter Luiz Cláudio Cunha chegou ao local denunciado e as armas que lhe apontaram, em vez de intimidação, provocaram nele a reação de seguir em frente. Pressões outras, de natureza diversa, sucederam-se, sempre com o mesmo resultado: em vez de parar, Cunha aprofundou e ampliou a apuração. No que cabe à imprensa, ao jornalismo, Cunha levou até o fim, pelas páginas da revista *Veja*, a tarefa de informar que cidadãos uruguaios foram sequestrados, no Brasil, com a participação de policiais brasileiros.

Em resumo: um trabalho decente, que lava a alma e enche de orgulho os que trabalham na profissão.

Este é também um trabalho que ajuda a entender até onde vai, ou pode ir, a ação deletéria da Censura. Sem a liberdade de imprensa, Cunha e Scalco jamais teriam levado sua tarefa adiante. E os jornalistas brasileiros, recém-saídos de um duro tempo de Censura, sabem como e por que isso seria impraticável. Milhares de laudas escritas em redações das mais diferentes tendências foram suprimidas pelos censores, em tempo muito recente e triste. E outras tantas sequer foram escritas, por inviáveis na ocasião.

O problema, aqui, nem é apenas a autocensura, esse filhote do monstro. Tão feio como a autocensura é o problema da impotência diante da força. De nada adiantava, sob a censura de um governo forte, redigir determinadas informações que eram apuradas. Enquanto existisse alguma dúvida sobre a reação do censor, as redações brasileiras em geral assumiram o risco de redigir informações que o governo talvez considerasse delicadas ou perigosas (para o governo, é claro). Mas quando não havia dúvida, quando havia a certeza de que o governo, pela mão do censor, impediria a publicação, essas informações nem eram escritas.

O sequestro dos uruguaios certamente cairia na classificação das notícias perigosas para o governo e delicadas para a biografia de seus agentes envolvidos na operação. A apuração da denúncia, sem dúvida alguma, seria feita. Sua publicação seria tentada.

Do mesmo modo, muitas outras reportagens inscritas para o Prêmio Esso 1979 explicam o que se entende por jornalismo decente – e, pelo oposto, mostram o quanto dói a ausência de liberdade de imprensa. O volume de recortes e cópias chegado à comissão julgadora representa uma excelente amostra do bom jornalismo que se pratica no Brasil de hoje. A reportagem bem escrita, bem fundamentada, bem editada – a boa reportagem, enfim, está presente nos jornais e revistas do país. Ou está de volta, pois o que se fez até recentemente foi apenas o possível.

Apesar de bem equipadas, em muitos casos comparáveis ao que existe de melhor pelo mundo, as publicações brasileiras ressentiam-se do principal, que é a liberdade de imprensa. Não mais se ressentem, pelo que está mostrado nas inscrições e na premiação do Esso de 1979.[43]

Anos depois, o livro *Uma história escrita por vencedores*: *50 anos do Prêmio Esso de Jornalismo*, publicado sob a coordenação de Israel Beloch e Laura Reis Fagundes em 2006, ligaria o trabalho premiado em 1979 à Operação Condor:

> A corajosa cobertura dedicada por *Veja* ao episódio [do sequestro dos uruguaios] revelava a estreita colaboração existente na época entre os serviços de repressão política das ditaduras do Cone Sul, a Operação Condor, como mais tarde ficaria conhecida.

Prêmios de jornalismo são flagrantes de reconhecimento que iluminam mais do que os jornalistas e a imprensa. As reportagens premiadas destacam e desvelam os fatos e os homens e mulheres que fazem o país ser melhor ou pior, digno de orgulho ou motivo de nojo, menos injusto ou mais questionável pelo olhar sempre crítico e essencialmente livre dos meios de comunicação.

Jornalista não vive para ganhar prêmios. Eles são circunstanciais, fugazes, quase acidentais na vida de um repórter. Traduzem generosa gratidão, exaltam trabalhos de excelência, destacam revelações, afirmam atitudes de nobreza e reafirmam valores supremos da liberdade, da cidadania, da democracia, do espírito humano.

Prêmios, contudo, às vezes revelam mais de quem concede do que de quem recebe. Podem destacar vilanias e mesquinharias e, pelo reflexo, ressaltar nobreza e dignidade.

Foi assim com o II Prêmio Telesp de Jornalismo de 1979, também conquistado pela série do sequestro publicada em *Veja*. A empresa patrocinadora, a Telecomunicações do Estado de São Paulo S/A, a estatal paulista de telefonia, resolvera entrar com pompa e circunstância em um setor dominado há um quarto de século por uma empresa petroleira de origem norte-americana. A Telesp estava decidida a marcar o seu nome com um prêmio de jornalismo maior e mais importante do que o Esso.

A primeira edição do Telesp em 1978 teve a festa de premiação no imenso auditório da empresa, na capital paulista, lotado de convidados e com a presença do futuro presidente da República, o general João Baptista Figueiredo, e do governador paulista Paulo Maluf. O prêmio principal coube à *Veja*, pelo trabalho dos repórteres Valério Meinel e Amicucci Gallo sobre o caso Cláudia Lessin Rodrigues, uma jovem de 21 anos assassinada em 1977 em uma noitada de sexo e cocaína no bairro carioca do Leblon.

A Telesp queria agora um sucesso ainda maior em 1979, no segundo ano do prêmio. Escalou um júri respeitável com os jornalistas Marçal Versiani, Ivan Alves, Paulo Ludmer e Gaudêncio Torquato e pediu que o presidente da comissão,

---

43. Chagas, 1980, p. 133-135

o celebrado Zuenir Ventura, acelerasse os trabalhos para lotar o auditório com uma festa ainda mais grandiosa já em maio de 1979.

Fez mais. Para tornar o Telesp superior ao Esso instituiu uma premiação financeira 35% maior ao grande ganhador. Enquanto o Esso dava 65 mil cruzeiros (algo como dezessete mil reais) ao primeiro prêmio, o Telesp prometia uma bolada nunca vista na imprensa brasileira: cem mil cruzeiros (cerca de 36 mil reais, mais que o dobro do Esso). O Telesp de 1979 ainda hoje é maior do que o Esso de 2007, que pagou trinta mil reais.

O júri trabalhou bem. Bem demais para o gosto da estatal, que não gostou do resultado. Um prêmio secundário bateu em uma das joias do regime – o programa nuclear. A matéria "Fundações ameaçam segurança de Angra II", publicada no jornal *O Estado de S. Paulo* pelo repórter Paulo Andreoli, incomodou o governo ao ser distinguida pelo júri.

E incomodou ainda mais a ousadia do júri de conceder a premiação máxima à serie de reportagens sobre um sequestro que o governo admitia apenas como um mero desaparecimento. O sumiço dos uruguaios era uma operação desastrada da repressão política que obrigou os generais Geisel e Figueiredo a uma frustrada tentativa de ocultamento, via SNI, para tentar desfazer o desgaste internacional do caso.

O sequestro virou um fiasco – e ainda assim inspirava o maior prêmio da imprensa pago por uma estatal brasileira!

Os executivos da Telesp, com os ouvidos sempre sintonizados com Brasília, ficaram assustados com o risco de irritar os militares pela premiação do sequestro binacional de Porto Alegre. Tentaram pressionar o júri, para melar a escolha e refazer o cardápio. O júri resistiu bravamente à tentativa e não permitiu a virada de mesa. O prato estava servido. Era aquele mesmo.

Com a batata quente nas mãos, a Telesp começou a cozinhar a decisão dos jurados, entregue à empresa no dia 7 de abril. Refogou o resultado apimentado até o final de junho, quando a receita desandou. A festa perdeu as presenças de Figueiredo e Maluf, e a cerimônia de entrega encolheu do enorme auditório para uma antessala apertada do departamento de Relações Públicas da empresa, onde se espremiam pouco mais de trinta pessoas.

Aconteceu em uma discreta, escondida manhã de sexta-feira, 22 de junho. Era uma cerimônia constrangida, visivelmente envergonhada, quase clandestina – como o sequestro de Porto Alegre.

O presidente da Telesp, Paulo Paiva Lopes, engoliu sua contrariedade. Fingiu um sorriso por trás da grande armação negra dos óculos quadrados realçados pela vasta careca branca e me entregou o encorpado cheque de cem mil cruzeiros. Sem banda de música nem discurso.

Ele não falou nada. Eu pedi para falar. Ele não permitiu.

Ao sair de Porto Alegre, trazia comigo uma decisão conjunta da sucursal de Porto Alegre que me enchia de orgulho. Todos os meus colegas de jornada na Abril gaúcha concordaram com minha ressalva e minha sugestão.

A ressalva: não era possível usufruir das vantagens monetárias de um prêmio de uma empresa do governo conferido a uma reportagem que denunciava um crime e uma violência transnacional cometida com a participação e o aval do governo. Aceitávamos a honrosa distinção de um corpo de jurados qualificado e digno, mas não seria ético receber o prêmio em dinheiro.

A sugestão: receber o cheque da estatal e repassá-lo a quem poderia fazer melhor uso na denúncia ao terrorismo de Estado que atropelava pessoas e fronteiras no Cone Sul, crimes denunciados por *Veja* na série de reportagens sobre o sequestro. E ninguém fazia isso com mais propriedade e eficácia do que a Comissão de Justiça e Paz da Arquidiocese de São Paulo, sob a inspirada liderança do cardeal dom Paulo Evaristo Arns, um campeão da luta pelos direitos humanos, dentro e fora do Brasil.

Era o que eu queria anunciar, naquele momento, quando Paiva Lopes me cortou a palavra. Eu iria anunciar a doação do prêmio e repassar o cheque às mãos do vice-presidente da Comissão de Justiça e Paz, Mário Simas, que ali estava a meu convite, aguardando meu chamado. Constrangido, o presidente da Telesp deu uma desculpa qualquer, dizendo que o ato não previa discursos, e encerrou rapidamente a cerimônia, para perplexidade geral.

– Parecia um casamento de mulher grávida – me disse alguém, mais tarde, definindo com precisão aquele acontecimento patético.

Eu perdi a chance na sexta, mas ganhei a oportunidade no sábado, 23, de fazer a entrega do cheque pessoalmente ao cardeal Arns, na Cúria Metropolitana, onde se abrigava há algum tempo o Clamor, o corajoso grupo ecumênico que protegia exilados e denunciava casos de desaparecimentos, tortura e morte sob os regimes militares do continente.

Não houve discursos. Nem precisava.

O ato falava por si.

Três décadas depois, pedi que Zuenir Ventura – o principal fiador do lado bonito dessa história, a firme resistência dos jurados do Telesp – contasse sua versão do episódio. Zuenir escreveu:

> Lembro bem da impressão que a reportagem de *Veja* causou no júri – não só pelo tema em si, não apenas pela coragem do repórter, o que já justificaria o prêmio, mas principalmente pela qualidade do trabalho: o rigor da apuração, a excelência do texto.
>
> Vivíamos tempos em que as boas intenções valiam mais do que os resultados. Estar do lado certo para alguns parecia bastar. A censura e outras dificuldades da época às vezes serviam de álibi.
>
> Havia os que diziam:
>
> – Não posso trabalhar bem por causa da ditadura.
>
> E havia os que, como você, diziam:
>
> – É preciso trabalhar bem, apesar dos militares.
>
> Cheguei a usar então uma frase cujo destino era a esquerda: a primeira tarefa revolucionária de um profissional é ser um bom profissional.

Você se engana em uma coisa, Luiz Cláudio.

O "lado bonito dessa história", pelo menos o mais bonito, não foi a resistência do júri, ainda que ela deva ser ressaltada.

Mas tínhamos de um lado, como reforço e argumento, a honestidade e a competência do autor da reportagem, e de outro a verdade contida na denúncia apresentada.

Foi isso que nos inspirou e nos deu coragem. Não foram critérios políticos, mas jornalísticos, os que nortearam o nosso julgamento.

Essas são algumas lembranças de minha memória afetiva, que inclui o orgulho de ter participado como coadjuvante de um memorável episódio cujo protagonista foi um então jovem, talentoso e destemido repórter chamado Luiz Cláudio Cunha.

Essa carinhosa mensagem do mestre Zuenir Ventura me foi enviada no dia 18 de abril de 2008, três dias após completar meus 57 anos de vida.

Não poderia jamais ganhar melhor presente de aniversário.

Brasília, setembro de 2008

Anexo I
O Uruguai sequestrado

Uma agulha branca espetada no coração de Montevidéu.

O Palacio Lapido ainda hoje espanta. Em meio às construções cinzentas e clássicas dos prédios com colunas e arabescos do centro da capital uruguaia, o edifício modernista de linhas curvas e sacadas brancas se destaca na esquina da avenida 18 de Julio com a rua Rio Branco. Seus dezesseis andares, projetados no início de 1930 pelos arquitetos Aubriot e Valabrega, preservam até hoje suas linhas arrojadas, que apontam para o alto com sua torre esguia, estranha e distinta.

No térreo e nos dois primeiros andares do prédio de linhas revolucionárias, durante dezessete anos, funcionou o diário comunista *El Popular* (tiragem: catorze mil exemplares). Em um entardecer de maio de 1965, um fotógrafo saiu da redação com a missão de cobrir uma passeata nas ruas da capital uruguaia contra a invasão de Santo Domingo por tropas norte-americanas. Aurélio González tinha 31 anos e naquele dia encarou a morte de frente. Apontou a lente para um senhor careca de terno, gravata e pulôver, que reagiu apontando sua arma. O comissário de polícia Jorge Luis Telechea mirou e atirou, mas González foi mais rápido. Jogou-se ao chão pouco depois de disparar sua máquina. O policial errou, o fotógrafo não. O tiro perdeu-se, a foto salvou-se. Ficou congelada a violência da cena.

Faltavam ainda oito anos para o golpe militar que jogou o país na ditadura. Mas o confronto entre o policial e o jornalista era o prenúncio dos novos tempos. González ficou preocupado com o futuro e tratou de preservar o presente que se abatia sobre o Uruguai.

Três anos mais tarde, o país sintonizou com o mundo. Raiava 1968, e as agitações tomaram conta das ruas. Eram manifestações de solidariedade ao Vietnã, de protesto contra a visita de Nelson Rockfeller ao continente, de repúdio à inflação que batia em 15% mensais. Os trabalhadores faziam passeatas, os estudantes queimavam ônibus contra o aumento da tarifa. Em 13 de junho o presidente Jorge Pacheco Areco decretou as Medidas Prontas de Seguridad que estabeleciam o estado de exceção. Em agosto daquele ano a crise se agravou. No início do mês, os guerrilheiros Tupamaros sequestraram o principal executivo da estatal de energia e telefone, Ulysses Pereira Reverbel, amigo do presidente. Tropas do Exército e da Força Aérea tomaram as ruas de Montevidéu com barricadas para revistar carros.

Na madrugada de 9 de agosto, a polícia invadiu a Universidade da República em busca de material subversivo. Explode a fúria estudantil pela quebra da autonomia universitária. Manifestações relâmpagos pipocam pela capital, a polícia fica nervosa. Um jipe com três agentes e um oficial interceptam um grupo de estudantes. O oficial Enrique Tegiachi dispara e fere um estudante de Odontologia, Líber Arce, membro da União da Juventude Comunista. O cerco policial retarda o atendimento médico, o estudante sangra mortalmente pelo ferimento na veia femural. No hospital, sofre uma parada cardíaca e morre em 14 de agosto. Surge um cadáver na crise uruguaia.

Líber Arce comove o país como o primeiro estudante morto pela repressão. É velado no átrio da universidade e a multidão de trezentas mil pessoas que o leva ao cemitério transforma o ato em um plebiscito contra o governo. Os ônibus circulam com tarjas negras, o comércio fecha as portas, as igrejas repicam os sinos. Aquele dia de agosto de 1968 marca uma fronteira na história do país: representa a morte de um Uruguai liberal e democrático e assinala o começo da radicalização, da violência e do mergulho na escuridão da ditadura.

Aurélio González gravou tudo isso nas suas fotos, como registrara o momento exato do tiro do policial contra ele. Mas não bastava guardar as cenas de violência nas fotos. Era preciso salvar as fotos do estado policial que estava nascendo.

Ele sentia no ar, no início de 1973, a iminência de um golpe de Estado. O fotógrafo começou a procurar um esconderijo para o rico acervo de fotografia. Pensou primeiro em um vão atrás da tela do cinema York, ao lado do jornal, a que se tinha acesso pelo mesmo andar da redação. Depois achou que precisava de um esconderijo melhor, ainda mais inacessível. Acabou encontrando um lugar atrás da parede de uma garagem no subsolo, próximo ao sistema de encanamento do Lapido, que só ele conhecia. Escondeu milhares de negativos ali, em latas de filme. Até que, em 27 de junho de 1973, aconteceu o que pressentia seu faro de repórter: o golpe civil-militar que uniu o presidente Juan María Bordaberry e os generais no mesmo surto autoritário. A equipe do jornal foi às ruas retratar a crise. Fotografaram a maciça greve geral que os trabalhadores convocaram doze dias depois, *a las cinco en punto,* para protestar contra o golpe. Registraram a ocupação de fábricas e locais de trabalho, o movimento das tropas, a repressão às manifestações. Dias depois o próprio jornal foi ocupado.

Na noite da greve geral, 9 de julho de 1973, a redação do *El Popular* foi invadida pelas Forças Conjuntas. Um dos jornalistas presos, Marcos Gabay, lembra:

> Um carro blindado derrubou os pesados painéis metálicos da entrada principal e jogaram bombas de gás lacrimogêneo no interior. A golpes de cassetete e na ponta da baioneta obrigaram as pessoas a se jogar ao solo. Caminharam por cima delas. Não respeitaram as crianças nem as mulheres grávidas que se achavam no lugar. Elas desceram as escadas ao longo de uma fileira de soldados da tropa de choque que as golpeavam ao passar. Na rua foram colocadas contra a parede e depois levadas em caminhões para a chefatura de Polícia e dali, já na condição de detidos, para um ginásio coberto da capital, *El Cilindro.* Confiscaram exemplares do jornal e quebraram tudo. Deixaram o local praticamente vazio, levaram até as máquinas.

No momento da invasão, González escondeu boa parte do material fotográfico, ainda sem revelar, em uma grua abandonada no terraço de um prédio vizinho ao Palacio Lapido. Mais tarde os filmes passaram um tempo ocultos em uma oficina mecânica e depois em uma casa da rua Rivera. Até que González pediu asilo na embaixada mexicana e viajou com eles para o exílio na Cidade do México, em setembro de 1976. Foram estas fotos, reveladas no exterior, que mostraram ao mundo o que acontecia na ditadura uruguaia. Quando ela sucumbiu, em 1985, González voltou para o Uruguai democrático. Ele começou então a busca do material perdido nas entranhas do Palacio Lapido. Desolado, descobriu que a reforma feita no prédio durante a ditadura havia alterado sua estrutura, ocultando de vez seu tesouro. Um grande parque de estacionamento fora construído nos dois subsolos do edifício, tornando a busca quase impossível. Quase.

Em janeiro de 2006, um operário que havia trabalhado na reforma do prédio, durante a ditadura, revelou a González o paradeiro das fotos. Ao descobrir casualmente as latas de filme, o operário mudou o local do esconderijo, com medo de represália dos militares. González foi conferir, junto com três amigos. No fundo de um poço cheio de canos, lá estavam três bolsas de plástico e uma caixa de papelão com seu precioso achado: 61 latas dos anos 60 usadas para guardar negativos virgens de filmes de 35 mm. O material teve que ser pescado com um tubo de PVC adaptado com ímãs na ponta. E assim, 33 anos depois, recuperou-se a história de dezessete anos do país registrada em 48.626 fotos, transformadas em patrimônio histórico pelo governo. As fotos de González e o arquivo de *El Popular* estão hoje sob a guarda do Centro Fotográfico da prefeitura de Montevidéu.

Em novembro de 1978, Universindo era um militante da oposição quando foi sequestrado, torturado e preso em Porto Alegre, onde vivia com Lílian Celiberti e seus dois filhos. Os uruguaios foram levados clandestinamente a Montevidéu por um comando secreto do Exército que atuou em solo brasileiro com autorização dos militares brasileiros e a participação de policiais gaúchos.

O achado das fotos de González e a reaparição com vida em Montevidéu dos uruguaios sequestrados em Porto Alegre representam um raro e feliz desfecho para um mesmo drama carregado de violência e dor.

As fotos de González sugerem, de longe, a imagem pontiaguda do Palacio Lapido.

Uma agulha espetada no coração da ditadura uruguaia.

***

O Uruguai é uma grande fazenda de gado de 175 mil quilômetros quadrados, quatro vezes o tamanho da Suíça.

A carne e a lã produzidas sobre as excelentes pastagens que cobrem seus campos espraiados, lisos e contínuos garantiram a esse pequeno país – declarado independente em 1825, três anos depois do Brasil – a riqueza econômica e a estabilidade política que o transformariam quase um século depois na "Suíça da América do Sul", um paraíso invejado em um continente conturbado, arcaico.

Superada uma fase de ditadores militares e caudilhos guerreiros, o Uruguai conseguiu o progresso sem perder a paz. Era um pequeno estado-tampão encravado entre dois gigantes, a Argentina (um território dezesseis vezes maior) e o Brasil (48 vezes mais extenso), com a aberta simpatia dos ingleses, que sonhavam com o "algodão entre cristais" para manter o controle estratégico do rio da Prata. No período entre as duas guerras mundiais, sua neutralidade e a distância do teatro de operações do Velho Mundo o transformaram em valiosa reserva de alimento e proteção para as populações vitimadas pelo conflito bélico. A Europa faminta e estiolada se abriu voraz e carente para a carne e a lã dos rebanhos que ocupavam 90% do país, subitamente inundado pela riqueza gerada com as exportações.

As bases desse período opulento foram fincadas no início do século XX, com os oito anos iluminados de dois governos de José Batlle y Ordóñez (1903-1907 e 1911-1915), um político liberal, humanista e anticlerical que aproveitou a oportunidade histórica para modernizar o país. O Estado assume o desafio encampando os serviços públicos e cria-se uma nova legislação social, bastante avançada para o estreito ambiente político da região no início do século XX. Extingue-se a pena de morte, instaura-se o divórcio a partir da vontade solitária da mulher – pioneirismo na América Latina e heresia impensável no continente de forte tradição católica. Separa-se o Estado da Igreja, retira-se o crucifixo das paredes dos hospitais públicos. Adota-se o salário mínimo para o peão do campo, a semana de trabalho de cinco dias e a jornada de oito horas. O trabalhador ganha direito à licença-maternidade, às férias e à *jubilación*, a aposentadoria. O Brasil só modernizaria suas leis trabalhistas em 1943, no ocaso da ditadura do Estado Novo de Vargas, e só reconheceria o divórcio setenta anos mais tarde.

O Uruguai vive na guerra anos de prosperidade que, ironicamente, começam a desaparecer com a paz. Terminada a Segunda Guerra Mundial, em 1945, a lenta decadência econômica do país se acelera com o progressivo fechamento dos mercados externos para sua carne. As grandes potências querem agora criar os rebanhos que a guerra não lhes permitira. O mundo desperta para a era do petróleo e descobre a vantagem dos tecidos sintéticos que agasalham e vestem agora os países que compravam a lã uruguaia. A lã que antes aquecia a economia do país.

A crise econômica encontra o Uruguai despreparado para superá-la. A incipiente indústria local não tem força nem qualidade para enfrentar as grandes empresas internacionais. A carne e a lã já não encontram mercado para sustentar a modernização e o investimento necessários para construir frigoríficos e para estender os milhares de quilômetros de arame farpado que repartem o país em estâncias. O *alambramiento* confina os rebanhos, mas não divide a terra, que continua sob controle de algumas dezenas de famílias de latifundiários. Os dois velhos partidos tradicionais não dão respostas consoladoras para a crise.

O partido Blanco, dominado pelos *estancieros* da lã e da carne, e o partido Colorado, mais identificado com a burguesia comercial de Montevidéu, revezam-se no poder, mas demonstram a mesma incapacidade de renovação. Ao final, acabam todos defendendo as bandeiras mais conservadoras do setor agropecuário e reforçam a impressão de que o restrito projeto político de um e outro se resume à simples conquista do poder. O programa de centro-direita dos dois grandes partidos já não atende ao clamor das novas gerações, que buscam um país mais moderno.

Dissidências políticas à esquerda nas estruturas partidárias tradicionais se juntam às manifestações operárias e sindicais cada vez mais fortes. Uma greve geral no país, em 1965, provoca o colapso do sistema colegiado de poder, formado por um conselho nacional de nove cadeiras repartidas burocraticamente entre *blancos* e *colorados,* que há catorze anos abolira a figura de presidente do Poder Executivo. O sistema presidencialista retorna em 1966 e, um ano mais tarde, sobe ao tablado do poder o ex-boxeador Jorge Pacheco Areco. O novo presidente chega batendo na linha da cintura: governa sob as *Medidas de Pronta Seguridad*, um virtual estado de sítio aplicado à moda uruguaia. A democracia, exangue, vai às cordas.

Os avanços do passado ajudam a agravar os problemas do presente. Graças à corrupção e aos favorecimentos políticos, a indústria da aposentadoria fraudulenta transforma o Uruguai no paraíso dos *jubilados* e, nos anos 60, o país verga em uma desigual gangorra previdenciária onde cada trabalhador ativo sustenta sozinho o peso de três aposentados. Um fardo pesado demais para o beco econômico em que se enfiara a pequena nação uruguaia. Jovens da classe média das cidades juntam-se a trabalhadores do campo e desembocam na luta armada.

O Uruguai chega aos anos 70 sob manchetes da guerrilha urbana, sequestros de embaixadores e a mística popular dos Tupamaros, nome de guerra do MLN, Movimento de Libertação Nacional, grupo guerrilheiro de inspiração castrista. Brotou na amargura da vida nada doce dos *cañeros*, os cortadores de cana de açúcar do departamento de Artigas, na região norte, na fronteira com o Brasil. Liderados por um advogado socialista do sindicato rural, Raúl Sendíc, os *cañeros* começam a fazer marchas até Montevidéu, sempre sob o mesmo lema: "*Por la tierra y con Sendic*". Com a adesão da juventude urbana de esquerda forma-se o melado que escorre para a guerrilha dos Tupamaros, popularizada pela prática de redistribuir aos pobres dos *cantegriles* – as favelas que começavam a cercar de miséria a capital – o butim expropriado em assaltos a bancos e em sequestros. É o pano de fundo ideal para a direita sepultar o que restava da democracia liberal clássica na história nacional. As Forças Armadas unem suas tropas à impotente Polícia Civil, e surgem as Forças Conjuntas no panorama político.

Ainda assim há espaço para uma derradeira experiência eleitoral, o pleito presidencial de 1971, que se realiza sob o temor da vitória de uma terceira e inesperada força política no país. A Frente Ampla, um vasto balaio de quinze grupamentos do centro à esquerda, reúne desde os dissidentes dos dois partidos tradicionais até socialistas e comunistas sob a candidatura do general da reserva Líber Seregni. Ele ingressara no Exército pela arma da Artilharia e, aos vinte anos, já estava sob bombardeio: em 1937 apoiava a causa republicana na Espanha, contrariando os seus comandantes simpáticos às legiões do general Franco. Apesar disso, chegou ao generalato na década de 60 e ao comando da Divisão 1 em Montevidéu, a mais importante do país. Era o comandante-geral do Exército, em 1968, quando divergiu do presidente Pacheco Areco na repressão aos protestos antigoverno. Passou à reserva e entrou na ativa da política fundando, em 1971, a Frente Ampla, que o fez seu candidato presidencial.

A novidade esquerdista intrigava o governo dos Estados Unidos. Especialmente o embaixador em Montevidéu, que estava há pouco tempo no posto. Charles Wallace Adair Jr. veio da Cidade do Panamá, onde trabalhava na margem do Pacífico, a apenas cinquenta quilômetros da sede da Escola das Américas, o centro de tortura que treinou a nata dos militares latino-americanos que golpearam a democracia no Cone Sul. No Panamá sentiu o gosto da impopularidade: estudantes jogaram nas suas costas uma caixa de leite cheia de tinta vermelha em protesto contra o governo americano. Ao desembarcar, em novembro de 1969, na capital uruguaia, Adair imaginava ter trocado a agitação do Canal pela paz do rio da Prata. Afinal encontraria em Montevidéu uma alma gêmea na presidência: o boxeador Jorge Pacheco Areco.

Ex-pugilista nos anos de juventude na Universidade de Wisconsin, Adair também preferia as luvas de boxe do poder ao ornamento de pelica da diplomacia. O embaixador estava desconfiado daquele encorpado bloco político que poderia desferir um golpe de esquerda na democracia uruguaia. Faltavam apenas três meses para a eleição de novembro de 1971, e a embaixada dos Estados Unidos ainda tentava traduzir para Washington o estilo de luta daquela inesperada força política no Uruguai. No dia 25 de agosto, mandou para o Departamento de Estado, em Washington, o memorando secreto A-150, intitulado "Relatório Preliminar de Análise e Estratégia". O embaixador Adair definia o que chamava de "Ameaça da Frente Ampla e a Situação dos Partidos Tradicionais". Seu relato:

> A Frente Ampla ameaça as instituições tradicionais do Uruguai porque ela é capaz de explorar os fatores negativos tão prevalentes na atual sociedade uruguaia. A apatia e a crescente desilusão de uma década de problemas sociais e econômicos não resolvidos, o medo da violência e de conflitos civis que o governo tem sido incapaz de remover, os erros dos governos *blanco* e *colorado* na tentativa de encontrar soluções simplistas para os males da nação, tudo isso deu munição para que a Frente Ampla investisse contra os partidos tradicionais pela inabilidade em melhorar a qualidade de vida uruguaia. Para esses problemas, a Frente tem sido competente ao prometer ação rápida e "soluções" radicais. A Frente Ampla como grupo não pode ser acusada por fracassos do passado. O controle comunista de instituições como educação e classe operária dá à Frente Ampla recursos importantes para se opor aos partidos tradicionais e contribuir para aqueles fatores negativos.[44]

Sem se deixar envolver por seus receios, o embaixador Adair fazia uma certeira previsão política, mais preocupado com a correta avaliação dos fatos do que com o mero interesse norte-americano. No capítulo II do memorando secreto, "Análise da Situação após as Eleições", Charles Adair assumia um ousado palpite eleitoral no item "O novo governo". Trecho do embaixador:

---

44. ADAIR Jr., Charles, embaixador em Montevidéu. Memorando secreto A-150 de dezoito páginas, desclassificado em 22 de maio de 1985. *Preliminary Analysis and Strategy Paper – Uruguay.* Transmitido a Washington em 25 de agosto de 1971.

> Apesar dos esforços da Frente, parece agora que um dos dois tradicionais partidos vencerá as eleições de 1971. O novo governo poderá muito provavelmente ser caracterizado ou como "conservador tradicional" ou "moderadamente progressista". Um candidato apoiado por Pacheco e que dê continuidade à atual política do presidente seria exemplo do primeiro, enquanto um governo liderado pelo líder de facção *colorado* Jorge BATLLE ou pelo senador de oposição *blanco* Wilson FERREIRA Aldunate seria exemplo do segundo. A estratégia dos Estados Unidos para os próximos cinco anos será afetada pela orientação do novo governo. Um governo "conservador tradicional" estaria nos moldes históricos uruguaios, lento nas mudanças, ansioso para preservar os caminhos políticos de governança tradicionais, nada ansioso para se engajar nas difíceis reformas da infraestrutura básica, procurando compromisso e acomodação política como sua principal ferramenta de governo. Um governo "moderadamente progressista" (...) provavelmente atrairia ministros mais jovens, de visão mais avançada e mais capazes.[45]

O candidato mais votado será o *blanco* Wilson Ferreira Aldunate que, apesar das consistentes denúncias de fraude, perde a presidência para o *colorado* e *estanciero* Juan María Bordaberry, o nome mais confiável para o ciclo de autoritarismo que se fechava rapidamente sobre as instituições.

O novo presidente traz as ideias do berço. O pai, Domingo, era um fazendeiro de rígido ideário conservador que levou ao Senado, como membro do partido Colorado e arauto dos interesses rurais, a proteção à exportação de carne e lã, o respeito à propriedade privada e o estímulo ao *alambramiento.* Mais importante, defendeu a eficácia da polícia para coibir o contrabando de gado na fronteira seca com o Rio Grande do Sul e para reprimir com violência qualquer manifestação contrária a tudo isso. Como líder da Liga Nacional de Acción Rural, o velho Bordaberry protegia um popular comentarista da rádio Rural que vocalizava os interesses do setor. Benito Nardone era membro do partido *Blanco* e, através do padrinho Domingo, fazia a ponte com os *colorados.* Essa química levou Nardone à presidência em 1960-1961, uma década antes que o filho de Domingo Bordaberry, o também *estanciero* Juan María, abrisse as porteiras da presidência aos militares.

Um mês e meio depois de assumir, Bordaberry decreta o Estado de Guerra Interno, suspendendo as garantias individuais, o direito de reunião e a inviolabilidade de domicílio. A democracia exemplar do país tomba de vez. As Forças Conjuntas saem às ruas e assumem o controle do país. O país civilista se vê de repente militarizado. O orgulho cede lugar à humilhação. A Suíça da América do Sul vira o Uruguai do mundo. Surgem denúncias cada vez mais fortes de prisões ilegais, torturas, desaparecimentos.

Ainda assim, a pretexto da ameaça subversiva, Bordaberry consuma o golpe de Estado a 27 de junho de 1973 – dez dias depois de completar 45 anos de idade e 45 dias antes de Pinochet bombardear o La Moneda e a democracia no Chile. Dissolve o

45. Idem, Memorando A-150, 25 de agosto de 1971, páginas 3-4.

Congresso e substitui os parlamentares por um Conselho de Estado formado por 25 condestáveis da República acima de qualquer suspeita e de sessenta anos – todos os nomes filtrados pelos 21 oficiais-generais das Forças Conjuntas que "assessoram" o presidente. Três dias depois, Bordaberry fecha a central sindical, a Convenção Nacional dos Trabalhadores (CNT), e manda prender o general Líber Seregni uma semana mais tarde. O Estado de Guerra Interno, embora revogue a democracia, é confortável para os sessenta mil militares que, oficiais ou não, passam a ganhar até 40% a mais sobre seus soldos.

Provadas técnica e ideologicamente no sangrento combate ao movimento guerrilheiro Tupamaro, militarmente batido em 1972, as Forças Conjuntas buscaram instrução e inspiração para sua guerra santa nos dois grandes irmãos do norte.

O vizinho do lado de lá da fronteira e, um pouco mais longe, os Estados Unidos.

***

O Brasil vivia então a fase mais eficiente e milagrosa da ditadura Médici.

O Uruguai trouxe de São Paulo o delegado do DOPS Sérgio Fleury, nome sagrado da repressão à luta armada no eixo Rio-São Paulo. De Belo Horizonte veio um especialista americano em interrogatórios, o policial Dan Mitrione.

No mesmo ano do golpe militar no Brasil, 1964, instalou-se no Uruguai o *Office of Public Safety* (OPS), ou Serviço de Segurança Pública, uma agência governamental criada no período Eisenhower para treinar a polícia de países amigos. Parecia oficialmente subordinada à USAID, entidade voltada para o desenvolvimento, mas suas ligações radicais eram com a CIA, a central de inteligência americana. Saíram do OPS as equipes de treinamento policial que deram cursos no Vietnã do Sul, no Irã, em Taiwan, na Grécia e no Brasil – todas ditaduras forjadas em um sólido anticomunismo. Cerca de setecentos oficiais de polícia eram formados por ano em cursos que incluíam o manejo de explosivos ministrado em três idiomas – inglês, francês e espanhol.

Mais do que didática, o OPS oferecia duas vantagens estratégicas fundamentais: permitia que a CIA infiltrasse seus homens na polícia nativa dos países mais sensíveis aos interesses americanos e trazia aos Estados Unidos os candidatos mais suscetíveis à cooptação pela central de inteligência. A mídia e o Congresso americano começaram a receber informes sobre casos de tortura, morte e desaparecimento de dissidentes na Argentina, no Brasil e no Uruguai, no final dos anos 60 – todos eles relacionados aos programas de treinamento de policiais e equipamentos fornecidos pelo OPS. O poderoso senador democrata J. William Fulbright, que despontava em 1966 como crítico feroz da guerra no Vietnã, inaugurou as críticas à agência. O democrata de Dakota do Sul James Abourezk clamou pela abertura das atividades do OPS, depois de ser alertado na primavera de 1973 de sua vinculação com a tortura e a repressão no Brasil por um destacado parlamentar do MDB. Em 1974, após muitas críticas, o Congresso suspendeu as verbas destinadas ao treinamento de policiais estrangeiros e o OPS foi extinto.

Entretanto, o estrago já estava feito: em dezessete anos de vida o Serviço de Segurança Pública estadunidense tinha formado um milhão de policiais no chamado Terceiro Mundo. Dez mil deles tinham passado pelos cursos avançados de treinamento nos Estados Unidos e cerca de 150 milhões de dólares em equipamentos haviam sido transferidos às polícias estrangeiras. As tarefas do OPS foram depois delegadas ao FBI e à DEA, a agência federal de combate às drogas. O Departamento de Estado continuou o repasse de equipamentos às forças policiais.

Nos dez anos em que operou no Uruguai, o OPS forneceu armas, material e treinamento com explosivos, dispositivos para assassinatos e ações antitumulto. No período de quatro anos que antecedeu ao golpe de 1973, pelo menos dezesseis oficiais da polícia uruguaia passaram pelas escolas da CIA e do OPS nos Estados Unidos, onde aprenderam a lidar com explosivos – um item inusitado para um agente de segurança.

A instrução denominada TAI, o nome em inglês para Investigação de Atividades Terroristas, ensinava como armar um pavio, como calcular o tempo de explosão, como lançar uma bomba. Ensinava tudo para construir uma bomba, não para destruí-la. Lembrava mais uma aula para terrorista, não para um profissional de segurança. Em um dos cursos ficou evidente que os alunos não eram apenas os membros da polícia, mas incluíam integrantes de grupos da agressiva extrema direita do Chile, no momento vivendo sob o governo socialista de Allende. Em 1970, o OPS festejou a formação de mil policiais no seu curso antimotim em Montevidéu.

Daniel Anthony Mitrione, nascido em uma localidade ao sul de Nápoles, era o terceiro filho de um migrante italiano que, em 1920, trocou os vinhedos da região de Avelino, no sul napolitano, por um emprego na estrada de ferro em Indiana, no centro-oeste americano. O garoto desembarcou na pequena cidade de Richmond no colo da mãe. Ao completar 49 anos de vida, em 1969, Dan Mitrione era o chefe do OPS na capital uruguaia. Tinha passado pelo Brasil nos anos 60, quando deu aulas sobre métodos de interrogatório e tortura aos policiais de Belo Horizonte e Rio de Janeiro. Desembarcou na Cidade Maravilhosa em fevereiro de 1963, um ano antes do golpe que derrubou o governo Goulart. Os registros da agência mostram que ele deixou um belo trabalho para trás: cem mil agentes brasileiros adestrados pelo OPS, um sexto da força policial do país, centenas deles treinados pelo próprio Mitrione.

Em 1967 voltou a Washington como instrutor da Academia Internacional de Polícia (IAP). De lá comandou a formação do aparelho policial em Santo Domingo, invadida em 1965 pelos Estados Unidos para derrubar o governo esquerdista de Juan Bosch. A mística de *expert* em tortura lhe deu até a fama de inventor. Segundo uma edição de 1973 da inglesa *The New Scientist* saiu de sua cabeça um certo Colete Mitrione, um dispositivo para interrogatório que era inflado até esmagar as costelas da vítima. Nenhum depoimento de ex-torturados confirmou a invenção, mas ficou a homenagem do nome ao colete.

Mitrione retornou ao *front* ao assumir, em 1969, o OPS de Montevidéu. Antes mesmo de sua chegada, o Uruguai já torturava de forma desarticulada, mas ainda sem o método e a racionalidade científica de Mitrione.

– A dor precisa, no lugar preciso, na quantidade precisa, para o efeito desejado – pregava o cerebral Mitrione aos seus aprendizes da tortura.

No limiar da década de 70 o Uruguai vivia a agonia de um declínio econômico de longa duração e os sintomas cada vez mais graves da ditadura. O cotidiano de Montevidéu, onde vivia quase metade da população, era atravessado por greves de trabalhadores, manifestação de estudantes e violência nas ruas. O que mais preocupava os militares, porém, era a guerrilha urbana dos Tupamaros, que capturava a imaginação popular com golpes audaciosos que expunham ao ridículo um regime cada vez mais impopular. Com membros e simpatizantes infiltrados na universidade, nos bancos, em empresas privadas e até em postos importantes do governo, os Tupamaros ganhavam apoio com ações audaciosas e uma filosofia "Robin Hood" que irritava os quartéis e divertia o povo.

"Diferentemente de outros grupos guerrilheiros latino-americanos", espantava-se o jornal *The New York Times*, "os Tupamaros normalmente evitam banho de sangue. Eles preferem em vez disso criar embaraços para o governo e provocar uma desordem geral." Um de seus golpes favoritos era vasculhar os arquivos de uma grande corporação privada para escancarar a corrupção dos altos escalões. Ou então sequestrar uma personalidade do governo – geralmente vilões corruptos que passavam incólumes pela Justiça amordaçada e pela imprensa sufocada – para julgá-la no seu clandestino Tribunal do Povo. Os Tupamaros faziam o trabalho de ambas: simulavam um julgamento, entrevistavam o preso com perguntas certeiras, imprimiam a conversa em panfletos e distribuíam a confissão pela cidade, antes de libertá-lo ridicularizado pela revelação.

Invadiram certa noite o *Casino Carrasco*, uma movimentada casa de jogos da capital, e limparam todo o dinheiro que encontraram nas roletas e nas mesas de pano verde. Os crupiês e funcionários ainda se lamentavam, no dia seguinte, quando receberam um envelope anônimo com o valor em dinheiro de todas as gorjetas que eles pensavam ter perdido na noite anterior. Ao assaltar uma agência bancária, deixavam que os clientes na fila sacassem normalmente o seu dinheiro. Só depois pilhavam o caixa do guichê.

– Roubamos os bancos, não o povo – proclamavam. Os Tupamaros vendiam sua ideologia com bom humor. Sem convite, irromperam à noite em um fechado *nightclub* da elite uruguaia no bairro de Carrasco, zona elegante da capital, esvaziaram os bolsos dos frequentadores e deixaram o local pichando as paredes com o resumo de seu ideal igualitário:

O bailan todos o no baila nadie!

***

Dan Mitrione não viera ao Uruguai para dançar.

Sua missão era acabar com o baile que a guerrilha dava no regime. A única música que ocupava os ouvidos atentos de Mitrione era a tortura. Além dos equipamentos e métodos científicos, ele desenvolvia técnicas de pressão psicológica igualmente eficazes. Uma delas era rodar uma fita na sala ao lado com os gritos e o choro de mulheres e crianças, como se fossem os brados de desespero da família do torturado.

"Os métodos violentos que começavam a ser empregados provocaram uma escalada na atividade dos Tupamaros. Até então suas atitudes mostravam que a guerrilha só usaria violência como último recurso", diria depois Alejandro Otero, o chefe de inteligência da polícia uruguaia. Ele tinha sido um prestativo agente da CIA e um atento estudante da International Police Services, uma escola de fachada da CIA em Washington, onde conhecera Mitrione. Ficaram amigos. Mas a amizade dançou quando uma amiga de Otero, simpatizante dos Tupamaros, foi torturada sob as vistas de Mitrione. O uruguaio reclamou do americano por causa desse incidente e de seu método doloroso para extrair informações.

Não era um capricho pessoal de Mitrione, mas uma norma de serviço. Um dos membros oficiais do OPS no Uruguai se chamava William Cantrell, na verdade o chefe da estação local da CIA. Ele tinha fornecido os fundos para a instalação da Dirección Nacional de Información y Inteligencia (DNII), a central da polícia que recebeu equipamentos específicos de tortura desenvolvidos especialmente pela Divisão de Serviços Técnicos da CIA. O ex-correspondente do *The New York Times* A.J. Langguth descreveu um deles, bastante eficaz: um fio tão fino que podia ser enfiado entre os dentes da boca e, pressionado contra a gengiva, ampliava a dor do choque elétrico. As versões mais modernas do equipamento de tortura chegavam às mãos de Mitrione através da segura e sempre discreta mala diplomática da embaixada dos Estados Unidos.

A tortura se confundia tanto com o exercício do poder, no Uruguai, que as palavras chegavam a trair até seus executores. É o que se veria em março de 1979, quando a televisão da França teve permissão para transmitir algumas imagens do julgamento em Montevidéu de dois franceses presos e acusados de associação subversiva, Frank Oswald Conchon e Jean Charles Serralta Delpech.

Apesar da movimentação internacional de entidades humanitárias junto ao governo de Paris, ambos receberiam uma pena de dez anos de prisão. Logo após a sentença, Delpech conseguiu se aproximar do repórter da TV francesa para denunciar torturas sofridas nos quartéis uruguaios. Imediatamente o jornalista procurou o vice-almirante Hugo Márquez, ministro da Marinha.

– À saída do tribunal Delpech declarou que havia sido torturado. O que o senhor tem a dizer sobre isso? – perguntou o repórter francês.

– Como posso saber se Delpech foi torturado? – rebateu surpreso o vice-almirante. – O que posso dizer é que a diretriz dada a todos os membros deste governo, seja no plano militar ou político, tem sido a de conservar a dignidade do ser humano, de modo a não infligir castigos corporais que não sejam humanamente suportáveis.

O próprio Ministro da Marinha justificava a tortura, desde que *humanamente soportable.*

Dezesseis anos após a chegada de Mitrione ao Uruguai e quatro antes do fim da ditadura, seu legado continuava disseminado e forte. Em 2 de novembro de 1981, falando ao jornal americano *San Francisco Chronicle*, um ex-oficial da divisão de Inteligência do Exército uruguaio admitiu que manuais militares dos Estados Unidos ainda eram usados pelos quartéis de seu país para ensinar sobre técnicas de tortura. A maioria dos oficiais, disse, tinha passado pelos cursos de contrainsurgência mantidos pelos Estados Unidos no Canal do Panamá. Um dos requintes do manual era a lista de 35 pontos nervosos do corpo humano onde os eletrodos poderiam ter melhor efeito nas sessões de choque elétrico.

Em setembro de 1971, logo após a derrota da coalizão de esquerda da Frente Ampla, a DNII liderou uma ação conjunta de policiais e militares na repressão aos Tupamaros. Oficiais da polícia contam que era a DNII que comandava o Esquadrão da Morte, integrado por agentes truculentos atuando à margem da lei e com alvos claramente políticos.

A DNII dava cobertura de fato às ações do Esquadrão da Morte, composto pelos homens mais frios e desalmados da polícia que jogavam bombas nas casas de membros e simpatizantes dos Tupamaros, além de cometer assassinatos e sequestros. Parte do material explosivo enviado pela divisão técnica da CIA acabava nas mãos nervosas do Esquadrão, que tinha militantes treinados no uso de artefatos nas escolas da CIA e do OPS em Washington, DC, e em Los Fresnos, Texas. Entre 1969 e 1973, ao menos dezesseis oficiais da polícia passaram pelo curso de oito semanas onde aprenderam a projetar, montar e implantar bombas e dispositivos incendiários. A explicação dos instrutores da OPS para esses cursos era singela: "os policiais precisavam manejar com perícia as bombas plantadas pelos terroristas". Mas, curiosamente, não havia nenhuma instrução sobre como desmontar uma bomba. A aula só ensinava a montar o explosivo.

Outro estranho detalhe do currículo do OPS parecia ser mais útil a um grupo de matadores do que a um correto organismo de segurança. A aula era identificada como "Armamento para assassinatos". O OPS justificava assim a sua utilidade: "Uma discussão de vários armamentos que poderiam ser usados por assassinos". Todo esse treinamento se somava ao que usualmente o OPS já fornecia para a polícia uruguaia: capacetes antimotim, escudos transparentes, gás lacrimogêneo, máscara contra gás, aparelhos de comunicação, cassetetes e outros dispositivos para a contenção de multidões.

A situação dos direitos humanos tinha sofrido uma deterioração tão grande no país outrora orgulhoso de sua civilidade que até o acuado Senado uruguaio foi obrigado a abrir uma investigação. Após cinco meses de funcionamento, a comissão de senadores concluiu, por unanimidade, que a tortura no Uruguai tinha se tornado uma "ocorrência habitual, frequente e normal", aplicada a qualquer um – fosse ou não Tupamaro. O relatório da comissão discorria sobre a existência de diferentes tipos de tortura, entre eles choques elétricos sobre os órgãos genitais, agulhas elétricas sob as unhas, queimaduras com cigarros, a lenta compressão dos testículos e o uso diário de pressão psicológica. "Mulheres grávidas eram submetidas a várias brutalidades e tratamento desumano... Algumas mulheres foram aprisionadas com seus filhos menores e submetidas ao mesmo tratamento", descrevia o relatório da Comissão de Investigação do Senado sobre Tortura.

Dan Mitrione tinha perfeita noção de como dobrar alguém em sessão de interrogatório. Certo dia viu chegar à chefatura de polícia um combativo líder do sindicato dos bancários, detido em uma manifestação. Mandou que o despissem e o colocassem de pé, rosto voltado para a parede. Ordenou em seguida que um policial lhe enfiasse o dedo no ânus. Determinou que deixassem o homem em uma cela durante três dias sem nada para beber. Ao final do castigo autorizou passar ao preso, pela portinhola da cela, um pote de água misturada com urina.

O chefe da OPS não bailava e detestava barulho. Construiu um quarto à prova de som no porão da bucólica casa de dois andares onde morava com a mulher, Henrietta, e quatro de seus nove filhos no número 5.398 da Calle Pilcomayo, uma via tranquila no bairro de Malvín, a apenas três quadras da Rambla O'Higgins, a avenida litorânea que separava a cidade das águas cinzentas e frias do rio da Prata. Dali Mitrione ficava equidistante do poder formal e do terror real: dez quilômetros a leste do Palácio do Governo, na Plaza Independencia, dez quilômetros a sudeste de El Infierno, o centro de torturas do 13º Batalhão de Infantaria, na avenida de las Instrucciones.

Naquele lar, doce lar, Mitrione sintetizava ao mesmo tempo o poder e o terror. Longe da mulher e das crianças, o americano costumava reunir no porão alguns policiais selecionados da polícia local para lições de interrogatório e tortura. Não eram encontros meramente teóricos. Eram aulas práticas e contundentes, o que explicava o isolamento acústico montado para não ferir os ouvidos mais sensíveis da vizinhança e não atrapalhar a paz doméstica.

Mitrione, afinal, não gostava de ruídos.

Nesta época, o cubano Manuel Hevia Cosculluela trabalhava para a CIA e para Mitrione. Ele lembra que, para ilustrar melhor sua aula no porão, Mitrione mandou recolher na periferia de Montevidéu três *bichicomes*, nome popular para mendigo, e uma prostituta que vagava pela noite. Com a frieza de um legista, Mitrione começou sua demonstração falando sobre a anatomia do corpo humano e as ramificações do sistema nervoso.

Indiferente à expressão perplexa de suas vítimas, que não entendiam porque estavam ali e que tipo de aula era aquela, Mitrione começou sua explanação. Não fez perguntas, não procedeu a nenhum interrogatório. Tratava os três homens e a mulher apenas como nacos de carne, cobaias indefesas para sua demonstração ao vivo dos efeitos dos choques de diferentes voltagens, aplicados em pontos localizados do ser humano. O cubano Hevia lembra que Mitrione fez uso de uma droga que induzia ao vômito, cujo propósito ele não conseguiu perceber, e uma outra substância química igualmente desconhecida. Os odores e gritos produzidos naquela aula nunca atravessaram as paredes protegidas daquele porão.

A mulher e os três homens transformados em objeto de experiência não resistiram à demonstração. Morreram. O cubano lembra que Mitrione torturou os quatro pessoalmente, com choques elétricos, até a morte. Devia haver alguma lição naquele mórbido resultado.

Dias depois, como um pacato chefe de família de classe média, Mitrione bebericava um drinque com Hevia, sentado em um final de tarde na escada de sua casa em Malvín. Ele aproveitou para complementar aquela instrutiva sessão anterior, definindo a filosofia de um interrogatório.

> Interrogar é uma arte. Primeiro há um período de "amaciamento", com as usuais pancadas e insultos. O objetivo é humilhar o prisioneiro, fazê-lo perceber seu estado de abandono, isolá-lo totalmente da realidade. Sem perguntas, somente pancadas e insultos. Depois, apenas golpes em silêncio. Somente após isso começa o interrogatório. Aí nenhuma dor deve ser produzida além da que é causada pelo instrumento que está sendo utilizado. Durante a sessão de interrogatório você deve evitar que o prisioneiro perca toda a esperança de vida, porque isso pode levá-lo a uma teimosa resistência. Você deve sempre deixá-lo com alguma esperança, uma luz distante... Quando você consegue o que quer, e eu sempre consigo, pode ser bom prolongar o interrogatório para aplicar outro "amaciamento". Agora, não para extrair informação, mas somente como uma providência política, criando um saudável temor para não se intrometer de novo em atividades subversivas.[46]

O americano falava como um frio especialista em dor, glacial como os cubos de gelo no seu copo de uísque. Lembrou ao cubano que, ao receber o preso, a primeira coisa a fazer era um exame médico para determinar seu estado físico, seu grau de resistência.

– É preciso a eficácia e a limpeza de um cirurgião e a perfeição de um artista. Uma morte prematura significa uma falha do técnico... É importante antes saber se nós podemos nos permitir o luxo da morte do preso – ensinou Mitrione a Hevia.[47]

Poucos dias depois dessa amena conversa na casa do chefe dos torturadores, o cubano desapareceu de Montevidéu. Reapareceu em Havana com sua verdadeira identidade: agente duplo.

Só então Mitrione soube que bebericava o tempo todo com um agente secreto do inimigo, o governo comunista de Fidel Castro. Mitrione adoraria experimentar sua arte de "amaciamento" com aquele cubano dissimulado. Só lhe restava lamentar aquela terrível falha técnica. Hevia agora era uma luz distante na ilha de Cuba, distante até para o longo braço de Mitrione.

Seis meses depois foi a vez do próprio Mitrione provar da arte do interrogatório.

Ele foi sequestrado pelos Tupamaros na manhã de 31 de julho de 1970, quase no mesmo instante em que o cônsul brasileiro Aloysio Dias Gomide também era levado de casa por quatro Tupamaros disfarçados de técnicos da companhia telefônica[48]. A guerrilha seguiu o modelo brasileiro e exigiu a libertação de 150

---

46. Hevia Cosculluela, 1989, p. 284.

47. Idem, p. 286.

48. O diplomata brasileiro, membro da organização TFP (Tradição, Família e Propriedade, ala radical da direita católica), seria mantido preso durante 205 dias. Foi libertado mediante o pagamento de um milhão de dólares arrecadados pela família através de uma ampla campanha desenvolvida no Brasil, já que o governo brasileiro recusara-se a negociar sua liberdade com o Uruguai.

prisioneiros políticos em troca do policial ianque. Cinco dias depois do sequestro, Mitrione completou no cativeiro cinquenta anos de vida. O presidente Pacheco Areco negou-se a negociar, amparado pelo apoio do seu colega Richard Nixon – e a sobrevida do americano não durou outros cinco dias. Pouco antes das cinco da manhã de segunda-feira, 10 de agosto, Dan Mitrione foi encontrado no banco traseiro de um Buick conversível, ano 1948, roubado. Estava amarrado e amordaçado, com dois tiros na cabeça.

Às nove horas daquela manhã, Pacheco Areco decretou luto nacional. Ao meio-dia e meia, o Congresso uruguaio concedeu novos e duros poderes executivos ao presidente da República. Pouco depois das cinco da tarde, a maioria expressiva do Congresso – 76 dos seus 106 membros – aprovou a suspensão temporária dos direitos individuais, uma garantia secular da Constituição liberal do país. O estado de emergência aprovado pelos parlamentares suspendia por vinte dias os direitos de propriedade, de liberdade individual, de reunião e de liberdade de expressão. Uma emergência que deveria durar apenas vinte dias acabou se transformando em uma ditadura de quinze anos.

O sangrento fim de Dan Mitrione marca, com dor e sofrimento, o início do fim da democracia exemplar no Uruguai. Ele regressou à sua Richmond de criação, uma pequena cidade do centro-oeste americano na fronteira de Indiana com Ohio, em um esquife de metal hermeticamente lacrado – fechado como o regime de força que deixara para trás naquele pequeno país sul-americano.

O porta-voz do presidente Nixon, Ron Ziegler, definiu com pesar aquele compatriota assassinado:

– O devotado serviço de *Mr.* Mitrione à causa do progresso e da paz em um mundo ordenado permanecerá como um exemplo para todos os homens livres.

– Era um homem perfeito – ecoou a viúva, Henrietta.

– Um grande humanitário – replicou Linda, uma de seus nove filhos.

Com o cadáver de Mitrione, sepultava-se uma era. Os militares tinham entrado na dança. Com eles no poder não sobraria mais espaço para os políticos tradicionais. Muito menos para a política. No final de 1972, a guerrilha estava exterminada. Um quarto de século mais tarde, uma comissão da Câmara dos Deputados do Uruguai investigou o período da guerra suja de 1972 a 1983. Ouviram, em 21 de julho de 1998, uma espantosa confissão do contra-almirante Eládio Moll, um ex-chefe de Inteligência da Armada, agora na reserva: vinha do exterior a ordem para matar os Tupamaros presos, logo após a fase dos interrogatórios. A orientação, procedente dos Estados Unidos, era para obter informações dos guerrilheiros capturados.

– Depois disso eles não mereciam permanecer vivos – revelou Moll, repetindo a ordem americana.

Seis meses após a eliminação da guerrilha Tupamaro, os generais assumiam a frente do poder, transformando o novo presidente, Juan María Bordaberry, em fantoche dos quartéis. O Congresso foi dissolvido e, com ele, esvaiu-se o que restava de aragem democrática.

Num espaço de poucos meses, entre o achado macabro de Mitrione e a letal submissão de Bordaberry, confirmou-se o lado pior do lema pichado na parede pelos Tupamaros: *O bailan todos o no baila nadie!*

A ditadura dá o tom, a democracia dança.
No Uruguai *ya no baila nadie.*

***

A ideologia da Segurança Nacional, obsessão cevada na Guerra Fria e no combate ao comunismo, encantava os regimes militares que se implantavam no Cone Sul do continente.

Fazia sucesso também entre os oficiais uruguaios, nem um pouco preocupados com a originalidade. O governo passa a ser exercido mediante leis excepcionais, as chamadas *Actas Institucionales,* versão uruguaia dos Atos Institucionais que regiam o Brasil desde a quartelada de 31 de março.[49]

O AI-1, datado de junho de 1976, suspende as eleições presidenciais previstas para aquele ano, assinado por um novo presidente, Alberto Demichelli, que esquentou a cadeira por apenas três meses. Ele fora entronizado no poder no lugar de Bordaberry, deposto pelos generais sob a irônica acusação de ser mais militarista do que os militares.

O AI-2, dias depois, elimina qualquer equívoco e inventa o Conselho Supremo da Nação, composto por cinco civis bem-comportados e pelos 21 oficiais-generais das três Armas que pairam sobre o país. Em setembro de 1976, os generais designam presidente o apagado Aparicio Méndez, um jurista de 72 anos e professor de Direito, acusado pelos estudantes na universidade de apologia ao regime fascista de Mussolini. No ano seguinte, talvez preocupado em agradar a seus tutores militares, Aparicio Méndez deu uma inusitada entrevista a um diário de Montevidéu, atacando a política de direitos humanos de Jimmy Carter, que assumira a Casa Branca em janeiro de 1977.

– O Partido Democrata dos Estados Unidos é uma cova de comunistas. Basta ver a quantidade de comunistas que se infiltraram debaixo da cama e nos governos de quase todos os países...

Nem os generais gostaram daquela ousadia. O jornal, embora governista, foi suspenso. Um caso inédito em que um governo punia um órgão de imprensa por publicar declaração do próprio presidente. Pelo sim, pelo não, os generais não permitiram mais que Aparicio Méndez ficasse sem um militar ao lado – principalmente com jornalista por perto. Parecia impossível, mas *don* Aparicio ficou ainda mais amorfo. Foi obsequioso até o último dia: morreu aos 83 anos, justamente no dia 27 de junho de 1988, sua particular homenagem póstuma ao décimo quinto aniversário do golpe de seus benfeitores militares.

---

49. "A partir de 1964, o Uruguai se tornou 'terra livre' para muitos cidadãos brasileiros que lá se exilaram fugindo da repressão (...) Montevidéu, principalmente, virou local de articulação da resistência brasileira. (...) O Rio Grande do Sul se tornou 'corredor' de passagem ou de saída para o país platino. Só que esse 'corredor' não foi exclusivo dos militantes perseguidos após o golpe de Estado: os governos de ambos os países também dispuseram seus aparelhos repressivos sobre essa rota de conexão. Foi assim que o Uruguai, ainda em tempos democráticos, se tornou palco não só do exílio brasileiro – assim como, posteriormente, do argentino e do paraguaio –, mas também contou com a presença de espiões e policiais brasileiros que agiam em conjunto ou sob cobertura da polícia local. " (Padrós, 2005, p. 37-38).

O AI-4, em setembro de 1976, cassa por quinze anos os direitos políticos de aproximadamente quinze mil cidadãos, a maioria políticos, inclusive todos os que ousaram no passado disputar a presidência, da esquerda à direita.

O AI-7, em junho de 1977, extingue a segurança de emprego de 150 mil funcionários públicos do país e classifica os cidadãos em níveis de adesismo ideológico, a partir de um "certificado de fé democrática".

O AI-8, em julho do mesmo ano, pulveriza o Poder Judiciário, colocando-o sob a tutela dos quartéis, repetindo o que acontecia com *don* Aparicio, o manso jurista-presidente.

O AI-9, no final de 1979, altera o sistema de seguro social.

Os problemas que o país enfrentava, sem os militares, só se agravaram com eles.

Em um país sempre orgulhoso de seu nível cultural, o golpe de Estado cortou fundo no Uruguai. A fatia de 26,3% que cabia à Educação no Orçamento de 1968 caiu a 11,2% em 1976, três anos após a quartelada. O naco da Educação no PIB uruguaio naqueles oito anos foi cortado pela metade, reduzido de 4,2% para 2,6%. A evidente degradação do país se projetava no futuro. Os registros nas escolas de nível primário começaram a decair. A porcentagem de crianças matriculadas entre seis e onze anos, que chegava a 89,9% em 1960, despencou para 68,1% em 1976. A evasão aumentou. Nos três anos que se seguiram ao golpe de 1973, a escola primária perdeu 27 mil alunos. Nas escolas secundárias outros 16 mil estudantes debandaram.

O crescimento do Produto Interno Bruto, entre 1950 e 1975, foi de 1,1%, o índice mais baixo do continente, assim como a taxa de natalidade. Vinte por cento da força ativa do Uruguai vivia no exílio. Os trezentos mil trabalhadores que resistiam dentro das fronteiras viram seus salários perder um terço do valor real no período 1974-1977.

Pelo censo de 1975, o Uruguai tinha 2.763.000 habitantes – apenas 168 mil a mais do que o apurado no censo de 1963. A capital, Montevidéu, com 1.229.748 habitantes em 1975, aumentou sua população em doze anos em contadas 26.991 pessoas. As projeções estatísticas da época provam que estes números minguados não contavam a verdade. Acuados pela crise econômica, escorraçados pela falta de empregos, afugentados pela repressão ou simplesmente desencantados pela ditadura, os uruguaios se dispersaram. O êxodo os levou primeiro ao Chile de Allende, até a aparição de Pinochet. Tentaram abrigo ali ao lado, na curta experiência peronista da Argentina, logo abortada pelo golpe militar de Videla em 1976.

Como a vizinhança não recomendava, os uruguaios buscaram outros mares, mais seguros. O Canadá, na outra ponta da América, e a Austrália, no outro lado do Pacífico, passaram a receber colônias de uruguaios. A cidade australiana de Sidney ganhou um semanário em língua espanhola para atender a comunidade, que recebia em festa os jogos do clube de futebol mais popular do país, o Peñarol, assim como os shows do conjunto folclórico *Los Olimareños*, também exilado pela ditadura. Os uruguaios tentavam encontrar a identidade perdida bailando em fronteiras distantes.

O prenúncio de uma abertura política no Brasil, no final dos anos 70, permite que muitos exilados recomecem o duro caminho da volta, reaproximando-se da pátria no outro lado da fronteira. Quando foi reconhecido como país independente, em 1828, o Uruguai tinha uma população de apenas 74 mil pessoas – um habitante para cada 2,5 quilômetros quadrados. A primeira leva de imigrantes no final do século XIX fez o Uruguai atravessar o seu primeiro milhão de habitantes em 1908. No espaço de um século, a partir de 1824, 52 milhões de europeus cruzaram o Atlântico para descobrir a América – 11 milhões deles rumaram para o sul do continente, pouco mais de 500 mil desembarcaram no porto de Montevidéu. Ao chegar à metade do século XX, o Uruguai deu meia-volta: o país deixou de ser receptor de migrantes para se transformar em foco de rejeição para seus cidadãos – a partir da década de 60 por razões econômicas, por motivos políticos a partir dos anos 70.

O sociólogo César Aguiar estima que, no período de 1963-1975 cerca de duzentos mil uruguaios abandonaram a pátria: só nesses doze anos foram embora mais uruguaios do que todos os imigrantes que o país recebeu ao longo do século. Desses, 75% moravam na capital, Montevidéu. Um de cada dois exilados tinha entre 15 e 29 anos, gerando o risco futuro de um país envelhecido. O censo de 1985, o ano da queda da ditadura, mostraria que só um terço da população tinha menos de 20 anos. Dados da demógrafa uruguaia Adela Pellegrino mostram que no espaço de 17 anos, entre 1964 e 1981, 317 mil pessoas abandonaram o país, algo como 12% da população.[50]

Cálculos mais pessimistas dizem que entre 400 mil e 500 mil uruguaios tiveram que abandonar o Uruguai na segunda metade do século XX – uma evasão agravada pelo golpe de 1973, um êxodo sem precedentes no contexto internacional, considerando o tamanho de um país tão pouco povoado.

Sob qualquer parâmetro de avaliação é uma diáspora inacreditável, de proporções bíblicas para uma nação tão pequena: um sexto da população, cerca de meio milhão de uruguaios, fora de seu país. A dimensão dessa tragédia pode ser avaliada no Brasil de 2008, com 190 milhões de habitantes. Se algo parecido ao drama uruguaio ocorresse aqui, com o exílio da sexta parte da população brasileira, é como se de repente sumisse a população das oito maiores capitais do país – São Paulo, Rio de Janeiro, Salvador, Brasília, Fortaleza, Belo Horizonte, Recife e Porto Alegre.

Em termos mundiais, o exílio uruguaio corresponderia hoje ao sumiço repentino dos habitantes de quatro grandes metrópoles mundiais – Tóquio, Nova York, Londres e Pequim. A debandada só não foi maior porque os generais de Montevidéu negaram a renovação de passaportes a mais de 10 mil uruguaios. Um a cada 300 cidadãos não recebia da ditadura o documento para livre trânsito internacional. No Brasil atual, seria o equivalente a uma lista negra da Polícia Federal com 630 mil nomes – suficiente para lotar sete Maracanãs, ou o correspondente à população de capitais como Lisboa ou Oslo.

---

50. Pellegrino, 2004.

Com parte da nação exilada, outro tanto imobilizada, a guerrilha extinta e a economia em jejum, os militares mudam o lema do regime: o nada criativo binômio "Segurança e Desenvolvimento" é substituído, em 1977, por uma fórmula realmente inovadora – "Desenvolvimento e Segurança".

Apesar dessa revolução semântica, pouca gente percebe a diferença, sutil demais para aliviar o clima sufocante de restrições à liberdade. Para qualquer emprego público é indispensável o "certificado de fé democrática", expedido pela delegacia de polícia mais próxima. Não escapam nem mesmo os candidatos à eleição de clubes esportivos, sociais e culturais: quando um nome é vetado, a lista é devolvida integralmente pela delegacia ao requerente, sem destacar o veto. Na dúvida, a entidade é obrigada a elaborar uma nova lista, sem repetir os nomes.

Nas universidades, os cabelos compridos, barbas e *jeans* são proibidos, embora se admita bigode que não ultrapasse o canto da boca e costeletas acima do lóbulo da orelha. No curso de Filosofia, não se estuda nem fascismo, nem comunismo. A cadeira de História das Ideias Políticas, da Faculdade de Direito, também está exilada. Em um país de reconhecido nível cultural, uma pesquisa do jornal *El Día* constatou, nos últimos anos da infame década de 70, que apenas 20% dos habitantes de Montevidéu – onde vive metade da população uruguaia – comprava livros e discos.

A imprensa, censurada, cala e definha. Razões políticas ou econômicas fizeram desaparecer 26 jornais de circulação nacional a partir de 1973. Montevidéu, que antes disso tinha sete jornais com uma tiragem de 250 mil exemplares diários, lê, em 1978, apenas cinco, com uma tiragem inferior a 180 mil exemplares. Os poucos jornais brasileiros e argentinos que chegam às suas bancas frequentemente desaparecem – levados pelos agentes da polícia que recolhem as edições com notícias incômodas ao regime uruguaio.

No dia do golpe, 27 de junho de 1973, como prenúncio dos novos tempos, o governo faz o que nunca havia feito: impõe a censura ao país. O artigo 3º da lei da mordaça adverte:

> Proíbe-se a divulgação pela imprensa oral, escrita ou televisionada, de todo tipo de informação, comentário ou gravação que, direta ou indiretamente, mencione ou se refira ao disposto no presente decreto, atribuindo propósitos ditatoriais ao Poder Executivo, ou que possa perturbar a tranquilidade e a ordem pública.

Na semana seguinte a polícia invade a sede da Asociación de la Prensa Uruguaya (APU). Prende seus dirigentes e estaciona ali durante um mês. A Marinha aproveita a onda e invade a colônia de férias da entidade, no balneário de San Luís.

No dia 5 de julho, os militares obrigam a emissora CX30 Rádio Nacional a mudar de nome. Nacional, pelo jeito, só a ditadura. Ela continuou no ar sob uma nova identidade: CX30 La Rádio.

Entre julho e novembro de 1973, são fechados 23 veículos de comunicação, na capital e no interior. Um total de 237 edições são confiscadas nas bancas. No ano seguinte, 1974, a situação fica ainda pior: 96 redações são fechadas temporariamente, média de oito por mês, duas por semana, uma a cada três dias. O derradeiro fechamento de 1975 acontece em 29 de dezembro e se explica por si: os militares empastelam a revista de um padre jesuíta, Andrés Assandri, chamada *Perspectivas de Diálogo*.

Perspectivas não havia; diálogo, muito menos.

Nos três primeiros anos da ditadura foram fechados 173 meios de comunicação – 14 dos quais definitivamente. Edições inteiras dos diários argentinos *La Opinión, Mayoria* e *La Nación*, que cruzaram o rio da Prata com novidades que não podiam ser publicadas pela imprensa local, foram apreendidas, bem como de jornais brasileiros. Uma edição da revista internacional de cultura *El Correo de la Unesco*, que o órgão da ONU dedicou aos direitos da mulher, foi confiscada nas bancas. Dois dias após o golpe, o jornal *Acción* foi fechado por duas edições. Disposto a voltar às ruas no terceiro dia, foi impedido. O dono do jornal, Jorge Batlle, prócer do partido Colorado, o mesmo do presidente Bordaberry, decidiu fechar o jornal definitivamente.

Setenta e duas horas após o fechamento do Congresso pelos militares, a ditadura nascente cerrou as portas do semanário de esquerda *Marcha* (tiragem: vinte mil exemplares) por duas edições. Era uma publicação de prestígio internacional, onde escreviam autores como Mario Benedetti, Juan Carlos Onetti e Mario Vargas Llosa. Em 1960, aos 20 anos, começara ali sua carreira um jovem jornalista chamado Eduardo Galeano. Era editor do jornal quando aconteceu o golpe. Foi preso, assim como os dois diretores, Carlos Quijano e Julio César Castro. Libertado algum tempo depois, Quijano teve que se exilar no México, onde morreu. Castro, preso e torturado, nunca mais foi visto com vida, tornando-se um dos primeiros desaparecidos do regime. Um repórter de *Marcha*, Héctor Rodríguez, foi detido, barbaramente supliciado e depois condenado a oito anos de prisão.

Ao sair da prisão, Galeano procurou refúgio ali ao lado, em Buenos Aires, onde continuou sua resistência fundando uma respeitada revista cultural, *Crisis*. Até que os generais argentinos resolveram enfrentar a crise local derrubando a presidenta Isabelita Perón, em 1976. O nome de Galeano foi incluído na lista de condenados do Esquadrão da Morte uruguaio, o mesmo que agia sob as ordens da DNII, a Dirección Nacional de Información y Inteligencia, inventada pelo OPS de Dan Mitrione e pela CIA americana. Galeano só ficou vivo porque se refugiou na Europa. Morou na Espanha até o início de 1985, quando voltou ao seu Uruguai redemocratizado.

A repressão prende, cala, mata, exila, sufoca. Nesse ambiente, a imprensa local não sofre censura prévia por absoluta falta de necessidade. Os temas proibidos são evidentes e, para as notícias sobre militares, não é preciso nem repórter: as solenidades castrenses são privadas e as informações e fotos são distribuídas pelo próprio governo, através da Direção Nacional de Relações Públicas, a DINARP, que opera dentro do Palácio do Governo. Mesmo nestes casos, a DINARP não pode ser citada, ordenando aos jornais que usem a vaga expressão *fuentes bien informadas*.

Algumas vezes, a DINARP extrapolava suas funções: em setembro de 1977, ela distribuiu à imprensa uma nota sobre um OVNI, objeto voador não identificado visto por um fazendeiro às margens da Ruta 5 em Tacuarembó, ao norte de Montevidéu. Junto com a nota palaciana havia até mesmo um desenho reproduzindo a figura da nave extraterrestre – naquilo que seria talvez o primeiro reconhecimento oficial de um governo da Terra sobre a existência de discos voadores. Mais tarde soube-se que nessa época havia uma cisão militar nos quartéis. Explicava-se, assim, a manobra diversionista da DINARP.

Era proibido aos jornais publicar qualquer nota sobre reunião de ex-parlamentares ou simples convite para enterro de políticos. Por um deslize desse tipo, a publicação de um convite de casamento de uma filha do senador Wilson Ferreira Aldunate (então exilado em Londres e feroz opositor do regime), os diretores do jornal *El Dia* tiveram que prestar depoimento durante cinco horas na chefatura de polícia de Montevidéu.

Uma *vernissage* de artistas plásticos da Romênia, citada na coluna social do jornal, valeu nova advertência. Um jogo da seleção de futebol da União Soviética, contratado e anunciado em 1976, foi cancelado no ano seguinte pelo governo militar – e os jornais não puderam informar nem sobre o cancelamento da partida. Os uruguaios Mário Benedetti e Juan Carlos Onetti, os dois maiores escritores do país, estão exilados da pátria e banidos das livrarias. Os músicos mais engajados e populares, como Alfredo Zitarrosa, Daniel Viglietti e o grupo Los Olimareños, estão vetados. O El Galpón, o mais importante grupo de teatro independente do país, foi dissolvido em maio de 1976, seus integrantes, exilados para o México. O crítico literário do *El Día* foi chamado à polícia por ter citado duas vezes em um mesmo artigo o nome do colombiano Gabriel García Márquez, um perigoso esquerdista que não escondia sua amizade pessoal com o subversivo Fidel Castro.

Um encontro patético botou frente a frente um dos maiores torturadores do Uruguai e um dos maiores pianista da Argentina. O major José Nino Gavazzo resolveu dar um espetáculo diante do celebrado artista Miguel Angel Estrella, preso em Montevidéu sob a falsa acusação de ser membro do grupo Montonero e que tinha o perigoso hábito de dar concertos gratuitos em favelas e povoados do interior.

– Você não é guerrilheiro. É algo pior: com um piano e um sorriso você põe a negrada no bolso e faz os negros acreditarem que podem escutar Beethoven. Formaram você para tocar para nós e agora você prefere tocar para a negrada! – acusou Gavazzo.[51]

O historiador Enrique Serra Padrós, da Universidade Federal do Rio Grande do Sul, lembra que a estupidez da ditadura não respeitou nem o sagrado espaço do tango. No final de 1976, as emissoras de rádio foram informadas pela polícia que sete tangos de Carlos Gardel estavam proibidos. Citavam a condição social dos operários, em letras de "ânimo totalmente superado", segundo os críticos da delegacia policial. Eles davam como exemplo a letra de *Al pie de la Santa Cruz*, que

51. Jornal *Página 12*, da Argentina, em 12 de outubro de 2003.

dizia: "*hoy se le negó el aumento al pobre obrero que le pidió un pedazo de pan*". Os versos do clássico tango *Aquaforte* deixaram os policiais ainda mais chocados. Diziam: "*declaran la huelga / hay hambre en las casas / es mucho el trabajo y es poco el jornal*". Entrou na lista negra.

A ditadura proibiu até o carnaval.

Tinha o nome de *murga*, espécie de teatro musical de rua formado em torno de um coro de treze ou quinze pessoas que, ao ritmo de uma bateria, desfilavam entoando canções e exibindo cenas musicais inspiradas em acontecimentos políticos e sociais. Veio da Espanha no início do século XX, trazido por um grupo de *zarzuela* que percorria as ruas de Montevidéu cantando e dançando. O conjunto de murga espanhol se chamava *La Gaditana.* Em 1909 um grupo de carnaval uruguaio, com o nome de *Murga La Gaditana*, desfilou parodiando o desfile espanhol do ano anterior. Murga virou o nome deste pequeno carnaval, pobre mas profundamente popular. Ganhou novos elementos, outros ritmos, mais sonoridade, popularidade cada vez maior.

Na década de 60, um artista se destacou: José Milton Alanis, mais conhecido como Pepe Veneno, desenvolveu a murga escrevendo textos, lapidando vozes e acrescentando elementos de teatro ao carnaval de rua. Pepe dirigiu vários grupos diferentes até que, em 1969, nasceu sua murga, a mais famosa do país: *La Soberana.* De militância na esquerda, Pepe envenenava seus enredos com forte conteúdo de crítica política.

O povo se divertia, os militares não. Em 1974, ano seguinte ao golpe, Pepe botou sua murga na rua vestida com o azul e branco da bandeira nacional – e com os integrantes do bloco acorrentados. Pepe acabou vítima de sua própria peçonha: foi preso sob a justificativa de "atentado moral contra as Forças Armadas, vilipêndio e escárnio".

Foi torturado e submetido a fuzilamentos simulados. Pepe conta:

– Me faziam subir enormes escadarias, sempre vendado. No fim da escada, me diziam: "Tchau, chegou a tua hora! Não quiseste falar, filho da puta!" E me empurravam. Eu caía num colchão colocado apenas meio metro abaixo. Mas, neste segundo que durava a queda, eu ficava louco. Este segundo era a morte. O medo era terrível. Cheguei até a sonhar que estava morto...

Pepe passou três anos no cárcere de Punta Carretas, na capital uruguaia. Saiu dali em 1977, aos 37 anos, direto para o exílio na Suécia. Estocolmo acabou vendo naquele ano a primeira murga de sua história, integrada totalmente por suecos.

Sempre com o veneno de Pepe.

Ainda em 1977, o jornalista uruguaio Rodolfo Porley Corbo seria testemunha do carnaval que tumultuava a cabeça dos militares. Ele estava preso, encapuzado e pendurado em um centro de torturas em Montevidéu. Não viu, mas ouviu um dos diálogos mais patéticos da ditadura uruguaia. Um jovem que estava sendo torturado ali, ao seu lado, desabafou em voz alta sua angústia por tanto sofrimento:

– *Me cago en Dios!*

O que impressionou o jornalista não foi o lamento do jovem, foi a resposta cínica do militar que o torturava.

– *Respeta las ideas ajenas, mocito!* – repreendeu o torturador.[52]

Rodolfo Porley Corbo só não riu porque aquilo tudo doía, doía muito.

Nem mesmo Pepe Veneno pensaria em cena parecida.

A tortura tinha virado um carnaval.

***

O Uruguai, um país onde até festa de aniversário precisava de permissão de autoridade policial, seria cômico não fosse a tragédia.

A tragédia de sangue e morte que, sob o lema do combate ao terrorismo de esquerda, consagrou o terrorismo de Estado. A ONU lembrava que era o país do mundo com o maior índice de presos políticos em relação à população – mais de cinco mil detidos nos seus calabouços, um encarcerado para cada seiscentos habitantes. Nos seis anos que antecederam ao sequestro de Lílian e Universindo em 1978, uma população de quarenta mil pessoas tinha transitado pelas prisões políticas do país, segundo estimativas da Anistia Internacional. Em cada cinquenta uruguaios, um já havia passado pelo constrangimento de um interrogatório militar, quase sempre dolorido. Nos quatro anos que precederam ao sequestro de Porto Alegre, entre 1974 e 1978, a repressão uruguaia atravessou o rio da Prata e raptou 117 pessoas em Buenos Aires, incluindo dez crianças, algumas delas bebês. Novas denúncias e descobertas macabras fazem este número aumentar, ao longo dos anos, à medida que se faz a exumação da ditadura e seus crimes.

O peso espantoso da repressão no Uruguai pode ser percebido em comparação com o Brasil, um país quarenta vezes mais populoso. O Brasil, com 115 milhões de habitantes em 1978 e 25 mil presos políticos em duas décadas de regime militar, tinha a marca de um preso para cada 4.600 brasileiros.

Se a ditadura brasileira tivesse chegado à exagerada proporção uruguaia, o Brasil teria 1,5 milhão de presos políticos em 1978 – uma população carcerária suficiente para lotar quinze estádios do Maracanã. O equivalente ao total dos habitantes atuais de capitais como Recife ou Porto Alegre. Ou mais da metade da população de Salvador.

O autoritarismo fazia o Uruguai tremer, sofrer, esvaziar, diminuir.

Tudo piorava, mas algumas coisas melhoravam. A revista *El Soldado,* por exemplo. Ela nasceu em setembro de 1974, um ano depois do golpe que fechou jornais e revistas. Era uma publicação mensal, editada pela biblioteca do Centro Militar. Começou tímida, com uma tiragem modesta de apenas dez mil exemplares. Apesar disso tinha 45 páginas, impressão colorida e fartos anúncios de refrigerantes, lojas de roupas, marcas de automóveis, pequenas e grandes firmas, todas interessadas em prestigiar os seus leitores influentes. A revista circulava gratuitamente nos quartéis e nas bases militares, nas delegacias de polícia e nas embaixadas no exterior.

---

52. Villalobos, 2008.

Tinha uma equipe consistente. Um de seus redatores era um homem de bigodes negros, olhos miúdos, rosto redondo e semicalvo chamado Victorino Vázquez. Era tenente-coronel. Passava pouco tempo na redação. Dava expediente em uma instalação militar na junção do Camino de las Tropas e Melilla chamada La Tablada. Era conhecida pelo código de Base Roberto, o principal centro de interrogatório e tortura do Organismo Coordinador de Operaciones Antisubversivas (OCOA). Ali ficava um fichário que reunia os dados da repressão. Vázquez era o comandante de La Tablada.

O Centro Militar que editava a revista abrigava um núcleo radical, chamado Instituição com Dignidade, encabeçado pelo general linha-dura Estéban Cristi. Um membro do grupo era o capitão Eduardo Ferro, que executou o sequestro de Porto Alegre. O sucessor de Ferro na chefia da Seção de Operações da Compañía de Contrainformaciones era o capitão Carlos Perdomo, um dos membros da diretoria do clube. Outro integrante do grupo e diretor do Centro era o capitão Vicente Alaniz, um dedicado professor de tortura e interrogatório da Escola de Inteligência do Exército.

Com a força e o prestígio desse público cativo, *El Soldado* prosperou. Triplicou sua tiragem, chegando a trinta mil exemplares em 1980, um ano marcante para a revista e para o país. Como todas as ditaduras, a uruguaia começava a exibir sinais de fadiga do material repressivo. Sete anos depois, já era evidente o desgaste, o cansaço pelo regime duro. A nostalgia pela democracia de outrora aumentava, o clamor por liberdade ecoava com mais força.

El Soldado, como sinal dos novos tempos, começou a sofrer de deserção. O primeiro a dar baixa foi o prestígio de um órgão governista, artificial, que dependia da vitalidade de um regime em progressiva decadência. Com ele desertaram os anunciantes e, na sequência, seus leitores compulsórios. A revista minguou, descoloriu, encolheu, apodreceu como a ditadura que ela tentava refletir.

As fotos coloridas foram trocadas por imagens em preto e branco. Depois, nem mesmo fotos. As notícias sumiram, como os leitores, e a frequência caiu: o mensário virou bimestral. O papel ficou mais barato, o visual ordinário e o conteúdo, ainda mais pobre. Acabou se transformando em um boletim informativo cuja principal atração era a página interna com a oferta dos preços mais econômicos da cantina do Centro Militar. A antiga revista virou um panfleto de circulação interna, restrita aos associados do clube. Os raros interessados de fora agora precisavam buscar um exemplar na sede do Centro.

A degradação do *El Soldado* é uma boa metáfora do apodrecimento do regime dos generais. Ambos – a revista e a ditadura – chegam ao fundo do poço naquele ano de 1980.

Os militares tiveram uma boa ideia: pedir a opinião do povo sobre um regime que, por definição, repudiava a vontade popular. Não podia dar certo. Como todo sistema político autoritário, o uruguaio ambicionava purgar-se e legitimar-se pela sanção do voto. Em agosto de 1977, três anos após o golpe, os generais aprovaram o Plano Político das Forças Armadas em um conclave fardado na fortaleza de Santa Teresa – o mesmo parque militar nas cercanias de Chuy onde, no ano seguinte, Lílian Celiberti e Universindo Díaz seriam torturados 24 horas após o sequestro em Porto Alegre.

Em 15 de maio de 1980, o presidente Aparicio Méndez divulgou o texto do anteprojeto da nova Constituição, remetido pelos generais ao dócil Conselho de Estado que substituía o Congresso, fechado há sete anos. A autoria do trabalho era insuspeita: a Comissão de Assuntos Políticos das Forças Armadas, conhecida pela sigla Comaspo. Parecia tudo muito bem amarrado, com um único e perigoso detalhe: previa a ratificação popular, mediante um plebiscito. Como planejado, o projeto foi aprovado pelo Conselho em 31 de outubro. Faltava apenas a formalização do apoio popular no plebiscito marcado para dali um mês, 30 de novembro. Mas faltava combinar com o povo. E ditadura, geralmente, não combina.

Os generais acreditavam na sanção popular. E confiavam ainda mais no ambiente restrito de um país amedrontado pela força, que prevenia quaisquer surpresas ou dissidências. O voto "Sim" à reforma dos generais contava com a farta propaganda nos controlados meios de comunicação e nas emissoras de rádio e TV, sujeitas à vontade do poder. Tudo isso em um país com liberdades individuais suspensas, sem parlamento, privado do direito de reunião, sem liberdade de expressão, com milhares de presos políticos e multidões de exilados.

Um plebiscito não poderia dar errado, imaginaram os generais.

Não poderia dar "Não". O "Não" não poderia vencer.

O projeto da nova Constituição consolidava, na lei, o que já acontecia na marra. Proibia a greve de funcionários públicos e a sindicalização de várias categorias profissionais. Além das *medidas prontas de seguridad* já existentes, criavam-se novos "estados de emergência". Inventava-se o "estado de guerra" e o "estado de subversão", que se definia pela "situação grave de caráter interno, com ou sem apoio exterior, tipificada por fatos ou atitudes que afetem a institucionalidade, a vida, a liberdade e a segurança nacional". Em resumo: subversão podia ser tudo e qualquer coisa.

Tirava a estabilidade do funcionalismo, criava o Conselho de Segurança Nacional que tutelava a democracia, instituía um Tribunal Constitucional integrado pelos oficiais-generais das Forças Armadas e pelos complacentes integrantes do Conselho de Estado. Mantinha a vigência das *Actas Institucionales,* inclusive a nº 4, que cassava por quinze anos os direitos políticos de milhares de cidadãos. Sustentava a competência dos tribunais militares para julgar civis e subordinava os juízes ao Ministério da Justiça. Enfim, uma Constituição que dava uma fachada legal a uma ditadura de fato.

Até os partidos tradicionais repudiaram o projeto. O *batllismo,* setor majoritário do governista partido Colorado, disse "Não". Apenas uma fatia reduzida do partido, ligada ao ex-presidente Pacheco Areco, aprovava.

Contra todas as vantagens oficiais do "Sim", o "Não" carregava todas as dificuldades da oposição. Não houve quase nenhuma publicidade nos meios de comunicação. A propaganda se fazia nas ruas, boca a boca, distribuindo folhetos, com alguns editoriais assinados no jornal *El Día* e os comentários de Germán Araújo na CX30 La Radio, a voz mais crítica à ditadura. Foram realizados poucos atos em recinto fechado e, assim mesmo, seus oradores e organizadores foram presos ou proscritos. Duas semanas antes do plebiscito, o partido Nacional realizou um comício pelo "Não" no cine Cordón, na avenida 18 de Julio e, para ampliar a audiência, colocou alto-falantes na calçada. Os militares não perderam o hábito: mandaram a tropa investir contra o povo na rua, e a cavalaria chegou a invadir o saguão do cinema.

Às nove e meia daquela mesma noite, 14 de novembro, o Canal 4 realizou o primeiro e único debate de televisão – um evento decisivo para quebrar o medo dos eleitores. O governo tinha tomado suas cautelas. Proibiu a transmissão ao vivo, mas permitiu a exibição do programa gravado sem cortes nem intervalos comerciais.

Era uma mesa redonda com dois defensores de cada lado. Pelo governo, o astro principal era o coronel de Exército Néstor Bolentini. Ainda em 1971, dois anos antes do golpe, tinha sido o primeiro juiz militar a processar civis no país. No ano seguinte, 1972, ajudou a redigir a Lei de Segurança do Estado, que colocava civis sob jurisdição militar e, em fevereiro de 1973, apoiou uma fracassada tentativa de golpe da Marinha. Com o golpe vitorioso de quatro meses depois, Bolentini ganhou o cargo de ministro do Interior, que cuidava da repressão. Era o homem perfeito para defender o "Sim".

Pela lado do "Não", dois nomes dos partidos tradicionais: o *colorado* Enrique Tarigo e o *blanco* Eduardo Pons Etcheverry. Aos 53 anos, Tarigo tinha lançado três dias antes um semanário, *Opinar*, de forte oposição ao regime. Foi afastado da banca da Faculdade de Direito, em 1978, em um arrastão militar que demitiu vários professores. Aos 65 anos, Pons Etcheverry tinha sido ministro da Educação no início da década de 60, além de presidente do Jockey Club e do Nacional, o segundo time de futebol mais popular do país. A dupla do "Não" estava afiada: Tarigo atacava, com sua formação de jurista, Pons debochava, com sua ironia demolidora.

– *Siempre hay rinocerontes!* – disse ele, em momento decisivo do debate, comparando os colaboradores da ditadura à figura central da peça que era encenada naqueles dias em Montevidéu. *O rinoceronte,* marco do teatro do absurdo de Eugène Ionesco, retrata a transformação de um povoado francês em uma manada de rinocerontes, com exceção de um único homem, o bêbado Bérenges. A obra foi interpretada como uma metáfora sobre o fascismo que varreu a Europa no período entre as duas guerras mundiais.

O coronel Bolentini não percebeu a ironia de Pons.

O povo uruguaio, sim.

Pons tinha um talento demolidor para fazer graça com coisa séria. Tempos depois, ao desembarcar no aeroporto de Carrasco, procedente da Europa, fez um trocadilho com a Comissão de Assuntos Políticos das Forças Armadas, a Comaspo, que volta e meia lançava novas ideias para o país. O repórter perguntou a ele qual a repercussão da última proposta da comissão no Velho Mundo.

– *En Europa, a la Conasco [sic] no la conocen...*

Outro jornalista perguntou sobre a declaração de um militar graduado. Pons sabia o que havia dito o tal general?

– *No. Son tantos los generales y hablan tanto!...*

O fato é que o desempenho brilhante e jocoso da dupla Tarigo-Pons no debate encheu a plateia uruguaia de orgulho e coragem para resistir à ditadura da única maneira possível – no voto. Os militares, apesar disso, estavam confiantes. Acreditavam em uma vitória fácil, reforçada por uma pesquisa Gallup que previa 60% de votos favoráveis ao regime. Tanto que foi liberada a transmissão ao vivo, pela TV, da contagem dos votos.

Os generais pensavam que o povo iria acolher patrioticamente a papeleta azul-celeste, sutilmente impressa na cor da bandeira nacional, onde constava o 'Sim'. Mas a maioria dos uruguaios preferiu a papeleta do "Não", impressa em uma subversiva cor amarela.

A apuração nacional marcou 56,83% de votos "Não" e 42,51% de "Sim".

A capital, Montevidéu, onde vivia metade do país, registrou uma diferença ainda maior: 63,25% para o "Não", 36,04% para o "Sim".

A ditadura foi derrotada. Apesar dos rinocerontes.

***

A ditadura começou a fazer água.

Em meados do ano seguinte, 1981, acontecem os primeiros contatos do governo com seus ex-inimigos, os políticos dos partidos Blanco e Colorado. Revogam-se, pela primeira vez, as proscrições políticas de alguns nomes, antes malditos. Em novembro, o Judiciário retoma seus trabalhos. Em 1982, são realizadas pela primeira vez eleições internas nos três partidos políticos habilitados – Blanco, Colorado e União Cívica –, todas vencidas pelos setores de oposição à ditadura.

O 1° de maio de 1983, Dia do Trabalho, é comemorado pela primeira vez em dez anos em ato aberto e emotivo diante do Congresso fechado, na larga esplanada do Palácio Legislativo. A organização é de um certo PIT, Plenário Intersindical de Trabalhadores, que sucedia a central CNT proscrita pelo regime. A ditadura ainda era um sufoco: a Frente Ampla continuava proscrita, o exilado Wilson Ferreira Aldunate ainda era procurado pela Justiça Militar e 1.800 presos políticos mofavam em cárceres e quartéis. Mas o país já respirava.

O Uruguai resolveu respirar junto, a plenos pulmões, em praça pública. O país marcou um encontro para o festivo domingo de 27 de novembro de 1983 ao pé do Obelisco, o monumento no extremo da avenida 18 de Julio, esquina com o Bulevar General Artigas, a um quilômetro do estádio Centenário. Um encontro histórico, o maior da história, quinhentas mil pessoas reunidas sob um único lema: *Por un Uruguay sin exclusiones*. Aquela multidão representava o meio milhão de uruguaios que não podia estar lá porque estava longe, distante, exilado. Tinham todos um só clamor: a volta da democracia, o termo da ditadura, o fim da tortura.

O semanário *Aquí* estampou na primeira página, dois dias depois, uma foto de Pepe Plá tomada no último andar de um prédio na esquina da 18 de Julio com

Bulevar Artigas. Sob a imagem grandiosa da multidão, um título iluminado pela inspiração: *Rio de Libertad.* O fundo musical do ato era a canção do grupo andaluz Jarcha, chamada *Libertad sin ira.* O empolgante refrão da música era entoado com fervor e lágrimas pela multidão, emocionada com o reencontro de tanta gente, de tanta alegria, de tanta esperança. No penúltimo refrão, o violão silenciava e a música era marcada apenas pelas palmas da multidão. E quinhentas mil vozes, chorando, faziam um coro que atravessava a avenida, o parque, a cidade, a história de um país, o coração de um povo.

E o povo cantava, a uma só voz:

Libertad, libertad, sin ira libertad
Guárdate tu miedo y tu ira
Porque hay libertad, sin ira libertad
Y si no la hay sin duda la habrá.

Ninguém sabia, mas ali perto do Obelisco ficava o coração do regime que aquela multidão queria revogar. Dois quilômetros ao norte, em linha reta, na esquina do Bulevar Artigas com a rua Colorado, ficava a sede da Compañía de Contrainformaciones, a unidade secreta do OCOA que sequestrava uruguaios, dentro e fora do país. Que prendia, torturava, matava.

Um dos sobreviventes da Compañía estava no comício do Obelisco: o preso n° 2723 da penitenciária de Libertad, Universindo Rodríguez Díaz, libertado na semana anterior, ao anoitecer de sábado, 21 de novembro. Meia hora antes tinha sido libertada a presa n° 590 do presídio de Punta de Rieles, Lílian Celiberti[53].

Seis dias antes do histórico reencontro do povo na praça, Lílian e Universindo estavam livres, após cinco anos de cativeiro, denunciados por invadir o Uruguai. Os dois, sequestrados em Porto Alegre em novembro de 1978 pela Compañía de Contrainformaciones, eram o retrato vivo dos crimes do regime.

A presença de Universindo no ato do Obelisco uma semana após sair da prisão mostrava as duas faces de um mesmo país: o Uruguai que renascia e o regime que morria.

No palco do Obelisco, estavam vários personagens do país, presentes ou ausentes. Sílvia Ferreira, filha do *blanco* exilado Wilson Ferreira Aldunate. Lili Lerena, mulher de Líber Seregni, o general da Frente Ampla e ainda preso político. O *colorado* Julio María Sanguinetti. Todos, da direita à esquerda, clamando por um Uruguai democrático, sem exclusões.

---

53. Livres, Lílian e Universindo processaram o Rio Grande do Sul por danos morais e físicos. A Justiça brasileira condenou o Estado em 1990 e o governador Pedro Simon assumiu a responsabilidade, não permitindo recurso contra a decisão. O vice-governador era o mesmo Synval Guazzelli, que trocara a ARENA da ditadura pelo PMDB, sucessor do MDB na democracia. A indenização de R$ 360 mil, que quitava financeiramente a "questão de honra" de Guazzelli, foi paga aos uruguaios no Governo Alceu Collares (1991-95). No Uruguai, Lilian e Universindo ganharam uma reparação de 100 mil dólares, cada um, paga no Governo de Luís Alberto Lacalle (1990-95). O processo contra os militares foi travado na Justiça uruguaia pela Ley de Caducidad de 1986, que garantiu a impunidade aos sequestradores de Montevidéu.

Um ano depois, em outubro de 1984, o Uruguai que disse "Não" à ditadura fez fila nas seções eleitorais para dizer "Sim" à democracia.

Pela primeira vez, após treze anos de regime militar, elegeu-se um presidente democraticamente. Julio María Sanguinetti recusou-se a receber a faixa presidencial do último presidente do regime militar. O general Gregorio "Goyo" Álvarez era o comandante do Exército, em novembro de 1978, quando oficiais uruguaios invadiram Porto Alegre para sequestrar Lílian e Universindo. O impasse foi resolvido com a posse interina no cargo do presidente da Suprema Corte de Justiça. No dia 1° de março de 1985, enfim, Julio María Sanguinetti recebeu a faixa do juiz Rafael Addiego Bruno e assumiu como o primeiro presidente constitucional desde o golpe de 1973.

O PVP, o Partido por la Victoria del Pueblo, de Lílian e Universindo, volta à legalidade. Seu líder máximo, Hugo Cores, também. O líder que vivia clandestino em São Paulo em 1978, que deu o telefonema salvador à sucursal de *Veja* denunciando o sequestro dos uruguaios, agora era deputado. Mais de 42 mil votos fizeram de Cores um dos dois deputados eleitos pelo PVP em 1989, então um partido legal que integrava o arco-íris de dezesseis partidos de centro-esquerda que governava Montevidéu sob o guarda-chuva da Frente Ampla. O líder frentista, general Líber Seregni, condenado em 1973 a catorze anos de prisão por sedição e traição à pátria, fora libertado em 1984.

Em 1989, outro sinal dos novos tempos. O campeão nacional de futebol não era nenhum dos dois maiores clubes do país, Peñarol (29 títulos) e Nacional (23), que se revezavam na maioria dos últimos 55 campeonatos. Naquele ano o título ficou com um pequeno time da capital – o Club Atlético Progreso, do bairro operário de La Teja, que adotou na camiseta o amarelo e o vermelho da bandeira catalã por sua identificação com o anarquismo. O presidente do inesperado campeão uruguaio de 1989 era um médico, oncologista, radioterapeuta e socialista chamado Tabaré Vazquez.

Naquele mesmo ano, 1989, outro imprevisto na vida de Tabaré: ele derrotou os dois grandes partidos nacionais, Blanco e Colorado, como antes o Progreso derrotara os dois grandes do futebol, Peñarol e Nacional, e conquistou a prefeitura de Montevidéu pela legenda da Frente Ampla. Desde o início da década de 70, dois anos antes do golpe militar, os Estados Unidos tinham uma avaliação política precisa sobre a importância dessa conquista. No memorando secreto A-150 de 25 de agosto de 1971, o embaixador Adair mostrava sua apreensão ao Departamento de Estado, no "Relatório Preliminar de Análise e Estratégia". O item C do memorando dedicava dezoito linhas ao tema "Montevidéu e a Frente" na quinta de suas dezoito páginas. O texto:

> Até o presente, a Frente está fazendo o maior esforço para conquistar o governo da capital uruguaia. Tal vitória teria importantes consequências para a estratégia dos Estados Unidos. O *intendente* ou prefeito de Montevidéu é corretamente considerado o segundo mais importante cargo executivo do Uruguai. Ele controla a administração de uma grande cidade que recebe substancial receita de tributos e seu poder de licenciamento lhe dá uma grande influência

sobre as empresas de negócio locais. O controle de Montevidéu pela Frente não somente lhe daria um substancial impulso psicológico, mas também colocaria à sua disposição importantes alavancas políticas. Ainda que os poderes administrativos da Câmara Municipal sejam escassos, ela possui meios substanciais para impedir ações do prefeito, que incluem até a censura e afastamento. Nós não achamos provável que uma vitória da Frente aqui ocorra por mais do que uma estreita diferença, assim deixando o controle da Câmara Municipal nas mãos dos blancos e colorados. Além disso, o governo federal controla as forças de segurança pública de Montevidéu. Contudo, uma vitória da Frente na cidade poderia exacerbar a já séria divisão entre capital e interior e, com quase metade da população sob seu controle, poderia reduzir a possibilidade de nossa parte de uma efetiva estratégia anti-Frente.

Confirmando os piores receios dos Estados Unidos, Tabaré repetiu no campo eleitoral o Progreso dos campos de futebol: ganhou. Converteu-se no primeiro prefeito de esquerda da capital, arrebatando o segundo mais importante cargo executivo do país, assumindo o governo de metade da população uruguaia. Dava um passo decisivo para conquistar o primeiro e mais importante posto executivo: a presidência da República. Tentou a primeira vez, em 1994 – recebeu 30,6% dos votos. Tentou a segunda, em 1999 – ganhou 48% dos votos. Tentou a terceira, em 2004 – e, dessa vez, levou. Venceu já no primeiro turno com 1.124.761 votos, exatamente 51,67% do eleitorado uruguaio. Tabaré Vazquez tornou-se o primeiro presidente de esquerda do Uruguai.

A mais impressionante transformação política uruguaia aconteceu, talvez, no Congresso. Em 2005, pela primeira vez, a esquerda era maioria no Parlamento de um país que durante 175 anos foi governado basicamente por apenas dois partidos, Blanco e Colorado. A Frente Ampla tinha 52 das 99 cadeiras da Câmara dos Deputados e 17 das 31 vagas do Senado.

O primeiro presidente do país, Fructuoso Rivera, que assumiu em 1830, fundou o partido Colorado. Nos 175 anos seguintes, até a posse do esquerdista Tabaré Vazquez, foram 56 presidentes *colorados* ao longo de 141 anos e apenas onze *blancos* em 34 anos no poder. No período de 87 anos entre 1865 e 1952, o Uruguai teve 33 presidentes – todos eles *colorados*. Essa hegemonia acabou de forma aplastante na eleição de 2005, vencida pela Frente Ampla: o Colorado teve a pior derrota de sua história, com apenas 10,4% dos votos (contra 34% do Blanco e 51% da frente de esquerda). O duro julgamento popular deu aos *colorados* apenas dez cadeiras de deputados e somente três de senadores.

Veteranos militantes da guerrilha Tupamaro chegaram a controlar as duas cadeiras principais do Parlamento. A ex-guerrilheira e professora Nora Castro, 58 anos, foi empossada como presidente da Câmara dos Deputados. Outro líder histórico do Movimento de Libertação Nacional, o MLN-Tupamaro, José *Pepe* Mujica, 69 anos, seis ferimentos à bala e 15 anos de prisão, foi o senador mais votado do país. Assumiu a presidência do Senado em 2005 e, logo depois, foi nomeado ministro de Pecuária, Agricultura e Pesca, talvez a pasta mais importante da nação.

Outro fundador do MLN, Eleutério Fernández Huidobro, voltou reeleito ao Senado em 2005 aos 63 anos. Tinha 29 quando executou, em setembro de 1971 uma fuga espetacular do presídio político de Punta Carretas, junto com outros 110 guerrilheiros Tupamaros. Preso após o golpe militar, Huidobro e outros oito dirigentes máximos da guerrilha – entre eles Raúl Sendíc e José Mujica – foram mantidos como reféns pelo militares, sob ameaça permanente de execução para prevenir novos ataques dos Tupamaros. A luta armada acabou, a guerrilha foi dizimada, mas Huidobro e seus companheiros continuaram sendo transferidos de um calabouço para outro, entre os 28 quartéis do país, durante longos 13 anos. Só foram libertados em 1985, com a anistia e a queda do regime. Em 2005 o senador Huidobro assumiu a presidência da Comissão de Defesa do Senado.

Pelas vias certas da democracia, sem disparar uma única bala, os Tupamaros tinham enfim chegado ao poder.

Um poder compartilhado. Democrático.

***

Até ser resgatado, o Uruguai atravessou uma dúzia de anos. Foi um tempo de violência sustentada nos ferros de um regime que pendurava e machucava jovens em desrespeito às *ideas ajenas.*

Um regime sem pudor capaz de atravessar fronteiras – geográficas, físicas e morais – para sequestrar homens, mulheres e crianças.

Capaz de mandar um comando militar a Porto Alegre para sequestrar Universindo Díaz, Lílian Celiberti e seus filhos Camilo e Francesca.

Uma ditadura capaz de tudo.

Capaz de roubar a liberdade de um povo, de sufocar a democracia, de sequestrar um país.

Capaz de sequestrar todo um Uruguai.

Um Uruguai sequestrado de sua própria história.

Anexo II
A sombra do condor

1978. Novembro. O ano ainda não terminou.

Abriu com o requebrado sem jeito do Príncipe Charles, ainda solteiro, tentando acompanhar o gingado sinuoso da bela e calva Pinah, o negro destaque da escola de samba Beija-Flor no carnaval carioca. Nas discotecas da moda os embalos de sábado à noite lembram a dança frenética de John Travolta.

No embalo da guerrilha, as Brigadas Vermelhas sequestram e matam em março o líder da democracia-cristã da Itália, Aldo Moro. O mundo católico se agita cinco meses depois. A Igreja que viu apenas dois papas nas últimas quatro décadas do século XX é comandada por três papas em apenas cem dias. Paulo VI, pontífice desde 1963, morreu em 6 de agosto. O sucessor João Paulo I durou breves 34 dias, fulminado por um infarto nada católico. O polonês Karol Wojtyla, o primeiro não italiano em 455 anos de papado, foi escolhido em 16 de outubro para o longo pontificado de 26 anos que consagraria o estilo *pop* do papa João Paulo II.

A censura começa a perder o fio, depois de uma década de AI-5. A *Ópera do Malandro* de Chico Buarque estreia com o corte de um verso, mas sobrevive à tesoura a expressão "joga pedra na Geni", que vira bordão. *Laranja Mecânica* de Stanley Kubrick é liberado depois de sete anos na prateleira, ainda assim com o recurso de bolinhas pretas cobrindo as genitais dos personagens. O teatro de vanguarda se renova com *Macunaíma*, de Antunes Filho, que traz da floresta os índios e os irmãos sertanistas Villas-Boas para deixar os ensaios mais enraizados na cultura popular.

Na metade do ano, o governo cessa o controle dos três últimos jornais censurados do país – *O Estado de S.Paulo*, *Tribuna da Imprensa* e *O São Paulo,* órgão da Arquidiocese liderada pelo cardeal Dom Evaristo Arns. Renascem as greves no ABC paulista, onde desponta um sindicalista barbudo nos palanques operários de São Bernardo.

O Brasil todo censura o técnico da Seleção, Cláudio Coutinho, que leva para a Copa do Mundo na Argentina o abrutalhado meio-campo Chicão, do São Paulo, no lugar do elegante craque Falcão, do Internacional. O time sai invicto do campeonato, com o terceiro lugar após quatro vitórias e três empates. "Campeões morais", festeja Coutinho, sozinho.

Setembro oscila entre a paz e a guerra. Quase paz em Camp David, no encontro que Jimmy Carter promoveu entre o presidente egípcio Anwar El-Sadat e o primeiro-ministro Menachem Begin para mais uma trégua no Oriente Médio. Quase guerra entre os generais da Argentina e do Chile pela posse de ilhas geladas no Canal de Beagle, no extremo sul do continente. A intervenção do papa João Paulo II esfria a crise.

Morrem o ortodoxo pensador católico Gustavo Corção, o cantor Orlando Silva, o ex-campeão sueco de Fórmula 1 Ronnie Peterson, o costureiro Dener, a líder israelense Golda Meir. Nasce na Inglaterra o primeiro bebê de proveta, Louise Brown.

Os livros mais vendidos entre os brasileiros falam castelhano: *As Veias Abertas da América Latina,* do uruguaio Eduardo Galeano, e *Conversa na Catedral,* do peruano Mario Vargas Llosa. A inflação anual bate em 40,84%.

1978. Novembro. O mês mal começou, quando o telefone toca no Comando Geral do Exército em Montevidéu.

O PASSE LIVRE

A voz anônima informa o endereço de um militante do clandestino PVP.

Ali, diz o delator, mora uma pessoa "requerida" pelas Forças Conjuntas, um integrante do caçado Partido por la Victoria del Pueblo. A informação foi repassada ao Departamento II do Estado-Maior, responsável pelas ações repressivas executadas por seu braço operacional – a secreta Compañía de Contrainformaciones. O general Manuel J. Nuñez, chefe do Estado-Maior, colocara no posto um amigo pessoal, o coronel Calixto de Armas. Ele é conhecido no código de rádio como *Rojo Maíz* (Milho Vermelho), codinome padrão de quem comanda a área de informação.

Aos 47 anos, Calixto César de Armas González é o homem mais poderoso da repressão uruguaia. Há cinco meses ele deixou o posto de chefe do Departamento II do Estado-Maior do Exército por um cargo de nome parecido, mas muito mais influente: agora como chefe de outro Departamento II, o do Comando Geral do Exército, o coronel pairava acima das quatro Divisões de Exército que reinam sobre o país e acima até do OCOA, o Organismo Coordenador de Operações Antissubversivas.

Ambos – o general e o coronel – recebem ordens diretamente do comandante-geral do Exército, o general Gregorio "Goyo" Álvarez. E de mais ninguém.

É o coronel De Armas quem bota as armas da Compañía na rua. Ainda naquela noite, três carros estacionam de repente diante da casa denunciada, em uma rua da Villa Colón, bairro na parte noroeste da capital, a uns doze quilômetros da sede da Compañía. Uma dezena de homens armados comandados por dois oficiais irrompe, na noite de quarta-feira, 1° de novembro, na casa de Carlos Amado Castro Acosta. Só encontram os pais da pessoa "requerida". A casa é revistada e o grupo arma uma *ratonera,* à espera de sua presa.

Um suboficial e quatro homens permanecem ali, esperando noite adentro. Um dos soldados, talvez o mais inexperiente deles, acabou de completar 21 anos. Hugo Walter Garcia Rivas, recém-casado, ainda tem cara de garoto, com seu rosto fino e a palidez acentuada por um bigode ainda ralo. Os guardas se revezam na vigilância da madrugada. Nada acontece.

Castro só apareceu no final da manhã de quinta-feira, dia 2. Desconfiado, rondou a casa e percebeu a armadilha. A mãe tinha deixado a cortina da janela suspensa a uma certa altura, a senha para avisar do perigo. Quando acelerou o passo para fugir, Castro foi preso na calçada e levado para a sede da Compañía , na esquina do Bulevar Artigas com a rua Colorado. Uma tortura eficaz e rápida logo revelou o que eles queriam: a militância de Castro no PVP e o paradeiro de outros dez militantes do partido. Entre eles, Ana Salvo, Marlene Chauquelt, German Steffen Artigue e seu filho Roni, Luís Alonso e Rosário Pequito Machado.

Na cela da Compañía, quem dirigia os interrogatórios era o capitão Eduardo Ramos, chefe da Seção Técnica, um homem de frieza matemática. Tinha sido chefe do Departamento de Engenheiros do Comando Geral do Exército. Agora acumulava sua função na Compañía com o posto de professor no curso de Interrogatório da Escola de Inteligência, aberta em 1975 na sede militar situada na esquina das ruas Dante e República. Dava cursos para 20, 25 alunos mesclando sargentos e oficiais. A classe integrada acabou quando um sargento, mais inteligente, ousou tirar o primeiro lugar deixando para trás a oficialidade jovem. Os militares mais graduados não quiseram passar por outra humilhação e racharam a turma.

O curso era baseado na cartilha de 1968 chamada MOAS, Manual de Operações Antissubversivas, preparada pelo OCOA. As aulas de interrogatório, ministradas pelo capitão Ramos, eram práticas: traziam um preso da Compañía, qualquer um, e diante dos alunos lhe aplicavam torturas, pancadas, choques elétricos e sessões de afogamento, com o devido cuidado para não matar ninguém. Ocorriam desmaios frequentes e só então era chamado o médico, Dr. Scaravino. Não eram aulas para interrogar, na verdade, mas para acostumar a turma com o constrangedor visual da tortura.

O soldado Garcia Rivas percebeu que o caso de Rosário Pequito não era uma simples aula. O capitão Ramos naquele dia não queria apenas ensinar sua equipe, mas interrogar e extrair informações da jovem, o mais rápido possível. A tortura começou no *tacho*, um tonel cortado pela metade e cheio de água. Rosário foi estendida em uma tábua e sua cabeça mergulhada no tacho várias vezes para perder o fôlego e a resistência. Rosário resistiu um dia inteiro.

No segundo dia ela foi despida, algemada com as mãos às costas e pendurada pelos punhos num gancho encravado no teto. E assim ficava, com os braços erguidos para trás, sustentando nos pulsos retorcidos o peso do corpo e das pancadas. Ela desmaiava de dor. Era retirada do gancho, reanimada e, meia hora depois, recolocada no lugar. Rosário resistiu no segundo, no terceiro, no quarto dia. No quinto dia não resistiu mais. Contou que em Porto Alegre havia um casal do PVP que fazia a conexão entre o partido e seu líder máximo, Hugo Cores, escondido em algum lugar do Brasil. E revelou o nome do casal:

– Lílian Celiberti e Universindo Rodríguez Díaz.

A primeira reação da equipe de operações da Compañía foi fazer em Porto Alegre o que se fazia, habitualmente, em Buenos Aires: cruzar simplesmente a fronteira e buscar os "requeridos". Sem burocracia, sem demoras, sem formalidades. Foi o comandante do Departamento II quem cortou o devaneio da turma:

– *Brasil todavía no es Argentina!* Temos que falar com alguém antes – lembrou o coronel Calixto de Armas, que antes de assumir o Departamento tinha sido adido militar no Paraguai.

O soldado Garcia Rivas acabou ouvindo do sargento Miguel Rodriguez mais do que deveria saber: o caminho percorrido pelo coronel De Armas para garantir o passe livre dos militares uruguaios no Brasil. O sargento tinha servido dois anos na embaixada uruguaia em Brasília e agora era o braço direito do capitão Eduardo Ferro, o chefe da Seção de Operações da Compañía. O soldado soube pelo sargento que o coronel De Armas tinha ligado para um amigo do Exército brasileiro, também coronel, em Porto Alegre.

Garcia Rivas saberia, depois, que não era bem Porto Alegre. Era uma cidade próxima, a uns trinta quilômetros da capital gaúcha: São Leopoldo, a sede do 16° Grupo de Artilharia de Campanha, o 16° GAC. No comando do quartel desde 26 de janeiro de 1978, o coronel uruguaio reencontrou um velho parceiro, um coronel de 46 anos, gaúcho de Santa Maria e descendente de migrantes napolitanos, chamado Carlos Alberto Brilhante Ustra.

O nome certo para apontar os amigos que a Compañía precisava em Porto Alegre. O coronel de Montevidéu discou por uma linha segura para o coronel de São Leopoldo.

A Operação Condor começava a bater asas em direção ao Brasil.

O estômago embrulhado

Oito anos antes, o major Ustra parecia ter recebido um castigo.

A partir de 29 de setembro de 1970, ele iria assumir o comando de um amontoado de salas acanhadas e divididas por tabiques de madeira nos fundos mal-arrumados de uma encardida delegacia de polícia. Ficava no bairro Vila Mariana, a cinco quadras do ginásio do Ibirapuera, a quatro quilômetros da esquina mais famosa de São Paulo – a das avenidas Ipiranga e São João –, eternizada nos versos da *Sampa* de Caetano Veloso.

O 36° Distrito Policial, no cruzamento da rua Tutoia com Tomás Carvalhal, não tinha charme para inspirar nenhum poeta. Ustra assumia o arriscado encargo de botar no mapa e no imaginário nacional o endereço macabro do DOI-CODI de São Paulo, a base do Destacamento de Operações de Informações (DOI) do Centro de Operações de Defesa Interna (CODI) do II Exército. A esquina de tortura e terror da rua Tutoia que ficaria marcada, sem poesia, com letra e música de seu autor principal.

Brilhante Ustra poria o nome na história da ditadura, adotaria o codinome de major Tibiriçá e conquistaria o justo renome como o profissional mais temido da repressão militar brasileira. Para isso começou arrumando aquela mixórdia emprestada à delegacia. Redesenhou o lugar, arrumou os espaços para acomodar as salas de interrogatório e a carceragem e acomodou da melhor maneira a centena de homens que ele selecionou para iniciar a epopeia da Tutoia. Em pouco tempo o efetivo tinha dobrado. Chegou a 250 homens, o maior DOI do país, juntando gente barra-pesada da PM paulista, da polícia civil e do Exército, que destacou para lá dez oficiais, 25 sargentos e cinco cabos. A gestão eficiente de Ustra, entre setembro de 1970 e janeiro de 1974, faria jus ao seu esforço, fazendo daquele endereço e daquela equipe o símbolo mais forte dos anos de chumbo do governo Médici: o DOI-CODI da rua Tutoia.

Nunca, no campo do conflito ideológico, tantos do Exército brasileiro deveram tanto estrago na imagem institucional de uma corporação tão grande (150 mil homens em 1970) a tão poucos (250 carcarás do DOI paulista).

Só o DOI de São Paulo, no período de janeiro de 1969 a maio de 1977, prendeu 2.541 subversivos e 51 terroristas morreram em combate com as equipes – vangloriava-se o próprio Ustra num depoimento de dezessete páginas divulgado em 2000 na coleção de depoimentos militares sobre o golpe de 1964, organizado pelo Comando do Exército e publicado pela editora da Biblioteca do Exército.

A inspiração para a violência vinha do alto, do comandante em chefe das Forças Armadas: o general Emílio Garrastazu Médici, o presidente da República. No início de seu governo, ele mesmo era contra a pancadaria, que poderia manchar o nome da tropa. Quando os ministros militares pediram licença para usar seus homens no combate ao terrorismo, Médici resistiu:

– Isso é trabalho para a polícia!

A resistência acabou tempos depois, quando um major da PM morreu ao tentar salvar um sargento ferido em um confronto armado com guerrilheiros pilhados em seu aparelho. Irritado, o presidente chamou o comandante do Exército, general Orlando Geisel.

– Ministro, só os nossos morrem? Quando invadirem um aparelho, terão que invadir metralhando. Estamos em guerra e não podemos sacrificar os nossos – ordenou Médici.

Encorajados pela diretriz presidencial, os "nossos" apertaram o dedo no gatilho e aceleraram o ritmo da batida. O ano de 1970, o primeiro do general Médici no Planalto e do major Ustra na rua Tutoia, assinala 1.206 denúncias de tortura só nos processos que chegaram ao Superior Tribunal Militar, em Brasília. Nos três anos seguintes, aconteceram outros 2.300 casos, com a inevitável colaboração do maior e mais eficiente DOI do país.

Na gestão de quarenta meses do major no DOI paulista, segundo o Projeto Brasil Nunca Mais da Arquidiocese de São Paulo, ecoaram 502 denúncias de torturas (uma a cada sessenta horas) e contaram-se quarenta mortes (uma por mês). Ustra lembrou com orgulho no seu livro de memórias que noventa homens de sua equipe ganharam nesse curto espaço de tempo a Medalha do Pacificador com palma – atribuída a militares que correram risco de vida e associada diretamente aos integrantes da repressão mais feroz. O DOI registra nessa fase a impressionante média de uma condecoração a cada treze dias. Só dez dos 522 majores de Artilharia tinham merecido a distinção e, na dezena, quatro tinham passado pelos porões do combate à subversão. Um pelo Centro de Informações do Exército (CIE) e três pelo DOI-CODI – Ustra era um deles. Em 38 anos de serviço na tropa, Ustra acabaria dando mais atenção aos 59 elogios cravados em sua Folha de Alterações, onde se traça a biografia funcional dos militares. Alguns se devem à exemplar passagem pelo DOI, que registrou o batismo de sangue de Ustra com apenas 67 dias de comando.

No início de novembro de 1970, chegou a São Paulo uma informação crítica: o delegado Pedro Seelig, o homem mais importante do DOPS gaúcho, tinha capturado no Rio Grande do Sul um dos comandantes regionais da Vanguarda Popular Revolucionária, de codinome André. Debaixo de pau, ele confessou um "ponto" às cinco da tarde do dia 20 na avenida Santo Amaro, no Anel Rodoviário de São Paulo, para um encontro com Joel, do comando nacional da VPR. Mais que um codinome, Joel era um dos alvos da esquerda mais odiados pela repressão: seu nome verdadeiro era Yoshitane Fujimori, um técnico em eletrônica de 26 anos, o braço direito de Carlos Lamarca, líder da organização. Fujimori concentrava uma ira especial por ser acusado da morte a coronhadas do tenente da PM paulista Alberto Mendes Jr. O episódio aconteceu quando Lamarca e seu grupo romperam o cerco militar à frustrada guerrilha da VPR no Vale da Ribeira.

Seelig levou André a São Paulo, onde Ustra pediu ajuda no cerco policial ao experiente delegado Sérgio Paranhos Fleury. Assim, em operação única, juntaram-se os três ícones da repressão do regime à luta armada. Era a primeira ação de rua de Ustra, e ele caprichou. Engajou todas as Equipes de Busca e Apreensão na praça sob um viaduto da zona sul da cidade. Os homens se disfarçaram de garis, sorveteiros, funcionários da telefônica e de caminhões de mudança. O próprio Ustra entrou no clima, fingindo pilotar um carrinho de pipoca no alto do viaduto, onde comandava o espetáculo por meio de rádio. Quatro minutos antes da hora, vigiado por quatro agentes infiltrados na multidão, André foi liberado na avenida por Ustra. Mas Joel não apareceu. A mesma decepção aconteceu nas duas datas alternativas do ponto, cinco e dez dias depois.

Na última delas um agente do DOI desconfiou de um japonês que olhava com insistência para a praça. Ele anotou a placa do Volks vermelho que o suspeito dirigia. Fujimori acabaria cometendo um descuido fatal: não trocou de carro nem de placa. No final da manhã de 5 de dezembro, uma equipe do DOI cruzou com o carro vermelho na praça Santa Rita de Cássia, em frente a uma igreja do bairro da Saúde, a três quadras da avenida Jabaquara. O Volks era dirigido por um homem de cor negra, ao lado do suspeito japonês. Ao ser interceptado pela camionete Veraneio C-14, Fujimori desceu do carro disparando sua metralhadora. O motorista, o ex-marinheiro Edson Neves Quaresma, o Plácido da VPR, recém-chegado de um treinamento de guerrilha em Cuba, correu para uma rua lateral disparando um revólver. Os dois guerrilheiros tombaram. Quaresma foi carregado para o meio da praça, onde morreu. O laudo do legista mostra que foi executado ali mesmo: levou um tiro nas costas e outros quatro na cabeça, um deles no ouvido direito. Fujimori ainda chegou vivo ao DOI, mas durou pouco. A perícia concluiu que três das quatro balas que levou no lado direito da face foram disparadas quando ele estava deitado, caído no chão. As baixas do DOI foram um sargento da PM, atingido com gravidade, e um cabo da PM com um tiro na perna. A visão de mortos e feridos embrulhou o estômago de Ustra.

– Comecei a me sentir mal. Nunca vira um homem perdendo sangue e gemendo por causa de três ferimentos à bala. Nunca havia tocado em pessoas mortas a tiros – escreveu o major em seu livro de memórias, *Rompendo o Silêncio.*

O duro confronto nas ruas faria o sensível Ustra se habituar em pouco tempo ao sangue perdido, aos gemidos de dor e aos cadáveres tocantes que dominavam o cotidiano de violência do DOI. Mais do que hábito, ganhou reconhecimento já no governo Médici e notoriedade no futuro governo Geisel. Em meados de 1972 os generais Ernesto Geisel e Golbery do Couto e Silva sabiam o que ocorria no submundo da repressão e compreendiam que o major Ustra não se impressionava mais com as cenas fortes do seu ofício.

O futuro ministro da Casa Civil repassou então ao secretário Heitor Ferreira uma lista que recebera com os nomes de cinco oficiais do DOI paulista acusados de torturar presos políticos. Identificava três capitães – Homero César Machado, Dalmo Lúcio Cirillo e Benoni de Arruda Albernaz – e dois majores – Inocêncio Fabrício de Mattos Beltrão e Carlos Alberto Brilhante Ustra, o comandante da rua Tutoia. "Fonte afirma que são torturadores", anotou o futuro secretário particular de Geisel. Depois Golbery identificou a fonte da lista para Heitor: era Gilberto Azevedo, um ex-deputado federal paraense. O jornalista Elio Gaspari relata, em *A ditadura derrotada*, que o general se encontrava quase todas as segundas-feiras com um homem que conhecia bem o assunto: o coronel Francisco Homem de Carvalho, o Carvalhinho, que estava com Golbery na fundação do SNI e agora comandava o batalhão da Polícia do Exército da rua Barão de Mesquita, sede do DOI-CODI carioca.[54] Só perdia em violência e denúncias de torturas para o DOI paulista.

Em janeiro de 1976, dois anos após a transferência de Ustra para Brasília, apareceu morto no cárcere da Tutoia o operário Manoel Fiel Filho. Era o 39º "suicídio" a enlutar o regime, o 19º preso político a se enforcar, o nono cadáver sufocado sem o vão livre indispensável para deixar o "suicida" com os pés longe do chão. O operário repetia as estranhas circunstâncias da morte do jornalista Vladimir Herzog ali mesmo, três meses antes. Fatos que não fizeram com que se sentissem mal comandantes mais experientes do que Ustra.

O general Confúcio Danton de Paula Avelino, chefe do CIE, o serviço secreto do Exército, soube imediatamente da morte de Fiel Filho, mas não avisou o ministro Sylvio Frota, a quem era subordinado diretamente. O general João Baptista Figueiredo, chefe do SNI, um serviço criado para deixar o presidente sempre bem informado, não informou nada ao general Ernesto Geisel. Os DOIs nos grandes comandos do Exército tinham ligação direta com o CIE através da 2ª Seção do Estado-Maior, criando uma conexão sem intermediários entre majores e coronéis cada vez mais desenvoltos na guerra à subversão, amparados na cúmplice tolerância ou na cômoda indiferença dos generais que deveriam controlar seus radicais.

A fraternal convivência da Comunidade de Informações estabelecia uma nova hierarquia, mais flexível e direta, que dispensava formalidades em nome da agilidade invocada para combater o comunismo. Concedia autonomia operacional, não independência. Parecia uma divertida subversão na disciplina, mas não passava de uma calculada, consciente concessão dos principais comandantes – complacência

54. Gaspari, 2003, p. 235.

que garantia a eficácia da guerra antissubversiva sem sujar as mãos dos generais mais estrelados no jogo bruto da repressão. Um acordo tático de cavalheiros no plano estratégico da ditadura para justificar o terrorismo de Estado como reação necessária ao terrorismo da esquerda.

O irmão da repressão

O major virou tenente-coronel em 1974 e trocou São Paulo por Brasília.

A família aumentou no churrasco de despedida que os companheiros da rua Tutoia ofereceram ao comandante, em um sítio na estrada para São Carlos. Patrícia, a filha de Ustra, ganhou um filhote da raça Pinscher do subcomandante do DOI-CODI. A festa acabou em choradeira, todos emocionados pela separação. A cadelinha Cherie faria parte do clã Ustra pelos próximos dez anos. No dia seguinte Ustra carregou a mulher, Joseíta, a filha, a empregada, as malas, a cachorra e a gaiola de Pinguinho (o passarinho de Patrícia) no seu congestionado Fusca e botou o pé na estrada. Num outro carro, com parte da mudança, vinham dois agentes do DOI, Fazendeiro e Velho, no esquema de segurança que acharam necessário para a viagem do ex-chefe do DOI mais temido do país.

Ustra agora repassaria sua experiência aos mais novos, como intrutor-chefe do Curso de Operações da Escola Nacional de Informações (ESNI). Quatro dias antes do Natal de 1974, ele voltou à ativa como chefe do Setor de Operações do CIE, o serviço secreto do Exército. No prédio do Exército na Esplanada dos Ministérios, onde os elevadores só subiam até o oitavo andar, Ustra tinha uma sala inacessível no nono, com ligação direta ao gabinete do ministro. O general Sylvio Frota despachava a sete quilômetros dali, acantonado no Forte Apache, o QG do Exército no Setor Militar Urbano da capital. No CIE, Ustra retornava às ruas e ao fragor da batalha. O estômago já não embrulhava diante de mortos e feridos.

No final da manhã de 16 de dezembro de 1976, o general João Baptista Figueiredo mandou uma informação do SNI ao presidente Geisel resumindo uma ação estrondosa, horas antes, numa rua do Alto da Lapa paulistana. Agentes do DOI irromperam atirando na casa. Morreram dois históricos dirigentes do PCdoB, Pedro Pomar e Ângelo Arroyo, sobrevivente da guerrilha que o partido alentou quatro anos nas matas do Araguaia. O terceiro cadáver, o do economista João Batista Franco Drummond, foi colocado ali para disfarçar sua morte sob tortura um pouco antes no DOI. Tinha sido preso na noite anterior junto com meia dúzia de camaradas e, pela versão que Figueiredo passou a Geisel, morrera de uma forma mais criativa do que os suicídios por enforcamento. Dizia o relatório do SNI: "O terceiro elemento tentou fugir pela caixa d'água, tendo entretanto caído à rua, fraturado o crânio e sido atropelado por um automóvel, falecendo em consequência". Estranho seria se tivesse sobrevivido.

Figueiredo contava outra inverdade ao presidente sobre o episódio que passou à História como o Massacre da Lapa. Atribuía a operação ao DOI-CODI do II Exército, mas era tudo engenho e arte do CIE. O chefe de operações do CIE montou o ataque a partir de Brasília e, na hora da ação, Ustra e quatro homens de sua equipe viajaram a São Paulo para o bote final. Quando a pólvora se dissipara, chegou ao local Sérgio Fleury, desta vez na condição de simples curioso. O tenente-coronel já não precisava pedir ajuda ao delegado do DOPS para o sucesso de suas investidas. O discípulo já não dependia do mestre.

Ustra praticava cada vez mais a virtude da discrição. No livro de memórias lançado em 1987, ele resume seus três anos como chefe do setor mais animado do CIE em três enxutas, frustrantes linhas: "No ano seguinte [1974] fui convidado para trabalhar no Centro de Informações do Exército (CIE), um órgão do gabinete do ministro". Assim, nu e cru, sem revelar nem seu importante posto de chefia. Duas páginas adiante, um pouco mais ousado, Ustra esclarece: "Eu, no CIE, estava muito satisfeito. O trabalho era bom e às vezes viajava."[55]

A viagem mais curta foi um fracasso. O general Antônio da Silva Campos, chefe do CIE, mandou Ustra viajar quinze quilômetros até o aeroporto de Brasília na manhã de quarta-feira, 12 de outubro de 1977, feriado de Nossa Senhora Aparecida e Dia da Criança. Minutos antes, na mais grave crise fardada do regime militar, o presidente Geisel tinha demitido o ministro Frota, candidato linha-dura de Campos e Ustra contra o favorito do Planalto, Figueiredo. Na tentativa de resistir como ministro e candidato, Frota convocou os generais quatro estrelas para uma reunião de emergência. A missão de Ustra era interceptar os comandantes, ainda na pista do aeroporto, e convencê-los a ir até o QG, onde os esperava o ministro demitido e inconformado. Ustra não conseguiu convencer ninguém. Todos os generais foram diretamente ao Palácio do Planalto – e Frota, direto para a reserva.

O ministro do Exército e o chefe do CIE caíram – mas Ustra sobreviveu. O sucessor de Frota, general Fernando Bethlem, o manteve na chefia do Setor de Operações do CIE, onde permaneceu até o final do ano. Ustra foi então promovido a coronel e transferido em janeiro de 1978 para São Leopoldo. A viagem reuniu a família, agora maior, no mesmo carro apertado: Joseíta, as filhas Patrícia e Renata (esta nascida em Brasília), a empregada e a cadelinha Cherie. Mas agora sem Pinguinho, o passarinho que não resistiu aos ares do Planalto Central.

A longa jornada ao Sul foi feita com três escalas. A primeira em Ribeirão Preto, no interior paulista, a segunda em São Paulo. Ustra alojou as mulheres num hotel da capital e, numa recaída nostálgica, preferiu dormir com Cherie no seu antigo alojamento do DOI-CODI, na Tutoia. Fizeram uma última parada num hotel à beira da estrada, próximo a Caxias do Sul, na serra gaúcha. No dia seguinte chegaram a São Leopoldo. Ustra assumiu o comando do 16º GAC no dia 26 de janeiro.

Foi ali, no início de novembro de 1978, que o coronel brasileiro recebeu o chamado do coronel uruguaio. A ligação de Ustra e De Armas, velhos parceiros da Comunidade de Informações, era cada vez mais intensa na repressão sem fronteiras, sem limites. Enquanto chefiava o setor de operações no CIE em Brasília, entre 1974 e 1977, Ustra tinha um interlocutor frequente em Calixto de Armas, que assumira a direção do Serviço de Inteligência de Defesa (SID) em março de 1974, quase

55. Ustra, 1987, p. 232.

no mesmo momento em que o coronel brasileiro trocava São Paulo por Brasília. Ustra ainda era o chefe operacional do serviço secreto, em agosto de 1977, quando Calixto de Armas trocou o SID pela chefia do Departamento II do Estado-Maior, ganhando mais envergadura na repressão. O amigo uruguaio de Ustra ganhava altitude.

Era a comunidade voando alto.

Como um condor.

***

O código não escrito da Comunidade de Informações tem canais próprios.

Eles se apoiam mais na confiança do que na hierarquia, a convivência pesa mais do que a burocracia. Um afastado coronel e companheiro de velhas batalhas é mais importante do que um general de designação recente instalado na sala ao lado. A lealdade e a cumplicidade resistem às remoções da carreira e às emoções da distância. Nada disso fere o princípio da hierarquia, porque no mundo sigiloso das informações é sempre melhor nem saber. A compartimentação tem suas vantagens: garante a segurança e evita comprometimentos constrangedores.

Ustra recomendou a De Armas que nada se fizesse sem o formal conhecimento da área responsável pelo intercâmbio de informações de segurança na fronteira – no caso, o serviço secreto militar, o Centro de Informações do Exército, o CIE. *Brasil todavía no es Argentina*, concordaram os dois coronéis. Era portanto recomendável deixar o CIE a par da operação. Ustra explicou a De Armas que, no caso do Rio Grande do Sul, não era necessário acionar o DOI-CODI do III Exército. O brasileiro resumiu rapidamente para o uruguaio o modelo gaúcho de repressão, antecipando em linhas gerais o que ele descreveria com mais detalhes uma década depois no seu livro de memórias:

> Mais ou menos na mesma época, em 1969, quando foi criada em São Paulo a Operação Bandeirante (OBAN), era criada em Porto Alegre a Divisão Central de Informações (DCI).
>
> A missão dos dois órgãos era semelhante, isto é, o combate centralizado ao terrorismo. Enquanto a OBAN estava subordinada ao comandante do II Exército, a DCI o era ao secretário de Segurança Pública. O comandante da OBAN era um oficial da ativa do Exército. O diretor da DCI, também.
>
> Quanto ao pessoal: na OBAN, o Exército, através de seus oficiais, exercia as funções de chefia; na DCI, essas funções eram exercidas por delegados de polícia e policiais militares. O restante do pessoal, na OBAN, era distribuído entre militares do Exército e das Polícias Civil e Militar. Na DCI não existiam militares do Exército para as funções subalternas.
>
> A OBAN era um órgão de análise, de informações, de interrogatório e de combate. A DCI só fazia análise e informações. Os interrogatórios e as ações de combate eram executadas pelo DOPS.
>
> Com a implantação da nova estrutura nacional para o combate ao terrorismo, foram criados os DOI e a OBAN foi extinta mas, em Porto Alegre, a DCI continuou o seu trabalho e o DOI-CODI do III Exército só seria criado em 1974.

O primeiro diretor da DCI foi o então major Atilla Rohrsetzer, meu amigo e companheiro de turma, desde os tempos da Escola Preparatória de Cadetes de Porto Alegre. O trabalho no Rio Grande do Sul foi facilitado por uma grande harmonia entre o III Exército, os secretários de Segurança, o diretor da DCI e o diretor do DOPS.

Tudo o que se passava chegava, imediatamente, ao conhecimento do III Exército. No Setor de Operações, o delegado Pedro Carlos Seelig, responsável pelas prisões e pelos interrogatórios, chefiava uma equipe que trabalhava com grande eficiência, sempre em consonância com as diretrizes do III Exército. Portanto, embora a DCI e o DOPS fossem, oficialmente, subordinados ao secretário de Segurança, na prática eles o eram ao comandante militar de área.

Foi assim, baseado nesta estrutura da Secretaria de Segurança, uma estrutura alicerçada no trabalho eficiente de equipe da DCI, tendo à testa o então major Atilla, e da atuação do delegado Seelig e de sua equipe, que o III Exército combateu, com pleno êxito, o terrorismo no Rio Grande do Sul. (...)

Depois de São Paulo, Rio de Janeiro e Minas Gerais, foi no Rio Grande do Sul que o terrorismo esteve mais atuante, principalmente pela existência da fronteira com a Argentina e o Uruguai, que facilitava o movimento de militantes que iam e vinham, transportando dólares, armamento, munição e documentos para as organizações terroristas.

A estrutura do Rio Grande do Sul só se manteve face às características da área e ao relacionamento entre as autoridades do Exército e os membros da Secretaria de Segurança Pública.[56]

O chefe do DOI-CODI paulista não se inibia ao falar de sua amizade pelo delegado do DOPS gaúcho. Ustra conta em seu livro:

> Foi por uma extrema necessidade do serviço, ligada a uma infiltração no Comando Regional de uma organização terrorista, com sede em Porto Alegre, que vim a conhecer o delegado Pedro Carlos Seelig. Após esse encontro, passamos a realizar um trabalho conjunto, envolvendo o DOI-CODI-II Ex e o DOPS-RS. Esse trabalho nos tornou grandes amigos. Uma amizade alicerçada na franqueza, na sinceridade e no "jogo limpo" que sempre mantivemos. Hoje sou um grande amigo deste competente e honesto delegado de Polícia do RS. Considero-o como um verdadeiro irmão.[57]

O coronel uruguaio captou a mensagem. Pedro Seelig, o "irmão" de Ustra, era o homem. Mas era preciso seguir o protocolo fraternal da Comunidade, obtendo o prévio sinal verde-oliva das autoridades de segurança sugeridas no contato com o coronel brasileiro. Naquele mesmo dia, uma comunicação secreta, via telex, foi enviada pelo Departamento II do Estado-Maior do Exército (EME) em Montevidéu à chefia do Estado-Maior do III Exército em Porto Alegre. Calixto de Armas dava

56. Ustra, 1987, p. 128-129.

57. Idem, p. 163.

os detalhes das prisões do PVP na capital uruguaia e solicitava passe livre para os agentes da Compañía de Contrainformaciones agirem na capital gaúcha, em busca de Lílian, Universindo e do líder supremo do PVP, Hugo Cores. O posto gaúcho do CIE, que atuava em linha direta com a 2ª Seção do Estado-Maior, passou a requisição uruguaia imediatamente ao comando do Centro de Informações do Exército. O novo chefe do CIE, general de brigada Edison Boscacci Guedes, era produto da crise militar que derrubara Frota.

Geisel sabia da importância do chefe do serviço secreto. Em 1976, quando exonerou o comandante do II Exército diante da morte de Fiel Filho no DOI-CODI paulista, o presidente exigiu imediatamente de Frota a cabeça do chefe do CIE, general Confúcio Danton de Paula Avelino, que não teve a fidalguia de informar ao seu ministro sobre o mais recente caso da praga de suicídios que infestava os porões. Em 1977, na demissão do próprio Frota, Geisel teve idêntico cuidado com a turma do CIE. Desde os primeiros dias de outubro, incomodado com a desenvoltura de Frota como autocandidato, o presidente preparou nas minúcias a cena da decapitação. No domingo, 9 de outubro, caminhando em volta da piscina da Granja do Riacho Fundo, sua moradia em Brasília, Geisel abriu o jogo para um parceiro fiel, Gustavo Moraes Rego, que fora seu assistente no Gabinete Militar do governo Castello Branco. Agora general, Moraes Rego comandava os tanques da estratégica 11ª Brigada de Infantaria Blindada de Campinas (SP).

– Vou tirar o Frota quarta-feira, dia 12, feriado. Você vai voltar a São Paulo amanhã para avisar ao Dilermando [Gomes Monteiro, comandante do II Exército]. Vai dizer-lhe também que ele não será o ministro. Vai ser o Bethlem – avisou Geisel, passando as instruções finais a Moraes Rego.

O comandante do III Exército, Fernando Belfort Bethlem, estava no caderninho de Frota como um aliado firme na hora decisiva do confronto que deveria emparedar o presidente. Bethlem era ideologicamente mais afinado com Frota, mas naqueles dias estava fisicamente mais próximo de Geisel. Tinha casualmente trocado Porto Alegre pelo Rio de Janeiro, onde passava uma curta temporada de folga. Um jatinho HS foi colocado de prontidão pelo Planalto na pista da base aérea do Galeão para trazer o novo ministro rapidamente para Brasília. Uma cortesia tão secreta que nem Frota sabia.

O presidente havia decidido tirar o ministro e, junto com ele, seu chefe do CIE. Já tinha até escolhido os sucessores de ambos. O general Antônio da Silva Campos era um ostensivo cabo eleitoral de Frota e, portanto, promessa de encrenca. O general Ênio dos Santos Pinheiro, organizador da Agência Central do SNI no governo Costa e Silva e criador da Escola Nacional de Informações no governo Médici, avisara ao Planalto que um núcleo radical do CIE tinha estocado cerca de trezentos coquetéis Molotov num depósito do QG, decidido a fazer barulho pelo candidato da linha-dura e dos porões da repressão. Geisel dissolveu o coquetel do serviço secreto pinçando pessoalmente um nome das tropas sulistas de Bethlem.

Buscou na 3ª Brigada de Cavalaria Mecanizada de Bagé, terra de Médici, o general Edison Boscacci Guedes, um ex-adido militar na embaixada brasileira no

México. Era conhecido como um profissional seco, duro, mas leal. Ganharia a afeição da tropa ao realizar, em 1993, o último desejo do marechal Manoel Luís Osório: sepultar o herói da Guerra do Paraguai e patrono da Cavalaria em sua terra natal, Tramandaí, no litoral gaúcho, onde fora construído um parque histórico com seu nome.

Boscacci assumiu o CIE na primeira semana de novembro de 1977, um ano antes de receber o telex secreto do III Exército com o pedido uruguaio para agir em Porto Alegre. Na véspera do sequestro, o tenente-coronel de Artilharia José Antônio Nogueira Belham, sucessor de Ustra na chefia do Setor de Operações do CIE, tinha sido informalmente alertado para o assunto por um chamado de São Leopoldo. Se antecedente vale alguma coisa, Belham não deve ter dado muita importância ao que ouviu. Seis anos antes, passara por ele o cadáver do ex-deputado federal Rubens Paiva sem despertar muita atenção. Belham era major, em janeiro de 1971, e comandava o DOI do Rio de Janeiro na mesma época em que o major Ustra mandava no de São Paulo.

Paiva, um homem saudável de 41 anos e quase cem quilos de peso, foi preso no início da tarde de 20 de janeiro de 1971, passou pelo comando da III Base Aérea, ao lado do aeroporto Santos Dumont e acabou sendo levado à noite para o quartel da PE na rua Barão de Mesquista, onde funcionava o DOI de Belham. Passou o dia seguinte sendo interrogado. No início da madrugada chamaram o médico do DOI, o Dr. Amílcar Lobo. Encontrou Paiva despido, deitado, com o corpo cheio de hematomas e sinais de hemorragia interna. O médico aconselhou atendimento num hospital, mas o major ao seu lado achou melhor segurar o preso. De manhã alguém do DOI informou ao médico que Paiva morrera. Naqueles tempos trabalhava lá o Dr. Magno, ou Dr. Magro, codinome de uma das figuras mais macabras daquele antro de sadismo: o cabo Félix Freire Dias. Ele era o homem que cortava e recortava os cadáveres produzidos pelo DOI carioca. Para fazer seu trabalho de açougueiro com mais discrição, trocava o quartel da rua Barão de Mesquita, no bairro do Andaraí, a poucas quadras do Maracanã, e subia a serra de Petrópolis, para a paz da Casa da Morte, o centro clandestino do DOI. Foi lá que ele esquartejou Rubens Paiva, como revelou ao sargento do CIE Marival Chaves, com a frieza de um profissional. As mãos eram as primeiras a serem cortadas, para descartar as impressões digitais. "Félix me disse que os pedaços dos corpos, cortados nas juntas, eram colocados em sacos plásticos e enterrados em lugares diferentes para tornar impossível sua localização", contou Marival em 2004 ao repórter Amaury Ribeiro Jr., da revista *IstoÉ*.

O cadáver do ex-deputado oficialmente nunca apareceu porque, no dia seguinte, 22, o DOI descobriu uma versão fantástica para o sumiço de seu preso: Paiva teria escapado no meio de um tiroteio na estrada do Alto da Boa Vista, escapulindo seu corpanzil do banco de trás de um Fusca quando era vigiado por um capitão e dois sargentos. Rubens Paiva desapareceu para sempre. Sumiu na época também qualquer explicação razoável do major Belham para o estranho caso ocorrido no seu DOI. O coronel Belham do CIE também não deve ter achado esquisito o evento anunciado por São Leopoldo e previsto para acontecer em Porto Alegre.

Coisas estranhas e esquisitas aconteciam naqueles tempos. O general do CIE e chefe de Belham autorizou a operação uruguaia, atribuindo a coordenação e execução brasileiras à dupla Rohrsetzer-Seelig.

Attila, "o amigo e companheiro de turma", e Pedro, "o verdadeiro irmão" do coronel Brilhante Ustra.

O coronel Calixto de Armas conseguira enfim os nomes que precisava para ajudá-lo na incursão a Porto Alegre em busca de Lílian e Universindo.

A Condor uruguaia já sabia onde pousar.

A companhia da fraude

O telex do DOPS em Porto Alegre parecia maluco naquela manhã de novembro. Uma sopa de letras se derramava pelo papel, com blocos incompreensíveis de palavras em caracteres maiúsculos. Duas linhas se destacavam:

M X M X D J Z C M X Q C T W X
L J X N C T F X J Y V T V Y T X U L C O Y X D O

O major uruguaio Carlos Alberto Rossel parecia se divertir ao ver a expressão um tanto confusa do agente do DOPS que lhe entregou a mensagem cifrada do telex enviado de Montevidéu. Era um teste de conexão do Condortel 3, base do Sistema Condor no Uruguai, entrando em linha com o Condortel 6, senha do Brasil na rede codificada que incluía o Chile como central (Condortel 1), a Argentina (2), o Paraguai (4) e a Bolívia (5). O simplório sistema de código fora criado pelo engenheiro e general chileno Manuel Contreras, chefe da Dirección Nacional de Inteligencia, a temida DINA. Não passava de um arranjo elementar de troca de letras, em que a mensagem era convertida em letras maiúsculas agrupadas em sequências de cinco caracteres.[58] Mais tarde, seria substituída pelo sistema aleatório de uma máquina criptográfica desenvolvida pela CIA estadunidense.

Aquele emaranhado de letras no teste de transmissão trazia justamente os nomes dos dois uruguaios caçados em Porto Alegre. Lílian Celiberti e Universindo Rodríguez Díaz eram grafados em blocos sequenciais de cinco letras maiúsculas, segundo o código Condor que só os chefes da Compañía conheciam. A tradução da sopa era esta:

1	2	3	4	5	1	2	3	4	5	1	2	3	4	5
M	X	M	X	D	J	Z	C	M	X	Q	C	T	W	X
L	i	l	i	a	n	C	e	l	i	b	e	r	t	i

1	2	3	4	5	1	2	3	4	5	1	2	3	4	5	1	2	3	4	5	1	2	3	4	5
L	J	X	N	C	T	F	X	J	Y	V	T	V	Y	T	X	U	L	C	O	Y	X	D	O	
U	n	i	v	e	r	s	i	n	d	o	R	o	d	r	i	g	u	e	z	D	i	a	z	

58. O sistema original de conversão do Condortel, aplicado ao alfabeto inteiro, era o seguinte: aD, bQ, cZ, dY, eC, fA, gU, hI, iX, jB, kP, lM, mA, nJ, oV, pG, qK, rT, sF, tW, uL, vN, wE, xS, yH, zO.

O major Rossel, comandante da Compañía, chegou a Porto Alegre na primeira semana de novembro de 1978 com a missão específica de implantar o código especial e provisório para as comunicações via telex, ponto a ponto, entre a sede do DOPS na avenida Ipiranga e a sala de rádio da base do Departamento II na rua Colorado. Dois dias antes, tinham chegado o major José Walter Bassani, subcomandante, e o capitão Eduardo Ramos, chefe da Seção Técnica, para uma varredura preliminar na cidade. Na segunda semana, eles foram rendidos pelo capitão Glauco Yannone, chefe da Seção Administrativa da Compañía. Na manhã de domingo 12, finalmente, o capitão uruguaio rendia Lílian na Rodoviária ao lado do delegado Seelig.

O soldado Garcia Rivas, um dos integrantes da *ratonera* de Villa Colón que desbaratou o PVP, estava na equipe de busca que viajou até a fronteira do Chuí em três veículos. Um deles era um caminhão de três toneladas emprestado pelo interventor de uma empresa de abate, o capitão Armando Méndez, também integrante da Compañía. Na carroceria fechada do furgão viajavam quatro presos de Montevidéu – Alonso, Steffen, Chauquelt e Rosário –, encapuzados, algemados e vigiados por soldados. Garcia Rivas e outro soldado acompanhavam numa Kombi amarela, que esperavam lotar com os presos a serem capturados no sul do Brasil. Os dois oficiais que comandavam o grupo, os capitães Glauco Yannone e Eduardo Ferro, abriam o comboio num Fiat 128.

Ferro, Garcia Rivas e alguns soldados permaneceram com o preso Steffen numa pousada junto ao forte de San Miguel, no lado uruguaio da fronteira, enquanto Yannone e os outros seguiam a rota do Condor até Porto Alegre. Em Porto Alegre, o trio de presos do furgão ajudou a identificar Lílian Celiberti no domingo na Rodoviária, facilitando a abordagem certeira do delegado Seelig e do capitão Yannone. Na manhã de segunda-feira, 13 de novembro, a comitiva regressou, ampliada em quatro pessoas – Universindo, Lílian e as duas crianças. Garcia Rivas lembra que havia também policiais brasileiros, uns quatro ou cinco. O sargento Rodríguez, que vivera dois anos no Brasil, chamou a atenção de Garcia Rivas para um deles, um homem negro e forte:

– *Este es Didi Pedalada. Fue jugador de fútbol.*

Ferro achou que San Miguel era muito próximo da fronteira e afastou-se na direção Sul, a 35 quilômetros do Chuy, procurando o refúgio do parque militar de Santa Teresa, com acesso liberado por seu comandante, major Nery Castellanos. Ao cair da noite de segunda-feira, enquanto Ferro voltava com Lílian a Porto Alegre para o frustrado encontro de sexta-feira no apartamento da rua Botafogo, Yannone comandava o comboio de regresso a Montevidéu. Os quatro presos de Montevidéu voltaram sentados, algemados e encapuzados dentro do mesmo furgão. Na frente seguia a Kombi amarela. Além de Garcia Rivas e dois soldados, carregava apenas duas crianças – Camilo e Francesca, que se mantiveram calados durante toda a viagem. Puxando a fila, seguia o Fiat 128 com o capitão Yannone e Universindo algemado ao seu lado no banco de trás. O comboio parou uma única vez para reabastecer no meio do caminho, num posto de gasolina da Ruta 9 próximo à cidade de Rocha, a duzentos quilômetros da capital. A comitiva se desfez na entrada de Montevidéu. O furgão de presos seguiu para a sede da Compañía na rua Colorado. A Kombi amarela deixou as crianças no apartamento de um prédio residencial no centro da capital, na esquina de Rio Negro e Canelones, onde a unidade alojava secretamente sua equipe de mulheres telefonistas.

O aparelho de rádio que havia na oficina mecânica da Compañía começou a tocar música em volume alto logo que Lílian e Universindo chegaram lá. O som era sempre aumentado quando começava a tortura, lembra Garcia Rivas, porque havia uma residência a cerca de cinquenta metros do local. Todo mundo no serviço sabia, ao ouvir a música estridente, que o pau estava cantando. Quatro ou cinco dias após a chegada, Garcia Rivas viu Lílian, com o olhar perdido na parede e a porta da cela escancarada. Estranhou e perguntou ao guarda o motivo daquela liberalidade.

– É para evitar que ela corte os pulsos como fez em Porto Alegre – explicou o carcereiro.

De repente, no sábado, 25 de novembro, uma semana após o apressado abandono do apartamento da rua Botafogo, o capitão Ferro ordenou que Garcia Rivas, o fotógrafo da Compañía, providenciasse com urgência fotos de Lílian e Universindo para cédulas de identidade. O capitão forjou a versão da invasão na fronteira para sustentar o comunicado das Forças Conjuntas daquele dia que tentava desmentir a onda de denúncias na imprensa brasileira. Garcia Rivas tirou a foto de uma valise com fundo falso ao lado de uma submetralhadora MK-33 de fabricação argentina, três revólveres calibre 38 e uma pistola 45 de uso exclusivo do Exército. Devia simular o material sedicioso supostamente preso com o casal na fronteira, mas era tudo armamento da própria Compañía.

As fotos ajudaram a confeccionar novos passaportes, uma especialidade das falcatruas executadas pela guarnição. A Compañía possuía exemplares em branco de passaportes de vários países, principalmente argentinos. Os carimbos falsos de visto eram confeccionados numa casa especializada de Montevidéu. Garcia Rivas lembra que a fraude mais difícil foi a fabricação, em 1979, de uma carteira de identidade do comandante do Exército, Luís Queirolo, o general que sucedeu Gregorio Álvarez. Deu um trabalho danado, porque o general não queria sujar os dedos para apor as digitais, não queria posar para fotos e não queria perder tempo assinando – mas exigia a carteira. Apesar das dificuldades, a Compañía fez a carteira. E ninguém reclamou.

– Afinal, quem vai dizer alguma coisa ao comandante em chefe só porque ele tem um documento falso com seu próprio nome? – lembrava Garcia Rivas.

Após a fase de torturas na sede da Compañía, Lílian e Universindo foram transferidos para El Infierno. Em um caminhão do Exército guardado por soldados com metralhadora e cães ferozes, o casal foi levado na noite de 6 de dezembro para o 13° Batalhão de Infantaria, na avenida de las Instrucciones com Bulevar Batlle y Ordónez, onde estavam os outros dez presos do PVP. Foram colocados em pequenos calabouços individuais. Não se viam, mas podiam se escutar. Em janeiro de 1979, descobriram que Lílian, com a ajuda de um guarda, enviara detalhes do sequestro para fora da prisão. Ela desenhara sua mensagem de letras minúsculas com um alfinete pontilhando o papel laminado de um maço de cigarros. A descoberta levou Lílian e Universindo a uma inédita sessão de torturas diante da qual desfilaram todos os homens da guarnição, como advertência coletiva do que aconteceria aos cúmplices da subversão. O castigo começou numa terça-feira de manhã e só cessou na tarde de sexta-feira. Foi acompanhado pelos capitães Ferro e Yannone e praticado na presença do comandante do batalhão, tenente-coronel Luís Abraham.

Ali mesmo, cedendo à pressão internacional, a ditadura uruguaia permitiu que uma delegação da Cruz Vermelha visitasse Lílian e Universindo em maio de 1980. Naquelas circunstâncias não puderam contar muita coisa. Logo depois, Universindo foi levado ao centro clandestino de La Tablada para uma nova sessão de torturas. Ficou lá até o início de junho, quando retornou a El Infierno. Naquele mês ainda, Universindo deixou de ser um preso clandestino para assumir a condição formal de detido, ao ser transferido para o presídio de Libertad. O mesmo ocorreu com Lílian, conduzida ao presídio feminino de Punta de Rieles. Começaria a longa pena de cinco anos de prisão por invasão do Uruguai.

A Operación Zapato Roto, nome em código do sequestro de Porto Alegre, virou um farrapo com o flagrante dos jornalistas na rua Botafogo e com o escândalo internacional do caso. Preocupado, o major Rossel reuniu a equipe da Compañía em dezembro de 1978 e exigiu absoluto silêncio. Os jornais brasileiros, especialmente os da capital gaúcha, chegavam todo dia ao Departamento II, elevando a tensão dos militares. Ao contrário do que eles esperavam, a imprensa brasileira continuava abrindo espaços para o sequestro, avançando em relação aos nomes dos envolvidos do lado brasileiro: Pedro Seelig, Didi Pedalada... O soldado Garcia Rivas recordava que o Departamento do coronel De Armas começou a montar um fichário completo com os dados pessoais de mais de uma dezena de jornalistas brasileiros envolvidos na cobertura do sequestro. Os dados estavam transcritos em espanhol, mas eram remetidos de Porto Alegre pelo DOPS.[59]

O soldado Garcia Rivas lembrava uma coisa mais.

Depois do fiasco de Porto Alegre, a Compañía nunca mais sequestrou.

Em meados de junho de 1980, aos 23 anos, o soldado Hugo Walter Garcia Rivas abandonou a Compañía, desertou do Exército e fugiu do Uruguai. Veio para o Brasil junto com a mulher e seu filho de catorze meses. Prestou um longo e detalhado depoimento à OAB em São Paulo, falou com a imprensa, forneceu nomes e patentes de militares e apontou os locais de tortura espalhados em quartéis e centros clandestinos de Montevidéu. Foi o único sequestrador, de um lado e outro da fronteira, a assumir abertamente sua participação no sequestro. Mais que isso: pela primeira vez, alguém do aparato repressivo uruguaio descrevia, por dentro, o que antes era apenas um lamento das vítimas da tortura. Dias depois, na condição de refugiado da ONU, ele e a família receberam asilo da Noruega.

Com a lista de endereços clandestinos fornecida pelo soldado, a colônia de exilados uruguaios no Brasil escalou um de seus membros de "ficha limpa", ainda

59. Garcia Rivas, depoimento ao autor, São Paulo, junho de 1980.

não "requerido" pela ditadura uruguaia, e o mandou a Montevidéu para retratar os centros de tortura do Exército. Exilado na capital paulista desde o anos 70, o uruguaio César Charlone ainda não era o fotógrafo que o cinema faria famoso duas décadas depois com filmes premiados como *Cidade de Deus, O Jardineiro Fiel, O Banheiro do Papa* e *Ensaio Sobre a Cegueira.* Ele saiu de São Paulo e circulou incógnito com uma câmera escondida pelas ruas ainda perigosas da Montevidéu de 1980, seguindo o roteiro do terror denunciado pelo soldado. Apertava o obturador da máquina, dissimulado, pela janela do táxi que desfilava sem pressa diante do quartel. Charlone voltou de lá com um inédito acervo de fotos, estampadas sem o crédito de seu nome na imprensa internacional, exibindo a fachada nunca vista da tortura no Uruguai. Na revista *IstoÉ,* edição de 25 de junho de 1980, sete imagens de sua autoria foram publicadas com o seguinte crédito: "Fotos PVP – Montevidéu".

Uma bala de presente

O vento negro do Condor começou a soprar com força em 1976 em Manágua.

Acalentado pelo bafo solidário de Anastásio Somoza e sua ditadura na Nicarágua, o chefe da delegação da Argentina na XII Conferência dos Exércitos Americanos (CEA) proclamou abertamente:

– A guerra ideológica não respeita fronteiras – avisou o general Roberto Viola, que carregava no sobrenome o lema de quem não reconhece limites no combate à subversão.

A primeira conferência militar fora organizada pelos Estados Unidos em 1960, sob o impacto da erupção de um movimento comunista a 140 quilômetros da Flórida – na ilha de Cuba, arrebatada pelos barbudos revolucionários de Fidel Castro. Os especialistas em inteligência do continente, convidados pelo general Theodore F. Bogart, do Comando Sul do Exército, baseado no território estadunidense da Zona do Canal do Panamá, começaram a afinar o discurso em torno de "métodos não convencionais" no combate aos movimentos de esquerda, que incluíam sequestros e assassinatos como recursos considerados legítimos na guerra antissubversiva. O simpático prédio de quatro andares em formato de T, tijolos alaranjados, janelas brancas e salões decorados com móveis coloniais nas margens do lago Gatún, no Panamá, passou a concentrar a estratégia americana de contrainsurgência: ali, em seus 285 apartamentos, a School of Americas (SOA) do Exército americano passou a hospedar e a doutrinar sucessivas legiões da elite militar que, na década de 70, iria enxotar os civis do poder e esmagar a democracia na América Latina, com doses distintas de sangue, violência e cinismo – especialmente no Cone Sul do continente.

Protegida pelo santuário da faixa de 82 quilômetros cortada pela Zona do Canal, a Escola começou a incubar o Condor que nasceria em meados da década de 70.

O argentino Alejandro Paredes, doutor em História pela Universidade de La Plata, identificou perfis diferentes entre os regimes militares na região. O mais antigo deles, o do Paraguai (1954-1989), tinha o traço de uma "ditadura pessoal", imposta pela presença do general *y el supremo* Alfredo Stroessner. A alternância regulamentar de generais e o tom institucional do revezamento no poder deu às ditaduras do Brasil (1964-1985) – dos generais Castello Branco, Costa e Silva, Médici, Geisel e Figueiredo – e da Argentina (1966-1973) – dos generais Onganía, Levingston e Lanusse –, o perfume de "ditaduras burocráticas e desenvolvimentistas".

A Bolívia (1969-1982) assumiu a cara de uma "ditadura terrorista e neoliberal", como legítima discípula da Escola das Américas, espremendo o breve governo esquerdista do general Torres (1970-1971) em uma turbulenta fase de treze anos em que se revezaram oito generais e cinco juntas militares, alguns deles fugazes, quase todos corruptos. O general Bánzer (1971-1978) dominou o país sete anos, e o general Luis García Meza (1980-81), apenas treze meses, este graças ao chamado Golpe da Cocaína, executado com a ajuda do Batalhão de Inteligência 601, a unidade de repressão do Exército argentino. Ele governou com o apoio explícito do ex-oficial nazista Klaus Barbie, que se refugiara na Bolívia, e foi derrubado por outro general na poeira do envolvimento com o tráfico de cocaína. García Meza cumpre agora pena de trinta anos de prisão na Bolívia, para onde foi extraditado em 1995. O quarteto "terrorista e neoliberal" se completava com a Argentina (1976-1983), dos generais Videla, Viola, Galtieri e Bignone, o Chile (1973-1990) do general Pinochet e o Uruguai (1973-1985) de Bordaberry e seus muitos generais.

Para atingir essa prática uniforme de poder, durante tanto tempo e por tantas nações diferentes, algumas delas historicamente hostis entre si, foi preciso encontrar uma teoria geral e um inimigo comum mais forte do que as tolas rivalidades de fronteira. A Escola das Américas forneceu a cartilha, o comunismo internacional deu o tema, e os Exércitos do continente providenciaram a palmatória. O conclave fardado do continente tornou-se bienal a partir da reunião de 1965 em West Point, Estados Unidos. Na X CEA, realizada em Caracas, em 3 de setembro de 1973, oito dias antes do golpe de Pinochet, o general brasileiro Breno Borges Fortes, chefe do Estado-Maior do Exército, propôs "ampliar a troca de experiências ou de informações e a ajuda técnica" entre os camaradas de armas na guerra ao comunismo.

O Condor começava a ganhar penas e peso.

O vulto da operação, ainda sem nome e sem forma, começou a surgir naquele ano.

Horas após o bombardeio do La Moneda em 11 de setembro de 1973, o boliviano Jorge Rio Dalenz sumiu das ruas de Santiago, sequestrado por um comando armado. Era um dos líderes do Movimiento de la Izquierda Revolucionaria da Bolívia, um MIR diferente da organização chilena que apoiava Allende. Tivera que se asilar no Chile devido ao golpe de 1971, comandado pelo general Hugo Bánzer, um aplicado ex-aluno da Escola das Américas. Dois meses depois, outro exilado boliviano, Jorge Gallardo Losada, ex-ministro do Interior do governo do general Torres, foi sequestrado em sua casa na capital chilena por quatro homens armados – dois deles fardados. Gallardo era o autor de um livro onde dava detalhes sobre uma conspiração multinacional para derrubar o esquerdista Torres do poder. Ele foi levado para a Bolívia e depois à Argentina, voando sem transtornos em tempos de estrito controle aéreo da nova Junta Militar chilena.

O brasileiro Joaquim Pires Cerveira tinha 21 anos quando se filiou ao Partido Comunista em 1945, logo após a queda da ditadura Vargas. Tinha quarenta anos quando foi transferido para a reserva, como major do Exército, pelo primeiro Ato Institucional do golpe de 1964, por vínculos políticos com o brizolismo. Foi preso por subversão no ano seguinte e, em abril de 1970, detido pelo DOI-CODI do Rio de Janeiro, acabou duramente castigado como líder de uma pequena organização chamada Frente de Libertação Nacional. A FLN atuava junto com a VPR nos preparativos do sequestro do embaixador alemão no Brasil. Apesar da violência das torturas, Cerveira nada revelou sobre o sequestro que aconteceria três meses depois. Em julho de 1970, como um dos quarenta presos políticos trocados pelo diplomata, Cerveira foi banido e voou para a Argélia.

Sua história de vida e morte, a partir daí, mostra a garra, o bico e o olho do Condor que não tinha nome, mas já voava.

Em 12 de fevereiro de 1971, o DOPS gaúcho do delegado Seelig distribuía a Info 2/DGI/SSP/RS/71 mostrando que tinha Cerveira na mira: "Encontra-se no Chile mantendo ligações (...) para possível entrada no país". Um ofício confidencial de 6 de julho de 1971 da Secretaria de Segurança do Paraná detalhava o roteiro de sua viagem da Argélia ao Chile, informando que ele fizera escalas no Brasil, no Uruguai e na Argentina antes de descer em Santiago. Seis meses mais tarde, a prova de que a repressão brasileira o seguia de perto. Em 31 de janeiro de 1972, o DOPS distribuía às delegacias de São Paulo e Curitiba e ao Ministério do Exército uma ordem de busca, a OB nº106/72, que descrevia um Cerveira bem diferente de sua foto tradicional dos tempos de major, com a japona militar, os cabelos curtos sob o quepe e o bigodinho fino e bem aparado:

> O major e banido brasileiro apresenta no momento (18/11/71) os seguintes dados de identificação operacional visual: fisicamente delgado, bigode espesso, cabelos ruivos e compridos à moda *hippie*, óculos com aros dourados e roupas extravagantes à moda *hippie*, está muito diferente das fotografias publicadas nos jornais brasileiros.[60]

No mês seguinte, 25 de fevereiro de 1972, a repressão conseguia ler até os pensamentos de Cerveira, como se vê na Info nº 058-E2/72, com carimbo de confidencial, que a base da FAB em Canoas (RS), da 5ª Zona Aérea, enviou à 2ª Seção da 3ª Região Militar do III Exército: "perdura a intenção de viajar, mas não será utilizado o transporte aéreo". Ele acabou viajando às pressas por causa do golpe de Pinochet. Procurou refúgio em Buenos Aires, na mesma trilha do amigo João Batista Rita, o Catarina do M3G, sigla liderada por Edmur Péricles Camargo, o Gauchão, que tentara sequestrar o cônsul americano em Porto Alegre. Como Cerveira, Rita estava banido há dois anos, após ser trocado com outros 69 presos políticos pelo embaixador da Suíça sequestrado em dezembro de 1970.

No final da tarde de 5 de dezembro de 1973, duas semanas após assistir como padrinho ao casamento de Rita com Amália, Cerveira encontrou o afilhado

60. Bauer, 2006, p. 248.

no centro da capital argentina para providenciar os documentos de residência no país. Foram cercados de repente, numa esquina da movimentada Calle Corrientes, por vários homens armados que simularam um atropelamento da dupla brasileira e os levaram dali, sob protestos dos transeuntes. Entre os sequestradores haveria um militar brasileiro, que seria depois identificado como um certo "capitão Diniz Reis". A casa de Cerveira, na Horacio Quiroga, é invadida às onze da noite por agentes argentinos acompanhados de policiais brasileiros. Vasculham tudo e dizem à sua mulher que Cerveira está sendo requerido pelo Brasil. Saem e voltam às quatro da madrugada, desta vez comandados por um brasileiro com uma cicatriz no rosto, mais tarde reconhecido como o delegado Sérgio Fleury. O policial mostra uma foto de Cerveira e avisa que ele será levado de volta ao Brasil. Ao sair, após espancar e ameaçar os familiares do major, Fleury deixa um *regalo* para a filha mais jovem de Cerveira: uma bala de revólver.[61]

Um deputado peronista denuncia o envolvimento da Triple A, a clandestina Alianza Anticomunista Argentina, na operação comandada por Fleury. Desaparecidos em Buenos Aires, Cerveira e Rita reaparecem no Rio de Janeiro 38 dias depois. São vistos por alguns presos na madrugada de 12 de janeiro de 1974 no DOI-CODI carioca. Chegam numa ambulância, amarrados em posição fetal, com o rosto inchado e muito sangue na cabeça. O major e seu afilhado desapareceram para sempre. O nome de Cerveira só reapareceu na ficha de uma gaveta do DOPS gaúcho, com uma observação: falecido. Quando o governo Geisel precisou dar explicações, em 1975, sobre o sumiço de 27 presos, o ministro da Justiça Armando Falcão produziu uma nota de seis páginas e nenhuma veracidade. Sustentou que "o governo perdera o rastro de Joaquim Pires Cerveira em 1970, quando ele foi banido para a Argélia". O diário de Heitor Ferreira mostra que o ministro mentia.[62] Ele anotou, no dia 3 de fevereiro de 1975, a conversa do chefe da Agência Central do SNI, general Sebastião José Ramos de Castro, com o presidente Ernesto Geisel: "Castro contou a EG caso de Cerveira, treze mortos". O secretário particular do presidente registrou, no mesmo dia, o desabafo do ministro Golbery ao saber dos detalhes da morte do major:

– Se eles querem continuar a Revolução, vão ter que ir para a ditadura!... Esse negócio do Cerveira foi uma barbaridade!

***

No código não escrito da repressão e não descrito pelo ministro Falcão, os banidos tinham sobre si uma irrevogável sentença de morte. Os militares do porão decidiram que nenhum preso trocado por embaixador sequestrado retornaria vivo ao país. Entre 1971 e 1973, conforme levantamento do jornalista Elio Gaspari, foram capturados dez banidos. Confirmando a sina, nenhum sobreviveu. Os mais recentes da lista eram Cerveira e Rita, sequestrados em Buenos Aires e desaparecidos no Rio de Janeiro.

---

61. Brasil, Secretaria Especial dos Direitos Humanos, 2007, p. 371.

62. Gaspari, 2004, p. 39.

Ernesto Geisel assumiu num dia, David Capistrano sumiu no outro.

Na sexta-feira, 15 de março de 1974, Geisel tomou posse em Brasília como o quarto presidente do ciclo de generais inaugurado uma década atrás. No sábado, 16, Capistrano sumiu em Uruguaiana, cidade na fronteira do Rio Grande do Sul com a Argentina, junto com José Roman, o motorista do Fusca que deveria levá-los a São Paulo. Nunca chegaram lá. Ambos eram comunistas. Aos 61 anos de vida, Capistrano era um dirigente histórico do PCB, ex-deputado federal por Pernambuco. Sargento do Aeronáutica, participou do levante comunista de 1935, foi preso e fugiu do presídio da Ilha Grande a nado. Na Europa, lutou na Brigada Internacional contra os franquistas na Guerra Civil Espanhola, integrou os *maquis* da Resistência francesa às tropas de Hitler, foi preso e confinado oito meses no campo de concentração nazista de Gurs. Poupado por não ser francês, foi libertado em 1941 pesando apenas 35 quilos. Voltou para a cadeia no Brasil: preso na ditadura Vargas em 1942, preso na renúncia de Jânio em 1961 e preso na ditadura militar em 1974.

O documento 203/187 do DOPS do Rio de Janeiro confirmava: "Segundo anotações neste Departamento em 16 de setembro de 1974, David Capistrano da Costa encontra-se preso há quatro meses, sendo motivo da Campanha da Comissão Nacional Pró-Anistia dos Presos Políticos". Apesar da campanha, sumiu. Seu desaparecimento virou uma causa internacional: pediram por ele, junto ao governo Geisel, o presidente francês Giscard d'Estaing, o líder socialista François Mitterrand e o Papa Paulo VI, que enviou dois emissários ao Palácio do Planalto. Em 14 de março de 1978 o almirante Hélio Leite, presidente do Superior Tribunal Militar (STM), afirmou para a representante da Anistia Internacional Patrícia Deerey que "David Capistrano foi preso, mas liberado uma semana depois".

Um médico do Exército, Amílcar Lobo, admitiria em 1987 ter atendido Capistrano no DOI-CODI. Em 1992 um ex-sargento do serviço secreto do Exército, Marival Chaves Dias do Canto, contou ao repórter Expedito Filho, da revista *Veja*, o destino final de Capistrano e Roman: ambos foram levados à Casa da Morte, um endereço clandestino montado pelo CIE em uma zona pacata de Petrópolis, na serra fluminense, onde foram torturados, mortos, esquartejados e descartados num rio próximo.

***

A tortura era uma grande enrascada para o Exército.

Tão grande que levou o Exército brasileiro à clandestinidade dentro da própria corporação. Para evitar a execração pública e resguardar a imagem dos quartéis, foram montados pelo menos sete lugares secretos para a execução segura e discreta dos métodos truculentos que faziam do Estado um terrorista mais impiedoso do que aqueles que jurava combater. Os órgãos de segurança estavam inseguros quanto à moralidade e à legalidade do que praticavam – e por isso faziam tudo aquilo escondidos, envergonhados.

A repressão tinha "aparelhos" de terror em cinco Estados diferentes: um sítio em Sergipe usado pela repressão de Salvador, um apartamento em Goiânia, uma casa no Recife e três locais em São Paulo – uma casa na avenida 23 de Maio, um sítio na região de Atibaia e o mais temido deles, a Fazenda 31 de Março. Era um endereço oculto em Parelheiros, uma bucólica localidade rural trinta quilômetros ao sul da rua Tutoia. Ali, numa construção primitiva, cercada de árvores e numa região despovoada, o delegado Fleury podia trabalhar mais à vontade, à luz de velas. Não havia eletricidade na casa modesta do sítio, com dois quartos, sala, cozinha e banheiro. Era preciso girar a manivela manual para fazer funcionar a máquina de choque elétrico.

Fleury levou para lá um dos maiores trunfos da repressão, o líder da Aliança Libertadora Nacional (ALN), Joaquim Câmara Ferreira, 57 anos, o Toledo ou Velho, sucessor de Marighella e chefe do sequestro do embaixador americano Burke Elbrick. Ele foi preso pouco depois das sete da noite de 23 de outubro de 1970 no bairro Indianópolis, na capital paulista. Chegou ao sítio arfando, com falta de ar e sintomas de ataque cardíaco. A cena foi testemunhada por um homem preso horas antes, Maurício Klabin Segall, que lembrou na hora dos males do coração que mataram seu pai, Lasar Segall. Como o do sensível artista plástico, o coração do veterano guerrilheiro não resistiu. Antes da meia-noite o Velho estava morto. A Comunidade nunca perdoaria Fleury pela precipitação, que estraçalhou um dos mais importantes arquivos da guerrilha em menos de cinco horas de tortura.

O sétimo endereço clandestino, a Casa da Morte, de Petrópolis, nasceu como uma reação calculada dos escalões mais radicais da repressão para subverter a hierarquia e ignorar a cadeia de comando militar. A casa começou a ser arquitetada a partir de um inesperado confronto entre o comandante do I Exército, sediado no Rio de Janeiro, e o DOI-CODI carioca. Apesar da fama de linha-dura e do forte ideário anticomunista, o general Sylvio Frota dizia não ter apreço pela tortura – e não gostava da autonomia que o porão exibia no limite intolerável da indisciplina.[63] A impaciência do general ficou maior ao saber que o DOI-CODI tinha prendido o parente de um de seus oficiais de gabinete. O subordinado pediu a intervenção de Frota diante da evidência de que o preso estava sendo torturado. Frota ligou para o comandante do DOI, major Adyr Fiúza de Castro, um dos expoentes do radicalismo no Exército. O general reclamou e ordenou que o major permitisse o ingresso de seu assessor no calabouço do DOI para verificar o estado de saúde do preso. O telefonema não funcionou: ao chegar ao portão do quartel da PE, na rua Barão de Mesquita, o oficial foi barrado.

O desbordamento da tortura produzia esta impensável esculhambação hierárquica: um simples major de destacamento confrontava o poderoso general comandante do segundo maior Exército do país!

Irritado com a insubordinação, Frota ligou para o general Hugo Abreu, comandante da Brigada de Paraquedistas, e determinou que colocasse a tropa em prontidão. Na sequência, voltou a ligar para o major Fiúza de Castro para dizer que seu oficial tentaria outra vez visitar o parente torturado.

---

63. Sylvio Frota comandou o I Exército de julho de 1972 a março de 1974. Nesses 21 meses morreram 29 presos no DOI-CODI da rua Barão de Mesquita, área de responsabilidade suprema do general. In *O Globo,* 2 de março de 1980, p. 16.

– E quero avisá-lo, major, que se ele não entrar eu vou aí para prender pessoalmente o senhor e a sua guarnição!

O oficial entrou e o general não precisou prender ninguém. Mas o DOI não gostou da ingerência do QG em seus domínios. Decidiu daí trabalhar à margem da corporação, montando um aparelho imune a telefonemas: nasceu a casa de Petrópolis, a residência com varanda na fachada e lareira na sala no nº 668 da rua Arthur Barbosa, emprestada aos militares para o seu centro clandestino. Para não deixar dúvidas a general nenhum, adotou um codinome superlativo que remetia ao CODI: Codão. A militante da VPR Inês Etienne, presa pelo delegado Fleury por envolvimento no sequestro do embaixador suíço Giovanni Bücher em 1970, padeceu no Codão 96 dias infernais entre maio e agosto de 1971.

Foi torturada e estuprada, recebeu injeção com pentotal sódico (o soro da verdade), tentou o suicídio duas vezes, foi medicada, recuperada e novamente torturada.[64]

Naquele antro, Inês conheceu um lobo em pele de carneiro. O Doutor Carneiro que a atendeu várias vezes na casa, fazendo inclusive uma cirurgia na perna e aplicando o pentotal, era o psicanalista Amílcar Lobo, um médico com posto de tenente que servia ao Batalhão da Polícia do Exército, o quartel da rua Barão de Mesquita que alojava o DOI insubordinado do major Fiúza de Castro. O mesmo Lobo que cinco meses antes vira o moribundo Rubens Paiva no DOI do major Belham. Para não reconhecer sua localização, o médico era conduzido até a casa encapuzado. Apesar desses cuidados, o Doutor Carneiro do DOI sabia que na casa se torturava e que dali sumiam pessoas. O Dr. Lobo do Batalhão da PE subia a serra de Petrópolis e descia às profundezas da ética médica por ordem do comandante do batalhão, coronel Francisco Homem de Carvalho, o Carvalhinho. O mesmo coronel que tinha por hábito procurar às segundas-feiras um velho companheiro de SNI, o general Golbery do Couto e Silva, para abrir a semana conversando amenidades.

O Codão, com certeza, não era uma delas.

A conexão repressiva internacional não era nem conversada, só praticada. Uma das primeiras ações de colaboração através da fronteira aconteceu em dezembro de 1970 em Buenos Aires. O ex-coronel de Cavalaria Jefferson Cardim de Alencar Osório, exilado em Montevidéu logo após o golpe de 64, retornara clandestino em março de 1965, descendo de um táxi em Santana do Livramento, na fronteira gaúcha. Subiu num caminhão na localidade de Três Passos com duas dúzias de camaradas ligados ao brizolismo e começou uma quixotesca tentativa de contrarrevolução. Trocou alguns tiros com tropas do Exército, quando morreu um sargento legalista. A coluna se dispersou, e ele foi preso no sudoeste do Paraná.

A guerrilha de Três Passos do coronel e seus 23 revolucionários durou 36 horas. Jefferson foi barbaramente torturado no 1º Batalhão de Fronteira, em Foz do Iguaçu, e em outros dois quartéis. Fugiu da prisão anos depois em Curitiba e se exilou na Argentina. Em 11 de dezembro de 1970 ele, seu filho e um sobrinho,

64. Romeu, 2005, p. 249-269.

Eduardo Lepetigui, foram sequestrados na capital argentina e reapareceram, dias depois, no DOI-CODI do Rio. As fronteiras se diluíam diante de uma repressão transnacional cada vez mais desinibida.

Só faltava uma articulação para torná-la ainda mais eficaz.

O chicote do general

O Chile de Pinochet tateava o horizonte procurando amigos por afinidade.

Em 1974, meses após o golpe, agentes da Dirección Nacional de Inteligencia (DINA) perambulavam por Miami tentando estabelecer operações clandestinas com os grupos anticomunistas radicais da comunidade cubana exilada na Flórida. Cabeças mais sensíveis do Departamento de Estado quiseram protestar formalmente perante Santiago, mas o secretário Henry Kissinger não permitiu. Pelos canais de segurança, a CIA mandou uma mensagem secreta à DINA, rejeitando a ideia, mas sem fazer nada para detê-la. Quem não se deteve foi a Argentina, que, ainda em 1974, fez a mesma coisa, desta vez com ajuda da CIA. Uma força-tarefa extraterritorial de Buenos Aires instalou um centro de inteligência e operações na Flórida que daria apoio às operações da Condor, incluindo lavagem de dinheiro, transporte de armamentos e transferência de fundos para efetivos da luta antissubversiva.

A direita ainda não sabia, mas estava fazendo uma articulação supranacional que a esquerda armada já ensaiava há mais tempo. Em agosto de 1973, um mês antes do sangrento golpe de Pinochet, quatro siglas emblemáticas da guerrilha continental se encontraram no Chile. O ERP (Exército Revolucionário do Povo) argentino, o MLN-Tupamaro uruguaio, o ELN (Exército de Libertação Nacional) boliviano e o MIR (Movimento de Esquerda Revolucionária) chileno acertaram a criação da JCR (Junta Coordenadora Revolucionária), o fantasma esquerdista que dois anos depois faria alçar voo o seu oposto, a Condor. Em 17 maio de 1975, a Junta sofreu um golpe mortal, que marca o primeiro crocito da Condor.

O sociólogo chileno Jorge Fuentes Alarcón, um dos homens fortes do MIR, pegou um ônibus em Buenos Aires para Assunção, em companhia do argentino Amílcar Santucho, irmão de Roberto, o líder maior do ERP. Na capital paraguaia, eles começariam a discutir ações futuras da JCR, numa jornada que depois os levaria a Lima e Caracas. O chileno, num procedimento amador para os rígidos parâmetros da luta armada, carregava dinheiro, notas, agenda de endereços, nomes, codinomes e o desenho do esquema financeiro montado pela esquerda. Tudo isso caiu nas mãos de Pastor Coronel, o feroz chefe da polícia política do general Stroessner, quando Fuentes foi preso num hotel de Assunção, um dia após sua chegada. Este impressionante arquivo vivo da incipiente Junta Revolucionária era o primeiro resultado prático de uma inédita articulação repressiva entre países e órgãos de inteligência que antes se viam com desconfiança, quase hostilidade.

A prisão marcava uma clara colaboração entre Argentina e Paraguai. O adido jurídico da embaixada dos Estados Unidos em Buenos Aires, Robert Scherrer, na verdade o homem infiltrado pelo FBI no país, fazia há seis anos a conexão entre as polícias do Cone Sul, onde lapidara seu fluente espanhol. Ele e Pastor Coronel eram amigos íntimos, tratavam-se pelo primeiro nome. Scherrer foi chamado e ficou impressionado ao conferir pessoalmente a riqueza das informações que os documentos e a tortura em Fuentes revelaram. Tratou de contar tudo em carta no dia 6 de junho ao diretor-geral de investigações do Chile, general Ernesto Baeza Michaelsen. Informou também que o FBI estava investigando três endereços nos Estados Unidos encontrados na agenda de Fuentes – entre eles o de sua irmã, Sônia, que morava em Dallas, no Texas.

Horas depois, agentes chilenos da DINA se somaram à tropa em Assunção que torturava Fuentes em busca de mais informações. O suplício no Paraguai durou três meses. O preso foi depois levado clandestinamente a Santiago, onde perambulou outros quatro meses. Foi visto estropiado em Villa Grimaldi, o principal centro de torturas da DINA. Depois Fuentes desapareceu. A conexão Argentina-Paraguai-Chile, com a intermediação do FBI, marca neste caso o cenário que desembocaria em novembro no nascimento formal da Condor. O envolvimento direto dos Estados Unidos ficaria comprovado em um telegrama secreto de 1978 do embaixador americano em Assunção, Robert White, ao Departamento de Estado. O documento foi descoberto, em 2001, entre milhares de outros desclassificados pelo governo Clinton e vasculhados pela cientista política J. Patrice McSherry, professora da Long Island University (Nova York) que viveu na Argentina e no Uruguai e passou uma década pesquisando a Condor em sete países. A mensagem revelava que as instalações estadunidenses da Zona do Canal do Panamá, vizinha à Escola das Américas, foram usadas na coordenação e no sigilo das comunicações da Condor.

O comandante das Forças Armadas paraguaias, general Alejandro Fretes Dávalos, contou ao embaixador White que os chefes dos órgãos de informações de Brasil, Argentina, Chile, Bolívia, Paraguai e Uruguai utilizavam "um sistema codificado dentro da rede de telecomunicações dos Estados Unidos". Isso significava que o sistema de inteligência de Washington colocara os canais de comunicação do país à disposição da Condor, um reflexo do nível de aprovação dos altos escalões norte-americanos à organização clandestina.

O sistema Condortel, unificando as transmissões entre unidades de inteligência dos Exércitos das seis ditaduras do Cone Sul, estava ativo e operante em 1976. Naquele ano, uma fonte militar argentina confirmou a um contato da embaixada dos Estados Unidos em Buenos Aires que a CIA estava "profundamente envolvida" na instalação de sistemas computadorizados para a comunicação segura entre as unidades operacionais da Condor. Um ex-agente do sistema na Bolívia disse que seu chefe explicara assim a máquina que codificava as mensagens:

– Ela foi especialmente fabricada para o Sistema Condor pelo Departamento de Logística da CIA – revelou o boliviano Juan Carlos Fortún ao jornalista Gerardo Irusta nos anos 90.

O aparato de telex da Condortel 5 estava instalado em uma sala secreta do Ministério do Interior em La Paz, conectado aos outros cinco países do sistema. A base, Condortel 1, estava no Chile. A máquina do telex codificado da Condor no Brasil, a Condortel 6, estava numa sala de classificação "ultrassecreto" no nono andar do prédio do Ministério do Exército, na Esplanada dos Ministérios. Um ex-oficial de informações que circulou ali lembra que o terminal ficava ao lado do gabinete do chefe do Centro de Informações do Exército (CIE), um general de brigada com subordinação direta ao ministro do Exército, a quem se reportava sem intermediários. Os elevadores do prédio paravam no oitavo andar e era preciso vencer um lance de escadas e o rígido controle de um sargento e dois sentinelas com metralhadora na porta do último andar para invadir o santuário do serviço secreto militar do regime.

A melhoria da comunicação era consequência de um entendimento cada vez maior.

O pioneiro encontro multilateral para discutir uma repressão coordenada aconteceu em Buenos Aires em fevereiro de 1974. O I Seminário de Polícia sobre a Luta Antissubversiva no Cone Sul reuniu secretamente os chefes de polícias federais de Argentina, Brasil, Uruguai, Paraguai, Chile e Bolívia – algumas delas comandadas por oficiais do Exército, como nos casos paraguaio, argentino e brasileiro. O anfitrião argentino, general Miguel Angel Iñiguez, chefe da Polícia Federal, conclamou "novas formas de colaboração transnacional para confrontar a ameaça subversiva". A Condor chegou a crocitar, dois anos antes de sair do ovo, quando os chefes policiais concordaram em operações conjuntas "contra seus inimigos políticos em qualquer dos países associados". Os policiais debateram meios de estabelecer um sistema coordenado de operações cruzadas de fronteira para captura e assassinato de subversivos.

Dois anos antes, a embaixada americana em Buenos Aires tinha outras preocupações. Em telegrama enviado em 27 de agosto de 1972 ao Departamento de Estado, a missão acentuava os esforços da Argentina "para reforçar a capacidade antissubversiva do governo do Uruguai através de treinamento e aconselhamento". Sempre bem informados, os americanos contaram a Washington que "uma equipe de interrogatório da Argentina [foi] despachada para Montevidéu quando o [líder] Tupamaro Raul Sendíc foi capturado". Eram procedimentos que seriam adotados como rotina na Operação Condor, como o uso de grupos multinacionais nas fases críticas de interrogatório e tortura e no intercâmbio de técnicas de combate à guerrilha. Do outro lado do rio da Prata, o embaixador americano em Montevidéu, Charles Wallace Adair Jr., percebia a crescente pressão antiterrorista dos dois grandes vizinhos entre os quais se espremia o pequeno Uruguai, que acabava desbordando para os esquadrões da morte. Em 12 de dezembro de 1972, a pouco mais de seis meses do golpe cívico-militar de Bordaberry e sua corte de generais, Adair mandou ao Departamento de Estado um secreto "Relatório sobre a situação de segurança interna do Uruguai". Os militares da Argentina e do Brasil, avalia o embaixador,

> estão fornecendo algum apoio para grupos uruguaios antiterroristas e clandestinos. Este apoio não vem através dos canais militares regulares, mas pelos respectivos órgãos de segurança... Serviço de Informação do Estado (SIDE)... e Serviço Nacional de Informações (SNI)... Os brasileiros reconhecidamente

aconselharam e treinaram oficiais militares e policiais uruguaios envolvidos em grupos contraterroristas que se responsabilizaram por atentados a bomba, sequestros e até mesmo assassinatos de suspeitos de pertencerem à esquerda radical... oficiais da alta hierarquia militar do Uruguai foram treinados no final de 1971 nas fortes medidas que o governo do Brasil tem adotado contra a ameaça de insurgência.

O envolvimento de efetivos regulares da segurança com as práticas bandoleiras de grupos assassinos explica, de alguma forma, a leniência e depois a conivência com o crime por parte de corporações historicamente fundadas na lei e na ordem. O Esquadrão da Morte contaminou o Exército. O Exército perdeu os limites com a obsessão da guerra antissubversiva. A luta contra a guerrilha transbordou as fronteiras da lei e exacerbou a violência. A virulência clandestina e sem controle do esquadrão empolgou o Exército. O Exército apodreceu com o Esquadrão da Morte. O esquadrão confundiu-se com o Exército, o Exército virou um esquadrão.

Tradução desta lógica macabra: Condor.

Os personagens, os responsáveis e os simpatizantes do processo no Uruguai tinham plena consciência dessa necrose que, aos poucos, desbordaria com metástase pelas fronteiras da região. Logo ao desembarcar em Montevidéu, em 1969, o embaixador Charles Adair determinou que as armas e equipamentos antissubversivos fornecidos pelos Estados Unidos deveriam ser canalizados ao Uruguai através de terceiros países, na tentativa de minimizar as críticas a Washington pelo endurecimento da repressão. Os mecanismos legais estavam corrompidos pelas soluções extralegais, a transparência velada pelo cinismo.

Em 24 de fevereiro de 1972, os Tupamaros sequestraram um fotógrafo em Montevidéu. Nelson Bardessio era mais do que isso: era também policial, segurança e motorista do americano William Cantrell, o homem da CIA no Uruguai. Em um interrogatório sem violência, como o próprio Bardessio reconheceu ao ser libertado, o policial confirmou ser membro do Esquadrão da Morte que agia dentro da polícia. Apontou dois nomes em especial: Victor Castiglioni, diretor, e Hugo Campos Hermida, chefe do Departamento 5 (investigações) da DNII, Dirección Nacional de Información y Inteligencia, a central de polícia abastecida pela CIA de Cantrell com equipamento de tortura.

As ordens do ministro do Interior, Santiago de Brum Carbajal, eram repassadas ao esquadrão pelo vice-ministro Armando Acosta y Lara. Bardessio revelou que o próprio secretário pessoal do presidente Pacheco Areco, Carlos Piran, conseguiu junto à SIDE (a Secretaria de Inteligência do Estado argentino) a gelinita explosiva com que o Esquadrão da Morte praticou quatro atentados em Montevidéu – contra as residências de dois líderes de esquerda, de uma jornalista e de um advogado. O motorista da CIA contou que ele fizera parte de uma equipe de cinco policiais treinados pela SIDE em Buenos Aires em "atividades antiterroristas" e "técnicas de vigilância". Outros dois agentes, disse Bardessio, foram enviados ao Brasil para exercitar "operações de Esquadrão de Morte". Não disse onde nem quem aplicou os exercícios.

Os futuros quadros da Condor começaram a se formar nesta geleia geral que misturava gelinita com militares, policiais, agentes secretos, torturadores e terroristas paramilitares. A central militar do OCOA e o SID do general Amaury Prantl coordenavam os policiais mais celerados do Esquadrão da Morte, como Campos Hermida, caracterizando um aparato paralelo de repressão sem limites. Nas operações na Argentina, eles agiam em linha com o general Otto Paladino, chefe do SIDE portenho, que fornecia instalações militares para a ação de seus camaradas uruguaios. O trabalho aumentou tanto que, em 1976, o OCOA precisou montar a sua própria base de tortura em Buenos Aires, ocupando o galpão de uma oficina abandonada que depois ganharia fama – a Automotores Orletti. Era um pedaço sangrento da capital portenha de predominante fruição uruguaia, sob o controle operacional do I Corpo de Exército e da SIDE argentinos. Na madrugada de 21 de fevereiro de 1974, enfim, Buenos Aires viu acontecer um fenômeno decisivo no Cone Sul: a conversão do Esquadrão da Morte em Condor.

Por volta das 4h30 da madrugada, uma força desproporcional de quase duzentos policiais e militares da Argentina e do Uruguai se juntou para capturar um único homem na casa em que morava com a mulher e o filho, no bairro do Once, na capital argentina. O uruguaio Antonio Viana Acosta, 25 anos, já tinha sido preso e torturado no Uruguai dois anos antes, como assessor do senador Zelmar Michelini, um dos líderes da esquerdista Frente Ampla. Viana era militante político dos Tupamaros, não guerrilheiro, mas achou prudente mudar-se com a família em 1973 para Buenos Aires, onde continuou a trabalhar como jornalista para o senador agora exilado. A segunda prisão, naquela madrugada, juntava militares do OCOA e policiais da DNII. Viana foi levado para a sede da Polícia Federal argentina, onde foi torturado pela nata da repressão uruguaia: os policiais Castiglione e Campos Hermida da DNII e os majores Gavazzo do OCOA e Carlos Calcagno, do 1° Batalhão de Infantaria, mais tarde chefe da Compañía de Contrainformaciones. O bando argentino também estava bem representado na sessão de torturas: o general Iniguez, diretor da PF, e o delegado-chefe Alberto Villar.

Ainda no governo Isabel Perón, dois anos antes do golpe militar, Villar fundara o Esquadrão da Morte local, a clandestina AAA ou Triple A – a Alianza Anticomunista Argentina. Treinado em guerra contrarrevolucionária na França e um dos primeiros policiais do país a receber aulas de técnica de interrogatório na Escola das Américas, Villar viu sua criatura crescer na ditadura. No primeiro ano, 1973, a Triple A sumiu com dezenove pessoas, todas acusadas de esquerdismo. Em 1974 o número subiu para sessenta mortos e vinte sequestros. Só entre os meses de julho e setembro foram 220 ataques diferentes, que deixaram outros 44 feridos. A conta de mortos subiu para 359 em 1975. Quando a AAA sumiu do alfabeto político argentino com a queda da ditadura, em 1983, o esquadrão paramilitar de Villar era acusado de quase duas mil mortes.

O sequestro de Viana, em fevereiro de 1974, é o momento em que o Esquadrão da Morte cruza seus integrantes com as unidades de captura da inteligência militar, mesclando o banditismo da polícia com a repressão das Forças Armadas – a matéria primordial da Condor.

Durante dois meses, Antônio Viana foi duramente torturado em vários centros clandestinos da Argentina, até ser transferido em voo comercial para Montevidéu, onde recomeçou seu inferno, passando pelas torturas no 12° Batalhão de Infantaria, no departamento de Rocha, e depois no 11° Batalhão, em Minas. Recebeu choques em todas as partes do corpo, inclusive nos olhos. Foi pendurado pelos braços, afogado várias vezes no tacho, empalado com um porrete de madeira, pendurado despido durante dias em barra de ferro e surrado constantemente. Até que, em um dia de maio de 1974, a pancadaria cessou na cela. Os três oficiais lhe botaram um capuz e um outro militar entrou ali. O visitante começou a lhe bater com um chicote e a lhe perguntar por uma pessoa que ele não conhecia. O homem cansou de bater e, antes de sair, disse aos torturadores:

– Continuem com ele!... Ele tem que falar!

Viana olhou por uma brecha do capuz e viu que o homem do chicote era o próprio comandante da Divisão IV do Exército: o general Gregorio "Goyo" Álvarez, futuro comandante supremo, o militar que exercia a presidência na queda da ditadura em 1985. Algum tempo depois, Viana foi levado para o presídio Libertad, de onde saiu em 1981 rumo ao exílio na Suécia. Viana sobreviveu a sete anos de chicote da ditadura, voltou ao seu país com a volta da democracia e hoje vive no Chuy, a pouca distância do forte onde Lílian e Universindo foram torturados pelas tropas do comandante Alvarez em 1978.

Viana, em setembro de 2008, era um homem livre em um país democrático.

Alvarez estava preso em Montevidéu, onde responde por crimes da ditadura.

O ventre rasgado

O ovo da Condor começou de fato a eclodir em 1975, em Montevidéu.

Os organizadores da XI Conferência dos Exércitos Americanos (CEA) fizeram ali, em agosto, uma reunião preliminar para o encontro formal que seria aberto na capital uruguaia em outubro. O encontro do CEA em outubro foi dividido em duas partes. Na semana de 6 a 12, reuniram-se, nos salões do hotel Carrasco, os homens do serviço secreto do continente. O general Amaury Prantl, comandante do SID, o Serviço de Inteligência de Defesa, foi o anfitrião na Conferência de Chefes de Inteligência. O Chile estava representado pelo coronel Manuel Contreras, o chefe da DINA, que jogou sua carta na mesa propondo aos seus camaradas do Cone Sul um "programa repressivo transnacional". Ele propôs uma teoria que já estava sendo exercida na prática. Apenas não tinha método nem codinome. O general argentino Ibérico Saint Jean, governador da Província de Buenos Aires, definiria com precisão, em maio de 1976, o impulso letal que impelia os bolsões radicais da região a se converterem em impiedoso pelotão de fuzilamento:

– Primeiro mataremos todos os subversivos. Depois, seus colaboradores. Mais tarde, os seus simpatizantes. Então, mataremos os que permanecerem indiferentes. E finalmente vamos matar os indecisos – alertou o general Saint Jean.

Ninguém ficou indiferente à proposta chilena, que devia ser formalizada em um encontro mais restrito no mês seguinte em Santiago. Gentil, Contreras destacou que ações combinadas dos diferentes serviços de inteligência deviam ser adotadas na base de um "acordo de cavalheiros", já que "estruturas mais sofisticadas eram necessárias para confrontar a guerra psicopolítica contra a subversão". Animados, os chefes de inteligência do Cone Sul aprovaram a sugestão.

A XI CEA foi aberta duas semanas mais tarde, no dia 29. O general Luís Queirolo, comandante das Forças Conjuntas uruguaias, saudou os "amigos e camaradas em armas" e centrou fogo na luta contra o comunismo. Queirolo destacou:

– A única coisa que nos separa, aos homens dos exércitos da América, são nossos uniformes. Eu acredito que nunca antes nos compreendemos uns aos outros como neste momento... Existe uma coordenação entre os exércitos do continente para combater e impedir a infiltração marxista ou qualquer outra forma de subversão.

Mal acabou o encontro dos exércitos, Contreras despachou o vice-diretor da DINA, o coronel da Força Aérea Mario Jahn, direto de Montevidéu para Assunção. Foi levar em mãos a proposta chilena ao chefe da polícia paraguaia e principal nome da repressão, general Francisco Britez. Entregou nas mãos dele o convite para uma reunião "absolutamente secreta" a se realizar em Santiago durante uma semana, a partir de 25 de novembro. Além do convite deixou uma agenda de dez páginas com o programa da Primera Reunión de Trabajo de Inteligencia Nacional. O nº 2 da DINA aproveitou o embalo e, antes de voltar para casa, fez uma outra escala, um pouco mais acima no mapa.

Em Brasília.

O destinatário do convite entregue por Jahn era um fraterno amigo de Contreras: o general João Baptista Figueiredo, chefe do SNI. Os generais tinham uma forte ligação. Os regimes dos generais do Brasil e do Chile, também.

– Ganhamos! Ganhamos!... – exultava ao telefone o embaixador brasileiro no Chile, Antônio Cândido da Câmara Canto, na tarde barulhenta de 11 de setembro de 1973. Exibia um entusiasmo de golpista militante que não se percebia nem na fria expressão germânica do secretário de Estado Henry Kissinger, aliado sem peias de todos os que conspiravam para derrubar o governo socialista de Salvador Allende. O palácio La Moneda fumegava com as bombas de sete ataques da Força Aérea quando Câmara Canto adentrou a Escola Militar de Santiago no instante em que a Junta Militar prestava juramento como novo centro de poder.

– Ainda estávamos disparando quando chegou o embaixador e comunicou-nos o reconhecimento – registrou o próprio Pinochet, assombrado com a ligeireza que tornou o Brasil o primeiro governo do planeta a estabelecer vínculos formais com a nova ordem.

O sangue de Allende mal tinha esfriado no sofá de veludo vermelho onde explodiu a própria cabeça com um tiro de submetralhadora. Dissimulados, os Estados Unidos esperaram baixar a poeira das bombas e só reconheceram a nova ordem treze dias depois do Brasil. Câmara Canto, o gatilho mais rápido da diplomacia brasileira, foi identificado pelo jornal chileno *La Tercera* como "o quinto membro da Junta Militar", reconhecido pelos objetos de arte e pela amizade de generais que colecionava com esmero cultural e cálculo político, não necessariamente nesta ordem. Até o embaixador estadunidense na época do golpe, Nathanael Davis, estranhou a desenvoltura do colega, que abrira o verbo em encontro privado em março de 1973, seis meses antes da explosão militar:

– Durante o jantar, o embaixador brasileiro me fez uma série de sugestões, que não aceitei, para uma coordenação e um planejamento cooperativo entre as embaixadas, unindo esforços para provocar a queda de Allende – revelou Davis no seu livro *Os Últimos Dias de Salvador Allende.*

A violenta repressão das primeiras horas, que encheu de presos as arquibancadas do Estádio Nacional e tingiu de vermelho o rio Mapocho, transformou o exíguo espaço das embaixadas na esperança de vida para a enorme colônia de desterrados do continente que respirava a breve experiência do socialismo democrático no Chile. Fernando Gabeira lembra que havia 120 brasileiros entre os setecentos exilados que procuraram abrigo na representação da Argentina. Alfredo Sirkis contou 364 refugiados no pequeno apartamento da embaixada do Panamá. Ninguém, nenhum brasileiro procurou a proteção do empolgado embaixador Câmara Canto.

Um dos primeiros presos daquele 11 de setembro foi o general da Força Aérea Alberto Bachelet, detido na Academia de Guerra Aérea. Seis meses depois continuava preso no Cárcere Público de Santiago. O coração não resistiu a tantos relatos de tortura de velhos companheiros. Morreu de infarto no dia 12 de março de 1974. Foi poupado de uma forte emoção da história, 32 anos depois, quando o mesmo Partido Socialista, derrubado à bala por Pinochet, voltou ao poder pelo voto elegendo como presidente em 2006 uma médica pediatra e socialista de 56 anos – sua filha, Michelle Bachelet.

O espaço aéreo chileno ainda estava fechado, horas depois do golpe, quando quatro aviões militares brasileiros pousaram na base de Santiago, oficialmente levando remédios e mantimentos. Havia uma conexão financeira entre os golpistas chilenos e o empresariado brasileiro, como revelaria depois ao Congresso americano um agente da CIA, Frederick Davis. Adoentado, o embaixador Câmara Canto deixou, em setembro de 1975, o posto que ocupava havia sete anos. Teve no coquetel de despedida a presença do brigadeiro Gustavo Leigh, um dos integrantes da Junta. Foi levado solenemente ao aeroporto por uma delegação de generais, um deles o notório Sergio Arellano Stark, que comandara a chamada Caravana da Morte, deixando 73 cadáveres no rastro de sua passagem pela região norte chilena, dias depois do golpe.

Novas rotas de poder e fogo agora cruzavam e machucavam o país.

"Há três fontes de poder no Chile: Pinochet, Deus e a DINA", informava ao Pentágono o adido aeronáutico da Embaixada americana em Buenos Aires, em fevereiro de 1974, cinco meses depois da queda de Allende.

Ninguém ainda conhecia a terceira ponta da Santíssima Trindade chilena, um segredo diluído dentro do insosso Decreto 517 publicado no *Diário Oficial* do último dia do ano, 31 de dezembro de 1973 – mais de cem dias após o golpe. A Junta Militar inventava uma nova sigla na burocracia federal: SENDET, o Servicio Nacional de Detenidos, aparentemente uma inofensiva entidade pública para administrar os campos de prisioneiros que o regime militar fazia florescer país afora. Como um deboche calculado, o novo órgão foi instalado nas salas agora desertas do edifício do Congresso Nacional, fechado pelos generais. Um trecho daquele enfadonho emaranhado legal esclarecia que um certo Departamento de Inteligência Nacional iria "determinar o grau de periculosidade dos prisioneiros e manter permanente coordenação com os serviços de inteligência das Forças Armadas, Carabineiros e Investigações".

Ninguém percebeu que, na inocente sigla daquele novo departamento, surgia sutilmente o acrônimo da DINA. Nascia com ela o Estado de terror que faria Pinochet um ser onipotente, onisciente. O deus da DINA. Um deus do terror.

– *En Chile no se mueve una hoja sin que yo lo sepa* – diria o todo-poderoso Pinochet, meses depois.

Sem que ninguém soubesse no Chile ou fora dele, Pinochet moveu uma folha do Decreto 521, em junho de 1974, transformando o Departamento em Direção. Uma leve alteração que criava a Direção de Inteligência Nacional, sem tornar público o nome de seu diretor, Manuel Contreras. Três artigos secretos do texto – os de número 9, 10 e 11 – subordinavam todos os cinco serviços de inteligência do país à nova DINA e concedia aos seus agentes o poder ilimitado de invadir e vasculhar casas e prender pessoas sem acusação. Tecnicamente, ela era subordinada aos quatro membros da Junta Militar. Na prática, só Contreras mandava nela.

E um único homem mandava nele: Pinochet.

Quem percebeu a novidade sobre a DINA e seu diretor foi o americano Ray Warren, o chefe da estação da CIA no Chile, amigo de Contreras desde antes do golpe. O único órgão de informação eficaz no país até então era o SIFA, Servicio de Inteligencia de la Fuerza Aerea, o mais temido pelos métodos violentos que usava. Até que surgiu a DINA. A CIA apostaria suas fichas nela. Especialmente porque, como Pinochet, a agência americana confiava no homem escolhido para transformar a DINA na suprema divindade da repressão.

El Mamo tinha apenas 15 anos, em 1944, quando conheceu o instrutor da Escola Militar que mudaria sua vida: o capitão Augusto Pinochet. O professor simpatizou com o cadete Manuel Contreras Sepúlveda. Ficaram amigos. O aluno tinha fala mansa e gentil e, incapaz de controlar sua gula na carreira e na mesa, já dava sinais na papada ostensiva e na barriga saliente de que teria um futuro cada vez mais rechonchudo. Apesar da gorda timidez, Contreras era sempre o primeiro da classe. Escolheu a arma de Engenharia, com destaque especial em história e estratégia. Começou a dar aulas de Inteligência na Academia de Guerra e, em 1967, graduou-se no curso de luta antiguerrilha ministrado em Fort Benning, nos Estados Unidos. Nos dois anos seguintes, como major, foi aluno da Escola de Oficiais do Exército em Fort Belvoir, na Virgínia. Tinha 42 anos quando assumiu o quartel e a Escola de Engenharia do Exército no porto de San Antonio, onde o rio Maipu se esparrama no Pacífico. Era o mais jovem coronel do Exército chileno. Estava no lugar certo para sua ascensão no poder e no terror. Dentro de um ano, o amigo e professor Augusto, agora general Pinochet, daria o golpe contra Allende.

Na década de 50, o lazer da praia era mais destacado do que a labuta do porto em San Antonio. O horizonte bucólico do mar sem fim dominava a vista dos janelões do elegante hotel à beira-mar que recebia os veranistas abonados da capital. O telhado de cores fortes lhe emprestou o nome: Tejas Verdes. Um salão de música, com o isolamento devido para proteger as cordas do piano e evitar o ruído do mar, era o local preferido para os saraus de fim de tarde. A agitação do porto cresceu com o tempo e tirou o charme da estação de descanso. Os turistas sumiram, o hotel entrou em decadência e chegaram os militares. O lugar foi transformado na escola de engenheiros acoplada a um quartel.

***

A localização dava importância ao lugar e peso estratégico à base militar, a mais importante da região. Apenas cem quilômetros a leste de Santiago, San Antonio era o porto mais próximo da capital. Por ele chegava, entre outros produtos essenciais, o trigo que abastecia de pão os quatro milhões de habitantes da maior cidade do país. Ali começou a greve dos caminhoneiros que desestabilizou o governo Allende. Semanas antes do golpe, o porto foi colocado sob estado de emergência, e Contreras botou mão de ferro sobre a cidade, um fiel reduto da Unidad Popular, de esquerda. Dois dias após o suicídio do presidente, Contreras viu brotar uma paralisação do sindicato local dos estivadores, que protestavam por restrições trabalhistas impostas horas antes pela Junta Militar. Contreras convidou os quatro líderes sindicalistas para uma reunião no início da tarde do dia 13 de setembro em seu gabinete de Tejas Verdes. Na manhã seguinte, os corpos crivados de balas dos quatro sindicalistas foram entregues às suas famílias em caixões lacrados. Não houve mais greves na região.

O mar já não dava só peixes em San Antonio. As ondas do Pacífico começaram a jogar cadáveres nas praias cinzentas e geladas da cidade. Eram os corpos de feridos que tinham sido medicados no hospital local nas primeiras horas do golpe e que foram retirados da cama à noite por patrulhas militares não identificadas. As enfermeiras que viram os corpos não tinham dúvidas: eram os seus pacientes. Centenas de simpatizantes de Allende foram presos e logo se instalaram duas dezenas de barracas sobre um campo de entulhos ao lado da ponte sobre o rio Maipo, próximo ao quartel. Prisioneiros de Santiago começaram a chegar todos os dias em caminhões lotados. Não havia lista de presos nem respostas dos carcereiros. Oficialmente ele não existia, mas Tejas Verdes virou um dos primeiros campos de concentração do país.

Contreras tinha o poder de vida ou morte. Era a lei acima da lei. Dois jornalistas americanos, Saul Landau e John Dinges, descreveram no livro *Assassination on Embassy Row* (1980) uma cena que resume o caráter do homem que encarnaria como ninguém o terrorismo de Estado. Contreras demitira um juiz de tendência esquerdista na cidade e o prendeu no quartel, contrariando uma promessa da Junta e de Pinochet de que o Judiciário não seria atingido. A Suprema Corte enviou dois altos funcionários a San Antonio para exigir que Contreras respeitasse a autonomia dos tribunais na remoção de seus juízes. Como fazia nas sessões de interrogatório a que assistia pessoalmente no antigo salão de música transformado em centro de torturas em Tejas Verdes, Contreras recebeu de pé os visitantes. Sentados, os dois emissários da capital lembravam ao coronel as garantias da lei que protegia os magistrados.

– *Señores, yo soy la ley!* – respondeu Contreras, ilustrando a sentença com a mão direita acariciando a coronha da pistola na cintura. – E este é o sistema judicial!

Aconselhado pela CIA, Pinochet mirava uma polícia secreta de amplitude nacional sob seu comando pessoal. Tinha como modelo três siglas: a KCIA da Coreia do Sul, a SAVAK do Irã e o SNI do Brasil. Transferido do porto para a capital, Contreras moldou a DINA pinçando tenentes e capitães da Academia de Guerra e recrutando interrogadores da sala de música do Tejas Verdes. Recebeu manuais de treinamento da sede da CIA em Langley e mandou oficiais para treinar na escola de informações do SNI em Brasília.

Sem identificação, sem uniforme, sem cerimônia, a DINA começou 1974 botando nas ruas os seus homens sem cara. O número de prisões semanais no país subiu a 250. Presos encapuzados e cobertos por lonas passaram a circular na traseira de picapes sem placa e sempre apressadas. Os grupos de busca eram formados por cinco ou seis homens, às vezes incluindo uma mulher. A DINA de Contreras e o Chile de Pinochet introduziam uma outra novidade no mundo da repressão. Além dos presos ou mortos, agora surgia a figura intermediária e angustiante do desaparecido – que quase sempre era uma coisa e outra, sequência e consequência uma da outra, e que tinha sobre elas a vantagem de isentar o Estado de explicações e justificativas. Um desaparecido era uma dúvida, quem sabe um equívoco, talvez uma fatalidade, sempre um mistério que não incriminava ninguém. Só levantava suspeitas e mais perguntas, sem a garantia de certezas ou possíveis respostas. O desaparecido disseminava o medo. Do medo brotava o terror. Era o ninho da Condor.

A suspeição era uma arma que intimidava e controlava. Além do quadro efetivo, a DINA tinha colaboradores, simpatizantes, delatores. Os *soplones*, ou informantes, tornavam a DINA onipresente, sufocante, onisciente, para que nenhuma folha se movesse no Chile sem que Pinochet soubesse. Cerca de trinta mil *soplones* cochichavam nos gabinetes do governo, nos bares da periferia, nas ruas das cidades, cruzando o ar frio da suspeita como as correntes de vento gelado *sopladas* dos Andes. As pessoas com nomes desapareciam separadamente e, de repente, apareciam covas coletivas de pessoas sem nome.

Em regra, era serviço executado pelos Carabineiros e outros órgãos da repressão. Não era coisa da DINA, ela não deixava rastros. Seus desaparecidos geralmente eram tragados pela terra ou sumiam no mar, jogados de helicópteros após terem o estômago rasgado para evitar o acúmulo de gases e a cena constrangedora de cadáveres boiando na superfície – uma técnica que a CIA trouxe do combate à guerrilha no Vietnã. A DINA sabia quando o desaparecimento devia acontecer no solo ou no mar. O preso – morto ou vivo – carregava um cartão com uma senha pendurada no pescoço. Puerto Montt, nome de uma cidade do sul, indicava que ele devia desaparecer em terra. La Moneda, o palácio incendiado de Allende, ordenava o sumiço nas águas distantes do mar. Este procedimento foi revelado em audiência da Justiça em Bonn, Alemanha, por Samuel Fuenzalida, um ex-oficial da DINA exilado.

Nem Deus nem general algum se intrometiam entre Pinochet e Contreras. DINA começou rasgando: em seu primeiro ano de vida, passaram por seus calabouços cerca de quatro mil pessoas. Dessas, 421 morreram. Em março de 1974, Contreras peregrinou à Terra Santa: foi à sede da CIA em Langley, na Virgínia, para uma conversa com o vice-sacerdote da Agência Central de Inteligência, general Vernon Walters, que, nos idos de março de 1964, como adido militar no Rio de Janeiro, ajudara o embaixador Lincoln Gordon nas bruxarias com os generais brasileiros para derrubar o governo Goulart.

Meses depois da conversa com Contreras, oito especialistas da CIA desembarcaram em Santiago para um curso, encerrado em meados de agosto de 1974, que treinou os agentes da DINA recrutados entre os melhores oficiais das Forças Armadas chilenas. A revelação foi feita pelo próprio Contreras em 2002 ao jornalista chileno Amaro Gómez-Pablo e publicada pelo ex-correspondente do *The Washington Post* John Dinges no livro *Os Anos do Condor*.

Não se sabe bem onde o próprio Contreras afiou as garras, mas o FBI desconfiava. Um interlocutor do coronel e seus amigos, o americano Robert Scherrer, que cuidava do escritório do Bureau em Buenos Aires, dizia que Contreras fora treinado no Brasil. Um relatório da CIA de 6 de setembro de 1974 reforçava a informação:

> Sabe-se que os serviços de segurança têm mandado oficiais ao Brasil para receber treinamento de Inteligência e que alguns oficiais brasileiros estavam no Chile como conselheiros durante os primeiros meses do governo da Junta (de Pinochet).

O MAL MENOR

Em outubro, um mês após o golpe, um economista brasileiro da CEPAL foi preso e levado para junto dos dez mil prisioneiros reunidos no Estádio Nacional. José Serra, ex-presidente da União Nacional dos Estudantes, chegou a ouvir gente fazendo interrogatório em português. Os agentes do SNI foram ao Chile depois do golpe para obter informações de esquerdistas brasileiros, enquanto oficiais chilenos vinham ao Brasil para treinamento na Escola Nacional de Informações – que serviu de inspiração a Contreras na formatação de sua DINA. Comandava o SNI um fraternal amigo do chileno: o general João Baptista Figueiredo, que cinco anos depois realizaria em Brasília o sonho que o ambicioso Contreras nunca alcançou em Santiago – arrebatar a presidência da República.

Na batelada de 24 mil documentos secretos da Inteligência americana sobre o Chile, desclassificados do sigilo no governo Clinton, foi destacado um memorando secreto que o general Walters, o segundo homem da Agência, mandou em 25 de julho de 1975 ao assessor de Segurança Nacional do presidente Ford, Brent Scowcroft. Ele retransmitia o apelo que Pinochet, inusitadamente aflito pelo risco de isolamento internacional, mandava para a Casa Branca. Basicamente, Pinochet queria:

> 1. Compreensão para a decisão chilena de não receber a Comissão de Direitos Humanos das Nações Unidas, que considerava altamente preconceituosa.
> 2. Certeza do apoio dos Estados Unidos contra qualquer esforço nas Nações Unidas para expulsar o Chile e, se necessário, um veto.
> 3. Os chilenos sabem que não conseguem obter ajuda direta por causa da oposição do Congresso [americano]. Querem saber se há algum modo de conseguir essa ajuda indiretamente, via Espanha, Taiwan, Brasil ou República da Coreia.
>
> (assinado) Vernon A. Walters
> *general do Exército, EUA, vice-diretor CIA*[65]

Todos os quatro, por coincidência, eram países sob ditaduras anticomunistas.

Dois meses depois, em setembro de 1975, Pinochet e o vice-diretor da DINA, o coronel da Força Aérea Mario Jahn, discutiram a expansão internacional da repressão chilena. O coronel era o homem encarregado por Contreras de pilotar as incursões além-fronteiras da Condor, desafio que sempre demandava gastos maiores. Na conversa na sala de jantar do general, presenciada por um civil amigo de Pinochet, Jahn enfiava a faca com o devido cuidado para não irritar o chefe.

– Os americanos estão ajudando por meio do Brasil. Este é o momento de se mover, avançar e levar a luta para o nível mundial – propôs o coronel a Pinochet, segundo a fonte civil, que estava informada por outras fontes da DINA de que o treinamento da CIA era fornecido por meio do Brasil. Brasília era definida, pela testemunha do encontro Pinochet-Jahn, como o "canal de treinamento" de técnicas de interrogatório e tortura pelos agentes da DINA. Contreras estava voltando de Washington, onde tivera, no final de agosto, uma recepção efusiva no QG de Langley. Foi brindado no salão da diretoria da CIA com um almoço formal na presença dos principais executivos da mais notória agência de inteligência do país. Depois do cafezinho, Vernon Walters o chamou para uma conversa privada de mais 45 minutos. Um memorando confidencial da CIA, desclassificado anos depois, diz pouco sobre a conversa, o suficiente para deixar o general Walters bem na fita: "aproveitou a oportunidade para expressar sua preocupação com a situação dos direitos humanos no Chile".

No retorno a Santiago, Contreras aproveitou a oportunidade para expressar sua preocupação com a situação do caixa sem fundos da DINA. O memorando que ele mandou em 16 de setembro de 1975 a Pinochet dizia:

---

65. Dinges, 2005, p. 162.

De acordo com o que foi combinado com Vossa Excelência, detalho as razões pelas quais considero indispensável requerer um acréscimo de 600 mil dólares para o orçamento deste Diretório no presente ano.

1. Aumento do pessoal da DINA ligado às missões diplomáticas do Chile. Um total de dez pessoas: 2 no Peru, 2 no Brasil, 2 na Argentina, 1 na Venezuela, 1 na Costa Rica, 1 na Bélgica e 1 na Itália.

2. Despesas adicionais para a neutralização dos principais adversários do governo da Junta no exterior, em particular no México, Argentina, Costa Rica, EUA, França e Itália.[66]

Estava desenhada a transnacional do terror, com a digital brasileira.

O Brasil pegou logo o espírito da coisa. Em apenas um ano, fazia um intercâmbio sólido que chamou a atenção da DIA, sigla em inglês da Agência de Inteligência da Defesa, dos Estados Unidos. Em 22 de setembro de 1976, agentes da DIA mandaram para Washington um relatório de inteligência sobre o envolvimento do Brasil, do Uruguai e da Argentina na Operação Condor.

Em 15 de setembro de 1976... Roberto Viola, chefe do Estado-Maior do Exército, o general brigadeiro Suarez Masón, comandante do I Corpo de Exército, e o coronel Juan Saa, G-2 Assistente do Exército [estavam] a caminho de Montevidéu... Um veterano coronel de Exército responsável pela Inteligência interna argentina... está viajando a Brasília em 17 de setembro de 1976 para discutir assuntos de inteligência com as Forças Armadas brasileiras... [uma fonte não identificada informa] que a missão era secreta e que o Exército argentino estava trocando informações sobre subversão... mas não estabeleceu qual era a extensão dessa coordenação, além da troca de informações de inteligência. A visita do oficial do Exército ao Brasil forneceu uma sólida informação de que os argentinos estão coordenando ativamente com seus vizinhos em temas de contrainsurgência. Embora o propósito da viagem do BG de Viola [general-brigadeiro Masón] não seja claro, deve ter sido para coordenar atividades de contrassubversão.

Em 1999, os repórteres José Meirelles Passos, Florência Costa e Sandra Boccia davam outra pista segura sobre a presença da DINA em solo brasileiro. Eles revelaram no jornal *O Globo* uma destinação adicional ao pedido de verbas feito por Contreras a Pinochet em 1975: o custeio dos oficiais da DINA que, a cada dois meses, faziam um curso de seis semanas no Centro de Instrução de Guerra na Selva (CIGS) do Exército brasileiro, em Manaus, no coração da maior floresta tropical do mundo. Criado por decreto 29 dias antes do golpe de 31 de março de 1964, o CIGS só saiu do papel em junho de 1965. Nessa data, desembarcou no Amazonas o major de Artilharia Jorge Teixeira de Oliveira, o Teixeirão, nascido em 1921, com a missão de fundar o Centro de Instrução de Guerra na Selva.

A primeira turma foi integrada pela Brigada de Infantaria Paraquedista do Rio de Janeiro. Antes de ensinar, o major resolveu aprender. Ele e um grupo de

66. Dinges, 2005, p. 166.

oficiais viajaram ainda em 1965 ao Panamá para se tornarem os primeiros *jungle experts* do Exército brasileiro, estudando no Jungle Operations Training Center (USAJOTC) de Fort Sherman. Fica na costa do Atlântico, entre a selva e a bela baía azulada em frente ao porto de Colón, na antiga zona estadunidense do Canal do Panamá – a dez quilômetros em linha reta da Escola das Américas. Valeu o empenho de Teixeirão. Hoje considerado o melhor centro de treinamento militar do mundo nesta área, o CIGS aplica cursos de seis a onze semanas na selva que atraem especialistas respeitados como os boinas verdes e o comandos de operações especiais dos Estados Unidos e a Legião Estrangeira da França.

Na década de 70, contudo, a DINA estava mais preocupada com a selva da subversão. Na época, a escola de Manaus atendia melhor a esses objetivos. Refletindo as preocupações militares mais graves naquela fase de guerra antirrevolucionária, o CIGS tinha mudado de nome: virou COSAC (Centro de Operações na Selva e Ações de Comando) entre 1970 e 1978, a época mais sangrenta da repressão no Cone Sul. Durante algum tempo, um de seus principais instrutores foi o adido militar da embaixada da França em Brasília entre 1973 e 1975. O general Paul Aussaresses, nascido em 1918, tinha uma ficha militar tortuosa como a floresta de esses de seu sobrenome. Especialista em inteligência, era veterano de duas épicas derrotas francesas em guerras coloniais: a da Indochina (1946-1954) e a da Argélia (1954-1962). Foi herói na Segunda Guerra Mundial, saltando de paraquedas na retaguarda da Normandia para fazer a ligação entre a Resistência francesa e as tropas aliadas do Dia D. Foi vilão no front argelino, como mestre da tortura aplicada pelas tropas paraquedistas do general Jacques Massu. Graças a Aussaresses, a França introduziu no seu vocabulário uma deformação para-estatal que só condenava nos outros povos: os macabros *escadrons de la mort.*

Quase duas décadas antes de Vladimir Herzog aparecer "suicidado" no porão do DOI-CODI em São Paulo, Aussaresses mandou "suicidar" em Argel um dos líderes da Frente de Liberação Nacional (FLN) argelino, Larbi Ben M'Hidi, que apareceu enforcado na prisão após um interrogatório pesado, em 1957. Na sequência, outro suicídio: o influente advogado Ali Boumendjel "atirou-se" do sexto andar do prédio onde estava preso. Em 2000, em livro de memórias e também em confissão sem dor ao *Le Monde*, o general reconheceu que nenhum se suicidara. Ambos foram mortos pela tortura executada sob suas ordens. Mas continuava achando que ela era o meio "mais fácil" de obter informações:

– A tortura é um mal menor, mas necessário, que deve ser usado para evitar o mal maior do terrorismo.

O mesmo argumento consolador do mal menor foi usado, sem sotaque, pelo general Ernesto Geisel no depoimento que prestou a Maria Celina D'Araújo e Célio Castro, do CPDOC da Fundação Getúlio Vargas, ao dizer:

> Acho que a tortura em certos casos torna-se necessária, para obter confissões. (...) Não justifico a tortura, mas reconheço que há circunstâncias em que o indivíduo é impelido a praticar a tortura, para obter determinadas confissões e, assim, evitar um mal maior.

Geisel lembrou que, no governo JK, oficiais do Exército foram enviados à Inglaterra para conhecer as técnicas do serviço de informação e contrainformação inglês. "Entre o que aprenderam havia vários procedimentos sobre tortura. O inglês, no seu serviço secreto, realiza com discrição. E o nosso pessoal, inexperiente e extrovertido, faz abertamente", reconheceu o ex-presidente, num dos trechos de 33 horas de conversas gravadas pelo CPDOC entre 1993 e 1994.

O general Aussaresses e as duas editoras de seu livro foram multadas, ele foi denunciado por organizações de direitos humanos e o presidente Jacques Chirac o destituiu de seu posto de general-brigadeiro, proibiu-o de usar uniforme e cassou a sua *Legião de Honra*, a maior condecoração francesa. Aussaresses classificou tudo aquilo de "hipocrisia". Nos porões da repressão da década de 70, contudo, ele continuava o maioral. Foi naquele período que a DINA andou pelo CIGS de Manaus, aprimorando seu cardápio com o *maître* francês.

Aussaresses deve ter ficado orgulhoso de Contreras e seus aprendizes.

A profecia do salão

Em 16 de setembro de 1975, a elite da aristocracia chilena – algumas centenas de homens de ar sério e grave como os ternos e gravatas que envergavam – estava reunida a caráter no Salão Arturo Prat. Era o espaço nobre do tradicional Club de la Unión, instituição conservadora de Santiago que não admitia mulheres em seu recinto elegante desde a fundação, em 1864. Olhos e ouvidos da plateia, eletrizada, estavam concentrados na voz esganiçada, aguda, quase feminina daquele homem de farda cinza e bigodes bem aparados. E a mudez se fez estrondo sob as palmas viris e o frenesi do público engravatado ao ouvir a frase imortal daquela figura tão convencida das coisas definitivas:

– Eu vou morrer, e morrerá meu sucessor, que também será militar, mas as urnas continuarão fechadas e eleições não haverá – jurou o general Augusto Pinochet, fazendo tremer de vibração o prédio neoclássico francês de três andares triangulares no centro da capital chilena, a uma quadra do bombardeado Palácio La Moneda.

Apesar do juramento e dos aplausos, era uma licença poética do general, que só acertou a primeira previsão. Pinochet, confirmando suas próprias expectativas, morreu aos 91 anos, três décadas depois, em 2006. O seu sucessor continuava, porém, saudável e forte em 2008. Patrício Aylwin não era militar, mas um respeitável senador democrata-cristão que fez a difícil transição da ditadura para a democracia. As urnas guardadas nos quartéis por quinze anos se abriram para o histórico plebiscito de 1988 que rejeitou a eternidade de Pinochet no poder por 55% dos votos. E, por fim, eleições houve regularmente a partir daí no Chile, como em toda democracia.

O banquete das palmas estrondosas daquele 16 de setembro marcava os festejos pelo segundo aniversário da tomada do poder pelos militares, comemorado cinco dias antes. A elite chilena estava impressionada com a determinação do orador. Ficaria assustada se aproveitasse o silêncio e apurasse o ouvido para tentar escutar o que acontecia no outro lado da rua. Literalmente. O exclusivo Club de la Unión estava cercado pela repressão. Quatro endereços clandestinos da DINA, o centro de tortura do regime, eram vizinhos de porta daquela fina sociedade que não se importava com isso. Ao lado direito do clube, no número 47 da Calle New York, estava o prédio em frente onde a DINA mantinha dois apartamentos no oitavo andar – o 81 e o 83 – como local de trânsito para presos políticos. Na rua em frente, a Moneda, a cinquenta metros de distância, existia outro aparelho secreto da DINA, no número 1061. Do lado esquerdo do clube, na Calle Banderas, 121, a DINA montara um centro para coordenar prisões na cidade. Na quadra ao lado, na Calle Morandé, o edifício da Intendência (prefeitura) de Santiago reservava algumas salas para interrogatório pela DINA. Mas o público do Club de la Unión não tinha ouvidos nem estômago para isso.

Dois meses depois, o general Pinochet falou para uma plateia muito mais restrita.

Eram apenas quinze homens de terno e gravata, nenhum de uniforme, que só pensavam naquilo: repressão, tortura e combate ao comunismo. A elite repressiva das seis ditaduras do Cone Sul se juntava, enfim, para a 'I Reunião de Trabalho de Inteligência Nacional. O jornalista John Dinges definiu a dimensão do acontecimento no livro *Os Anos do Condor*: "No mundo clandestino da competição e suspeita mútua, o encontro de Santiago foi um evento único e sem precedentes, uma cúpula de importância histórica".[67]

***

A terça-feira, 26 de novembro de 1975, raiou na capital chilena com o sol brilhante da primavera rebatendo com força no espelho eternamente branco dos picos nevados dos Andes, a majestosa cordilheira que domina o horizonte.

Naquela manhã amena, a voz aguda de Pinochet dominava, imperial, a planície de coronéis, majores e capitães que se abria diante dele no grande salão da Academia de Guerra do Exército. A escola ocupava uma elegante e decadente mansão da Alameda O'Higgins, a avenida mais larga da cidade, na parte oeste da capital. Pinochet falou pouco, um pedaço da hora e meia da sessão de abertura reservada por Contreras as formalidades protocolares. O general entoou a cantilena de sempre sobre o comunismo e seus perigos, destacou a importância da coordenação de informações, agradeceu a presença, desejou sorte ao grupo, despediu-se e foi embora.

Contreras tomou conta do espetáculo, com a frase que justificaria tudo o que seria decidido naquele salão:

– A subversão (...) não reconhece fronteiras nem países, e sua infiltração está penetrando em todos os níveis da vida nacional.

O homem da DINA explicou que a nova fase de "guerra psicopolítica" já não podia ser combatida pela cooperação informal e ineficaz do passado. Era preciso obter, comunicar e trocar informações sobre o mundo da subversão, relacionando nomes e organizações em uma espécie de base central.

67. Dinges, 2005, p. 179.

– Algo similar ao que a Interpol tem em Paris, mas dedicado à subversão – exemplificou Contreras, propondo o estabelecimento de um centro coordenador no Chile. Com a cabeça organizada de engenheiro, o coronel sugeriu um salto de qualidade nos órgãos de informação que ainda trocavam relatórios penosamente datilografados em máquina de escrever com as inevitáveis cópias em papel carbono. Contreras propôs subverter tudo isso com tecnologia de ponta, acelerando contatos e agilizando o intercâmbio de dados sensíveis através de telex, microfilme, computadores e criptografia. Ele via longe, bem longe ao imaginar o tamanho desses tentáculos, abrindo espaço para a interação com a CIA e com o FBI neste trecho do documento final: "Recomendamos o emprego de conexões fora dos países do sistema, especialmente daqueles que estão fora do continente, para obter informações sobre a subversão".

Tudo isso fazia parte do que Contreras chamava Fase Um, que já era feito de maneira informal, quase natural.

A Fase Dois constituía-se numa novidade. Visava a uma ação mais incisiva contra os inimigos comuns, agindo com equipes próprias além das próprias fronteiras, pisando o solo dos outros países do sistema, sempre em conjunto com os comandos da repressão local. Era um modelo mais sofisticado e agressivo, que o Uruguai já praticava com muitos bons resultados na vizinha Argentina, onde chegou a abrir a primeira sucursal estrangeira desta nascente multinacional repressiva – a célebre Automotores Orletti. Contreras tinha um belo e recente exemplo para sustentar a proposta: a prisão em Assunção em maio de 1975 da dupla do MIR e do ERP, o chileno Fuentes e o argentino Santucho. Seis meses antes do encontro inaugural da Condor, uma eficaz coordenação entre Argentina, Paraguai e Chile acabou desferindo um golpe mortal na JCR, a junta continental que a guerrilha de esquerda tentava articular na região. O envolvimento direto do FBI de Scherrer, compartilhando as informações colhidas sob tortura e comprovando a condescendência norte-americana, mostrava a Contreras e aos presentes que aquele era o caminho certo – e iluminado por Washington. Meses depois, num cabograma enviado ao Departamento de Estado, em 20 de julho de 1976, o embaixador Ernest Siracusa, que sucedera Charles Adair na missão americana em Montevidéu, observou:

> Que essas nações enfrentam uma ameaça terrorista regional e coordenada, é fato, não é ficção. (...) A abordagem mais racional para lidar com um inimigo regional coordenado é organizar-se segundo linhas semelhantes. Os Estados Unidos têm recomendado há muito tempo que esses países aumentem a cooperação para a sua segurança. Agora que agem desse modo, a nossa reação não deve ser de opróbrio.

Contreras queria ver o modelo de colaboração do caso Fuentes aperfeiçoado, ampliado para acomodar Brasil, Uruguai e Bolívia. Ele imaginava um serviço permanente de troca de informações, quase *on-line,* para que cada órgão de inteligência acompanhasse o movimento de seus alvos em outro país. Um deles ou ambos teriam o encargo de vigiar, seguir, capturar e interrogar o suspeito. Mais importante nessa fraternal ação entre amigos: todos os países do sistema, dependendo de seu interesse no alvo, poderiam participar do interrogatório. Os sistemas repressivos das ditaduras de direita do Cone Sul, por ironia da história, estariam socializando a tortura e seus resultados. Os relatórios produzidos pela pancadaria seriam compartilhados entre os membros da sociedade secreta. Havendo interesse, o preso poderia ser devolvido ao seu país natal para novos interrogatórios – ou destinos ainda mais drásticos.

Havia evidentes vantagens na ampla conexão. Numa guerra clandestina onde o tempo é crucial para obter informações em poucas horas e desbaratar aparelhos, um interrogatório binacional, com checagens imediatas de informações e o rápido abastecimento de novas perguntas, podia apertar o cerco da repressão e desmontar o mecanismo de defesa dos presos mais resistentes e experientes. Um exemplo seria a ação combinada, em novembro de 1978, dos capitães uruguaios Glauco Yannone e Eduardo Ferro e do delegado brasileiro Pedro Seelig no DOPS de Porto Alegre, tentando dobrar – com muita tortura – as defesas dos refugiados uruguaios Universindo Rodríguez Díaz e Lílian Celiberti. Apesar da violência, militares e policiais não tiveram sucesso com o casal, que não abriu uma única informação e não gerou nenhuma nova queda do PVP, sua organização clandestina. Prova de que a teoria de Contreras nem sempre funcionava na prática. Mas valia a pena insistir, concordaram os chefes da repressão.

No mesmo dia em que foi aberto o encontro da Condor em Santiago, 26 de novembro, a CIA mandava ao seu Diretório de Operações, em Washington, um relatório sobre a melancólica situação do MIR, a maior organização da guerrilha chilena. Trecho:

> [O] MIR estima que cerca de 10% a 15% de seu total de militantes do núcleo duro continua intacto no Chile. O MIR calcula que cerca de 900 militantes de todos os níveis foram mortos, presos ou desapareceram. (...)
>
> [*Trecho editado*] opinou que o MIR tem sido efetivamente eliminado dentro do Chile. Eles sustentam que, apesar da brava gente do MIR e de seu discurso de recuar a fim de se reorganizar e formar um comando de resistência nacional (CNR) no Chile, o fato é que o MIR já não tem um grupo de liderança com credenciais suficientes para manter e atrair o apoio necessário para uma atividade continuada.

Todos os homens da repressão, naquele encontro, concordavam que – com exceção da Argentina – a luta guerrilheira em seus países estava confinada, controlada, senão dizimada. Fazia um ano que o Brasil tinha esmagado uma articulada tentativa guerrilheira nas selvas do Araguaia, um terreno bem mais complexo que o combate à guerrilha de rua, quase moribunda nas grandes cidades. O Centro de Informações do Exército (CIE), de atuação marcante na área de Xambioá, no sul do Pará, onde o PC do B instalara o seu foco guerrilheiro, continuava alerta nas cidades. Sob o comando do coronel Brilhante Ustra, o CIE conseguira infiltrar um agente dentro do escritório do Alto Comissariado das Nações Unidas para Refugiados, no

Rio de Janeiro. O ACNUR era o centro onde gravitaram mais de quatro mil pessoas que fugiam na segunda metade da década de 70 dos regimes mais violentos do Cone Sul, o santuário da Condor.

Outros três endereços davam apoio à missão humanitária da ONU no Rio: a sede da CNBB em Villa Venturoza, o escritório da Praça XV onde atuava o presidente da Comissão de Justiça e Paz, professor Cândido Mendes, e o número 446 da rua da Glória. O Palácio São Joaquim, ali instalado, era um lugar improvável nessa corrente: abrigava o cardeal Dom Eugênio Salles, arcebispo do Rio de Janeiro. O sertanejo magro, de fala seca como a paisagem do sertão nordestino de Acari, RN, onde nasceu em 1920, era temido como o mais importante cardeal da ala conservadora da Igreja. O repórter José Casado mostrou, em *O Globo* de março de 2008, uma face inesperada de Dom Eugênio, que se revelou um clandestino pastor de refugiados, a quem amparou com a solidez de seu devotado anticomunismo. Fugitivos dos generais de lá começaram a se abrigar sob a batina do amigo dos generais daqui. O cardeal do Rio fora o único da cúpula da Igreja a ligar para Geisel, no início de janeiro de 1976, para abençoar o presidente pelo exorcismo realizado no DOI-CODI de São Paulo, com a excomunhão do general Ednardo D'Ávila Melo do comando do II Exército. Anos antes, sem alarde, tinha despachado com a aridez do agreste o comandante do Exército em Salvador, general Abdon Sena, que lhe pedia uma missa pelo aniversário do AI-5, símbolo maior da ditadura:

– Vocês, que estão satisfeitos com o AI-5, podem agradecer a Deus. Mas não por meu intermédio – rebateu.

Quando o primeiro refugiado, um jovem argentino que escapara do pior na Argentina e no Chile, apareceu diante dele pedindo ajuda no outono de 1976, o desconcertado Dom Eugênio pediu tempo para meditar. Ele confessou a José Casado:

> Fui rezar. Havia um quadro e um crucifixo grande na parede. Foi um drama. Eu pensava: "Como cidadão brasileiro não posso receber Montonero, Tupamaro, aqueles refugiados que vinham... Entravam no país, se passavam para o território brasileiro." E repensava: "Agora, eu, como pastor, tenho o dever de receber"... Aí está o drama todo: eu tinha o dever de receber.[68]

A fama do bom samaritano se alastrou pela região. Em pouco tempo o Rio de Janeiro registrava quinze desembarques semanais de refugiados. Dom Eugênio teve que abrir os cofres da arquidiocese para alugar oitenta imóveis em quatorze bairros da cidade onde pudesse acolher tanta gente. Antes que os radicais envenenassem sua amizade com o comandante do I Exército, Sylvio Frota, o cardeal telefonou ao general:

– Frota, se você receber a comunicação de que comunistas estão abrigados no Palácio São Joaquim, de que estou protegendo comunistas, saiba que é verdade. Eu sou o responsável. E ponto final.

O general não disse uma vírgula.

---

68. *O Globo*, 2 de março de 1980, p. 16.

Aquela multidão de desgarrados circulava pelos jardins e pelo pátio interno do palácio arquidiocesano, na Glória, enquanto aguardavam o visto e a passagem da ONU para a viagem aos países onde pediam asilo. Nenhum agente do DOI de Sylvio Frota ousou pisar naquele santo espaço de Dom Eugênio. Em agosto de 1979, a situação era tão tensa que o cardeal sentou ao lado de seu motorista, no carro da diocese, e levou pessoalmente ao aeroporto do Galeão dois casais com filhos que iriam embarcar para a Dinamarca. Dom Eugênio protegeu a fuga com o próprio corpo:

– Eu não me incomodava muito com a polícia brasileira. Eu tinha medo é da polícia argentina. Sabia que estavam aqui.

Estavam mesmo. Em 6 de agosto, dez dias antes do embarque dos casais para Copenhague, um grupo de dez refugiados – integrado por dois argentinos, uma uruguaia e sete chilenos – invadiu o consulado da Suécia no Rio. Quem se apresentou como líder de uma certa Frente de Refugiados Latinoamericanos era o argentino Roberto Marenco, um homem invocado, radical, de cabelos negros amansados com gomalina e um vasto bigode cobrindo a boca. Descobriu-se depois que era um espião infiltrado pela repressão argentina.

O episódio do Rio dava uma medida do tema que mais preocupava aqueles especialistas da repressão reunidos em Santiago: a mobilidade internacional da esquerda, que fugia ao seu controle pela liberdade de circulação. Fronteira nenhuma poderia ser obstáculo naquela guerra, concordavam todos os militares congregados por Contreras. O suposto advento da JCR, a Junta Coordenadora Revolucionária, justificava esses temores ou respaldava a fantasia dos órgãos que precisavam de um inimigo interno ou de uma ameaça externa para justificar a manutenção de seus aparatos repressivos, o soldo de seus legionários embrutecidos e suas verbas secretas. Se os inimigos tradicionais estavam presos, mortos ou desaparecidos, era preciso criar outros. A JCR era um bom fantasma.

Sem maiores perigos dentro, era preciso inventar ameaças fora do país. Onde estivessem. Contreras deu uma pista a um colega da CIA, conforme um relatório de 1979 da Comissão de Relações Exteriores do Senado norte-americano:

– Iremos até a Austrália, se necessário, para pegar nossos inimigos – avisou o diretor da DINA.

No embalo de sua cruzada justiceira no combate mundial ao comunismo, Contreras avançou o último e mais ousado passo de sua proposta. A Fase Um, a troca de arquivos e de informações, era uma obviedade. A Fase Dois, a caçada e a tortura em operações conjuntas com os países vizinhos, uma ousadia. A Fase Três pensada por Contreras era um estouro.

A terceira etapa previa a vigilância dos inimigos e até o assassinato muito além das fronteiras dos países. Incluía operações de execução fora do Cone Sul e além dos limites da América Latina. O mundo era pequeno para as ambições guerreiras do coronel Contreras. Até os veteranos mais duros da repressão, ali reunidos, estranharam o atrevimento. Duas década depois, o chefe da comitiva uruguaia, coronel de Exército José Fons, lembrou ao jornalista John Dinges o conteúdo da sugestão chilena, personalizada no odiado ex-chanceler do governo Allende, Orlando Letelier, que vivia exilado em Washington:

> O Chile propôs operações para eliminar inimigos em todo o mundo, para eliminar as pessoas que estavam causando dano a nossos países, pessoas como Letelier. Essa operação exigia muita preparação, uma operação muito bem feita. O Chile tinha os recursos e a vontade de operar.[69]

As emoções fortes do primeiro dia do encontro recomendavam um momento de descontração. À noite, Contreras ofereceu um jantar numa instalação secreta da DINA conhecida como Cuartel Malloco, localizada nas cercanias da cidade de Melipilla, a meio caminho entre Santiago e o porto de San Antonio. O bom vinho chileno e o honesto uísque escocês corriam soltos, enquanto uma agente da DINA tirava fotos dos alegres convidados. Tão alegres que outra agente de Contreras recebeu dele a missão secreta de descontrair ainda mais a festa arrebanhando algumas belas jovens chilenas para trocar informações sigilosas no resto da noite. Afinal, ao contrário do rígido e machista Club de la Unión, não havia entre os homens ali reunidos nenhuma restrição à presença feminina,

Na quarta e na quinta-feira, de volta ao trabalho, as delegações fizeram relatos sobre as ameaças de subversão em seus países e descreveram a estrutura de cada um para combatê-la. Trocaram sugestões para melhorar o desempenho e o cerco final aos opositores. Até que, na noite de sexta-feira, 28 de novembro, dois dias antes do previsto, chegou-se ao consenso final sobre a ação coordenada. Nada mais havendo a tratar providenciou-se a ata de encerramento. Alguém lembrou que a nova organização devia ser batizada com um nome, um código, algo que pudesse identificá-la entre os órgãos da região. O anônimo subchefe da delegação do Uruguai, um coronel da Força Aérea, procurou ser gentil com os anfitriões e deu uma sugestão familiar: *Vultur gryphus*.

Não era a identificação científica da família dos catartídeos, mas o nome popular da maior ave voadora do mundo: o condor, o abutre típico do Chile, o grande carniceiro dos Andes, a ave saprófaga que se alimenta de carne podre, que tem olho e faro para cadáveres. Um nome perfeito para fazer decolar o sonho alado de Contreras. A ata final da reunião de fundação registra:

> A presente organização será chamada CONDOR, por unanimidade, de acordo com a proposta apresentada pela delegação uruguaia em homenagem ao país que é a sua sede.

O condor dos Andes tem uma envergadura nas asas de até três metros.

A Condor do Cone Sul fazia uma sombra quinhentas mil vezes maior no eixo Santiago-Montevidéu, uma treva oitocentas mil vezes mais extensa no sentido Buenos Aires-Brasília. Cobria os 1.500 quilômetros entre as capitais do Chile e do Uruguai, varria os 2.500 quilômetros entre as capitais da Argentina e do Brasil.

69. Dinges, 2005, p. 185.

A escuridão da mais vasta e duradoura ação repressiva da história do continente mobilizou secretamente militares e policiais de seis países durante os últimos cinco anos da década de 70, produzindo uma contabilidade macabra que jamais poderá ser medida com precisão e nunca será expurgada de emoção.[70] O Arquivo do Terror – um tesouro de quatro toneladas de papéis descoberto no Paraguai em 1992, com 60 mil documentos totalizando 593 mil páginas microfilmadas com a burocracia da repressão – preservou intactos diários, arquivos, fotos, fichas, relatórios, a correspondência e a rotina de terror e morte da Operação Condor e seus seis sócios fundadores. O cálculo total de vítimas, a partir do registro desse arquivo, oferece um resultado tão assustador que parece ter baixa credibilidade: 30 mil desaparecidos, 50 mil mortos, 400 mil encarcerados. Os números do Movimento de Justiça e Direitos Humanos (MJDH), de Porto Alegre, oferecem um quadro bem mais preciso [71], a partir de investigações oficiais realizadas por comissões independentes sob governos civis reinstalados na região com a volta da democracia. Nesta contabilidade, os mortos e desaparecidos no Cone Sul chegariam a 13.960 pessoas. A discrepância dos valores revela, apenas, que nunca será possível medir com precisão a marca da Condor na história do Cone Sul.[72]

Mortos e desaparecidos, com frequência, têm o mesmo destino macabro. Nem todas as vítimas são responsabilidade da Condor. Muitos morreram ou sumiram pela violência interna na fronteira de suas própria ditaduras. Mortes e desaparecimentos ocorriam antes da decolagem da Condor e continuaram acontecendo depois que a Condor foi depenada, em 1980. Ainda assim, entre a frieza dos números e a indignação das vítimas, restará sempre o saldo de morte e sofrimento que torna a Operação Condor a mais articulada e mais ampla manifestação de terrorismo de Estado na história mundial. Nunca houve, nem mesmo em períodos de guerras ou conflitos internos, uma coordenação tão extensa entre tantos países para um combate tão impiedoso e sangrento a grupos de dissensão política ou de luta

70. A última ação binacional com a marca da Condor aconteceu em julho de 1980. Começou com uma caçada do Batalhão 601 a Montoneros no Peru e acabou com a morte na Espanha da militante argentina Noemi Gianotti de Molfino, uma das fundadoras das Mães da Plaza de Mayo. Em abril de 1995, um cadáver foi encontrado com dois tiros na praia uruguaia de Pilar. Eugenio Berríos era o químico chileno que recriou o gás sarin no laboratório secreto da Colônia Dignidad, a serviço da DINA. Foi levado por militares da inteligência ao Uruguai em 1991, quando a Justiça chilena começou a investigar crimes de Pinochet. Fugiu de seu esconderijo e disse ter sido sequestrado. Preso novamente, desapareceu, numa operação combinada que sugere uma sobrevida da Condor.

71. Dados do Movimento de Justiça e Direitos Humanos de Porto Alegre sobre mortos e desaparecidos: Argentina, 8.961 casos, segundo a Comissão Ernesto Sábato, ou 30 mil vítimas, conforme entidades de direitos humanos; Chile, 2.011 mortos e 1.185 desaparecidos entre 1973 e 1990; Paraguai, aproximadamente mil casos, setenta deles identificados, entre 1954 e 1989; Brasil, 408 casos; Uruguai, 295 desaparecidos; e Bolívia, cem casos entre 1971 e 1978.

72. Um informe de inteligência do Batalhão 601 aponta, em menos de quatro anos (outubro de 1975 a julho de 1978), um número de vítimas quase três vezes maior do que o relatório Sábato: 22 mil mortos. O dado foi encontrado com um agente chileno, Enrique Arancibia Clavel, que fazia em Buenos Aires a conexão entre a DINA e o Batalhão 601. Dinges, 2005, p. 210.

armada, confrontados à margem das leis por técnicas consagradas no submundo do crime. A Operação Condor trouxe para dentro do Estado ilegítimo das ditaduras as práticas ilegais da violência de bandos paramilitares, transformando agentes da lei em executores ou cúmplices encapuzados de uma política oficial de extermínio.

A Condor criminalizou os regimes militares do Cone Sul.

Em 1991, as democracias renascidas da região construíram um celebrado pacto de integração política e econômica batizado de Mercosul. Dezesseis anos antes, os generais das ditaduras da região tinham conseguido realizar, a ferro e fogo, uma proeza ainda mais improvável: um secreto entendimento pela desintegração física, política e psicológica de milhares de pessoas.

A repressão chocou a Condor, a Condor chocaria o mundo.

O tio observador

Seis países participaram da reunião da Condor no Chile – mas só cinco firmaram a ata de fundação. O Brasil não mostrou a cara, mas estava lá. Os chefes das seis comitivas nacionais chegaram ao final do encontro sem esconder níveis diferenciados de adesão, com dois grupos claramente definidos: metade muito animada, outra nem tanto. Ou, dito de uma maneira diferente, uma parte plenamente convencida pela ideia, e a outra mais conformada – para não dizer desconfiada.

Quem puxava o bloco da animação, como seria previsível, era o Chile, na condição de anfitrião. O coronel Contreras estava feliz com o resultado do encontro e com a formalização de sua proposta. Logo a seguir vinha a Argentina, que vivia a instabilidade política do governo Isabelita Perón, que desembocaria em quatro meses no golpe da junta militar chefiada pelo general Videla. A comitiva era chefiada pelo capitão de Marinha (equivalente a coronel de Exército) Jorge Demetrio Casas, diretor de operações internacionais da SIDE (Serviço de Inteligência do Estado) e subchefe do principal órgão de informações do país. Dois anos depois, promovido a contra-almirante, acabaria chefe da Inteligência Naval argentina. O Uruguai completava o trio de ferro da empolgação, comandado pelo coronel do Exército José Fons, subdiretor do Serviço de Inteligência de Defesa (SID). Com ele estava outro subdiretor, o coronel da Força Aérea que deu o nome de Condor à nova criatura.

O bloco desanimado deu os primeiros sinais de desconforto no momento do embarque em seus países de origem. O Paraguai, contrariando a vontade de Contreras, não mandou o seu poderoso chefe de polícia de Assunção, Francisco Britez, que tinha recebido em mãos o convite do chefe da DINA. O próprio Britez estranhou que ele, um policial, fosse convidado para um evento de inteligência militar. Mas essa era a ideia de Contreras: juntar os principais nomes da repressão continental, fossem ou não militares, desde que tivessem força na área de inteligência. Ainda assim o convidado preferiu repassar o encargo a alguém fardado, e quem chefiava a comitiva paraguaia era o coronel Benito Guanes Serrano, chefe do G-2, o Departamento de Inteligência do Estado-Maior das Forças Armadas. A Bolívia mostrou nos ombros de seu representante a desconfiança do presidente, general

Hugo Bánzer, que mandou o chefe de missão menos graduado: o major Carlos Mena Burgos, do Serviço de Inteligência do Estado (SIE).

O Brasil, por fim, era o mais desconfiado de todos. Como no caso paraguaio, o brasileiro convidado pessoalmente por Contreras não foi a Santiago. O general Figueiredo, seu amigo pessoal, não viajou travado por uma razão que nem o serviço secreto chileno identificou: o próprio presidente Ernesto Geisel. Ele não gostava da ideia de atrelar a área de inteligência brasileira a um organismo ainda sem perfil definido e baseado em Santiago, a três mil quilômetros de Brasília. Com menos de um ano de vida, a DINA já fazia e acontecia. Em setembro de 1974 explodiu em Buenos Aires o carro do ex-comandante do Exército chileno, Carlos Prats, matando na hora o general legalista e sua mulher. Um ano depois, em outubro de 1975, o agente Michael Townley armou uma emboscada em Roma para um líder da Democracia Cristã chilena, mas Bernardo Leighton e sua mulher escaparam, embora baleados gravemente na cabeça. Um ano depois, em Washington, Townley trocou as balas por bombas para explodir o carro de um ex-chanceler de Allende, matando Orlando Letelier e sua secretária americana, na mais estrondosa ação da Fase Três da Condor.

O prontuário da DINA já impressionava no início de 1975. Na segunda semana de janeiro, diante de uma sugestão para aproximar a área de inteligência brasileira à chilena, Geisel vetou a ideia, dizendo que os chilenos é que tinham a aprender na Escola Nacional de Informações do SNI:

– Eles que venham aqui ver a ESNI – retrucou o presidente.

Eles já vinham, desde os primeiros meses de existência da DINA, em 1974. O FBI sabia que Contreras tinha treinado no Brasil, a CIA sabia que agentes chilenos faziam curso em Brasília. Se a agência americana dizia isso num relatório a Washington datado de 6 de setembro de 1974, o presidente brasileiro também devia saber no dia 10 de janeiro de 1975, data em que o secretário Heitor Ferreira anotou o comentário. O que Geisel não queria, realmente, era misturar suas tropas de repressão com as de Pinochet. Além disso, havia um erro de origem no convite de Contreras para a participação de Figueiredo no conclave do Cone Sul. Isso não era atribuição do SNI, por definição um órgão de informação do presidente da República, não um organismo de inteligência com braço operacional no combate à luta armada. O CIE guerreava o que o SNI informava. Esta era a lógica – e a missão em Santiago, por dever de ofício, caberia ao Centro de Informações do Exército, o CIE.

Figueiredo repassou o encargo a quem de direito, o general Confúcio Danton de Paula Avelino, o chefe do CIE, com uma recomendação especial do Planalto: reduzir a presença brasileira em Santiago. Em vez de três, como pedia Contreras, mandar apenas dois militares – um coronel e um major, com ordens estritas para escutar mais do que falar. O Brasil não tinha muitas ideias para uma ação coletiva, mas gostaria de preservar o método de ações bilaterais, caso a caso, quando ações repressivas fossem necessárias. Uma última recomendação de Figueiredo, que deve ter lembrado da pouca simpatia de Geisel: reduzir sua participação no encontro à condição de observador, sem autorização para firmar nenhum documento.

No início de novembro de 1975, três semanas antes do encontro de Santiago, um major procurou o Setor Militar Urbano em Brasília, a oito quilômetros do Palácio do Planalto. Bateu na porta do BGP, o Batalhão da Guarda Presidencial, e pediu para falar a sós com o seu comandante, o coronel Danilo Venturini. (Três anos depois, promovido a general, Venturini seria o diretor da ESNI, frequentada pelos rapazes da DINA, e, durante todo o governo Figueiredo, ocuparia o cargo de ministro-chefe do Gabinete Militar.)

– Coronel, fui designado para uma reunião em Santiago do Chile e não queria viajar sem que o senhor soubesse – contou o major Thaumaturgo Sotero Vaz. O antigo cadete procurava o conselho informal, fora da cadeia de comando, de seu velho instrutor na Academia Militar das Agulhas Negras (AMAN) no início da década de 50.

O major contou o pouco que sabia:

– É uma reunião de países do Cone Sul, convocada pelo coronel Contreras para discutir um intercâmbio na luta contra a subversão. O senhor está sabendo, coronel?

Venturini ouvia muito mais do que sabia. Ficou curioso.

– Não, Thaumaturgo, nunca ouvi falar nisso. Vá a Santiago e, na volta, me conte o que aconteceu – disse o comandante do BGP, num tom afirmativo de ordem, mais do que um pedido gentil.

No início de dezembro, disciplinado, o major voltou ao BGP para contar o muito que ouvira em Santiago. E resumiu o resultado do encontro para Venturini:

– Coronel, foi fundada uma organização – a Condor – para integrar os exércitos da região no combate ao terrorismo e à subversão. Ao final do encontro nos pediram que assinássemos a ata de encerramento, mas explicamos que nossas instruções eram para não assinar. O Brasil estava lá apenas como observador e disposto a colaborar apenas na área de informação e contrainformação na insurgência. O Brasil se recusava a participar de operações – informou o major.

Em relação às Fases Um e Dois, que envolviam a troca de fichas e até a captura de subversivos em operações combinadas, tudo bem. O Brasil estava dentro, conforme o relato de Thaumaturgo a Venturini. Quanto à Fase Três, tudo mal: o Brasil estava fora. No jargão da repressão, operações significavam operação de combate ou, no linguajar mais franco do coronel Contreras, "eliminação" pura e simples.

Thaumaturgo tinha um companheiro na viagem, um oficial mais graduado, de fato o chefe da pequena comitiva brasileira: o coronel Flávio de Marco, o homem que viajou ao Chile com ordens expressas para não assinar a ata da Condor. Oficiais do CIE, o coronel De Marco e o major Thaumaturgo eram companheiros de outras viagens, combatentes de alguns enfrentamentos, veteranos de uma operação antiinsurgência que abrangia sozinha as três fases da Condor: o combate à guerrilha do Araguaia.

Num espaço de três anos (1972-1974), o Araguaia mobilizou a maior concentração de tropas de combate do país desde a Segunda Guerra Mundial, no qual lutaram 25 mil pracinhas da FEB, na comparação feita pelo general Viana Moog. A luta na região do sul do Pará, segundo a Comissão Especial Sobre Mortos e Desaparecidos Políticos da Secretaria Especial dos Direitos Humanos da Presidência da República, mobilizou em três campanhas militares um número variável de seis mil a oito mil homens, de soldados a oficiais de inteligência, incluindo tropas de elite da Brigada de Paraquedistas. Um contingente comparável às quatro expedições enviadas pelo governo central para esmagar os fanáticos de Antônio Conselheiro na Guerra dos Canudos, no final do século XIX.

Toda essa força foi mobilizada para caçar setenta guerrilheiros do PC do B dispersos numa região de sete mil quilômetros quadrados na confluência dos rios Araguaia e Tocantins, no sul paraense, parcamente habitado por vinte mil pessoas – dois terços da população miserável do interior baiano massacrada um século antes. Ali na selva, os comunistas pretendiam acender o fogo de uma guerra popular prolongada que, segundo o livrinho vermelho de Mao Tse-tung, nasceria como um foco de insurreição nos campos que se espalharia até o cerco final às cidades e a derrubada da ordem capitalista. Não deu certo. O primeiro guerrilheiro desembarcou na área em 1966. Eram quinze combatentes dois anos depois, setenta em 1972 – e aí apareceu o Exército. Os militares eram forasteiros na região, ao contrário dos guerrilheiros, já ambientados como nativos após tantos anos. O mundo da mata assustava a soldadesca recém-chegada pela dimensão quase impenetrável. O Araguaia, que corre mais de dois mil quilômetros apesar de ser um rio interior, tinha um quilômetro e meio de largura nas margens que separam São Geraldo do Araguaia de Xambioá.

O Exército começou apanhando. No primeiro confronto armado, em 8 de maio de 1972, teve dois feridos e sua primeira baixa fatal: o cabo Odílio Rosa, de um quartel de Belém. O líder dos guerrilheiros, Osvaldão, espalhou na mata o aviso de que se alguém fosse resgatar o corpo seria dizimado por outros cem guerrilheiros. Osvaldo Orlando da Costa era um mito na mata. Forte e simpático, um homem negro imponente de 1 metro e 98, Osvaldão tinha vinte anos quando foi campeão carioca de boxe pelo Botafogo, tinha 28 quando desembarcou em 1966 em Xambioá como o primeiro guerrilheiro na área. Para desafiar a fanfarronada de Osvaldão, o Exército chamou Thaumaturgo.

Oficial de infantaria, o major Thaumaturgo Sotero Vaz, nascido em 1933, era paraquedista com curso de guerra na selva na Escola das Américas e comandava os boinas pretas do Destacamento das Forças Especiais, no Rio de Janeiro. Chegou ao Araguaia em abril de 1972 sob o codinome de Sabino, e liderando um pelotão de 36 homens, entrou na mata, destruiu alguns campos de treinamento guerrilheiro, localizou pistas de combate e postos de suprimento e resgatou o cadáver do cabo Rosa. Osvaldão não apareceu. Thaumaturgo é que apareceu anos depois na lista da seção fluminense do grupo Tortura Nunca Mais, apontado como uma dos torturadores de Danilo Carneiro, o Nilo, um guerrilheiro preso às margens da rodovia Transamazônica quando, segundo os militares, tentava desertar. Sob tortura, ele revelou o nome de cinco companheiros e a localização da base guerrilheira de Metade. Em 1984, uma década depois de sua aventura na mata, o coronel Thaumaturgo assumiu em Manaus o comando do CIGS, a escola de guerra na selva onde aprenderam os profissionais do coronel Contreras, o anfitrião de Thaumaturgo em Santiago uma década antes.

O chefe do Dr. Sabino na reunião da Condor era o Tio Caco, codinome do tenente-coronel Flávio de Marco, um veterano companheiro do Araguaia. Tio Caco foi um dos comandantes mais importantes e cruéis da luta antiguerrilha, reconhecido de longe pela tropa por dois atributos inconfundíveis: o vasto bigode de dimensões amazônicas que cruzava o rosto moreno e lhe caía pelos cantos da boca e pelos óculos ray-ban que, diz a lenda, não tirava nem para dormir. As lentes esverdeadas escondiam um par de olhos frios e atemorizantes, espremidos entre as largas narinas e as sobrancelhas grossas e revoltas que pareciam querer compensar a falta de cabelos no alto da testa. Apesar da fama, o nome De Marco passa em branco pelas quinhentas páginas do minucioso, contudente relatório que lista os algozes de 506 mortos e desaparecidos na época da ditadura, publicado pela Secretaria Especial de Direitos Humanos do Palácio do Planalto sob o título de *Direito à Memória e à Verdade*. Só o tema da guerrilha do Araguaia ocupa ali 76 páginas do levantamento oficial do governo.

Mas Tio Caco não escapou da mira do jornalista Hugo Studart, mestre em História pela Universidade de Brasília (UnB), autor do livro *A Lei da Selva* – um trabalho de resgate histórico que dá voz ao grande mudo do Araguaia: o Exército brasileiro. Sob a condição do anonimato, 27 veteranos do combate à guerrilha, desde soldados até generais, montaram, entre 1998 e 2001, um inédito Dossiê Araguaia com a versão de um episódio que se conhecia antes só pelo lado dos derrotados – e Tio Caco agora fazia parte da história.

O major de Cavalaria Flávio de Marco servia no Rio de Janeiro, no final dos anos 60, quando o coronel João Baptista Figueiredo comandava o Regimento de Cavalaria de Guarda, o histórico Dragões da Independência. No governo Médici, estava em Brasília, atuando no Serviço Secreto sob as bênçãos do homem mais temido do Exército brasileiro – o general Milton Tavares de Souza, o Miltinho, que conseguia acumular em seu corpo miúdo e franzino o posto de chefe de gabinete do Ministro do Exército e ainda o de chefe do CIE. Miltinho e Tio Caco eram unha e carne, uma amizade decisiva após as sucessivas derrotas do Exército nas duas primeiras campanhas do Araguaia. Na trégua que se seguiu durante onze meses, a partir do período chuvoso de novembro de 1972, o Exército usou a inteligência para combater a guerrilha. Trocou o combate pela infiltração: 53 agentes se embrenharam na mata, disfarçados de técnicos do INCRA, donos de bodegas, funcionários da campanha antimalária, representantes de empresas falsas (Agropecuária Araguaia e DDP Mineradora). Usaram enxada para criar calos nas mãos, não portavam documentos, adotaram codinomes, não usavam farda. Deixaram a barba e o cabelo crescerem. A Operação Sucuri levantou a ficha de quatrocentos simpatizantes dos guerrilheiros na área. Quando o tenente-coronel De Marco entrou na selva, em outubro de 1973, o Exército já sabia o que fazer para alcançar a vitória. Quando Tio Caco saiu da mata, em outubro de 1974, a guerrilha nem podia explicar a derrota. Estava dizimada.

Nesse período, 46 dos 56 guerrilheiros remanescentes desapareceram. A ordem de Brasília mandava não poupar ninguém na terceira e última campanha militar, a Marajoara. O chefe de operações do CIE, tenente-coronel Carlos Sérgio Torres, comandava à distância, desde Brasília. Tio Caco é quem mandava e desmandava na mata, a partir da sede do INCRA numa área isolada de Marabá, às margens do rio Tacaúnas. A casa de madeira pintada em azul e requisitada pelos militares tinha uma grande sala de reuniões e três dormitórios. Ali operava o Estado-Maior do CIE, sob as ordens de De Marco. Na Casa Azul acontecia todo fim de tarde a reunião de avaliação do dia. A tropa apelidou o grupo de KGB e ninguém entrava na casa sem ordens do Tio Caco. Como tenente-coronel, De Marco se reportava diretamente em Brasília ao general Milton e ao general Orlando Geisel, ministro do Exército. Hierarquia, ali, só a dele. Um dia, o coronel Alair de Almeida Pitta, chefe do Estado-Maior da 8ª Região Militar em Belém, quis entrar no lugar fardado. De Marco tinha classificado a casa como "zona de operação de inteligência", que só admitia militar à paisana. O coronel insistiu, o tenente-coronel resistiu e mandou expulsar seu superior imediato. Apesar do choque de hierarquia, prevalecia a lei da guerra.

E continuou tudo azul – na casa e na carreira de De Marco.

Era a KGB, no final do dia, que decidia quais prisioneiros ainda tinham utilidade – ou, dito de outra forma, quais mereciam viver um pouco mais. A palavra final era do Tio Caco. Para a solução final, De Marco dispunha de duas equipes de matadores – Zebra, baseada próxima à Casa Azul, e Jiboia, instalada às margens do rio em Xambioá. Eram formadas por seis homens – um capitão, um suboficial, dois sargentos e dois cabos. Na conta final dos próprios militares, Zebra matou doze e Jiboia, sete guerrilheiros, nenhum deles em combate. A técnica de execução ou "fazer", na gíria revelada pelos veteranos do Araguaia, foi descrita assim em *A lei da selva* de Studart:

> depois da KGB decidir nas reuniões do pôr do sol que era hora de mandar "fazê-los", os prisioneiros eram colocados num helicóptero e levados para algum ponto da selva. Sempre pontos diferentes. Entrava, só um de cada vez, encapuzado para que não fosse reconhecido pelos pilotos. Junto, tomando conta do prisioneiro, entre três e cinco integrantes das equipes Zebra ou Jiboia. Na mata, depois que o helicóptero ia embora, os militares caminhavam com o prisioneiro por cerca de 15 minutos – em média – até algum ponto remoto, de acesso difícil. Então o guerrilheiro desaparecia. Ou, nessa nova linguagem criada por aquelas equipes, o serviço era "feito". Mais tarde um outro helicóptero, sempre com uma tripulação diferente da primeira, buscava a equipe em alguma clareira na selva longe de onde o corpo fora deixado. Só os militares embarcavam; jamais um prisioneiro fez a viagem de volta. Dessa forma, quando os guerrilheiros eram "feitos", somente Tio Caco, sua KGB e os próprios membros da equipe sabiam. Em algumas execuções, só Tio Caco e um único membro da equipe.[73]

73. Studart, 2006, p. 260.

A força da natureza ameaçou desfazer o que "faziam" os homens de Tio Caco. A chuvarada de dezembro de 1974 lavou a terra e, ao revolver o chão úmido, um cão descobriu o pedaço de um guerrilheiro "feito" pelo CIE. Numa reunião de emergência na Casa Azul, De Marco mandou para lá um oficial e cinco homens munidos de pá e ácido para sumir com os restos. Ao cavar descobriram não um, mas cinco corpos empilhados na mesma cova. Uma grave falha operacional que, após um contato urgente de Tio Caco com Miltinho em Brasília, definiu a Operação Limpeza. Em janeiro de 1975, os corpos localizados pelas equipes Zebra e Jiboia foram desenterrados – alguns diluídos ali mesmo em ácido e outros transportados de helicóptero. Um dos pilotos, o coronel-aviador Pedro Corrêa Cabral, contou, em 1993, ao repórter Rinaldo Gama, da revista *Veja*, que passou dez dias transportando cadáveres num dos dois helicópteros da FAB com as insígnias cobertas por tinta preta. Despejavam sua carga macabra num ponto ao sul da Serra das Andorinhas, a cem quilômetros de Xambioá. O que mais incomodava os pilotos era o cheiro de carne podre na cabine. Cabral usava uma máscara contra gases e, embaixo dela, um lenço encharcado de perfume para disfarçar o odor. Ele nunca mais conseguiu comer carne com o prazer de antes.

No alto da serra, Tio Caco coordenou a queima dos restos mortais, incinerados com gasolina dentro de pneus velhos, numa fogueira que levantou uma fumaça negra e espessa que podia ser vista a dezenas de quilômetros. Quase três décadas antes, as zebras e jiboias do tenente-coronel De Marco tinham inventado o "micro-ondas", a técnica de eliminação com pneus e fogo usada pelos traficantes dos morros cariocas na tortura e morte do jornalista Tim Lopes em 2002. Os capangas do Comando Vermelho de Elias Maluco no morro carioca lembravam, na fumaça e no odor, os camaradas da KGB de Tio Caco na floresta amazônica.

Quando acabou a guerra no Araguaia o tenente-coronel De Marco foi premiado em 1975 com o Comando de Fronteira Acre-Rondônia (CFAR), baseado em Porto Velho[74]. Saiu da mata para o asfalto, em 1977, para servir com um velho amigo em Brasília. Encontrou seu antigo comandante dos Dragões da Independência na chefia do SNI do governo Geisel. Foi trabalhar no serviço de informação do amigo Figueiredo. Quando o general virou presidente, em 1979, De Marco ganhou um comando menos violento da burocracia do poder, como diretor administrativo do Palácio do Planalto. O coração sensível de Tio Caco não resistiu ao esforço de um inocente jogo de vôlei na quadra de esportes do palácio em 1984. Morreu de infarto no cimento da capital depois de sobreviver às emoções da floresta.

O coronel De Marco e o major Thaumaturgo constituíam a missão meramente observadora presente à reunião de quatro dias que fundou a Condor em Santiago.

Com o Tio Caco e o Dr. Sabino, o Brasil não podia estar melhor representado.

---

74. De Marco foi o último coronel a comandar o CFAR. A unidade cresceu, virou Grupamento de Fronteira em 1977 e, a partir de 1980, a 17ª Brigada de Infantaria de Selva (BIS), onde passaram 24 generais de brigada até 2008. O terceiro deles foi o general Oswaldo Muniz Oliva (1979-80), pai do senador Aloísio Mercadante (PT-SP).

Cianureto do lado de lá

A passagem brasileira por Santiago teve uma frieza medida, mas Contreras não passou recibo.

Mandou um de seus quadros mais importantes em 1975 para Brasília: o tenente-coronel Pedro Espinoza, futuro chefe de operações da DINA, para ser o elo com o SNI e o CIE. Um ano depois, num sábado de junho de 1976, Espinoza teria um encontro numa estrada deserta da periferia de Santiago com o agente Michael Townley, o chileno-americano que em 21 de setembro, nas barbas da CIA, grudou uma bomba de plástico sob o banco do carro dirigido por Orlando Letelier nas ruas de Washington. A explosão que matou o ex-chanceler de Allende e sua secretária americana foi a mais atrevida operação da Fase 3 da Condor.

A ousadia da Condor em solo americano já estava sendo rastreada pelo governo estadunidense – e a conivência brasileira, também. Quase sete semanas antes da explosão em Washington, o secretário de América Latina do Departamento de Estado, Harry Shlaudeman, mandou um relatório perturbador ao secretário Henry Kissinger, em 3 de agosto. Com base na avaliação de seus embaixadores na área, Shlaudeman alertava que os governos militares estavam se coordenando para operar mutuamente no território de seus países. E escrevia: "Estabeleceram a Operação Condor para descobrir e matar os terroristas da Junta Coordenadora Revolucionária (JCR) em seus próprios países e na Europa. À exceção das operações de assassinato, o Brasil está cooperando."

O americano esclarecia que o inimigo era tão vagamente definido que poderia incluir "quase todo mundo que se opõe à política do governo". Shlaudeman alertava em agosto de 1976: "Estão planejando as próprias operações antiterroristas na Europa. A Argentina, o Chile e o Uruguai são os líderes; o Brasil é cauteloso, mas está fornecendo algum apoio técnico."

Na segunda semana de agosto, três novos relatórios da CIA mostraram que a Condor começava a levantar voo. Os americanos descobrem que Argentina, Chile e Uruguai treinavam em Buenos Aires uma equipe de assassinos para operar na Europa, a partir da França, santuário dos exilados. O SNI tomou conhecimento dos planos, mas decidiu não tomar parte na aventura europeia. O Brasil saiu à francesa da confusão no Velho Mundo.

Aqui por perto não havia muito constrangimento. Um documento da CIA de 19 de julho de 1976 obtido pelo jornalista John Dinges flagra uma operação conjunta entre o Brasil de Geisel e a Argentina de Videla: "Uma fonte confiável brasileira descreveu um acordo Brasil-Argentina através do qual os dois países caçam e eliminam terroristas que tentam fugir da Argentina para o Brasil". A parceria Brasil-Chile funcionava também. No Arquivo do Terror do Paraguai brotou uma correspondência fraterna entre os amigos Figueiredo e Contreras. O brasileiro escreveu no dia 21 de agosto de 1975, e o chileno respondeu uma semana depois. Agradece as informações recebidas e se mostra preocupado com a iminente vitória de Jimmy Carter nas eleições presidenciais, lembrando que dois inimigos comuns se beneficiariam da vitória democrata: o chileno Orlando Letelier e o brasileiro

Juscelino Kubitschek. Um ano depois, JK morre no choque de seu carro com um ônibus na Via Dutra, entre Rio e São Paulo.[75] Um mês mais tarde, Letelier morre na explosão de seu automóvel em Washington. Eram tempos perigosos, aqueles.

A carta do coronel chileno ao general brasileiro acabou engrossando a papelada do juiz espanhol Baltazar Garzón, que investigava a Operação Condor e um bando de generais do Cone Sul – os argentinos Videla e Galtieri, o uruguaio Gregorio Álvarez, o boliviano Hugo Bánzer –, incluindo Figueiredo. O emissário da carta foi o próprio adido militar chileno em Brasília na época: o coronel Sérgio Arredondo González tinha sido braço direito de Contreras e chefe da seção de operações externas da DINA. Quando Figueiredo assumiu a presidência, em 1979, Arredondo mudou-se para São Paulo, como representante da estatal chilena de cobre CODELCO. Voltou ao Chile, denunciado por entidades de direitos humanos por envolvimento na Caravana da Morte do general Arellano Stark, que matou 73 pessoas no Chile dias após o golpe. Acabou em prisão domiciliar, enquanto aguardava processo na Justiça.

O Brasil não participava da Fase Três, mas se esbaldava nas Fases Um e Dois, com troca de informações e de prisioneiros em solo alheio. Um mês após a fundação da Condor, em dezembro de 1975, agentes sem farda do CIE, atuando a pedido da ditadura Stroessner, sequestraram, do outro lado da fronteira, quatro paraguaios que viviam em Foz do Iguaçu. Ali mesmo, no Parque Nacional do Iguaçu, foram presos, interrogados e mortos seis integrantes da VPR que vieram da Argentina e entraram no Brasil em julho de 1974 sob a liderança de Onofre Pinto, o homem que recrutara Carlos Lamarca para a guerrilha. O grupo foi atraído para uma emboscada do Exército a partir das informações do ex-sargento da Brigada Militar gaúcha Alberi Vieira dos Santos, um ex-brizolista exilado que virou o fio e tornou-se agente do CIE. Com a logística da Condor, Alberi foi a Buenos Aires atrair o grupo para um sítio no sudoeste do Paraná que estaria sendo preparado para o treinamento de guerrilha. Ao chegar ao local, a equipe de Onofre foi presa e executada. Num primeiro momento a Operação Juriti só poupou o chefe, Onofre Pinto, que um capitão do Exército em Foz do Iguaçu estava tentando converter em agente infiltrado na esquerda. O coronel Paulo Malhães, o Dr. Pablo do CIE, chegou a topar a negociação, mas uma ordem de Brasília desfez o trato:

– Temos de acabar com o Onofre para dar o exemplo – ordenou o general Milton Tavares de Souza, o chefe do CIE.

Ali mesmo, na casa do sítio, Onofre morreu com uma bala na cabeça. Uma faca rasgou o seu ventre e lhe enxertaram entre as tripas a caixa de câmbio da carcaça de um jipe abandonado. Os militares levaram o cadáver numa camionete Rural Willys até as margens do São Francisco Falso e o jogaram no rio com seu sobrepeso metálico. Seis anos depois, os restos de Onofre Pinto foram cobertos para sempre pelas águas do lago em formação do reservatório de Itaipu, a maior hidrelétrica do

75. Em 2000, o deputado Paulo Octávio (PFL-DF), casado com uma neta de JK, propôs investigar as suspeitas que envolviam a Condor no caso. Uma comissão especial de 22 parlamentares da Câmara dos Deputados ouviu quarenta pessoas, inclusive no Chile, e pediu novas perícias. Conclusão de Octávio: "Já não restam dúvidas sobre a morte de JK. Foi uma fatalidade."

mundo. Esse roteiro macabro foi descrito pelo jornalista Aluízio Palmar em seu livro *Onde foi que vocês enterraram nossos mortos?* Ex-militante do MR-8 e da VPR, preso e torturado na ditadura, Palmar foi banido no sequestro do embaixador suíço em 1971. Acabou sendo um sobrevivente da ratoeira armada pelo sargento a serviço da Condor. Ele desconfiou do convite de Alberi para voltar, recusou a proposta e escapou da morte nas mãos do CIE.

Quando voltou ao Brasil, decidiu investigar a morte dos antigos companheiros. Confirmou que a Operação Juriti começou ainda no Chile, comandada pelo Dr. Pablo e pelo Dr. César, o coronel José Brandt Teixeira, também do CIE. A partir de Buenos Aires, a viagem do grupo até a fronteira foi monitorada pelos agentes do serviço secreto brasileiro, um deles o ex-sargento Marival Chaves. Ao reconstruir esse trajeto, Palmar descobriu outra história dramática da Condor. Um casal de guerrilheiros Montoneros, Liliana Inês Goldenberg e Eduardo Gonzalo Escaboza, retornava da Espanha para ingressar clandestinamente na Argentina, via Foz do Iguaçu, quando foi capturado numa armadilha da Condor sobre as águas do rio Paraná, logo ao desatracar de Porto Meira, na margem brasileira, pouco antes de descer no cais argentino de Puerto Iguazú. Conta Palmar:

> Num sábado, 2 de agosto de 1980, Lílian, de 27 anos, loura e franzina, e seu companheiro Eduardo, de trinta anos, embarcaram na lancha *Caju IV*, pilotada por Antonio Alves Feitosa, conhecido na região como Tatu. Antes da atracação no lado argentino, dois policiais brasileiros que estavam a bordo mandaram o piloto parar a lancha e apontaram suas armas para o casal. Cercados, Lílian e Eduardo ainda puderam ver que mais policiais desciam ao atracadouro, vindos da aduana argentina. Assim que perceberam ter caído numa cilada, Lílian e Eduardo se ajoelharam diante de um grupo de religiosos que estava a bordo e gritaram que eram perseguidos políticos e preferiam morrer ali a serem torturados. Em seguida abriram um saco plástico, tiraram uns comprimidos e os engoliram bebendo a água barrenta do Rio Paraná.
>
> Morreram em trinta segundos, envenenados por uma dose fortíssima de cianureto. Os religiosos italianos sumiram. Tatu foi convocado à Capitania dos Portos de Foz do Iguaçu e à Prefectura Naval de Puerto Iguazú e aconselhado a esquecer a morte dos jovens argentinos ocorrida em sua lancha.[76]

Ao cobrir esse caso como repórter para o jornal *O Globo*, Palmar procurou a Capitania dos Portos brasileira para saber que providências as autoridades navais de Foz do Iguaçu iriam tomar. Nenhuma, respondeu o oficial que o atendeu.

– O incidente aconteceu do lado de lá – disse, curto e grosso, ordenando que um marinheiro acompanhasse o jornalista até a porta de saída.

O oficial da Marinha não quis nem discutir um grave detalhe: o duplo suicídio tinha acontecido a bordo de uma embarcação com bandeira brasileira. Esse "incidente" na tríplice fronteira foi relatado dias depois em Brasília ao presidente

76. Palmar, 2005, p. 48.

da República. João Figueiredo ouviu em silêncio o relato de seu informante, enquanto torcia o dedão da mão esquerda, um tique nervoso que exibia nos momentos de aflição. Quando a história acabou, Figueiredo continuou calado, não fez nenhum comentário. E mudou de assunto.

No governo Geisel, a Condor já voava com a energia da maior hidrelétrica do mundo. Em 15 de dezembro de 1976, um informe da Assessoria Especial de Segurança e Informações (AESI) de Itaipu enviado ao Paraguai relatava que, a pedido da ditadura Stroessner, tinha colocado seus agentes no encalço de um líder oposicionista que vivia exilado na Argentina desde 1959. O médico ortopedista Agustín Goiburú Gimenez, dirigente do Movimento Popular Colorado (MOPOCO), costumava ir a Foz do Iguaçu, sede da usina, para visitar amigos. Dois meses após a mensagem enviada pelos agentes do general José Costa Cavalcanti, diretor brasileiro de Itaipu, Goiburú desapareceu, após ser sequestrado ao meio-dia por homens armados diante da clínica onde trabalhava, na cidade argentina de Paraná, na província de Entre Rios. O tenente-coronel Juan Ibarra, do QG do 2º Corpo de Cavalaria, foi sucinto ao receber Elba, a mulher de Goiburú:

– *A Agustín lo llevaron a Paraguay.*

Ele não contou que, antes disso, o médico ficou detido uma semana em quartéis argentinos, até ser entregue na fronteira. Anos depois, o professor paraguaio Martín Almada soube, ao vasculhar o Arquivo do Terror, que Goiburú foi torturado até a morte no Regimento de Escolta Presidencial, em Assunção. Seu corpo nunca apareceu.

O esquecido fichário da Polícia Federal brasileira em Foz do Iguaçu, descoberto por Palmar, revela o papel de Itaipu na movimentação da Condor. Era um envolvimento previsível, já que órgãos de repressão da região – Argentina, Paraguai, Uruguai e Chile – tinham especial interesse na obra gigantesca que atraía desgarrados e exilados do Cone Sul. No período entre 1974 e 1982, o tempo em que nasceu e morreu a Condor, Itaipu movimentou cerca de cem mil trabalhadores, não apenas paraguaios e brasileiros. No pico da obra, ela chegou a empregar quarenta mil pessoas, cinco mil novos contratos por mês no período de 1978 a 1981. Para atender à repressão argentina, especialmente preocupada com a movimentação de militantes da guerrilha peronista dos Montoneros e dos trotskistas do ERP, o serviço secreto de Itaipu elaborou a Operação Mesopotâmia, que rastreou a ficha de todos os empregados não brasileiros da obra. A determinação do general Costa Cavalcanti foi executada pelo coronel Bruno Castro da Graça e pelo capitão Roberto Henrique Helbling, da 2ª Seção do 1º Batalhão de Fronteiras sediado em Foz do Iguaçu. Com base neste controle, arquivado na delegacia local da PF, conta Palmar, suspeitos subversivos foram entregues por Itaipu aos militares argentinos.

Em 1976, o CIE brasileiro distribuiu aos órgãos de informação o pedido de busca 036/76 envolvendo dois argentinos – o Montonero Ricardo Garrochateguy e o político Tito Lívio Vidal. Eles estariam envolvidos com uma suposta operação da JCR em Tucumán, e Vidal seria o fornecedor de armas. O serviço secreto em Brasília dizia que ele viera ao Brasil buscar armamento junto ao Partido Comunista Brasileiro Revolucionário (PCBR). O alerta do CIE dizia que um ataque ao quartel do Regimento de Infantaria do Monte 29, na província de Santa Fé, havia sido planejado no Brasil. Doze militares e dezesseis guerrilheiros argentinos teriam morrido na ação de 5 de outubro de 1975. "Os detalhes finais da operação foram discutidos no Brasil, em Foz do Iguaçu, onde dias antes chegara o líder máximo dos Montoneros, Mário Firmenich", dizia o boletim. Nesta época, o chefe do Setor de Operações do CIE era o coronel Carlos Alberto Brilhante Ustra.

Um ano depois, o olho do CIE de Ustra parecia mais aguçado. Um documento confidencial de 5 de outubro de 1976, o pedido de busca n° 771/76 – II, distribuía na comunidade de informações uma lista de 149 pessoas que estavam na mira da Condor argentina. Dizia:

> Os argentinos citados a seguir estão sendo procurados pelas autoridades policiais e militares da República Argentina por haver participado em ações subversivas: [*Segue-se a relação de 149 nomes*]
>
> 2. Dados solicitados:
>
> a) Imediata detenção e comunicação UU [urgência urgentíssima] a esta AI [agência de informações] dos que sejam encontrados em território nacional em situação irregular quanto à sua entrada no país.
>
> b) Localização, manutenção sob vigilância cerrada e imediata comunicação dos que estiverem em situação irregular.[77]

Na lista de 149 nomes, contava-se o ex-ministro do Interior do governo Carlos Menem, Julio Mera Figueroa, o ex-deputado por Salta, Ricardo Falú, o ex-governador de Santiago del Estero, Carlos Juarez, e a ex-dirigente do Partido Socialista dos Trabalhadores, Nora Sciapone. Da relação, 22 continuam desaparecidos.

O DOPS gaúcho, do delegado Pedro Seelig, o "verdadeiro irmão" do coronel Ustra, do CIE, exibia uma preocupação burocrática rara no mundo da repressão: dava atestado de sequestro. No dia 6 de janeiro de 1976, enviou a todos os órgãos de informação, dentro e fora do Estado, um pedido de busca confidencial – PB 016/76/DCBI/DOPS/RS – de sua Divisão de Busca e Coleta de Informações com um alerta geral sobre um uruguaio chamado Oscar Pérez: "Informar se o nominado está na área; atendimento com brevidade; outros dados considerados úteis". Duas semanas depois, veio a resposta, com timbre de "reservado", despachado pela delegacia do DOPS no porto de Rio Grande. Dizia:

> DOPS/RS / 7ª Delegacia Regional de Polícia
> 21/01/76
> Assunto: Oscar Pérez
> Reservado
> Informação 03/76
>
> Em atenção ao PB [Pedido de busca] da referência, transcrevemos o Radiograma n° 50/76, recebido da D. P. de Santa Vitória do Palmar, como segue:

77. Boccia et al, 2002, p. 216.

"INFORMAMOS QUE OSCAR PÉREZ FOI PRESO PELO EXÉRCITO HÁ CERCA DE DOIS MESES ATRÁS VG E ENTREGUE MEDIANTE RECIBO LOGO EM SEGUIDA À POLÍCIA URUGUAIA.

PT SDS – BEL. ALAMYR U. G. MADRUGA – DEL. POLÍCIA" [78]

O morcego do Galeão

Um casal embarcou na tarde de terça-feira, 11 de março de 1980, em um avião da companhia venezuelana Viasa, no aeroporto da cidade do México. Fizeram conexão em Caracas e, na manhã seguinte, chegaram ao aeroporto do Galeão, no Rio de Janeiro.

Desceram do avião, mas não apareceram. Nunca mais.

O estudante de medicina Horácio Domingo Campiglia, trinta anos, e Mônica Susana Pinus de Binstock, 27 anos, eram argentinos e usavam passaportes falsos. Militavam no movimento Montonero e faziam parte das chamadas TEI, Tropas Especiais de Infantaria, treinadas na Líbia. O marido de Mônica, Edgardo, de quem teve dois filhos, a aguardava no aeroporto. Ele não sabia, mas não era o único argentino que esperava por sua mulher. Agentes do Batalhão 601 de Inteligência, o comando de operações secretas do Exército, armaram uma recepção prévia para o casal. Dias antes, um Montonero havia sido preso em Buenos Aires e, durante o interrogatório, ele revelou uma reunião secreta que a organização faria no Rio. Campiglia era um dos cinco líderes mais importantes do grupo, como coordenador de operações das TEI.

O comando do Batalhão 601 entrou em contato com o CIE em Brasília e pediu autorização para um voo de emergência da Condor. Uma equipe de busca comandada pelo tenente-coronel Roman embarcou em Buenos Aires num Hércules C-130 da Força Aérea Argentina e desceu na base aérea do Galeão. Os detalhes só apareceram mais tarde, quando documentos desclassificados do Departamento de Estado norte-americano revelaram um memorando de 7 de abril de 1980 – 26 dias após o sequestro no Galeão – enviado ao embaixador dos Estados Unidos em Buenos Aires pelo RSO (Regional Security Official) James J. Blystone, o encarregado de segurança da embaixada na Argentina. Numa reunião com um amigo da repressão local, Blystone perguntou, brincando, o que havia acontecido com os dois argentinos sumidos no voo entre a Cidade do México e o Rio. A fonte fez charme, disse que o assunto era ultrassecreto, mas acabou contando o que houve. Revelou até que ambos estavam presos no quartel de Campo de Mayo, na capital argentina, detalhe transmitido ao embaixador e depois desclassificado para conhecimento geral. O casal nunca mais foi visto.

A Condor ganhou a companhia de outro voador, em meados de 1978. A Operação Morcego, montada pelo Batalhão 601 de Inteligência, era a reação a uma ofensiva dos Montoneros, que retornavam do exterior para novas ações militares em solo argentino. A ordem dos militares argentinos era ainda mais ousada do que o fracassado plano militar dos guerrilheiros: interceptar os Montoneros ainda

78. Padrós, 2005, p. 730.

no exterior. A repressão acionou as bases que possuía no Uruguai, no Chile, no Paraguai, na Bolívia, no Peru – e no Brasil, onde mantinha dois centros fixos nas maiores cidades brasileiras, São Paulo e Rio de Janeiro. E uma outra base em Paso de Los Libres, cidade argentina separada por uma ponte da gaúcha Uruguaiana. Cada base do Batalhão 601 operava com quatro oficiais e dois civis subordinados à área de inteligência, todos atuando sob codinomes. O apoio logístico era dado pelos consulados, coordenados pelo adido militar da embaixada em Brasília, uma norma que a Condor disseminou por todos os países, a partir do que chamava de Agremil – agregado militar.

Em 17 de dezembro de 1978, exatamente um mês após a aparição dos repórteres de *Veja* no apartamento dos uruguaios sequestrados em Porto Alegre, o coronel Jorge Ezequiel Suárez Nelson trocou Buenos Aires por Brasília, onde assumiu como Agremil da embaixada argentina. Era o homem certo no lugar certo: ele deixava para trás, na capital portenha, o posto de chefe da central de informações do Batalhão 601. Assumia agora o posto de coordenação de inteligência na missão diplomática de um país estratégico para a repressão argentina. O coronel Suárez ficou em Brasília até 20 de janeiro de 1981. Só no ano de 1980 morreram vinte Montoneros que tentavam retornar à Argentina. Quatro deles, incluindo o casal Campiglia e Mônica presos no Galeão, foram entregues clandestinamente pelos brasileiros aos argentinos – e desapareceram. Outros dois, o casal surpreendido por policiais brasileiros na lancha do rio Paraná, suicidaram-se com cianureto. A Morcego seguia o rastro de sucesso da Condor.

O desempenho de Suárez foi tão bom no Brasil que ele voltou à Argentina em fevereiro de 1981 para assumir o posto de subsecretário da Secretaria de Inteligência do Estado. No final do ano, o coronel foi promovido a general, destacado como chefe pessoal do Estado-Maior Conjunto. Além dos diplomatas, no caso brasileiro havia também o suporte de uma empresa estatal de navegação que a Marinha argentina supervisionava nas sucursais de São Paulo e nos portos do Rio de Janeiro e Santos. A Empresa Líneas Marítimas Argentinas (ELMA), criada em 1960 e extinta três décadas depois, administrou, na sua fase mais esplendorosa, sessenta navios com um total de setecentas mil toneladas. Deu a camuflagem que a repressão argentina precisava para operar no Brasil. Nos pontos de fronteira, como Paso de los Libres, a repressão argentina tinha a adesão dos *marcadores*, presos quebrados pela tortura ou colaboradores arrependidos que controlavam, na aduana, a passagem de ex-companheiros da guerrilha.

Estes detalhes foram fornecidos em 1984 ao 4° Juizado Nacional Criminal e Correcional de Buenos Aires pelo depoimento de Néstor Norberto Cendón, um civil que trabalhou como carcereiro no Batalhão 601. Ele contou ao juiz Ariel Lijo que a obsessão dos militares era a captura dos TEIs (tropas especiais de infantaria adestradas na Líbia), como Campiglia, e os TEAs (tropas especiais de agitação) treinadas em Cuba. Após o carcereiro, depôs o coronel de Exército Antonio Herminio Simón, que foi chefe do Destacamento de Inteligência 123, subordinado ao II Corpo de Exército, baseado em Rosário, na província de Santa Fé, ao norte de

Buenos Aires. O comandante do II Corpo nos anos mais duros da repressão era o general Leopoldo Galtieri. O coronel Simón reconheceu ter uma "vinculação técnica" com a Jefatura II, a área de inteligência do Estado-Maior do Comando do Exército. Deu uma explicação intrigante sobre sua missão: "Proporcionar inteligência militar ao II Corpo de Exército e à Jefatura II com 'centro de gravidade na Ordem de Batalha do então III Exército brasileiro', que abrangia os Estados do Rio Grande do Sul, Santa Catarina e Paraná". O magistrado, aparentemente, entendeu o significado da expressão, já que não fez perguntas adicionais.

As respostas dos militares, pelo jeito, não resolveram. Em dezembro de 2007, a Justiça argentina condenou seis militares e um policial federal, o Turco Julio, pela violência contra os Montoneros. Golpeou com mais força o chefe de todos eles, o general Cristino Nicolaides, ex-comandante do Exército e membro da quarta e última Junta Militar a governar o país, de 1982 a 1983, desmoralizada pela derrota na Guerra das Malvinas. Na sentença de 303 páginas, o juiz observa que os militares integravam uma associação ilícita destinada a "cometer delitos cuja ação contribuiu para pôr em perigo a vigência da Constituição", definidos como crimes de "lesa humanidade". E tinha conexões externas, julgou o magistrado: "Era evidente, segundo disse o depoente [Cendon], a colaboração prestada pelos serviços de informações e de inteligência dos países em que eles estabeleceram as bases". Apesar de seus 83 anos, o general Nicolaides foi condenado a 25 anos de prisão, que poderá cumprir em seu domicílio.

O caso Campiglia, o Montonero sequestrado pela Condor no Galeão, acabou tendo desdobramentos inesperados. No Natal de 2007, a juíza italiana Luisanna Figliolia, do Tribunal Penal de Roma, expediu uma ordem internacional de prisão contra 146 ex-governantes das ditaduras do Cone Sul durante os anos da Operação Condor, nas décadas de 70 e 80. São oficiais militares de alto escalão, na sua maioria, além de policiais e alguns civis, acusados pelas famílias de 25 italianos ou descendentes mortos pela repressão. Os maiores contingentes denunciados são de argentinos (61), uruguaios (32), chilenos (22) e brasileiros (13) – dos quais seis generais, quatro coronéis, dois policiais federais e um civil.

Dos brasileiros, oito já morreram, incluindo os quatro mais graduados: os generais João Baptista Figueiredo (último presidente da ditadura), Walter Pires (ministro do Exército de Figueiredo), Octávio Medeiros (ex-chefe do SNI) e Antônio Bandeira (veterano do Araguaia e ex-comandante do III Exército). Dos treze brasileiros denunciados, pelo menos dez tiveram algum tipo de envolvimento em alguma etapa do sequestro dos uruguaios Lílian e Universindo em Porto Alegre – ou na realização, ou no encobrimento ou na cobertura político-militar para minimizar o desgaste internacional do caso.

A juíza Figliolia atendia ao pedido do procurador da República italiana Giancarlo Capaldo, que justificou: "Este processo nasceu na Itália porque os países unidos em torno da Operação Condor decidiram não abrir investigações sobre o assunto. Queremos evitar a impunidade, para que operações como essa não voltem a acontecer." A carapuça servia para o Brasil, não para os outros países do Cone Sul, que tratam de julgar seus criminosos antes que o calendário execute as penas pela sentença irrecorrível do tempo. Augusto Pinochet morreu um ano antes da denúncia italiana, mas o patrono da Condor, o coronel Manuel Contreras, cumpre pena de prisão. No Uruguai, dois ex-presidentes estão presos: o último civil, Juan María Bordaberry, e o único general, Gregorio Álvarez. Um agente do serviço secreto da Marinha uruguaia, Néstor Jorge Fernandez Troccoli, foi preso na Itália pelo envolvimento no desaparecimento e na morte de quatro italianos. Na Argentina, o general Jorge Videla voltou à prisão perpétua, depois de uma anistia do governo Carlos Menem que o governo de Néstor Kirchner revogou. Um batalhão de generais, coronéis e policiais da repressão pagam também suas penas.

O Brasil e sua ditadura de 21 anos é o único do Cone Sul que passa batido pelas barras dos tribunais e pelo crivo da História. Nenhum general, nenhum torturador foi condenado. Um trio ilustre da repressão brasileira na fase da ditadura – os delegados do DOPS Sérgio Fleury e Pedro Seelig e o coronel Carlos Alberto Brilhante Ustra, comandante do DOI-CODI de São Paulo – passou incólume pelo advento da democracia. O trio continua impune, enrolado na bandeira da anistia e do esquecimento, símbolos de um passado que o país não quer encarar sob o temor de atiçar uma suposta onda revanchista.

O único agente do aparato repressivo de 1964 condenado pela Justiça brasileira, até hoje, continua sendo um modesto escrivão do DOPS gaúcho, Orandir Portassi Lucas, o Didi Pedalada, punido com a pena de seis meses – com direito a sursis – por abuso de autoridade no sequestro dos uruguaios Universindo, Lílian e duas crianças.

O procurador Capaldo, da promotoria italiana, tinha uma preocupação exatamente oposta aos mentores da Operação Condor: "A Itália não quer passar por cima da soberania de nenhum país. Se forem abertos processos contras essas pessoas, ficaremos muito felizes que elas sejam julgadas em seus países de origem", disse. Originalmente, o processo contra a Condor era ainda maior, atingia cerca de duzentas autoridades. A lista foi reduzida ao se constatar que a pena da morte natural já tinha executado alguns dos futuros denunciados. Os treze brasileiros só estão lá graças a um brasileiro – o ativista de direitos humanos Jair Krischke. O procurador Capaldo começou, em 1999, a investigar a denúncia da Condor ouvindo os familiares dos 25 casos de vítimas envolvendo ítalo-argentinos e ítalo-uruguaios. Chamado a depor, Krischke lembrou o caso dos argentinos Horácio Campiglia, sequestrado no Galeão, e de Lorenzo Viñas, 25 anos, desaparecido na cidade brasileira de Uruguaiana, em junho de 1980, quando saía da Argentina para viajar à Itália, onde viviam seus pais. Após ouvir o ativista brasileiro, que forneceu nomes, postos, datas e conexões, o procurador italiano decidiu ampliar a denúncia, incluindo os treze brasileiros. Não seria a primeira nem a última contribuição de Jair Krischke à questão dos direitos humanos no Cone Sul.

A virgem das panelas

Aos 23 anos, Jair Lima Krischke já era bom de briga.

Na praça da Matriz, no coração de Porto Alegre, sua cidade natal, ele ajudava a distribuir armas e munições aos civis que se concentravam diante do Palácio

Piratini, o centro da resistência legalista contra o golpe dos ministros militares, em agosto de 1961, diante da renúncia inesperada do presidente Jânio Quadros. Da praça, Krischke ouvia empolgado os discursos do governador gaúcho Leonel Brizola, líder da resistência, falando da sacada do palácio para o povo concentrado na rua. "Tudo aquilo era maior do que os partidos políticos. A resistência pela democracia é que botou o povo na rua. Todos nós estávamos entusiasmados, vivendo um momento rico de cidadania, lutando pela legalidade, irmanados pela democracia", lembra ainda hoje.

Três anos depois, o golpe de 1964 botou na rua os tanques, em vez do povo. A democracia e a legalidade, em breve, se transformaram numa saudade doída para Krischke e seus companheiros da praça. O AI-5 de 1968, "o golpe dentro do golpe", como ele diz, começou a esvaziar as ruas e a encher as prisões. As pessoas sentiram o ar irrespirável da ditadura no Brasil e passaram a buscar a atmosfera limpa da democracia no Uruguai. Políticos, sindicalistas, intelectuais, gente simples, estudantes começaram a procurar a saída uruguaia. Krischke e alguns amigos ajudaram a pavimentar esta rota de liberdade, cada vez mais vital.

Quando os caminhos óbvios da rodoviária e das estradas principais ficaram vigiados pela polícia, ele começou a resgatar antigos caminhos de boiadas, velhas trilhas de contrabandistas na longa fronteira seca que une o pampa do Rio Grande e o da Província Oriental. Por ali começaram a escoar a indignação de quem preferia o exílio e a clandestinidade a se submeter à nova ordem. Krischke não gostava de nem uma coisa, nem outra. Preferia permanecer na resistência e recusava o carimbo das coisas ocultas: "Eu não era clandestino. Clandestino eram eles, os que estavam no poder, violando a Constituição. Nós éramos apenas discretos..."

De repente, o inferno trocou de lado. A ditadura no Uruguai, em junho de 1973, inverteu a rota de fuga, sufocou a esperança de liberdade. O povo de lá começou a fugir para cá. O Brasil não tinha melhorado, o Uruguai é que tinha piorado. No balanço das ditaduras, atravessar a fronteira às vezes era a única coisa a fazer. Ainda não existia a Condor, e a segurança parecia um pouco mais demarcada pela linha de separação entre os dois países. Mas quase nada mais separava os dois regimes.

Com aquele mesmo sentimento natural de quem de repente se reúne na praça, as pessoas começaram a se encontrar atrás de panelas, vasilhas, chaleiras e bugigangas domésticas penduradas em uma loja de miudezas no número 34 da rua Voluntários da Pátria, zona de comércio popular durante o dia e comércio da zona de prostituição à noite. O bazar Carioca do seu Jorge, pai de Krischke, começou a ser procurado por gente que não queria panelas nem miudezas. Tentavam escapar da panela tampada da ditadura, das coisas miúdas e graúdas que fazem as pessoas cansar da pátria.

– *Con los saludos de la Virgen de Guadalupe!* – sussurravam as pessoas, com ar assustado, que chegavam ao bazar do velho Krischke. Era a senha para a conversa mais reservada numa sala apertada no primeiro andar, nos fundos da loja, aonde se chegava com a sofreguidão dos aflitos. Ali se começava a avaliar a papelada para conseguir a proteção de refugiado da ONU e a passagem futura para um lugar mais distante e seguro. Krischke continuou sua vida quase oculta, meio clandestina, contrabandeando gente e esperança de dias melhores. Quando ocorreu o sequestro de Porto Alegre, em novembro de 1978, o medo ficou maior, o movimento no bazar cresceu.

Krischke viu que não seria mais possível trafegar nas picadas dos boiadeiros e dos contrabandistas. Era preciso andar no caminho principal, escancarado, à luz do dia. Em 1979, enquanto o mundo discutia as mazelas das ditaduras do Cone Sul, ele e um grupo de amigos e voluntários, alguns ainda do tempo da praça da legalidade, fundaram o Movimento de Justiça e Direitos Humanos (MJDH) de Porto Alegre. A primeira reunião foi numa sala emprestada, no centro da cidade, com três dezenas de cadeiras de bar. Sobraram cadeiras. A maioria não conhecia o lugar, quem conhecia tinha medo.

A primeira foto de uma reunião, que o fotógrafo Daniel Andrade registrou com sensibilidade em 1980, é um retrato em preto e branco daqueles tempos. Mais preto do que branco. Não existem jovens no quadro, só gente idosa. Mulheres de cabelos brancos, homens de calvície avançada como a idade. Ninguém sorri na foto, a tristeza está estampada na face de cada um dos 27 presentes. Eles tinham toda a razão do mundo para exibir aquela melancolia infinita. Eram pais e avós de uruguaios que não tiveram permissão da ditadura para se encontrar com a missão da ONU que visitava o Uruguai para investigar o caos dos direitos humanos no país, mergulhado havia sete anos no medo.

Bloqueados em casa, os familiares de presos e desaparecidos precisaram pegar um ônibus em Montevidéu e vir a Porto Alegre, sob o estímulo de Krischke, para uma reunião na sala emprestada pelo Sindicato dos Jornalistas, na sede apertada da rua da Praia. A maioria nem se conhecia. Krischke apresentou uns aos outros. Descobriram-se uma grande família de dor, de tragédias pessoais, que desconheciam mas pressentiam. A filha daquela senhora era a namorada do filho daquele senhor ao lado, ambos desaparecidos. Mãe e pai choraram a dupla descoberta. Krischke também. Um a um, contaram suas histórias mal contadas, que foram transcritas em depoimento formal e entregues por Krischke à OAB, que as repassou à comissão da ONU.

A verdade do Uruguai brotava em Porto Alegre, naquela sala, naquela foto, embebida em mágoa, mergulhada em consternação. O homem da primeira fila olha para o chão, a senhora de cabelos brancos ao lado parece enxugar uma lágrima. Alguns deles usam óculos escuros, apesar da sala fechada. Parece um recurso para esconder as olheiras, o sono maldormido, a aflição que deixa os olhos vermelhos. É a imagem de um povo entristecido, assustado, constrangido por estar ali.

Mas alguém precisava estar ali. E ali estava Jair Krischke.

Na foto de 1980, ele aparece em primeiro plano. Ainda magro e elegante, aos 41 anos, os cabelos ondulados e negros como a barba que se projetava, contundente, sobre o paletó sem gravata. Krischke tem a expressão grave de um profeta, preparado para reunir seu povo e conduzi-lo em meio ao deserto. Foi o que fez o seu improvável Movimento de Justiça e Direitos Humanos, que prosperou no terreno inóspito da ditadura, sem justiça e sem direitos humanos. Mas o Movimento de Krischke sobreviveu, prevaleceu e conduziu para lugar seguro e santo cerca de dois mil desgarrados das ditaduras do Cone Sul. Acolheu, ao longo daqueles duros tempos, os refugiados de duros regimes, providenciando os papéis, rotas e carimbos salvadores que os livraram das legiões punitivas de Montevidéu, Buenos Aires, Assunção, Santiago.

Virou um cidadão do mundo, uma voz rouca clamando por justiça, reclamando contra a injustiça. É ouvido pelo procurador em Roma, é festejado por doutores em Montevidéu, é ouvido com atenção em Buenos Aires, em Assunção, em Santiago, em lugares onde antes não se ouvia ninguém. O garoto entusiasmado da praça da legalidade continua um senhor entusiasmado das liberdades. O cabelo se mantém ondulado e insubmisso, agora impecavelmente branco como a barba aparada e o bigode mais ralo, uma expressão mais imponente e respeitável.

Completou setenta anos em 2008. Lembra hoje menos um profeta dos velhos tempos e mais um chefe viking dos novos caminhos, os caminhos de sempre.

Caminhos que Jair Krischke soube descobrir como ninguém.

Os caminhos da liberdade.

Con los saludos de la Virgen de Guadalupe!

A marca da Condor

Trinta anos depois, ainda pode restar a derradeira suspeita de que o sequestro de Porto Alegre não passou de um exagero, um episódio casual, um arroubo desastrado de alguns radicais, uma simples incursão de um grupo militar uruguaio operando por conta e risco em solo do Rio Grande do Sul sob a proteção de alguns amigos da polícia local. Esta hipótese afugenta a ideia de uma ação coordenada em alto nível, no eixo Montevidéu-Brasília, sob a chancela de escalões mais graduados, seguindo o método daqueles tempos, a loucura daquele método infalível – a Operação Condor. Que acabaria falhando na capital gaúcha.

Quatro especialistas no tema, de quatro países diferentes e três continentes distintos, não acreditam nessa hipótese casual e minimalista. Eles identificam – com a voz da experiência e as digitais da história – o olho, o bico, a asa e a garra da Condor no sequestro dos uruguaios em Porto Alegre.

O jornalista norte americano John Dinges foi correspondente especial do *The Washington Post* no Chile no período entre 1976 e 1983, que marca a ascensão e a queda da repressão transnacional. Escreveu uma obra fundamental sobre o tema, *Os Anos do Condor – Uma Década de Terrorismo Internacional no Cone Sul* (Companhia das Letras, 2004), e um livro revelador, em coautoria com Saul Landau, sobre a conspiração para o atentado da Condor que matou o ex-chanceler de Allende, Orlando Letelier, intitulado *Asesinato en Washington* (Planeta, 1990). É professor da Escola de Jornalismo da Universidade de Colúmbia, em Nova York, Estados Unidos. Com a jornalista Mónica González divide, em Santiago do Chile, a direção do Centro de Investigación y Información Periodística (CIPER), uma instituição independente que estimula reportagens de investigação e cultiva as virtudes básicas da reportagem. O sítio de acesso irrestrito do CIPER (http://ciperchile.cl) é uma prova de que a internet pode abrigar jornalismo de qualidade e relevância.

A jornalista inglesa Jan Rocha, correspondente no Brasil da rede BBC e do jornal *The Guardian*, mora desde a década de 60 em São Paulo, onde ajudou a fundar o Comitê de Defesa dos Direitos Humanos no Cone Sul. O Clamor nasceu em junho de 1978, cinco meses antes do sequestro de Porto Alegre. Durante anos acolheu e protegeu os refugiados das ditaduras da região, atuando sob a inspiração de Dom Paulo Evaristo Arns, arcebispo de São Paulo, a maior arquidiocese católica do mundo.

O jornalista uruguaio Roger Rodríguez, do jornal *La República*, em Montevidéu, é o mais premiado nome da imprensa na área de direitos humanos no Uruguai, por sua persistente cobertura dos fatos e dos homens que levaram o país ao terror de Estado entre 1973 e 1985. Foi o último preso político do país, e o mais temido deles, pelas verdades que conta. Em 2001, descobriu o "segundo voo", o translado clandestino de uruguaios sequestrados em Buenos Aires e levados em aviões militares para Montevidéu. Em 2002 localizou na capital argentina o jovem Simón Riquelo, que, 26 anos antes, ainda um bebê de vinte dias, foi tirado dos braços da mãe, sequestrada pela Condor. Em 2008, foi processado por um major do Exército, acusado por ele de envolvimento na morte de um estudante em 1972. Ele desdenhou a hipótese de uma prisão: "Se acontecer, continuarei escrevendo, nem que seja nas paredes da cela", avisou Rodríguez.

O jurista francês Jean-Louis Weil veio ao Brasil, duas semanas após o sequestro de novembro de 1978, representando três entidades internacionais ligadas à defesa dos direitos humanos: Movimento Internacional de Juristas Católicos; Federação Internacional dos Direitos do Homem e o Secretariado Internacional de Juristas pela Anistia no Uruguai (SIJAU). Foi bem recebido por advogados e jornalistas, saiu hostilizado por autoridades civis e militares. Antes de voltar a Paris, ainda no aeroporto do Galeão, revelou os primeiros nomes da ação da Condor em Porto Alegre – eram militares uruguaios e policiais brasileiros agindo de forma coordenada no sequestro. É o autor do relatório da Comissão de Direitos Humanos da OEA que detalha e condena o sequestro, confirmado em junho de 1980 pela sentença da Justiça brasileira.

O sequestro de Porto Alegre e a Condor, segundo Dinges, Rocha, Rodríguez e Weil[79]:

• **John Dinges, jornalista, Nova York, ESTADOS UNIDOS:**

– Um clássico caso Condor significa que as pessoas detidas em um país são naturais de outro país e que foram detidas a pedido de seu país de origem. Creio que é o caso de Lílian e Universindo.

– Da forma como o incidente é descrito [pelo jornalista Luiz Cláudio Cunha]

79. Depoimentos ao autor de Dinges, Rocha e Rodríguez, por correio eletrônico, e Weil, em entrevista gravada, ao longo de 2008.

é um caso de Operação Condor. O Partido por la Victoria del Pueblo (PVP) era um dos alvos mais importantes da Condor. Parte da metodologia da Condor era permitir que militares de um país atuassem em outro país membro. Como fizeram, por exemplo, os militares uruguaios contra o PVP na Argentina.

• **Jan Rocha, jornalista, São Paulo, BRASIL:**

– Pela colaboração estreita, à margem da lei, entre os órgãos de segurança do Uruguai e do Brasil, o sequestro de Porto Alegre é uma típica Operação Condor. Parece ter havido na capital gaúcha a ação articulada entre organismos de repressão de Estado agindo em comum acordo para a vigilância, captura e translado clandestinos de dissidentes políticos, de um lado e outro da fronteira.

– Mas havia algumas diferenças. Em Buenos Aires, os sequestrados geralmente eram levados para centros de detenção clandestina, a maioria deles para a Automotores Orletti. Em Porto Alegre, eles foram levados para o DOPS, um departamento legal da polícia política. Em Buenos Aires, era prática comum saquear e roubar os apartamentos e casas das pessoas capturadas, algo que parece não ter ocorrido na capital gaúcha.

– Não tenho maiores informações sobre a cadeia de comando entre Montevidéu e Brasília que levou ao sequestro de Porto Alegre, mas creio que uma operação assim teria que ser autorizada no mais alto nível do serviço de inteligência e do Exército. Se não fosse assim, estaríamos admitindo que os policiais gaúchos agiram por conta própria. Não acredito nisso.

• **Roger Rodríguez, jornalista, Montevidéu, URUGUAI:**

– O sequestro de Lílian e Universindo foi uma clara Operação Condor, na medida em que implicou uma coordenação repressiva das ditaduras, ainda que existam investigadores que consideram que a Condor foi um único operativo de 1976 para eliminar líderes políticos da região. O certo é que a ação em Porto Alegre, conhecida como Operación Zapato Roto, tinha como principal objetivo o professor Hugo Cores, então o principal líder do PVP.

– O sequestro foi realizado por efetivos brasileiros com imediata comunicação ao Exército uruguaio, que enviou um comando para receber os detidos em Porto Alegre. O capitão Eduardo Ferro voltou a Porto Alegre para um melhor resultado e regressou ao Uruguai com Lílian Celiberti pela cidade de Rivera. Nada disso poderia ser feito sem o conhecimento da ditadura brasileira. O sequestro de pessoas por parte de autoridades locais e sua entrega aos repressores de seus países de origem ocorre na região desde 1974.

– No Uruguai, o primeiro translado ilegal de um preso foi o de Antonio Viana Acosta, sequestrado em 24 de fevereiro de 1974 e transladado primeiro a Montevidéu e depois à IV Divisão de Exército, no departamento de Minas. Ali o próprio general Gregorio "Goyo" Álvarez comandou a tortura para obter dados sobre outro uruguaio – Washington Barrios – que, meses mais tarde, desapareceu na Argentina (ainda que se possa suspeitar que também tenha sido transladado ao Uruguai). Em novembro de 1974, também foram sequestrados na Argentina e levados ao Uruguai outros cinco Tupamaros que, logo depois, em 20 de dezembro, apareceram fuzilados nas proximidades da cidade de Soca, uma suposta represália pelo assassinato, em Paris, do coronel Ramón Trabal, agregado militar uruguaio ante os governos da França e da Inglaterra.

– Existe uma extensa lista de translados ilegais de uruguaios, entre os quais se destacam dois voos com as vítimas de tortura sofridas na Automotores Orletti de Buenos Aires. Os 23 presos do "primeiro voo" sobreviveram, como Lílian e Universindo. Os do "segundo voo" foram executados e estão desaparecidos. Algo parecido ocorreu em 1978, pouco antes do sequestro de Porto Alegre, com outros quarenta uruguaios pertencentes ao PCR (Partido Comunista Revolucionário), ao GAU (Grupos de Ação Unificadora) e a outras siglas menores, que foram transladados em fevereiro por lancha, em maio por avião e em junho num avião de pequeno porte.

– O que aconteceu no sequestro de Porto Alegre foi essa ação articulada entre órgãos de repressão de Estado. Em minhas investigações sobre a Operação Condor, localizei um repressor argentino que me forneceu os dados em 2002 que me permitiram encontrar Simón Riquelo, o filho de Sara Méndez, sequestrado em Buenos Aires em 13 de junho de 1976. Esse informante também me deu os dados que denunciaram o segundo voo da Orletti, crime pelo qual acabam de pedir 25 anos de cadeia para oito militares e policiais uruguaios.

– Esse informante me explicou que uma das regras da Condor era que "cada um se encarrega de seu próprio lixo". Quer dizer, as execuções e desaparecimentos corriam por conta dos repressores do país dos sequestrados. Apenas no caso de um enfrentamento armado é que era permitido matar um estrangeiro.

– No caso de translados, era diferente: as detenções eram feitas pelo grupo local e logo depois os entregavam ao país de origem para a tortura em um centro clandestino, para seu translado ou para seu desaparecimento. Quer dizer, a regra da Operação Condor era o translado do estrangeiro, a devolução a seu país de origem para que ele tomasse conta do preso. Com uma exceção: se o estrangeiro já se integrara a um grupo local, era tomado como tal e tratado como tal.

– Há diferenças e semelhanças entre o sequestro de Porto Alegre e outras ações da Condor. Semelhante é o fato de que a detenção de um suposto subversivo uruguaio seja informada aos repressores de seu país. Isso ocorreu em junho de 1976 com Gerardo Gatti em Buenos Aires. A partir de então, os uruguaios começaram a operar contra o PVP na Orletti. Diferente é o fato de que na Argentina os uruguaios se instalaram para realizar operações massivas em julho e em setembro daquele ano, enquanto que em Porto Alegre a detenção de Lílian e Universindo só podia ampliar-se com a captura de Hugo Cores, o principal objetivo. O Uruguai, diferentemente do que fez na Argentina, não se instalou no Brasil para operar.

– Não se tornaram públicos até hoje os documentos sobre o caso Lílian-Universindo, que no Uruguai está amparado pela Lei da Caducidade. É evidente que, pelo lado uruguaio, operou o Serviço de Inteligência de Defesa (SID) e o OCOA, portanto, com o conhecimento dos comandos militares da época. É claro também que operaram os comandos militares brasileiros, que não iriam permitir que um militar como o capitão Eduardo Ferro entrasse e saísse do Brasil com um preso sem o seu conhecimento e aprovação.

– Não creio que a ditadura brasileira e seus chefes militares tenham sido alheios ou inocentes no sequestro de Porto Alegre.

• **Jean-Louis Weil, jurista, Paris, FRANÇA:**

– Parece-me absolutamente certo que o sequestro de Porto Alegre seguiu o padrão da Operação Condor. Quando cumpri aquela missão pelo Secretariado Internacional de Juristas pela Anistia no Uruguai (SIJAU), tivemos o contato habitual com diferentes meios políticos, diplomáticos, igrejas, militantes, partidos políticos de oposição e mesmo autoridades oficiais. No caso de Lílian e Universindo ficou evidente um método que é fundado na colaboração entre polícias e exércitos de dois países. Existem países, como no caso do Brasil da ditadura militar, onde era a polícia que atuava sob a autoridade de um comando militar. Em outros países, os próprios militares realizavam este tipo de operação. Era o caso do Uruguai, que tinha uma célula militar que colaborava e atuava em conjunto com a polícia – sobretudo a argentina, mas também a brasileira. A prova é o caso de Lílian e Universindo. Isso é bem claro.

– O general uruguaio delegava responsabilidades, na Argentina ou no Brasil, a membros dessas organizações militares especializadas na caça aos militantes políticos que eles queriam sequestrar e, na maioria das vezes, fazer desaparecer. São esses especialistas que, com delegação militar, cumpriam essas missões.

– Quando executavam as operações, eles atuavam em colaboração com os militares e policiais locais. Isso era indispensável. Eram eles – os argentinos ou brasileiros ou chilenos – que conheciam bem as circunstâncias locais que envolviam os militantes procurados e que sabiam qual o melhor caminho a seguir. Neste caso de Porto Alegre é claro: estamos diante de uma legítima Operação Condor.

– Se os dois jornalistas brasileiros não tivessem surgido no apartamento da rua Botafogo, podemos imaginar que teria acontecido com os refugiados uruguaios o mesmo que costumava acontecer em Buenos Aires.

– A gente não sabe com certeza, mas não nos enganamos se dissermos que os militares uruguaios no apartamento eram ao menos dois. Por razões evidentes: estes grupos de ação nunca operavam sozinhos. Era necessário que existisse ao menos dois, pela própria segurança deles e para evitar que um traísse o outro.

– Eu me encontrei com várias autoridades brasileiras, notadamente o governador da época no Rio Grande do Sul, *monsieur* [Synval] Guazzelli, que me disse considerar que havia sido violado o território brasileiro.

– Na entrevista coletiva que concedi no aeroporto do Galeão, eu falei baseado em várias fontes que possuía. Como uma organização internacional, o SIJAU tinha como missão trabalhar com distintas fontes e verificar e cruzar vários tipos de informação. O Uruguai não é a China nem a Rússia. É um país pequeno e é mais fácil ter informações, porque todo mundo se conhece. Principalmente em Montevidéu. É um território onde, mesmo numa época terrível, as informações circulavam internamente pelo país e chegavam até nós.

– A política de Estado do Uruguai era a do desaparecimento. Os uruguaios de oposição não podiam figurar numa lista de prisioneiros políticos nem ser conduzidos à prisão de Libertad – eles deviam mesmo era desaparecer. E não apenas militantes de organizações de esquerda como o PVP, mas também nomes da política formal, como no caso do senador Zelmar Michelini e do deputado Gutiérrez Ruiz, ex-presidente da Assembleia Nacional, sequestrados e mortos pela Condor uruguaia em Buenos Aires. A política do regime era a do desaparecimento e da eliminação.

– Didi Pedalada [policial do DOPS gaúcho] foi apenas um executor. É necessário sempre haver um executor. Eram simples soldados ou policiais. Mas eles precisam sempre de um chefe.

– Obrigatoriamente, no caso de uma ditadura militar, é preciso que haja, no seio do Exército, o que eu chamaria de um alto comissariado para o combate às oposições políticas. E ele é praticamente sempre comandado por um general. Os outros oficiais envolvidos – capitães, coronéis, delegados – têm um papel importante, mas são sempre comandados por generais. Penso que havia pelo menos um alto responsável brasileiro para dar aprovação ao sequestro.

– É difícil imaginar que um Pedro Seelig tenha assumido sozinho a responsabilidade de executar uma ação desse tipo. Eu comparo a ação de Seelig ao trabalho que efetuava o comissário Fleury no pior momento da ditadura militar em São Paulo e no Rio. Eu não posso crer que eles assumam a responsabilidade desse tipo de operação sem ter ao menos um general que comande uma unidade particular, especial, sob sua autoridade direta. É difícil para mim imaginar que Pedro Seelig cometa uma operação de sequestro sem tomar a precaução de ter o aval de seus superiores militares.

– Não quero dizer que não seja possível que o delegado Seelig tenha tido certa margem de responsabilidade e iniciativa pessoal, ainda mais para um só sequestro. Lílian era uma jovem militante, não tão conhecida. Mas Seelig tem sempre que prestar contas, *bien entendu.*

– A Doutrina da Segurança Nacional é o fundamento ideológico dessas ditaduras militares, junto com o ensino da Escola das Américas para técnicas de tortura e desaparecimento.

– Por que o governo uruguaio estava obcecado pelos exilados uruguaios engajados politicamente, especialmente no caso do PVP? É preciso reconhecer que eram esses militantes que, no estrangeiro e no exílio, mobilizavam a opinião pública internacional. Os que estavam exilados no Brasil não eram muito numerosos, mas a atuação de Hugo Cores é a prova desta mobilização, intervindo junto a jornalistas e a organizações internacionais. O governo uruguaio perseguia particularmente os militantes no estrangeiro, porque eles sabiam ser ativos, dinâmicos, imaginativos, e souberam, de modo marcante, mobilizar a opinião pública internacional sobre a situação do Uruguai. Essa, eu creio, é a explicação dessa caçada muito particular.

– Esse período permitiu que se tomasse consciência da verdadeira dimensão dos direitos humanos. As práticas de tortura e desaparecimento eram consideradas como uma violação grave, um tratamento "desumano e degradante". Éramos contra esta definição limitada. Nós dizíamos que a tortura e o desaparecimento, mesmo que não constituam um genocídio e sejam praticados apenas contra determinados indivíduos, ainda assim são um crime contra a humanidade. Eles destroem a humanidade em si mesma, a própria essência da vida e do ser humano. Hoje tortura e desaparecimento são considerados um crime contra a humanidade. E não era assim durante a década de 70.

A subversão das palavras

A Operação Condor demarcou a distância entre dignidade e liberdade.

Ela media exatos 1.366 quilômetros.

O espaço em linha reta entre Dignidad e Libertad.

Dignidad no Chile, Libertad no Uruguai.

Dignidad era uma estranha colônia agrícola de 140 quilômetros quadrados e duzentos habitantes, 335 quilômetros ao sul de Santiago, na margem norte do rio Perquilauquén. Foi fundada no início dos anos 60 por um ex-enfermeiro da Luftwaffe, Paul Schäfer, que deixou os escombros da Alemanha nazista carregando acusações de abuso sexual contra dois meninos. Em 1997, ele fugiu para a Argentina, tentando escapar de um processo na justiça por molestar sexualmente outras 26 crianças na sua colônia chilena. A seita dirigida quatro décadas por Schäfer era cercada por arame farpado, torres de vigilância e regras estritas. Os homens não podiam encontrar as mulheres, televisão e telefone eram proibidos. Sexo estava banido – menos para o chefe, claro. A rígida disciplina do lugar encantou a nova ordem instituída no país em 1973. Pinochet e o chefe da DINA, coronel Contreras, tornaram-se amigos do ex-nazista e frequentavam a colônia com regularidade. Agentes da repressão chilena, estabeleceram ali um centro de torturas e de treinamento em interrogatórios, além de um campo de concentração.

O grupo de extrema direita Pátria y Libertad fazia exercícios de tiro e sabotagem na colônia. Michael Townley, o homem que detonou a bomba sob o carro de Letelier em Washington, contou à Justiça que Colônia Dignidad era uma extensão do Laboratório de Guerra Bacteriológica do Exército. Lá fabricou-se o gás sarin, uma arma química conveniente que armou agentes da DINA dentro e fora do Chile. Matava os inimigos do regime com inocentes sintomas de ataque cardíaco. Assim morreu em Paris, em junho de 1975, o jornalista exilado Eugenio Lira Massi, segundo revelações do agente do FBI em Buenos Aires, Robert Scherrer. A produção secreta do gás, camuflada sob o nome de Projeto Andrea, era uma determinação do próprio Pinochet, que imaginava usar aquela arma letal envenenando rios e barragens num eventual conflito com Argentina e Peru. Schäfer trouxe da Alemanha um velho companheiro de guerra, o ex-piloto de caça Hans Ulrich Rudel, para acelerar a produção.

A colônia era um centro de convivência internacional de torturadores. Tinha até brasileiro. O médico Luís Peebles, que passou uma semana preso lá, torturado pessoalmente por Schäfer, sobreviveu e contou sua experiência no tribunal:

Um dia me retiraram da cela. Amarraram minhas mãos, me vestiram uma calça e uma camisa. Quando me abaixei para calçar os sapatos ouvi pela primeira vez a voz com um acento estranho, que me pareceu vir de um homem corpulento, grande. Não sei se era realmente corpulento, mas era mais alto que eu. Quando me proibiu, com aquele acento raro, que pusesse os sapatos, torceu-me os braços pelas costas e me agarrou como um bebê no ar. Aí disse duas ou três palavras em português a uma outra pessoa e depois algumas palavras em castelhano. Era evidentemente português ou brasileiro. Um certo momento a venda escapou durante o interrogatório e pude vê-lo por uns momentos. Barbeado, sem bigode, pele escura, entre quarenta a cinquenta anos, olhos caídos, lábios finos, dava a impressão de ser um tipo duro. Caminhamos por um corredor e depois de mais um vinte passos entramos em uma peça. Aí me amarraram na *parrilla* e começou um interrogatório de umas seis horas. O interrogatório na *parrilla* opera da seguinte maneira: amarram os pés com anéis de metal ao catre. Amarram com fita adesiva um arame muito fino nos pulsos, nos tornozelos, nos braços, nos genitais, no peito e na garganta. Estes arames recebem descargas de corrente alternadamente. Sente-se o golpe elétrico no peito, em seguida num tornozelo, que dói mais do que o outro. Enquanto isso acontecia me golpeavam com uma espécie de barra de borracha que me dava mais golpes de choques elétricos. Também usam uma espécie de agulha que também passava choques. Outro instrumento terminava em uma espécie de pinça que me dava a impressão que picava. Outro contato terminava em uma espécie de massa pegajosa que se colocava nos dentes, nos olhos, na boca e debaixo da língua. Às vezes, quando eu gritava, a introduziam na minha garganta. Também tinha contatos no ânus, muito profundamente no canal urinário e sob as unhas. O interrogatório começou com golpes de corrente elétrica para aterrorizar, e o chefe, Corona, um coronel da DINA – me disse:

– Te daremos vinte perguntas. – Recordo que depois do primeiro interrogatório me levaram a uma peça na qual faziam cópias à máquina de minhas declarações, que estavam gravadas em três fitas. Márcia Merino (a Flaca Alejandra, ex-guerrilheira do MIR que se converteu em agente da DINA) datilografava em uma máquina. Até que chegou o último interrogatório. O lugar e o método mudaram. Me desnudaram e me meteram em um caixão. Tinha mais ou menos um metro cúbico de tamanho. Tive que dobrar-me completamente. Golpearam o caixão com paus enquanto o faziam girar pendurado em um cabo. Jogavam de um lado para outro. Duas ou três vezes me retiraram do caixão e sempre em muito mau estado. Perdi a consciência várias vezes, e aí me jogavam água quente ou fria, ou ambas, alternadamente. Finalmente me enfiaram um saco plástico na cabeça e me jogaram no caixão de cabeça para baixo. Os homens disseram que iam embora e que eu tinha que resolver se iria dizer a verdade.[80]

Luís Peebles vivia o auge de Dignidad.

No outro lado do continente, a quase 1.400 quilômetros dali, a dez quilômetros das águas frias e barrentas do rio da Prata, erguia-se Libertad, o maior presídio mas-

80. Memória Viva, 2003.

culino do Uruguai, o depósito de gente onde mofavam seiscentos presos políticos da ditadura. Era um prédio comprido de oito andares, com tijolos avermelhados e duas colunas brancas nas extremidades, com escadas externas. Ficava a dois quilômetros da localidade que lhe dava aquele curioso nome, naquele estranho lugar – Libertad, cinquenta quilômetros a oeste de Montevidéu, na margem esquerda da Ruta 1.

Desde junho de 1980, aquele prédio abrigava um preso famoso, disperso na multidão encarcerada sob o n° 2.723. O preso atendia pelo nome de Universindo.

Universindo Rodríguez Díaz vivia a plenitude de Libertad.

A Operação Condor foi engendrada sob o lema do combate à subversão.

Das costas do Pacífico ao Atlântico, às custas de milhares de pessoas, ao custo de muita dor e lágrimas, a Condor acabou subvertendo o significado das palavras.

Inverteu o sentido moral das coisas, converteu o nexo das ideias no seu avesso.

Dignidad virou sinônimo de tortura no Chile da Condor.

Libertad virou endereço de presídio no Uruguai da Condor.

***

Tudo aquilo aconteceu tempos atrás, no sul do continente.

Tempos em que Dignidad e Libertad machucavam a carne, sangravam a alma.

É importante não esquecer.

É necessário lembrar para resgatar o sentido correto das ações.

É preciso contar para recuperar o significado exato das palavras.

Lembrar e contar.

Em nome da dignidade.

Por causa da liberdade.

Bibliografia

Referências

Abreu, Alzira Alves de et. Al. (Coord.). *Dicionário histórico-biográfico brasileiro pós-1930.* Edição revista e atualizada. Rio de Janeiro: FGV; CPDOC, 2001.

Almeida Filho, Hamilton; Bones, Elmar; Tubino, Najar. Sequestro. Um crime grosseiro fere o país. *CooJornal*, Porto Alegre, p. 15-20, jan. 1979.

Alvarez, Maria Ximena. *O discurso dos militares para uma democracia sem conflitos:* Uruguai em ditadura e sua fundação discursiva (1973-1985). Dissertação (Mestrado em História). Universidade Federal do Paraná. Setor de Ciências Humanas, Letras e Arte, Programa de Pós-Graduação em História. Orientação: Marion Brepohl de Magalhães. Curitiba, 2006.

Amnesty International. El caso de Simón Riquelo: 25 años de lucha para conocer la verdad. jul. 2001. Disponível em: <http://www.amnesty.org/en/library/asset/AMR52/001/2001/es/dom-AMR520012001es.html> Acesso: 2 mar. 2008.

Aveline, João. *Macaco preso para interrogatório: retrato de uma época.* Porto Alegre: AGE, 1999.

Arquidiocese de São Paulo. *Brasil:* nunca mais. Um relato para história. Prefácios de Paulo Evaristo Arns e Philip Potter. Petrópolis: 1985.

Bauer, Caroline Silveira. *Avenida João Pessoa, 2050, 3° andar:* terrorismo de Estado e ação de polícia política do Departamento de Ordem Política e Social do Rio Grande do Sul (1964-1982). Dissertação (Mestrado em História). Universidade Federal do Rio Grande do Sul. Instituto de Filosofia e Ciências Humanas, Programa de Pós-graduação em História. Orientação: Cláudia Wasserman. Porto Alegre, 2006.

Beloch, Israel; FAGUNDES, Laura Reis (orgs.). *Uma história escrita por vencedores:* 50 anos de Prêmio Esso de Jornalismo. Rio de Janeiro: Memória Brasil, 2006.

Betto, Frei. *Batismo de sangue.* São Paulo: Círculo do Livro, 1982.

Biocca, Ettore. *Strategia del terrore:* Il modelo brasiliano. Bari: De Donato, 1974.

Bitencourt Emílio, Luís Antônio. The "Abertura" in Brazil: the Day-After of the Brazilian Intelligence "Monster". Texto para discussão / 281. Secretaria de Assuntos Estratégicos. Instituto de Pesquisa Econômica Aplicada. Brasília, nov. 1992.

Blum, William. *Killing Hope:* U.S. Military and CIA Interventions since World War II. Monroe: Common Courage, 2003.

Boccia Paz, Alfredo et al. *En los sótanos de los generales:* Los documentos ocultos del Operativo Condor. Prólogo de Augusto Roa Bastos. Assunção: Expolibro, 2002.

Bona Garcia, João Carlos. *Verás que um filho teu não foge à luta.* Porto Alegre: Posenato Arte e Cultura, 1989.

Brasil. Secretaria Especial de Direitos Humanos da Presidência da República. *Direito à memória e à verdade: Comissão Especial sobre Mortos e Desaparecidos Políticos.* Brasília: Secretaria Especial de Direitos Humanos, 2007.

Bruce, Iain. Vítima da Operação Condor ainda teme relatar tortura. *BBC Brasil.* Disponível em: <http://www1.uol.com.br/bbc/ult36u287.htm Acesso em: 14 maio 2000>.

Caldas, Breno; Pinheiro Machado, José Antonio. *Meio século de Correio do Povo:* Glória e agonia de um grande jornal. Porto Alegre: L&PM, 1987.

Calloni, Stella. Los archivos del horror del Operativo Cóndor. Equipo Nizkor. <http://www.derechos.org/nizkor/doc/condor/calloni.html> Acesso: 7 dez. 2007.

Cardoso, Maurício et al. Ferida aberta. *Veja*, São Paulo, 17 maio 2000.

Carvalho, Luiz Maklouf. *O coronel rompe o silêncio:* Lício Augusto Ribeiro, que matou e levou tiros na caçada aos guerrilheiros do Araguaia, conta sua história. Rio de Janeiro: Objetiva, 2004.

Casanova, Pablo González (org.). *América Latina:* história de meio século. Trad. Marcos Bagno e Ricardo Gonçalves R. Castro. Brasília: Universidade de Brasília, 1988.

Chagas, Carmo. O alegre retorno à liberdade de informar. In: Luz, Olavo, *25 anos de imprensa no Brasil.* Rio de Janeiro: Esso Brasileira de Petróleo, 1980.

Celiberti, Lílian; Garrido, Lucy. *Meu quarto, minha cela.* Trad. Ernani Só. Porto Alegre: L&PM, 1989.

Conti, Mário Sérgio. *Notícias do Planalto*: a imprensa e Fernando Collor. São Paulo: Companhia das Letras, 1999.

Contreiras, Hélio. *AI-5:* a opressão no Brasil. Prefácio de Dalmo de Abreu Dallari. Rio de Janeiro: Record, 2005.

Costa Franco, Sérgio da Costa Franco. *Porto Alegre:* guia histórico. Porto Alegre: Editora da Universidade, 1988.

Costa-Gavras; Solinas, Franco. *Estado de sítio.* Trad. José Antonio G. Pinheiro Machado. Porto Alegre: L&PM, 1979.

Cunha, Luiz Cláudio. O sequestro dos uruguaios. In: Molica, F. *Dez reportagens que abalaram a ditadura.* Rio de Janeiro: Record, 2005.

_____. O *off* e o feiticeiro. In: Dines, Alberto et al. *A mídia e o jornalismo fiteiro.* Livro eletrônico, Observatório da Imprensa. Biblioteca 1, v.1. Disponível em: <http//:www.observatoriodaimprensa.com.br>. Acesso em: 6 abril 2004.

D'Araujo, Maria Celina; Castro, Celso (orgs.). *Democracia e forças armadas no Cone Sul.* Rio de Janeiro: Fundação Getúlio Vargas, 2000.

_____ (orgs.). *Ernesto Geisel.* Rio de Janeiro: Fundação Getúlio Vargas, 1997.

D'Araújo, Maria Celina; Soares, Gláucio Ary Dillon; Castro, Celso (orgs.) *Os anos de chumbo:* a memória militar sobre a repressão. Rio de janeiro: Relume Dumará, 1994.

Delizoicov, Eremias. Dossiê. Mortos e Desaparecidos Políticos no Brasil. Centro de Documentação Eremias Delizoicov. Disponível em: <http://www.desaparecidospoliticos.org.br/>.

Digital Globe. Tortura Chile. Localização de centros de tortura na ditadura Pinochet. Google Earth, 2008.

Dines, Alberto. O fetiche das fitas. In:_____ et al. *A mídia e o jornalismo fiteiro.* Livro eletrônico, Biblioteca 1, v.1. Disponível em: <http//:www.observatoriodaimprensa.com.br>. Acesso em: 6 abril 2004.

Dines, Alberto; Fernandes Jr.; Florestan; Salomão, Nelma (orgs.) *Histórias do poder:* 100 anos de política no Brasil. São Paulo: Editora 34, 2000.

Dinges, John. *Os Anos do Condor: Uma Década de Terrorismo Internacional no Cone Sul.* Trad. Rosaura Eichenberg. São Paulo: Companhia das Letras, 2005.

Dinges, John; Landau, Saul. Manuel Contreras and the birth of the DINA. Assassination in Embassy Row (Pantheon Book, 1980). Adaptação do Capítulo 5. In: Remember-Chile: Pinochet for beginners. Disponível em: <http://www.remember-chile.org.uk/beginners/contdina.htm>. Acesso: 13 mar. 2008

Donghi, Halperin. *História da América Latina.* Trad. Carlos Nelson Coutinho. Rio de Janeiro: Paz e Terra, 1975.

Falcão, Armando. *Tudo a declarar.* Rio de Janeiro: Nova Fronteira, 1989.

Faoro, Raymundo. *Os donos do poder:* formação do patronato brasileiro. Porto Alegre: Globo; São paulo: Universidade de São Paulo, 1975.

Ferri, Omar. *Sequestro no Cone Sul:* o caso Lílian e Universindo. Porto Alegre: Mercado Aberto, 1981.

Fialho, A. Veiga *Uruguai:* um campo de concentração? Textos especiais de Eduardo Galeano e Jorge Amado. Rio de Janeiro: Civilização Brasileira, 1979.

Fico, Carlos. *Como eles agiam.* Os subterrâneos da ditadura militar: espionagem e polícia política. Rio de Janeiro: Record, 2001.

Figueiredo, Lucas. *Ministério do silêncio:* a história do serviço secreto brasileiro de Washington Luís a Lula (1927-2005). Rio de Janeiro: Record, 2005.

Galeano, Eduardo. *Las venas abiertas de América Latina.* México, DF: Siglo Veintiuno, 1971.

Galvani, Walter. *Um século de poder:* os bastidores da Caldas Júnior. Porto Alegre: Mercado Aberto, 1995.

Gaspari, Elio. *A ditadura envergonhada*. São Paulo: Companhia de Letras, 2002.

_____. *A ditadura escancarada*. São Paulo: Companhia de Letras, 2002.

_____. *A ditadura derrotada*. São Paulo: Companhia de Letras, 2003.

_____. *A ditadura encurralada*. São Paulo: Companhia de Letras, 2004.

Hevia Cosculluela, Manuel. *Pasaporte 11333:* ocho años con la CIA. Montevidéu: Tae Editorial, 1989

Hinchey Report. CIA Activities in Chile. US Department of State, Freedom of Information Act, 18 set. 2000. Disponível em: <http://foia.state.gov/Reports/HincheyReport.asp>. Acesso: 8 fev. 2008.

Jordão, Fernando. *Dossiê Herzog:* prisão, tortura e morte no Brasil. São Paulo: Global, 1979.

Kornbluh, Peter. Lifting of Pinochet's immunity renews focus on Operation Condor. The National Security Archive, 10 jun. 2004. Disponível: <http://www.gwu.edu/~nsarchiv/NSAEBB/NSAEBB125/index.htm>. Acesso: 8 fev. 2008.

_____. CIA cable. Brazil's role in Operation Condor. Excerto, 12 ago. 1976. Documento desclassificado em novembro de 2000. Chile Documentation Project, The National Security Archive. Disponível em: <http://www.gwu.edu/~nsarchiv/news/20010306/>. Acesso: 8 de fevereiro de 2008.

Krieger, Daniel. *Desde as Missões...* saudades, lutas e esperanças. Prefácio de Afonso Arinos de Melo Franco. Rio de Janeiro: 1977.

Langguth, A. J. *A face oculta do terror.* Trad. Roberto Raposo. Rio de Janeiro: 1979.

Licht, Flávia Boni; Custódio, Luiz Antônio et al. (org.) *Palácio Piratini:* 85 anos. Patrimônio da arquitetura, cenário de história e política. Porto Alegre: [s.ed.], 2008.

Lima, Samarone. *Clamor:* a vitória de uma conspiração brasileira. Rio de Janeiro: Objetiva, 2003.

Luz, Olavo (org.). *25 anos de imprensa no Brasil:* Prêmio Esso de Jornalismo. Rio de Janeiro: Esso Brasileira de Petróleo, 1980.

Machado, Carlos. *Historia de los orientales.* Montevidéu: La Banda Oriental, 1973.

Magno, Ana Beatriz. A agonia da reportagem: das grandes aventuras da imprensa brasileira à crise do mais fascinante dos gêneros jornalísticos. Dissertação (Mestrado em Jornalismo). Universidade de Brasília. Programa de Pós-graduação em Jornalismo. Orientação: Luiz Gonzaga Motta. Brasília, 2006.

Mariano, Nilson. *As garras do Condor:* como as ditaduras militares da Argentina, Chile, Uruguai, Brasil, Bolívia e Paraguai se associaram para eliminar adversários políticos. Petrópolis: Vozes, 2003.

Melo, Jermir Pinto de. *Feridas da ditadura militar.* Formosa: edição do autor, 2002.

McSherry, J. Patrice. Death squadas as parallel forces: Uruguay, Operation Condor and the United States. Journal of Third World Studies, 22 mar. 2007. <http://www.encyclopedia.com/doc//1G1-164525360.html>. Acesso: 8 fev. 2008.

_____. The undead ghost of Operation Condor. Artigo incluído no livro Predatory States: Operation Condor and Covert War in Latin America (Boulder: Rowman & Littlefield Publishers, 2005). <http://www.logusjournal.com/issue4.2/mcsherry.htm>. Acesso: 8 fev. 2008.

Memória Viva. Archivo digital de las Violaciones de los Derechos Humanos de la Dictadura Militar en Chile (1973-1990). Artículo. 28 jul. 2003. Disponível: <http://www.memoriaviva.com/Centros/07Region/colonia_dignidad_articulo.htm>. Acesso em: 22 ago. 2008.

Memoria viva de la dictadura. Documentos Plán Cóndor. Montevidéu, Uruguay. Disponível em: <http://memoriaviva5.blogspot.com/2007/06/indice-temtico-poltico.html>.

Méndez, Sara; Olivera, Raúl. *Hugo Cores: la memória combatiente.* Montevidéu: Trilce, 2007.

Mitchell, José. *Segredos à direita e à esquerda na ditadura militar.* Porto Alegre: RBS Publicações, 2007.

Molica, Fernando (org.). *Dez reportagens que abalaram a ditadura.* Rio de Janeiro: Record, 2005.

MOTTA, Aracildes de Moraes (coord.). *História oral do exército:* 1964, 31 de março. O movimento revolucionário e a sua história. Tomos V e XV. Coordenação geral de Aricildes de Moraes Motta. Rio de Janeiro: Biblioteca do Exército, 2003.

MORAES NETO, Geneton. *Dossiê história: a voz das testemunhas: um repórter encontra personagens e testemunhas de grandes tragédias da história mundial.* São Paulo: 2007.

MORAIS, Taís; SILVA, Eumano. *Operação Araguaia: os arquivos secretos da guerrilha.* São Paulo: Geração Editorial, 2005.

OLIVEIRA, Lúcio Sérgio Porto. *A história da atividade de inteligência no Brasil.* Brasília: Assessoria de Relações Externas / SSI, ABIN, 1999.

OSORIO, Carlos. Nixon: "Brazil helped rig the uruguayan elections", 1971. The National Security Archive, 20 jun. 2002. Disponível em: <http://www.gwu.edu/~nsarchiv/NSAEBB/NSAEBB71/>. Acesso em: 5 abr. 2008.

PADRÓS, Enrique Serra. *Como el Uruguay no hay... Terror de Estado e Segurança Nacional. Uruguai (1968-1985): do Pachecato à Ditadura Civil Militar.* Tese (Doutorado em História). Universidade Federal do Rio Grande do Sul. Programa de Pós-Graduação em História. Orientação: Cesar Augusto Barcellos Guazzelli. Porto Alegre, 2005.

_____. *O Rio Grande do Sul e a conexão repressiva no Cone Sul: do exílio brasileiro no Uruguaio ao voo rasante da Operação Condor em Porto Alegre.* Adaptação do 8° capítulo, *Conexões externas: a coordenação repressiva.* Da tese de doutorado *Como el Uruguay no hay... Terror de Estado e Segurança Nacional. Uruguai (1968-1985): do Pachecato à Ditadura Civil-Militar.* Tese (Doutorado em História). Universidade Federal do Rio Grande do Sul. Programa de Pós-Graduação em História. *In*: Ciências & Letras. Faculdades Porto-Alegrenses: Porto Alegre, n. 41, p. 359-389, jan./jun. 2007.

PALMAR, Aluízio. *Onde foi que vocês enterraram nossos mortos?* Curitiba: Travessa dos Editores, 2005.

PAU DE ARARA. *La violencia militar en el Brasil (con apéndices documentales).* México: Siglo Veintiuno, [s/d].

PELLEGRINO, Adela. Aspectos demográficos, 1963-1985. In: Adela Pellegrino et al. *El Uruguay de la Dictadura (1973-1985).* Montevidéu: La Banda Oriental, 2004.

PETERS, Edward. *Tortura.* Trad. Lila Spinelli. São Paulo: Ática, 1985.

Placar, Especial, Imagens de Placar – JB Scalco (1951-1983). Edição n° 667, de 13 maio 1983, p. 38-49. Editorial de Juca Kfouri. De repente faltou foco na redação, p. 3.

PORTELA, Fernando. *Guerra de guerrilhas no Brasil.* 7. ed. São Paulo: Global, 1986.

QUADRAT, Samantha Viz. Solidariedade no exílio: os laços entre argentinos e brasileiros. Trabalho integrante do projeto *O Exílio argentino no Brasil* ditatorial, do Núcleo de Estudos Contemporâneos da Universidade Federal Fluminense, apresentado na *IV Jornadas de Historia Reciente.* Universidad Nacional de Rosário. Argentina, maio de 2008.

RODRIGUEZ DÍAZ, Universindo. *Los sectores populares em el Uruguay del novecientos. Primera parte (1907-1911).* Montevidéu: Compañero, 1989.

ROMEU, Lúcia. A casa das torturas de Petrópolis. In: MOLICA, F. *10 reportagens que abalaram a ditadura.* Rio de Janeiro: Record, 2005.

SANTAYANA, Mauro. *Tragédia argentina:* poder e violência de Rosas ao peronismo. Rio de Janeiro: Francisco Alves, 1976.

SÁBATO, Ernesto et al. *Nunca mais:* informe da Comissão Nacional sobre o desaparecimento de pessoas na Argentina. Trad. Roberto Mara, Porto Alegre: L&PM, 1984.

SCHERRER, Robert. Condor Cable. Condor Documents, 28 de setembro de 1976. Disponível: <http://www.namebase.org/foia/condocs.html>. Acesso em: 8 fev. 2008.

SCHILLING, Flávia. *Querida liberdade.* São Paulo: Global, 1980.

SCHMIDT, Caco; TUBINO, Najar. Um delegado acima da lei. *CooJornal*, Porto Alegre, RS, ano IV, n° 40, p. 29-33; abr. 1979.

Secretaría de Derechos Humanos y Politicas Sociales. Dossier: el capítulo uruguayo de la Operación Cóndor. PIT/CNT, Uruguai. Montevidéu, junho de 1999. Disponível em: <http://www.elcorreo.eu.org/esp/IMG/pdf/doc-368.pdf>. Acesso em: 17 fev. 2008.

SILVA, José Wilson da. *O tenente vermelho.* Porto Alegre: Tchê!, 1987.

SOUZA, Percival de. *Autópsia do medo:* vida e morte do delegado Sérgio Paranhos Fleury. São Paulo: Globo, 2000.

STUDART, Hugo. *A lei da selva:* estratégias, imaginário e discurso dos militares sobre a Guerrilha do Araguaia. São Paulo: Geração Editorial, 2006.

TAVARES, Flávio. *Memórias do esquecimento.* São Paulo: Globo, 1999.

USTRA, Carlos Alberto Brilhante. *Rompendo o silêncio:* OBAN DOI/CODI, 29 Set 70-23 Jan. 1974. Brasília: Editerra, 1987.

VALLS, Luiz Fernando M. *Brossard:* 80 anos na história política do Brasil. Porto Alegre: Artes e Ofícios, 2004.

VARGAS, Índio. *Guerra é guerra, dizia o torturador.* Rio de Janeiro: Codecri, 1981.

VENTURA, Zuenir. *1968*: o ano que não terminou. Rio de Janeiro: Nova Fronteira, 1988.

VICTOR, J. *Confissões de um ex-torturador.* Trad. Cláudia Schilling. São Paulo: Semente, [s/d.].

VILLALOBOS, Marco Antônio. *A Guerrilha do Riso:* Carlos Nobre x Ditadura Militar Brasileira. Porto Alegre: Mercado Aberto, 2008.

WESCHLER, Lawrence. *Um milagre, um universo:* o acerto de contas com os torturadores. São Paulo: Companhia das Letras, 1990.

REPORTAGENS DO AUTOR

1. Na revista *Veja*, com a equipe da sucursal de Porto Alegre

CUNHA, Luiz Cláudio. Onde estarão? *Veja*, São Paulo, SP, 29 nov. 1978.

_____. A viagem misteriosa. *Veja,* São Paulo, SP, 6 dez 1978.

_____. Mistério, ainda. *Veja,* São Paulo, SP, 13 dez. 1978.

_____. Mais perto da verdade. *Veja*, São Paulo, SP, 20 dez. 1978.

_____. Surge o primeiro nome. *Veja*, São Paulo, SP, 27 dez. 1978.

_____. A polícia pede tempo. *Veja,* São Paulo, SP, 3 jan. 1979.

_____. Cada vez mais sério. *Veja,* São Paulo, SP, 10 jan. 1979.

_____. Uma dúvida a menos. *Veja*, São Paulo, SP, 17 jan. 1979.

_____. No final, nada certo. *Veja,* São Paulo, SP, 24 jan. 1979.

_____. Em banho-maria. *Veja,* São Paulo, SP, 31 jan. 1979.

_____. O 3° homem. *Veja,* São Paulo, SP, 7 fev. 1979.

_____. Em ritmo de férias. *Veja*, São Paulo, SP, 15 fev. 1979.

_____. Guazzelli reage. *Veja,* São Paulo, SP, 21 fev. 1979.

_____. Sob suspeição. *Veja,* São Paulo, SP, 28 fev. 1979.

_____. A vez do MDB. *Veja,* São Paulo, SP, 7 mar. 1979.

_____. Faltaram dois nomes. São Paulo, SP, *Veja,* 28 mar. 1979.

_____. "É ela". *Veja,* São Paulo, SP, 4 abril 1979.

_____. Cresce o bolo. *Veja,* São Paulo, SP, 11 abril 1979.

_____. Didi subversivo. *Veja,* São Paulo, SP, 9 maio 1979.

_____. Cartas da prisão. *Veja,* São Paulo, SP, 16 maio 1979.

_____. Era mentira. *Veja*, São Paulo, SP, 18 julho 1979.

_____. Mistificação. *Veja,* São Paulo, SP, 26 set. 1979.

_____. O homem que faltava. São Paulo, SP, *Veja*, 24 out. 1979.

_____. Imagem forjada. *Veja,* São Paulo, SP, 31 out. 1979.

_____. Um ano e nada. *Veja,* São Paulo, SP, 14 nov. 1979.

_____. Rotina suspeita. *Veja*, São Paulo, SP, 20 fev. 1980.

_____. Vítimas e réus. *Veja,* São Paulo, SP, 27 fev. 1980.

_____. Gradualismo uruguaio. São Paulo, SP, *Veja,* 19 mar. 1980.

_____. A face do crime I. São Paulo, SP, *Veja,* 21 maio 1980.

_____. A farsa desmorona. São Paulo, SP, *Veja*, 11 jun. 1980.

_____. Surge o quinto homem. São Paulo, SP, *Veja,* 18 jun. 1980.

_____. A face do crime II. São Paulo, SP, *Veja,* 16 jul. 1980.

_____. Verdade resgatada. São Paulo, SP, *Veja,* 30 jul. 1980.
_____. Dezembro feliz. São Paulo, SP, *Veja,* 31 dez. 1980

2. No jornal *Zero Hora*

CUNHA. Luiz Cláudio. Matérias publicadas no Caderno Especial "O sequestro de Lilian e Universindo – 15 anos depois. A farsa desvendada", *Zero Hora,* 22 nov. 1993.

_____. Uma farsa para resguardar o regime.

_____. O peso militar mudou os rumos do caso.

_____. Inspirado por um filme, o juiz decidiu condenar.

_____. Torturador ganhou um Nobel.

_____. A prisão e a tortura no DOPS.

_____. A testemunha que enfim falou.

_____. "Eu telefonei para denunciar esse sequestro".

_____. Quem é quem, 15 anos depois.

CUNHA, Luiz Cláudio. Hugo Cores (1938-2006). Morre o homem que salvou Lílian Celiberti. *Zero Hora,* Porto Alegre, 10 dez. /2006.

3. Na revista *Playboy*

CUNHA, Luiz Cláudio. Por que sou testemunha de acusação deste sequestro. *Playboy*, Cidade, estado, ano, n.52, p. 127-131; 164-168, nov. 1979.

REFERÊNCIAS AUDIOVISUAIS

A CONDOR EM PORTO ALEGRE. Depoimento de Jean Luis Weil gravado em vídeo. Direção: Gabriela C. Cunha e Angel Luis Rodriguez. Roteiro: Luiz Cláudio Cunha. Entrevista: Gabriela C. Cunha. Fotografia e som: Angel L. Rodriguez. Paris, 11 jul. 2008. (40 minutos). Inédito.

CONDOR. Documentário. Direção: Roberto Mader. Produção: Tuinho Schwartz. Roteiro: Roberto Mader. Direção de fotografia: Guy Gonçalves. Música e trilha Sonora: Victor Biglione. Montagem: Célia Freitas. Rio de Janeiro: Focus Filmes, 2007. (103 minutos).

EL CINE DENUNCIA. Entrevista com Mariela Salaberry e Universindo Rodríguez Díaz. Direção: Ana Maria Mizrahi. Produção: Juan Sebastián Rodríguez. Assistência de Direção: Natalie Yozzi e Mônica Lorenzo. Coordenação: Carlos Segovia. Montevidéu, Canal 5, 21 mar. 2006. (29 minutos).

EL ESTRAÑO CASCO AZUL. Produção para TV. Direção: Gonzalo Arijón. Paris, 1989. (14 minutos).

ESTADO DE SÍTIO. Direção: Costa-Gavras. Produção: Jacques Henri Barratier e Leon Sanz. Roteiro: Franco Solinas e Costa-Gavras. Legendas em português. Paris, 1973. (119 minutos).

Z. Direção: Costa-Gavras. Produção: Eric Schlumberger e Phillipe D'Argila. Roteiro: Jorge Semprún. Baseado no livro de Vassili Vassilikos. Paris, 1969. (121 minutos).

O SEQUESTRO DOS URUGUAIOS: 15 ANOS DEPOIS. Direção: João Guilherme Reis. Reportagem, roteiro e apresentação: Luiz Cláudio Cunha. Porto Alegre: RBS TV, 21 nov. 1993. Vídeo (56 minutos).

Y CUANDO SEA GRANDE. Direção e fotografia: César Charlone. São Paulo: GACI (Grupo Anônimo de Cine Independiente), 1981. (29 minutos).

ARQUIVOS, COLEÇÕES E BIBLIOTECAS

Acervo da Luta Contra a Ditadura. Memorial do Rio Grande do Sul. Porto Alegre, RS. E-mail: acervoditdura@cultura.rs.gov.br

ARQUIVO Nacional. Coordenação Regional do Arquivo Nacional no Distrito Federal - COREG. Brasília, DF.

E-mail: arquivonacional.coreg@in.gov.br.

Biblioteca Central da Universidade de Brasília. Campus Darcy Ribeiro. Brasília, DF. Sítio: http://dce.unb.br/

Biblioteca Luiz Viana Filho, Senado Federal. Congresso Nacional. Brasília, DF. E-mail: sbib@senado.gov.br

CIPER, Centro de Investigación y Información Periodística. Santiago, Chile. Sítio: http://ciperchile.cl/

CPDOC, Centro de Pesquisa e Documentação da História Contemporânea do Brasil, Escola de Ciências Sociais e História da Fundação Getúlio Vargas – FGV. Rio de Janeiro, RJ. E-mail: cpdoc@fgv.br

DEDOC, Departamento de Documentação. Editora Abril. São Paulo, SP. Sítio: http://www.conteudoexpresso.com.br

FOIA, Freedom of Information Act. U.S. State Department, Washington, DC. USA. Sítio: http://www.state.gov/m/a/ips/

Memória Viva. Montevidéu, Uruguai. Sítio: http://memoriaviva5.blogspot.com/2007/06/indice-temtico-poltico.html

Memoria Viva. Archivo digital de las violaciones de los derechos humanos da dictadura militar en Chile (1973-1990). Londres, Reino Unido. Sítio: hhrr_project@hotmail.com

Museu de Comunicação Hipólito José da Costa. Porto Alegre, RS. E-mail: museuhjc@via-rs.net

National Security Archive, The. Gelman Library, The George Washington University. Washington, DC. Sítio: http://www.nsarchive.org. E-mail: nsarchiv@gwu.edu.

No A La Impunidad en Uruguay. Montevidéu, Uruguay. http://www.premiumwanadoo.com/nolaimpunidaduruguay/

Entrevistas, depoimentos e contribuições (1978-2008)

Adélia Porto da Silva, jornalista, Porto Alegre
Adélio Dias de Souza, bilheteiro, Porto Alegre
Almyr Gajardoni, jornalista, São Paulo
André Dusek, jornalista, Brasília
Ana Beatriz Magno, jornalista, Brasília
Ana Julieta Teodoro Cleaver, antropóloga, Paris, França
Angel Luís Rodriguez, jornalista, Brasília
Ângela Rehem, relações públicas, jornalista, Brasília
Antônio Manoel de Oliveira, jornalista, Porto Alegre
Aristóteles Azevedo, teletipista, Porto Alegre
Armando Burd, jornalista, Porto Alegre
Assis Hoffmann, jornalista, Porto Alegre
Baru Derkin, jornalista, Porto Alegre
Camilo Celiberti, estudante, Montevidéu, Uruguai
Carlos Alberto Brilhante Ustra, militar, Brasília
Carlos Giacomazzi, deputado, Porto Alegre
Carlos Namba, jornalista, Brasília
Carmo Chagas, jornalista, São Paulo
Caroline Silveira Bauer, historiadora, Porto Alegre
César Schirmer, deputado, Porto Alegre
Christian Perillier Schneider, oficial de inteligência, Brasília
Edgar Fuques, delegado PF, Porto Alegre
Eliete Vieira da Cunha, funcionária pública, Porto Alegre
Elio Gaspari, jornalista, São Paulo
Elizabete Portela Prado, bibliotecária, Brasília
Elmar Bones da Costa, jornalista, Porto Alegre
Ênio Castilho, advogado, Porto Alegre
Enrique Serra Padrós, historiador, Porto Alegre
Erni Quaresma, jornalista, Porto Alegre
Esdras Rubim, produtor cultural, Porto Alegre
Danilo Ucha, jornalista, Porto Alegre

Diego Cavalcanti Cunha, arquiteto, Brasília
Dirceu Pinto, promotor, Porto Alegre
Divino Fonseca, jornalista, Porto Alegre
Flávio Tavares, jornalista, Buenos Aires, Argentina
Flávio Gouvea, servidor público, Brasília
Fernando Christoff D'Andrea, delegado da Polícia Federal, Porto Alegre
Fernando Molica, jornalista, Rio de Janeiro
Gabriela Cavalcanti Cunha, cientista política, Brasília
Gilberto Pauletti, jornalista, Porto Alegre
Grace de Souza, gerente de documentação, São Paulo
Homero Celiberti, farmacêutico, Montevidéu, Uruguai
Hugo Cores, refugiado, deputado, Montevidéu, Uruguai
Hugo Walter Garcia Rivas, militar, refugiado, São Paulo.
Ibsen Pinheiro, deputado, Porto Alegre
Irineu Tamanini, jornalista, Brasília
Jair Krischke, ativista de direitos humanos, Porto Alegre
Jan Rocha, jornalista, São Paulo
Jean Louis Weil, juiz, Paris, França
João Baptista Scalco Pereira, jornalista, Porto Alegre
Jarbas Passarinho, militar, ministro, senador, Brasília
João Aveline, jornalista, Porto Alegre
João Borges de Souza, jornalista, Porto Alegre
João Luís Holanda, analista legislativo, Brasília
João Henrique R. Ferreira, médico cardiologista, Brasília
John Dinges, jornalista, Nova York, EUA
Jorge Escosteguy, jornalista, São Paulo
José Antônio Hahn, delegado da Polícia Federal, Porto Alegre
José Antonio Pinheiro Machado, jornalista, Porto Alegre
José Francisco Mallmann, delegado da Polícia Federal, Porto Alegre
José Maria de Aquino, jornalista, São Paulo
José Mitchell, jornalista, Porto Alegre
José Onofre, jornalista, Porto Alegre
José Paulo Bisol, advogado, senador, Porto Alegre
José Paulo Kupfer, jornalista, São Paulo
José Roberto Guzzo, jornalista, São Paulo
Juca Kfouri, jornalista, São Paulo
Justino Vasconcelos, advogado, Porto Alegre
Kathy Pitt, linguista, Lancaster, Inglaterra
Letânia Menezes, jornalista, Porto Alegre
Leonid Streliaev, jornalista, Porto Alegre
Lilia Rosas de Celiberti, dona de casa, Montevidéu, Uruguai
Lílian Celiberti de Casariego, refugiada, editora, Montevidéu, Uruguai
Loraine Chaves, secretária, Porto Alegre
Lucas Figueiredo, jornalista, Belo Horizonte
Marcelo Mairon Rodrigues, juiz, Porto Alegre
Marco Aurélio Oliveira, analista legislativo, Brasília
Marcus Melzer, advogado, Porto Alegre
Maria Jandyra Cavalcanti Cunha, linguista, Brasília
Maria Helena Martins, psicóloga, Porto Alegre
Mariano de Freitas Beck, advogado, Porto Alegre
Mariela Salaberry, professora, jornalista, Paris, França
Mário Alberto de Almeida, jornalista, São Paulo

Mário de Almeida Lima, jornalista, Porto Alegre
Marinês Zandavali Grando, economista, Porto Alegre
Moacir Danilo Rodrigues, juiz, Porto Alegre
Nelson Breve, jornalista, Brasília
Nery Kluwe de Aguiar Filho, militar, Brasília
Nilson Mariano, jornalista, Porto Alegre
Nico Esteves, jornalista, Porto Alegre
Núbia Salette Silveira, jornalista, Porto Alegre
Odacir Klein, deputado, Brasília
Olívio Lamas, jornalista, Porto Alegre
Omar Ferri, advogado, Porto Alegre
Orlando Brito, jornalista, Brasília
Osmar Trindade, jornalista, Porto Alegre
Paulo Brossard, advogado, ministro, senador, Porto Alegre
Paulo Costa Leite, advogado, Brasília
Paulo Totti, jornalista, São Paulo
Paulo Vannuchi, cientista político, ministro, Brasília
Pedro Maciel, jornalista, Porto Alegre
Pedro Plaza Rodriguez, sociólogo, Cáceres, Espanha
Pedro Simon, deputado, governador, senador, Porto Alegre
Reinaldo de Almeida César, delegado PF, Brasília
Rejana Davi Becker, advogada, Brasília
Ricardo Chaves, jornalista, Porto Alegre
Ricardo Setti, jornalista, São Paulo
Roberto Fontoura da Cunha, bancário, Porto Alegre
Roger Rodriguez, jornalista, Montevidéu, Uruguai
Ronald Carvalho, jornalista, Brasília
Rosângela Isoppo, publicitária, Porto Alegre
Salomão Kirjner, jornalista, Porto Alegre
Sílvio Ferreira, jornalista, Porto Alegre
Sônia Filgueiras, jornalista, Brasília
Synval Guazzelli, governador, Porto Alegre
Tomás Irineu Pereira, jornalista, Porto Alegre
Ubiraci Dias, motorista, Porto Alegre
Universindo Rodríguez Díaz, historiador, Montevidéu, Uruguai
Vera Rotta, jornalista, Brasília
Vera Zilio, jornalista, Brasília
Waldir Walter, deputado, Porto Alegre
Werner Becker, advogado, Porto Alegre
Zenaide Azeredo, jornalista, Brasília
Zuenir Ventura, jornalista, Rio de Janeiro

[Siglas]
AAA (ou *Triple A*) – Alianza Anticomunista Argentina, Argentina
ACNUR– Alto Comissariado das Nações Unidas para Refugiados, Brasil
AESI – Assessoria Especial de Segurança e Informações / Itaipu, Brasil
AI – Acta Institucional, Uruguai
AI-5 – Ato Institucional n° 5, Brasil
AID – Agência Internacional de Desenvolvimento, EUA
ALN – Ação Libertadora Nacional, Brasil
AMAN – Academia Militar de Agulhas Negras, Brasil
ANTEL – Administración Nacional de Telecomunicaciones, Uruguai

BGP – Batalhão da Guarda Presidencial, Brasil
ARENA – Aliança Renovadora Nacional, Brasil
CEA – Conferência dos Exércitos Americanos
CDPPU – Comité de Defensa por los Prisioneros Políticos del Uruguay, Uruguai
CIA – Central Intelligence Agency, EUA
CIE – Centro de Informações do Exército, Brasil
CIGS – Centro de Instrução de Guerra na Selva, Brasil
CIPER – Centro de Investigación y Información Periodística, Chile
CNT– Convención Nacional de Trabajadores, Uruguai
CLAMOR – Comitê de Defesa dos Direitos Humanos no Cone Sul, Brasil
CODI – Centro de Operações de Defesa Interna, Brasil
CONADEP – Comissão Nacional sobre Desaparecimento de Pessoas, Argentina
CODELCO – Corporação Nacional do Cobre, Chile
COSAC – Centro de Operações na Selva e Ações de Comando, Brasil
COSENA– Conselho de Segurança Nacional, Uruguai
DCI – Divisão Central de Informações, Brasil
DINA – Direção de Inteligencia Nacional, Chile
DINARP – Direção Nacional de Relações Públicas, Uruguai
DNII – Departamento Nacional de Informação e Inteligência, Uruguai
DOI – Destacamento de Operações de Informações, Brasil
DOPS – Departamento de Ordem Política e Social, Brasil
DSN – Doutrina de Segurança Nacional
ELN – Exército de Libertação Nacional, Bolívia
EME – Estado-Maior do Exército, Brasil
ERP – Exército Revolucionário do Povo, Argentina
ESMA – Escola de Mecânica da Armada, Argentina
ESMACO – Estado-Maior Conjunto, Uruguai
ESNI – Escola Nacional de Informações, Brasil
EUA – Estados Unidos da América
FAB – Força Aérea Brasileira, Brasil
FARO – Frente Armada de Revolução Oriental, Uruguai
FAU – Federação Anarquista Uruguaia, Uruguai
FBI – Federal Bureau of Investigations, EUA
FEB – Força Expedicionária Brasileira, Brasil
FLN – Frente de Libertação Nacional, Argélia
GAU – Grupos de Acción Unificadora, Uruguai
IPA – Academia Internacional de Polícia, EUA
JCJ – Junta de Comandantes en Jefe, Uruguai
JCR – Junta Coordenadora Revolucionária
JID – Junta Interamericana de Defesa
JUP – Juventud Uruguaya de Pié, Uruguai
KCIA – Korea Central Intelligence Agency, Coreia do Sul
MDB – Movimento Democrático Brasileiro, Brasil
MIR – Movimiento de Izquierda Revolucionaria, Chile
MJDH – Movimento de Justiça e Direitos Humanos, Brasil
MLN ou MLN-T – Movimento de Libertação – Tupamaros, Uruguai
MOPOCO – Movimento Popular Colorado, Paraguai
MPS – Medidas Prontas de Seguridad, Uruguai
NN – Ningún nombre (corpo sem identificação)
NSC – National Security Council, Conselho de Segurança Nacional, EUA
OAB – Ordem dos Advogados do Brasil, Brasil
OBAN – Operação Bandeirantes, Brasil

OCOA – Organismo Coordinador de Operaciones Antisubversivas, Uruguai
OEA – Organização dos Estados Americanos
ONU – Organização das Nações Unidas
OPR 33 – Organização Popular Revolucionária, Uruguai
PCdoB – Partido Comunista do Brasil, Brasil
PCR – Partido Comunista Revolucionário, Uruguai
PDC – Partido Democrata Cristão, Uruguai
PE – Polícia do Exército, Brasil
PIT – Plenario Intersindical de Trabajadores, Uruguai
POC – Partido Operário Comunista, Brasil
PSD – Partido Social Democrata, Brasil
PVP – Partido pela Vitória do Povo, Uruguai
ROE – Resistencia Obrera Estudantil, Uruguai
SAVAK – National Intelligence and Security Organization, Irã
SENDET – Servicio Nacional de Detenidos, Chile
SID – Servicio de Inteligencia de Defensa, Uruguai
SIDE – Servicio de Inteligencia del Estado, Argentina
SIFA – Servicio de Inteligencia de la Fuerza Aérea, Chile
SIJAU – Secretariado Internacional de Juristas por la Amnistía en el Uruguay, França
SN – Segurança Nacional
SNI – Serviço Nacional de Informações, Brasil
SOA – School of Américas, Escola das Américas, Zona do Canal, Panamá
TIAR – Tratado Interamericano de Assistência Recíproca
UDN – União Democrática Nacional, Brasil
UNESCO – United Nations Educational, Scientific and Cultural Organization
USAJOTC – Jungle Operations Training Center, Estados Unidos
UTE – Usinas y Teléfonos del Estado, Uruguai
URSS – União das Repúblicas Socialistas Soviéticas
VPR– Vanguarda Popular Revolucionária, Brasil

Índice Onomástico

A

Abi-Ackel, Ibrahim 323
Abourezk, James 346
Abraham, Luís 386
Abreu, Hugo 217, 392
Abreu, Roberto de 332
Acosta, Patrocínio 224, 297
Acosta y Lara, Armando 397
Adair Jr., Charles Wallace 344, 396
Addiego Bruno, Rafael 367
Agee, Philip 143
Aguiar, César 356
Aguiar Jr., Rui Rosado de 294
Alanis, José Milton (Pepe Veneno) 360
Alaniz, Vicente 362
Albernaz, Benoni de Arruda 376
Albrecht, Fernando 299
Allende, Salvador 208, 230, 245, 347, 355, 388, 400-403, 405, 415, 418, 424, 435
Allgayer, Carlos Alberto 260
Almada, Martín 427
Almeida, Mário Alberto de 167, 309, 452
Alonso, Luís 372
Álvares, Moacir 233
Álvarez, Gregorio (Goyo) 113, 144, 329, 367, 371, 385, 399, 425, 432, 437
Alves, Ivan 335
Amaral de Souza, José Augusto (Amaralzinho) 131, 133, 135-141, 273, 276, 278-279, 315
Amorim, Paulo Henrique 333
Andrade, Daniel 434
Andrade, Jorge 161
André, Alberto 250
Andreoli, Paulo 336
Ângelo, Irmão 265-266
Antunes Filho, José Alves 370
Aquino, José Maria de 162, 451
Arancibia Clavel, Enrique 416
Araújo, Carlos Franklin 248
Araújo, Germán 364
Araújo, Marco Antônio Dornelles de 316
Araújo, Maria Celina D' 408
Arce, Líber 339-340
Arébalo, Luiz Alberto Pinto 148-149, 228
Arellano Stark, Sergio 401, 425
Arns, Paulo Evaristo 92, 201, 228, 337, 436, 444
Arredondo González, Sergio 425
Arroyo, Ângelo 377
Assandri, Andrés 358
Aubriot, Juan 339
Aussaresses, Paul 408-409
Aveline, João 151, 209, 451
Avelino, Confúcio Danton de Paula 376, 381, 418
Aylwin, Patrício 409
Azevedo, Aristóteles 13, 26, 450
Azevedo, Gilberto 376

B

Bachelet, Alberto 401
Bachelet, Michelle 401
Baeza Michaelsen, Ernesto 395
Bandeira, Antônio 278, 326, 431
Bánzer Suárez, Hugo 388, 418, 425
Baptista, Eugênio de Almeida 285
Barbie, Klaus 388
Barbosa, Lázaro 193
Barcellos, João 45
Bardessio, Nelson 397
Barreto, Luiz Carlos Menna 221
Barrios, Washington 437
Barros, Adhemar de 248
Barzilai, Michel 238, 241
Bassani, José Walter 83, 384
Bastos, Justino Alves 276
Batlle, Jorge 342, 358
Batlle y Ordóñez, Jorge 342
Battle, Jorge 345
Beck, Hermínio 153-154
Beck, Mariano de Freitas 153-154, 452
Becker, Dom João 208, 256
Becker, Tuio 291
Becker, Werner Cantalício João 208
Begin, Menachem 370
Belham, José Antônio Nogueira 382
Beloch, Israel 335

Beltrão, Inocêncio Fabrício de Mattos 376
Benedetti, Mario 358
Ben M'Hidi, Larbi 408
Bergés, Jorge António 239
Berríos, Eugenio 416
Bethlem, Fernando Belfort 131, 381
Bicudo, Hélio 146, 317
Bignone, Reynaldo 388
Birnfeld, Marco Antônio 293
Bismarck, Otto von 192
Bisol, José Paulo 180, 318, 451
Blystone, James J. 429
Boccia, Sandra 407
Bogart, Theodore F. 387
Boilesen, Henning 146
Bolentini, Néstor 364
Bonafini, Hebe de 239
Bonafini, Jorge 239-240
Bonafini, Raúl 239
Bordaberry, Domingo 345
Bordaberry, Juan María 340, 345, 353 388, 432
Bosch, Juan 347
Boschilla, Dulcídio Wanderley 146
Boumendjel, Ali 408
Brandalise, Ivete 291
Britez, Francisco 400, 417
Brizola, Leonel 121, 139, 140, 169, 231, 253, 276, 433
Brossard, Paulo 193, 205, 452
Brown, Louise 371
Brum Carbajal, Santiago de 397
Buarque, Chico 370
Bücher, Giovanni 230, 393
Bueno, Eduardo 21
Bunot, Jean 143
Burnier, João Paulo 146
Buzaid, Alfredo 261

C

Cabral, Pedro Corrêa 423
Calcagno, Carlos 398
Caldas, Breno 132-135, 137, 150, 152, 276, 290
Caldas, Francisco Antônio 291
Câmara, Hélder 135
Camargo, Edmur Péricles (Gauchão) 209, 389
Campos, Antônio da Silva 218, 378, 381
Campos Hermida, Hugo 397-398
Camps, Ramón 240
Canto, Antônio Cândido da Câmara 400
Canto, Marival Chaves Dias do 391
Cantrell, William 349, 397
Capaldo, Giancarlo 431
Cardoso, Arvandil Ferreira da Silva 263
Cardoso, Nilce Azevedo 232
Cardoso, Octávio Omar 292
Caringi, Antônio 169
Carneiro, Danilo (Nilo) 420
Carneiro, Enéas 312
Carpegiani, Paulo César 149
Carter, Jimmy 201, 354, 370, 424
Carvalho, Apolônio de 209
Carvalho, Francisco Homem de (Carvalhinho) 376, 393
Carvalho, Ronald de 125
Casado, José 413
Cassales, Luíza Dias 254
Castellanos, Nery 384
Castello Branco, Carlos 204, 287
Castello Branco, Humberto de Alencar 70, 120, 140, 219-220, 229, 381, 388
Castello Branco, Lucídio 287
Castello Branco, Luiz Carlos 148
Castiglioni, Victor 397
Castilho, Ênio 253, 450
Castro, Adyr Fiúza de 392
Castro, Célio 408
Castro, Fidel 120, 166, 352, 359, 387
Castro, João Antônio 154
Castro, Julio César 358
Castro, Nora 368
Castro, Sebastião José Ramos de 287, 390
Castro Acosta, Carlos Amado 56, 371
Cavalcanti, José Costa 427
Cavalcanti, Maria Jandyra (Janda) 13, 236, 451
Celiberti, Camilo 229-330, 450
Celiberti, Francesca 330
Celiberti, Homero 100-101, 105-106, 114-115, 329
Celiberti, Hugo 51
Celiberti, Mirtha 51
Celiberti de Casariego, Lílian Elvira 13, 18, 20-22, 28, 32, 37, 39, 42-44, 46, 48, 50-54, 56-64, 70-84, 86, 87, 90, 91, 93, 97, 98-100, 104-106, 110-112, 118, 119, 130, 139, 141, 143, 144, 154, 156, 163, 164, 172, 189, 192, 193, 196, 198, 203, 214, 221, 227, 236, 251, 252, 254, 257, 268, 272, 273, 280, 281, 294, 297, 299, 300-302, 304, 310, 311, 313, 317, 324, 325, 327-332, 341, 361, 363, 366, 367, 369, 372, 381, 383-386, 399, 412, 426, 431, 432, 436-440.
Cendón, Néstor Norberto 430
Cerveira, Joaquim Pires 389-390

Chagas, Carmo 165, 167, 309, 333, 450
Chang Te-Chung 140
Charles, Príncipe 370
Charlone, César 88, 387, 449
Chauquelt, Marlene 372
Chaves, Aureliano 126
Chaves, Hamilton 276
Chaves, Loraine 13, 451
Chaves, Ricardo (Kadão) 13, 20, 26, 156, 263, 276, 288, 298, 452
Che Guevara, Ernesto 209
Chivittes, Laura Maria 265
Christo, Carlos Alberto Libânio (Frei Betto) 270
Churchill, Winston 192
Ciano, Galeazzo (Conde) 131
Cirillo, Dalmo Lúcio 376
Civita, Roberto 166, 332
Clark, Walter 279
Claudiomiro 158, 161
Coelho, João Gilberto Lucas 193
Coelho, Moacyr 54, 221-222, 273
Conchon, Frank Oswald 349
Contreras Sepúlveda, Manuel 402
Corção, Gustavo 371
Cores, Hugo 56, 64, 74-76, 79, 85, 86-88, 90, 98, 103, 277, 329, 367, 372, 381, 437, 438, 440, 446, 449, 451
Cores, Sofia 87-88, 90, 92-93, 95-99, 329
Coronel, Pastor 394
Correa, Samuel Alves 175-176, 181, 288, 319, 325
Correa, Thomaz Souto 332
Costa, David Capistrano da 391
Costa, Elmar Bones da 293, 450
Costa, Florência 407
Costa, Osvaldo Orlando da (Osvaldão) 420
Costa, Rubens Vaz da 332
Costa-Gavras 39, 323, 445, 449
Costa e Silva, Arthur da 229, 381, 388
Coutinho, Cláudio 370
Couto, Ruy de Paula 225, 281
Couto e Silva, Golbery do 120, 125, 135-136, 146-147, 195, 217, 376, 390, 393
Cristaldo, Janer 291
Cristi, Estéban 362
Cunha, Gabriela Cavalcanti 451
Cunha, José Antônio Vieira da 293
Cunha, José Cecílio da 263
Cutter, Curtis 145, 230

D

Davis, Frederick 401
Davis, Nathanael 401
De Armas González, Calixto César 371
Deerey, Patrícia 391
Delpech, Jean Charles Serralta 349
De Marco, Flávio (Tio Caco) 316, 419, 421
Demetrio Casas, Jorge 417
Demichelli, Alberto 354
Dener 371
Dêntice, João 250
Derkin, Baru 105-106, 115, 450
Dias, Aramis 251
Dias, Félix Freire 382
Dias, Ney Nunes 258
Dias, Ubiraci 13, 28, 251, 452
Dinalli, Ilário 129
Dines, Alberto 21, 332, 445
Dinges, John 13, 403, 405, 410, 414, 424, 435, 436, 451
Domingo Campiglia, Horácio 429
Dorinho 161
Drummond, João Batista Franco 377
Dutra, Tarso 136-138

E

Eichmann, Adolf 226
Eisenhower, Dwight 346
El-Sadat, Anwar 370
Elbrick, Charles Burke 40, 392
Escosteguy, Jorge (Scotch) 7, 44, 167-168, 309, 327, 451
Espinoza, Pedro 424
Estaing, Giscard d' 130, 391
Esteves, Nico 13, 452
Estrella, Miguel Angel 359
Etchecolatz, Miguel 240
Expedito Filho 391
Exton, Frederick 57

F

Faccioni, Victor 285
Fagundes, Ayrton 293
Fagundes, Hervandil 272
Fagundes, Laura Reis 335
Falcão, Armando 54, 109, 122-127, 135, 390
Falcão, Fernando 122
Falcão, Paulo Roberto 149
Falú, Ricardo 428

Faoro, Raymundo 189-192, 216, 225, 321, 445
Feffer, Max 332
Fehlberg, Carlos 150-152, 292
Feitosa, Antonio Alves 426
Fernández Huidobro, Eleutério 369
Fernandez Troccoli, Néstor Jorge 432
Ferrari, Antenor 311
Ferraz, Fausto 88, 90, 94
Ferreira, Heitor 120-121, 125, 147, 192, 195, 206, 376, 390, 418
Ferreira, Joaquim Câmara 392
Ferreira, Santino 149
Ferreira, Sílvia 366
Ferreira, Sílvio 13, 112, 452
Ferreira Aldunate, Wilson 52, 144, 345, 359, 365, 366
Ferreri, Marco 114
Ferri, Omar 13, 50, 93, 100, 129, 142, 153, 216, 254, 265, 278, 283, 297, 301, 317, 452
Ferri Jr., Omar 265
Ferro, Eduardo 72, 78, 144, 328, 362, 373, 384, 412, 437, 439
Fiel Filho, Manoel 122, 205, 277, 376, 381
Figliolia, Luisanna 431
Figueiredo, João Baptista 40, 52, 132, 146, 192, 206, 217, 261, 327, 335, 376, 377, 400, 405, 421, 431
Figueiredo, Lucas 13, 451
Figueroa, Elias 149
Fleury, Sérgio Paranhos 145, 277, 375, 448
Flores, Antônio Carlos Rosa 193
Folle Martinez, Adolfo 117-118
Fon, Antônio Carlos 332
Fons, José 414, 417
Fonseca, Divino 13, 29, 157, 238, 306, 451
Fontoura, Carlos Alberto 261
Ford, Gerald 176, 183, 406
Fortes, Neron Estivallet 259
Fortún, Juan Carlos 395
Franco, Sérgio da Costa 291, 445
Freitas, Décio 56, 110
Fretes Dávalos, Alejandro 395
Frota, Sylvio 48, 122-123, 135, 166, 218, 236, 376-377, 392, 413, 414
Fuentes Alarcón, Jorge 394
Fuenzalida, Samuel 405
Fujimori, Yoshitane 375
Fulbright, J. William 346
Fuques, Edgar 47, 57, 223, 317, 450

G

Gabay, Marcos 340
Galeano, Eduardo 358, 371, 445
Gallardo, Alonso 89
Gallardo Losada, Jorge 388
Gallo, Amicucci 335
Galtieri, Leopoldo 431
Gama, Rinaldo 423
Garcia, João Carlos Bona 230
Garcia, Marco Aurélio 208-210
Garcia, Pedro 85
García Márquez, Gabriel 359
Garcia Rivas, Hugo Walter 371-373, 384-386, 451
Gardel, Carlos 359
Garrochateguy, Ricardo 427
Garzón, Baltazar 425
Gaspari, Elio 172, 195, 376, 390, 450
Gasparian, Fernando 278
Gastal, Manoel Braga 274, 293
Gastal, Paulo Fontoura 291
Gaston, Geraldo Ivo 298
Gatti, Gerardo 89, 438
Gatti, Maurício 103
Gavazzo Pereira, José Nino 101-103, 144, 359, 398
Geisel, Ernesto 40, 52, 57, 119-127, 130, 132, 135-137, 141, 146-147, 166, 190-193, 195, 200, 205-206, 217-219, 222, 229, 236, 261, 284-285, 319, 327, 336, 376-378, 381, 388, 390-391, 408-409, 413, 418, 423-424, 427, 445
Geisel, Orlando 219, 374, 422
Giacomazzi, Carlos 253, 257, 262, 273, 295, 450
Gianotti de Molfino, Noemi 416
Giovenale, Giuseppe 256
Giudice, Antônio 220
Goiburú, Elba 427
Goiburú Gimenez, Agustín 427
Goidanich, Hiron (Goida) 208
Goldenberg, Liliana Inês 426
Gómez-Pablo, Amaro 405
Gomide, Aloysio Dias 352
Gonçalves, Fernando 140
Gonçalves, José Carlos 53, 57
González, Aurélio 339-340
González, Mónica 435
Gonzalo Escaboza, Eduardo 426
Gordon, Lincoln 405
Goulart, João (Jango) 138, 169, 253

Goulart, Jorge 211
Grando, Marinês Zandavali 236, 452
Gras, Maurice 169
Greenhalg, Luiz Eduardo 93
Guanes Serrano, Benito 417
Guaporé 161
Guazzelli, Synval 116, 119-121, 123-128, 130-131, 136-138, 141-142, 167-168, 170-172, 174-182, 184-190, 192, 204-205, 207, 212, 216, 220-223, 225, 253-257, 260, 262, 272-273, 278, 286, 288, 297, 314, 318, 324-325, 366, 439
Guedes, Edison Boscacci 218, 381, 382
Guimarães, Carlos Rafael 293
Gutiérrez Ruiz, Héctor 100, 102
Guzzo, José Roberto 15, 104, 163, 165, 451

H

Hagemann, Lauro 276
Hart, Federico 79
Helbling, Roberto Henrique 427
Henning, Geraldo Azevedo 122, 128
Hernández Rodríguez, Ofélia Montserrat 118
Hervelha, Nilo 228, 230-233, 246-247
Herzog, Vladimir 90, 122, 205, 229, 277, 319, 320-322, 325, 332, 376, 408
Hevia Cosculluela, Manuel 351-352, 446
Hoffmann, Assis 13, 112, 450
Hohlfeldt, Antônio 287, 291
Horne, Ary Rodolfo Carracho 287

I

Ianzler, Adil 224, 297
Ibarra, Juan 427
Iñiguez, Miguel Angel 396
Irusta, Gerardo 395

J

Jahn, Mario 400, 406
Jardim, Rubem Moura 109, 119, 174
Jarros, Zaida 293
Jockymann, Sérgio 291
Jones, Jim 47, 164
Juarez, Carlos 428
Julio, Turco 431

K

Kepler, Janito Jorge dos Santos (Jorjão) 294
Kfouri, Juca 17, 29, 447, 451
Kirchner, Néstor 432
Kirjner, Salomão 171, 176, 184, 452
Kissinger, Henry 394, 400, 424
Klein, Odacyr 139, 452
Kolecza, Carlos Alberto 292
Koutzii, Flávio 208, 210-211, 227, 243
Kraemer, Marco Antônio 131, 134
Krieger, Daniel 120, 136, 138
Krischke, Jair Lima 432
Kubitschek, Juscelino (JK) 165, 425
Kubrick, Stanley 370

L

Lamarca, Carlos 211, 230, 248, 375, 425
Lamas, Aurora 329
Lamas, Laura 329
Lamas, Luciane 329
Lamas, Maria Maria 329
Lamas, Olívio (Tatinha) 7, 13, 20, 112, 216, 224, 267, 279, 298, 329, 452
Lamas, Santiago 329
Lamas, Vitória 329
Lampreia, Luís Felipe 56, 110
Landau, Saul 403, 435
Landowski, Paul 169
Langguth, A. J. 349, 446
Lanusse, Alejandro Agustín 239, 388
Leigh, Gustavo 401
Leighton, Bernardo 418
Leite, Hélio 391
Leite, Paulo 51
Lemos, Ana Amélia 292
Lênin 68
León Yannone, Glauco de 65
Lepetigui, Eduardo 394
Lerena, Lili 366
Lessin, Cláudia 335
Levingston, Roberto 388
Lia Pires, Oswaldo de 211-212, 272-273, 275, 294, 295, 298, 326
Lie, Trygve 68, 69
Lijo, Ariel 430
Lima, Jarbas 274-275, 283, 298-300, 318
Lima, Mário de Almeida 256, 452
Lima, Osvaldo Biaggi 224
Lisboa, Luiz Carlos 333
Lobo, Amílcar 382, 391, 393
Lomanto Jr., José 179
Lopes, Dirceu 157
Lopes, Paulo Paiva 336
Lopes, Tim 423

Lucas, Orandir Portassi (Didi Pedalada) 37, 50, 156-158, 160-161, 163, 167-168, 170, 172-175, 184, 186, 192, 197, 204, 212, 213-215, 259, 271, 296, 298, 304-305, 308, 312, 318, 321, 324, 328, 384, 386, 432, 440
Ludmer, Paulo 335
Luís XV 169
Luz, Olavo 333

M

Machado, Homero César 376
Maciel, Pedro 13, 26, 45, 109, 172, 216, 224, 262, 265, 271, 288, 308, 310-311, 313, 452
Mainardi, Ivo 300, 325
Malhães, Francisco Paulo (Dr. Pablo) 146
Maluco, Elias 423
Maluf, Paulo 335
Manfredini, Luiz Alberto 177
Mangabeira, Antônio Carlos Netto 307, 314
Mao Tse-tung 140
Marchezan, Nelson 135, 137, 220
Marchi, Carlos 117
Marco, Flávio de 419, 421
Mardini, Hugo 140
Marenco, Roberto 414
Mariath, Jayme 146
Marighella, Carlos 270
Marinho, Roberto 279
Markun, Paulo 329
Marques, Antônio Ferreira 233
Márquez, Hugo 349
Martinelli, Romeu 262, 273
Martins, Paulo Egydio 126, 131
Martins Filho, João Gomes 318
Marx, Karl 209
Massi, Eugenio Lira 441
Massu, Jacques 408
Mastroianni, Marcello 114
Mattos, Délio Jardim de 135
Mattos, Emanuel Gomes de 13
McSherry, J. Patrice 395
Medeiros, José Antônio Leão de 234
Medeiros, Octávio Aguiar de 206, 217, 328
Medeiros, Poty 234
Médici, Emílio Garrastazu 52, 121, 132, 147, 150-151, 217, 219, 222, 229, 261, 278, 281, 346, 374, 376, 381, 388, 421
Medina, Juan 113
Meinel, Valério 335
Meir, Golda 371
Mello, Ednardo D'Ávila 122, 124, 132, 229, 413
Mello, Paulo 231-232
Melzer, Marcus 216, 274, 451
Mena Burgos, Carlos 418
Mendelski, Rogério 291
Mendes, Cândido 413
Mendes Jr., Alberto 375
Méndez, Aparicio 40, 354, 363
Méndez, Armando 384
Méndez, Sara Rita 101
Meneghetti, Ildo 120
Meneghetti, Santo 130, 131
Menem, Carlos 428, 432
Menezes, Letânia 129, 451
Mera Figueroa, Julio 428
Merino, Márcia 442
Merten, Luiz Carlos 293
Meza, Luis García 388
Michelini, Zelmar 100, 102, 398, 440
Minc, Carlos 248
Mitrione, Daniel Anthoni (Dan Mitrione) 346-349, 351-353, 358
Mitterrand, François 391
Möeller, Alexandre 149
Moll, Eládio 353
Monteiro, Dilermando Gomes 122, 381
Moog, Viana 419
Moraes, Fernando 166
Moraes, Márcio José de 319-321, 332
Moraes, Mário de 333
Moraes, Mondercil de 318
Moro, Aldo 370
Mourão Filho, Olympio 220
Mujica, José (Pepe) 368, 369
Muller, Amaury 139
Murgel, Edmundo Adolpho 120
Mussolini, Benito (Duce) 131, 354

N

Nardone, Benito 345
Nascimento e Silva, Luiz Gonzaga 122
Nelson, Jorge Ezequiel Suárez 430
Netz, Clayton Rogério 242
Nicolaides, Cristino 431
Nixon, Richard 352
Nobre, Jarbas 319
Noiret, Philippe 114
Nunes, Sérgio Moacir Torres 157
Nuñez, Manuel J. 371

O

Oliveira, Antônio Manoel de 286, 450
Oliveira, Evilázio de 154
Oliveira, Ignês Maria Serpa de 242
Oliveira, Jorge Teixeira de 407
Oliveira, Renan Antunes de 293
Onetti, Juan Carlos 358, 359
Onganía, Juan Carlos 239, 388
Onofre, José 13, 208, 314, 451
Ortega, Inés 239
Osório, Jefferson Cardim de Alencar 393
Osório, Manoel Luís 382
Ostermann, Ruy Carlos 208, 287
Otero, Alejandro 349

P

Pacheco Areco, Jorge 339, 343-344, 352-353, 363, 397
Padrós, Enrique Serra 13, 359, 451
Paiva, Paulo Campos 177, 222
Paiva, Rubens 382, 393
Paladino, Otto 398
Palmar, Aluízio 426
Paredes, Alejandro 387
Passarinho, Jarbas 124, 451
Passos, José Meirelles 407
Pauletti, Gilberto 227, 451
Paulós, Iván 328
Peebles, Luís 441-442
Pellegrino, Adela 356, 447
Pequito Machado, Rosário 372
Perdomo, Carlos 362
Perdomo Paredes, Roberto 122
Peréio, Paulo César 276
Pereira, Francelino 26, 136
Pereira, João Baptista Scalco 447, 451
Pereira, Tomás Irineu 152, 452
Pereira Reverbel, Ulysses 339
Pérez, Oscar 428
Perón, Evita 239
Perón, Isabelita 102, 358, 417
Perón, Juan 239
Perrone, Juarez Correa (Picanha) 307
Peterson, Ronnie 371
Piaget, Jean 177
Piazza 157
Piccoli, Michel 114
Pinah 370
Pinha, Hilário Gonçalves 233
Pinheiro, Ênio dos Santos 381
Pinheiro, Ibsen 208, 260, 451
Pinheiro Machado, José Antonio 13
Pinochet, Augusto 150, 402, 409, 432
Pinto, Dirceu 272, 275, 294, 297, 303, 304, 307, 315, 317-318, 326-327, 451
Pinto, Heráclito Fontoura Sobral 274
Pinto, Jahir Souza 273
Pinto, Onofre 425
Pinus, Edgardo 429
Pinus de Binstock, Mônica Susana 429
Piran, Carlos 397
Pires, Nelson 265
Pires, Walter 431
Pitta, Alair de Almeida 422
Pizzato, Athos 235
Plá, Pepe 365
Plavnick, Jaime 50
Pomar, Pedro 377
Pompadour, Madame de 169
Pompeu, Sérgio 280
Pons Etcheverry, Eduardo 364
Pont, Raul 227, 234-235
Ponzi, Carlos Alberto 222, 287
Porley Corbo, Rodolfo 360-361
Prantl, Amaury 143, 398-399
Prats, Carlos 150, 418
Prestes, Luís Carlos 274
Prieto, Rubén (Pepe) 79-80

Q

Quadros, Jânio 276, 433
Quaresma, Edson Neves 375
Quaresma, Erni 48, 154, 451
Queirolo, Luís 385, 400
Quércia, Orestes 125
Quijano, Carlos 358
Quinteros Vasconcellos, William 55

R

Ramos, Eduardo 372, 384
Rath, João 29
Reagan, Ronald 202
Rech, Iara 13, 287
Rego, Gustavo Moraes 381
Reis, João Guilherme 21, 449
Reis, Leônidas da Silva 174, 221, 225
Reis, Marcos Aurélio 69, 79, 109, 174-175, 214, 225, 249, 255, 259, 264-265, 283
Ribeiro Jr., Amaury 382
Rigotto, Germano 287

Rio Dalenz, Jorge 388
Riquelo, Simón Antonio 101, 436, 438, 444
Rita, João Batista (Catarina) 209, 389
Ritter, Affonso 292
Rivera, Fructuoso 368
Rocha, Jan 51, 93, 96-97, 436-437, 451
Rocha, Luís Carlos Carvalho da 311
Rocha, Plauto Tuyuti da 93
Rockfeller, Nelson 339
Rodrigues, Adílio Machado 175
Rodrigues, Luís Macksen de Castro 54, 109, 175, 182, 219
Rodrigues, Moacir Danilo 9, 19, 314-318, 322, 325, 327, 452
Rodríguez, Héctor 358
Rodríguez, Roger 13, 23, 436-437
Rodriguez Buratti, Antonio 103
Rodríguez Díaz, Universindo 13, 18, 22, 28, 32, 39, 44, 52-53, 56, 58-59, 61-62, 64-75, 79, 81, 86-87, 90-91, 93, 97-98, 101, 104-108, 112, 118-119, 139, 141, 144, 189-190, 192-193, 196, 198, 203, 221, 251, 252, 254, 257, 272-273, 280-281, 297, 299, 300, 317, 324-325, 328-332, 341, 361, 363, 366-367, 369, 372, 381, 383-386, 399, 412, 431, 432, 436-439, 443
Rodríguez Larreta, Enrique 102
Rohrsetzer, Attila 219, 221, 230, 249
Roman, José 391
Romeu, Inês Etienne 393
Rosa, João Augusto da (Irno) 307, 309, 314, 315, 332
Rosa, Odílio 420
Rossel, Carlos Alberto 83, 144, 383
Rossetti, Nadyr 139
Rousseff, Dilma 236, 248
Rudel, Hans Ulrich 441

S

Saint Jean, Ibérico 399
Sá Jr., Renato Maciel de 254
Salaberry, María 85-87
Salles, Eugênio 413
Salomão, Reinaldo Jorge 149
Salvo, Ana 56, 372
Sanguinetti, Julio María 366-367
Santos, Alberi Vieira dos 425
Santucho, Amílcar 394
Santucho, Roberto 411
Sanz, Aída 239
Sarti, Amir Finochiaro 272
Scaravino, Doutor 372
Schäfer, Paul 441
Scherer, Vicente 129
Scherrer, Robert 394, 405, 441
Schilling, Flávia 40, 56, 117, 193, 196, 208, 226
Schirmer, César 193, 224, 279, 450
Schirmer, Lauro 152, 292
Sciapone, Nora 428
Scowcroft, Brent 406
Seelig, Omar 145
Seelig, Pedro Carlos 21, 59-62, 64, 67-70, 77-78, 80, 82, 87, 109-110, 144-150, 153-154, 161, 174-175, 211, 214-215, 219, 221, 223, 225, 228-238, 240-250, 256, 259, 264-265, 271-273, 277, 283, 294-298, 300, 302-307, 315, 322, 325-326, 328, 330, 375, 380, 383-384, 386, 389, 412, 428, 432, 440
Segall, Lasar 392
Segall, Maurício Klabin 392
Sena, Abdon 413
Sendíc, Raúl 343, 369
Serafini, Mansueto 285-286
Seregni, Líber 343, 346, 366-367
Serpa, Antônio Carlos de Andrada 135
Serpa, Luiz Gonzaga de Andrada 132
Serra, José 405
Setti, Ricardo 13, 452
Severino, Delaro 266
Severino, Faustina Elenira 266, 271, 275, 277, 280, 298, 318
Shibata, Harry 277
Shlaudeman, Harry 424
Silva, Adail Borges Fortes da 291
Silva, Adélia Porto da 13, 26, 288, 450
Silva, Adil Borges Fortes da (Hilário Honório) 291
Silva, Antônio Azeredo da 104
Silva, Carlos Ilte Caetano da 315
Silva, Carmem da 332
Silva, José Leonardo Goulart da 314
Silva, José Wilson da 231
Silva, Lisete Rejane Lessa da 278
Silva, Orlando 371
Silva, Oscar Luís da 125, 138, 140, 141
Silva, Rogério da 46
Silva, Telmo Cúrcio da 158
Silveira, Antônio Azeredo da 117
Silveira, Luís Henrique 125
Silveira, Joel 333
Silveira, Luís Nunes da (Chucha) 294
Silveira, Núbia 292

Simas, Mário 337
Simón, Antonio Herminio 430
Simon, Pedro 26, 28, 46, 126, 139, 193, 231, 257, 262, 318, 366, 452
Siracusa, Ernest 411
Sirotsky, Maurício 292
Soares, Edmundo 291
Soares, Manoel Raimundo 135, 211, 219-220, 231, 250
Soljenitsin, Alexander 312
Somoza, Anastásio 387
Souza, Adélio Dias de 21, 302, 450
Souza, Diásio Dias de 307
Souza, Heitor Gurgulino de 332
Souza, João 286
Souza, Milton Tavares de (Miltinho) 251, 421, 425
Sprandel, Ivo 139
Steffen, Herman 97
Steffen, Roni 372
Steffen Artigue, German 372
Stigger, Ivo Egon 291
Streliaev, Leonid (Uda) 112, 239, 451
Stroessner, Alfredo 388
Studart, Hugo 421
Stupakoff, Otto 332

T

Tarigo, Enrique 364
Tavares, Flávio 40, 196, 208, 287, 451
Tegiachi, Enrique 339
Teixeira, Athos Cezar Baptista 243
Teixeira, Hélio 177
Teixeira, José Brandt 426
Telechea, Jorge Luis 339
Terrón de Casariego, Lilia Rosas 54
Timerman, Jacobo 240
Tognazzi, Ugo 114
Toledo, Roberto Pompeu de 43
Torquato, Gaudêncio 335
Torres, Carlos Sérgio 422
Tostão 157
Totti, Paulo 13, 208, 227, 237-238, 452
Townley, Michael 418, 424, 441
Trabal, Ramón 438
Triches, Euclides 235
Trindade, Osmar 161, 267, 293, 307, 452
Trótski, Leon 68
Tubino, Najar 447

U

Ucha, Danilo 58, 292, 451
Ungaretti, Wladymir 243, 246
Ustra, Carlos Alberto Brilhante (Major Tibiriçá) 145, 222, 228, 373, 376, 428, 432, 450
Ustra, Joseíta 377-378

V

Valabrega, Ricardo 339
Valls, Alda Souza 238
Valls, Luiz Fernando 238
Vargas, Getúlio 64, 70, 118, 137, 169, 342, 408, 445, 450
Vargas, Índio 208-210, 220
Vargas Llosa, Mario 358, 371
Vasconcelos, Justino 235, 256, 451
Vasconcelos Torres, João Batista 125
Vasquez, Edgar 293
Vaz, Thaumaturgo Sotero (Dr. Sabino) 419-420
Vazquez, Tabaré 367-368
Vázquez, Victorino 362
Veloso, João Paulo dos Reis 125, 217
Veloso, Maria Lisete 278
Ventura, Zuenir 13, 336-338, 452
Venturini, Danilo 419
Verissimo, Luis Fernando 208
Versiani, Marçal 335
Viana, Cícero do Amaral 175, 182, 193, 210, 274, 279, 280, 283
Viana Acosta, Antonio 398, 437
Vidal, Tito Lívio 427
Videla, Jorge Rafael 102
Vieira, Elio Falcão 292
Viglietti, Daniel 359
Villar, Alberto 398
Viñas, Lorenzo 432
Viola, Marco 291
Viola, Roberto 387, 407

W

Walter, Waldir 151, 175, 452
Walters, Vernon 405-406
Warren, Ray 402
Weil, Jean-Louis 13, 86, 129, 142, 144, 216, 254, 436, 439
Wernich, Christian von 240
White, Jan V. 332
White, Robert 395
Wojtyla, Karol (papa João Paulo II) 370
Wright, Jaime 92

Z

Ziegler, Ron 353
Ziraldo 199
Zitarrosa, Alfredo 359